ARCHIVES HISTORIQUES DE L'ALBIGEOIS

PUBLICATION PÉRIODIQUE DE LA SOCIÉTÉ DES SCIENCES, ARTS ET BELLES-LETTRES DU TARN

FASCICULE HUITIÈME

DOUZE COMPTES CONSULAIRES D'ALBI

DU XIVe SIÈCLE

PAR

Auguste VIDAL

Lauréat de l'Institut, de la Société archéologique du Midi de la France
et de plusieurs autres Sociétés savantes,
Correspondant du Ministère,
Membre de la Société pour l'étude des langues romanes,
Secrétaire adjoint de la Société des Sciences, Arts et Belles-Lettres du Tarn.

(Ouvrage honoré d'une souscription du Ministère et de la ville d'Albi)

Tome Ier

PARIS
A. PICARD & FILS
82, RUE BONAPARTE

TOULOUSE
ÉDOUARD PRIVAT
14, RUE DES ARTS

ALBI
IMPRIMERIE NOUGUIÈS

MDCCCCVI

DOUZE COMPTES CONSULAIRES D'ALBI
DU XIVᵉ SIÈCLE

ARCHIVES HISTORIQUES DE L'ALBIGEOIS

PUBLICATION PÉRIODIQUE DE LA SOCIÉTÉ DES SCIENCES, ARTS ET BELLES-LETTRES DU TARN

FASCICULE HUITIÈME

DOUZE COMPTES CONSULAIRES D'ALBI

DU XIVe SIÈCLE

PAR

Auguste VIDAL

Lauréat de l'Institut, de la Société archéologique du Midi de la France
et de plusieurs autres Sociétés savantes,
Correspondant du Ministère,
Membre de la Société pour l'étude des langues romanes.
Secrétaire adjoint de la Société des Sciences, Arts et Belles-Lettres du Tarn.

(Ouvrage honoré d'une souscription du Ministère et de la ville d'Albi)

Tome Ier

PARIS
A. PICARD & FILS
82, RUE BONAPARTE

TOULOUSE
ÉDOUARD PRIVAT
14, RUE DES ARTS

ALBI
IMPRIMERIE NOUGUIÈS

MDCCCCVI

OUVRAGES DU MÊME AUTEUR :

Deux livres de raison (1517-1550) avec des notes et une introduction sur les conditions agricoles et commerciales de l'Albigeois au XVIe siècle par Louis de Santi et Auguste Vidal (Champion et Picard, à Paris, Privat, à Toulouse).

Comptes consulaires d'Albi (1359-1360), publiés avec une introduction, un glossaire et des notes et avec une étude linguistique de M. A. Jeanroy (Privat, à Toulouse).

Albi et ses environs, illustrations de M. Liozu (Pezous, à Albi).

Histoire des rues du vieil Albi, illustrations de M. Lacroix.

Les délibérations du Conseil communal d'Albi de 1372 à 1388. Parues dans la *Revue des langues romanes* en 1903, 1904 et 1905 (Il nous reste quelques exemplaires, en coupures, de ce travail auquel nous avons ajouté une table des noms propres et des matières.)

POUR PARAÎTRE PROCHAINEMENT

Les vicomtes et la vicomté de Paulin.

EN PRÉPARATION

Les comtes et le comté de Castres.

PRÉFACE

La critique accueillit avec une telle bienveillance nos *Comptes consulaires d'Albi (1359-1360)*, que, dès 1900, nous prîmes la résolution d'éditer tous les comptes du xiv° siècle.

La besogne était rude. Il s'agissait de copier mot pour mot d'abord, de reviser ensuite et d'annoter plus de 2,000 pages de textes romans, d'une lecture généralement facile, il est vrai, mais non toujours dépourvue de difficultés ; il s'agissait surtout de résumer dans une table des matières aussi exacte que possible les faits, les plus saillants tout au moins, qui se déroulent le long de ces 2,000 pages.

Nous ne savons si un bénédictin, un des bénédictins de la grande école du xvii° siècle, n'aurait pas reculé devant l'énormité de la tâche. Nous en sommes venu à bout, et nous offrons aux érudits, aux curieux des choses du passé, à tous ceux qui s'intéressent à la vie économique, à l'histoire, à la langue de nos ancêtres de la seconde partie du xiv° siècle, la moitié seulement, non la totalité de notre œuvre. Nous n'avons pas osé offrir au lecteur, d'un seul coup, 700 à 800 pages de textes. On ne perdra d'ailleurs rien pour attendre et nous espérons bien que l'année 1907 verra paraître le deuxième fascicule des *Comptes consulaires d'Albi*.

Et qu'on n'aille pas croire que ces Comptes n'aient d'intérêt que pour Albi. Sans doute, c'est l'histoire, au jour le jour presque, de la capitale de l'Albigeois ; mais c'est aussi, c'est surtout un chapitre de l'histoire générale du Languedoc. Toulouse, Carcassonne, Montpellier, etc., sont, dans ces pages, aussi souvent mentionnés qu'Albi. Or, notre pays ne traversa peut-être jamais de période plus tragique, plus angoissante que celle qui s'écoule de 1360 à 1400. En juillet 1360, l'Anglais approche ; la ville fait murer les trois portes de la Trébalhe, de Verdusse et de Ronel ; elle met la dernière main à ses fortifications, dénude les rives de ses ruisseaux où, d'après les dires des guetteurs, « se « rescondian alqunas malvadas gens », approvisionne de projectiles la bride installée sur ses remparts, qui sont garnis de crocs. Littéralement, elle boucle sa cuirasse et ceint son épée. Elle sait que de Caumont, qu'elle fait chercher partout par ses espions, menace l'Albigeois. Le danger est si imminent que les consuls de Lavaur offrent leurs gens d'armes à leurs collègues d'Albi. Pierre-Raymond de Rabastens les avise de la prise de Vaour.

Et l'année 1360 n'est, en quelque sorte, que le prologue du drame qui va se jouer dans l'Albigeois. On en suivra les diverses péripéties. On verra les Anglais occuper successivement toutes les places fortes qui longent l'Aveyron, qui se dressent dans les gorges du Viaur ou sur les marches de l'Albigeois et du Rouergue : Penne, l'inaccessible château, Padiès, Aygou, Trébas, aux environs de Valence, Thuriès et les Planques, véritables nids d'aigle, Gaycre, Curvalle, Paulin, Saint-Jean-de-Janes. Un peu plus avant, à mi-plaine, ils tiendront Rosières et Razisse. Si l'on examine la carte de la région, on constate que toutes ces places, à l'exception de Penne qui couvre Montauban, sont rangées en demi-cercle, du nord à l'est, et qu'elles commandent les portes qui s'ouvrent sur le Rouergue ; de telle sorte que le plan des Anglais semble avoir été, non d'occuder l'Albigeois, mais de protéger le Rouergue où ils s'étaient fortement retranchés. Ils ne s'aventurent dans la plantureuse plaine d'Albi, en de rapides chevauchées, que pour y opérer de fructueuses razzias, s'emparer des animaux, rançonner les gens, brûler les récoltes, vendanger les vignes. On les vit s'élancer de leur repaire des Planques et venir cueillir, sous le rempart de la ville, le guetteur Huc de Laval.

L'Anglais n'est pas le seul ennemi à redouter. Les routiers, les gens d'armes, sous quelque bannière qu'ils marchent, répandent la terreur autour d'eux. L'on verra les consuls, en juin 1370, supplier le duc d'Anjou de renoncer à son projet d'amener les troupes cantonnées en Auvergne, sous prétexte de tenir l'ennemi en respect ; ils trouvaient sans doute le remède pire que le mal. Or, innombrables étaient les compagnies qui sillonnaient l'Albigeois.

Un autre fléau pour ce malheureux pays était la rivalité des comtes de Foix et d'Armagnac qui, tous deux, y possédaient d'immenses domaines et s'y disputaient la prépondérance. Et chacun avait ses places fortes, ses troupes, vivant dans la région comme en pays conquis.

C'est donc dans les comptes des consuls qu'il faut étudier l'histoire militaire de cette funeste période. Mais ils ne sont pas moins riches en renseignements sur l'histoire des institutions. M. Paul Dognon y a puisé, en grande partie, les éléments de son monumental ouvrage : *Institutions politiques et administratives du pays de Languedoc*. On sait que le Languedoc était administré par un représentant du roi, le lieutenant général, et que l'impôt était consenti par les trois Etats. De là l'importance des nombreux articles des comptes qui constatent l'envoi des délégués communaux à la réunion des Etats.

C'est la réunion à Sommières des communes d'abord convoquées à Lectoure (juillet-août 1360.) Nouvelle réunion en septembre à Montpellier, en octobre à Carcassonne, en octobre et novembre à Pézénas. Ces convocations successives, à si peu d'intervalle, sont caractéristiques. Le comte de Poitiers, en effet, ne pouvait obtenir des communes qu'elles s'inclinassent devant ses volontés. L'article 265 des comptes nous apprend que le lieutenant général, pour vaincre leur résistance, avait fait arrêter tous les délégués. Aucun historien, que nous sachions, n'avait relaté ce coup de force.

Le duc d'Anjou succède au comte de Poitiers dans le gouvernement du pays de Languedoc. L'année consulaire 1368-69 voit quatre fois les communes se réunir : en septembre 1368 à Toulouse, en janvier 1369 à Carcassonne — l'histoire n'a pas enregistré cette réunion — en février et avril à Toulouse encore.

La réunion tenue en juin 1369 dans cette même ville ne fut, en quelque sorte, que le prolongement de celle d'avril. Mais le duc les convoque encore à Carcassonne au mois de juillet 1369, et M. Dognon lui-même, qui a relevé avec tant de soin les dates extrêmes de ces assises des communes, est muet sur cette réunion. Ce sont les deux seules que relatent les comptes de 1369-70.

Au reste ces solennelles réunions des délégués communaux se font plus rares. En 1370-71, nous ne relevons que celle qui fut tenue à Nîmes du 8 au 14 janvier 1371. Au cours de l'année consulaire 1374-1375, on n'en constate que deux, celles de Toulouse d'avril et de juin.

Les comptes de 1377-78 nous révèlent la violation par le duc d'Anjou de l'un des privilèges que la province estimait le plus précieux : le libre consentement de l'impôt. Le comte de Poitiers arrêtait les délégués qui regimbaient, le duc d'Anjou se passe de leur concours, et de sa propre autorité il impose au pays 2 francs et demi par feu en mars 1377, (nouv. sty.), 2 autres francs en septembre et 5 en décembre. L'article 47 de ces comptes est formel sur ce point. Ce n'est qu'en février 1378 qu'il convoque les communes à Béziers d'abord, à Toulouse ensuite. Une seconde réunion se tint, au mois de mai suivant, à Montpellier.

Avec les comptes de 1380-81, nous arrivons à la longue querelle du duc de Berry et du comte de Foix, qui se disputent, les armes à la main, le gouvernement du Languedoc. Il est alors administré par des « governadors ». Ce sont eux qui provoquent les réunions tenues, en juillet 1380, à Béziers et, au mois d'août suivant, à Carcassonne. A son tour, le sénéchal de Carcassonne convoque les communes, le 5 janvier 1381, à Narbonne, pour créer les ressources nécessaires à la défense du pays ; quelques jours après, le 15, elles se réunissent de nouveau à Carcassonne sur l'invitation des gouverneurs. Enfin le comte de Foix les rassemble à Mazères le 24 avril 1381 (1) et le 7 mai suivant.

---

(1) Il y a lieu de modifier la note 1 de la page 339, où nous avançons que la session s'ouvrit le 22, contrairement à ce qu'avait dit M. Dognon. C'est M. Dognon qui a raison. Il voudra bien nous pardonner

Ce rapide résumé laisse entrevoir l'intérêt qui s'attache aux comptes consulaires : ils permettent de compléter et de corriger les données de l'histoire générale.

Le premier fascicule des *Comptes consulaires* se ferme sur le siège du château de Thuriès, dont le bâtard de Mauléon venait de s'emparer. C'est le journal même de ce siège, qui dura trois mois et demi, qu'on lira sous le titre de : *Sec se la mesa facha per lo loc de Thuria*.

Il n'est peut-être pas d'événement qui ait produit, dans l'Albigeois tout entier, une émotion plus considérable. Dès le 7 octobre 1380, probablement le lendemain de la prise de cette imprenable citadelle, les consuls envoient des espions à Pampelonne pour s'assurer de l'exactitude de cet audacieux exploit. Le 10, l'évêque fait demander à Réalmont et à Lombers des gens d'armes pour concourir au siège de Thuriès. Le 11, le sénéchal de Carcassonne écrit aux consuls d'Albi que « hom lo sertiffiques de la presa de Turia », et ces derniers sollicitent, le surlendemain, le seigneur d'Arpajon et Sicart del Bosc, seigneur de Thuriès, de mettre le siège devant la place. Heureusement que, sur ces entrefaites, arrive Turci avec sa petite armée à laquelle se joignent les Albigeois.

Les opérations du siège durent commencer le 15 octobre. Le 17, en effet, les consuls donnent l'ordre d'expédier aux assiégeants du pain, une bombarde avec des boulets de pierre et de la poudre, on fait même venir de Castres, un maître de bombardes, Guiraut Vinagre. Les communes de l'Albigeois et du comté de Castres, convoquées par l'évêque, avaient promis à Turci de lui livrer, par jour et pendant huit jours, mille miches de pain, deux pipes de vin, deux bœufs, dix moutons, dix charges d'avoine et dix francs à distribuer à chaque gentilhomme. Le comté de Castres se dérobe au dernier moment et cette dépense retombe sur l'Albigeois. Les opérations du siège traînent en longueur; le 26 novembre arrive une bombarde de Lavaur.

cette malencontreuse chicane. Dans cette même note, il faut lire que les délégués restèrent 12 jours, et non 2, à Mazères.

Le seigneur de Turci veut « far levar ɪ engienh que apela trueja per damnejar los Engles ». Ce sont encore les Albigeois qui font la dépense de construction de cet engin que Boutaric prend pour un bélier, Froissart pour un pierrier ou mangonneau, et que Viollet-le-Duc ne mentionne pas dans son *Dictionnaire d'architecture militaire*. Mais les charpentiers, envoyés au siège, pour construire la truie demandée, regagnent Albi avant d'avoir terminé leur ouvrage.

Turci se plaint du peu d'aide qu'il reçoit ; le 28 décembre, il se rend à Gaillac pour secouer la torpeur de l'Albigeois ; il menace de lever le siège si on ne lui envoie pas de secours. Alors on s'agite ; les communes envoient des députés à Toulouse, à Carcassonne et enfin à Narbonne où le Sénéchal avait convoqué le conseil, pour demander aide et assistance. Mais le pays était si épuisé qu'ils ne purent rien obtenir.

Le 12 janvier, Jean d'Escouteville, frère du seigneur de Turci, vient à Albi, il déclare que les assiégeants manquent de vivres et qu'ils vont se retirer si on ne leur en expédie pas. Les consuls convoquent le conseil de ville, qui décide de faire un nouvel effort et vote l'achat de 50 francs de vivres. Mais qu'était ce subside, en présence des besoins de la petite armée ? Turci lève le siège le 1ᵉʳ février et amène ses gens à Albi.

Le château de Thuriès, dont les ruines existent encore, occupe tout l'étroit plateau d'un promontoire enserré dans un des nombreux replis du Viaur. Il n'est accessible que du côté de Pampelonne et domine de plus de cinquante mètres la capricieuse rivière.

Dans ses *Chroniques*, Froissart a raconté, d'après le récit du bâtard de Mauléon lui-même, la prise de cette citadelle.

En dehors du château et de la ville se trouvait une belle fontaine, et tous les matins « les femmes venoyent à tout « cruches et autres vaisseaux ; et là les emplissoyent et les « emportoyent sur leurs testes. » Avec cinquante compagnons, il arrive, à minuit, aux environs de Pampelonne, où sa troupe se met en embuscade. « Et moy, sixième tant

« seulement, en habits de femme et des cruches en nos
« mains, veinsmes en une prairie, assez près de la ville ; et
« nous mussames en une bauge de foin, car il estoit envi-
« ron la Sainct Jehan en esté, qu'on avoit fenné et fauché
« les prés. »

A la pointe du jour, la petite troupe armée, en apparence seulement, de ses seules cruches, se mit en marche vers la ville. L'un des soldats sonna du cor, « pour attraire nos « compaignons ». La porte n'avait d'autre garde qu'un savetier « qui mettoit à poinct ses formes et ses rivets. ». Et ils entrèrent, sans coup férir, dans la place que personne ne défendit. « Ainsi pry-je la ville et chastel de Thurie. » De l'aveu même de l'auteur de ce récit, le château lui valut, « que par partis, que par bonnes fortunes », 100.000 francs, soit un million et demi de notre monnaie.

Les comptes prennent le bâtard de Mauléon, sur un point capital, en flagrant délit de gasconnade. La surprise de Pampelonne et du château de Thuriès eut lieu, non au mois de juin, mais le 6 octobre 1380. Il est probable que les défenseurs de la place étaient de connivence avec Mauléon. L'imagination de ce chef de bandes a, sans doute, brodé des fioritures autour de son exploit (1).

L'importance historique des *Comptes consulaires* d'Albi n'est donc pas niable. Dans l'introduction qui ouvrira le second fascicule, nous essaierons de dégager leur intérêt économique. Sous cette poussière de détails, sous cet amas énorme d'articles de dépenses se cachent les conditions mêmes de l'existence de nos ancêtres, dans la dernière moitié du xiv° siècle. Nous les mettrons en pleine lumière ; nous établirons le prix des choses à cette époque reculée, nous étudierons ces nombreuses monnaies, au cours éphémère, dont le nom seul est à peine connu de quelques érudits.

---

(1) Dans la note 3 de la page 349, nous disons que les consuls de 1379-80, maintenus en 1380-81, avaient transcrit, sur un même registre, les recettes et les dépenses de ces deux exercices. Un examen très attentif des comptes eux-mêmes et des délibérations du Conseil communal nous permet d'affirmer que les derniers comptes qui figurent sur ce fascicule appartiennent à la seule année 1380-81. Notre note doit donc être considérée comme non avenue.

Les comptes nous permettront encore de consacrer un intéressant chapitre à l'architecture militaire, et l'on constatera peut-être que Viollet-le-Duc n'a pas tout dit sur le système défensif, sur les fortifications d'une ville ceinte de remparts.

L'intérêt philologique des comptes n'est pas moins évident. Nous y ferons une ample récolte de mots inconnus des romanisants, de formes qui n'ont pas encore été enregistrées. M. Jeanroy a consacré au dialecte albigeois, dans l'introduction à nos comptes de 1359-1360, une remarquable étude. Nous la complèterons sur quelques points et les formes nouvelles, les mots inconnus seront l'objet d'un important glossaire.

Enfin, nous ne négligerons rien pour que les Comptes consulaires d'Albi du xiv° siècle soient dignes d'être lus et étudiés de tous ceux que l'histoire, toute l'histoire de notre passé ne laisse pas indifférents.

Albi, 1er mars 1906.

DOUZE COMPTES CONSULAIRES D'ALBI

DU XIVᵉ SIÈCLE

COMPTES DE 1360-1361

Les cinq premiers folios de ce registre manquent. Les vingt premiers sont entièrement consacrés à l'inscription des recettes provenant des communs ; ils n'offrent aucun intérêt. C'est une aride nomenclature de noms propres, les noms des contribuables albigeois, avec, a côté, le montant des sommes payées par chacun d'eux. Cette liste de noms est dressée par gaches et cunhs. Il suffit de savoir que les recettes provenant des communs se sont élevées au chiffre de 1216 livres, 5 sous, 7 deniers.

Après ce total, inscrit au verso du folio XX, on lit :

E mai a pres xx lbr. xv s. vi d.
E mai xl. floris.

Viennent ensuite quelques recettes ordinaires que voici :

[Fº XXI. rº] Aysso dejots escrig es la preza que ieu Phelip Vayssieira j'ey facha de Guilhem Soelh, arendador del emolimen del pont de Tarn d'Albi de l'an lx.

1. Item presi del dig Guilhem Soelh, arendador del pon, a xvi de jun.. lx s.
2. a xxxi d'aost, l'an desus....................... . li s. vi d.
3. a xx de cetembre..................................... xl s.
4. a xxix d'octobre, l'an desus.................... xxxii s.
5. a xv de novembre, l'an desus.................. xl s.
6. l'endema de Sta Cessella, l'an desus..... .... xxx s.
7. lo dia de la Concepcio de Nostra Dona, l'an desus... xxxiii s.
8. Prezi de P. Be de Fara, a xxix dias d'octobre, que s'afinec am los cossols quant se fo mudat al Castelvielh, et ac ne, escrig de ma ma ; fo fag lo 'dia desus. .... vi lbr. viii s.

9. Prezy de Johan Quabravaira, per ɪ resta que devia de l'arendamen del pon de l'an mºcccºlvɪɪɪ, qu'era tezaurier R Selet ; laqual resta era els comtes del dig R. Selet........ ɪɪ floris, ɪ gros.

Soma ; xx lbr. xv s. vɪ d. et ɪɪ floris, ɪ gros.

[Fº XXI, vº] 10. Presi, del deute que Mº Bertran de Terrida (1) devia a la vila, losquals li avian prestatz los cossols de l'an lvɪɪ, losquals se desducero de una soma de lxvɪɪ motos e ɪɪ gros que ero estatz asignatz al dig Mº Bertrand de Terrida per en Bernat Montanier, thesaurier de Carcassona, a xxɪɪɪ dias de jun........... xl floris.

De laqual soma dels xl floris sobreditz, paguiey a ɪ escudier del dig Mº Bertran, on miels se conte en la meza d'aquest libre, a xxxvɪ cartas, vɪ floris e ɪɪɪɪ gros.

AVE MARIA

[Fº XXII rº] *Aysso es la mesa bailada per mi Phelip Vayssieira, cossol, a'n Domenge de Monnac, cossol, de voluntat dels autres senhors cossols, nostres companhos.*

11. Premieyramen, bailiey al sobredig en Domengue de Monnac, a vɪɪɪ dias de jun, l'an mºcccºlx..... .... cxɪɪɪ lbr. xv s.

12. lo dia meteis, al sobredig....................... xlɪ flor.

13. a xɪɪ dias de jun, al sobredig............ vɪɪ lbr. xɪx s. ɪɪɪ d.

14. lo dia meteis, al sobredig en Domengue de Monnac. vɪɪ lbr. xv s.

15. a xxɪɪ dias del mes de jun, al sobredig en Domenge..........
.... vɪ lbr. v s.

16. a xxɪ dia del mes de jul, al sobredig en Domenge. v flor. d'aur.

17. a xxɪɪɪ dias del mes de jul, al sobredig en Domenge... xx s.

18. a xxv de jul, al sobredig............................... lx s.

19. a ɪɪ dias d'aost, al sobredig en Domenge de Monnac.... xl s.

20. al sobredig en Domenge de Monnac, per la ma de P. del Solier, mercadier del Sali, (2)......... .... vɪ lbr. x s.

Soma : cxlvɪɪɪ lbr. ɪɪɪɪ s. ɪɪɪ d. e may xlvɪ floris.

[Fº XXII vº]. 21. al sobredig en Domenge de Monnac. ....
.... vɪɪ floris d'aur.

22. a xv dias d'aost, al sobredig en Domenge de Monnac. xɪɪ lbr.

23. a vɪ dias del mes de novembre, al sobredig en Domenge. v lbr.

24. al sobredig en Domenge de Monnac............ xxx s. ɪ d.

25. al sobredig en Domenge................. .... ɪɪɪ flor.

Soma : xvɪɪɪ lbr. x s. ɪ d. e may x floris.

---

(1) Nous verrons, nº 102, que ce personnage était sénéchal du Rouergue. Il était seigneur de Pennevile. Cf. *Hist. de Lang.* IX, 708.

(2) Nom d'une rue d'Albi.

ANNÉE 1360-61

[F° XXIII r°]. *La mesa bailada per mi Phelip Vayssieira, cossol, a M° Bernat Dedieu, cossol, de voluntat dels autres cossols mos companhos,*

26. Premieyramen, bailiey al sobredig M° Bernat Dedieu, a xxviii dias del mes de jun, l'an m°ccc°lx.................... lxx s.
27. a iiii dias del mes de jul, al sobredig M° Bernat Dedieu, c s.
28. a viii dias del mes de jul, al sobredig............... liiii s.
29. a x dias del mes de jul, al sobredig .... iiii lbr.
30. a xiiii dias de jul, al sobredig................... vii lbr.
31. a xx dias del mes de jul, al sobredig............. iiii lbr.
32. a xxii dias del mes de jul, al sobredig............ xii s.
33. a xx dias del mes d'aost, bailiey a M° Bernat Dedieu, viii lbr.
34. a xiii dias del mes de cetembre, al sobredig M° Bernat, viii lbr.

Soma : xlii lbr. xv s.

[F° XXIII v°]. *La mesa bailada per mi Phelip Vayssieira, cossol, a M° Ademar Sagresta, cossol, de voluntat de totz los autres cossols mos companhos.*

35. Premieyramen, bailiey, a xix dias del mes de jun, l'an m°ccc°lx, al sobredig M° Ademar Sagresta, cossol.................... xl s.
36. a xxi dia de jun, al sobredig....................... lx s.
37. a iii dias del mes de jul, al sobredig................ l s.
38. a xxiii dias de jul, al sobredig........ xviii lbr. i s. v d. m^a
39. al sobredig M° Ademar........................... vi lbr.
40. lo dia desus, al sobredig.............. x lbr. ii s. viii d. m^a

Soma : xlvi lbr. xiii s. ii d.

[F° XXIIII r°]. *La mesa bailada per mi Phelip Vayssieira, cossol, a R. Fabre, cossol, de voluntat de totz los autres cossols mos companhos.*

41. Premieyramen, bailiey, a iiii dias del mes de jul, a R. Fabre sobredig.. c s.
42. al sobredig R. Fabre............................. lx s.

La mesa bailada per mi Phelip Vayssieira, cossol, a'n Enric de Verno, cossol, de volontat de totz los autres cossols mos companhos.

43. Premieyramen, bailiey, a xii dias d'aost, l'an m°ccc°lx, al sobredig Enric de Verno .... l s.

Soma : x lbr. x s.

[F° XXIIII v°]. *Aysso es la mesa comuna facha per mi Phelip Vayssieira.*

44. Premieyramen, paguiey, a xx dias de may, per ii entorcas e per doblos que pesava (1) vi lbr. e m. per for de ii crozatz e m. la

(1) Correc. *pesavo.*

lbr.; monta I flor. IIII gros, I cart. Lasquals foro a far dire la messa de S. Esperit, l'endema que fom faitz cossols.

45. lo dia desus, que donem als capelas et als clergues que cantero la messa e la ajudero a dire.................... v crozatz.

46. lo dia desus, per III mas de papier a sirvizi de la mayo cominal, lasquals foro de l'obrador d'en Bertran de Cazanova. IIII crozatz.

47. lo dia desus, per II entorcas que pezavo VII lbr., que foro de l'obrador d'en Bertran de Cazanova, lasquals entorcas foron donadas a'n R. Celet et a'n J. Gieussa, capitanis...... I flor. v crozats, m.

48. a XXIX dias de may, a M° P. Rausa, notari, que estec a Carcassona XI dias per anar tener la jornada que erem citatz per auzir ordenanssa de las escripturas e del prosses e del port del prosses remissori del fag de M° d'Albi, per las apellacios ; e fos ordenat que en aquo endemieg se fezes relacio del fag en presencia dels avocatz de cada partida, am entimacio que se no y ero, que la relacio se faria en lor absencia ; e per tener las jornadas dels autres platz que la vila mena a Carcassona, e per far ordenar lo libel apellatori de Pos Renhas, e far vezer a ple lo negossi a cascu dels avocatz, et del[i]urar sobre la manieira del procezir, e far ordenar una appellacio ; car fo ordenat que la vila pagues la meitat de las escripturas del dig proces, may tot lo port en Franssa (1).... XI flor. e mieg.

Soma : xv floris, III cartz de crozat.

[F° XXV r°]. 49. a XXIX dias de may, a'n Bernat Montanier, thesaurier de Carcassona, per una resta de la segonda pagua del moto per fuoc ; (2) et avem ne bilheta (3)................ XX motos d'aur.

50. per far e sagelar la dicha bilheta................... XII d.

51. lo dia desus, per IIII rossis que loguem a IIII cossols que anero far la reverencia a M° d'Albi, a Combafa (4).......... VIII crozats.

(1) En marge on lit, mais d'une autre écriture : *non a bilheta. Mostrec la bilheta*. Ses mots sont cancellés.

(2) Il s'agit du mouton par feu octroyé par les trois ordres des sénéchaussées de Toulouse, Carcassonne, Beaucaire, Quercy, Rouergue, réunis à Carcassonne, 20 octobre-15 novembre 1359. Voir *Institutions politiques et administratives du pays de Languedoc*, par M. Paul Dognon. Toulouse, Privat, 1895. Cf. aussi nos *Comptes consulaires d'Albi, 1359-1360*, même éditeur, 1900. Introd. p. XXI.

(3) On lit en marge, mais cancellée, la formule : *Mostrec la bilheta*.

(4) L'évêque d'Albi était Hugues d'Albert. Il occupa le siège depuis 1355 jusqu'en 1379. Lorsque ce prélat résidait dans son diocèse, il se tenait généralement à son château de Combefa, cant. de Monestiés. Nous verrons, (n° 83) qu'il vint à Albi en juin et que les consuls lui firent des présents. Le registre des délibérations du conseil (BB 16,

52. lo dia meteis, per un parelh de sabatos de vaca que comprem a R. Camarlenc, que anec am los dits cossols a Combafa, de volontat dels senhors.................................. iiii crozatz.

53. a'n Bertran de Cazanova, per lo garnimen de la sua rauba e per aquela d'en Guilhem de Marssac et per aquela de M° P. Fajas,... i flor. e mieg.

54. per lo garnimen de la rauba de Posset Glieyas e de son companh, e per aquela de Bernat lo fornier, tromp[et]aire, loqual garnimen fo de l'obrador d'en B. de Cazanova,............ x crozatz.

55. a'n Bernat Esteve, pelicier, per las folraduras mias e de Guilhem de Marssac et d'en Gui Bona et de Bonet Talhafer, cossols,.. iiii flor.

56. a Johan de Grolais, comissari de Carcassona, que era vengut sobre la vila per lo subcidi del moto per fuoc, (1)..... i flor.

Soma : xxxvi floris, viii gros e iii d.

[F° XXV v°] 57. lo dia meteis, a Guilhem Lombart, pelicier, per las folraduras de la rauba de Bertrand de Cazanova, i flor. d'aur.

58. a Taulo, pelicier, per las folraduras de R. Fabre e de M° Ademar Sagresta,........................... ii flor. d'aur.

59. a Pos Renhas, pelicier, per las folraduras de la rauba d'en Izarn Lombers e de Domenge de Monnac,.......... ii flor. d'aur.

60. a Guilhem Esteve, per las folraduras de Posset Glieyas et de son companh e de Bernat lo fornier............. ii flor. m. d'aur.

Fon canselat per my Felip Vayssieira. (2)

61. a M° P. Rigaut, sartre, per las fazeduras de la rauba d'en Guilhem de Marssac, d'en Bertrand de Cazanova, d'en Enric de Verno, de M° Bernat Dedieu, de M° Ademar Sagresta, de Phelip Vayssieira, de M° P. Fajas, de Gui Bona, de Domenge de Monnac, de R. Fabre, a for de cada rauba i flori ; monta.......... x flor.

62. a M° Jacme Cornus, per las fazeduras de la rauba d'en Isarn Lombers.. i flor.

---

f° 82, r°) mentionne ainsi sa mort : « Aqui fon dig que moss. Huc, avesque d'Albi, era mort, se hom faria honor a la sobontura, ni quala. E sus aquo, totz tengro que los senhors cossols, e nom de la universitat, dono a la dicha sobontura i drap d'aur e x entorcas, o, se hom ne podia aver, dos draps de competen razo, ho a loguier, ho autramen, am xii entorcas, que hom lo fassa. » (11 mars 1379 nouv. sty.) Il fut enterré dans le chœur de Ste-Cécile, au bas des degrés pour monter au sanctuaire.

(1) En marge, mais cancellé : *mostrec la letra*.

(2) Cet art. est en effet cancellé ; de plus on lit en marge : *no costaco mas IX gros per pesa, e de l° no fo re pagat*.

63. a Mº P. Rigaut, per las fazeduras de las raubas de Posset Glieyas e de son companh e de Bernat, lo fornier, ɪɪ flor. e mieg.

Soma : xvɪɪɪ flor. vɪ gros. (1)

[Fº XXVI. rº] 64. ad Arnaut Ademar, bayssaire, per bayssar una partida dels draps de las raubas del cossolat............... ɪɪ floris.

65. a Jonat de Compuenha, bayssaire, per baissar una partida dels draps de las raubas del cossolat et de las gachas.......... ɪ flor.

66. per vɪ entorcas de ɪɪɪ lbr. cascuna, que aguem, lo dia de Corpus Christi, (2) per portar davant lo cors de Dieu ; lasquals foro de l'obrador d'en Cazanova, per for de ɪɪ crozatz m. la lbr.; monta, ... v flor. d'aur.

67. lo dia meteis, a Mº Duran lo penheire per far los senhals de la vila en las sobredichas entorcas..................... ɪɪɪ crozatz.

68. a ɪɪɪɪ dias de jun, per una botuola de tencha que aigui de Mº Johan Amoros...................................... ɪª cohuda.

69. lo dia meteis, per ɪɪ mas de papier que comprec Mº P. Rauza per far los cartels a la mayo cominal,...... ɪɪ crozatz e ɪɪ tersses.

70. a P del Bosc, sirven, per tot ɪ dia que anec per la vila per penhorar e per bailar los trailatz dels comus............ ɪɪɪ crozatz.

71. lo dia meteis, a Berni Astruc, que portava los gatges a la mayo cominal d'aquels que no volian penre los cartels.... ɪ crozat.

Soma : vɪɪɪ floris e mieg, ɪɪɪɪ gros e ɪ morla.

[Fº XXVI vº] 72. lo dia desus, per portar et per tornar los bancxs a Sᵗᵃ Cesselia, que fazia hom processio per tal que Dieu nos dones plueia................................ ɪ cohuda.

73. a ɪx dias de jun, a Johan de Grolais et a P. de Marlas, sirvens de Carcassona, venguts sobre la vila per la pagua del subcidi dels ɪɪɪᶜ xxx motos,................................... ɪɪɪɪ flor. (3)

74. per la copia del mandamen ; costec,......... ɪª cohuda.

75. lo dia desus, a P. del Bosc, sirven del rey, per ɪɪɪɪ dias que avia estat, los ɪɪɪ dias, am los comissaris desus que penhorava per la villa am los comissaris, e ɪ dia que estec a penhorar cant los comissaris s'en foro anatz que li avian donat lo poder de la comissio,............................ vɪɪɪ crozatz.

76. lo dia desus, a Mº Arnaut de Bernucha, notari, que anava per la vila am los comissaris per bailar los trailatz a las gens, et am

---

(1) Le scribe avait d'abord écrit : *XXI floris e mieg*. Ces mots son cancellés.

(2) Suivant la coutume ce mot est écrit : *xri.*

(3) En marge on lit : *mostrec la letra*.

carta, car no los volian penre; et estec hi iiii dias, ac ne, viii crozatz.

77. a'n Elias del Port, que avia anat am los ditz comissaris, de volontat dels senhors cossols,.......................... iii crozatz.

Soma : v floris. viii gros. (1)

[F° XXVII r°] 78. may, a xii dias de jun, a Berthomieu de S. Daunis, sirven del rey, per tot i dia quo estec a penhorar per la vila aquels que avian los trailatz....................... iii crozatz.

79. a xiii dias de jun, a Guilhem de Montagut, sabatier, per ii veguadas que anec a Cadalenh per portar ii letras clausas a M° Guilhem Peire de las Toelhas que nos avizes dels enemixs on ero, ... iiii crozatz.

80. lo dia desus, per una letra que aguem de Carcassona que poguessem levar prest, ... i crozat.

81. a xv dias de jun, ad i macip quens aviau trames los cossols de Carcassonna, am una letra clauza, que nos mandavo (que) l'acordi que aviau fag am la compte de Fois, et mandavo que ii dels cossols la anesso ; e donem 'li, de volontat dels senhors, ... vi crozatz.

82. lo dia desus, a Berthomieu de S Daunis, per tot i dia que estec a penhorar per la vila aquels que avian los trailatz dels comus, am i garsso que li portava los gatges,..................... iii crozatz.

Soma : i flori, xi gros.

[F° XXVII v°] 83. a P. Donadieu, per una pipa de vi de vi sestiers e emina, que comprem a for de xiii crozatz lo sestier : laqual pipa fon donada a M° d'Albi cant venc en esta vila, que avia esta gran tems que no ero estat en esta vila ; e fon li donada de volontat dels senhors cossols ; monta,............. viii floris, v crozatz.

84. lo dia meteis, per ii niolas de veire am que fo prezentat lo vi al dig M° d'Albi:............................. ii crozatz.

85. a xvi dias de jun, a Ramon Toron et a R. Terrassier, sirvens del rey, per sagelar totz los obradors de la vila.. ii crozatz.

86. lo dia meteis, per iii mas de papier que foro de l'obrador d'en Bertran de Cazanova, ad obs de la mayo cominal.... iiii crozatz.

87. a xviii dias de jun a R. de Brus et a Ramilho, sirvens del rey, que pinhorero dos jorns per la vila ; agro ne......... vi crozatz.

---

(1) Nous avons établi dans *Comptes consulaires d'Albi de 1359-1360* que la valeur du florin, en 1360, est de 24 sous ; nous verrons, art. 129 que le crozat = 2 s. ; enfin la valeur du gros est immuable à 15 deniers. Les 5 flor. du total de ce verso donnent en sous $5 \times 24 = 120$; les gros $= 8 \times 15/12 = 10$ s., soit un total de 130 s. D'autre part l'addition des florins et des crozats de ce v°, dont la valeur nous est connue, donne en sous $4 \times 24 + 19 \times 2 = 134$. Le total est donc erronné.

88. lo dia desus, per ı libre de ıı mas que aigui de l'obrador d'en Enric de Verno ad escriure los comus ; costec...... ıııı crozatz.

89. a Monderi, sirven del rey, per portar a Carcassona una letra clauza a'n Gui Bona que nos tramezes mandat en que era romazut lo cosselh del compte de Fois am las comunas...... ı flor. d'aur.

Soma : x floris, xı gros.

[F° XXVIII r°] 90. a xxı dia de jun, a Posset Glieyas, guacha de la vila, per la pencio quel deviam del terme de S. Johan...... ʟx s.

91. la dia desus, a R. Camarlenc, guacha de la vila, per la penssio quel deviam del terme de S. Johan...................... ʟx s.

92. lo dia desus, a M° P. de Cazalenxs, notari, et a Vidal Mauri et a Johan de S. Albi, sirvens de Tholosa, que ero vengutz sobre la vila per una resta que deviau los cossols de davant nos per las raubas a M° Pos de Puegbusqua et an R. Gairaut., (1) mercadiers de Tholosa, de xxxıx floris...... ...... ·vı lbr. x s.

93. per la copia de la letra...... .... vı d.

94. lo dia desus, al veirier del Vigua per adobar lo calamar de la mayo cominal .... ı parpalhola.

95. lo dia desus, a candelas de cera per liurar las rendas de la mayo cominal...... .... vı d.

96. a ıı sabatiers que anero am ı rossi am bast a Lombers querre cohas de buous e de rossis, ad obs de far corda a 1l'espingala ; e costec entre lo rossi els loguiers dels garssos, e la despessa del rossi, e las cohas que portero............... ı flor. e ıı crozatz.

97. lo dia desus, a Bernat Pos, sirven, per bandir los pratz de M° P. R. de Senegatz (2) e per ganre de citacios que avia citatz d'omes singulars davant M° Vicari... .... ı crozat.

Soma : xıııı lbr. ıııı s. vı d.

[F° XXXIII v°]. 98. a xxııı dias de jun, ad ı garsso que portec una letra clausa a Tholosa de preguarias a M° Pos de Puegbusqua et al sen R. Garaut, mercadiers de Tholosa, que no nos tramesesson despessa per xxxıx floris que lor devian los cossols de davant nos per las raubas, car nos no auzavam trametre, car lo cami era perilhos de las gens del comte de Fois que corrian per tot lo Tolza ; costec.. vııı crozatz.

(1) Il faut lire Garraut ou Garaut, c'est du reste l'orthographe que nous trouverons plus loin (n° 98), Cf. *Comptes cons. d'Albi 1359-1360* à la table des noms propres.

(2) Ce Pierre-Raymond de Sénégats avait sa maison devant la Cour temporelle. Cf. *Les livres de l'impôt en France*, par Isidore Sarrasy, p. 105.

ANNÉE 1360-61

99. lo dias meteis, ad i garsso que nos trames M° Johan de Bojaussi, am una letra clausa, am laqual letra nos avizava dels enemixs ; e donem li, de volontat dels cossols.......... iii crozatz.

100. lo dia meteis, a Jacmet Reguambal, sabatier, per x dias que avia estat bada al cloquier de St-Salvi .... viii crozatz.

101. a xxiii dias de jun, a Bernat Taulas, sabatier, que anec a Caslus (1) et a Polanh (2) et a Pozols, e per totz aquels locxs autres d'eviro, per espiar dels enemixs on ero ; car hom nos avia dig que per aqui ne avia gran enbosquada ; ac ne..... ...... iii crozatz.

102. lo dia desus, a'n Bernat Montanier, thesaurier de Carcassona, per la resta de la segonda pagua del subcidi del moto per fuoc, laqual resta era estada asignada a M° Bertran de Terrida, cavazier e senescalc de Rozergue (3)..... .... lxvii motos e ii gros (4).

103. per la bilheta.. .... xii d.

Soma : iiiⁿxxxvii floris e iii gros.

[F° XXIX r°]. 104. lo dia meteis, a'n Pabina de Gontaut et a'n Pos de Tilh, cambiadors de Carcassona, per la carta pagua del subcidi, laqual era estada asignada als sobredigs cambiadors per en Bernat Montanier, thesaurier general en la senescalquia de Carcassona ; et avem ne bilheta (5)................ .... cl flor.

105. per la bilheta..... .... mieg crozat.

106. lo dia meteis, a'n Bernat Montanier, thesaurier, per i comissari am i sirven que era vengut per excequtar per lo dig subcidi ; et avem ne bilheta (6)............. .... iiii motos d'aur (7).

---

(1) Aujourd'hui Carlus, à quelques kilomètres au sud-ouest d'Albi. On disait aussi *Caylus* ; il est donc probable que l'étymologie de ce mot est *cailar, caslar*. Or Raynouard traduit *caslar* par château fort. Carlus est en effet un *pay*, une élévation qui était fortifiée.
Ce Carlus a un diminutif dans Carlucet, au faubourg du pont, à Albi ; on écrivait *Casluset* et *Cayluset*. C'est encore un *pueg*.

(2) Aujourd'hui Poulan dans la comm. de Poulan-Pouzols, cant. de Réalmont.

(3) On lit en marge : *mostrec la bilheta*.

(4) La valeur du mouton ressort ici à 31 sous et un peu plus de 1 denier. Nous allons la voir (n° 106) à 31 sous exactement.

(5) En marge : *mostrec la bilheta*.

(6) Même note en marge.

(7) Nous établirons au n° 129 que la valeur du florin est de 24 sous et celle du crozat de 2 sous. La différence entre la *soma* du bas de la page, 158 flor. 1 gros, ou 3794 sous, et le total des sommes exprimées en florins ou crozats, soit 3658, donne la valeur des 4 moutons. Nous avons donc 3794 — 3658 = 136 et 136/4 = 34.

107. de far la bilheta e de sagelar,..................... mieg crozat.

108. lo dia desus, per la ma d'en Gui Bona, losquals donec als factors et als recebedors del dig subcidi, per tal que n'aguessem sosta e que non aguessem despessa..................... II flor. d'aur.

109. lo dia meteis, a'n Gui Bona, per II letras exequtorias que portec de Carcassonna contra lo viguier d'Albi (1) sobre alsqunas cauzas que li voliam demandar davant lo senescalc,.... II crozatz.

110. may, lo dia desus, per II letras exequtorias am que poguesem levar prest; e launa era del senesqualc et l'autra del thezaurier; costero.. II crozatz.

Soma: CLVIII floris, I gros.

[F° XXIX, v°]. 111. lo dia(s) meteis, per una letra exceqoutoria contra M° Ademar Pato que grosses las cartas de las enjurias que avia dichas lo viguier als cossols................. mieg crozat.

112. lo dia(s) meteis, a M° Frances Banhols, notari de Carcassona, per una carta que receup de requesta, laqual requesta fe en Gui Bona a M° R. Guitart, notari, que nos agues ordenat lo proces per trametre en Franssa..................... I crozat.

113. al sobredig en Gui Bona per VIII dias que estec entre anar a Carcassona e tornar et estar la am so vailet a caval, car los senhors ho adordenero; car los camis ero perilhozes e no auzavo tener lo dreg cami, per que ponhec may ad anar et a venir; e prendia, entre el el garsso que menava a caval, cascun dia, II floris; monta..................... XVI floris d'aur.

114. per la ma del sobredig en Gui Bona, losquals se perdero en lo contan de LXXVI lbr. que portec en argen menut per metre en aur, que no trobavem nostre ple en esta vila........... II flor. III cartz.

115. lo dia meteis, a Dorde Decles et a so filh, per I dia que estero ambidos ad adobar dos gachils del Port vielh e las badas desus, e prendia, Dorde, III crozatz e so filh, II; monta....... v crozatz.

Soma : XVIIII floris, III gros, m.

[F° XXX, r°.] 116. lo dia desus, per III canas de planqua ad planquar las badas e far las escalas dels escaliers per on om poja als gachils..................... IIII crozatz e mieg.

117. lo dia desus, per IIII lbr. de cavilhas de fer a cavilhar los escaliers..................... III crozatz.

118. lo dia meteis, per II canas de fuelha d'avet, que foro d'en Berthomieu Pradelh, a for, la cana, de IIII crozatz, per adobar las

---

(1) Le viguier d'Albi était, à cette époque, Philippe de St-Germain. Voir au n° 111 les causes de cette action contre le viguier.

badas dels sobreditz gachils : monta.................. .... viii crozatz.

119. per portar la dicha planqua e las ii canas de fuella sobredichas .... ·..... ˙ i cohuda.

120. per c clavels relhadors que aguem de Brondel ad obs de clavelar las planquas e las postz als sobreditz guachils ; costero .... i crozat e mieg.

121. lo dia desus, per iiii omes que avian estat a raustar aquo dels ostals davant Tarn, a for de ii crozatz per ome ; monta.. viii crozatz.

122. a xxix dias de jun, a Guilhem Carrieira per portar una letra clausa als cossols de Pueg Laurens (1) en laqual letra se contenia quens avizesson dels enemixs, car hom nos avia dig que els ero en aquelas partidas dela, et aviam entendut que els volian venir de la part desa ; ac ne per ii dias que estec entre anar e tornar et estar la..................... .... vi crozatz.

Soma : ii floris, vii gros, m.

[F° XXX, v°]. 123. lo dia desus, a Guilhem de Montagut, sabatier, per portar una letra clauza als cossols de Castras (2) que nos avizesso dels enemixs on ero, quar nos aviam entendut que els volian venir de la part desa ; et ac ne per dos dias que estec entre anar e tornar .... vi crozatz.

124. lo dia meteis, a Brenguier d'Artigas, sirven de M° d'Albi, per bandir l'esplecha de Berthomieu Bosquari que s'en volia anar iiii d.

125. lo dia desus, a P. del Bosc, al[ias] Ramilho, sirven, per tot i dia que penhorec per la vila am i garso quel carejava los guatges .... iii crozatz.

126. lo dia desus, per una ma de papier que aguem a sirvizi de la mayo cominal................. .... ii parpalholas.

127. lo dia desus, per vi omes que avian estat a Roanel per raustar lo pas dejotz lo pon per on passara l'aze del' ospital, e que degun ome no pogues passar ; per for de iii s. cada ome, monta... .... xviii s.

128. per loguier de i pico............................. iiii d.

Soma ; xxiii gros, i morla (3).

[F° XXXI, r°]. 128. a xxx dias de jun, a M° Bernat de Bretols, notari del rey, per grossar la carta del sendicat cant M° R. Vidal anec a Paris per lo plag que menavem am M° d'Albi (4). ix crozatz.

---

(1) Puylaurens, chef-lieu de cant. de l'arrond. de Lavaur, Tarn.

(2) Castres, chef-lieu d'arrond. du Tarn.

(3) Nous aurons l'occasion de voir que la morla vaut 2 den. maille.

(4) Vidal partit d'Albi en décembre 1359 et resta 53 jours absent. Cf. sur cette affaire *Comptes consulaires d'Albi*, p. 21.

129. lo dia desus, per vi canas de fuelha de avet que compriey a far lo amvan de costa la porta de Verdussa. a for de iiii crozatz la cana ; monta... ii flor d'aur (1).

130. lo dia desus, a ii fayssiers que portero iiii peiras grandas a l'obrador de J. Prinhac per far peiras a la brida, e per i torn de balesta que portero de la mayo cominal a la porta de Roanel .... i crozat.

131. lo dia desus, de volontat des senhors, ad i macip que anec a Caslus et a Pozols et a Orbanh (2) et a Lamilharia (3) per avizar las gens dels sobreditz locxs dels enemixs ; e may que se els sentian quels enemixs s'apropiesso, que els nos o mandesso ; et ac ne lo macip.. iiii crozatz.

132. lo dia desus, a Mondo Rodes, que anec a Gualhac am una letra clausa que trametiau a Mº R. Favarel, que el nos avizes se sabia degunas novelas, e que el nos o mandes, ac ne. iii crozatz.

133. a Monderi, sirven del rey, que anec a Rialmon per espiar, am los cossols et am las gens de Rialmon, dels enemixs on ero.... .... iii crozatz.

Soma : iii floris, viii gros.

[Fº XXXI, vº]. 133 (*bis*). lo dia meteis, a Berthomieu de S. Daunis, quel tramezem per espiar se pogra saber dels enemixs on ero ; et ac ne... iii crozatz.

134. a ii dias de julh, a i macip que portec a Carcassona sagelar la letra de la treva dels reis (4); ac ne................ ii crozatz.

135. lo dia desus, a Frances Alari et a Bernat Taulas, sabatiers, et a Frances Guinet et a Johan Manha et a Guiro. fayssier, et a Guinet Salvanhac et a Amblard et a Boet et a Millet, que anero defora las portas, de nuecz, càscu, far l'escota se auziro venir davas neguna part jens d'armas ; et ac ne, cascu, ii crozatz ; monta.....: .... i flor. vi crozats.

136. a iii de julh, a Berthomieu de S. Daunis que anec en Cordoas, am i roci am bast, per comprar coas de buous e de rossis a far la corda de la espingala ; (5) e estec ii dias, e prendia per jorn, lo dig

---

(1) La valeur du flor. étant de 24 sous, les 2 flor. donnent 48 s. ; le crozat vaut 48/4 × 6 = 2 s.

(2) Orban, canton de Réalmont.

(3) Lamillarié, même cant.

(4) L'*Hist. de Lang.* ne mentionne pas cette trève des rois.

(5) Grosse machine de jet placée sur le rempart. Cf. *Comp. consul. d'Albi, 1359-1360*, p. 170, note 1.

Berthomieu, ii crozat[z], el roci autres ii crozatz ; e despendec i crozat e mieg am lo roci, e x crozatz que costero ii saquadas de coas que portec. Monta entre tot.......... i flor. e vii crozatz m.

137. a v de julh, a i messatgier que portec una letra de Carquassona, laqual trametia Domenge de Monnac de la manieyra de la finanssa que avian facha las comunas de la finanssa del rey am M° Bruciquaut (1), conestable de Franssa, e de la finanssa que avian facha del compte de Fois........................... iii crozatz.

Soma : iii flor. ix gros m.

[F° XXXII, r°]. 138. a vi de julh, a Mondo Rodes que anec a Carcassona per portar una letra clausa a Carcassona a'n Domenge de Monnac, cossol, en laqual se contenia que encartes la finanssa de M° lo compte de Fois, en la manieyra que fazian las comunas grossas, e que saubes, am los cossols de Carcassona, en quala manieyra devian aver los deniers d'Avinho per pagar la finanssa del rey ; costec.................................... i flori d'aur.

139. lo dia desus, a Bernat de S. Inlia, mesatgier, que seguec Mondo Rodes que podia be esser a Rialmon e passat, per portar a Carcassona una letra que aviau oblidada de trametre ; ac ne...... .... iii crozatz.

140. a vii de julh, a Isarn Ardalho per adobar e per bangar lo plom que hi mes dels guarrets dels canos, de voluntat dels senhors cossols.. i flor. d'aur.

141. lo dia desus, a Berni Astruc, que avia portatz v boles de fer (2) de Bernat Ribieira e P. del Solier, car no voliau portar argen del trailat que levavo dels comus............... una parpalhola.

142. lo dia desus, a i macip que portec una letra a Lavaur (3) per espiar del senhor de Caumon (4) se hi era, quar, en esta vila, nos dis i mesatgier del vescomte de Ambres (5) que aqui era am v° gla-

---

(1) Les délégués des comm. des trois grandes sénéchausées réunis, en juin-juillet, à Pamiers, s'engagent, devant le maréchal de Boucicaut, le connétable de France, à payer 200,000 florins d'or au comte de Foix, 100,000 immédiatement, le reste à la prochaine fête de Noël. Cet engagement ne fut pas étranger à la signature, le 7 juillet, du traité de paix ménagé par le pape Innocent VI entre les comtes de Poitiers et de Foix. Cf *Inst. polit. et adm.*, p. 606-7. Voir sur cette affaire le n° 191.

(2) Manusc. : *bales*.

(3) Chef-lieu d'arrond. du Tarn.

(4) C'est probablement ce seigneur qui fut député en qualité de juge pour faire observer la trève ménagée par le pape Clément VI entre la France et l'Angleterre, en septembre 1347.

(5) Ambres est à 3 kilomètres de Lavaur, sur la rive droite de l'Agout.

vis e plus, e nos tramezem hi, per saber miellhs la sertanetat, lo sobredig macip ; ac ne.............. .... vi crozatz.

Soma : ıı flor. ıx gr. ı parpalhola.

[Fº XXXII, vº]. 143. lo dia meteis, a Monderi, sirven del rey, que estec tot ı dia am [ı] garsso per la vila per penhorar aquels que levavo los vı comus............................... ııı crozatz.

144. a ıx de julh, a Jacmet Regambal, per vııı dias que avia estat badą al cloquier de S. Salvi... .... vııı crozatz.

145. lo dia desus, a Berthomieu Lemozi, sirven del rey, et a Boet que anero a Carcassona, de nuecz, per anar avizar Domenge de Monnac e Mº P. Rauza, que ero de part dela, que no venguesso per aquels camis perillhozes, car nos aviam saubut de sert que Mº Arnaut Paya era pres, que era dela, per las companhas del senhor de Fois ; et agro ne ambidos, car tota una nueg anero, que aviam paor que lo dig Domenge se fosso mes en cami ; et agro ne, entre anar e tornar, de volontat dels senhors........ ıı flor. vı crozatz.

146. a x dias de julh, a Mº R. Guitart, notari de Carcassona, per la ma de Guilhem de Maurs de Monestier (1), per una partida de las scripturas que tenia Mº R. Guitart ; et avem ne bilheta del dig Mº R. (2)................. .... v flor. d'aur.

147. lo dia desus, a Mº R. Vidal que anec a Carcassona, am en Gui Bona, per alonguar la jornada que era en Franssa entre la vila e Mº d'Albi, e per aver los processes de Mº R. Guitart, per vııı dias que estec entre anar e tornar et estar la, e prendia ı rial per dia ; monta (3)....................................... ıx flor. d'aur.

Soma : xvıı flor. vııı gros.

[Fº XXXIII, rº]. 148. lo dia desus, a'n Gui Bona que anec, am lo dig Mº R. Vidal, a Carcassona per alongar la dicha jornada que avia la vila am Mº d'Albi, e per aver las dichas escripturas de Mº R. Guitart; per vııı dias que estec entre anar e tornar et estar la : e prendia, cascun dia, ıı floris am so macip a caval : monta... .... xvı flor. d'aur (4).

149. lo dia desus, a Monderi, sirven del rey, per tot ı dia que penhorec per la vila am Bertran Rosso, quel legia lo rotle, et am ı ome que carrejava los guatges ; et agro ne entre totz ııı... ıııı crozatz.

(1) Chef-lieu de cant. de l'arrond. d'Albi.

(2) En marge on lit : *mostrec la bilheta.*

(3) La valeur du florin d'or étant de 24 sous, celle du réal ressort à 27 sous. Voir aussi l'art. 220.

(4) E marge on lit : *no prendia mar un reyal.*

ANNÉE 1360-61

150. lo dia desus, a Guilhem Verdier, sabatier, ΙΙ^cL teulas que aguem ad obs de sarrar las portas de la Trebalha e de las autras portas.................................... I flor. IX crozatz.

151. lo dia desus, a'n Berthomieu Pradelh per I milhier de teula que aguem ad obs de sarrar las portas et a emurar, so es a saber la porta de la Trebalha e de Verdussa e de Roanel ; costec......... .... VII flor. d'aur.

152. lo dia desus, a'n Berthomieu Pradelh per XII pessas de fusta ad obs de planquar lo mur de costa la porta de Roanel. VII crozatz.

153. lo dia desus, a'n Berthomieu Pradelh per XII cledas ad obs de planquar lo mur en que pogues hom metre de la peira ; costero. .... VII crozats.

154. A Gautier, per portar la dicha fusta e las cledas sobredichas e per redortas ad estaquar las dichas cledas,.......... II crozats.

Soma : XXVI flor. VI gros.

[F^o XXXIII v°] 155. a M° P. de Valencas per metre la fusta e per far los boials al mur de Roanel...................... I crozat.

156. per la escala, per pojar en lo dig mur de Roanel ; costec..... .... II crozats.

157. a XII dias de Julh, a Guilhem Carrieira, per una letra clausa que portec de part de nos a'n Domenge de Monnac a Carcassona et a Me P. Rauza,.. .... I flor. d'aur.

158. a XIII dias de julh, ad I macip que nos trameiro los cossols de Lavaur am una letra clauza que nos mandero se voliam sequors ni ajuda de jens d'armas que els non proveziro d'aquelas que pogro, car els avian entendut quel senher de Caumon era en Albiges ; e fon donat, de volontat dels senhors, al macip que porteç la dicha letra..................................... VI crozatz.

159. lo dia desus, a Bayona, afanaire, per II necz que era estat deforas a'n aquo d'en Johan Adhemar, bot d'en Bertran de Cazanova, quel trametiam letras claus(s)as quens avizes dels enemixs on ero ni que fazian et que se sabia(n) negunas noelas, que nos o reportes de part desa ; ac ne lo dig masip.................. IIII crozats.

160. lo dia desus, a XII omes que estero a talar la ribieira de Frances de La Grava, car aviam auzidas, per las jens del guag, que aqui se rescondian alqunas malvadas jens ; a for, cada ome, de I crozat e mieg............................ I flor. e VI crozatz.

161. lo dia meteis, ad Huc Gui que los gardava...... II crozatz.

Soma : III floris, IX gros.

[F^o XXXIIII, r°] 162. a XIIII dias de julh, a XII omes que estero a la dicha ribieira per talar, a for de I crozat e m. per ome, e may Huc Gui, que lor estava davant, II crozats ; monta tot. I flor VIII crozats.

164. a xv dias de julh, a ɪ notari que era de la cort del rey que escris ɪ eventari dels guatges que fezem vendre a l'encan, car Mᵉ P. Rauza era vas Carcassona,............................ ɪ crozat.

165. a xvɪɪ dias de jul, a Guilhem Carrieira, que portec letras clauzas en una partida dels cossolats de la viguaria, que lor mandavem que venguesso consultar am nos per alqunas bezonhas que aviam a parlar am lor, (1)............... vɪɪɪ crozatz.

167. a xx dias de jul, a Guilhem Carrieira, per portar una letra clauza als cossols de Gualhac que nos tramezeson mandat se anero a Lectoira.(2) a la jornada que lor avia assignada Mº d'Armanhac.. ɪɪɪ crosatz.

Soma : vɪ floris, m. gros.

[Fº XXXIIII, vº] 169. lo dia desus, a Gualhart del Faro, especier, per miega lbr. de cera gomada vermelha, ad obs de servizi a la mayo cominal, a sagelar las letras que trametiam deforas,.. ɪɪ crozatz e mieg.

170. lo dia desus, per ɪɪ rocis que loguem ad obs del sen Guilhem de Marssac e d'en Gui Bona que anero a Combafa (3), e Mᵉ Ademar Sagresta am lor, per parlar am Mº d'Albi dels plays que la vila mena amb el ; e costero los rocis d'en Guilhem de Marssac e d'en Gui Bona.. ɪɪɪɪ crozatz.

171. lo dia desus, per ɪɪɪ palms de fuelha d'avet, que aguem de l'obrador d'en Berthomieu Pradelh, que so frangia a far l'arc vout de Pueg Amadenc,............................... ɪ crozat e mieg.

172. lo dia desus, per mieg quintal e ɪɪ lbr. e miega de fer prim ad obs de far las riegas del trauc de la Barrieira ; costec......... ɪ flor. e vɪ crozatz ɪ cart.

173. lo dia desus, per vɪ caires de peira que fora de l'ostal d'en Berthomieu Pradelh, ad obs a far las peiras de la brida, lasquals fe Johan Prinhac ; costero .... vɪ crozatz.

174. a P. Brondel per far e per obrar las riegas del fer, lasquals foro ad obs del trauc de la Barrieira (4) ; ac ne..... ɪ flor. d'aur.

Soma : ɪɪɪɪ flor. v gros ɪ c.

---

(1) Les consuls envoient deux autres messagers pour le même objet, Barthélémy Lemousi, sergent royal, et Jean Linairet, surnommé Micoulau.

(2) Nous verrons au nº 181 que les communes se réunirent non à Lectoure mais à Sommières (Gard, arrond. de Nîmes).

(3) Cant. de Monestiés, arrond. d'Albi ; les évêques d'Albi y avaient un château dont Louis d'Amboise fit une merveille.

(4) La Barrière était un quartier d'Albi, dont le nom a disparu, situé

[F° XXXV, r°]. 175. lo dia desus a'n Berthomieu Pradelh, per x lbr. de plom a·l obs de metre las dichas riegas ; costero. ɪɪɪ crozatz, m.

176. lo dia desus a'n Guilhem de Marssac, per ɪ jornal de roci que carejec peira al trauc de la Barrieira el mortier am que si meiro las riegas, e per la lenha que lor bailec a fondre lo plom, e per ɪ garsso que avia trames a Girossenxs per espiar del senher de Caumon se hi era, e per lo loguier de ɪ garsso per ɪɪ vegadas que avia anat amb el, cant anava a Combafa, ɪɪ vegadas que la fo ; montec tot....
.... ɪ flor. d'aur.

177. lo dia desus, a M° Guilhem Belhuelh, per ɪ dia que estec a metre las sobradichas riegas al trauc de la Barrieira, e per ɪ ome que li ajudava ; ac ne.............................. ɪɪɪɪ crozatz.

178. lo dia desus, a'n Gui Bona, per ɪ roci, loqual avian perdut los cossols de devant nos, loqual rossi fon tout a M° Dorde Gaudetru, cossol, a Tholoza, que anava per la bezonhas de la vila e del cossolat, e fon covegut per los ditz senhors cossols que hom lo pagues al sobredig Gui Bona (1)...................... xxvɪɪɪ flor. d'aur

179. lo dia desus, per ɪɪɪ eminas de civada, a for de x crozatz lo sestier, e per vɪɪɪ lials e miega de vi, a for de ɪᵃ parpalhola la lial, que fo de M° Bernat Delieu, e per xxɪɪɪɪ michas, a for de ɪ esterli cascuna, que fon tot donat, de volontat dels senhors, a M° Guaubert de Fumel, cavalier, que era vengut en esta vila : monta tot (2)....
.... ɪɪ flor. ɪɪɪɪ crozatz.

Soma : xxxɪ flor. xɪ gr. m.

[F° XXXV, v°]. 180. lo dia desus, a la molher de Guilhem Calandre per v molas doblas de una lial cascuna, lasquals molas se perdero

---

dans la gache de Verdusse ; il était limité à l'ouest par le rempart. Il existait, au même point, un ruisseau dit de *la Barrieira*. On lit, en effet, dans un acte d'échange de 1208, entre l'évêque Guilhem Peyre et le chapitre de Sainte-Cécile : *isti airales sunt inter rivum de la Barrieira et vestrum castrum, juxta domos que fuerunt Poncii de Tholosa.* Cf. Sarrasy, p. 290-91.

(1) En marge on lit : *mostrec la letra.*

(2) La valeur du crosat étant de 2 sous, celle de la parpaillole de 1 s. et enfin celle du florin de 24 sous, il est aisé de déterminer la valeur de l'esterli ; les 3 éminas ou 1 sotier 1/2 d'avoine à 10 croz. ou 20 s. le set. donnent 30 s.; les 8 lials 1/2 de vin à 1 parpaillole ou 1 sou la lial, formant un total de 8 sous 6 deniers ; soit en tout 38 s. 6 d. Les 2 flor. 4 croz. du total de la dépense de cet article correspondent à $2 \times 24 + 4 \times 2 = 56$ sous. Par suite la différence entre 56 s. et 38 s. 6 d. nous donnera la valeur des 24 esterlis, prix des 24 miches de pain, soit 18 sous 6 deniers ou 210 deniers. L'esterli vaut donc $210/24 = 8$ deniers 3/4 ou 8 den. 1 maille 1/2.

a la ostalaria on fon donat lo prezen a Guaubert de Fumel...
....: .... vi crozatz.

181. lo dia desus, a Mondo Rodes que anec a Gualhac per portar una letra als cossols, laqual letra nos avia trameza M° P. R. de Campanhac, senescalc d'Agen, en laqual letra nos mandava que lo cosselh que era assignat a Lectoira de las comunas, per lo fag que demandava M° d'Armanhac (1), lo avian mudat a Someire ; ac ne (2)............................... .... iii crozats.

182. a Monderi, per far mandamen de las citacios que aviam empetrat las del senescalc contra Johan Daunis e contra P. Salvi per redre los contes ; et ac ne lo sirven am lo notari que anava amb el, am las penhoras que feiro............ ... . ii crozatz.

183. a xxi dia de jul, a'n Gui Bona per tener la jornada que aviam a Someire am M° d'Armanhac e am M° de Peitiers de so que nos demandava a nos ni a las autras communas, per xviii dias que

(1) Nous rencontrerons souvent le comte d'Armagnac ; il n'est donc pas inutile de donner quelques détails biographiques sur ce personnage qui joua un si grand rôle dans le Languedoc au xive siècle. Jean d'Armagnac était né en 1305 et, dès l'âge de six ans, il fut marié (14 juin 1311) à Régine de Goth, fille de Bertrand. Celle-ci mourut sans donner d'enfants à son mari qu'elle fit son héritier par testament daté, à Bordeaux, du mois d'août 1325. Jean épousa en secondes noces (mai 1327) la comtesse de Charolais, Béatrix de Clermont. De ce mariage naquirent : Jean II, dit le Gras, comte d'Armagnac, de Rodez, de Fézensac et de Périgord, à la mort de son père ; Bertrand, mort sans enfants, Jeanne, mariée au comte de Poitiers, fils du roi Jean le Bon ; le contrat daté, à Carcassonne, du 24 juin 1360, stipule en faveur de la future une dot de 100,000 florins. Une deuxième fille, Marthe, épousa, en 1372, Jean, duc de Guienne, qui devint roi d'Aragon en 1387.

Jean II épousa, en 1350, Jeanne, fille de Roger Bernard, comte de Périgord, qui lui apporta en dot 50,000 florins d'or. En 1382, Jean acheta la baronie de Castelnau-de-Montmiral. Ses enfants furent : 1° Jean III. 2° Bernard, comte de Charolais, qui succède à Jean III dans le comté d'Armagnac; 3° Béatrix, *la gaie Armagnagoise*, mariée, en avril 1378, à Gaston de Foix, fils de Phébus.

Jean I avait eu un fils naturel, Jean, le patriarche d'Alexandrie, souvent nommé dans l'*Histoire de Languedoc*: (Cf. *Documents historiques et généalogiques sur les familles du Rouergue*, vol. I, pp. 237-43.)

(2) Les communes de Languedoc se réunirent, en effet, à Sommières et restèrent en session du 23 juillet au 5 août. Elles votèrent 200,000 florins en faveur du comte d'Armagnac qui exigeait une faveur semblable à celle qu'avait obtenue le comte de Foix. De son côté le comte de Poitiers obtint la prolongation de la gabelle pour une nouvelle année, c'est-à-dire jusqu'à la Noël de 1361. Cf. *Inst. politiq. et admin.*, p. 607.

Nous allons voir, art. 183, que Gui Bonne partit d'Albi le 21 juillet pour se rendre à cette assemblée des communes.

ANNÉE 1360-61

estec entre anar e tornar et estar la ; et ac ne, los cossols o volgro, ii floris per dia, monta........................... xxxvi flor. (1).

184. lo dia desus, a'n Gui Bona per una letra que empetrec del rey que poguessem far empozicio de barra en la maneira que fan aquels de Tolosa e poguessem metre emposicio en la vendemia que intrera dins Albi, sobre cascuna saumada ; e costec la dicha letra entre far e refar autra vetz e sagelar, montec tot (2). v flor. iiii gros.

Soma : xlii flor. iii gros.

[F° XXXVI, r°]. 185. lo dia desus, per comprar xxv lbr. de parpalholas am contan de argen menut negre, cant en Gui Bona anec a Someire, e l'autre paguamen no ssi podia metre senes gran perdua ; lasquals parpalholas foro d'en R. Celet ; e costero d'avantatge..... .... vi crozatz.

186. lo dia desus, ad i macip que tramezem, am una letra clauza, a M° R. Garaut et M° Pos de Puegbusqua, mercadiers de Tholoza, de pregarias que no nos tramezeson despessa per xxxix floris que lor devian los cossols davant nos per las raubas, car nos no lor auzaviam trametre la dicha soma per temenssa des enemixs que ero per la dicha encontrada de Tholoza, et aviam paor que nonh trameseso despessa ; costec....................... viii crozatz.

187. lo dia desus, a R. de Brus, sirven del rey, quens tornec lo rossi d'en Domenge de Monnac, quant fo vengut de Carcassona, e que nos empetres letras de part dela contra Johan Duran, al[ias] Crois, e contra Johan Daunis e contra Frances Donat ; e per aver la maneira de la letra que avian los cossols de Carcassona de la finanssa que avian facha am lo compte de Fois, ni cossi s'en regiau els, e per far la letra, et aver de la coffermacio del soquet del vi a tres ans ; ac ne entre tot, lo sobredig R., am sos jornals et amb aquo que costero las letras de far e de sagelar et am la despessa que fe lo rossi quant lon menec ; montec entre tot (3)........... .... iiii flor. i cart.

Soma : v floris, v gros (4).

[F° XXXVI, v°]. 188. Paguiey, ad i escudier de M° Bertran de Terrida per tal que nos fos favorable(s) de far pagar xl floris, losquals aviau prestatz los cossols de l'an lxvii, al dig M° Bertran de

(1) On lit en marge : *no prendia tan*.

(2) En marge : *mostrec la [letra]*.

(3) En marge : *mostrec la bilheta*.

(4) Le scribe avait écrit. par erreur, v flor., ii gros, iii cart. gros. Le véritable total est bien 5 florins, 5 gros.

Terrida, e que se desducesso de la soma de LXVII motos e II gros, losquals ero estatz asignats per en Bernat Montanier, thezaurier de Carcassona, al dig M° Bertran de Terrida per la segonda pagua que nos deviam del moto per fuoc del supcidi (1)... vi floris, IIII gros

189. a xxvi dias de jul, a'n sen R. Garaut et a'n Pos de Puegbusqua, mercadiers de Tholosa, per una resta que lor deviau los cossols que eran estatz davant nos de las raubas que ne aviau agudas ; et avem ne bilheta de lor ma.................... xxxix flor. d'aur.

190. al dig Berthomieu Prunet per son trebalh de portar los deniers, de volontat dels senhors cossols............ I flor. d'aur.

191. a xxvi dias de jul, ad I macip que avia portada una letra clausa dels cossols de Carcassona de avizar nos que no cosentissem a bailar la finanssa de M° de Fois a'n Girma de Mauriac car a las comunas de part dela no sabia jes bo ; ac ne........ III crozatz.

192. lo dia desus, a'n Guilhem de Marssac que anec a Candelh (2) parlar am lo vescomte d'Ambres per so quar lo vescomte de Ambres nos avia mandat que anessem parlar amb el sobre alcus negocis losquals nos volia dire ; et anec, am lo dig en G. de Marssac, M° P. de Lafon (3)................. .... II flor. I cart

Soma : XLVIII floris x gros.

[F° XXXVII, r°]. 193. lo dia desus, a Huc de Montels, cordier del' Vigua per far las cordas del pel ad obs de la espinguala, e per far lavar lo dig pel ; ac ne, entre tot............. II flor. d'aur.

194. lo dia desus, ad I faichier de la pila (4) que portec una cantitat de guatges a la pila, per vendre, de aquels que levavo los trailatz dels vi comus.................................. I crozat.

195. lo darier dia de jul, ad I messatgier de M° de Campanhac que nos avia trames am una letra clauza de avizar nos que lo castel de Vaor (5) era pres per los enemixs, e mandavo nos que nos guardessem be e diligenmen ; e fon donat al macip, de volontat dels senhors,... IIII crozatz.

196. lo dia desus, a P. Daugal, saumatier, per II dias que avia estat am III bestias a la vila per carejar peira per los amvans ; e fon ordenat per los senhors cossols, car era paubre ome e car avia estat

---

(1) Voir note du n° 49.

(2) Aujourd'hui Labessière-Candeil, cant. de Cadalen, arrond. de Gaillac, célèbre par son antique abbaye.

(3) En marge on lit cette curieuse note : *Desceigne lo loc hon hanera*.

(4) C'est-à-dire du marché aux grains, aujourd'hui la Piale.

(5) Chef-lieu de cant. de l'arrond. de Gaillac.

los ditz ıı dias, am las dichas ııı bestias, que om li dones............
.... ı flor. d'aur.

197. a ıı dias d'aost, a Frances de Lagrava, per lo loguier del ostal de la mayo cominal, per tot l'an que nos estem cossols, (1)...
.... vııı flor. d'aur.

198· lo dia desus, ad ı macip que portec los banxs de la mayo cominal a Sᵗᵃ Cezelia, e los tornec a la mayo cominal, que fazia hom processio que nostre senher nos dones plueia,.... ıª coluda.

.Soma : xı floris v gros ııı.

ı[Fº XXXVII, vº] 199. a Berthomieu Lemozi, sirven, per portar alcunas letras clausas de pregarias al cancellier de Franssa (2) et Mº lo compte de Peitiers, losquals ero a Monpeilier, lasquals letras anavo de part los senhors cossols, que lo senescalc de Carcassona avia donada la jutgaria mager de Carcassona a Mᵉ P. de Lafon, e lo dig maestre P. preguet los senhors cossols que els ne preguesso lo compte de Peitiers e lo dig canssellier de Franssa ; e fon donat al dig macip, per anar ad Monpeilier,............... ıı flor. e mieg.

200. a ııı dias d'aost, ad ı macip que avia trames Mᵉ Brenguier Taurinas per querre una carta de procuracio que volia dels cossols per los deniers que ne aviam malevatz.. .... ııı crozatz.

201. a v dias d'aost, per xL michas, a for de ı sterli cadauna, e per ı sestier de vi a for de xıı d. (3) la lial e per una lial que n'agro may en ıı molas, et un flori en deniers, loqual fon donat tot als fraires Prezicadors (4) lo dia de S. Domenge ; monta lo tot..... ...
.... ıı flor. ıx croz.

202. a vı dias d aost, a Mᵉ P. Rauza, notſariJ que, coma los cossols de Carcassona e de las autras grossas comunas nos aguesso escrig que fossem a lor per far lo pagamen d'aquo de Mº de Fois e nos no aguessem, per nos ni per la viguaria re apparelhat, car no podiam aver aguda la exequtoria d'aquo ni la forma d'aquela am que ne fezessem far ıª autra, jasia aisso que Mᵉ P. Rauza, nostre sendic, la lor requereguda e esperada per ıı dias, aguessem, lo xıı dia, jornada

(1) En marge : *mostrec bilheta.*

(2) Le chancelier de France était, à celte époque, Gilles Aycelin, évêque de Thérouaue et certainement de Lavaur. (Voir *Albia Christiana,* 1897, pp. 135-4?)

(3) A l'art. 179, la lial de vin est au prix de ı parpaillole ; dans cet art. il est à 12 den. Il y a donc équivalence entre ı parpaillole et ı sou. Cf. art. 236 etc.

(4) Le couvent des Frères Prêcheurs était situé en face de la porte de Ronel.

a Bezers am lo viguier a procezir sobre la appellacio que aviam facha de la cort de M° lo Senescalc de Carcassona, car no lo avia condempnat a las despessas fachas, car non degudamen et enjuriosa per lo fag propri avia bandit les deniers levatz per en Guilhem Miqcolau ad obs de paguar lo subcidi del rey. Item, coma ganre dels singulars d'Albi fosso citatz a Castras, davant M° J° de Bejaussi, loctenen de M° de Vendoymes (1),

Soma : v floris vi gros.

[F° XXXVIII, r°]. per contribuir a la redempcio del rey (2) per los fieus francs que an al Castelvielh (3) desquals contribuisso ad Albi, e nos los ne deguessem defendre, fo, lo dig M° P., sendic de la vila, trames a Castras et a Carcassona e per anar d'aqui meteis a Bezers, e per deliurar am los avocatz de Carcassona, e per aver cosselh am lor de lo crim de i laironel de xii ans que avia panadas iii garbas, loqual per aquo era estat enquestat e condempnat a corre ses apelar los prohomes se emportava pena de sanc, e se los prohomes hi ero apeladors e se nos fora prejudici se renonciessem, am carta, a la appellacio que ne aviam facha ; e car la montanha dizia hom que era perilhosa, ac hom fag remaner le macip que avia portadas las letras de las dichas comunas grossas. Et estec, lo dig sendic, tant en anar quant en tornar que en bezonhar, xii dias, e despessec entre el e so macip el rossi el macip autre que lo avia esperat per acompanhar a l'anar, am lo loguier del rosi e del macip monta (4)........................ .... xiii flor. iii crozatz m.

202 *bis*. Paguiey, per la ma de M° P. Rauza, que avia portada la letra de Carcassona per la espera que avia facha, que avia esperat M° P. Rauza.......... .... vi crozatz.

203... may, a M° Guiraut Garrosta, notari de Carcassona, per la carta de la appellacio del fag del viguier (5), lacal carta fo portada a Bezers per far fe de la appellacio per lo dig sendic ; et avem ne bilheta............................... .... i flori d'aur.

---

(1) Comte de Castres.

(2) Il faut se rappeler, pour bien saisir le sens de ces mots, que la noblesse, dans la réunion des Etats tenue à Toulouse en juillet 1358, s'engagea à contribuer à la délivrance du roi Jean, à concurrence de 1/10 de ses revenus.

(3) Le Castelviel, aujourd'hui partie intégrante de la ville d'Albi, faisait, au xiv° siècle, partie du comté de Castres ; il avait son administration distincte, et ne fut réuni à Albi que le 4 mai 1793.

(4) En marge on lit : *juree, mostrec la bilheta, quar en Domenge* (un mot illisible) *per paguat*.

(5) Cf. Art. 111.

204. lo dia desus, per far e sagelar a Carcassona una letra de citatio a prorcezir contra la molher del viguier, sobre lo fag de las claussuras............. .... xvi d.

205. a M° P. Salvaire, notari de Bezers, per far una carta de sustitutio que fe lo dig M° P. Rausa que fe autres sendicx per la jornada que aviam a tener del viguier a Bezers, car era festa de Sta Clara e l'endema, que era festa de S. Polit, e el no podia esperar. vi crozatz.

Soma ; xv floris, iiii gros, iiii den.

[F° XXXVIII, v°]. 205 *bis*. lo dia desus, per la ma del dig M° P. Rauza, notari d'Albi, notari que era notari de la cauza, que fezes comparer i dels substituitz per donar en aquel que hi comparria en la dicha causa...... .... vi crozatz.

206. lo dia desus, per una carta que fe far de requesta en la cort de Carcassonna que, coma non aguessem aguda letra de compulssoria de moss. de Peitiers contra las comunas de la viguaria d'Albi que contrubuisso a la finanssa de mosenher de Fois, e no la poguessem aver de moss. de Peitiers, quar anat s'en era, en que hi provezis, et en autra manieira protestava lo dig sendic que no remania per nos, et fe la dicha requesta a M° Loys Vidal, preziden en la dicha protestacio; ac ne lo dig notari de recebre la carta, ii crozatz.

207. a viii dias d'aost, ad i messatgier que portec una letra clauza de part M° P. R. de Campagnac quens mandava que aquels de Vaor s'en ero anatz ; ac ne... ... . ii crozatz.

208. lo dia desus, a'n Johan de Marens de Rabastenxs, per la anada que fe en Franssa per las comunas d'Albiges, per dire los greugs al rey que las comunas sufertavon de part desa. E fon de cosselh de totz los senhors cossols que nos dissessem al dig Johan de Marens que trebalhes per nos de part dela coma feira per las autras comunas e promiezem lin per son trebalh xx floris e may totas las despessas que feira per empetrar letras per nos ni a proffieg de nos; e paguiey lin, lo dia desus, que erem a l'ostal de Bernat Ribieira, en presencia d'en Domenge de Monnac, cossol que era am mi (1)...... .... x flor. d'aur.

209. lo dia desus. ad i garsso que portec los bancs de la mayo cominal a Sta Cezelia, que faziau processio....... i^a parpalhola.

Soma : x flor., x gros, i^a parpalhola.

[F° XXXIX, r°]. 210. a x dias d'aost, a M° Tibaut de Fons, fustier, per adobar lo palenc de la Torreta (2), de costa na Selvas, per i jorn

---

(1) En marge : *mostrec la letra*.

(2) Cette *torreta*, dont on peut encore voir les restes à l'angle nord

que hi estec am i ome que li ajudava; e Mº Tibaut prendia iiii crozatz e l'ome prendia ii crozatz; e per xi lbr. de cavilhas de fer a cavilhar(s) los pals, a for de xvi d. la lbr.; monta lo tot ....
.... i flor., ii gros et i cart.

211. a xiiii d'aost, a i macip que portec una letra clauza dels cossols de Carcassona que nos trametian mandat que nos avizessem de trametre la finansa del comte de Fois, quar els aviau temenssa que dampnatge non vengues; e donem li, de volontat dels senhors cossols.................?....................... iiii crozatz.

212. lo dia desus, a i macip que portec una letra clauza de Mº Enric de Roquafort, senhor de la Pomareda (1), en laqual letra se contenia que nos mandava que fossem a Broam am l'argen de la finanssa de Mº de Fois; e donem li, per amor quel macip fezes bona reportacio al senhor, de volontat dels senhors cossols.... viii crozatz.

213. lo dia desus, a i macip que nos trames Mº P. R. de Rabastenxs, senescalc d'Agen (2), ab una letra clauza en laqual se contenia que els aviau fag penre aquels que ero estatz a penre lo loc de Vaor; e donem li, de volontat dels senhors cossols... vi crozatz.

214. a xix dias d'aost, a Brizet Valan et a Bertholet de Rosy, comissaris de Carcassona, que ero vengutz sobre la vila per las escripturas de Mº R. Guitart, per vii dias que estero de sobres, e per ii dias que aviau estat sobre aquels de Monsalvi (3) per las scripturas del plag que menam a Carcassona, quar nos las deviam paguar a Mº Bertrand Gastaire (4)....................... x flor. d'aur.

Soma : xii floris, vi gros, iii cart[s].

[Fº XXXIX, vº. 215. a xxii dias del mes d'aost, a Mº P. Rauza, sendic de la mayo cominal, loqual fon trames a Gualhac a Mº R. Favarel per far ordenar razos per lasquals Bernard Bandier, de Monsalvi, devia contrubuir en la clausura de la vila d'Albi coma los autres habitans de Monsalvi, quar jornada ne aviam en la cort del rey; e per vezer de la nota de la carta de la unio facha am nos per las

---

de l'archevêché, avait donné son nom à un *cunh* de la ville; en effet, dans tous les cadastres du xivᵉ siècle on trouve *lo cunh de la Torreta*. Elle est mentionnée dans un échange de 1208 : « isti airales sunt *a la Torreta* juxta ecclesiam beate Cecilie ». Cf. Sarrasy, p. 290.

(1) C'est *Aymeric* sans doute et non *Enric* qu'il faut lire. Cf. *Hist. de Lang.*, IX, p. 748.

(2) Erreur; il faut lire : *de Tholosa*.

(3) A 4 ou 5 kil. au sud d'Albi; aujourd'hui dans la commune de Puygouzon.

(4) En marge : *mostrec letra de la paga*.

jens de Monsalvi ; e per aver las allegacios contra Guilhem Micolau per aquo de las guabelas de l'an lii ; et despecec, entre el el roci el macip, am los loguiers de ii jorns (1)........   i flor. e iiii crozatz.

216. lo dia desus, al dig M° P. Rauza, per far trailatar la carta de la dicha unio, laqual portec per mostrar al dig M° R. Favarel, i crozat.

217. a xxiiii dias d'aost, a Cimonet de Lasala, que portec una letra clauza de (2) M° R. Favarel a Gualhac que nos sertifiques sel capitol de Tholoza s'en era passat per tener la jornada de M° d'Armanhac a Rodes (3) ; e per saber si els hi avia trames ni se hi esperavan a trametre, car era dupte si la anera hom o no ... ...   iii crozatz.

218. lo dia desus, per escriure el dos de la citacio facha contra la molher del viguier cossi fo citata a Carcassona per contrubuir a Carcassona, e per far lo mandamen al sirven.........   i^a cohuda.

219. lo dia desus, en perguames per far una procuracio a malevar deniers a far la pagua deguda per la redempcio del rey.   i^a cohuda.

220. a xxvi d'aost, a Guilhem Carrieira, per portar una partida de las sobredichas letras per los cossolatz de la viguaria, per las cauzas desus dichas..................................   viii crozatz.

Soma : ii floris, v gros (4).

[F° XL, r°] 220 bis. a xxv dias d'aost, a'n Guilhem de Marssac, cossol, que anec a Rodes, al cossellh que era estat asignat a las comunas, per lo tractamen que hom avia a far de la finanssa que demandava M° d'Armanhac. E estec entre anar e tornar e estar la, que las comunas non ero totz vengutz, et esperavo que venguesso, xiii dias ; e prendia, cascun dia, i rial de bon pes (5) ; monto (6)....
....   xiiii floris e vii croz. m.

221. al sobredig sen Guilhem de Marsac, lo dia desus, per grossar la carta de la remissio e de la quitanssa de C melia floris que remes M° d'Armanhac a las comunas, e per far la copia del tractamen que fo fag a Someire.............................   i flor. d'aur.

222. a xxvi dias d'aost, a Eliot que portec letras clauzas per las

___
(1) En marge : *mostrec la letra*.

(2) Corr. : *a*.

(3) Chef-lieu du départ. de l'Aveyron.

(4) Dans ce v° la valeur des deux cohudas n'est que de 21 den. soit 10 den. maille pour la cohuda.

(5) La valeur du réal est encore ici de 27 sous, comme à l'art 147.

(6) Dans leur réunion à Sommières, les communes allouèrent 200,000 florins au comte d'Armagnac. (Cf. art. 181 et 183). Nous allons voir (art. 221) que dans la réunion de Rodez, cette subvention fut réduite de moitié.

comunas de la viguaria per avizar lor que paguesso la finanssa de Mº de Fois, quar nos aviam sentit que se els no paguavo ne penriam dampnatge, quar nos erem ta prep de lor ; e fon de cosselh que nos hi tramezesem lo dig macip, et ac ne....... ɪ flor. d'aur.

223. lo dia desus, a Mondo Ortola per escriure una partida de las dichas letras que trametiam a las sobredichas comunas, ɪɪ crozatz.

224. a xxvɪɪɪ d'aost, que era lo dia de S. Augusti, per xʟ michas de vɪɪɪ d. cascuna, e per ɪ sestier de vi, e per ɪ flori en deniers, e per lo loguier del barril e per lo faichier quel portec, e fon tot donat a las donas canongas d'otral pon (1), de volontat dels senhors cossols ; costec entre tot,..................... ɪɪ flor. ɪx crozats

225. a Monderi, sirven del rey, per tot ɪ dia que penhorec per la vila d'aquels que devian dels comus dels trailatz,...... ɪɪ crozatz.

Soma : xɪx floris, ɪx gros.

[Fº XL, vº] 226. lo dia meteis, a ɪ garsso que legia, per la vila, a Monderi, et a ɪ autre que portava los guatges,........... ɪ crozat.

227. lo dia desus, a Berthomieu de S. Daunis, sirven del rey, que portec letras clauzas als cossols de Carcassona et al cosselh del senescalc quens avizesso quossi nos regiriam de l'argen portar de la finanssa del rey, nostre senhor, e per ɪɪ letras clauzas que portec als nostres avocats que nos tenguesso alqunas jornadas per que la erem citatz,............................... .... ɪ flor. d'aur.

228. a xxx dias d'aost, a Eliot que portec una letra clauza al senh Guilhem de Marsac, que la era anat per la finanssa que nos demandava Mº d'Armanhac ; e tramezem li manda que nos agues sosta de Mº d'Armanhac del subcidi que era estat asignat ad el del moto per fuoc (2), quar ɪɪɪɪ comissaris ne aviam de sobres ; e may que nos tramezes mandat que saubes, am las comunas dela, se trameiriam a Monpeslier per aquo de monsenher de Peitiers ; e fo donat al dig macip.. ɪ flor. d'aur.

229. lo dia desus, a'n Guilhem Bru, per ɪ quintal e mieg de fer prim que aguem ad obs de far los guaffetz dels mur[s] de la vila, loqual costec................................. ɪɪɪɪ flor. d'aur.

230. a vɪɪɪ dias de cetembre, per ɪɪ entorcas que pezavo vɪɪɪ lbr., que foro d'en Bertran de Cazanova, e per ɪɪɪɪ lbr. ɪ quarto de doblos, e per ɪɪɪɪ lbr. de coffimens, losquals foro de l'obrador d'en Guilhem Gaiet, que costava la lbr. de la sera ɪɪ crozatz e m., e la lbr. dels

---

(1) Ces chanoinesses de l'ordre de saint Augustin avaient leur couvent sur la route de Cordes, en face d'une des portes du faubourg qui portait, à cause de leur voisinage, le nom de *porta de las morgas*.

(2) Cf. art. 181, 183, 220 *bis*.

cofimens, vi crozatz, loqual fon tot donat al senescalc de Carcassona que era vengut en esta vila. Monta....... iiii flor. m. i gros.

Soma : x floris, viii gr.

[F° XLI, r°], **231.** lo dia meteis, per una pipa de vi que tenia iii sestiers et emina, laqual fo de Guilhem Barrau, sabatier, laqual fo donada al sobredig M° lo senescalc de Carcassona, costec.......... .... iiii flor. e mieg.

232. lo dia desus, per ii entorcas que pezavo vi lbr, a for de ii crozatz e mieg la lbr. e per viii parels de polas grossas e per iii parelhs de anedatz, que fon tot donat al jutge dels crims (1) de Carcassona que era vengut en esta vila am M° lo senescalc ; costec tot..... .... iiii flor. viii crozatz.

233. a ix dias de cetembre, a'n Guilhem de Marssac que anec a Monpeilier per tener la jornada que era estada assignada per de part dela a las comunas per locxstenens de M° lo compte de Peitiers ; e estec, entre anar e tornar e estar la, xxi dia[s], e prendia i rial d'aur per jornada ; monta (2) xxiii flor. vii crozatz e mieg. (3).

234. lo dia meteis, per la copia de la letra que lo rey, nostre senhor, avia trameza a las comunas,.................. ii crozats.

235. lo dia meteis, ad i macip que aportec la dicha copia de Monpeilier en esta vila, e may que portec una letra clauza que lo cardenal de Roam (4) trametia als cossols d'Albi,............ i flori.

236. A iiii dias d'octembre, a Guilhem Tavernier, sirven, per citar los capitanis, que aviam nomnatz, per devant M° lo vicari, car no trobavem que degus ne volgues esser sino per forssa ; et ac ne de iii vetz que hi fo,............................ i parpalhola.

237. lo dia meteis, losquals se perdero en los deniers de l'aur quens prestec sen Bernat d'Avizac ad obs de pagar la finanssa del rey,.................... ... . iii crozats.

238. lo dia desus, que fo S. Frances, per xl michas e per i sestier de vi e i flori en deniers e per lo loguier del barril e per l'ome quel portec ; que fo donat tot als fraires Menors,.. ii floris, ix crozatz.

Soma : xxxvi floris.

[F° XLI, v°]. **239.** lo dia desus, a M° Guiraut Blacas per las grossaduras de la carta de las jens de Monsalvi que se obliguero a pagar en la vila a las clauzuras,....................... viii crozatz.

---

(1) Le juge criminel de Carcassonne était, en 1360, Bernard Bonne, coseigneur d'Hautpoul. Nous le rencontrerons dans tous les Comptes.

(2) En marge : *mostrec la letra*.

(3) La valeur du réal est encore ici de 29 sous.

(4) De la Forest. Cf. *Hist. de Lang.*, IX, p. 727, note 1.

240. lo dia desus, per candelas de ceu a sirvizi de la mayo cominal,.. ɪ crozat.

241. lo dia desus, per far lo vidimus de la salvagarda ad obs de trametre en Franssa Mº P. de Lafon que entendiam que el s'en anera en Franssa am los deniers de la finanssa del rey (1), e que la cofermes de part dela ; e quostec entre far e sagelar e la sera.. .... ɪɪɪɪ crozatz.

242. a xvɪɪɪ dias d'octembre, a Izarn Joglar et a son companh, comisari[s] de Carcassona, que ero vengutz en esta vila per lo subcidi que deviam per lo moto per fuoc. (2).. .... x floris.

243. per la copia del mandamen............................. vɪ d.

244. lo dia desus, a Berni Gorgual, sirven, per portar letras clauzas al cosselh de Carcassona en quanha manieira se regiau els de portar la finanssa de nostre senhor lo rey, que lor plagues que els non aguesso ad escriure de part desa per lo portador. vɪɪɪ crozatz.

245. per una ma de papier que aigui ad obs de Mº P. Rauza on que escriusses lo guag,........................ ɪɪ parpalholas.

246. a xxvɪ d'octembre, ad Eliot, per ɪɪ letras que portec a Monpeslier a Mº P. de Lafon, e se nol trobes la que lo segues ad Avinho ; en lasquals se contenio que los senhors cossols li mandavo que el se regis de la pecunia en ayssi coma farian los autres de las senescalquias. Ac ne, lo dig macip, del viatge........ ɪɪ flor. d'aur (3).

Soma : xɪɪɪ floris, x gros m.

[Fº XLII, rº]. **247.** lo dia desus, a R. de Brus, sirven del rey, per una exequcio que fazia contra nos per lo avocat del rey e per lo procuraire, per xxv floris que demandavo per alsqus treballs que avian faitz per la vila..................................... ɪɪ flor. d'aur.

248. lo dia desus, de volontat dels senhors cossols, a ɪ macip de Mº lo vescomte de Levis (4) que avia comprat vi en esta vila, ad

---

(1) En juillet 1358, les communes des quatre sénéchaussées de Toulouse, Carcassonne, Beaucaire et Rouergue, réunies à Toulouse, octroyèrent respectivement un subside de 50,000, 90,000, 70,000 et 6,000 moutons d'or, soit un mouton par feu, pour la délivrance du roi Jean, prisonnier en Angleterre. C'est cette finance que Pierre de Lafon est chargé de porter en France. Cf. *Hist de Lang.*, IX, 683, et *Inst. pol. et adm.*, p. 605.

(2) Il s'agit du mouton par feu octroyé par les communes de Languedoc, en juillet 1358. (Voir note précédente.) Cet octroi n'eut effet qu'après le traité de Brétigny (8 mai 1360). En marge de cet article on lit : *mostre la letra.*

(3) Bien que cet article ne soit pas cancellé, on lit en marge : *en autre loc.*

(4) S'agit-il de Guignes de Lévis, vicomte de Lautrec, époux de Sauv de Labarthe ?

ANNÉE 1360-61

obs de M° lo vescomte, et avia pagada la gabela a'n Johan Gieussa, e lo dig macip era vengut a rancura a nos que lalh fezessem redre, els senhors ordenero, a fugir a riota, que hom lal redes, et ac ne.. ɪ crozat.

249. a xxvɪɪ dias d'octembre, a'n Guilhem de Marssac que anec a Carcassona per tener la jornada que erem citatz am las autras comunas sobre lo fag de la ordenacio dels omes d'armas que voliau far per gardar los locxs de la senescalquia ; e estec, entre anar e tornar e estar la, vɪ dias : e prendia ɪ rial d'aur de bon pes per jornada ; monta (1)........................... vɪ flor. ɪx crozatz.

250. lo dia desus, per ɪɪ letras que empetrec contra en P. Salvi, en Guilhem Bru, per redre los comtes, (2)............ ɪɪ crozats.

251. la xxvɪɪɪ dia d'octembre, a Guilhot, lo portier de M° d'Albi, de volontat dels senhors cossols, per tal que nos fos favorable a la porta, de que agues dos sabatos,............................ vɪɪ s.

252. lo dia desus, per una ma de papier ad obs dels contadors de la mayo cominal,............................ .... ɪɪ parpalholas.

253. lo darrier dia d'octembre, a M° Guiraut Blacas, notari, per recebre la carta dels c floris que malevem de M° Johan de Foyssenxs, e per autra carta de c floris que malevem de M° Guilhem Ratier, e per autra carta de c floris que malevem de M° R. Lalana, e per lo emolimen del sagel,............................ ɪ flor. d'aur.

Soma : x floris, ɪɪɪɪ gros, m.

[F° XLII, v°]. 254. lo dia desus, a M° P. Rauza que anec a Gualhac per parlar am M° R. Favarel per far ordenar las appellacios de la ordenanssa facha per M° Guilhem de Gieuzelas, loctenen de M° lo official d'Albi, contra Guilhem Moynier e contra P. Riols, de pagar lo deyme de la vendemia de las lors vinhas que an en las faudas de Alba Ponta (3) de lasquals aviau acostumat de pagar deyme als

---

(1) L'*Histoire de Languedoc* ne mentionne pas cette réunion des communes à Carcassonne et M. Dognon, dans ses *Inst. polit. et admin.*, qui la cite, les fait se réunir à Béziers. Il est vrai qu'il pose un point d'interrogation après ce nom de ville. Cet article précise ce point historique ; les communes restèrent en session les 29 et 30 octobre 1360, étant donné que le voyage d'Albi à Carcassonne exigeait deux étapes de cavalier. Il y eut, en novembre, une réunion des Etats à Béziers. Cf. art. 269.

(2) Ce sont les deux consuls de 1359-60 chargés des fonctions de trésorier.

(3) Peut-être faut-il lire : Alba Piota. La lettre o est surmontée du signe qui marque ordinairement l'*i* ; d'autre part la boucle du p se confond avec la lettre suivante. Quoiqu'il en soit nous n'avons jamais rencontré du lieu dit du nom d'*Alba Ponta* ou *Alba Piota*.

malautes de la malautia del Vigua. E estec per II dias, e despessec, entre el el rossi el macip el loguier del roci e del macip,...........
.... I flor. e II crozatz.

255. lo dia desus, a Mº Huc, dissipol de Mº Arnaut Paya, per una partida de las scripturas del plag dels malautes que se menava en lo seu taulier,.. XX s.

256. Coma lo mati de Marteror lo dig Mᵉ P., sendic e procuraire del dig Guilhem Monner (1) e P. Riols no pogues esser vengut per far las dichas appellacios dins la ora de tercia, fe las a Gualhac, de cosselh del dig Mº R. per devant luy, coma cossol que era en dela e perssona publica, e Mᵉ Johan Lobat, notari, receup las cartas, et ac ne... .... II crozatz.

257. a II dias de novembre, a I macip que tramezem a Castras am una letra clauza als cossols, en laqual se contenia que los pregavem que nos tramezesso la copia de la forma de la appellacio que aviau fachas las communas a Pezenas (2) dels greugs que lor demandava Mº lo compte de Peytiers e sas gens ; ac ne lo dig macip per II dias que estec entre anar e tornar,.......... VI crozatz.

258. lo dia desus, a I macip que nos avia trames Johan de Marens, de Franssa, am una letra clauza en laqual se contenia las cauzas que avia fachas de part dela,... .... I flor. d'aur.

Soma : III floris e mieg.

[Fº XLIII, rº] 259. lo dia desus, a Mᵉ P. Rauza, per una pel de cabrit de pargames per far alqunas letras testimonials que tramesessem a Mᵉ P. de Lafon, per lo contrast que era entre nos en Pos Vierna,.. .... I crozat.

260. a III dias de novembre, a Mº Dorde del Iverno et a Mº Arnaut de Bernucha, notaris, per far lo vidimus de la salvagarda e per far lo vidimus de la carta dels fieus francs per trametre en Franssa, e per sagelar los ditz vidimus,................ I flor. e III crozats.

261. per una cana de fuelha que agui ad obs de adobar la bada de S. Salvi, en que esta la guacha de la vila, a for de III crozatz la cana, e per lo jornal de I maestre que la adobec, que n'ac III crozatz, e per L clavels a clavelar, que costero I crozat e mieg, e per lo garsso que portec las postz ; monta entre tot........ ....
.... VIII crozatz e mieg e VI d.

(1) Corr. : Moynier.

(2) Le délégué de la commune d'Albi assista à la réunion des Etats de Pézenas, bien que le présent article semble faire supposer le contraire. Cf. art. 265.

ANNÉE 1360-61   31

262. a P. Favier, per i dia que estec ad adobar lors torns de las balestas, am una post sua que hi mes,.............. iii crozatz.

263. a xii dias de novembre, a i macip, per doas vegadas que anec a Galhac parlar am M° Johan Lobat quel mandavem que nos grosses ii cartas que avia reccubudas de appellacios del fag dels malautas del Vigua.. vi crozats.

264. lo dia desus, a M° Johan Lobat per las grossaduras de las cartas, per la ma de i macip que las anec querre, lasqual cartas ero de las appellacios dels malautes, en prezencia de M° P. Rauza que era prezen(s)................. . . .. i flor. d'aur.

Soma : iii floris, x gros, iii cart[s].

[F° XLIII, v°] 265. lo dia desus, a i macip que nos trames M° P. de Lafon, de Pezenas (1), am una letra clauza en laqual se contenia que las jens de M° de Peitiers aviau arestadas totas las communas, et am péna de L marcxs d'argen, car no voliau autreyar aquo que era promes a M° de Peitiers ; et ac ne lo dig macip que portec la letra,... v crozatz.

266. a xvii dias de novembre, a M° Guilhem Guani, notari, per reffar las cartas de las appellacios d'aquo dels malautes de ii que ni avia que no estavo jes, en ayssi coma devia, e tornec las reyre far a ple e reire grossar ; et ac ne lo dig M° Guilhem... iiii crozatz.

267. a xviii dias de novembre, ad i macip que portec las sobredichas cartas a Gualhac a M° Johan Lobat que las corregis e las senhes,.. iii crozatz.

268. lo dia desus, a (2) una lbr. de candelas a la mayo cominal,.. .... xx d.

269. lo dia desus, a i macip que nos trames en Domenge de Monnac, am letras clauzas del cosselh de las comunas que se era tengut a Bezers, (3)............................... vi crozatz.

(1) On n'avait pas encore, croyons-nous, mentionné dans l'histoire l'acte d'autorité, pour ne pas dire d'abus de pouvoir, commis par le comte de Poitiers contre les Etats et dont Pierre de Lafon annonçait la nouvelle aux consuls d'Albi. M. Dognon, qui a noté la réunion des communes à Pézenas de la fin octobre au 27 novembre, ne fait aucune allusion à cette arrestation des délégués des communes par le lieutenant général du roi en Languedoc ; il note cependant qu'ils abrogèrent les accords de Sommières et de Lunel.

(2) Corr. per.

(3) L'*Histoire de Languedoc* est muette sur cette réunion des Etats à Béziers, en novembre 1360, et M. Dognon qui la mentionne, lui donne pour objet la défense du pays, alors que cet ordre du jour est celui qui fut traité à Carcassonne les 29-30 octobre.

270. lo dia desus, per far una copia de l'aponchamen que era estat fag am M° d'Armagnac, e per copiar la carta de la remissio que avia facha M° d'Armanhac a las comunas de c melia floris, lasquals copias tramezem als cossols de Castras, car mandar nos avian' am letra, que las lor tramezessem ; e costero de far ambidoas las copias,... IIII crozatz.

Soma : I flori, x gros, III cart[s].

[F° XLIIII, r°] **271** a xxvII dias de novembre, a II comissaris de Tholoza que ero vengutz sobre la vila per M° P. de Monrevel (1), per xx floris que demandava, en losquals li era hom tengutz, segon que diziau, per alcus trebalhs que avia faitz per la vila, e donem lor, de volontat dels senhors,........................... I flor e VI crozatz.

272. a xxxI (2) dia de novembre, a Guiraut Ruffec e a Johan Molas, comissaris de Tholoza, que ero vengutz sobre la vila per las raubas que deviam a M° Pos de Puegbusca et a M° R. Garaut, merquadiers de Tholoza (3)... x flor.

273. per far la copia del mandamen.................... v d.

274. a x de dezembre, a I macip que portec una letra clauza als cossols de Trevas (4) que nos avizesso de M°·Johan d'Armanhac se devia passar aqui, car hom nos avia dig que el devia passar aqui' am v° omes d'armas ; e fon donat al guarsso, per II dias que estec entre anar e tornar .... IIII crozatz.

275. lo dia desus, a (5) III fayches de palha a metre per la sala e per la cambra de la mayo cominal................... II crozatz.

276. lo dia desus, a I macip que tramezem a Gualhac et a Rabastenxs, am II letras clauzas, launa a Galhac e l'autra a Rabastenxs, als cossols, en lasquals letras lor mandavem que se avizesso am' nos et am las autras comunas per aver cosselh d'aquelas jens que ero intradas a Vilanova (6), en quinha manieira s'en regiria hom ; e donem al macip, per II dias que estec entre anar e tornar e esperar

---

(1) Il était juge mage à Toulouse ; sa maison fut brûlée, en 1357, par les Toulousains révoltés contre le comte d'Armagnac. Cf. *Hist. de Lang.*, IX, p. 672.

(2) Corr. xxx.

(3) En marge : *mostre la letra e bilheta de paga*.

(4) Trébas, cant. de Valence, Tarn, sur les confins de l'Albigeois et du Rouergue.

(5) Corr. *per*.

(6) Il s'agit certainement du Villeneuve situé dans la commune de Curvalle, cant. d'Alban. Ce sont probablement les gens d'armes du comte d'Armagnac dont il est question à l'art. 274.

resposta, de volontat dels senhors cossols, (1)........ vi crozatz.
Soma : xii floris, vi gros e vi d.

[F° XLIIII, v°]. 277. per xii michas e iiii lials de vi que donem a'n P. de Cantaloba et a'n Bernat de Guilabert, que ero vengutz en esta vila per querre la resta dels deniers de la finanssa de M° de Fois (2), ... vi crozatz.

278. a Guilhem Carrieira et a Heliot, que portero letras clauzas per los cossolatz de la viguaria que aportesso la finanssa de M° de Fois, car lo recebedor era en esta vila. E agro ne ambidos, de volontat dels senhors .... i flor. e iii crozatz.

279. a i macip que tramezem, am una letra clauza, als cossols de Cordoas que nos avizesso dels enemixs, car hom nos avia dig que els devian venir a Moziers (3), la vespra de S. Miquel (4). iiii crozatz.

280. a xii dias de dezembre, ad i macip que anec a Gualhac, am una letra clauza que trameziam a M° R. Favarel quel mandavem quens tramezes las alegacios del fag de Guilhem Micolau de la questio en que era am Guilhem Ortz et am la vila..... iii crozatz.

281. a P. del Bosc, al[ias] Ramilho, per excequtar e per penhorar aquels que devian dels trailatz dels vi comus, losquals nos devia levar, a sas proprias despessas, aquo quen devian, per pretz de .... i flor. e mieg.

282. per iiii cens clavels barradors que pres R. Fabre de P. Brondel ad obs de clavelar los amvans de per los guachils vi crozatz.

283. per ii claus que fi far a la cayssa granda de la maio cominal, launa, e la autra ad obs de la cayssa de l'avet de la cambra en que esta l'arnes................................ ii crozatz e mieg.
Soma : iiii floris, vi gros, m.

[F° XLV, r°]. 284. per una clau ad obs de la cambre (*sic*) de la mayo cominal............................:............... i crozat.

284 bis. lo dia de S. Peire (5), martir, per xl michas, a for de iii d. cadauna, e per i sestier de vi a for, lo sestier, de viii crozatz, e per vi crozats en deniers, que fon donat als fraires Prezicadors. Monta tot, el loguier del barril e l'ome quel portec. ii flor. i crozat.

(1) On lit en marge : *en autre loc es.*

(2) A partir de cet article, les dépenses ne sont plus placées dans leur ordre chronologique.

(3) Aujourd'hui Mouzieys-Panens, cant. de Cordes.

(4) Cette dépense doit être placée aux environs du 25 ou 26 septembre, la fête de saint Michel étant le 29.

(5) 29 avril, saint Pierre de l'ordre des Freres Prêcheurs.

285. a vi dias de may, a i mesatgier que portec una letra clauza de Paris que nos trametia M° Arnaut Gruer, avocat nostre......... .... viii crozatz.

286. a xviii dias de may, a Ramilho que portec letras clauzas a Rialmon et a Lombers (1) als cossols que nos aviam entendut quels enemixs veniau de part desa, et en aquel cas que els sentisso que se apropiesso, que els nos o mandesso ; e doniey li, de volontat dels senhors,...................... ... . iii crozatz.

287. lo dia desus, a Boet, que portec de las sobredichas letras clauzas al Castel nou de Bonafos, (2) als cossols, en la manieira que desus,.. ii crozats.

288. lo. dia desus, a Guiro Foissier que anec portar letras clauzas a Vilafranca (3) et a Albanh (4) quens avizesso dels enemixs ; se sentiau re que nos o mandesso............... .... iii crozatz.

289. per far e per copiar los comtes de la dicha aministracio ii vetz, launa copia a la mayo cominal, e l'autra a mi,.... ii floris.

290. per ii mas de papier ad ops d'escriure los sobreditz comtes, a for de ii crozatz la ma ; monta.................. . iiii crozatz.

291. per lo guazanhatge dels vi comus que sso en preza en aquest libre que foro bailat[z] a levar a xii deniers per lieura, que monto lo guazanhatge............................... lxi lbr. ii s. (5).

Soma grosa : .... m floris e xvi groses.

Soma : vi floris, ix gros.

En aquest comte desus dig ni escrig, loqual es enclus en aquest presen libre en xlv cartas senhadas et escrichas, per conte, e comenssa. en la premieira carta, en lo premier item : Premieiramen, recoubi de P. Guilhem Bladier, viii s. iii d., e tenis, en lo darrier item : Item, paguiey, per ii mas de papier ad ops de escriure los sobreditz contes, a for de ii crozatz la ma ; monta iiii crozats, loqual conte sobredig Phelip Vayssieira redec e bailec als senhors cossols d'Albi, de l'an m°ccc°lxii, am protestacio e retencio, laqual

(1) Réalmont, chef-lieu de cant. de l'arrond. d'Albi. — Lombers, comm. de ce même canton.

(2) Aujourd'hui Castelnau-de-Lévis, cant. d'Albi.

(3) Villefranche-d'Albigeois, chef-lieu de cant. de l'arrond. d'Albi.

(4) Alban, id. id.

(5) En marge : *mostre a quei foro pagadas*. Cet article n'est pas écrit de la même main que les autres ; c'est le premier que nous rencontrons. Suit une ligne dont l'encre a tellement pâli que n'ayons pu déchiffrer que ces mots..... pagat d'el (trois. mots) mas xxxv lbr. x s. vi d., ausida relacio d'aquels que avem (un mot).

fe lo dig Phelip Vayssieira davant la dig rendemen e bailemen et en aquel et aprep aquel, que se hi avia may pres ho mes que al dig conte no se conte, ho autra error hi apparia en preza o en meza, que aquo puesca corregir et amendar, e que hi puesca metre o detraire, e que tostems vol e puesca a veritat estar.

L'an M°CCC°LXII, a XXI de julh, en Phelip Vayssieira, en Isarn Lombers, en Enric de Verno redero e baylero aquest presen libre et aquestz presens comtes a'n P. Gui et a'n Arnaut del Port et a'n R. Vidal et a'n Johan Augier, cossols de l'an presen M°CCC°LXII, presens e recebens per lors e per los autres senhors cossols absens, am las protestacios desus dichas e contengudas. Testes Jacobus Verier, barbier, Ramundus de Cazelas, brasserius, B. Guila et magister Deodatus Gaudetruni notarius qui hec scripsit et de premissis instrumentum recepit (1).

Aisso es la preza facha per Enric de Verno, l'an LX.

292. pres de Felip Vaisieira............................ L s.

293. mes, lo dig Anric de Verno, per II peiras a las boquas de las portas del forn de la Rebieira,........................ XIII s.

294. costero de portar......... .... V s.

295. per II homes que portero liza e teula................ IIII s.

296. per III cavilhas de fer ad obs de las claus de la porta del forn... XII s.

297. per I^a coronda, ad obs de far la bara en que se te la bara de la peira am que se sara la boqua del forn............. II s. VI d.

298. per II dias que i estec G. Belhuelh.................. XII s.

---

(1) Le f° XLVI, r°, qui est d'une autre encre et d'une autre écriture, indique les recettes et les dépenses faites par Henri de Verno, et qui, sans doute, avaient été oubliées.

COMPTES DE 1368-1369

[F° III, r°] (1). AYSSO ES LO LHIBRE DELS COMTES DE PRESA E MESA DE L'AN LXVIII FACHA PER LOS SENHORS COSSOLS DEL DICH AN, SO ES ASABER : LO SENHEN BERNAT D'AVISAC, MIQUEL HUGUAT, FRANCES PICART, M° BERNAT DE NOALHA, M° DORDE GAUDETRU, MATHIAU VALETA, M° JACME TRENCAVEL, G^m CABRIER, PHILIP VAYSIEYRA, G^m GUITBERT, G^m ESTEVE, BERNAT BRU ; EN DURAN DANIS, RESEBEDOR DE LOR.

Aysso es la presa.

1. Premieyramen, presem de P. Bonet de la Calm, per alcus derrayratges que devia,................................... xvii s.

2. d'en G^m Viguier, per derrayratges que devia per los bes que ac d'en P. Chatbert,........................... iii s. v d.

4. a xix de febrier, de na Bernada Salina per sa part dels deutes que devia la vila quant se dec a l'ospital,............ xxv s.

5. de M° Johan Augier, a i de mars, per fusta que avia presa de la vila, l'an LXVI, as obs de la capela de S. Aloy de la glieya de S Salvi... ix gros.

6. d'en Emeric Guilhot que devia per pocessios que non ero en alhiauramen, contengut al lhibre de las reconoisensas, a cii cartas, ... xxix s. x d.

7. a xiii de mars, d'en Ar. Marsenda per acort fach ab los senhors de tot quant podia dever,................... vii floris e m.

8. de na Graveta per un deute que devia R. Bernat al libre d'en P. de Somas, a lxv cartas,................... xii d. m.

9. d'en Frances Picart, que devia al libre negre a iiii^xx xi cartas,................................... xx s.

[F° II, v°] 12. a xxiii de mars, d'en G^m Prunet per acordi fach ab los senhors de totz los derayratges que podia dever per los bes de Finas Rata,........................... iii flor. ix gros.

14. de M° Dorde Gaudetru per peyra que, pres de la peyra que aviam comprada de M° Johan Amoros e de l'osdal d'en Philip Vaysieyra... vi gr.

---

(1) Les deux premiers folios forment garde.

16. a xix de may, d'en Galhart Golfier e d'en Johan del Puech, massip d'en G^m Guitbert, per lo maleu que fesem d'en Johan Obi, Bergonho de Monpeslier.................................. xii^cL floris.

Aysso es la presa dels fors

17. Presem d'en Bernat Torena per partida de l'arendamen dels fors.. LXXVI s. VIII d.

[F° IIII, r°]. *Aysso es la presa dels cesses de la vila de l'an LXVIII*

18. Presem, a ix de Julh, d'en Guilhem Guietmart per lo loguier del forn de la Ribieira, per lo terme de S. Johan passat. xxxii s. vi d.

19. del dich Guilhem, per lo dich loguier, per le terme de Nadal, ... xxxii s. vi d.

20. a xxvi d'aost, d'en Guiraut Ytier per lo loguier de l'osdal que te al Potz del Vigua que fo d'en R. Tornier.............. x gros.
per lo terme de S. [Johan] passat.

22. Paguec P. Soelh, per lo ces de l'osdal que te sus lo pon de Tarn (1).. xv s.

24. Paguec R. Sarazi. al[ias] Patau, per las vendas e per lo reyreacapte de las terras que comprec de M° Johan Amoros, que so al Gua de Lescura.. xx gros.

28. P. del Solier, per las vendas de l'osdal que comprec d'en Johan Talhafer que es sobre la fon del Buc (2)...... ii flor. e m.

[F° IIII, v°], 29. Helias Mersier, afanayre, per una tala que avia facha en l'ort de M° Bertran de Montalasac, que avia presas prunas en un prunier.. v s.

30. dels gatges que foro vendutz d'en Berthomiau Fores, a l'encan, a vi de setembre.. viii s. iiii d. m.

33. a xix de gervier, d'en Bernat Johan, al[ias] d'en Astuga, donat de l'ospital de St Jacme, (3) per sa part dels deutes que la vila devia... viii flor.

---

(1) Sur chacune des piles du pont, sauf celle du milieu qui portait une croix, se dressait une maison dont la ville avait la directe. Cf. nos *Fiefs de la ville d'Albi, Revue du Tarn*, XI, pp. 86-97.

(2) Cette fontaine existe encore avec le même nom ; elle est située au bas de la rue qui porte aujourd'hui le nom de *Grand'Côte* et qui, au xviii° siècle, s'appelait encore la *coste del Buc*. A la perche des fiefs de 1751 on lit en effet : « un fief consistant en maison et patus situés dans la ville, lieu dit à la Cote grande, *sive* du Buc ». Cf. Sarrasy, p. 165.

(3) Cet hôpital, un des quatre dont était dotée la ville d'Albi, était situé, au xvi° siècle, sur les dépendances de l'Hôtel de la Préfecture actuel, le long du rempart. Le cadastre de 1343 nous le montre *foras la porta de Roanel*.

ANNÉE 1368-69

34. d'en Johan de Lacrotz, de Monpeslier, per la part del quint de la sal apartenen a la vila.................... xlii franxs.

35. de Mº P. Olric, al[ias] Rigaut, a xvii d'aost, per dos draps e miech de vervi que vendec...................... lx franxs.

[Fº V, rº]. 40. d'en Gm Morgue, per sa part de un ort que avia vendut a Johan Nac, que esta al Castelvielh, de so que la vila devia, a viii d'abrial.. viii d

41. d'en Gm Clerc, lo Frances, per partida de sa part de so que la vila devia cant se fe sirven................ .... x gros, m.

[Fº V, vº]. *Aysso es la presa de la resta dels draps vendutz per los senhors de l'an passat* (1)

43. Presem, a i de jun, d'en Johan Giaussa......... xx franxs.

[Fº VI, rº]. 48. a ix de jun, dels heretiers d'en Marti Sagresta, que devia P. R. Croset al libre d'en P. de Somas, a lxvi cartas.. ii gr.

51. que devia al libre blanc derrier, per los dos comus dels cunhs, a ix cartas......... .... x s. v d.

[Fº VI, vº]. 58. Presem, a xxi de jun, d'en P. Casanhas e d'en Penart Calvet, cossols de Lescura, (2) per resta que deviau del acort fach am los senhors cossols de l'an passat, per los derayratges de las pocessios que las gens de Lescura aviau en la juridicio d'Albi, ... xxx franxs.

59. dels senhors cossols de l'an passat, que contava hom lxvii, dels deniers del seyze de las enposesios de xii [d.] per lbr..:......
.... xl franxs.

63. per la ma d'en Frances Picart, per xx draps de vervi que vendec, losquals avia malevatz a Tholosa d'en Arnaut e d'en Guilhem Asemar, en lo mes de febrier................ ..... vicx flor.

[Fº VII, rº]. 64. d'en Bernat Esteve, especier, que devia per l'emolimen de las cridas dels vis lasquals pagueo en diversas parselas .... xxvii lbr.

La presa de l'emolimen del pon de Tarn que fo vendut xxvii lbr. a'n Johan Selvas, desduchas enchieyras e xi lbr., lo franc [contan] per xx s.

65. Presem d'en Johan Selvas, per lo sobredich arendamen del pon de Tarn, en diversas pangas e dias e mas.. . cix franxs, iiii gros.

---

(1) Les consuls de 1367-68, pressés, sans doute, par le besoin d'argent et ne trouvant pas de numéraire, avaient acheté des draps dont la vente n'était pas terminée au moment ou ils arrivent à la fin de leur charge. Les nouveaux consuls les vendirent. C'est la *resta* du présent chapitre. Il s'élève à 24 fr., 11 flor., 3 gros.

(2) Commune du canton d'Albi, sur le Tarn.

66. d'en Berenguier, massip, per l'emolimen del pon de Tarn, del terme passat de S. Johan, a v de jul.................. xii franxs.

[F° VII, v°]. *Aysso es la presa de l'emolimen dels goratatges, losquals foro rendutz* xxviii *lbr.* vi *s.* viii *d.*

[F° VIII, r°]: *La presa dels comus semmaniers que levec M° P. et M° R. Debar, l'an LXVIII.*

68. Pres dels comus semmaniers que levava (1) M° P. e M° R. Debar, tant per lors mas quant per autras mas de diverses singulars .... xv^ciii^{xx}vi floris e iiii gros.

[F° VIII, v°]. *La presa dels comus semmaniers desus dichs de l'an LXVIII.*

81. d'en Frances de Lagrava, en deduccio del loguier de la mayo cominal, e per lo capitanatge.. .... viii lbr. xiii s. ii d.

[F° IX, r°]. 83. de M° Galhart de Borns per los sobredichs comus semmaniers que devia en so que lh[i] era degut per alcunas escripturas.. xxx s.

[F° IX, v°]. *La presa dels derayratges d'en P. de Somas, et an may davan en aquest lhibre, a.* (2)

86. Presem, a xxvi de jun, de M° Ar. de Banieyras, que paguec per los heretiers de M° Bernat del Palays, de la vendemia de la vinha dels dichs heretiers, pel resta del cabatge que levec R. Bona, l'an lvii, contengut al libre d'en P. de Somas, a ix c., e per los dos comus que levec P. del Solier, l'an lvii, al dich lhibre, a xi c. e per vi comus que levec Philip Vaysieyra, l'an lx, el dich libre. a xiii c. ; monta, avaluat la moneda e rabatut lo gasanhatge d'en P. de Somas, flor a xv s. (3).................. .... viii s. vii d.

[F° X, r°] 96. d'en P. Mausans que devia al libre a xxviii c., que paguec per el Guitardia, molher que fo d'en Berthomieu Graolhet, ... xxiii d.

[F° X, v°] 102. a xx d'aost, de Berthomiau Marsac, per partida d'alscus derayratges que deu per sa mayre, Ramunda Alquieyra, ... xv gros.

[F° XI, r°]. *Esenc se la presa dels derayratges del libre vermelh que so encartatz el libre de las reconoysensas.*

111. Presem de na Peyrona Bertranda, molher que fo d'en P. Derasau, bastier, que devia a lxxviii c................. . i gr. m.

(1) Corr. *levavo.*
(2) Blanc.
(3) A retenir que le florin ne vaut plus que 15 sous.

[F° XI, v°] 122. a xii de may, de na Bernado, molher que fo d'en Guilhem Dediau, que devia a iiii**xv c...................... v s.

[F° XII, r°] 128. de moss. P. Benesech, capela, que devia al libre de las reconoysensas, a c ii c.................... iii flor. vi gros.

[F° XII, v°]. *Ayso es la presa facha per en G^m Guitbert dels deutes encartatz el libre de las reconoysensas de la mayo cominal, losquals so levatz per la ma del sobredich G^m Guitbert.*

136. Pres d'Esteve Andriau que devia al sobredich lhibre de las reconoyssensas a i c.... .... ii s. xi d.

Suit, tout le long de ce verso, des folios XIII et XIV et du recto du f° XV, l'interminable liste des débiteurs de la ville placés dans l'ordre où ils étaient inscrits au rôle des reconnaissances. Cette nomenclature de noms et de sommes n'offre d'autre intérêt que l'étude des noms patronymiques des Albigeois.

Le verso du folio XV est blanc.

[F° XVI, r°.] *E[n]ssec se la presa dels derayratges que leva Guilhem Rotgier, genre d'en G^m Ort.*

271. Presem d'en G^m Rotgier, genre d'en G^m Ort, dels derayratges que leva, que es enpausat als bes de Me Bernat del Palays,......... .... xvi s. viii d.

278. a xxvii de setembre que lhi baylec la molher d'en G^m Dediau... iii gr.

Autre nomenclature de noms propres et de sommes qui occupe les entiers folios XVI et XVIII. Le folio XVII manque, bien qu'il n'y ait pas eu arrachage de cette feuille; c'est une erreur de pagination. Enfin le recto du f° XIX est blanc.

[F° XIX, v°]. *Aysso es l'arendamen del emolimen de l'encan que fo arendat(z) a P. Cassaro, debatudas enchieyras,* x lbr. vi s. viii d., *franc p.* xx s.

345. Presem del sobredich P. Cassaro, que paguec en parselas per lo sobredich arrendamen............... x franxs, vi s. viii s.

[F° XX, r°.] *Ensec se la presa dels iiii comus fachs l'an* LXVIII, *a* xxv *de may, levatz per cunhs e per guachas.*

346. De la guacha de Verdussa, presem........ cxviii lbr. vii d.
347. De la guacha del Vigua, presem. cxlviii lbr. xviii s. xi d. m.
348. De la guacha de Sta Marciana, presem. clxviii lbr. xvii s. v d.
349. De S. Afriqua, presem............ cxxxv lbr. vi s. xi d. m.
350. De S. Estephe, presem...... ..... iiii**xiiii lbr. ii s. iii d. m.

351. De las Combas, presem.................... xl lbr. xiiii s.
352. D'otral pon, presem................. lvi lbr. v s. ix d. m.
353. Dels foratas (1)...................·...... viii lbr. ix s. iii d. m.

[F° XX, v°.] *Ensec se la presa dels* viii *comus, fach*[a] *l'an* lxviii, *a* xiiii *d'octembre, en la manieyra que s'ensec, levatz per cunhs e per guachas* (2).

[F° XXI, r°] *En sengue sso la presa dels* ii *comus fachs l'an desus, a* xx *de desembre, levatz per guachas* (3).

Le verso du folio xxi *est blanc. Il manque au registre les folios compris entre* xxi *et* xxx, *qui ont été arrachés; mais c'est une partie de papier blanc seulement.*

[F° XXX, r°] AVE MARIA

Ayso es la mesa e ministracio facha per los senhors cossols de l'an mccclxviii, *so, es asaber lo senher Bernat d'Avisac, Miquel Huguat, Frances Picart, M° Bernat de Noalha, M° Dorde Gaudetru, Mathiau Valeta, M° Jacme Trencavel, G*^m *Cabrier, Philip Vaysieyra, G*^m *Guilbert, G*^m *Esteve, Bernat Bru, cossols de l'an desus, en Duran Daunis lor thesaurier e ministrador e nom dels sobredicks senhors cossols.*

368. Paguem als frayres Menors que canteso de S Esperit, car los senhors non auziau messa per lo entredich que era en la vila......
.... i flor.

369. a xxv de may, per vi cambajos de carn salada e per vi lenguas de buou, que pesavo los cambajos xlvii lbr. mieja, monto....
.... xxiii s. ix d.

370. E las lenguas............................ ...... ix gr.

371. per vi molas de vi, loqual vi fo dat al jutge majer de Tholosa...
.... iiii gr. m.
lasquals causas desus foro dadas al jutge majer de Tholosa.

372. per i sestier de sivada e per xii michas e per iiii lials de vi que foc donat al maestre de las monedas de Monpeslier... xii s. ix d.

374. a M° G^m Albert et a M° P. de Valenquas, per iii jornals que estero as adobar las antas del pon de Tarn.............. ii flor.

377. a M° Bernat Serras e a M° G^m Albert, fustiers, per autres iii dias que i stero................................ . ii flor.

379. per xii michas e per ii sestiers de civada e per iiii lials de vi, loqual foc donat a i maestre de parlamen de Paris, loqual foc as

---

(1) Les quatre communs produisent 760 liv., 13 sous, 2 deniers, maille.

(2) Le montant de ces huit communs est de 1453 liv. 4 s. 10 d.

(3) Le total de ces deux communs est de 367 l. 18 s. 2 d. maille.

ANNÉE 1368-69

Albi sobre la besonha del vescomte de Monredon e de Sicart de la Gresol... xix s.

381. a'n G^m Prunet per grossar i sendicat e per copiar en papier. .... ii gros.

382. a'n P. Isarn per una ma de papier.............. i gros m.

383. a'n Johan Barrau, per una pipa de vi que tenia v sestiers emina... iiii flor. vi gros.

384. may, per iii sestiers de ciyada.................. xv gros. que foc tot donat al viguier d'esta vila que avia comensat novelamen osdal a'n sa cunhada.

386. a Johan Fortanier, que foc trames per los senhors a Combret (1) per portar letras de un senhor de parlamen que s'ania de Franssa................................... vi gr.

387. a xxx de may, a i macip del vescomte de Monredon que anava vas Paris e fol baylada una letra que portes als avocatz nostres de Paris.. vi gros.

388. a i macip de Me Simo de Tornus que portec una letra a Carcassona al dich M^o Simo........................... vi gros.

Le f° XXXI a disparu.

[F^o XXXII, r^o]. 389. may al dich moss. G^m Laclota; per partida de son trebalh de vezer lo proses gran, e redec ne bilheta. viii franxs.

390. may a Me Johan Pascorel, aboat del rey nostre senhor e cosselh de la vila, per sa pensio de l'an presen e de l'an propda passat, e redec ne bilheta........................ xvi franxs (2).

391. may a Me Johan de Marens, avocat del rey e cosselh de la vila, per sa pencio de l'an presen, e redec ne bilheta. viii franxs.

392. a xxvi d'aost, paguem, per vi cotels e per vi ganivetas que foro d'en R. Guilabert, cotelier, lasquals portec Betoy a Paris, (3) que foro dadas a nostres cosselhiers a Paris ; costero.............. .... v flor. d'aur, i gros.

393. a xxvi d'aost, partic Betoy per anar a Paris portar letras a Me Dorde Gaudetru els sobredichs cotels ; baylem lhi per despesa vi franxs d'aur, e venc a ii d'octembre ; ac del viatge.. xiii floris.

394. may, per la ma del sobredich Me Dorde, per l'arest que foc donat en parlamen a'n la causa de moss. d'Albi, entre far e sagelar et aquel que fe la relacio........................ xiii franxs.

395. may, per escriaure e per ordenar la menuda dels articles que

(1) Aveyron, arrond. de Saint-Affrique, cant. de Saint-Sernin.

(2) A suite d'une erreur le scribe a répété cet article qui a été cancellé ; on lit au-dessus : *desus es.*

(3) Mots cancellés : *de mandamen dels senhors.*

foro baylat[z] per la vila en la causa de moss. d'Albi en que avia xLv fulhs de papier.................... .... IIII franxs (1).

396. a'n Adam, oste de Mᵉ R. Vidal, per so que lhi devia Mᵉ R. Vidal ; e redec bilheta........................... VIII franxs.

Foro cansellat[z]. car Mᵉ R. los lhi pres en compte de so quelh paguec, l'an LXVII (2).

[F° XXXII, v°]. 397. per papier a far las copias dels articles que baylec la vila, e may d'aquels que baylec moss. d'Albi e per pargames a far una copia dels dichs articles en rotles de pergames, e per far la dicha copia ; entre tot.............. v franxs, IX gros.

398. may, per dos caisos e per dos boystas per metre las letras els arestz , e per dos sacs de trelis en que se meiro totas las escripturas .... IX gros, XII d. m.

399. Per l'arest del fach del senhor de Lescura, que costec XXV franxs, e paguem ne (3) ....:........... XVII franxs.

E resto que deu hom a Mᵉ Danis, de que a bilheta de la ma de Mᵉ Dorde Gaudetru de VIII franx.

400. per la executoria del dich arrest, entre far et sagelar, XI gros.

401. daguem al calfa sera,............................... I franc.

402. Paguem, que baylec a Mondo Fornier quant s'en venc de Paris as Albi, per son despens,........ .... II franxs, IIII gr.

403. per una letra de licentia del rey que nos poguessem acordar am lo senhor de Lescura, e per far la suplicacio e refar la dicha letra que covenc refar II vest[z]. Costec entre tot.... II franxs, IX gros.

405. Per la letra del seyze de las empozicios, entre far e sagel, ... IIII franxs, IX gros.

406. . a Mᵉ Gᵐ del Sanh Girma, procurayre general, per sirvizis de dos ans que nos era estatz sirvitz de tot son temps pueys que fo procurayre................. ... . IX franxs, XI gros.

---

(1) On peut lire, dans les archives communales (FF. 38), non seulement cet arrêt du Parlement de Paris, mais encore presque toutes les pièces de la procédure. L'évêque Hugues d'Albert avait remis en question toutes les franchises et libertés de la ville ; c'est ainsi qu'il contestait aux consuls le droit de participation au jugement des procès criminels, la nomination des *deguiers* (gardes), la police des marchés, celle des filles publiques, etc. L'arrêt renvoyait le procès à des commissaires en donnant, toutefois, provisoirement gain de cause à la ville.

(2) Ces mots sont d'une autre écriture et d'une autre encre.

(3) Nous avons raconté ailleurs les longues péripéties de cette lutte armée entre le baron de Lescure, Sicard III, et l'évêque et les habitants d'Albi. Cf. *Le prix des choses à Albi en 1368-1369*. On trouvera dans ces comptes de nombreux articles intéressant cette affaire.

407. en ɪɪɪ vidimus dels arrestz desus e de l'executoria que foron fastz en Castelet.,...................................... xxɪɪɪ gros.

[F° XXXIII, r°] 408. per aver la copia de l'aponchamen de las causas e de l'arest premier del fach de Moss. d'Albi, (1) que nos fasia mestiers a formar los articles ; e may per aver copia de so que fon avistat als articles ; entre tot... .... ɪ franc.

409. en aucast[z] et en galinatz et en autras causas que sirvic lo dich M° Dorde als senhors de cosselh per so que li acabesso que la causa se prorogues entro a l'autre parlamen ; entre tot............
.... vɪɪɪ franxs, vɪɪ gros, m.

410. per una letra contra lo sosviguier de Tholosa e per autra contra P. Savah, per autra contra tot[z] los sirvens, que siau compellitz a paguar cascus per lors cauzas, e per sirvizis que lhi covenc far a'n aquel que los passec e specialmen per aquela del sosviguier ; entre tot............................. vɪɪɪ franxs, vɪɪ gros, m.

411. per ɪ salconduch del dich M° Dorde e de M° Ar. Paya que costec ɪx gros ; e M° Ar. paguec la meytat.,............. ɪɪɪɪ gr. m.

414. a Michelet per segre totas las letras els arrestz desus dichs en la cansellaria, e per gardar la cancellaria se hom empetrera denguna letra contra la vila ; entre tot.................. ɪ franc.

415. per una botiola de veyre per tener tencha e per umplir do[s] veguadas de tencha a far las copias dels articles que fe lo dich M° Dorde, e per sera gomada a sagelar letras.......... ɪ gros, m.

416. per una letra contra los notaris de la cort temporal que siau compellit[z] a redre los actes del faich d'en Bernat Miramon corregidas e senhadas, (2)............................... xɪ gros.

[F° XXXIII, v°]. 417. per guidas sus la montanha de Roquafuelh.
....,....... ɪɪ gros.

418. per ɪ cotelicyra as ops de ɪ cotel d'aquels que portec Betoy a Paris............... .... ɪɪ gros, v d.

419. per cambi de moneda que costa cascun franc d'autra moneda calque fos d'aur o d'argen, ɪ gros per metre en franc, e per xɪx floris d'Arago que no se metiau mas per x gros, e per v franxs que hi avia que foron cortz ; entre tot costec......... vɪɪ franxs, xɪɪɪ gr.

420. may, de volontat de totz los senhors que donero a M° Dorde Gaudetru, per l'anada desus dicha de Paris que non podia ben

---

(1) L'affaire avec l'évêque ne fut évoquée au Parlement de Paris qu'après un arrêt donné à Toulouse ; c'est l'arrêt dont il est ici question.

(2) Il est probable qu'il s'agit, dans cet article, d'une affaire intentée à ce consul de 1359 par la cour temporelle. Cf. *Compt. cons. de 1359-60*, art. 11, 12, 50, 51, 73, etc., etc.

passar per lo franc per jorn que li fon comtat desa.. xx franxs. No foro pres en conte.

Le folio XXXIIII est blanc.

[F° XXXV, r°]. *Ayso es la mesa comuna.*

421. Paguem a ı macip de Carcassona que portec la letra de la manda del miech franc per fuoc........................ III gros.

422. a ı de jun, a Bruneu que anec a Carcassona portar letras a M° Dorde que era de part dela ; estec IIII dias ; ac del viatge .... XII gros.

424. a'n Bernat Auriac e a P. de Najac, sirvens, que avian vacat a baylar los tray[latz] dels comus........................ I flor.

425. a Ramilho e a Bernat Auriac, per vı jornals que avian estat, entre dos passadas, a far portar deniers as aquels que avian los traylatz... XVI gr.

426. a ıx de jun, a Bruneu que fon trames a Tholosa per portar letras a M° P. Guitbert sobre lo tractat que los senhors avian am los canonges de Sta Cecilia (1). Estec v dias ; ac ne...... xv gros.

427. per una letra de garniso d'alcus que devian a la mayo cominal.. x d.

428. a xvıı de jun, a ı macip de Carcassona que portec una letra dels cossols sobre l'anada de Paris. Donem lhi........ x gros.

[F° XXXV, v°.] 429. a xxıı de jun, que anec P. de Causac a Castras per portar II draps de Franssa que avian per vendre, e no los poc vendre e tornec s'en. Ac per son despens e per lo loguier de si e de sa bestia, per III dias que i stec................... II flor.

430. a'n R. Fornier que anec a Carcassona portar letras als cossols sobre l'anada de Paris......................... vı gros.

433. a ı de julh, a Samsonet, sirven de Carcassona, que fasia execucio per dos franxs e miech que eran degutz per lo franc que leva en P. de Cort..,................................. xıı gros.

434. a ı de julh, a Ramilho que anec a Carcassona portar deniers as

(1) Cette affaire remontait a 1367. Le duc d'Anjou avait fait prononcer un ajournement contre le Chapitre qui s'était opposé à l'exécution des travaux de fortification derrière la cathédrale, sous le prétexte qu'on touchait à sa propriété et qu'on gênait la grande tour du clocher de Sainte-Cécile ou il tenait ses délibérations. Le temporel de l'évêque, qui avait pris fait et cause pour le Chapitre, avait été placé sous sequestre ; la ville avait été mise en interdit (Cf. art. 368). Enfin une transaction intervint ; on peut la lire dans les Archives communales (FF. 44) avec tous les détails de cette curieuse affaire. Une *mesa* spéciale est consacrée aux dépenses qu'occasionna cet accord. (Cf. art. 534 et suiv.).

alcus que deviam de part dela. Estec v dias; ac del viatge, xx gros.

435. Perdec se en las monedas que portava que covenc que las meses en aur.. vi gros m.

436. a v de julh, a ɪ macip de Tholosa que portec una letra de Paris que trametia Mº Ar. Gruier (1) a nos............... ɪ franc.

438. ad Esteve del Puech per grossar ɪɪɪ sendicatz, que foc produch la ɪ a Castras, e l'autre anec vas Paris e l'autre a Carcassona. Costero, am los pergames............................. vɪɪɪ gros.

[Fº XXXVI, rº]. 434. a Bruneu que foc trames per la viguaria am letras als cossolatz que venguesso per far sendicat de la sal d'en Johan de Lacrotz de Monpeslier ; estec ɪɪɪɪ dias que s'en tornec de Venes que lo dis Mº Dorde que moss. de Castras (2) venia en esta vila..... .... xɪɪ gros.

442. a ɪ macip que portec una letra de Carcassona dels cossols sobre l'anada que los comus devian far a Paris......... xɪɪ gros.

444. a ɪɪɪ de julh, partic Gᵐ del Forn per anar a Carcassona per far portar la resposta als cossols e una letra als elegit[z] per anar a Paris ; e seguec los tro a Nemze, e pueys anec am lor ɪɪ dias. Estec el viatge xv dias ; ac no del viatge......... ɪɪɪ flor. ɪx gros.

445. a'n Guilhem Guitbert, per ɪɪɪɪ lbr. e carto e miech de sera que s'ardero de las suas entorcas cant moss. de Castras say era ni moss. Bernat Bona ; a ɪɪɪ s. v d. la lbr. monta .... xv s, ɪɪɪɪ d.

446. Paguem lhi may per vɪ entorcas que pessavan xxvɪ lbr. que foro as ops de la festa de Nostre Senhor, al for desus. ɪɪɪɪ lbr. xɪ s.

447. Paguem lhi may, per ɪɪɪɪ entorcas e ɪɪ·lbr. de doblos, que pesava tot xɪɪɪ lbr., lasquals foron dadas a moss. P. R. de Rabastenx, senescalc de Tholosa, que venc de Proensa en esta vila ; costero. .... xLɪx s.

[Fº XXXVI, vº]. 448. may per ɪɪ sestiers de civada que foc donada al sobredich moss. lo senescalc de Tholosa, que fo a xvɪɪ de jun, ... x gros.

450. per ɪ pel de pargames en que fo mes lo sendicat dels cossols de la viguaria .... ɪ gros.

451. per la copia de l'ajornamen que fe far moss. d'Andora...... .... vɪɪ d. m.

452. a vɪ de julh, a P. de Najac et a Bernat Auriac que avian

---

(1) C'est le Gruer, procureur au Parlement de Paris, que nous avons rencontré dans les *Comptes de 1359-60*. Cf. les art. 21, 22 de ces *Comptes*.

(2) Le siège épiscopal était alors occupé par Raymond de Sainte-Gemme (1364-1377).

arrestatz los cossols de l'an LXVI........................ xx d.

455. a Ramilho que foc trames a Rialmon per vezer de moss. lo jutge de crims (1) e fo tro à Lamilharia (2)............. II gros.

456. a R. Marens que adobec la roda del pon del Vigua, I gros m.

[F° XXXVII, r°]. *Mesa baylada a'n G^m Esteve, cossol, per far las obras de la vila.*

461. a xxx de jun, paguem a R. Marens, per IIII jornals que avia estat a redreysar lo palenc davan l'ospital (3)............ x gros.

462. al dich R. Marens per III jornals d'omes que l'avian ajudat .... v gros.

463. a I de julh, a R. Marens e a Johan Esteye que estero a l'obra sobredicha as adobar lo palenc davan l'ospital........ VII gros m.

[F° XXXVII, v°]. 488. Baylem a I home que fe los cledisses d'aquo que obra M° Johan lo peyrier........................... xx d.

[F° XXXVIII, r°]. 515. Bailem li [a G^m Esteve], que fo enpausat a'n G^m Guitbert per I melhier de teula d'aquo d'en G^m Manha.......... .... II flor. II gros.

516. de la teularia d'Aigadossa XII^cXL teulas, a XX gros lo melhier. .... II flor. I gros.

[F° XXXVIII, v°]. 523. Baylem li, a III de jenoier, que ac d'en P. de Causac.. III flor.

[F° XXXIX, r°]. *Mesa de la despessa que sa fe M° lo jutge dels crims e M° R. Favarel e M° lo jutge d'esta vila sobre l'acordi de la vila e de Sta Cecelia.*

534. a VIII de jun, anec Miquel Hugat a Carcassona a Moss. Bernat Bona que li plagues que vengues en esta vila sobre lo tractat que era mes en luey, de part de nos, dels debatz que eron entre alscus singulars e la vila am los ganonges de Sta Cecelia. Estec VI dias ; ac del viatge.. VI franxs.

535. per la ma d'en Miquel Hugat, per la despessa que fe a Moss. lo jutge et a sa companha, de Carcassona en esta vila......... .... XXII gros. v d.

5.6. a XI de jun, a G^m del Forn que fo trames a Galhac, am letras dels senhors a Moss. R. Favarel et a Moss. lo jutge d'Albi, que lor

---

(1) C'est le Bernard Bone, coseigneur d'Hautpoul, que nous avons rencontré à l'art. 445.

(2) Aujourd'hui Lamillarié. cant. de Réalmont.

(3) Sans doute l'hôpital de Saint-Antoine du Viennois, situé en face de la porte du Vigan.

plagues que venguesso en esta vila per acossolhar nos en las dichas besonhas..... .... III gros.

537. l'endema, al dig G^m et a Taulo que tornero a Gualhac, am dos rossis, per querre M° R. e M° lo jutge; agro, am la despessa que feyro am lo (1) rossi, e per la nuech que i agro en osdalaria, e per lors jornals... x gros, m.

538. per los loguiers de dos rossis, dos dias cascun... XII gros.

539. per la despessa que feyro M° R. Favarel e M° lo jutge del rey a l'osdal d'en P. de Causac, de IIII dias que estero..... LXX s. v d.

[F° XXXIX, v°]. 539 *bis*, a XXI de jun, partic en Miquel Hugat per anar a Carcassona per acompanhar Moss. lo jutge dels crims, e pueys d'aqui a Belcayre anar per aptener et aver letras de Moss. lo duc de acordar la vila ab los senhors (senhors) canonges de Sta Cecelia. Baylem li, que li portec Bruneu................ x floris.

540. Lo dich Miquel Hugat fo aprehonat el sobredich viatge, quant s'en tornava de Belcayre, per los Proensals (2), el cami de Valvert, e estec pres CL jorns, de laqual preyo pres e suffertec gran dampnatge de son cors, e perdec sos deniers e sa rauba e sencha, cotel, espasa, estivals e esperos. Foc de cosselh de la vila que hom lhi donc per lo dich dampnatge e perdua que avia facha............ XL floris

541. Paguem lhi may per la letra de l'acort per far et ordenar.... .... II floris, VI gros.

542. a'n Philip Capel per lo seu rossi, loqual lo sobredich Miquel Huguat perdec en lo sobredich viatge.................. xxv flor.

543. a Bruneu que anec ab lo sobredich Miquel Hugat. VI gros.

Le folio XL n'existe pas ; on ne voit aucune trace d'arrachage.

[F° XLI, r°]. *Mesa del subcidi del franc per fuec, endich per Moss. d'Anjo* (3).

544. Paguem, a IIII de jun, a'n P. de Cort, recebedor del franc per fuec sobredich per lo miech franc.... ... III^c XXVII franxs e miech.

546. Paguem ques perdec en las monedas, que hi avia flori de franc ria (4) e nobles e comtan ; e covenc ho tot metre en franxs, et

---

(1) La véritable lecture est : *alam*.

(2) On sait que le duc d'Anjou revendiquait le royaume d'Arles ; le 4 mars 1368, le duc et Bertrand du Guesclin entreprirent le siège de Tarascon. Sous les ordres du fameux connétable, combattaient des chefs de bandes, les Perrin de Savoie, les Petit Mesquin, les Amanieu d'Artigues que nous rencontrerons dans ces comptes.

(3) Voir note de l'art. 421.

(4) Nous retrouverons ce florin de *franc ria* à l'art. 571 et plusieurs autres fois.

avia hi guianes per vi d. e nos metiau mas per v d. ; perdec si.....
.... vi franxs, IIII gros

547. a'n Duran Daunis, per son despens e loguier de rossi el despens de sos macips que menava per lo perilh dels camis ; de IIII dias que estec que anec............................ II flor. vI gros.

548. per lo loguier del rossi......... .... XII gros.

549. per lo loguier dels II macips.................... XII gros.

550. a II sirvens de Carcassona que foro trobatz sus la montanha per lo dich Duran Daunis que anava a Carcassona que venian far execucio per lo dich deute et acordec se ab'lor ; agro ne. II franxs.

551. a'n P. de Cort, per resta del dich subcidi... ....·
.... II franxs, vII gros m. (1).

553. Paguem a Mᵉ Esteve de Monmeja per lo subcidi novelamen enpausat, resebedor d'aquesta senesqualquia.......... vᵉ franxs.

E avem ne bilheta facha per Frances Picot de Carcassona, loqual avia pres lo deute (2).

Le verso du folio XLI est blanc.

[Fº XLII, rº]. *Mesa d'el subcidi antriat a Moss. lo duc d'Anjo per las comunas* (3).

554. Paguem a'n Gᵐ Aycart que anava a Carcassona per portar deniers a'n Guilhem Catala, resebedor del subcidi sobredich, e no lay poc passar per lo empachamen dels camis, de las gens d'armas que erau sus los camis. Estec v dias ; ac ne.......... II flor I gr.

555. a I de desembre, paguem a'n P. de Normancia; loctenen d'en Gᵐ Catala, thesaurier e resebedor de la senesqualcia de Carcassona del subcidi autriat a Mº d'Anjo..................... IIIIᶜ franxs

556. a'n P. de Normancia, per sos despens quê say avia fachs, esperan la moneda,................................... IIII franxs.

557. per lo cambi de XLIIII franxs en comtan que li bailem, a x˙ deniers per pessa ; monto................ II flor. v gros v d. (4).

(1) Les art. 544 et 551 donnent le nombre des feux d'Albi en 1368 ; il était de 330.

(2) Cette ligne est d'une autre écriture.

(3) Les communes des trois sénéchaussées de Carcassonne, Toulouse et Beaucaire. réunies, du 2 septembre au mois d'octobre, à Toulouse, octroyèrent au duc d'Anjou 160.000 francs d'or. La part de la sénéchaussée de Carcassonne, dont dépendait Albi, fut de 52,000 francs. Cf. *Hist. de Lang.*, IX, 799, X, nᵒˢ 543, 547 ; *Inst. polit. et adm.*, p. 610 et l'art. 765 de ces Comptes. Les archives communales possèdent les lettres du duc d'Anjou relatives à l'aide des 52,000 fr. à lui accordés par la sénéchaussée. CC. 77.

(4) La valeur du florin est ici de 15 sous exactement. Nous allons voir

558. per lo cambi de ɪɪᶜxxxvɪ franxs que comprem am lo comtan et am l'aur de flori de xɪ gros, et autre aur que costava autre aur am lo comtan, ɪ morla per pessa, e pueis ɪɪ morlas anen lo franc, et era ɪɪɪ morlas per franc. Monto.......... .... ɪx flor. x gros.

559. a'n P. de Normancia, per lo cambi de xLɪɪ franxs que i avia que eran cortz al seu pes et al nostre eran bos, a v deniers per pessa. Monto................................. xɪɪɪɪ gros. (1)

[Fᵒ XLII, vᵒ] 561. a xɪx desembre, a'n Gᵐ Catala de Carcassona, resebedor del dich subcidi,................ cLxxɪ franc[s] e cart.

562. en Lx franxs que comprem am lo comtan, a miech gros per pessa,.. xxxɪɪ gros v d.

563. per la perdua de la moneda e dels motos e f[loris] de xɪ gros e comtan que i avia,.. v flor.

569. a xɪɪ de genoier, a P. de Normancia, per lo dich subidi,..... .... ɪɪᶜxxɪɪ flor. ɪ gros m.

571. per xɪɪɪɪ floris de franc ria que no los pres mas x gros e m. et aviam los pres per xɪ. (2)..................... .... vɪɪ gr.

572. per xxxvɪɪ f[loris] d'Arago que no los pres mas per x gros cascun,... ɪɪɪ flor. ɪ gr. (3).

573. en motos e en ɪɪɪ nobles de xxɪ gros (4).... ...... vɪ gros.

574. Paguem que si perdec en ɪ escut vielh e en vɪɪ franxs que eran ɪ pauc cort[z],.................................. ɪɪɪ gros.

[Fᵒ XLIII, rᵒ] 587. a'n P. de Normancia et a Mᶜ Ar. Bonet, notari, per lors guatges e per los despens de portar los deniers,.. x flor.

591. a x de febrier, a P. de Normancia et a son companh que avian facha executio per en Gᵐ Catala............ vɪ flor. vɪ gros.

592. a xxɪɪ de febrier, per la ma d'en Frances Picart, thesaurier e

---

(art. 559) que le gros vaut 15 deniers. Cela étant, la perte de 10 d. par pièce fait ressortir la perte totale sur les 44 pièces à 440 deniers ; si l'on retranche de cette somme les 80 d. représentés au total par v gr. v d. ($5 \times 15 + 5$), il reste 360 d. ou 30 sous pour les 2 florins. 1 florin vaut donc 15 sous.

(1) La valeur du gros ressort ici à 15 deniers. En effet, 42 pièces à 5 d. = 210. Le quotient de la division 210/14 = 15. C'est sa valeur invariable.

(2) A retenir que le florin de *franc ria* vaut 13 sous 9 deniers ($11 \times 15 / 12 = 13$ s. 9 d.).

(3) De Normancie ne donne au florin d'Aragon qu'une valeur de 12 sous 6 deniers ($10 \times 15 / 12 = 12$ s. 6 d.). Or les consuls perdent 15 deniers sur chacun de ces florins ($3 \times 15 \times 12 + 15 / 37 = 15$). Par suite la valeur du florin d'Aragon à Albi est de 12 s. 6 d. + 15 d. soit 13 s. 9 d.

(4) La valeur du noble est de $15 \times 21 = 26$ s. 3 d.

resebedor del dich subcidi........................ III^cLXXV flor.

596. a xx de mars, per la ma d'en Frances Picart, que partic d'Albi que portec deniers a'n Pabina de Gontaut, a Tholosa on desia hom que era, e d'aqui anec s'en a Carcassona, car non era a Tholosa ; e paguec a'n G^m Cathala, resebedor del dich subcidi,...... .... CXXIIII franxs, x gros.

597. al dich Frances Picart, per sas dietas de VI dias que estec,... .... VI franxs.

600. a Ferrier que anec am luey, non contrastan quen menes autre macip, per lo perilh dels camis, per IIII dias que estec........ .... XII gros.

[F° XLIII, v°] 601. a XXII de mars, a'n G^m Catala, per la ma de M° Arnaut Bonet, notari de Carcassona, que avia prestat a'n Guilhem Guitbert, a Carcassona, a paguar alcus comisaris,..... VI franxs.

603. a XVI d'abrial, a Johan Bassa, baile de Granada, e a son companho que avian facha execucio contra la vila per so que era degut del subcidi que levava en G^m Catala .... VII flor. VI gros.

605. a'n Helias del Port que trebalhec ab els ad executar, II gros.

606. a'n G^m Calala, a IX de jun,............. CLVIII flor. VI gros.

[F° XLIIII, r°] *La mesa de las raubas de l'an presen.*

608. Paguem a'n Guilhem Esteve, per XII folraduras de las raubas, e per III folraduras de Posset e de Guila e de Taulo,..... XXI flor.

609. a'n Frances Picart, per lo garnimen de x raubas,............ .... V flor. IX gros.

610. a'n Frances Picart, per cana e mieja de vayre que n'ac hom as obs de [la] rauba a Taulo........................ III franxs.

611. per III canas de drap a la meitat de las raubas de las gachas, a for de XXI gros la cana ; monto........... V flor. III gros.

612. per lo liar e portar e leidas e(i) sedas,........... XXI gros.

613. a'n Frances Donat, per x palms de drap de Fangaus, as obs de la rauba de Taulo,........................ II flor. VIII gros, m.

614. a'n Guilhem Guitbert, per lo garnimen de las raubas de dos dels senhors,... XII gros.

615. a Marti Johan, sartre, per la rauba de M° Bernat de Noalha e d'en G^m Cabrier,... II flor.

616. a'n Ar. Asemar, baysayre, per baysar las raubas,.... XX s.

617. a Bernat Parayre, per baysar las raubas,.......... XXV s.

619. a M° P. Alric, al[ias] Rigaut, per las faseduras de x raubas dels senhors e de las gachas am Taulo,................ XII flor.

620. a XIX d'aost, a'n Ar. Asemar, mercadier de Tholosa, per par-

tida de so en que los senhors de l'an passat li eran tengutz,........
.... IIᵉ franxs.

[Fº XLIIII, vº] 625. a xiiii d'octembre, a Benesech del Puech es a son companh, sirvens de Tholosa, que fasian execucio contra los obligatz per la soma desus deguda,............ ...... VIII franxs.

626. a xx d'octembre, a'n Ar. et a'n Gᵐ Asemar, mercadiers de Tholosa, per partida de so que lor era degut dels draps que lor devia la vila,................................. c franxs.

631. per una letra de Mº lo duc que lo jutge de Narbona, que era vengut en esta vila per reformar e per executar per lo subcidi autriat a moss. d'Anjo, que fos revocat e mesas las causas a l'ordenari del Viguier, e que aguessem alongui del dich subcidi. Costec, entre far e sagelar,........................ .... xii flor.

[Fº XLV, rº] 653. per la letra de l'asolvecio d'aquels que ero obligatz als sobredich[s] mercadiers, que ero escumergatz,. VIII gros.

635. a'n Gᵐ Aycart que foc trames a Tholosa a'n Philip Vaysieyra, per empetrar aquelas letras desus dichas en quas que en Philip s'es fos tornat. Estec vi dias ; ac per sas dietas........ II flor. vi gros.

637. a'n Ar. a Gᵐ Asemar, mercadiers de Tholosa, per la resta del deute que los senhors cossols de l'an passat lor devian, laqual era vᶜxxx franxs,.................................... xxx franxs.

638. per la carta de la obligansa que nos redero grossada, e per las letras de las amonecios et absolvecios e greuchs,..............
.... II franxs, VII gros. m.

640. a'n Ar. del Vesoch, sirven de Tholosa, per la execucio que s'avia facha, a S. Vincens, que ero vengut per los mercadiers desus dichs,... .... xii franxs.

641. a la molher d'en Ar. del Vesoch, per sirvisis que avia fachs lo dich Ar. als senhors............................ ..... x franxs.

642. a Mº Sicart Lobat, per la despessa del rossi del dich Ar. del Vesoch que lo tenia en cura, per xvi dias que lo tenc Mᵉ Sicart, per I sestier de civada, e per IIII quintals de fe, e per III fers, e per Iᵃ boyssa d'ongen e per son trebalh de gardar e menestralcir,........
.... III flor. II gr.

[Fº XLV, vº] 645. a'n Ar. et a'n Guilhem Asemar, mercadiers de Tholosa, per so que lor devia [hom] de las raubas,. IIIIˣˣxv floris.

646. a xvi de mars, ad Ar. del Vesoch et a son companh que vengro far execucio per so que era degut al dich Ar..... xii gros,

[Fº XLVI, rº) *Mesa communa a paguas fachas a'n G. Ortz.*

647. Paguem a'n Gᵐ Ortz per miech carto de sera gomada que n'agem, I gros, e per Iᵃ ma de papier que pres Posset, a xxxi de may,

ɪ gros, m., e per una ma de papier que pres Gᵐ Prunet, a xxxɪ de may, ɪ gros, m., e per una onza de sera que pres Guila, a xxxɪ de may, ɪɪɪ gros, e per una ma de papier que pres R. Laurayre, a ɪɪ de jun, ɪ gros, m., e per ɪ fuelh de papier que pres Mᵉ Bernat de Noalha, ɪ d., e per ɪª ma de papier que pres Posset, a x de jun, ɪ gros, m., e per ɪ lhibre de dos mas en que foro meses los ɪɪɪɪ comus premiers, v gros, e per un carto de sera que ac hom, a xx de jun, ɪ gros, e per una ma de papier que pres Gᵐ Prunet,..... xv gros.

640. a'n Gᵐ Ortz (1) per mª cana de tela que pres R. Guilabert a pleguar los cotels que foron trameses a Paris, a xxɪɪɪɪ d'aost, ɪɪ s. ɪ d., e per una lbr. de salpetra, e per ɪɪɪ lbr. de solpre viau e per ɪ cart d'aur pimen que pres Gᵐ Cabrier, a xɪ de setembre, xɪɪ gros, e per ɪ massapa que pres en Duran Daunis, a xxx d'octembre, ɪɪɪ gros. — Monto lo tot..................... ʟᴠ s. x d.

[Fº XLVI, vº] 650. a'n Frances Picart, per onsa e miega de sera gomada e per ɪɪɪ fuelhs de papier que aguem,............... xv d.

[Fº XLVII] 652. Paguem may, a tres de jun, a'n Ar. et a'n Guilhem Asemar, mercadiers de Tholosa, per resta de ɪ deute de ɪɪᶜxxvɪɪ franxs,... xɪɪɪ franxs

653. Paguem lor may, per partida de ɪ deute de draps que ne pres en Frances Picart, de mandamen dels senhors, per ɪ deute de vɪɪˡxɪx franxs,................................ ɪɪᶜʟ flor.

654. per la carta de la obligansa dels ɪɪᶜʟxxvɪɪ franxs e per despessas de letras del official [que] n'avia fachas monecios e escumergues e sagels,................................... ɪɪɪ flor. ɪɪ gr.

[Fº XLVII, vº] *Mesa comuna.*

655. Paguem, a vɪ de julh, a'n Berthoniau Garengau que anec, am Matiau Valeta et amb en (2) a Casuac (3) et a la Cepa (4) et en autres lox per vezer los mals passes dels camis, per son jornal,....
.... ɪɪ gros.

656. Paguem, que donem al Carme, per amor de Diau, que say era lo proensal per far capitol general,............... ɪɪɪɪ franxs.

657. a v et a vɪ de julh, a'n Bertran Arnols que avia estat ɪɪ dias as adobar las antas de Verdussa,...................... v gros.

---

(1) Dans cet article on trouve quantité d'achats de papier et de cire. Nous ne reproduisons que les objets qui ne figurent pas dans l'art. 547.

(2) Blanc.

(3) On dirait aujourd'hui Cahuzac.

(4) La *Cepa*, comme *Casuac*, dont les noms ont disparu, étaient situés dans la banlieue d'Albi.

658. ad Andrino que l'ajudec, los dos dichs dias,..... iiii s. ii d.
659. per iiii lbr. de cavilhas,........................ iii s. iiii d.
666. per iii dias de i pico a loguier.................. vii d. mª.
667. a xii de julh, per i botola de tencha.................. v d.
668. a Brondel per iiii lbr. de cavilhas,............. iii s. iiii d.
669. a xvi de julh, a Bertran Arnols que avia estat iii dias a recorre los escaliers els corredors devas Verdussa .... vii gros. m.
670. ad Andrinet que l'ajudec...................... vi s. iii d.

[Fº XLVIII, rº] 672. per arrest que fo arestat P. Galco e per la relaxacio,.. v d.
673. per iii botuolas de tencha que aviam aguda en tres vetz, i gros
675. per i pel de pergames en que fo reyregrossat lo sendicat que feyro las comunas de la viguaria per aver la part de la sal, i gros.
676. a Raysac que avia comandat as alcus que recureso valatz de lors pocessios et aquel[s] que an osdal a la carrieyra del Vigua,....
.... iii gros.
678. a P. de Najac et a Bernat Auriac que avian preses, d'aquel[s] que devian derayratges a la mayo cominal, pocessios et acunhtadas, per lor trebalh,...................................... viii gros.
679. a xv de julh, a Mº Johan Prevenquier, per escriaure e copiar la copia de la carta de la donacio de Mº R. Boier e las razos que n'avia fachas Mº R. Favarel,............................ xx d.
681. per iiiixx franxs que comprem am lo comtan et ab autre aur, que foron pagatz al regen que los nos avia prestatz, que costavan, cascun, xv gros m., que montan................. iii flor. iiii gros.

[Fº XLVIII, vº] 685. a'n Guilhem Esteve per una folradura de vars que fon donada a la molher del regen per sirvizis de tropas causas que lo dich moss. lo regen fa et a fachas a la vila........ vi flor.
688. a xxii de julh, per iiii aucast[z] e per x parels de galinatz que foro donatz a Mº Bernat Bona, jutge de crims de Carcassona,......
.... ii flor. iiii gr. ii d. m.

[Fº XLIX, rº]. *Mesa de Mondo la bada.*

690. Paguem, a xv de julh, comte fach am Mondo la bada, que l'aviam pagat de xxi de may tro al jorn d'uey desus dich, que monta, per cascun dia, x morlas, monta per tot l'an.... xxv flor. v gros.
691. per ii canas de bru que foro donadas a Mondo la bada as obs de [la] rauba................................... xvii gros.
693. a son payre que estec be v o vi dias, que Mondo era malaute,
.... ii gr. v d.

[F° XLIX, v°]. *Mesa comuna.*

694. a xxv de julh, a Bruneu que fo trames en CorJoas, am letras als cossols per saber novelas dels Engleses que s'eran ajustatz, segon q ues desia... III gros.

695. a xxvɩ de julh, a III homes que portero lo pal rumput del valat a la mayo cominal.... .... VI gros.

698. a xix de julh, per lo cambi de xxv franxs, o en autre aur que o valia, que comprem a pagar M° Bertran Cavilho, xxv morlas ; e may per lo cambi de LXXV franxs, II morlas per pessa; monta tot, ... xxx gros, II d. m.

700. a xxix de julh, a I macip de Castras, que portec letra de so que devian a M° Johan Vielh, notarɩ de Castras.......... II gros.

701. a I d'aost, per I botiola de tencha.................. V d.

703. per I tassa daurada de I marc e x esterlis, que fo donada a la molher de M° Bertran Chavilho per trops de sirvisis que avia fachs, ... VIII flor. III gros.

[F° L, r°]. 704. a IIII d'aost, a'n P. Redon per liar I libre. IIII gros.

707. a v d'aost, que fo S Domenge, per I sestier de vi e per xxx michas que foc dat als frayres Predicadors, per pitansa. XVIII s. IX d.

708. que lor foc may dat............................. I flor.

710. a'n Guilhem Guitbert, per xIIII lbr. de sera en IIII entorcas, e II has de doblos.. XLIX s.

711. a'n Galhart del Faro per IIII lbr. de cofimens, que foc donat a l'enqueredor................................. II flor. VIII gros.

712. a VIII d'aost, que anec Guilho del Forn a Carcassona portar letra a M° Bernat de Noalha; estec v dias que nol trobec quel pequec al cami.......... .... xv gros.

713. a'n G^m Prunet per copiar so que M° Bernat de Noalha portec de Carcassona de las causas plhatz que lay si meno per portar en Fransa.. VI gros.

716. a M° Dorde del Vierno, per escriaure la relacio de II letras d'alcus que fesem citar d'esta vila sobre lo fach del planquat e de Gaubert Peyronel.................................. I gros m.

[F° L, v°]. 717. a P. del Bosc, sirven, que citec be de xx a xxx testimonis a Carcassona sobre lo fach de Gaubert Peyronel, e ben VI o VIII sobre lo fach del planquat, et arrestec d'alcus per derrayratges que devia.................... .... III gros m.

718. a xx d'aost, que partic R. Molenier per anar a la Cauna (1)

---

(1) Chef-lieu de canton de l'arrond. de Castres, la partie la plus montagneuse du Tarn.

portar letras als cossols per saber novelas de las companhas de Proensa, que desi[a] hom que venian et eran entorn lor; estec iii dias; ac ne.. x gros.

720. a xxv d'aost, que begro los senhors a la mayo cominal. v d.

721. a xxviii d'aost, a Pascoret que anec a Vilafranqua per saber d'alcunas companhas que desia hom que say veniao alotgar. ii gros.

722. per i macip que fon trames a Florentinh per avizar lo capitani els cossols .... i gros iii.

723. a xxviii d'aost, per i sestier de vi e per xxx michas, que foc donat a las canongesas d'otral pon, e may i flori per pitansa....... .... ii flor. ii gros.

727. a Johan Mata et a P. Palhues que anero arestar e citar alcus que deviau a la mayo cominal................................. i gros.

728. a xxvii d'aost, que partic P. Huc lo Reg per anar a Belcayre portar letra a M° Guy d'Azay de part de M° lo jutge d'Albiges. Estec xv dias; ac ne.................................. iii flor. ix gros.

[F° LI, r°]. 729. Paguem lhi al dich P. Huc que fo raubat(z) al dich viatge... xii gros.

733. a iii de setembre, as alcus peyriers que eran vengutz en esta vila de Vilanova (1) per veser la tor de Tarn, am so que begro.... .... vi gros, xii d. m^a.

734. a Johan Fortanier, que era anat(z) al Travet et a Moncoyul (2) et a Rialmon, per espiar de las companhas; estec dos dias..... .... vi gros.

738. a'n Aselas, per resta que l'era deguda del prest de l'an xlix, contengut al libre de las quitansas, a iiii^{xx}xiii c........ x s. x d.

[F° LI, v°]. 743. a x de setembre, a ii macips de Vilafranqua que portero letra d'avisamen............................... iiii gros.

745. Paguem que begro los senhors a la mayo cominal... v d.

746. a xi de setembre, a Johan Fortanier que anec a Tholosa portar letras a'n Frances Picart de las gens que eran alotgadas als barris d'Albi; ac ne.................................. xii gros.

747. Paguem, que anec lo selier a Rodes portar letras als cossols per saber d'alcunas gens d'armas que desia hom que avia sobre Rodes; ac del viatge.................................. x gros.

751 als menestuers de Cordoas que lor donem per ii nuechs que avian trebalhat a tocar per la muralha d'Albi, quant las gens d'armas eran alotgadas als barris d'Albi... .... iiii gros.

(1) Probablement Villeneuve-sur-Vère, cant. d'Albi.
(2) Le Travet, cant. de Réalmont; Montcouyoul, cant. de Montredon.

752. a II homes que avian estat al valat de la Trebalha........
.... II gros. v d
753. a I home que foc trames a Lescura por saber novelas de las companhas que desia hom que avia la.................. I gros.

[F° LII, r°]. 754. a'n Ar. Asemar, sabatier, que anec a Vilafranqua per saber novelas de las companhas que avian passat a Trevas, e pueys vengro alotgar en esta vila; ac ne................ II gros.

755. a'n Felip Teulet, per portar letras al senescalc de mossenhe de Foys de las companhas que eran alotgadas als barris nostres....
.... III s.

756. a Pascoret que fon trames als cossolatz que vengesso parlar ab nos sobre lo fach de la sal; estec III dias que fon a Lautrec......
.... IX gros.

757. a Pascoret que anec a Galhac am letra per entreselar, quant las companhas se desalotgero dels nostres barris; ac ne   II gros.

758. a'n P. de Somas per lo gasanhatge de L s. que se quitero per Natalhola, e per X s. que encartec P. Defos, e may IIII lbr. XVI s. X d., e per V s. de Vidal de Colas, e per G. Falc XVIII f. v gros, e de Cadolh e d'en Pos Vierna..................... III flor. v gros m.

759. a XV de setembre, a Pascoret que partic d'Albi per portar letras a'n Frances Picart a Tholosa, e la tornec la letra que M° Bertran de Clequi trametia als capitanis de las companhas. Estec IIII dias; ac ne................................. XII gros.

762. per lo cambi de V f. que mesem en aur am lo comtan que foron trameses a'n Frances Picart...... .... II gros.

[F° LII, v°]. 763. a XVIII de setembre, a I macip de Florentinh que portec letra d'avisamen................·............... I gros m.

767. a XVIII de setembre, as alcus comissaris de Tholosa que eran vengutz al Cap del pon de Tarn per far debatre; agro ne   v franxs.

769. a'n Johan de Fiausa que citec lo comandayre de S Antoni (1)
.... II d. m.

771. a Ramilho, per far alcus bans en alcunas vinhas que devian a la mayo cominal, et a la teula[ria] de M° Pos Barrieyra, e arestec los cossols vielhs............................. III gros.

772. a XVII de setembre, anero IIII dels senhors cossols al Castel nou per far la reverencia a M° Bertran de Lévis (2), senhor de

(1) C'est-à-dire lo commandeur de l'hôpital de Saint-Antoine du Viennois.

(2) Castelnau-de-Bonafous, qui devint Castelnau-de-Lévis, en 1310, était la première baronnie du diocèse d'Albi. A cette époque, la fille de Bertrand de Lautrec porta cette seigneurie dans la famille des Lévis-

ANNÉE 1368-69

Florensac ; e paguem a P. de Laval per ɪ rossi.......... ɪɪ gros.

773. a ɪɪɪɪ macips que menero.... .... ɪɪɪ gros.

774. begro los dichs macips.................. .... ɪ gros.

775. mangero las bestias .... ɪɪ gros.

777. a vɪ maestres et a vɪ homes que avian debatut l'amvan del cloquier, a ɪɪɪ gros per m° et a ɪ gros m. per home, agro ne....... .... ɪɪ flor. ɪx gros.

[F° LIII, r°]. 779. a Pebrada que bardejec lo solier per on fo mesa la fusta,. per ɪɪ dias.................................. ɪɪɪ s. ɪɪɪ d.

782. a xx de setembre, a Guiraut que (1) solestar ab en Guilhem Nicolau que anec a Graolhet per saber de las companhas que eron a Fiac (2) se eran desalotgatz.................. . ... ɪɪɪɪ gros.

783. a Pascoret et Johan Fortanier que feyru bada per los puechs per ɪɪɪ dias......... .... ɪx gros.

785. a Taulo, per ɪɪ lbr. de cambetz filada a far encordas e cordas a las balestas de la mayo cominal .... ɪɪɪ gros.

786. a xxɪ de setembre, a Pascoret que anec a Briatesta (3) per saber novelas de las companhas que so a Fiac........... v gros.

787. a'n Johan Duran, de Castanet, massonier, que era vengut en esta vila per veser la tor del pon de Tarn.............. ɪɪɪ gros.

789. a Johan Saisac que avia facha bada, ɪɪ dias, otral pon.. .... ɪɪɪɪ s. ɪɪ d.

790. per far metre alcus bans al Castelvielh.. .... ɪ gros.

792. a Pascoret que anec a Briatesta, am letras, per saber novelas de las companhas de Fiac ; estec ɪ dia e la meytat d'autre. ɪɪɪɪ gros.

793. a xxv de setembre, a ɪ macip de Tolosa que avia portada letra al dich G^m Nicolau dels mercadiers de cuey ac hom los draps de l'an passat, e portava monecio contra nos e lor... xvɪ gros m.

794. Paguem que se perdec en dos draps d'Ipre que comprem as obs de paguar lo mercadier de Tholosa, e per de rosi que costero may que non ac hom...... .... x flor.

796. a'n P. Redon, per vɪɪɪ jornals que estec a la mayo cominal per lhiar lo libre del alhiauramen e de las reconoysensas de la mayo

---

Florensac. Le Bertrand de Lévis, que les consuls vont saluer, était fils de Philippe Ier, marié, en 1297, à Béatrix de Lautrec, fille de Bertrand, et mort en 1304. De ce mariage naquirent : Philippe de Lévis qui eut les domaines de son père dans l'Albigeois, et Bertrand, seigneur de Florensac Cf. *Biographie des seigneurs de Graulhet* de L. Mazens.

(1) Corr. *per*.

(2) Cant. de Saint-Paul-Cap-de-Joux, arrond. de Lavaur.

(3) Briatexte, cant. de Graulhet, arrond. de Lavaur.

cominal..................................... .... xviii gros.
797. a Johan Raynaut per una aluda.................. ii gros.
798. a Johan Avinho, per una pel a cubrir lo libre.... iii gros.
799. a'n. Eliot, sabatier, per una pessa de cuer a far faysas del dich libre.... .... ii gros m.

[F° LIIII r°]! 800. per far adobar la fubela del sobredich libre..... .... vii d. m.
801. per coser la sobredicha pel............. .... vii d. m.
802. per englut....................................... i gros.
803. per fil... v d.
804. per coser las corregas............................ vii d. m.
805. per lo pargames que fo mes en lo dich lhibre... .. x s.
que foro cubrit que ac hom de M° Johan Amoros.

806. a'n Johan del Puech, per son gasanhatge de gatges que avia compratz, e depueys covenc los aredre.................. xix d.
807. a Pascoret, a xxvi de setembre, que partic per anar a Tholosa portar letra a'n Frances Picart e resposta de la letra que [a]via portada en Johan Talhafer. Estec iiii dias ; ac del viatge. xii gros.
808. a'n R. Capela que anec portar letras als cossols de Cordoas, quens sertifiquesso ; car hom desia que los Engleses avian corregut vas lor,. .... ii gros, m.
809. al selier que fon trames a Valensa per saber novelas...·..... .... iii gros m.
810. a xxx de setembre, a i macip de Vilafranqua que portava letra d'avizamen de las companhas, e venc de nuechs,.. iii gros.
811. Paguem, ques perdec en ii tassas d'argen quens prestec moss. lo jutge d'Albiges ques vendero xiii floris, vi gros, e costero quant los lhi redem xiii floris ; perdec si.... .. .. vi gros.
812. a i macip de Lumbers (1) que portec i letra d'avisamen ; donem li .... iii gros.

¹[F° LIIII, v°] 813. a la molher de B. Blanc per i gatge que l'avia hom fach vendre per i deute que fo vist que non devia re,.. xii d.
814. A Johan Boys per alcus hans que avia fachs,........ xv d.
816. a xxx de setembre, a Pascorot et al Rech que segero las companhas que ero vengudas e pasadas per esta vila tro a Florentinh,.. .... iiii gros.
817. a Brunou que tramesem a Rialmon per espiar.. ii gros m.
818. al Rech, que avia perdut cant venia de Tolosa que l'avian tot tot las companhas,.................................. . ix gros.

(1) Lombers, cant. de Réalmont, arrond. d'Albi.

819. a G^m del Forn que anec a Graolhet per espiar de las companhas on ero,... v gros.

[F° LV, r°] *Mesa d'anadas fachas per los senhors e per autres e nom de lor.*

820. A xxii de may, partic M° Jacme Trencavel d'esta vila per anar a Carcassona sobre la jornada que los comus avian davan moss. lo jutge dels crims, sobre l'anada de Fransa, per maure las emposecios ; estec sinc dias ; ac per sos gatges............... v franxs.

821. a xxx de may, anec M° Jacme Trencavel a Galhac per parlar ab moss. R. Favarel sobre lo tractat del fach dels canonges de Sta Cecelia ab la vila ; ac ne.................................. xii gros.

[F° LV, v°] 822. Paguem, a xxiii de may, que partic M° Dorde Gaudetru, en Phelip Vaysieyra per anar a Tholosa comprar las raubas dels senhors e per aver la resposta d'en cancellier de las apellacios el proses corregit e senhat ; estec Philip Vaysieyra iii dias e M° Dorde Gaudetru v dias ; prendian per jornada i franc : agro ne viii franxs.

823. a xxiiii de may, partigro M° Bernat de Noalha en G^m Bru e M° lo jutge del rey per anar a Castras parlar ab moss. l'avesque de Castras sobre lo tractat que avia pres moss. Bertran Raffi dels debatz dels canonges de Sta Cecelia ab la vila. Estero iiii dias ; ac M° Bernat, per sas dietas,.......................... iiii franxs.

825. per la despessa que fe moss. lo jutge am son vaylet de trossa,.. xxiii gros.

828. a'n Aco, clerc de moss lo jutge desus dich, que avia despesat am lo rosi que demorec a Castras, que era estat afolat, que era de Ar. Forbeyre, que venc a xxxi de may,............... xviii gros.

829. A xxix de may, anec M° Dorde Gaudetru a Castras parlar am moss. de Castras sobre las apellacios del fach de Sta Cecelia ; e pueys d'aqui a Carcassona per aver cosselh ab lo cossel de la vila sobre las dichas apellacios. Estec vii dias ; ac ne..... vii franxs.

830. per la ma de M° Dorde e Ferrier, que lo trames a Tholosa M° Dorde, per las cartas de las entimacios de las apellacios ; e pueys portec letras de M° Dorde a nos en esta vila ; ac ne del viatge......
.... xxi gros.

[F° LVI, r°] 832. a ii de jun, anec en Guilhem Bru a Castras per tener la jornada que avian los singulars els senhors, davan lo prebot major de Castras, sobre las apellacios sobredichas, subdeleguat per moss. de Castras ; e, tenguda la jornada, anec d'aqui meteys a Lavaur per vezer e sentir del cosselh (1) que l'ay tenian los senhors

(1) Le concile de Lavaur s'était ouvert le 17 mai et clôtura ses séances

prelatz de la glieya, que aviam auzit dire que los canonges de S^(ta) Cecelia lor avian donadas ad entendre alcunas paraulas e mesorguas. E a v de jun, M° lo jutge del rey, en Galhart Golfier, en G^m Bru anero a Lavaur per dire e notifficar al honorable cosselh que los canonges de S^(ta) Cecelia fasian [as] alcus singulars d'esta vila alcus greuchs. Estero a Lavaur III dias. Despesec M° lo jutge am son vaylet de trossa et am Galhart Golfier,... IIII flor. III gros, m

833. a'n Guilhem Bru, per VII dias que estec entre Castras e Lavaur... VII flor.

834. a'n Johan Giaussa et a'n Philip Capel, per los loguiers dels rossis que menec M° lo jutge am son vaylet.......... XVIII gros.

835. per l'estaqua del rossi d'en Johan Giaussa ques perdec, XII d.

837. a Ramilho que fon trames, am letras, a'n G^m Bru a Castras que sentis del cosselh de Lavaur las paraulas sobre dichas,........ .... VI gros.

838. a P. Huc que fon trames a Lavaur am letra d'en G^m Bru a l'oficial de Lavaur,...... .... VI gros.

840. a VII de jun, que anec Me Dorde a Castras, per parlar a moss. de Castras per aver letra de gracia que l'entredich fos ostat lo jorn de la festa de nostre senhor, car M° Bertran Raffi li avia promes quel o feyra far ; e trobec lo el cami que ne venia en dela Venes (2) ; e per son despens am lo loguier del rossi........... x gros.

[F° LVI, v°] 841. a IX de jun, anec Me Dorde Gaudetru e Me Johan Amoros a Solieyras (3) que lay era moss. l'avesque de Castras per aver resposta de luey e letras de enibicios sobre las apellacios fachas et entimadas a lui. Ac Me Dorde, per son despens am lo loguier del rossi,.................................... x gros.

842. a'n P. del Solier per lo loguier del rossi que menec Me Johan Amoros,.. III gros.

845. a XV de julh, anec Me Bernat de Noalha a Carcassona al cos-

---

le 6 juin. Il dressa 138 canons relatifs à la réformation des mœurs, à la discipline ecclésiastique, à la conservation des biens temporels de l'église, de ses droits, etc., etc. Cf. *Hist. de Lang.*, IX, 794 et notre étude sur *Le Chapitre de l'Eglise collégiale de Saint-Paul-Cap-de-Joux*, REVUE DU TARN, XII p. 22.

(1) Cet article est cancellé, et au-dessous on lit : *en autre loc.*

(2) Cant. de Réalmont.

(3) Il existe actuellement trois lieux-dits du nom de Soulières, à Sainte-Gemme, à Souel et à Donnazac. Il est probable qu'il s'agit du premier ; en effet, le 7 juin, Gaudetru trouva l'évêque de Castres du côté de Venès s'en venant vers Albi. Or, pour aller à Sainte-Gemme il fallait passer par Albi.

selh mandat per moss. d'Audevan sobre alcunas causas que demandava, de mandamen de moss. d'Anjo. Estec ɪx dias que venc a xxɪɪɪɪ de julh ; ac per sas dietas.................. xɪ flor. ɪɪɪɪ gros.

847. a ɪɪɪ dias d'aost, anec Mᵉ Bernat de Noalha a Galhac per aver cosselh am Mᵒ R. Favarel sobre alcunas requestas que avia fachas l'enquiridor, e per aver cosselh del fach d'en Johan Garnier e de la donacio de Mᵉ R. Boier. Estec ɪɪ dias, ac ne.............. ɪɪ flor.

848. a v d'aost, anec a Carcassona lo dich Mᵉ Bernat per far vezer la dicha requesta e resposta d'aquela ; e venc a xɪ d'aost. Estec vɪɪ dias, ac per sas dietas.. .... vɪɪ franxs.

849. a ɪɪ macips que l'acompanhero de Viladier tro a Carcassona, ... ɪɪɪ gros.

850. per la ma de Mᵒ Bernat de Noalha per las copias dels libels de las causas que se mena a Carcassona entre la vila e Mᵒ d'Albi, am lo beure que donec als notaris et als clerxs,....... xɪɪɪɪ gros, v d.

[Fᵒ LVII, rᵒ]. 853. a xvɪɪ d'aost, anec Mᵉ Bernat de Noalha a Carcassona sobre los processes vezer de las causas que s'i meno entre la vila e Mᵒ d'Albi, e sobre las jornadas que alcus singulars l'avian per alcunas enquestas en que ero, et era Mᵉ Frances Gasanhol, en R. Fabre, en R.Galhac e lors companhos. Estec vɪɪɪ dias ; ac ne....... .... vɪɪɪ franxs.

856. a xɪɪɪ de julh, partic Domenge de Monnac per anar a Monpeslier e d'aqui a Belcayre, per enformar de la presa d'en Miquel Hugat e, se es segur lo cami, anar a Mᵒ d'Albi per veser [que] la finansa que avia facha lo dich Miquel se mermes ; e tornec a ɪɪɪɪ d'aost ; estec xxɪɪɪ dias, ac ne............................... xxɪɪ franxs.

857. per la ma del dich Domenge de Monnac, per la letra de la remecio de la man del rey, nostre senhor, del temporal de Sᵗᵃ Cecelia ; costec.. xɪɪ franxs.

860. a'n Gᵐ Gasc que anec am lo dich Domenge, car era el salconduch que trames Miquel Hugat, per la despessa de xvɪ dias que estec amb el, ɪɪ gros per dia, e per lo loguier ɪɪ gros per dia : monta tot.. v flor. ɪɪɪɪ gros.

861. a la nau (1) quant passec a Borbo a Mᵒ d'Albi.

[Fᵒ XLVII, vᵒ]. 863. a xxɪ d'aost, partic Guilhem Gasc per tornar a Belcayre portar letras a moss. lo senescalc e a moss. Bernat de Mora sobre la capcio d'en Miquel Hugat ; e may portec letras a'n

---

(1) Ceci est écrit en un seul mot dans le texte. On peut aussi bien lire : *a laoau* que *a lanau* ou *a la nau*. D'aucune façon on ne peut admettre un ɪɪ final. Il faut probablement comprendre : *pour le passage en bateau*.

Guilhem del Monnac e Guilhem Agassa. E venc a xxviii de setembre ; estec xxxix dias, ac del viatge, a iii gros m. per jorn.............. .... xi flor. iiii gros m.

864. al dich G^m que fon raubat per las companhas que li tolgro deniers e rauba que l'en fo restituit.................... xii gros.

865. a i de setembre, partic Frances Picart per anar a Tolosa al cossel mandat per moss. d'Anjo sobre alcunas causas que deman· dec. Estec xlii dias els xli contero se sobre tota la senescualquia que li paguec lo thesaurier, loqual a nom G^m Catala, de Carcassona, que leva la endiccio facha a moss. lo duc, e la i dia lay demorec per las letras jotz escrichas........... .... i franc.

867. per la dicha ma d'en Frances Picart, per doas letras de citacios que enpetrec contra P. de Valenquas e contra los notaris que no volian gachar. .... ii gros.

868. per una letra de moss. lo duc sobre alcus caps et auc no fo exeguida... .... vi gros.

869. per una letra que poguesse[m] metre e levar enposesio en las causas que intrero en la vila el soquet. Costec de far e de sagelar am la collacio.. xiii franxs.

870. per la dicha ma, per sirvisis que fes per plus leu desliaurar la dicha letra...................... .... v floris.

871. per iiii letras, launa que la viguaria agues a contribuir als despens fachs segon· los cosselhs, e l'autra que tot home fos compellit a pagar sos comus per sas pocessios e per son moble, e l'autra que pogessem levar prest, e l'autra que tot home pages per son moble per lo temps passat e per lo temps endevenidor. iiii flor.

†[F° LVIII, r°]. 872. per la dicha ma del dich Frances Picart, per i massapa en que mes las letras sobredichas.... ...... vii d. m.

873. per la absolvecio que ac de Ar. Asemar de Tolosa d'aquels que avia escumergatz per los draps que n'agro l'an passat. vii gros

875. a xiii d'octembre, partic Guilhem Guitbert d'esta vila per anar as Avinho et a Borbo per querre en Miquel·Hugat e tractar de la finansa ; e venc a xxii de novembre, que sso xl dias ; ac per sas dietas... xl franxs.

876. per la ma d'en Guilhem Guitbert, de la finansa d'en Miquel Hugat,........... ....'............... cxx franxs.

877. per la despessa que fe lo dich Miquel Hugat.... xv franxs.

878. al macip que fe la finansa........ .... viii franxs.

879. a'n Jacme Ros per son treballh que fe en la dicha finansa, ... ii franxs.

880. per la despessa que fe lo dich Jacme Ros as Arle, anan e

tornan d'Arle as Avinho, a Borbo, am dos rossis e II macips el lognier dels rossis,........ VI flor.

881. per lo cambi de CL franxs da Monpeslier as Avinho que los prestec hom........ VI franxs.

882. per trametre una letra as Arle al procuraire de Madona (1). .... IIII g.

[F° LVIII, v°]. 887. a I home de Borbo, on tenc arrest G^m Guitbert tro [que] la moneda fon pagada en Miquel que i estec,........ I flor. III gros.

888. per rompre la obligansa........ III gros.

889. per la despessa que fe a'n Miquel Hugat e per I manto e camisa et causas e sencha,........ IX flor. VII gros.

890. Paguem que costero de sercar los merchans d'Avinho que deviam far lo cambi per razo de las letras que lor nos man(dan)dava en Ar. Raynaut, que G^m Gasc que las portava que fon pres e raubat. .... VI gros.

891. per una dagua que comprec a'n G^m Gasc,........ VI gros.

892. a'n Guilhem Guitbert, per la despessa que fe en son osdal lo macip que trames en Miquel Hugat de Arle en esta vila, XVIII jorns am unas sabatas que li comprec........ II flor. VI gros.

893. a V de desembre, en Guilhem Guitbert, per anar a Carcassona per aver alongui de Pabina de so que deviam del subcidi novelamen autriat, e per portar deniers a Me P. Olivier. Estec VI dias ; ac per sas dietas........ VI franxs.

894. per una letra de Pabina que lo jutge de Narbona fos remogut de la execucio del dich subcidi.,........ IX gros.

895. a XXIX d'octembre, partic Me Bernat de Noalha per anar a Tholosa tener la jornada que lay aviam sobre la letra que las gens de moss. d'Albi avian aguda de moss. lo duc sobre lo cosselh que los prohomes dono als prevengutz. Estec III dias : ac per sas dietas,........ III franxs.

[F° LIX, r°] 897. a xv de novembre, partic en Frances Picart per anar a Galhac per parlar am moss. lo jutge d'Albiges et am moss. R. Favavel sobre lo tractat e compromes que se devia far entre moss. d'Albi et la vila, sobre los plachs e questios que i sso ; e pueys d'aqui anec a Tholosa per aver cosselh e per parlar ab en Pabina de Gontaut, e per excusar am missier P. Escatissa sobre la finansa que s'era contada facha am moss. d'Anjo. Estec VIII dias, ac ne .... VIII franxs.

(1) Il s'agit probablement de Jeanne, reine de Naples et comtesse de Provence,

899. per la copia de la ordenansa que fe moss. d'Anjo sobre la provesio del pays. (1).................................. xi gros.

902. per 1ª tassa d'argen que foc donada a'n Pabina de Gontaut, per alcus treballs que avia fachs per la vila..... xii flor. iii gros

[Fº LIX, vº]. 903. a xiii de desembre, anec Mº Bernat de Noalha a Tolosa tener la jornada que lay aviam am lo jutge majer que nos avia tramesa execucio per la relacio del fach de Lescura et per finar ab el e demorar en serc. Baylem li xx floris. E per veser per que lo cancellier de moss. lo duc avia tramesa execucio a nos per lo sagel de la gracia del fach de Lescura que era paguat e aviam ne billieta: e per lo perilh dels camis menec dos macips e no lay poc passar, car los Bretos eron alotgatz pertot, de Buset tro a Tholosa, e redus si a Paulhac, e d'aqui en foras trames los dichs macips a Tholosa am letras clausas a Mº lo jutge dels crims de Carcassona que era de part dela, e a Mº Guy Labaylia que, per lo perilh dels camis, non era auzat anar avan, e que fos se desencuzat al jutge majer ; e que vis del cansellier que demandava ; e Mº Gui anec pertot et ac deslhiauransa de Mº lo senescalc que seremogeso los sirvens ses totcost; e de Mº lo jutge majer alongui entro a Pariccio. El dich Mº Bernat trames areyre i macip, que loguec de Paulhac a Tholosa, ques doptava que los camis fosso tan empachatz que los sobredichs macips no la poguesso esser intrats ; et aysso ques duptava per la pena de xx marxs d'argen que eram estatz citatz. Costec lo macip. x gros.

907. per la letra dels maestres de requestas de moss. lo duc sobre la deslhiauransa de so que demandava Mº lo cansellier,......
.... xv gros.

[Fº LX, rº] 909. a viii de jenoier, que anec Mº Bernat de Noalha per anar a Galhac parlar am Mº R. Favarel per aver cosselh sus lo compromes que deviam far am lo procurayre de moss. d'Albi, e per la apellacio que aviam facha de la ordenansa d'en Galhart Golfier. Estec ii dias ; ac per sas dietas..................... ii flor.

910. A xv de genoier, partic Mº Bernat de Noalha per anar a Carcassona sobre lo cosselh mandat a las comunas (2) per auzir lo comte e veser del thesaurier en Gᵐ Catala, e per las autras besonhas que la vila lay a de tot dia. Estec x dias ; los viii dias estec en

---

(1) Les Arch. comm. d'Albi possèdent un vidimus de cette ordonnance, dressée en 1369 par le sénéchal de Carcassonne (FF. 45). Cette pièce très curieuse se trouve aussi dans les Archives de Montagnac (Hérault).

(2) On ne trouve aucune trace, dans l'*Histoire de Languedoc* pas plus que dans les *Inst. polit. et admin* de M. Dognon, de cette réunion des communes à Carcassonne du 17 au 23 janvier 1369.

las bezonhas del comu de tota la senesqualquia, els dos dias vaquec en las besonhas de la vila, de que ac.................. II franxs.

911. per la ma del dich M° Bernat de Noalha, per sirvisis que fe per cobrar la gracia e per aver la copia dels nombres dels fuexs de la senesqualquia e de la viguaria,.................. xvII gros m.

912. A xxvIII de jenoier, partic M° Jacme Trencavel per anar a Galhac e d'aqui a Lavaur, a M° d'Armanhac, se non era a Lavaur segre luey per sentir e saber sa covienha e deliaurar alcunas causas que avia desliaurar ab luey. Estec III dias ; ac per sas dietas III flor.

913. A IX de febrier, partic en Guilhem Guitbert per anar a Carcassona per tener l'arest els comandamens que fach[s] avia a nos en P. de Normancia, loctenen d'en G^m Catala, per la resta del subcidi autriat a moss. d'Anjo. Estec vI dias, ac ne............ vI franxs.

[F° LX, v°] 916. a (*blanc*) de febrier, a M° Bernat de Noalha que anec a Galhac per parlar am M° R. Favarel et aver cosselh sobre alcunas cauzas e besonhas de la vila. Estec II dias, ac del viatge......
.... II flor.

917. a III de febrier, partic en Frances Picart d'esta vila per anar a Tholosa per lo cosselh mandat per las comunas de M° d'Anjo per lo miech franc per fuec que demandava de novel, e per vezer e sercar qualque maleu de que la vila pagues so que devia del subcidi antriat a moss. d'Anjo e d'aquel que demandava de novel. E venc a xxIII de febrier ; estec en las besonhas de tota la senescalquia xIII dias, et en las besonhas de la vila sobredichas xI dias ; ac per sas dietas (1)..................................... xI franxs.

918. a I macip quel condus del Borc Sanh Bernat (2) tro a Tholosa per lo perilh de las gens d'armas que ero sus lo cami, II gros.

920. Costero xx draps de vervi que comprec d'en Ar. e d'en Gⁿ Asemar, mercadiers de Tholosa,.... .... vII^c xIx flor.

921. costero de balar e de portar los dichs draps a l'ostalaria, ... vI gros.

---

(1) Les communes octroyèrent au duc le nouveau subside qu'il sollicitait et la gabelle pour deux ans. Ils se séparèrent le 22 février. Cf. *Inst. polit. et admin.*, p. 611.

(2) Il faut avoir la carte sous les yeux pour se faire une idée du détour que dut accomplir le consul d'Albi pour éviter les ennemis. Au lieu de suivre la ligne Gaillac, Rabastens, Saint-Sulpice, une ligne droite, il passe probablement par Réalmont, Castres, Puylaurens, Villefranche-de-Lauraguais et de là remonte par Caraman, dont le Bourg-Saint-Bernard est voisin, jusqu'à Toulouse. La présence des compagnies à Fiac lui fermait la route Albi, Graulhet, Saint-Paul, Cuq-Toulza, le Bourg. Peut-être qu'arrivé à Puylaurens se dirigea-t-il vers le Bourg, au lieu de descendre jusqu'à Villefranche.

922. per vendre los dichs draps a Tholosa meteys als corratiers, per lor trebalh, e quen perdero la feyra d'Avinhonet que los fe demorar,.. . vii flor. iii gros.

[F° LXI, r°]. 925. a iii de mars, que partic M° Bernat de Noalha per anar a Castras per abtener absolvecio del fach de las vendemias d'aquels que avian pres lo deyme, ses lor licentia, dels canonges de Sta Cecelia e dels deputatz per lor que cosientia ne volgues far ; e d'aqui anec a Carcassona, e d'aqui a Tholosa per aver l'arest que aviam agut contra lo senhe de Lescura. Estec xi dias ; ac ne .... xi franxs.

926. als cambriers de moss. de Castras que lor dec per la absolvecio, ..:............................... .... xxii gros.

928. a moss. R. de Garanhols, jutge de Narbona, per far la relacio del proces de Gaubert Peyronel,......................... xx s.

929. a M° Gui Labaylia, que avia pagat per alcunas letras de la vila optengudas de M° lo duc quens avia tramezas,....... ii flor.

[F° LXI, v°]. 932. a xxiiii de mars, partic en Mathiau Valeta per anar a Tholosa parlar a moss. Johan d'Armanhac et am lo senhor de Landorra et am lo senescalc de Tholosa que la brida d'esta vila que avian facha portar a Castelmari, laqual ardero aquels del soti can s'en partiro, que fos satisfacha et emendada a la vila aysi quant avian promes quant l'anportero. Estec vi dias que venc lo jous ; ac per sas dietas.. vi franxs.

931. a x d'abrial, partic Guilhem Guitbert per anar a Monpeslier per portar los deniers a'n Ar. Raynaut que avia prestat a la redempcio d'en Miquel Hugat. Estec vii dias ; e per la besonha de la vila estec los vii dias ; ac per sas dietas.............. vii franxs.

932. per la dicha ma d'en Guilhem Guitbert, per clvi franxs que comprec am lo comtan, que foro pagatz al sobredich n'Arnaut Raynaut, x d. per pessa ; monta.............. viii flor. viii gros.

933. per xxiiii lenguas e per i quintal e xviii lbr de cambagos que foron portatz a Monpeslier a donar a'n Arn. Raynaut per trops de trebalhs que avia fachs per nos e per la vila.... viii flor. ix gros.

934. Costec de portar d'Albi a Monpeslier............. xv gros.

935. a xxviii d'abrial, partic Duran Daunis per anar a Castras, per aver letra del cossell de M° de Vendoymes (1) que fosso remogut[z] los sirvens de la execucio e garniso que avian trameses als singulars d'esta vila as aquels que an fiaus nobles en la terra de M° de Vendoymes que demandava que hom li ajudes. Estec iii dias que esperec

(1) Comte de Castres.

que lo jutge hi fos, que era en Roergue. Despessec, am lo loguier del macip e del rossi, e ɪ crozat que costec la letra que portec que fosso remogutz los sirvens........................ ɪɪ flor. x gros.

[F° LXII, r°]. 936. a xɪɪɪ d'abrial, partic en Frances Picart per anar a Tolosa per executar la letra del seyse dels xɪɪ d. per liaura a'n mesier P. Escatissa, e per vezer am moss. lo duc que aguessem satisfaccio e emenda de la brida que anec a Castelmari. Estec vɪ dias; ac ne... vɪ franxs.

938. a xxvɪ d'abrial, partic M° Bernat de Noalha per anar a Tholosa al cosselh mandat per M° lo duc d'Anjo sobre la provezio del pays e, per tractar del prest que demandava en esta vila et als autres lox, que demandava dos franxs e miech per fuec (1). Estec xv dias (2)... xv franxs.

939. a la ɪ macip, de dos quen menava per lo perilh dels camis, car la ɪ pagua de sos gatges, per x jorns que estec, que cant fo la, lo trames areire am letras e resposta de so que trobava de maleu de deniers e d'autras causas, et aqui meteys la tornec; ac per sos gatges... xxx gros.

941. per ɪᵃ letra de M° Esteve de Monmeja que pogessem levar prest... ɪ flori.

942. per una letra de M° Esteve de Monmeja que no fossem executat[z] per en Pabina de Gontaut.................. v gros.

943. a ɪɪ de may, partic M° Jacme Trencavel per anar a Paulinh (3) per tener la jornada que avian los senhors contra los senhors de Paulinh, sobre la demanda que lor fam per las despessas fachas als cosselhs; e M° P. Olivier, notari e comissari de la causa, avia nos assignada jornada a vezer jurar testimonis sobre lors defensas; et asignec la a vespras; laqual hora produsero alcus testimouis; et asignec may a l'endema, que fo venres, a may vezer jurar testimonis. Estec ɪɪɪ dias, ac ne........................... ɪɪɪ flor.

[F° LXII, v°]. 944. a ɪɪɪ de may, partic en Guilhem Guitbert am Galhart Golfier d'esta vila per anar a Monpeslier per malevar deniers per paguar lo prest que demandava moss. lo duc d'Anjo de

---

(1) Les communes de Languedoc, réunies à Toulouse du 28 avril au 10 mai, consentirent au duc un prêt de 2 fr. 1/2 par feu et un subside de 2 fr. ɪ gros. La part de la sénéchaussée de Carcassonne fut de 57,000 fr. *alias* 71,000. Nous verrons (art. 950) que ce prêt ne fut demandé qu'aux communes notables.

(2) Cet article est cancellé et suivi de cette mention : *Fo comtat sobre tota la senesqualquia.*

(3) Cant. d'Alban, arrond. d'Albi.

dos franxs e m. que demandava per fuec. A (1) vengro a (*blanc*) de may ; estero xı dias, ac per sas dietas en G^m Guitbert, xıı franxs.

945. per la despessa que fe al senhen Galhart Golfier am son vaylet a caval per los dichs xı dias............ ıx franxs, v gros.

946. al gorratier que trebalhec per sercar lo maleu..... ıı flor.

947. per ı cabas de cuer a portar la moneda......:... vııı gros.

948. al notari que fe la obligansa.................. ı flori.

949. a'n Johan Giaussa per lo loguier del rossique cavalgec senhen Galhart Golfier...................... .... xxxııı gros.

950. a xv de may, partic en G^m Guitbert d'esta vila per anar a Bezers per parlar am en Hot Ebral (2) et am en Pabina de Gontaut, comissaris donat[z] per moss. lo duc d'Anjo a levar prest dels lox notables e dels singulars d'aquels per dos franxs e mieg per fuec que demandava moss. d'Anjo, que say avian comissaris Ar. Duran de Carcassona, am ıııı companhos, per levar lo dich prest ; e M° Bernat de Noalha avia finat a Tholosa am lo cosselh de M° lo duc ; et anec per dire e soplegar a lor que los comissaris fosso remogutz. E venc a xıx de may ; estec ııı dias, ac per sas dietas.. ııı franxs.

951. Aqui meteys, a xvııı de may, (3) partic per anar a Tholosa per dire a M° Bernat de Noalha et a M° le jutge de crims et a M° Bernat de Mora et a M° Esteve de Monmeja am losquals M° Bernat avia facha la finansa, que los dichs comissaris nons volian remaure per lor mandamen ni per aquela finansa. E venc a xxıı de may, estec ııı dias, ac per sas dietas..................... ııı franxs.

952. per ı macip que loguec a Mondrago quel guidec de nuechs de Mondrago tro al port de Lavaur (4)............. ..... ııı gros m.

---

(1) Correc. *E*.

(2) C'est le Hote d'Ebrard, conseiller du comte de Poitiers, que mentionne l'*Hist. de Lang.*, IX, p. 697. Il était seigneur de Tonnac. Les Archives départ. du Tarn possèdent de nombreux documents intéressant ce personnage.

(3) L'art. 950 le fait arriver à Albi le 19 ; c'est une erreur ; il faut lire 18. Ce qui le prouve, ce sont les vacations qu'il touche, 3 francs ; s'il était resté quatre jours absent, il aurait reçu 4 fr. C'est un vrai tour de force accompli par de Noailles ; il met trois jours pour aller et revenir de Béziers ; presque sans débrider, *aqui meteys*, il repart pour Toulouse, prend le chemin le plus long, parce qu'il était le seul sûr, et quatre jours après il rentre à Albi, soit sept jours et peut-être sept nuits (voir l'art. 952) passés à cheval.

(4) Cet art. nous fait connaître l'itinéraire que suivaient les Albigeois pour aller à Toulouse quand la ligne Gaillac-Rabastens n'était pas libre ; ils prenaient la route de Castres jusqu'à Réalmont, au sud d'Albi ; de ce point ils tournaient, à angle droit, vers l'ouest, gagnaient Grau-

[Fº LXIII, rº] 953. a xiii de may, a'n Frances Picart que anec a Castras per parlar am en Hot Ebral et am Pabina de Gontaut, comissari[s] donat[z] per moss. lo duc sobre lo prest que demandava a la vila, e per parlar am lor e portar letra de Mº Esteve de Monmeja cosi aviam finat ; e no los trobec ponh que en Carcasses ero. Estec ii dias, ac ne............... ... . ii flor.

954. a xv de may, partic Mº Bernat de Noalha per anar a Tholosa a Mº Bernat Bona et a Mº Bernat de Mora e a Mº Esteve de Monmeja am losquals avia facha la finansa, per dire a lor et esplicar que en Hot Ebral e Pabina de Gontaut avian trameses comissaris, non contrastan la finansa facha am lor, e que per Diau ! hi volguesso provesir. Estec iiii dias,...... .... iiii franxs.

955. a xxix de may, partic Mº Bernat de Noalha per anar a Tholosa portar vº franxs a Mº lo duc et a Mº Esteve de Monmeja per la finansa que avia facha am lor. Estec xi dias,...... ... xi franxs.

956. per la despesa que fe a Matiau, escudier de Mº lo senescalc de Tholosa, d'esta vila tro a Tholosa,.................. ix gros.

958. per iª letra de sira P. Escatissa que no fossem executatz per en Pabina,........ .... iii gros.

959. per autra letra que no fossem compellitz mas per vº franxs.. .... iii gros.

Le vº du fº LXIII est blanc.

[Fº LXIIII, rº] 962. a xv d'octembre, que partigro Mº Bernat Lonc, en Gⁿ Bru, per anar a Tholosa per abtener et empetrar gracia de Mº lo duc d'Anjo sobre alcus cazes que demandava ad alcus singulars d'esta vila per la segua que feyro a la gen de Lescura, l'an LXII. Estero xvii dias ; agro per lors dietas............. xxxiiii franxs.

963. per sirvisis que feyro al procurayre et al jutge majer et a Mº P. Guitbert et a Mº lo cancellier, de polalhas, que montec tot....... .... viii flor. iii gros.

964. per sirvisis que feyro al procurayro en argen.. viii franxs.

965. per i gobel d'argen que donero al can(cam)cellier. xviii flor.

---

lhet par Montdragon et descendaient jusqu'à Lavaur. A ce point, deux chemins s'ouvraient devant eux pour gagner Toulouse : Lavaur-Verfeil, le plus court (36 kilom.), Lavaur, le Bourg-Saint-Bernard, Lanta, celui que nous avons vu prendre par Picart (art. 918). Il est probable que c'est la ligne que suivit Gibert. Notons en passant qu'il est question du port de Lavaur dès 1230. Au mois d'octobre de cette année le bailli de Lavaur, Pierre de Saint-Prim, au nom de Raymond, comte de Toulouse, baille à fief à Arnaud del Cung la moitié du dit port et de ses dépendances. *Revue du Tarn*, vol. I, 239.

967. al notari que fe la letra de la gracia de M° lo duc. xii franxs.
968. per la letra executoria que fosson compellitz los singulars a pagar la finansa,................................... iiii flor. ii gros.
969. al descipol que la escriaus,..................... iiii gros.
972. a Berenguier del Bosc, sirven, et a sos companhos, sirvens, que vengro far execucio per la finansa facha a M° lo duc,. iii franxs.
973. a xi de novembre, a Moss. Simo (*blanc*) resebedor de M° d'Anjo per la finansa que en G^m Bru e M° Bernat Lonc feyro, per la causa desus dicha, per la ma den R. Celet............ iii° franxs.
974. a xx de desembre, a M° Esteve Pelhecier, notari de Tholosa, et a i sirven que avian facha execucio contra la vila ad instancia del jutge majer de Tholosa que demandava per far relacio del proces... vi flor.

[F° LXIIII, v°] 975. a xiii de febrier, a M° lo jutge majer de Tholosa, per sos trebalhs que fe en far la relacio del sobredich fach...... .... x flor. ii gros.
977. al clerc de Moss. lo cancellier, as obs de causas... i franc.
978. a'n R Gui que avia fachs sirvizis e cortezias als sobredichs Bernat Lonc et a'n G^m Bru............................. i franc.
982. Paguem, que se perdec en las monedas que portava e lxx franxs de comtan que hi avia, a v d. per pessa que costava per franxs am las autras monédas d'aur et am lo comtan ; e los xxxvi franxs que redec a'n R. Gui que volc que li compres franx. Monta iii^cviii que cambiec; montec............... viii flor. vii gros, x d.
985. Paguem que se perdec en una tassa que portec en R. Celet que pesava i marc e v onsas ; e comprem la, a flori lo marc, d'en i bon home que la nos prestec ; e vendec la a franxs, car li calia paguar los franxs, en que se perdec............ .... v gros.

Le recto du f° LXV porte, mais cancellé, avec la note : « *davan era en l'autra carta* », *l'art. 986. Le reste est blanc.*

[F° LXV, v°]. *Mesa e paguas fachas als pensionnalz de la vila e a notaris e a d'autres.*

987. a x de jun, a M° Jacme Puech de Carcassona, avocat de la vila, per la pencio de l'an.................. .... v flor.
988. a M° Jorda Ancelme, procurayre de la vila, per la pencio de l'an presen que fon arestancat a Nadal passat e a Caramantran, ... v flor.
989. als obriers de S. Miquel de Carcassona, heretiers de M° Johan Layrieyra, per resta de sa pencio...................... ii flor.
990. a iii de Julh, a M° P. Olivier per partida de las escripturas

dels plhatz que menava la vila am moss. d'Albi....... vi franxs.

991. a M° Lambert Vilar, per la pencio de l'an passat... ɪ franc.

992. a xvɪɪɪ de julh, a M° Johan Vilar, notari de Carcassona, per escripturas que li eran degudas del fach de la gracia.. vi franxs.

994. a M° Johan Vielh, notari de Castras, per las escripturas que avia fachas de la causa ques menava davan Moss. de Castras, sobre alcunas amonecios que lo cancellier de Tholosa avia donadas...... vi franxs, ɪɪɪɪ gros.

[F° LXVI, r°]. 995. a Posset, per sa pencio de l'an presen. xɪɪ flor.

996. a R. Guila, per sa pencio de l'an presen.......... xɪɪ flor.

997. a vɪɪɪ de desembre, a M° P. Olivier, notari, per partida de las escripturas que li deviam..................... x franxs.

998. a M° Lambert Vilar, sendic de la vila, per sa pencio de l'an presen............................. ɪɪɪ franxs.

999. a (blanc) de may, a M° P. Olivier, notari de Carcassona, per partida de las escripturas que li son degudas per los plachtz que se meno en son taulier............................ xɪɪ franxs.

1000. a'n Duran Daunis, per sa pencio de l'an presen... xʟ flor.

1001. a M° Johan Amoros, notari, per sa pencio de l'an presen... xʟ flor.

[F° LXVI, v°]. 1003. a'n Guilhem Guitbert, per ɪɪ entorcas que pesavo vɪɪɪ lbr e mieja, que foron bayladas als capitanis.......... xxɪx s ɪx d.

1004. a'n Bernat Esteve, per sa pencio del capitanatge de l'an presen............................. xxɪɪɪɪ flor.

1005. a'n Frances de Lagrava, per son trebalh de l'an presen que a servit en l'ofici del capitanatge. .. .. xxɪɪɪɪ flor.

1006. a M° Pelfort de Malhorguas, per la pencio de l'an presen, ... xv flor.

1007. a M° Frances Gasanhol, per sa pensio de l'an presen....... .... xv gros.

[F° LXVII, r°]. *La mesa de adobar lo pon de Tarn.*

1008. a v de julh, a'n Jacme Miquel, per lo port de ɪx fustz del pon............................... xv flor. d'aur.

1009. per la resta dels dichs fustz (1)...... .... xv flor.

1016. Paguem li may al dich Jacme Miquel per c e quatre carradas de fusta que ac hom as obs del pon de Tarn, a x gros la carrada ; monto.................. .... ɪɪɪɪ^{xx}vɪ flor. vɪɪɪ gros.

(1) Suivent sept articles cancellés avec la note : *en la soma dejotz de* ɪɪɪɪ^{xx}vɪ *flor.* vɪɪɪ *gros es enclus.*

1017. may al dich Jacme per las postz del guarric que n'ac hom, que foro mesas al dich pon.................... vii flor. vi gros.

Le v° du f° LXVII porte 4 art. cancellés avec la mention : « *Davan es en aquesta carta* ».

[F° LXVIII, r°]. 1025. a xxii de julh, als causeniers per caus que n'aygem........ .... xviii gros.

[F° LXVIII, v°]. *May mesa del pon de Tarn d'Albi.*

1031. a xi de julh, a ii femnas e a i home que feyro mortier as ols del pon... iiii s. ii d.

1032. a xii et a xiii de julh, a M° R. Engilbert que estec al pon de Tarn a tancar los passes de las antas on ero estadas mesas las (*blanc*)........... .... viii gros.

1034. a xiiii et a xv de julh, per iiii jornals d'omes que esteron al dich pon per descubrir la caussada ; prendiau los dos xxii morlas, els autres dos xx morlas que montan................. vii gros.

1035. per viii femnas que estero en la dicha obra, a xii d. m. cascuna ; montan....................................... vi gros, x d.

1036. a P. Godieyra, per i jornal de bestia que carrejec arena al dich pon.. iiii gros.

1040. a xvii de julh, a vii homes que ac a descubrir lo pon, a xi morlas cascun............................. xii gros, xii d. m.

1043. a xix de julh, per ix jornals d'omes que avian estat, la senmana passada al pon : a ii gros per ome, monto...... xviii gros.

[F° LXIX, r°]. 1047. a vi d'aost, a R. Armengau que avia estat iii jornals a far mortier, as ops del pon.................. iiii gr. m.

1050. a vii d'aost, a ii homes que ajudero a portar fusta als fustiers del pon... iiii s. ii d.

1051. a ix d'aost, a x femnas..................... viii s. iiii d.

1054. a ii garsos... i gros.

1056. per la ma d'en Bernat Bru, en v cordas as estacar los fustz, ... vi gros.

1057. per la ma d'en Bernat Bru, que lor donec, en diverses dias, al vi et as alcus que estaquero fusta................. ... vi gros.

[F° LXIX, v°]. 1058. a xix d'aost, a iii homes, x morlas per cascun home, per la sobre dicha obra.................. ... v gros (1)

---

(1) Cet article permet de déterminer exactement la valeur de la morla ; il y a équivalence entre 30 morlas (3×10) et 75 deniers (5×15). Le morla vaut donc $75/30 = 2$ d. maille.

ANNÉE 1368-69

1060. a iiii de setembre, a Mº Gm et a Mº P. Engilbert, massoniers, que estero al sobredich obratge del pon de Tarn. ..... viii gros.

1061. per xi femnas que servian los sobredichs massoniers....... .... viii s. iiii d.

1062. per ii homes que estero a la dicha obra (1).... iii s. iiii d.

[Fº LXX, rº]. 1072. a ix de setembre, a Mº R. Engilbert, massonier, per la sobredicha obra, que obrava al dich pon de Tarn. iiii gros.

1073. a vi femnas quel serviau...................... iiii gros.

1074. a ii homes per lo dich obratge............... iii s. iiii d.

1075. per iiii bestias que carrejero lisa al sobredich pon que eran d'en Bernat Gasanhol, e d'en Galhart Claustrina, e d'en Pos Vierna e d'en R. Atbert, al[ias] Nauro....................... xii gros.

1079. als Viguiers de la Ribieyra, per ii jornals de bestias........ .... vii gros.

1081. a'n Pos Vierna per lxvi saumadas d'arena portar a far mortier davan l'ospital del barri d'otral pon de Tarn (2).... xi gros.

[Fº LXX, vº]. 1082. a xiiii de setembre, a Mº R. et a Mº Gm Engilbertz, massoniers, que obravo al sobredich obratge del sobredich pon... viii gros.

1083. a Johan de la Soquieyra................... ii s. i d.

1084. a vii femnas...................................... v s. x d.

1085. a ii homes....................................... iii s. iiii d.

1093. a'n Bernat Gasanhol per arena que portec e terra, per iii dias .... xi s. ix d.

[Fº LXXI, rº]. 1096. als Viguiers per iiii jornals de lors bestias que avian estat a carrejar terra al pon.................. xii gros.

---

(1) A remarquer cette composition du personnel dans un chantier de maçonnerie : deux maîtres, deux ouvriers, onze ouvriers femmes. Cette proportion se retrouve à peu près les 5, 6, 7 septembre. A cette dernière date on voit dix-sept femmes pour quatre hommes.

(2) On pourrait s'appuyer sur cet article pour déterminer approximativement l'emplacement de l'hôpital du Bout-du-Pont. Il est évident que le mortier se fabriquait à proximité du chantier ouvert ; par suite l'établissement charitable se trouvait tout à côté de la tête du pont ; rive droite et certainement à côté ou en face de l'église de la Madeleine qui était construite sur la berge même du Tarn, à gauche du pont, lorsqu'on va au faubourg. Cet hôpital remonte à la plus haute antiquité ; il est désigné dans une transaction de 1157, intervenue entre le Chapitre de Sainte-Cécile et celui de Saint-Salvi ; le premier délaisse au second l'église, le cimetière et l'hôpital du Bout-du-Pont sous la réservation de la moitié des cierges des baptêmes des jours de Pâques et de Pentecôte (Arch. dép., G. 101).

1097. a'n Bernat Barraut, fabre, per ferraduras que n'agro agudas as obs del sobredich pon............................... xviii s.

1100. may al sobredich Bernat Barrau, per ix lbr.   v flor. vi gros.

1102. a xviii de jun, a Mº P. de Valenquas e a Mº R. Atbert, a P. Simo e a P. Ricart, que avian estat al pon de Tarn.   vi flor. viii gros.

1104. may, a xxi e a xxii e a xxiii de jun, als sobredichs maestres, ... iiii flor.

1105. may als sobredichs maestres, a ii de julh, per v jornals que hi avian estat, cascun a iiii gros per jornal, que montan.. vi flor. viii gr.

[Fº LXXI, vº]. 1106. a iii de julh, que fo lhus, a Mº P. de Valencas et a Mº Gm Atbert et a Mº P. Simo e a Mº P. Ricart, fustiers,   xvi gr.

1107 a iiii de julh, als sobredichs fustiers, que fo mars, e per lo mecres, e per lo jous, e per lo venres, e per lo sabde que comtava hom viii de julh, a iiii gros los ii els autres dos iii gros m. cascu : montan.. vi flor. viii gros.

1108. a Gm Bargues e a Huc de Laval, que estero en la dicha obra vi jornals ; prendia Gm iii gros, e Huc, ii gros m. ; monta.. ii flor. ix gros.

1112. a xvii e xviii e xix e xx e xxi de julh, al[s] sobredich[s] fustiers, exceptat P. Simo que falhic m. jornal.....   vi flor. viii gros.

1113. que lor donem de vi............................... x d.

[Fº LXXII, rº]. 1117. a xxx de julh, a Mº P. de Valencas, e a Mº Gm Atbert, e a Mº P. Ricart, e a Mº P. Simo, per v jornals que avian estan (1) al pon, la senmana passada que comensero a xxiiii de julh que fo dilhus... vi flor. viii gros.

1118. a Mº Johan Aurnola per iii jornals..............   vi gros.

1119. a Mº P. Jolia, fustier, per v jornals........... xii gros m.

[Fº LXXII, vº]. 1132. a xx d'aost, a Mº P. de Valenquas et a Mº Gm Atbert, per v jornals que avian estat a l'obra del dich pon de Tarn.. iii flor. iiii gros.

1147. a'n P. Ricart et a'n P. Simo per autres v jornals, exceptat P. Ricart que falhic lo jorn de S. Jolia (2)..........   iii flor. iiii gros.

[Fº LXXIII]. 1164. a'n B. Bru, comtat ab el, a xxix de setembre, de so que avia mes ni donat als obriers del pon en vi et en autras causas, e quant anero veser los fustz de la foresi, de xix d'aost tro al sobredich dia,................................ vii gros. x d.

---

(1) Correc. *estat*.

(2) C'est-à-dire le 30 août.

1165. Paguem li may, per II picos e per una ayssada que comprec as obs del dich pon.................................... XI gros.

[F° LXXIII, v°]. 1166. a'n Berenguier Macip, per IICIIIIXXXIII saumadas de lisa que n'ac hom as ops del pon de Tarn, a I barsalo la saumada,.. II flor. IIII gros.

[F° LXXIIII r°] *Mesa de la manobra del pon per far la causada.*

1166. Paguem, lo lusque fo a XVIII de setembre, a M° G^m et a M° R. Engilbertz, massoniers, que comensero a far la causada del pon de Tarn,.. VIII gros.
1167. al Rauquet que los sirvia..................... II s. I d.
1168. a VI femnas................................ IIII gros.
1169. a IIII homes. .... VI s. VIII d.

[F° LXXIIII, v°]. 1183. a XXIIII de setembre, a M° R. Engibert, massonier .... IIII gros.
1184. a IIII femnas............................. III s. IIII d.
1185. a Siro.................................... I gros.
1186. a II homes................................ III s. IIII d.

[F° LXXV r°]. 1187. a XXIII de setembre, per VII homes que ayguem a debatre las pilas desotz l'ostal que fo d'en Galhac, am la I home que ajudec a carguar las bestias que portero arena,. XI s. VIII d.

1188. per V bestias a portar arena davan los portals d'otral pon.. XX gros.

1189. per XV homes que ac, en IIII dias, a debatre las dichas pilas. .... XX gros.

1193. per XVI jornals de bestia a portar arena, a III gros per jornal.. V flor. IIII gros.

1194. per bandir alcunas vinhas del Castel vielh e per far penhorar alcunas gens que teno porxs per la vila,............. II gros.

Le v° du f° LXXV est blanc.

[F° LXXVI r°]. *Mesa de la teula.*

1195. Paguem a G^m de Falguayrolas Manha per teula que n'ayguem,.. XXXV gros.

1198 a R. Blanc, al[ias] Ayguadossa, per II^m e v^c teulas que n'aguem a l'obratge davan l'ospital de S. Jacme, XIIII flor. X gros.

1203. a'n Johan Barrieyra, per I melhier de teula que n'agem as obs de l'obra de la vila,........................ V flor. VI gros.

1204. a M° R. Debar per II^m de teula que n'agem de la teularia d'en G^m Manha,.................................. XI flor.

1205. a'n Philip Vaysieyra per I melhier de teula, V flor. VI gros.
1206. Paguem li may, per I^a carrada de fusta,......... VI gros.

[F° LXXVI, v°]. 1207. a xvIII de febrier, a G^m Moynier, per v^c teulas que n'agem as obs de l'obra de la vila davan Tersac,............... III flor. III gros.

1212. a'n Domenge de Monnac, per CLXXIII teulas que n'agem a l'obra de la vila, a for de IIII flor. VI gros lo melhier, que monto.... .... XI s. IX d. m.

Le r° du f° LXXVII est blanc.

[F° LXXVII, v°]. *Mesa baylada a'n Guilhem Esteve.*

1215. Baylem a'n Guilhem Esteve, a XXII de jenoier, que fasia far l'obratge de la muralha, que ac P. Simo,............... XIIII s.

Suit une longue liste de sommes reçues qui occupe ce v°, tout le folio LXXVIII et le r° du f° LXXIX. On n'y glane que les quelques articles suivants.

[F° LXXVIII, v°]. 1271. Baylem li may que fo enpausat a'n Johan Barrau per III cartos de fer,........................... XXI gros.

[F° LXXIX, r°. 1275. Baylem li may al dich en G^m Esteve que ac en fer et en carn salada de M° Dorde, as ops dels maestres,........ .... XIII gros.

1283. Baylem li may que ac de I blechi e de I conqua d'en P. Boier e de Ar. Azemar,........................... XVI s. IIII d.

1288. Baylem li may per tres palms de drap que pres lo maestre, ... X gros.

1293. Baylem li may al sobredich G^m Esteve, que avia levat, son filh, dels dos comus de la gacha de Verdussa, losquals foron enpausat[z] a XX de setembre, rebatut XII d. per lbr. de so que avia levat... XXI lbr. XV s.

Le v° du f° LXXIX est blanc.

[F° IIII^xx, r°]. *La mesa dels IIII comus levar fachs a XXV de may, l'an LXVIII, e del gasanhatge d'aquels quels an levatz.*

1294. a XXV d'aost, paguem a M° R. Ortola et a Dorde Romanhac per lo leu dels IIII comus fachs lo dia e l'an desus,........ XIIII s.

1295. a'n Arnaut Marti et a Dayde Fromen, per lo cunh d'en Rocas... XVII s. VI d.

1297. a'n R. Cabirol et a'n G^m Gaubert, per lo cunh d'en Galhac e de la Reclusa....................................... IX s. IIII d.

1298. a'n Johan Barrau, per lo cunh d'en Pradelh e de la carrieyra drecha de Roanel,................................. XXIX s.

1299. a M° P. de Valencas, per lo cunh de Bona Comba e de na Bonias,... XI s. VII d.

ANNÉE 1368-69

1300. a'n G⁰ Rotgier, jove, per lo leu del cunh de Puech Amadenc, ... xv s. iiii d.

1301. a'n P. Godieyra et a Johan de Fons, per lor gasanhatge del cunh d'Avisagues e de la Fustaria,................ xvi s. iiii d.

1302. a'n Gᵐ Gayet et a'n Berthomiau Prunet, per la cunh d'en Pays e d'en Salvi, per lor gazanhatge............... xxix s. vi d

[Fº IIII^{xx}, vº]. 1303. a'n Duran Vaysieyra, per lo gasanhatge del cunh d'en Borrel,................................. v gros, m.

1304. a'n Berenguier Rauli, per lo leu del cunh d'en Rausa,........ .... xxx s. vi d.

1305. a'n Sicard Garrigas et a Huc del Puech, per lo gazanhatge del cunh d'en Col............................. xxiii s. ix d.

1306. a'n Vidal Guini, per lo cunh d'en Regambal... xii s. iiii d.

1307. a'n Ar. Asemar, per lo cunh de S. Estefe,.... vi s. i d. m.

1308. a'n Johan Buou, per lo cunh de la Barrieyra e d'en Daunis, ... xvii s.

1309 a'n Laurens Fenassa, per lo leu del cunh d'en Beraudes,.... .... vii s. ix d.

1310. a Mº Sicart Lobat, per lo cunh d'en Frotart e d'en Talhafer, ... xx s.

1311. a'n P. Prunilhac, per lo gasanhatge del cunh del Port vielh e d'en Faubert e d'en Olier,................... xvii s.

1312. a'n Bernat Gasanhol, per lo cunh d'en Prinhac,.... xxx s.

1313. a'n R. Galhac et a'n Gᵐ Paubel, per lo cunh de Candelh e d'en Giaussa e dels foratas,...................... xxv s.

1314. a'n R. Ratier per lo cunh de (*blanc*)... .... xi s. vi d.

1315. a'n Guiraut Marti, per lo cunh d'en Fajas e de la Cort...... .... xiiii s.

1316. a'n Galhart del Faro e a P. Boier, per lo cunh de S. Jolia.... .... xvii s.

[Fº IIII^{xx}I, rº.] 1317. a'n P. del Solier, per lo cunh de Labroa e d'en Miquel per son gasanhatge,................. xviii s. viii d.

1318. a'n R. de la Preveyria, per lo cunh d'en Bonhome e d'en Peyro,.. xx s. iiii d.

1319. a'n R. Vidal, del cunh de la Magdalena que levec, per son trebalh,... xv s. vi d.

[Fº IIII^{xx}I, vº]. *Mesa del gasanhatge de las personas que an levatz los* viii *comus.*

1321. a'n P. Isarn et a R. Bona per lo leu dels dichs viii comus de la guacha de Verdussa........................ vi lbr. xviii s.

[F° IIII××II, r°]. 1334. a'n Guilhem Guitbert, per son trebalh dels derayratges que avia levatz que so encartatz que lhen davam xv d. per lbr ; que montec,........................ xiiii flor. iii gros.

1335. Paguem li may, per xcvi gatges que fo penhorar a diversas gens que ne dava v d. per cascun gatge e las gens non paguavan mas ii d. m. ; montec............................. xvi gros·

Le r° du f° IIII^{xx}II est blanc.

[F° IIII××III r°]. *Lo gasanhatge dels dos comus.*

1336. Paguiey a'n Johan Barrau et a Ph[i]lip Capel per lo gasanhatge del leu de la gacha de las Combas e d'otral pon.. xxxiiii s.

1337. a'n Guilhem Guitbert, per son trebalh de levar los dos comus de la gacha de Sta Marciana e de S. Africa e de S. Estephe, a xii d. per lbr,....................................... v lbr. vi s. vi d.

1338. a· M° R. Ortola, per son trebalh, a xii d. per lbr.... xxx s.

1339. a P. Esteve, filh d'en G^m Esteve, per lo leu dels dichs dos comus de la guacha de Verdussa, a xii d. per lbr..... xxii s. x d.

Le verso du f° IIII××III est blanc.

[F° IIII××IIII r°.] *Mesa comuna.*

1340. Paguem, a· i d'octembre, a Pascoret, que anec a Tholosa portar letras a'n Frances Picart que, per lo perilh dels camis, de las companhas que ero a Florentinh e per los autres loxs, hom non auzava portar los deutes als mercadiers, e quens escuzes. Estec iiii dias ; ac ne.................................. xii gros.

1341. a i d'octembre, a P. Huc que anec a Florentinh per saber de las companhas que eron alotgadas,............... ii gros. m.

1344. a P. de S. Flor que anec a Lautrec portar letras per saber novelas de las companhas,.......................... ... iiii gros.

1345. a ii d'octembre, paguem a Guilhem del·Forn que anec a Puechbego (1) am letras per saber novelas de los companhas. Estec ii dias, ac ne xiii gros, que tornec lo dich G^m, a iiii d'octembre, per saber novelas e espiar de las companhas,........... .. xiiii gros.

1346. a iiii d'octembre, que fo S. Frances, per i sestier de vi e per xxx michas, que fo donat als frayres Menors per pitanssa.......... .... xvi s. xi d.

1347. Fo lor may donat per pitanssa,.................. i flori.

1348. Costec de portar lo barrial el presen.... .... i gros.

[[F° IIII××IIII v°.] 1349. a vi d'octembre, que partic Pascoret per anar a Tholosa per portar letra a'n Frances Picart e menbrar

---

(1) Puybegon, canton de Graulhet, arrondissement de Lavaur.

a M° Johan Duran et a M° lo jutge alcunas cauzas ; e venc lo dich Pascoret a ıx d'octembre, e tornec a Tholosa a x d'octembre, e venc a xıı d'octembre ; ac dels dichs viatges............... xxı gros.

1351. a ıx d'octembre, a Philippe Teulet que anec a Lavaur per espiar e saber novelas de las companhas ; ac ne..... vı gros, m.

1353. a Gui Salvanhac, giaulier de la cort del rey, per la garda d'en Guilhem de Lavila que avia estat arestat be xv dias a la cort, a nostra istancia, e ratiffiquec la venda de l'osdal, e M° G^m Granier fen carta. Ac ne lo dich Gui per lo pa e per la garda. vııı gros.

1354. a'n R. Laurayre, de doas vestz que fo a Florentinh, de mandamen nostra, per parlar am lo senescalc de M° de Foys ·per alcunas novelas que aviam auzidas dire (1).

1355. a'n G^m Ortz, per ı pipa de vi que fon donada al sobredich M° lo senescalc,.. ıııı flor.

[F° IIII^xxV, r°]. *Mesa de las badas que badavo de dias per los puechs*.

1357. a xxıııı de setembre, a G^m Rigal, e a Mathiau Redon, e a Caselas, e a Enmiro, e a al Frances, e a Johan que avian facha bada, la semmana passada. Monta, a x morlas per home, monto los vıı dias, am lo dimergue,...................... v flor. x gros.

1358. a ıı d'octembre, a vı homes que feyro bada a Foys, e a Rantelh, e a la Gardia, e a Puech Petit e a la Crotz de Carlus, e a Caslhucet, los vıı dias am lo dimenge,............ v flor. x gros.

1359. als sobredichs, per la semmana ensegen, que comensec a ıx d'octembre e fenic a xv d'octembre, am lo dimergue que badero aytabe,... v flor. x gros.

1366. a ıx de desembre, a Huc de Laval que avia facha bada, la semmana passada, al puech de Caylhucet, per vı jornals, ıx gros.

[F° IIII^xxV, v°]. 1370. a Huc de Laval, a xı de mars, per xvıı jornals que avia facha bada a Caslucet, a xı morlas per jorn,......... .... ıı flor. vııı gr ; ıı d. m.

[F° IIII^xxVI, r°]. *Mesa comuna*.

1370. a'n Johan Negre, per servir e per lo sagel d'alcunas letras que fe far en G^m Rotgier, genre d'en G^m Ortz, as alcus clercs que devian dels derrayratges que levava ; et eran al taulier de M° Johan del Potz,.. ıı gros.

1372. a'n Johan Negre, per lo ces del forn de la Ribieyra queste de M° d'Albi, per l'an lxvıııı,............... .... xıı d.

1373. a xıı d'octembre, a Johan Fortanier que anec a Rialmon per

(1) Prix non indiqué.

saber novelas e espiar de las companhas, ... III gros.

1375. a'n P. de Somas per lo gasanhatge de la soma que reconoc Bernat Pelapol als senhors cossols, contengut al libre de las reco noysensas, a III^{xx}IX car[tas].....................:......... x s. x d. m.

1377. a'n P. de Somas, que se des lus dels deniers de l'encan fach, a XIX de setembre, per so que avia pagat per alcus que avia fachtz penhorar e no devian re, e redia lor hom lor gatge quiti ; e per son gasanhatge de II floris, IIII gros que pagec en G^m Bru ; e per II floris, II gros que pagec lo dich G^m Bru per Peire Thomas ; e per XX gros que pagec P. Andriau de S. Juery ; lasquals somas so en los comtes de l'an LXVII ; e per so que pagec, l'an LXVIII, lo Comandayre de S. Antoni per los bes d'en P. Serras e d'en P. Alby......... XXIII s.

1379. a I macip que trameyro los cossols de Castras que be II° cavalgaduras avian pessat Agot per venir ensa ; ac ne.... VI gros

[F^o IIII^{xx}VI, v^o]. 1380. per III parelhs de polas grossas e per I parelh de capos que tramesem as alcus senhors,........ x s. II d.

1381. a Pascoret que anec espiar a Posols et a Orbanh. I gros m.

1382. a XIII d'octembre, a'n Johan Boys, que tramezem a Rialmon am letra a Me R. Vidal que venges cochadamen per parlar a nos ; ac ne............. .... III gros.

1383. a XV d'octembre, a I macip de Florentinh que trames lo senescalc am letra d'avizamen que alcunas companhas s'ero enbosquadas al bosc de Badalhac (1),........ .... II gros.

1387. a II maestres peyriers de Castras que ero vengutz vezer la tor del pon de Tarn,.......... ... . IIII gros.

1388. per I clau as ops de la mayo cominal,........ ·... II gros.

1389. a Me G^m Espigo per far escriaure alcus vidimus,. v gros m.

[F^o IIII^{xx}VII, r^o]. 1393. a XVIII d'octembre, que donem als frayres Predicadors et als frayres Menors et als frayres dels Carmes que pregesso Nostre Senhor per la ciautat e per lo poble d'aquela......
.... XXX s.

1394. a Johan Boys que anec a Castras, per espiar de las companhas se s'eran desalotgadas,........ ... . VI gros.

1396. per una sarralha a la barrieyr a del Vigua,........ I gros.

1399. per I lbr. de candelas,....................... ... I gros.

1400. a I macip de Carcassona que portec letra a nos d'en G^m Catala de Carcassona, recebedor de la endiccio novelamen facha a Moss. lo duc,......... .... III gros.

---

(1) Il existe un Badaillac à Villeneuve de Curvalle.

1402. a Ramilho, que avia vacat III dias as arestar lo[s] singulars per lo dich prest e tancar los obradors,................ v gros m.

F⁰ IIII××VII, v⁰]. 1407. a Mᵉ P. de Valencas e a R. Marens, per I jornal cascun que avian estat al pon del Vigua,...... VI gros. m.

1408. a P. Huc e a Ferrier, que anero a Rabastenxs portar letras a'n R. Celet que anava a Tolosa, et que no se meses en cami per lo perilh que i era de la gens d'armas ; e anero tota la nuech, e vengro l'endema e nol trobero. Agro ne entrambidos,..... XII gros.

1409. a I macip que anec a Rialmon per espiar de las companhas que desia hom que eron desa Agot,................. II gros. m.

1412. per I cabas que comprem en que foro meses alcus clavels e cavilhas ; costec... III gr.

1413. per lo cambi de LXX franxs que comprem am lo comptan ; a v d. per pessa monto........................... XXIII gros. V d.

1414. a Bernat Auriac e a Isarn de Monlaur e a P. de Najac, sirvens, que avian vacat a far pagar e prestar,............. IX gros.

1416. a XXV d'octembre, a P. Huc que anec a Tholosa portar letras a'n Gᵐ Bru e a Mᵉ Bernat Lonc que ero de part dela ; e quan foc vengut lay tornec, a XXIX d'octembre, lo dich P. Huc a Tolosa portar letras de M⁰ lo jutge d'Albiges e d'en Galhart Golfier a moss. lo senescalc de Carcassona e de Tolosa. Estec en los dos viatges VIII jorns,.. . II floris.

[F⁰ IIII××VIII, r⁰]. 1417. Paguem, per la ma de Poset, a III homes que tirero la fusta del gravier de Tarn que Tarn l'en volia menar,.. .... III gros.

1419. a Betoy que anec otral pon per arrestar alcus per paguar los comus e per prest,................................ II s. I d.

1423. lo mars que fo a XXXI d'octembre, que anec en Duran Daunis a Rusueyras per asemprar de part de nos, que nos prestec deniers. Costec lo rosi el macip,........................ VI gros.

1424. a IIII de novembre, a Matiau Redon que carregec gatges a la mayo cominal del prest que demandavam,.......... II gros, x d.

1425. a Isarn Pitre per l'estable de VI bestias que estero arestadas en son hosdal,.. II gros

1426. a IIII de novembre, a'n Isarn de Monlaur et a'n P. de Najac et a Bernat Auriac e a Ramilho que avian vacat II dias per los senhors a compellir alcus a cuey demandavam prest,..... II flor.

[F⁰ IIII××VIII, v⁰]. 1429. per una pipa de vi, que tenia III sestiers que fo d'en Gᵐ Ortz, e per IIII entorcas e per II lhias de doblos, que pesava tot XIII lbr. XI onsas, e per III sestiers de civada, que fo donat a moss. lo comte de Vendoymes que venc novelamen de Paris. Costec tot........... vi lbr. xiii s.

1431. per lhiar lo libre del alhiauramen de l'an xliii e l, a'n P. Redon que los lhiec,........ iiii flor.

1432. per i pel d'aluda,........ ii s. i d.

1433. a'n Bernat Marti, per xix pels petitas de cabritz als dichs libres,........ xiii gros.

1435. may per lhiar alcus libres dels comus semmaniers e d'autres libres de derayratges,........ ii flor.

1436. a Johan Raynaut, borsier, per i pel a far corregas,. i gros

[F° IIII[xx]IX, r°]. 1438. per i liaura de candelas,........ xiiii d.

1439. a'n Guilhem Rebieyra que li devian los senhors cossols de l'an passat, per lo siau rossi que l'avian agut endacom, a qualsque aculhidas........ v gros

1442. a xii de novembre, a P. Huc que anec à Tholosa portar letra al procurayre de M° d'Albi que la jornada que aviam sobre lo cosselh que dono los prohomes als prevengutz (1) ; estec iiii dias, e pueys aqui meteys tornec a Galhac per portar letras a M° R. Favarel ; estec ii dias, e so vi dias ; ac ne...... xviii gros.

1446. per iii fayses de palha as ops de la mayo cominal,. i gros iii.

†|F° IIII[xx]IX, v°]. 1452. a P. Huc que anec a Castras per espiar de las companhas on ero. Estec ii dias, ac del viatge,...... xxi gros.

1453. per ii molas que aviam trencadas a Berthomiau Prunet,..... .... xx d.

1454. a xxix de novembre, a P. Huc e a G^m del Forn que anero, de nuechs, a Labessieyra per saber de las companhas que desia hom que eran a S. Gausens (2) e fasia mal temps ; agro ne vii gros. x d.

1458. a Guinet Salvanhac, per lo pa que donec a Cabos que era arrestat a la cort del rey per so que devia a la mayo cominal, ii s.

1459. a v de desembre, a Ferrier que anec a Molares per espiar d'alcunas gens d'armas que desia hom que ero a Tanus (3); ac ne.. .... iiii gros.

[F° IIII[xx]X, r°]. 1460. a i macip de Cordoas que portec letra de M° lo jutge d'Albiges d'avisamen de las gens d'armas que so a

---

(1) La phrase est inachevée ; il faut probablement sous-entendre : fos remoguda.

(2) Labessière-Candeil, cant. de Cadalen, arrond. de Gaillac ; St-Gauzens, cant. de Graulhet, arrond. de Lavaur.

(2) Moularés et Tanus, cant. de Pampelonne, arrond. d'Albi.

Tanus... ɪɪɪɪ gros.

1461. a ɪ macip dèls monges de Bar (1) que portec letra d'avisamen de las sobredichas gens d'armas que ero a Tanus... ɪɪ gros.

1462. a Philip Teulet, que lo tramesem a Tholosa am letras a'n Philip Vaysieyra, e pueys anec en Cordoas per espiar. Estec els dichs viatges vɪɪ dias ; ac del viatge am la nuech que anec en Cordoas,.. ɪɪ flor.

1463. a ɪx de desembre, a Brondel, per una clau as obs de la mayo cominal, a la porta premieyra,....................... ɪ gros m.

1464. per ɪɪ entorcas de sera e per ɪɪ lbr. de doblos que pesava tot vɪɪɪ lbr. e per ɪɪ sestiers de civada, lasquals causas foron donadas al jutge de Narbona que era vengut en esta vila per alcunas comecios e per executar per lo subcidi novelamen endich. Montec tot...
.... xlɪɪ s.

1465. may que donem al sobredich jutge,............ xx franxs.

1466. per ɪ sestier de vi e per xxx michas que foro donadas als frayres del Carme per pitansa, que era la Concepcio de Nostra Dona... xvɪ s. xɪ d.

1467. que lor donec hom may per pitansa en deniers.. xɪɪ gros.

1469. a ɪx de desembre, per ɪɪɪɪ lials e mieja de vi e per xx michas que fon donat al senescalc de M° d'Armanhac et al senhor de Landorra (2) que venian de Tholosa. Costec tot.......... ɪx s. ɪɪ d.

1470. per vɪɪɪ femnas e dos homes que avian estat a portar la teula de Tarn a cargador,..................................... vɪ gros, ɪx d.

[F° ɪɪɪɪxxX v°.] 1475. a Betoy, sirven, que aviau facha la execucio am Samsonet [sirven de Carcassona] et avia penhorat los cossols de l'an lxɪɪɪ,... ɪɪɪ gros.

1481. a xvɪɪɪ de desembre, a ɪ macip de Carcassona que trames en G^m Catala am letras a nos e a'n Galhart Golfier que totz trameses hom deniers, sequeno hom n'agra grand despessa,..... vɪ gros.

[ɪɪɪɪxxXI, r°]. 1482. a'n G^m Guitbert per dos veguadas que n'agem drap eserat e per fil e per ɪ tros d'entorca e per ɪ ma de papier,...
.... ɪx s. ɪx d.

1484. per ɪ fays de palha a la mayo cominal............ vɪ d.

1487. a'n P. del Solier, per ɪɪ jornals del seu rossi que menero

---

(2) Dans la commune de Moularés.

(3) La seigneurie de Landorre était aux Castelpers. Bérenger de Castelpers, sgr. de Landorre, était sénéchal du Rouergue en 1366. Cf. *Hist. de Lang.*, IX p. 928.

calacom dels senhors as anar a l'aculhida et a la tornada de Moss. de Vendoymes,..................................:...... III gros.

1488. a'n Philip Teulet que anec a Castelnou Bonafos por espiar,.................. .... II s. I d.

1489. a'n Bernat Combers que anec a Lescura per espiar... I gr.

1491. a'n Johan Ar. e a Bernat Combers, sirvens, que avian vacat per vila arestar alcus singulars per lo prest e per los comus enpausatz novelamens,................. .... VI gros.

1492. a'n Guilhem Guitbert per II entorcas que foro donadas al cors de la mayre d'en Frances Picart que era morta,...... XXI s.

[F° IIII××XI, v°]. 1493. a XXII de desembre, per III sestiers de civada, XXI s. e per L michas, XV s. V d. e per III fromages (*un blanc*) e per II lbr. de doblos de sera que aygem tot d'en G^m Guitbert, XVIII s., lasquals causas foron tramesas a'n Pelfort de Rabastenxs (1) que era a Canhac (2) am L cavalgaduras.................. XLIX s. V d.

1496. a'n Philip Teulet que ho anec presentar de part de nos,........................... .... I gros. V d.

1497. a Ramilho per metre dos bans as alcus que devian als heretiers de M° Armengau Vena e per penhorar alcus senhors,. I gros.

1498. a Perri, per I sac ques perdec.................... I gros.

[F° IIII××XII, r°]. *Mesa de la brida.*

1499. Paguem, a XXIIII de desembre, a M° P. de Valencas per VII jornals que avia estat a redreysar la dicha brida,........ XXI gros.

1500. a M° G^m Atbert, per autres VII jornals que hi avia estat,..... .... XXI gros.

1502. a'n Guilhem Nicolau per fusta que n'ac hom as obs de la brida,,............... .... XX gros.

1503. a'n Guilhem Nicolau, per en Bernat Salvanhac, per II carradas de fusta que agro as obs de la dicha brida,........." XX gros.

1505. per VI pesas de cambes a far las cordas de las bridas,...... .... XVIII s.

1506. a Huc de Montelhs, cordier, per far la corda de la brida am que fo liada la pergua de la brida..................... .. XVIII s.

1507. al dich Huc per II jornals a far la fonda,......... XII gros.

(1) Pelfort de Rabastens était fils de Pierre Raymond de Rabastens, sénéchal de Toulouse. Il mourut en décembre 1372, si l'on s'en rapporte tout au moins à une délibération du Conseil de ville d'Albi, du 12 décembre de cette année. La ville lui fit des honneurs funèbres. BB 16, f° 2, v°.

(2) Dans la commune de St-Sernin-de-Mailhoc, siège des Mines d'Albi.

1508. a Pos Dadau per i jornal que estec a curar l'arc de la brida .... xvii d. m.

1509. per far portar la perja de la brida e las filholas, x s. x d.

1510. a i home que portec i claupon........ .... i gros.

1511. per i jornal d'ome que ajudec a far devalar la perja........ ...., ... xvii d. m.

[F° IIII××XII, v°]. 1512. per vi pesas de cambes a far far la corda de la brida... xviii gros.

1513. a Giro et Andrino per portar la cabra a davalar la perja de la brida,.. ii s.

1514. per far portar una carrada a far lo martinet,.... iii gros.

1515. per i jornal d'ome at adobar lo pas davan los Presicadors... .... xviii d. m

1516. per iii polilhas, las dos a la brida e l'autra al pon de Roanel, ... iii gros. (1).

1518. a (blanc) de febrier, a M° P. de Valencas, per viii jornals que estec en far la dicha brida que covenc que fos facha de tot nou, ... ii floris.

[F° IIII××XIII, r°]. 1524. a'n Jacme Miquel per ii claupons e per ii traus de iiii canas cascun, e may per ii traus de iiii canas e mieja cascun, e per i trau de v canas, e per i trau de xx palms, e per vi corondas e per la vergua de la brida, e per i trau de iiii canas, e per cana e mieja de postam ; e fon tot asomat,........ ix flor. iiii gros.

1525. a'n G^m Nicolau, per i claupon de iiii canas,........ x gros.

1526. a'n Jacme Miquel, per i estan que pres R. Marens, en G^m Esteve, as obs de l'escalier de Roanel, e per i estan as ops de l'escalier del Vigua, e per ii estans (estans) as ops del dich escalier, e per i fila de iii canas a l'escalier del Vigua, e per i trau jotz lo pon levadis del Vigua,..................... .... xx gros.

1527. Paguem li per xiiii fayses de lata que n'ac hom as ops dels gachials de la vila e per los amvans,...... .... xvi gros. .v. d.

1528. Paguem li may al dich Jacme Miquel per i quantitat de fusta que pres en B. Bru, en R. Marens e Johan Esteve, as obs de la obra de la vila,...... .... xxxii gros.

[F° IIII××XIII, v°]. 1529. a Bernat Barrau, per xxxvi lbr. de cavilhas de fer ad obs de la dicha brida,..... .... xxvii s.

---

(1) L'art. 1517 est cancellé et au-dessus on lit : *dejots es enclus als iornals.*

1530. al sobredich Bernat Barrau, per ii° clavels amvanadors, ... viii gros.
1531. Paguem li per l clavels barradors,............... vi gros.
1532. Paguem li per v° clavels de fuelha,.... .... x gros.
1533. per ii cavilhas que pesavan, xxxix lbr....... xxix s. iii d.
1534. a Gᵐ Aycart, per ii cabiros,................. .... ii gros.
1532. a xxiii homes que ac h'om ad ops de pasar la brida otral pon, e pueys obrero al pas desus los molis, iii flor. i gros. v d.
1536. per folrar la fonda de la brida,........... ii flor. e ii gros.

[F° IIII^{xx}XIIII, r°]. 1537. a xxiiii de desembre, a i macip de Galhac que portec una letra de Moss. lo senescalc de Carcassona que era a Galhac, am lo sopar el beure de mati, ... vi gros.
1538. al Rech que anec a Castelnou per espiar,......... i gros.
1539. a xx de desembre, al Rech que fon trames a Mirandol acompanhar i macip que era vengut querre, de part dels cossols, v° viratos ; e doptavam nos que fos letra falssa ; e baylem lolh per companho e per aportar totas novelas, car comtave se (*sic*) (1) que Najac era pres per los Franses. Esperec novelas per iii dias; ac ne .... vi gros.
1540. a xxv de desembre, per ii parelhs de gans que foro donatz a Posset et a Guila,................ .... ii gros.
1641. per i parelh de gans, am vi gros que mesem dedins, que foron donatz, lo dia de Nadal, al portier de la bisbia, can los senhors enero vesitar,........ ... . vii gros.
1542. a'n Gᵐ Ortz, per vi lbr. de cofimens que n'agem per far las visitacios dels ordes de Predicadors, frayre[s] Menors e Carmes,.... .... iii flor. vi gros.
1543. per lo vi que lor donec hom per far las dichas vesitacios,... .... ix gros.
1546. a'n Bernat Divinol, per lo prest de l'an XLIX que li avian los los senhors de l'an LXII assignat sobre los heretiers de Mᵉ Dorde Matge ; e no lo poc aver, on miellis se conte al libre de las quitansas, a lxxviii cart............................ .... iii flor., iiii d. m.

F° IIII[xx]XIIII, v°.] 1547. a iii de genoier, a Philip Teulet que partic per anar a Tholosa per portar una letra als mercadiers per sosta quens donesso de so que lor deviam, et a moss. lo jutge majer quens avia fachs ajornar que nos demandava de la relacio que fe del fach de Lescura ; e venc a vii de genoier ; ac del viatge, ab ix

(1) La véritable lecture est : *comtavese*.

gros que costero las letras del jutge de l'alo[n]gui que donec e dels mercadiers e las sospencios de las amonecios............ ii flor.

1548. a vi de genoier, a ii macips que anero per espiar al Castelnou et a S. Serni que avian fach tocasenh.............. ii gros.

1550. a ix de jenoier, a Betoy et a Berenguier Mieg, sirvens, que avian fach per la mayo cominal................... ii gros.

1553. a Ramilho, per alcus que avia arrestatz e fachs alcus comandamens................................ ii gros m.

1554. a Betoy et a Bernat Combers e a R. Astruc, per ii dias que avian vacat a penhorar................................ x gros.

1556. a'n G^m Guitbert, per x entorcas e v lbr., de doblos que pesava tot xxx lbr., de lasquals ne foron dadas ii entorcas e i lbr. de doblos a M^o lo jutge d'Albiges, et atretan a'n Galhart Golfier, et a M^e. Pelfort et al jutge de M^o d'Albi et al regen... .... vi lbr. ii s. v d.

[F^o IIII^{xx}XV, r^o]. 1557. Paguem li may al sobredich G^m Guitbert per m[ieg] quintal de sera en viii entorcas que fo pagat a M^o d'Albi per lo ces dels goralatges. .... viii lbr. xv s.

1560. al Rech que anec a Rialmon portar letras als cossols de la jornada que las comunas avian a Carcassona....... .. ii gros m.

1561. per lo cambi de lxxi franc[s] que paguem a'n R. Celet quens avia prestatz, que costero am lo comtan.. iiii flor., xi gros, ii d. m.

1563. a M^o Bertran de Monjuziau per l'avantatge de x franxs que prestec... v gros.

1564. a xxi de jenoier, lx franxs que comprem am comtan, losquals foron pagatz a M^o Bertan Chavilho quens avia prestatz...... .... iii floris, iiii gros.

1565. a xxii de jenoier, a Ferrier que anec a Posols per espiar de gens d'armas que desia hom que hi avia............ i gros m.

1567. a P. Huc que anec a Pena (1) d'Albiges portar letras a M^o lo senescalc de Tholosa........................ .... iiii gros.

[F^o IIII^{xx}XV, v^o]. 1568. a xxiii de jenoier, partic en R. Laurayre per anar a Lavaur per saber e sentir de M^o d'Armanhac, que hi era, se vengra de part desa. Estec iii dias am so macip ; ac ne, am dos dias que era estat a Florentinh........ .... ii flor. iii gros.

1569. per una pipa de vi que fo de Guitbert Palhier que tenia v sestiers e emina, e per iiii entorcas e dos lbr. m^a, e per iiii sestiers de civada ; lasquals causas foron donadas a M^o lo senescalc de Tolosa que era vengut al Cap del pon am ganrre de Bretos ; costec

---

(1) Canton de Vaour, arrondissement de Gaillac.

la pipa del vi iiii flor. viii gros e la sera e la civada vi flor. ix d.
Monta tot.................................... x flor. vii gros ix d.

1570. per i mola am que fo presentat lo dich presen...... x d.

1572. per viii cambagos de carn salada que pesavo lii lbr. a for de vii d. m. la lbr., e per xvi lenguas de buou que costero, unas per autras totas, xix gros m. Monta lo tot............ iii flor. ix gros.

1573. per ii cambagos que pesavo xvi lbr........ .... viii gros.

1574. per una lengua de buou que fon trames a Tholosa. x gros m.

1575. losquals cambajos e lenguas foro portadas a Tholosa e presentadas, per Ar. del Vesoch, as alcus senhors de Tholosa. Costec de portar de Galhac tro a Tholosa.:....... .... ii flor.

1576. a B. de Cazanova de portar los dichs cambajos tro a Galhac que plus no lo ausat passar per las companhas que eron sus lo cami............................ .... viii gros (1).

1577. a Ferrier que fon trames a Broquiers am letras de moss. lo senescalc de Tholosa ; ac ne............... .... xii gros m.

1578. a P. Huc que anec a Lavaur am letras a M⁶ P. de Badoca sobre alcus avizamens............................ ... vi gros.

[F° IIIIˣˣXVI r°]. 1579. a M⁶ P. de Valencas per i jornal que estec ad adobar lo pon de Roanel, la polilha.................... iii gros.

1580. a xxv de jenoier, a P. Simo per adobar alcunas postz de la cambra de la mayo cominal, e per clavels................ i gros.

1582. a P. Clergue et a'n Galhart del Faro per iii lbr. de cofimens, loqual fon donat a M⁶ l'official per alcus sirvizis e trebalhs que avia fach[s] a Tholosa per la vila am M⁶ Bernat Lonc et am en G^m Bru ; costec......................L........ ii flor. vii gros.

1583. a xxiiii de jenoier, que anec G^m Gasc a Tholosa portar letras al jutge majer et als mercadiers de so que hom lor deu, que per lo perilh dels camis non ausavan anar a Tholosa, e que nos tenguesso per desencusatz. Estec vi dias per lo perilh dels camis que non ausava venir... xviii gros.

1585. a xxvii de jenoier, a G^m del Forn que anec a Galhac portar letras a M° R. Favarel, espiar de M° d'Armanhac se era a Galhac ; ac ne....................,......................... .... v gros.

1586. a xxix de jenoier, a G^m del Forn que anec a Rodes ab i mesatgier de M° d'Armanhac per mostrar lo cami ; estec ii dias, ac ne, ... vi gros.

[F° IIIIˣˣXVI, v°]. 1587. a xxx de jenoier, per las causas jotz

(1) Cet article, écrit d'une autre main, est au bas de la page avec un renvoi.

escrichas que foro donadas a moss. lo comte d'Armanhac que era vengut en esta vila et era a l'osdal del senhen Bernat d'Avisac : premieyramen per vi entorcas e per vi lbr. de doblos que pezava tot xxxi lbr., a for de iii s. vi d. per lbr., monta... v lbr. viii s. vi d.

1588. Paguem quel donem may per ii pipas de vi que tenian x sestiers de vi que foro de Mº Dorde Gaudetru ; costero............ .... viii floris, iiii gros.

1589. Paguem quel donem may per x sestiers de civada que fo d'en Johan Monnac................. .... v lbr.

1590. Per x homes que portero la dicha civada am lo mesurar, es destriguero gran temps et autras causas que feyro, d'alcus dels homes ; agro ne.... .... iiii gros.

1591. Paguem que donem al portier et al botelhier de Mº d'Armanhac, per la fusta de las sobredichas ii pipas de vi..... ii flor.

1592. Paguem que donem ad aquel que dona lo fe e la civada als cavals del sobredich Mº d'Armanhac per los xx sanxs en qual fo dada la sobredicha civada............................ xxi gros.

1593. per ii saxs que s'i perdero .... ii gros.

1594. Paguem que donem al portier de la reyre cambra de Mº d'Armanhac per tal que agessem plus leu la intrada a lhuey, i flor.

1595. a xxxi de jenoier, que fo donat a Mº P. R. de Rabastenxs, senescalc de Tholosa, que era vengut en esta vila, per una pipa de vi que fo d'en Johan Barrau............... .... v flor. vi gros.

1596. Paguem quel donem may per iii sestiers de civada,. xxx s.

1598 a l'encantayre del Castelvielh per las encantaduras de la vinha de Bruneu,................................ .... ii gros.

1599. ad Ar. del Vesoch que era vengut en esta vila per querre los c franxs que avia prestatz a nos, e fasia executar per son macip ; ac ne.................. .... xviii gros.

[Fº IIIIxxXVII, rº]. 1601. a'n P. Biro que lh[i]era degut del prest que fe l'an xlix que li fo assignat sobre Johan Didier, contengut al libre de las quitansas, a li cart.; e no los poc aver; redemlen en deduccio d'alcunas restas que devia .... xii gros. x d.

1602 a xxx et a xxxi de jenoier, per la ma de Mº P. de Valencas, e a i de febrier, per liii homes que ac a far lo pas de sobre los molis de Tarn , a for de xviii d. m. per home ; monto... ....,.............................. lxxvii s. iiii d. m.

1603. per xxii lbr. de cavilhas de fer as obs de la dicha obra, a Bernat Barrau, fabre,............... ... . xvi s. vi d.

1604. per xxiii aguzasos de picos, as obs de la dicha obra,....... .... iii gros.

1605. per lo loguier dels picos,...................... ii gros. m.
1606. per ii agulhas de fer que pesavo xii lbr. i carto, que foro mesas,... ix gros. ii d.
1607. a Mº P. de Valencas, per iii dias que estec en la dicha obra, ... ix gros.
1609. a R. Marens per ii jornals que i stec en la dicha obra,. v gros.
1610. a vii de mars, per la ma d'en B. Bru, per xii cabiros que ac hom as adobar las antas del sobredich pas,.............. x gros.

[Fº IIIIxxXVII, vº]. 1619. a vii de febrier, que partic Gᵐ del Forn d'esta vila per anar a Tholosa portar letras a'n Frances Picart que era de part dela, sobre la execucio que P. de Normansia avia mesa e fasia contra la vila, a istancia d'en Gᵐ Catala : ac ne,.. xii gros.
1620. a Gᵐ xv dias, que anec am luey tro a Candelh, que fo jorn., ... ii gros.
1621. a ix de febrier, a Ferrier que anec a Tholosa portar letras a'n Frances Picart, sobre los comandamens que avia fach[s] lo sobredich P. de Normansia que i de nos fossem, dimergue, a Carcassona ; e quant fo vengut, aqui meteys la tornec ; estec viii dias, ac ne. .... ii flor..
1622. a'n Johan Negre per sirvir alcunas letras els sagels contra alcus clercs que lor demandava hom comus et autres carxs, al taulier de Mº Johan de Conquas ; en lasquals citacios avia, entre las autras, liii testimonis sobre lo plach de Ar. Marsenda,... x gros.

[Fº IIIIxxXVIII, rº]. 1623. Paguem li, per los testimonis que citec sobre l'aforamen de las vendemias,...................... ii gros.
1625. a Brondel per adobar una clau de la cozina de la mayo cominal,... vii d. m.
1627. ad Ar. Asemar, afanayre, que anec a Cornaboc(1), de nuechs, per acompanhar Ferrier que anava a Tholosa,.......... ii gros.
1628. Paguem que fon donat al jutge majer de Tholosa per ii sestiers de civada e per i pipa de vi que tenia ii sestiers..... iii flor.
1632. per las absolvecios que ac en Galhart Golfier, en R. Celet e sos companhos dels mercadiers de Tholosa per los draps que n'avian malevatz as obs dels cossols de l'an passat,...... vi gros.

[Fº IIIIxxXVIII, vº]. 1633. a xv de febrier, a P. Huc que anec a Carcassona portar letras a'n Pabina de Gontaut quel plages de donar terme de so que deu la vila del subcidi autriat a Moss. d'Anjo. Estec iiii dias, ac del viatge,....... .... xii gros. m.

(1) Cornebouc, commune de Rivières, canton de Gaillac.

ANNÉE 1368-69

1634. per IIII molas de veyre am que foro presentadas las pipas del vi dels presens fachs als senhors sobredichs,.... II gros, x d.

1635. per lo pergames en que fon grossada la carta del arrendamen del pon e la obligansa que ho tramesem a'n Frances Picart a Tholosa,.. I gros.

1637. donem, per amor de Diau, als frayres Predicadors et als Menors et als Carmes et a las Morguas que pregosso nostre Senhor per la vila,.. XL s.

1638. a (blanc) que anec a Rialmon per saber de las companhas que eron en aquelas partidas,........................... II gros.

1640. a'n G^m Gasc, que anec a Monpeslier per portar letras a'n Ar. Raynaut de so que li deviam que, per los perilhs dels camis, no lay ausavam portar, e quens agues per excusat[z]. Estec VIII dias, ac del viatge, ... II flor. VIII gros.

.[F° IIII^{xx}XIX, r°]. 1641. a xx de febrier, anec P. Huc a Carcassona portar letras a'n G^m Guitbert et a'n Pabina de Gontaut ; estec VII dias, car fes trop mal temps ; ac ne................ XXIII gros.

1644. a Ramilho que anec far baylar la teula a G^m Morgue, e per far II letras de garniso contra alcus que devian a la mayo cominal,.. II gros.

1645. a xxi de febrier, ad Ar. Asemar, afanayre, que anec a Galhac per espiar de las companhas que ero als barris cossi s'en regian,.. II gros. m.

1646. a Gadal que anec a Florentinh portar letras a Bernat de Lumbers, per espiar e saber novelas dels Bretos,......... I gros m.

[F° IIII^{xx}XIX, v°]. 1651. a xxvi de febrier, a Ferrier que anec a Florentinh per espiar de las companhas dels Bretos coras se devian desalotgar,... I gros. m.

1652. per la ma de M^e Ar. Paya, que avia pagat a'n G^m Gasc que era anat a Carcassona per los senhors vicaris de moss. d'Albi e per nos comunamen, per alonguar los plahs que so a Carcassona as un temps,... IX gros.

1655. a R. Atbert, al[ias] Vauro, que avia pagat, l'an LXVIII, en los comus semmaniers, per XLV lbr. xv s. de pocessori e no devia mas per XXIII lbr. xv s. ; redem len................ III s. VIII d. (1).

1657. a IIII de mars, que vengro en esta vila alcus capitanis e i agro, a maio d'en G^m de Lafon, e paguem so que despendero ; mon-

(1) Ces 3 s. 8 d. ou 44 den. représentent les 22 livres en trop sur lesquelles Atbert avait été imposé. Le commun était donc de 2 deniers par livre de possessoire.

tec la despessa que feyro............................. III flor.
losquals ero Perri de Savoya e Jaque de Braya ab II escudiers de M°
d'Armagnac (1).

1658. per III lials de vi e per XII michas que tramesem a'n Berenguier de Padiers que l'avia trames mossen Johan d'Armanhac, am letra de cresensa a nos sobre trametre gens e provesio a l'establida de Salvaterra (2)... VI gros.

1659. a VI de mars, per III molas de vi e per VI michas de V d. cascuna que fon portat otral pon as obs de beure a'n Pelfort de Rabastenxs que venia de Salvaterra e venc otral pon, e s'en anec a Vilanova (3)... IIII gros.

[F° C. r°]. 1660. a VII de mars, per I sestier de vi e per XXVIII michas e per XII arenx que foron portatz als frayres Menors, as obs de beure als alcunas companhas que hi eran vengudas de moss. de Foys, so es asaber Amaniau de Lartigua e Bonshom de Pau.. II flor. e X d.

1662 a P. Huc que anec entro a Labruguieyra (4) e a Caylus e a Salies (5), portar letras a las companhas que hi eron alotgadas, de part de P. de Savoya,.................................... I gros.

1664. per I sestier de vi e per II sestiers de civada que tramesem otral pon as alcunas companhas que avia otral pon, so es asaber ad Amaniau de Lartigua et a Bonsom de Pau e Petit Mesqui (6),.....
.... II flor. X gros.

1666. a XVI de mars, a Monderi que anec a Castelnou de Monmiralh per saber novelas de M° de Sandos (7) que desian alcus quels avian mandat quel venia de part desa,......................... V gros.

1667. a Bernat Roma que passec alcus d'otral pon,.... VII d. m.

1668. per la ma d'en Frances Picart e de M° R. Debar, per lo cambi de IIIIXX franxs que comprem am lo comtan que foro paguatz a'n Ar. del Vesoch, sirven de Tholosa, quens avia prestatz a paguar a'n Ar. Azemar, mercadier de Tholosa, a VII d. m. per pessa,. IIII gros.

1669. a I macip de Castelnou d'Arri, que portec letra de M° Ber-

(1) Cf. sur ces personnages *Hist. de Lang.*, IX, p. 803.

(2) Chef-lieu de canton, arrondissement de Rodez (Aveyron).

(3) Villeneuve-sur-Vère, canton d'Albi.

(4) Ce ne peut être le chef-lieu de canton de l'arrondissement de Castres.

(5) Commune du canton d'Albi.

(6) Cf. sur ces personnages *Hist. de Lang.*, IX, p. 806.

(7) Le célèbre Chandos, chargé par le prince de Galles de la défense de Montauban.

nat de Noalha que s'en anava vas **Tholosa**.............. IIII gros.

[F° C. v°]. 1670. a M° Sicart Lobat per II baras a baisar lo pon de Verdussa, e per curar la porta de Verdussa e per I anel de la dicha porta que adobec,............................... III gros, v d.

1671. a XVI de mars, a I macip de Mirandol que portec una letra d'en Guilheumes, bastart d'Armanhac, que nos mandava que tramesesem querre la brida de Castelmari,.................. IIII gros.

1672. a XVII de mars, a M° P. de Valencas e a Johan Teulier que anero a Castelmari per far portar la brida...... IIII flor. IIII gros.

1673. a M° P. de Valencas, per I pigassa que hi perdec, XII gros.

1675. a Johan del Pueg per II lbr. de cavilhas as obs de las barrieyras.. XVIII d.

1677. a XX de mars, a Pascoret que anec a Tholosa portar letras a'n Frances Picart del fach de la brida, e seguec lo a Carcassona ; en Frances trames lo a Narbona am letras a'n Pabina de Gontaut. Estec XII dias, ac no........................ ...... III flor. III gros.

1678. a M° Johan Bot, notari, per lo proces quens menec en son taulier sobre la tracsacio de las vendemias et per autres processes (1) .... VI gros.

1679. per lo cambi de CIM franxs que comprem am lo comtan, que foro redutz a M° Perri quens avia prestatz a nos, e LXX floris de Franssa a paguar la finanssa de la segua de Lescura ; costa cascun x d. ; monto............... .... v flor. IX gros, v d.

1680. Paguem que li donero per alcus sirvizis quens avia fachs a la vila .... x franxs.

[F° CI, r°]. 1682. a G^m del Forn que anec a Carcassona portar letras a'n Pabina de Gontaut,de part de nos ; estec IIII dias, ac del

---

(1) Cette question de la perception de la dime sur les vendanges revenait chaque année sur le tapis. Voici une délibération du 6 juillet 1376, qui nous renseigne sur cette affaire : « Los senhors cossols dissero
« e prepauzero que, en la sepmana propda passada, los senhors ca-
« nonges de la glieya de Sta Cezelia d'Albi los avian tramezes querre.
« e lor avian dig que de sa entras ero estatz mogutz alcus tractatz
« sobre la ordenacio del deyme de las vendemias, so es asaber que
« los dig[s] canonges demandavo que hom fezes acort am lor, que hom
« lor dones, per lor dreg del dig deyme de las dichas vendemias, certa
« parso, so es asaber o la dotzena par o la tretzena, e que, de so en
« que hom demoraria, hom los portes quiti[s] de culhiduras e de por-
« taduras, am ganre d'autras condicios per els explicadas. »
Le conseil refuse de traiter sur ces bases. « Totz tengro que hom
« pagues lo dig deyme aissi quant hom ha acostumat tostemps de
« paguar, et en autra manieyra no ». (B. B., 16, p., 44, r°.)

viatge, am iiii gros que li tolc hom que fo raubatz..... xvi gros.

1683. per ii entorcas, que pesavo vi lbr. mieg carto, que foron donadas al cors de la mayre d'en Duran Daunis quant fo morta.... xxi s. iiii d.

1687. a P. de Najac et a Ramilho et a Betoy que anero penhorar alcus que devian dels traylatz......................... ii gros.

1688. a xxiiii de mars, a i macip de Castelnou de Monmiralh que portec letras d'avisamen que los Engleses venian en Albiges, e qu'estessem avistatz ; donem li...................... iiii gros.

1689. per i sestier de vi e per ii sestiers de civada e per xxxvi michas de v d. cascuna, que fon donat a Mº lo comte de Vindoymes que era vengut al Castelvielh am gran gens d'armas .... iii flor. vi gros.

1691. per vi lials de vi e per iiii lbr. d'especias que donem a moss. Johan d'Armanhac que era vengut en esta vila, que s'en anava vas Tholosa... iii flor.

[Fº CI, vº]. 1693. a'n R. Gontelin, regen d'Albi, per xxx sestiers de civada que n'agem que fon donada a moss. Johan d'Armanhac que tenia seti a Novasela (1) per los Engleses que ero a Salvaterra *(prix non indiqué)*.

1694. donem a Guilhamot, macip del sobredich R. Gontelin, que anec as Ambilet per far bailar la civada........ .... xii gros.

1697. a'n P. Pojol que avia pagat, de l'an liiii ensa, per los comus que s'eron fachs del dich temps entro l'an lx, per cascun comu i pogesa; que montec,.................................... ii s.

1699. a Pascoret que anec a Mirandol per saber novelas dels Engleses ; estec ii dias..................................... vi gros.

1700. a v d'abrial, a i macip que anec a Florentinh portar letras al senescalc que lo Borc de Bertal volia passar e que estessem avisatz .... ii s. i d.

1703. per i sestier de vi e per i sestier de civada e per xxiiii michas que donem al Borc de Bertal que era alotgat al Cap del pon,....... xxxiii s. ii d.

[Fº CII, rº]. 1705. a i macip de Bernat de Lumbers que portec letra d'avisamen,................... .... xx d.

1707. per la ma de Pascoret, per portar los banxs e tornar, als sermos... ii gros.

---

(1) Naucelle, chef-lieu de canton, arrond. de Rodez (Aveyron).

1708. a Johan de Caors, que avia facha bada i dia a Rantelh (1)... .... ii s. iii d. m.
1710. a'n G^m lo Frances que anec per espiar a Lautrec.. ii gros.
1711. a i macip que anec a Mondrago per espiar......... . xx d.
1712. a xiiii d'abrial, per balajar la mayo cominal..... vii d. m.
1713. a i macip que anec al Castelnou per espiar et a i autre que anec a Florentinh .... iii gros.
1714. a Ferrier e a P. Huc que anero desenboscar per los barris entro a Caussels.... .... ii gros.
1715. a xiii de febrier, que anec G^m Gasc a Tholosa a'n Frances Picart, portar letras sobre la execucio contra alcus d'esta vila que an fiaus nobles al Castelvielh, que lor demandavo alcus talhs en esta vila.............................. .... xv gros.
1716. a Berthomieu, sirven de Castras, que era vengut en esta vila per executar alcus per fiaus nobles que avian en la senhoria del Castelvielh.. xv gros.

[F° CII, v°]. *Mesa per moss. Taurinas.*
1717. a xii d'abrial, a'n P. Cornut e a Johan lo Juzi, tezaurier de Carcassona, per la ma d'en P. Cornut, per la composecio facha per M° Berenguier Taurinas, en la cort de moss. lo senescalc de Carcassona, per so que li enpausavan per renou...... ..... xl franxs.
1719. al dich Johan Juzi, per son despens.......... . xii gros. .
1720. Paguem que costec l'aur que comprem am lo comtan, f[loris] de Fransa que i avia e iiii franxs, que costero xii d. per pessa ; monta tot........ .... xxix gros.
1721. Paguem may, per la ma del rector de Sta Marciana (2), a M° R. Vidal per son trebalh e per las escripturas, dels processes fachs contra M° Taurinas .... vi franxs.
1726. per xi franxs que nos prestec hom en comtan, e covenc los aredre en aur ; costava la pessa x d. ; monta............ ix s. ii d.

[F° CIII, r°]. **1727.** a Ferrier e a P. Huc que avian facha la desenboscada per Caussels e per Bondidor, per iii matis...... iii gros.
1728. a P. Huc et a Ferrier que anero a Monestier per espiar..... .....;..... .... vi gros.
1729. a i maestre de Castelnou d'Arri que venc veser la tor del pon. .... iiii gros.
1731. a G^m del Forn que jurec que avia perdut, quant anec a

---

(1) Au sud-ouest d'Albi ; aujourd'hui siège d'une importante exploitation de pierre à chaux.

(2) Paroisse d'Albi.

Tholosa am Frances Picart, que li tolgro, las companhas, unas sabatas .... IIII gros.

1733. a M⁰ G^m Espigo, per escriaure e copiar alcus dels avisamens de moss. d'Albi... II gros.

1734. a'n R. Patau, al[ias] Sarrazi, per so que los cossols de l'an passat avian pres del seu prat del Gua as obs de far cami. VI gros.

1735. a'n Johan Barrau, tutor de la filha que fo d'en Berthomiau Pradelh, que avia pagat, lo dich Johan, a'n Duran Daunis, l'an LXIII, per los comus que levec M⁰ Dorde Gaudetru, l'an LXII ; el dich Johan avia los pagatz al dich M⁰ Dorde, et aysi avia los pagatz dos vetz, per que li foro redutz ; que montec......... XII flor. e II s. IIII d.

1736. a'n Bernat Barrau, per adobar e far V malhas a la cadena del pon levadis de Tarn................................ III gros.

[F⁰ CIII, v⁰]. 1739. a'n P. Pos, sirven de Carcassona, que aportec la manda de aportar lo proces de la reparacio........... II gros.

1740. a XXII d'abrial, a Pascoret que anec a Carcassona portar letras al nostre sendic sobre lo fach del proces de la reparacio. Estec, esperan resposta e que fasia mal temps, VII dias. XXI gros.

1741. a'n Helias Bonafos que avia paguat per I pocessio que avia venduda a R. Terrassier ; el dich R. avia ne paguat aytabe de LII comus, a I parazi (1) per comu...................... III s. III d.

1743. a Betoy que anec penhorar alcus singulars per los mobles, ... xv d.

1744. Paguiey may per adobar lo planquat de Roqualaura, loqual adobec Bertran Amels (2).

[F⁰ CIIII, r⁰]. *Mesa comuna,*

1745. a XXIII d'abrial, a G^m Gasc, que anec a Monpeslier portar letras a'n Ar. Raynaut per asemprar de prest lo dich Ar. e autre de Monpeslier ; estec VII dias, ac ne................. II flor. IIII gros.

1746. a'n Mathiau Valeta, per lo cambi de LII franxs quens avia baylat[z] ab autre aur et en comtan en diverses prestz, XVI gros.

1749. a I de may, a Philip Teulet que anec a Tholosa portar letras a M⁰ B. de Noalha ; e venc a VI de may, et aqui meteys lay tornec am letras. Estec als dichs viatges XII dias, ac ne.. ...... III flor.

1751. a Fogassa quens aportec una letra de Carcassona, ·II gros m.

1752. a II de may, per I sestier de civada e per IIII molas de vi que

---

(1) La valeur du parisis ressort à I maille et demie ; en effet, les 3 sous 3 deniers, montant des 52 communs, donnent, convertis en mailles, un total de 78 et par suite 78/52 = 1,5.

(2) Cet article est d'une autre main ; le prix n'est pas indiqué.

donem a M° P. Corp, jutge d'Erriaus e procurayre de nostre senhor lo rey, que era vengut en esta vila ; e may li donem xv michas, cascuna de v d. Monta tot, ab x d. que costec de portar, et am lo loguier dels saxs e de las molas. .... xx s. v d.

[F° CIIII, v°]. 1753. a ii de may, a G^m Prunet per escriaure, dos vegadas, la procuracio que en Galhart Goltier, en Guilhem Guitbert portero a Monpeslier, e may i sendicat. Costec tot am lo pergames, ... vi gros.

1754. a iii de may, a Ferrier que anec a Rialmon portar letra als cossols que ve[n]gesso parlar ab nos sobre alcunas novelas que avia mandadas M° Bernat de Noalha que era a Tholosa....... ii gros.

1756. a'n G^m de Landas que avia pagat may que non devia, he Johan de Berri per luey, per la boria que n'avia comprada, que li avia hom comtat, per alcus comus de Isarn Cotoli, per l'an LXI, e per los cabatges de l'an LIX e que li avia hom comtat may d'autres comus, e may que non devia ; que montec tot... ii flor. iiii gros.

175⁸. a'n P. Fumet, que avia pagat per los iiii comus premiers de l'an (*blanc*) per so moble e era li remogut(z).......... iii s. iiii d.·

1759. a viii de may, a Bruneu que anec a S. Sarni per espiar..... .... i gros m.

1760. a Johan Selvas, que se desdus de l'arendamen del pon, per lo dampnatge que avia pres per la passada del pon, de iii meses que avia estat de passar cant lo dich pon s'adobava... xii franxs.

[F° CV, r°]. 1763. a x de may, a Johan Teulier per adobar lo pon de Roanel..................................... vii d. m^a.

1764. a'n Duran Colas per 'lo loguier de un seu osdal en que t[en]ia fusta la vila..................................· viii gros.

1766. Paguem per portar los banxs a las processios de Rouzos.... .... i gros.

1767. a M° P. de Valencas que fe pleguar la brida......... x d.

1768. a xiii de may, a Philip Teulet, que anec a Tholosa portar letras a M° lo senescalc et a moss. B. Bona e a M° Bernat de Mora, sobre lo regimen del pays d'aquestas companhas....... xv gros.

1769. a M° Johan Lameyza, capela, losquals li eran degutz per la materia e fusta que avian presa los senhors cossols de l'an passat del seu ostal de la Costangieyssa, laqual fusta e materia fo mesa en las obras de la vila al pon de Tarn et en autres obratges de la vila ; ac ne....................................... xvii flor. vi gros.

1771. a'n P. Clergue, per i libre de iii mas, as obs de la mayo cominal, e per iiii mas de papier de gran forma... ii flor. ix gros.

[F° CV, v°]. 1772. a'n Berthomiau Garrengau, per II jorns que avia estat a la mayo cominal as endreysar alcus que hi devian dareyratges, quals ero bos qual era avol........................ IIII gros.

1774. a xvI de may, a'n Arnaut Duran e a P. de Normancia e a sos companhos de Carcassona que ero vengut[z] sobre la vila am comecio de moss. la duc per aver prest de nos e dels singulars de la vila.. IIII flor.

1775. a'n Gorgori d'Escabrinh per far alcus escantidors als canos e per far adobar e per far polveras................. XII gros.

1776. a'n Mathiau Valeta, per III quintals menhs I cartayro de carn salada, entre IIII fiausas que fon tramesas a Tholosa e donadas a M° Estephe de Monmeja ; costero.:........................ XI flor.

1777. per lo cambi de L franxs que comprem am lo comtan, que foron paguatz a M° Amielh Cabirol per aquels que avia prestatz, e costavo cascun XVI gros ; monto...·..................... IIII flor.

1780. a Galhart del Faro per IIII cartos de coffimens, que n'agem entre dos vetz, que fon donat as alcus escudiers de M° Johan d'Armanhac... .... XIX gros m.

[F° CVI, r°]. 1784 a M° Dorde del Vino, M° Johan Garnier, M° Johan Duran et a M° Dorde de Laroqua, notaris de la cort del rey, per alcunas escrepturas que avian fachas en la cort del rey d'Albi, e per emolimens del sagel de vidimus e per autras cartas sageladas, fach comte amb els a xvII de may........................ XXVI flor.

1785. a'n Johan Barrau que avia facha adobar la causada de la costa del Buc que s'era afolada am la fusta que tirigossavan los fustiers a la obra del pon de Tarn .... IIII gros.

1786. per la ma de M° R. Debar, que costero cxxv floris que avia prestatz M° Bertrand Cavilho, que covenc que li compressem franxs, que costero XVI gros, V d (1), que monto .... XI flor. I gros.

1787. a G^m Aycart, que anec a Carcassona am letras als cossols et a'n G^m Catala, de so que avian tatsat a M° Bernat de Noalha al viatge de Tholosa...................................... XII gros.

1788. a'n Frances de Lagrava, per la mayon cominal de l'an LXVII passat e de l'an presen LXVIII........................ XX flor.

1789. Paguem li may,.per lo loguier de l'osdal que te R. Guila, gacha, per los dichs ans LXVII e LXVIII............ ...... IIII flor.

[F° CVI, v°]. 1790. a Pascoret, que lo fe destriguar a Monpeslier en Galhart Golfier, en Guilhem Guitbert que ero la......... IIII gros.

(1) La valeur du franc, qui est de 20 sous, s'élève ici à 20 sous, 5 den.

ANNÉE 1368-69

1791. a G^m del Forn que anec a Combafa per espiar.... II gros.

1792. a P. Huc que anec a Florentinh portar letras al senescalc de madona de Foys...... .... I gros ni.

1793. a Bernat Roma e a Johan Borias que avian passadas las gens cant la tor del pon fon casucha, lo ser el mati .... VIII gros.

1794. a XIX de may, a Mathiau (*blanc*) escudier de moss. lo senescalc de Tholosa, que sa venc per executar per la finansa que aviam facha am moss. le duc per los dos franxs e miech per fuoc (1)...... .... III flor.

1795. per I clau a la caisa de la mayo cominal en que Duran Daunis te sos lhibres.. XX s.

1798. a Betoy que mes bans en carretas que portavo vy.. I gros.

1800. a P. de Cornilha (*blanc*), sirvens de Carcassonna, que avian aportada letra que lo proces de la reparacio portes hom a Carcassonna.. III gros.

[F° CVII, r°]. *Ave Maria.*

1803. a M° Bertran de Montalasac et a son companh, per la carta del cossolat e dels forestiers e dels capitanis..... . .... II flor.

1804. [a XIX de may] a Johan de Berri que anec a Rodes portar alcunas carguas de moss. d'Armanhac que era en esta vila que s'en anec a (*blanc*)........... .... XII gros.

1805. a M° Dorde Gaudetru, per las candelas que avia gastadas, fasen lo reyre gach per la vila .... VIII gros.

1810. a'n Philip Vaysieyra, per las candelas que castec en lo reyre gach........ .... VIII gros.

1811. per far la porta del Cap del pon que es entre l'osdal d'en Johan Camps, al[ias] Pasquet, el truelh d'en Esteve Mercadial, per XII cabiros........... .... XV gros.

1812. per LIX lbr. de cavilhas e de relhas, a'n Bernat Barrau, fabre,............................. .... XLIIII s. III s.

1813. per la saralha e per lo verrolh .... VI gros.

1814. a M° Johan, lo fustier, per III jorns que estec. ... VI gros.

[F° CVII, v°]. 1816. a M° Pelfort de Malhorguas, per sa pensio, que los li calc comprar am lo comtan........................ XIIII s.

1820. a M° Dorde Gaudetru per XL franxs que l'ero degutz, que comprem am lo comtan; costavo per pessa XVI g.; montan .. L s.

1822. per lo cambi de IIII floris e IIII gros que fo assignat a'n P. del Solier, et en V floris e VI gros que fo assignat a'n Gualhart del Faro sobre lo leu que levava M° R. Debar, e M° A. Debar no prendia mas

(1) Cf. art. 838.

argen menut, el flori valia xv s. quant lo prestero, e quant foro paguatz valia xvi s.; montec.................................. x s.

1823. per la ma de Mº Johan Amoros, a Mº Johan Duran et a sos companhos per los emolumens de las cartas que avia reseubudas al sagel, lo dich Mº Johan Amoros, dels comus semmaniers de Mº R. Debar, e ganre d'autras per lo cossolat................... * xxx s.

1824. Agro may los dichs notaris so que devia a la mayo cominal une vinha e i ort quens vendec que era de la filha que fo de Huc de Canhac; lasquals causas fe vendre P. Savinh a la cort del rey, a l'encan, e se distribuiguo a la dicha cort (1).

[Fº CVIII, rº]. 1825. per la ma d'en Johan Giaussa, per la despessa que fe a moss. lo jutge d'Albiges a Tholosa, si ters a caval, que era a Tholosa per las besonhas de la vila. ... ... IIII franxs, xi gros. am so que devia a l'oste (2).

1827. a'n Frances Donat que li era degut de l'aministracio que avia facha a la malautia del Vigua, que avia may mes que pres, on miellis apar per sos comtes. .... VIII flor. II s. I d. m.

1829. may per la gabela de dos draps que vendem, losquals avian malevatz en Philip Vaysieyra e Mº Dorde Gaudetru a Tholosa......
.... XXII gros m.

1830. par la ma d'en R. Vidal que paguec a badas que velhero cant la tor del pon de Tarn fon casucha, e a Gᵐ Labarda que adobec qualque pas.... .... IIII gros m.

1831. a Johan Garnier, mercadier, que avia massa paguat dels comus semmaniers, que levec Mº R. Debar, l'an LXVII, que fo vist per lo comte.. XVIII s. mᵃ.

1832. a'n Sicart Nicolau, per I parelh d'esperos que n'agro los senhors cossols de l'an LXIIII, as obs d'en Gᵐ Cabrier quant anec a Peyriac (3) .... VII gros.

1833. a Mº P. Alric, al[ias]¡ Rigaut,, que de III sestiers de fromen que n'ac hom, l'an LXVII, losquals foron donatz a Mº lo jutge del rey, e no lin avia comtat mas XXXVI s., on miels es en los comtes del dich an LXVII, e pueys fon vist que xv s. valia lo sestier; montec,
.... IX s.

[Fº CVIII, vº]. *Aysso es la presa d'en Gᵐ Esteve.*
1835. Pres Guilhem Esteve, tant per la ma d'en Duran Daunis

---

(1) Prix non indiqué.
(2) Ces mots sont d'une autre écriture.
(3) Dans le Minervois, diocèse de Narbonne.

quant per autras diversas mas, en diverses dias et horas, on miellis se conte en aquest lhibre, davan a xxvii et a xxxviii cartas, que monta tot, avaluat los f[loris] a xv s. els gros a xv d. ; monta (1), ... clxxvii lbr. xii s. vii d.

[F° CIX, r°] *La mesa facha per en Guilhem Esteve.*

1836. a iii de julh, a i home que curec lo toat de la Torreta,   ii gros.

1837. a v de julh, a i home per amasar la fusta el teule que era casech de l'osdal de l'a[r]sidiague de Bordas............ ii gros.

1838. a Johan Talhafer, per iii jornals que estec a recubrir l'osdal d'en Frances de Lagrava et de l'arsidiague de Bordas.... ix gros.

1840. a Johan Esteve e a R. Marens que avian estat as adobar lo palenc, la semmana davan S. P. Gola d'aost ; xii jornals lo dich Johan e R. xiiii jornals. Prendia cascun, cada dia, ii gros; montan, ... v flor. v gros.

1841. a i home que los sirvia et lor ajudava ; e pres, per cascun dia, de viii jornals ii gros, els vi jornals, per cascun dia, x morlas (2), que monta............ .... ii flor. ii gros.

1843. la semmana davan S. P. Gola d'aost, a ii homes que estero iiii jornals a trayre la fusta dels osdals do sobre Tarn... xvi gros.

1844. la semmana aprep, a ii homes que estero viii jornals a carejar la fusta que fasia mestiers al pal de Roanel, laqual prendiau del gravier de Tarn e portavan la a (*blanc*) ; prendiau, cascu, cada dia, ii gros, que montan................ iii flor. viii gros.

1845. a Johan Esteve et a R. Marens, per ii jornals que estero as adobar lo pal de la bestor de l'Esquila (3). .... x gros.

[F° CIX, v°]. 1847. a Johan Mosier per iiii jornals que carejec arena de Prat Gausal al Vigua davan la tor d'en Malier ; prendia(r) per jorn iiii gros que montan................ .... xvi gros.

1849. a i femna que carejava ayga.................... xx d.

1850. a xxvi d'aost. a Johan Masier (4) que carejec teula, del verdier de Sta Cecelia davan las paret[z] d'en P. Colas..... iiii gros.

---

(1) La dernière partie de la phrase, depuis *avaluat*, est d'une autre écriture.

(2) La valeur de la morla ressort encore ici a 2 deniers maille. Les 2 florins, 11 gros donnent en deniers, un total de 390 ($2 \times 15 \times 12 + 2 \times 15$). Si de 390 on retranche les 8 journées payées à 2 gros, on a $8 \times 30 = 240$ qui, ôtés de $390 = 150$, montant de 6 journées payées à 10 morlas l'une. La valeur de cette monnaie est donc $150/60 = 2$ d. 1/2.

(3) Cette double tour était située près de la porte de Ronel, en face du couvent des frères Prêcheurs. Cf. Sarrasy, p. 311.

(4) C'est le même individu appelé Mosier à l'art. 1847.

1851. a xxviii d'aost, al sobredich Johan Mossier et a Galhart Caustrina que carrejero la teula desus.................. viii gros.

1854. lo dia meteys [xxxi d'aost] a vi homes que traysero de la fusta e de la teula que era cazecha vas Tarn; prendian cascun xx d.; monto... viii gros.

1855. a ii de setembre, a Johan Mossier et al macip d'en G^m Guitbert que carrejero dels caires e de la teula desus dicha. viii gros.

[F° CX, r°] 1858. a xxx d'aost, a Johan Esteve e a R. Marens, per v jornals que avian estat as adobar la passada de l'osdal de l'arsidiague de Bordas, a ii gros m per jornal, que montan............
.... ii flor. i gros.

1860. la semmana en que fo Nostra Dona de setembre, a Johan Esteve e a R. Marens, per v jornals que estero as adobar las fustas dels corredors, de la porta de Verdussa tro a la Porta nova; prendian per jornal ii gros m.; monto....................... ii flor. i gros.

1862. a xi de setembre, per portar do[a]s brancas d'escalier de l'osdal que fo d'en Philip Vayssieyra, de la Toreta a la porta de Roanel. Ac ne P. e R., am sos companhos, am lo desfar e que hi caliau viii homes en cada branca per portar.................. v s. i d.

1864. a Johan Esteve e a R. Marens, per v jornals que estero, la semmana aprep Nostra Dona de setembre, as adobar las fautas dels amvans e dels gachils, a ii gros m.. per jornal cascun ; monta. ....
.... ii flor. i gros.

1866. al maestre d'Angles, que esta a Cambo (1), per vi (vi) carradas de pal.. ii franxs.

+[F° CX, v°]. 1867. la semmana aprep, als sobredichs Johan Esteve et Ar. Marens que feyro l'escalier de la porta del Vigua e la passada de la dicha porta e meyro v jornals; monto, a ii gros m. per jorn
.... ii flor. i gros.

1868. per cascun jorn, a i home que lor ajudec e lor portava la fusta, a xx d. per jorn monta... .... viii s. iiii d.

1869. per portar ii traus de la Torreta, de l'osdal que fo d'en Felip Vayssieyra, a la porta del Vigua, en que calia vii faysiers..........
.... v gros. m.

Fo adordenat per los senhors que hom adobes las portas el pal d'otral pon.

1870. a Johan Esteve e a R. Marens per ii jornals que estero as adobar las portas del barri d'otral pon................. x gros.

(1) Canton de Villefranche-d'Albigeois.

1871. a P. Jolia d'otral pon per III jornals que i stec... x gros.
1873. a'n R. Muret per I carrada e m⁰ de pal............ IX gros.

[F⁰ CXI, r⁰]. **1877.** a IIII d'octembre, a VI homes per portar fusta del gravier de Tarn, e portavo la a la mayo cominal vielha; prendian per jornal I gros m. monta.......................... IX gros.

Fon adordenat per los senhors, a XIII de setembre, que hom clauzes la muralha que era davant en Colas.

1878. la semmana davan, que aygui, II dias, V femnas que portero de la teula sul mur e prendian per jornal x d. que monto..........
.... VIII s. IIII d.

1879. a XV de setembre, a M⁰ R. Beluelh, que comensec as obrar, am VI femnas que carrejavo terra e bart e aygua, e prendian per jornal x d.; monta, am lo maestre,...................... x s.

1880. a III homes que la I fasia las cavas e l'autre fasia mortier, a XX d. cascu,... V s.

1881. a XVI de setembre, al sobredich maestre que i stec am la manobra meteysa,.. XII gros

1881 (*bis*). a XVIII de setembre, a I home que aygui as amasar l'arena que avia facha portar en G^m Guitbert davan lo Griffo, XX d.

1882. lo dia desus, a I home que ubric lo trauc de la Torreta, XX d.

1883. a XXI de setembre, a M⁰ R. Marens et a I home que l'ajudava a far los boquets del mur sobredich; e prendia M⁰ R. II gros m. et l'autre XX d.; monto........................... IIII s. x d. m.

1884. a XXII de setembre, a M⁰ R. Marens e a Johan Esteve et I homme que lor adjuvada a far los boquets; prendian, per jorn, II gros m. e l'autre XX d. que monto................... VII s. XI d.

[F⁰ CXI, v⁰]. **1885.** a XX de setembre, a M⁰ G^m, et a M⁰ R. Beluelh am so macip [que] estero en la dicha obra; prendiau, per jornal, los maestres, III gros m. el macip VII morlas; e may XV femnas que carrejavo del bart e de la teula, e prendiau, per jornal, III morlas; e may V homes que carrejavo de la terra e fazian bart de la terra; prendian per home VII morlas; monta tot....... XXII gros.

1888. a XXIIII de setembre, a III femnas et a VI homes que portero del riblo sus lo mur; prendian las femnas III morlas els homes VII morlas cascun; monta tot............................. VIII gros m.

1892. la semmana en que fo S. Andriau, a M⁰ R. Beluelh per V jornals que avia estat en la dicha obra, et VI homes que lo servian; los V carrejavo terra e la I fasia lo bart; a VI femnas que carrejavo del bart e de la terra; e prendian los homes VII morlas cascu e las femnas III morlas cascuna; monta tot....... V flor. VII gros m.

[F° CXII, r°]. 1894. la semmana aprep que fo Sta Lucia, a Me R. Beluelh, per III jornals, e a III hommes et a v femnas. Prendiau coma desus; monto los III jorns............... II flor. IIII gros m.

1895. per un I blechi que agro tengut a la dicha obra, II gros.

1896. al dich R. per VI arquieyras que talhec de nuechs, III gros.

1898. per VI jornals d'omes que adobero lo cami que era al Botge (1) de costa l'osdal de Golamino; a VII morlas per home monta... VII gros.

1899. per I corda que fo compradra per trayre l'aygua a l'obratge desus dich,... I gros m.

1900. per II semals as obs de la obra desus dicha...... v gros.

1901. per I pala.................................... x d.

1902. a R. Marens et Johan Esteve, per II jornals que estero a far la cuberta de la bestor corba (2)...................... x gros.

1904. a Me Johan lo peirier per XIIII canas de mur, que li foron bayladas a pre[t]s fach, a far davan en Colas, per prets las II canas de I franc; monto.. VII francs.

1905. Paguem li per lo gachial que hi fe davantage.. VIII gros.

1906. a II homes que desfeyro los clèdisses losquals li devian, los senhors, far desfar............................... III gros.

[F° CXII, v°]. 1908. a R. Marens et a Johan Esteve per v jornals que avian estat a far los boquetz del mur que avia fach(a) Me Johan lo peyrier et Me R. Beluelh,....................... II flor. I gros.

1909 a R. Marens per VI jornals que s'ec a desfar la fusta que era en la muralha desus dicha........................... xv gros.

1912. a'n R. Marens et a Johan Esteve que estero as adobar l'escalier del gachil de la glieya vielha e las fenestras......... v gros.

1914. a R. Marens et a Johan Esteve, per II jornals que feyro escalier tot nou costa l'osdal de l'arquidiague de Bordas; prendian per jorn II gros m. cascun; monto tot...................... x gros.

1916. a'n Bernat Barrau, fabre, per CIIII lbr. de cavilhas de fer lasquals pres R. Marens e Mathiau de Lasportas a for de IX d. per lbr.; monto..................................... v flor. III gros.

1917. al dich Bernat Barrau, per II^m v^c mosquetas a for de IX [d] lo c... xv gros.

1918. per II^c L clavels amvanadors, a for de III gros lo c, VII gr. m.

(1) Aujourd'hui rue du Boutge.

(2) Le compoix de 1407 précise la position de cette double tour ronde : « *Johan Buola a hun ostal que agut de Ramon de Brolhac, saubut a la Bestor corba, alias al Serieys* ». La rue du Serieys existe encore.

[F° CXIII, r°]. 1919. per ɪ maymo de fer que fo mes a la porta del Vigua, et per ɪ goffo que fo mes a la porta de Verdussa, ɪɪɪɪ gros.

1920. per ɪ jornal que estec M° P. de Valencas, en R. Marens as adobar lo pon del Vigua, a ɪɪɪɪ gros M° P. de Valencas, et ɪɪ gros m. a R. Marens.................... .... ᴠɪ gros m.

1921. a'n Bernat Barrau, per ɪ relha que fo mesa a la porta de costa las morguas, que pesava xɪɪɪɪ lbr. a for de ɪx d. per lbr......
.... x s. ᴠɪ s.

1922. a'n G^m Calmeta, per ɪ relha que fe que fo mesa a la porta de la Magdalena (1).

1923. a R. Muret, de voluntat d'en Bernat Bru, que avia fach adobar lo pas de la porta de la Fustaria (2)............ ɪɪɪɪ gros m.

La nuech d'an nou, casec un tros de mur davan l'osdal de R. Tersac e rompec lo pal que era davan (3).

1924. a ɪɪɪ de jenoier, a Johan Esteve et a R. Marens et a ɪɪ homes que pleguero lo gachil que era de costa lo mur desus dich que era casech ; prendia, lo dich Johan e R., cascun ɪɪ gros m, els autres homes ᴠɪɪ morlas cascun ; monta................... ᴠɪɪ gros, ᴠ d.

1926. la semmana desus dicha a'n Bernat Serras et a'n Dorde Decles que redreysero lo pal, loqual avia' deroquat la paret e far far lo pal que fon fach la hon era la paret casecha. Estec Bernat Serras ɪɪɪ jorns que prendia, per jornal, ɪɪɪ gros ; monto ɪx gros ; et Dorde Decles ɪɪɪɪ jorns que n'ac x gros ; monta tot...... xɪx gros.

[F° CXIII, v°]. 1927. per cascun dia desus dich, a ᴠ homes que lor ajudavo et lor fasian las cavas e ostavo la terra de la hon s'imetia lo pal, que era avol, e portavo lo dich pal e fusta am que fasian lo dich pal. Prendian, per jornal, ᴠɪɪ morlas ; monto..........
.... xxɪɪɪ gros, ᴠ d.

La semmana desus fo hordenat que hom recubriges tota la muralha.

1928. la semmana desus dicha, a Johan Talhafer per ɪɪɪɪ jornals-

---

(1) Cette porte devait son nom au voisinage de l'église de la Madeleine dont nous avons indiqué l'emplacement.

(2) Le quartier de la Fusterie était sur la route de Carmaux.

(3) Dans l'Albigeois, l'année officielle commençait le 25 mars, jour de l'Annonciation ; mais dans le populaire, pour les actes courants de la vie, le véritable premier jour de l'an était le 1er janvier. De ce fait, qui ne manque pas d'importance, nous avons trouvé une autre preuve dans les coutumes de la commanderie de St-André de Gaillac. Cf. *Revue des Langues Romanes*, 1899, p. 228. Cf. aussi, art. 507 des Comptes de 1377-78.

que estec en la dicha obra; a II gros per jorn, monta... VIII gros.

1931. a I home que li adjudava et len pujava del teule, I gros.

1932. may los dos dias, per cascun dia I home que li ajudava e lin pujava lo teule... II gros.

La semmana desus dicha, fon ordenat per los senhors que hom deroques l'osdal que fo d'en Philip Vaysiera de la Torreta, loqual volia caser.

1933. la semmana desus dicha, a P. Simo et a R. Marens et a Johan Esteve que estero a derocar lo dich osdal IIII jornals cascun; a II gros m. per home monta............ ... III flor. IIII gros.

1934. per cascun dia, a VI homes que lor adjudavo a pertrayre la fusta a la mayo cominal vielha; a VII morlas per home monto..... .... II flor. IIII gros.

[F° CXIIII, r°] 1936. a II homes que tirero la fusta vas lo mur de la Torreta,... II gros.

Fon ordenat que hom feses I gachil a la passada de l'osdal desus dich que fo d'en Philip Vaysieyra.

1937. per far lo dig gachial, a P. Simo et a P. Ricart, molenier, a P. Simo per VIII jornals, II gros m. per jorn, et a R. Ricart VII jorns, al for meteys; monto.......... ... . III flor. I gros m.

1938. per cascun dia desus dich, a I home que lor ajudec, a VIII morlas per jornal monta.. .... VIII gros. x d.

1939. la semmana aprep, en que fo S. Simoni a Juda, a Johan Mossier que estec am sa bestia e la bestia d'en Pos Vierna, e la bestia d'en Bernat Gasanhol, e la bestia d'en G^m Guitbert que carrejero de la teula e dels cayres de la Torreta, a la obra del mur que era casech devan l'osdal d'en R. Tersac, v jornals cascun; prendian per jornal III gros, montan........ .... v flor.

1940. a'n Miquel Huguat per XIII quintals de caus, a for de XVIII d. lo quintal, monta .... XIX s. VI d.

[F° CXIIII, v°]. 1945. la semmana desus dicha, a I home per far lo mortier, v jornals ; monta a VII morlas per jornal. v gros, v morlas.

1946. a I femna, per v jornals que estec a carejar aygua, per jornal.... .... III gros v d.

1947. la semmana desus dicha, a III homes a far las cavas en que hom bastigues lo mur davan l'osdal d'en R. Tersac ; estec (1) hi v jornals ; cascun prendia(n) (cascun) per jornal VII morlas ; monto. .... XVII gros. m.

1948. a Johan Talhafer, per VI jornals que estec a recubrir la muralha, la semmana en que fo Simoni a Juda ; a II gros per jornal,

___

(1) Corr. *estero.*

ANNÉE 1368-69 109

monta... x gros. (1).

1949. a i home que li ajudava e len pujava lo teule ; monta.....
..........:.. v gros.

1950. la semmana desus dicha, a i home que estec v jornals que ajustava los cayres de las peyras de la Torreta et ajudava a cargar a las bestias desus dichas...................... v gros, v morlas.

1954. a xxviii de jenoier, a iiii homes que cavero may las dichas cavas que los m^{es} desian que non ero pro cavadas....... v s. x d.

[F° CXV, r°]. 1956. lo derrier dia de genoier, que comensem as obrar al mur desus dich ; estec hi M° G^m Beluelh am so macip ; prendia M° G^m iiii gros e so macip vii morlas ; monto   v gr. ii d. m.

1957. lo dia desus, a iii homes que serviau lo m° e una femna que carrejava aygua ; prendian los homes vii morlas cascun, e la femna iiii morlas ; monta tot........................... iiii gr. ii d. m^a.

1959. lo premier dia de febrier, a iii homes que portavo los cayres e sirviau lo maestre, et a i femna que carrejava ayga ; monta tot...
.... iiii gros, ii d. m^a.

1960. lo dia desus, a iii homes que desfeyro lo pal que era davas la vila sul mur que devia bastir, loqual avia fach M° Bernat Serras, en Dayde Decles, e portavan la fusta al osdal d'en Beras, iii gros m.

1961. a v de febrier, a M° G^m que estec en la dicha obra am v femnas que lo sirvian ; prendia el iiii gros e las femnas, las iiii, iii morlas, e la i, iiii morlas ; monta tot..................... vi gros, x d.

1962. a i home que fasia mortier, es autre que destrempava lo mortier, et a iii homes, que desfasian lo mur que casia vas lo valat ; a vii morlas per home monta.................. v gros, xii d. m^a.

[F° CXV, v°]. 1967. a ix de febrier, que estec M° G^m sobredich am so macip, am la manobra sobredicha, e prendiau v gros, i morla ; e iiii homes e vi femnas que lo serviau ; prendiau los homes vii morlas cascun e las v femnas vii morlas cascuna, e l'autra femna x d. ; monta tot.. ... . xiii gros.

1969. a'n Philip Vaysieyra, per xii quintals de caus..... xviii s.

[F° CXVI, r°). 1984. a i home que nedegec l'arena que era a la Porta Nova.. xvii d. m^a

1985. per ii jornals de bestia que portec teula que ac hom d'en G^m Morgue....................................... vi gros.

1986. per ii jornals de bestia que carrejec lo mortier que avia fach far lo dich en G^m Esteve a la tor de davan en Malier, e aquel del dich

---

(1) Il y a erreur ou dans le total — il faudrait xii gros — ou dans le nombre de journées.

en Garengau a la obra sobredicha....................... vi gros.

[F° CXVI, v°]. 1989. a xx de febrier, a M° R. Beluelh que estec a m[etr]e un goffo a la porta de Verdussa e i home l'ajudec ; costec lo m° iiii gros e l'ome xx d. ; monta tot................. v s. viii d.

1990. a'n Bernat Gasanhol, per ix^c et x teulas que portec de la teularia de m° Pos Barrieyra a la sobredicha obra, a xx gros lo milhier ; montan.. xviii gros.

1991. a'n Bernat Gasanhol per L saumadas d'arena que portec de Tarn a la sobredicha hobra....................... .... x gros.

1994. a Galhart Caustrina per portar ii^c e viii teulas de la teularia de Manha, lasquals eran de Thomas de Foncuberta, a for de ii flor. lo milhier... iiii gros m.

[F° CXVII r°]. 2000. a v de mars, a M° R. Belhuelh, que estec en la dicha hobra am dos homes e vi femnas; prendian los homes la u xx d. e l'autre xvii d. m^a, e las femnas vii d. m^a las v e l'autra x d. ; monta.. ix gros, x d.

2005. per cascun dia, a i femna que destremava la teula e la metia en dos mons... ii gros.

2007. la semmana desus dicha, estero M° R. Marens e Johan Esteve ii jornals cascun a far las antas dal cap del pon de l'osdal dels Viguiers ; a ii gros per ome monta..................... x gros.

[F° CXVII, v°]. 2009. per iii cabiros cayratz que falhiau a las dichas antas, que foro d'en Dorde Romanhac,.......... iii gros.

2019. a Johan de Berri per vii^{xx} xx teulas que portec de la teularia de moss. Pos Barrieyra, a for de xx gros lo melhier, xiiii gros m.

2021. a'n Johan Garnier per CL teulas, lasquals portec de la teularia de Manha, que ero d'en Thomas de Foncuberta, a for de ii rials lo millier... iii s. ii d.

[F° CXVIII, r°]. 2024. per C saumadas d'arena trayre, vii gros.

2031. a xxiiii d'abrial, a ii homes que desfeyro de l'osdal de la Torreta, que fo d'en Philip Vaysieyra............... ii gros, ii d.

2035. a i femna que destremec de la dicha teula........... x d.

2039. a Jacme Catussa, per iii jornals a far i escalier tot nou al mur de davan R. Tersac..................................... vii gros m.

[F° CXVIII, v°]. 2043. a vii de may, a M° R. Beluelh que estec en la obra desus dicha e prendia per jornal iiii gros...... iiii gros

2044. a viii femnas et a i home que lo servia[n], a v morlas per femna e viii morlas l'ome................................. x s.

2052. a xxiiii d'abrial, a vi homes que feyro cavas a la tor del pon, lasquals avian dictadas los maestres, a xx d. per home, x sous.

2053. a xxvi d'abrial, que commensero los maestres a talhar la fusta ; prendiau per jornal........................ vııı gros.

2054. lo dia meteys, a ııı homes que carrejero de la fusta, e prendiau per jornal ıx morlas; monto.................... vı gros.

[F° CXIX r°]. **2061.** a ıı de may, als sobredichs maestres que estero en la dicha obra............................ .... vııı gros.

2062. a ıı homes que los serviau et lor carrejavo la fusta, ııı gros.

2063. lo dia desus, per portar fusta grossa............ ıııı gros.

2064. per portar los ferramens dels maestres, de Galhac en esta vila,... vı gros.

2065. a ıııı de may, a ıııı homes que escolero las cavas que avian fachas a la tor, et carrejero de la fusta de la mayo cominal vielha a far pal,.. vı gros.

2068. a vıı de may, als sobredichs maestres et a v homes que estero en la dicha obra per macar lo pal que metiau al pe de la tor,.. xv gros m.

[F° CXIX, v°] **2071.** lo dia desus, a Johan Borias et a Bernat Roma que passero, am la nau, fusta ; a ıı gros m. cascun monto v gros.

2072. a ıı homes que lor ajudero a carguar la nau e descarguar..
.... ııı s. vıı d.

2073. a x de may, als sobredichs maestres que estero en la dicha obra. a[m] ıııı homes que lo[s] serviau, e prendiau los homes ıı gros, cascun,.. .. xvı gros.

2078. a xvıı de may, als sobredichs maestres, am v homes, a la obra desus dicha, e no foro pagatz mas per miech jornal, car lo Tarn cresquec,............. .... ıx gros.

2079. a xvııı de may, als sobredichs maestres que estero a far la passada del pon, am v homes, que prendian los homes ıı gros; monta tot............ .... xvııı gros.

2081. per ıııı^m v° teulas de la teularia de Manha; los ıı^m foron pagadas a M° R. Debar, e las ıı^m v° foro li pagadas per la vila a ıı floris, ıı gros lo millier; monto............... ıx flor. ıx gros.

[F° VI^{xx}, r°]. **2082.** a xıx de may, als sobredichs maestres, que esteron en la dicha obra miech dia, que acabero la passada del pon ; agro ne....... .... ıııı gros.

2084. lo dia desus, a gens que destremero la fusta que era casecha en Tarn............ .... v gros.

2085. a M° Domenge per le presfach quel fo baylat de pleguar so que era remasut de la tor; ac ne......... .... ıııı floris.

2086. a xxıııı de may, per carrejar lisa e teula a claure l'arc que

es sobre la porta de Nostra Dona desus lo pon, e IIII garsos; costa.
.... IIII s. II d.

2087. al maestre que claus lo dich arc,............... III gros.

2089. a'n P. (*blanc*) per c quintals de pal quen comprem, a XVI d'abrial, a VII d. mª per quintal.; monta............ LXII s. VI s.

2090. a Johan Barrau per III cartayros de fer a far las ponchas al pal que fon plantat al pe de la tor.... .... XXI gros.

2091. a Mᵉ Gᵐ Glieyas per far las ponchas dels dichs pals. XX s.

COMPTES DE 1369-1370[1]

[F° VI^xxIIII, r°]. *Ave Maria.*

Aysso so los comtes de la presa e de la misa de l'an MCCCLXIX per los senhors cossols del dich an, so es asaber lo senhen BERNAT D'AVISAC, MIQUEL HUGUAT, FRANCES PICART, M° BERNAT DE NOALHA, M° DORDE GAUDETRU, MATHIAU VALETA, M° JACME TRENCAVEL, G^m CABRIER, PHILIP VAYSIEYRA, GUILHEM GUITBERT, GUILHEM ESTEVE, BERNAT BRU, en DURAN DAUNIS *resebedor e nom de lor.*

2 Presem, a xxii de Julh, d'en G^m Guitmar, per lo loguier del forn de la Ribieyra, per lo terme de S. [Johan] passat.... xxxii s. vi d.

5. a xxx de julh, d'en G^m Lumbart, per la partida del blat que avia facha vendre d'en G^m d'Alsona, fustier..................... xx s.

12. a i de setembre, de Berthomiau Combas, per los comus que devia de la vinha que comprec de P. Gresas, de l'an lvii e lviii e lix e lx e lxi dels x comus, que los autres se feyro; paguec am G^m Ortz, contan e avaluat la flori per xvi s. (2)............... iiii s. x d.

[F° VI^xxIIII, v°]. 15. a xxx de setembre, per lo loguier de l'osdal de la Porta nova, presem d'en Guiraut Itier, per la ma de sa molher, per lo terme de S. Johan, entre dos vetz...... .... x gros.

16. may del dich Guiraut, per lo terme de Nadal, entre dos vetz, per lo loguier del dich osdal............................ x gros.

17. d'en P. Soelh per lo ces de l'osdal del Cap del pon de Tarn.. .... xv s.

---

(1) Les comptes consulaires de 1369-1370 sont inscrits sur le même registre que ceux de l'année précédente ; le scribe a laissé en blanc, outre le v° du folio VI^xx, les folios VI^xxI, VI^xxII et VI^xxIII. Ces comptes ne sont en effet que le prolongement de ceux de 1368-1369 ; pour une cause qu'aucun document ne nous révèle les mêmes consuls furent maintenus à la tête de l'administration.

(2) A noter que la valeur du florin est passé de 15 à 16 sous.

[F⁰ VIˣˣV r⁰]. 29. d'en G^m Salvi, per la ma d'en G^m Guitbert, dels IIII franxs que fon acordat[z], que des per los deutes que la vila devia cant se mudec al Castelvielh ni fo clerc.......... III franxs.

38. d'en G^m Espigo, per acort fach am los senhors, per sa part de so que la vila devia quant s'en anec, per la ma dels notaris de la cort del rey,..................................... XXXII s.

40. de na Marsebelia Garcias, que devia al libre de las reconoysensas, a LVI cartas, per la ma d'en Johan Buou............ V s.

[F⁰ VIˣˣV v⁰]. 46. Presem a XVII d'aost, de M⁰ B. Bona, senhor d'Autpol, que nos prestec, per la ma d'en G^m Nicolau, en comtan XXVI lbr. e IIII franxs, e XXXVII floris d'Arago e dos nobles de XXI gros (1) e baylava nos floris d'Arago per XI gros (2) e lo franc per XV gros (3); losquals deniers foron pagatz a'n Bernat Molenier, loctenen d'en Frances Picot de Carcassonna, resebedor del subcidi novelamen enpausat; el dich Bernard Molenier no volc penre los dichs floris mas per XI gros, lo franc contan per XVI gros, el noble mas per XXI gros, lo franc contan per XVI gros ; monta tot.........
....¸...... XLVIII lbr. I s. III d. (4).

De laqual soma paguem a'n Miquel, de mandamen del sobredich M⁰ d'Autpol, a XXVIII d'octembre, III lbr. Item paguem li may al dich Miquel, per la ma d'en Isarn Redon, del leu dels XII comus, XX s. VI d. Resta ques degut al sobredich moss. d'Autpol LII lbr. XVIII s. IX d.

[9⁰ VIˣˣVI, r⁰]. 47. Presem del sobredich M⁰ d'Autpol, en VIII franxs que nos prestec a donar a frayre Johan de Siaurac, de l'orde dels Predicadors, quant fo fach M⁰ en la Sta teulogia; et en XVI franxs quel deviam per sos trebalhs de l'estancha que sa fe, en lo mes de mars, l'an meteys, per tractar dels debatz que avem am m⁰ d'Albi ; que monto XVI franxs ; monta tot.. .... XXIIII franxs.

48. Presem d'en Andriau Sabatier, de Castras, de so que li aviam prestat quant M⁰ Johan de Vilamur era as Albi quen s'en anec en Roergue am las campanhas, dels deniers que aguem de moss. Dorde de Riaunou, de la bisbia,... .... XV franxs.

51. Presem del senh Galhart de Causac, mercadier de Tolosa, que fom (5) asinnatz a lui en v^c franxs per en Frances Picot de Car-

(1) La valeur du noble est de 21 × 15 den. = 315 den. ou 26 s. 3 den.
(2) Le florin d'Aragon vaut donc 11 × 15 d. ou 13 s. 9 d.
(3) En 1368 la valeur du franc est 20 sous ; elle est descendue à 18 s. 9 d.
(4) Cette somme a été cancellée.
(5) Cet article est d'une autre main.

quasona, resebedor del supcidi de LXVII franxs (1)..... vᶜ franxs.

[Fº VIxx VI. vº]. 52. a XXI de may, d'en Guilhem Guitbert dels VI quintals de sera quens prestec lo rector de Sᵗᵃ Martiana que baylec a Mº Jacme Trencavel quant anec a Tholosa,... IIII franxs.

53. may, per la dicha ma, que paguec a Sᵗᵃ Cecelia per la teula que n'avia presa en Bernat Esteve, l'an LXI... XXIIII franxs, XIII s.

59. Presem may, del dich Gᵐ Guitbert, per IIII lbr. de sera que hi ac de mespes, car se vendia, en menudarias, a for de XIII franxs lo quintal, que se vendec tot a.................. VIII s. VI d. (2).

62. d'en Berenguier de Varelhas e de Mº Bertran Chavilho per lo emolumen dels corratatges de l'an presen, de Nadal en un an......
.... XXIIII lbr. VI s. VIII d.

64. Presem ne may de Mº R. Debar, que se paguec per sa pensio del pes de la farina de mieg an,......... ... . IIII flor.

68. d'en R. Selet, del seize de las emposecios de l'an LXIX en diverses dias, tant en deniers quant en draps. la soma de IIᶜ XVII franxs, enclus LXXV franxs que baylec en X draps quen pres hom, losquals draps se vendero XLIX franxs e IIII s. en que se perdec XXV franxs XVI s., e II franxs que ac Berthomiau Garriguas per la gabela dels dichs draps; e resta, e debatut tot aco desus que s'i perdec,........
.... CIIIIˣˣVI franxs IIII s.

[Fº VIxx VII, vº]. *Presa de las cridas dels vis, compradas per Johan Selvas, lasquals se vendero, deduchas enchieyras*, XXI lbr. XIII s. IIII d.

Ensec se l'arendamen del pon de Tarn, loqual fo arendat a Johan Selvas per pre[t]s de C VII lbr., deduchas anchieyras.

72. Presem d'en Johan Regort, e d'en P. Gorgori e de R. Cogul per l'arendamen dels fors, de l'an presen, a XVIII de novembre, primieyramen d'en P. Gorgori............................. IX gros m.

73. d'en P. Gorgori e d'en Johan Regort, a XIII de gervier, que ac Mº Johan Amoros,................. .... XIII gros.

[Fº VIxxVIII rº]: 76. Presem d'en P. Cassaro per l'a(n)rrendamen dels

---

(1) Il faut lire : LXVII m. Le subside octroyé au duc d'Anjou par les communes réunies à Toulouse, 28 avril-10 mai 1369, fut en effet de 67.000 fr. pour la sénéchaussée de Carcassonne, soit 2 francs, 1 gros par feu. Nous trouverons que ce subside fut, probablement après réparation du nombre de feux, porté à 71.000 fr. Cf. *Inst. poli. et adm.*, p. 611.

(2) Cet art. a été cancellé et remplacé par le suivant, écrit d'une autre main : « Presem may del dig Gᵐ Guitbert, per III lbr. de sera que « redia de mens pes, on mielhs apar en la meza a VIIIˣˣXVI c[arta].....
....VIII s. VI d.

dels encans quens vendero x lbr. xiii s. iiii d., deduchas enchieyras.
Paguec lo dich P. Cassaro.... .... x lbr. xiii s. iiii d.

Aysso es la presa facha per G^m Rotgier, jove, de so que leva dels derrayratges. (Suit une longue nomenclature de noms d'Albigeois, débiteurs d'arrérages, occupant tout le f° vi^xx viii).

[F° Xl^xIX, r°]. *Presa del libre de las reconoychensas* (1).

112. Presem de M° Bernat de Bertols, del deute que deu al libre de las reconoysensas a lv car., per la ma de M° Dorde Gaudetru, per assignacio facha a lhuey per alcus deniers que lhi eran degutz de loguiers de rosis e d'autras causas,.................. xiiii lbr.

Ensec si la presa d'en G^m Guitbert de so que a pres del libre de las reconoysensas de las gens jols escrichas.

113. Premieyramen, per la ma del dich G^u Guitbert, de na Riqua Maurina, a viii car.................. .... vi s. vii d.

Suit une longue liste de noms occupant le bas de ce recto, tout le verso et le recto du f° vi^xx x.

[F° VI^xxX, v°] *Presa de las restas dels comus semmaniers de l'an lxvii que avia reduas M° R. Debar.*

157. Presem de M° Bernat de Noalha, per las restas dels dichs comus semmaniers, en deducio de so que ac per la rauba del cossolat. .... xxxvii s. i d.

166. de M° Duran Frontinha que fo assignat a'n Huc Giladiau, xliii s.

[F° VI^xxXI, r°]. *La presa dels xii comus fachs a xxvi d'octembre los quals se levero per guachas.*

170. Presem de M° Bertran Chavilho, menescalc del leu dels xii comus de la guacha de S. Frica, tant per la sua ma quant per la ma d'en G. Cabrier, que fo paguat a Tholosa a M° Galhart de Ramas per so que nos e d'autres singulars de la vila li eran tengutz; e may que Andriau Sabatier, thesaurier de la gerra, devia as alcus singulars de la vila e nos paguem ho per el, car el ho paguec per nos al sobredich M° Galhart de Ramas. Monta entre tot .... iii^cxx franxs d'aur.

172. Presem de la guacha del Vigua, dels dichs xii comus, tant per la ma d'en Bernat Guasanhol quant per la ma d'en Guitbert Palhier, en diversas somas et en diverses dias et horas et mas............ .... ii^cxlvi lbr. xviii s. ix d.

[F° VI^xxXI, v°]. 176. Presem de la guacha de Sta Marciana, dels

---

(1) Ecrit d'une autre main.

sobredichs xii comus, per la ma d'en Azemar Blanquier, a xix de mars... iiii lbr. iiii s.

179. Presem del leu de la guacha de S. Estephe, d'en Johan Clavayrolas, a xix de mars,................................. li s. iii d.

180. Presem, a xxiiii de mars, de M° P. Costa e d'en Pos Galam, del leu dels dichs xii comus de la gacha d'otral pon....... xl s.

181. Presem de la guacha de las Combas, per las mas d'en Johan Buou e d'en F. Cassanhas vielh, que baylero a'n G^m Guitbert quant anec a Tholosa per far lo comte am Frances Picot....... iiii lbr.

183. Presem may del[s] sobredichs, per los comus d'en Bernat Esteve en deduxcio de sos gatges del capitanatge.... lxvii s. iii s.

[F° VI^{xx}XII, r°). *La presa dels xii comus fachs l'an lxix, a xxxi de may, losquals son levatz per gachas.*

188. Premieyramen, presem de la guacha de Verdussa levada per Johan Decles, menhs xii d. per lbr., tant per la sua ma quant d'autras, et en diversas parcelas et en diverses dias et horas...........
.... iii^cxl lbr. xvii s. v d. m^a.

189. Presem de la guacha del Vigua, levada per Thomas Coli, menhs xii d. per lbr., tant per la sua ma quant d'autras, en diversas parcelas et en diverses dias et horas, iii^c iiii^{xx} xiii lbr. vi s. iii d. m^a.

191. Presem de la guacha de Sta Martiana, levada per Peyre Surlan, menhs xii d. per lbr. tant per la sua ma quant d'autras, en diversas parselas et en diverses dias et horas, iiii^c iiii^{xx} v lbr. xi s. ii d. m^a.

[F° VI^{xx}XII, v°]. 192. Presem de la gacha de S. Friqua, levada per Isarn Redon, menhs xii d. per lbr. tant per la sua ma quant per autras, en diversas somas e dias e horas,.... iiii^ciiii lbr. vi s. x d.

193. Presem de la guacha de S. Estephe, levada per P. Clergue et per P. Boier, menhs xii d. per lbr., tant per lors mas quant d'autras et en diversas somas e dias e horas,... ii^cxliii lbr. xii s. v d. m^a.

194. Presem de la guacha de las Combas, levada per Ar. Asemar, baysayre, et per Bernat Parayre, menhs xii d. per lbr. tant per lors mas quant d'autras et en diversas somas e dias et horas.... ......
.... cxxi lbr. xi s. viii d.

[F° VI^{xx}XIII]. 195. Presem dels sobredichs xii comus, de la guacha d'otral pon, levada per G^m Esteve et per G^m Lumbart, menhs xii d. per lbr., tant per lors mas quant per autras, et en diversas somas e dias et horas....... ..;................ cxlvii lbr. i s. vii d.

Le v° de ce folio est blanc. Les folios suivants, jusqu'à VI^{xx}XIX ont été enlevés ; mais ils étaient probablement blancs.

[F° VI**xx**XIX r°]. *Ave M., gra. pl. D. t.*

Ensec se la mesa e l'aministracio facha per los senhors cossols de l'an MCCCLXIX, *so es assaber* : *lo senhen* BERNAT D'AVISAC, MIQUEL HUGAT, FRANCES PICART, M° PERNAT DE NOALHA, M° DORDE GAUDETRU, MATHIAU VALETA, M° JACME TRENCAVEL, G^m CABRIER, PHILIP VAYSIEYRA, G^m GUITBERT, G^m ESTEVE, BERNAT BRU, *cossols de l'an desus, en* DURAN DAUNIS *lor thesaurier e aministrador e nom dels sobredichs senhors cossols.*

197. Paguem, a xxii de may, que fesem dire una messa de Sanch Esperit, a la glieya de Nostra Dona de Farguas, per dos entorcas e doblos ; pesava tot v lbr. i carto ; monta tot......... xviii s. x d.

198. donem als capelas que dissero la messa,............. x s.

201. a xxiii de may, a Bruneu que anec a Castras portar letras al cosselh de M° de Vendoymes per so que demandavo ad aquels que an fiaus nobles en sa terra : estec dos dias, ac ne........ vi gros.

[F° VI**xx**XIX, v°]. 203. a M° Emeric Marti, per una ayssada que l'avia facha vendre en G^m Ortz, per alcun deute que devia n'Ava Cozina que estava amb el, et ela non avia re ; e fo covegut per M° l'official que hom lalh redes ho aquo que valia ; costec, am las despessas,... ii s. x d.

205. per iii lials de vi e per xii michas que foron donadas a'n Jacme Picayre, sirven de Tholosa, que era vengut am son companho per far execucio contra la vila per v^c franxs que ero estatz asignatz a sira P. Escatissa, del subcidi dels ii franxs e m. per fuec,......... .... viii s. viii d.

206. al sobredich en Jacme Picayre et a son companh, R. de Raysac, sirvens de Tholosa, que avian facha execucio sobre la vila per los sobredichs v^c franxs ; agro ne............ xiiii franxs, i gros.

207. a'n Helias del Port, e a Ramilho e a Johan Guilhalmo e a P. Decles, sirvens, que vaquero, per iii dias cascun, am los comissaris desus dichs, a levar prest ; ac ne cascun iii gros per jorn ; monta.. ... . iii flor.

210. a ii de jun, a Pascoret que anec a Tholosa am letras a M° Bernat de Noalha sobre la provecio de la crida dels blatz que avian facha far gens de nostre senhor lo rey. Estec per lo cami, que fasia grans aygas e mal temps, iiii dias,................. . . xii gros.

[F° VII**xx** r°]. 211. lo dia desus, a Bruneu que anec a Tholosa per portar letras a M° Bernat de Noalha sobre lo cosselh que avian mandat los cossols de Carcassona que devian eser a Tholosa dels senhors de comus de la senesqualquia sobre alcunas novelas que lor demandava moss. lo duc, e que el hi fos per esta vila. Estec, esperan resposta del cosselh, vi dias ; ac ne (1)........ xviii gros.

213. a vii de jun, a Philip Teulet que era vengut de Tholosa am letras que avia portadas de M° Bernat de Noalha et aqui meteys s'en tornec al dich M° Bernat a Carcassona on era am letras,...........
.... xliii s. vi d.

215. per portar los banxs a las processios que hom fasia per lo be de terra mayre, la hon hom sermonava................ . i gros.

217. a xvi de jun, que partic G^m del Forn per anar a Carcassona portar letras a M° Lambert Vilar sobre la jornada del fach de Paulinh, el sendic de Paulinh paguec la meytat............. vi gros.

218. per R. Bofilh, que estec dos dias a la cort del rey arestat per so que devia a la mayo cominal, per lo pa que manjava.. .. x d.

219. a'n Gui Salvanhac que avia arrestat e bandit alcus bes d'en i home del Sali que s'en anec........................... vii d. m.

220. per i sestier de civada e per iii lials e m^a de vi e per xvi michas que donem a M° Guiraut Rotgier, procurayre dels encorses de Carcassona,................. .... xix gros.

[F° VII^{xx} v°]. 222. a M° Bernat Mosier, notari de Carcassona, que era vengut am lo sobredich M° Guiraut sobre la presa dels blatz que avia facha en Galhart Golfier, per vigor de alcunas letras de moss. lo duc, per alcus trebalhs que fe e per alcunas letras, ii flor. bos.

223. a'n G^m Ortz, per auzir los comtes de l'an lxvi, que fo resebedor en Duran Daunis; agro ne entramdos................ x lbr.

225. per iiii floris de Francria e per i moto que comprem am lo comtan quant M° Jacme Trencavel anec a Tholosa sobre la provesio dels blatz.. ii gros.

228. a'n P. Donadiau, que avia fach adobar lo pon levadis del Vigua,..... .... i gros.

231. per iii lials de vi et per vi michas que donem a i factor de M° Galhart de Ramas de Tholosa, loqual say avia trames per l'asignacio que li era facha sobre la vila de v° franxs del subcidi que moss. lo duc avia endig als comus, e portava la billeta et l'asignacio que hom los lhi obligues ; e paguem al dich factor per son despens v f[loris] de xi gros cascun (2) que costero, am lo comtan, ii s. i d.; monta tot....... .... v flor. x d.

---

(1) Dans ce conseil les communes confirmèrent leur décision d'avril-mai.

(2) Il s'agit du florin d'Aragon dont la valeur, avons-nous dit, est de 13 s. 9 d.

[F° VII[xx]I, r°]. 233. a Bernat Combers et a Anscoro, que anero penhorar en Jacme Miquel.......... .... x d

236. a xxii de jun, a Pascoret que anec a Pena d'Albiges portar letras al regen d'esta vila, cosi se regeria hom dels Bretos que eron alotgatz als barris d'esta vila ; ac ne..................... v gros.

237. a P. Huc que anec a Briatesta per espiar,......... iii gros.

238. al selier que portec una letra a Florentinh, al senescalc de M° de Foys... ...... xx d.

239. a xxv de jun, que partic Pascoret per anar a Carcassonna portar letras a M° Lambert Vilar que feses executar las revocatorias dels blatz,............ .... xv gros.

240. per iiii lials e m^n de vi e per xii michas que foro donadas a moss. Amaniau de Pomiers (1) que s'en anava en Franssa, ix s. vi d.

241. a'n Berthomiau Prunet, per iiii molas de veyre que s'eran perdudas en fasen los presens,.................... ...... iiii gros.

244. ad Huc de Montelhs, per una corda que n'ac hom ad obs de la planqua de Verdussa,......................... .... vii gros.

[F° VII[xx]I, v°], 245. al filh d'en P. Fontanier et al filh d'en Sicart Siras que foron trameses de nuechs a Puech Gozo, que disia hom que hi avia gens d'armas,. ...·........... .... iii gros.

247. a Johan Guilhalmo et a P. Decles, sirvens, que bayleron dels traylatz, per la vila, dels xii comus, e pueys los tornero, iiii gros.

248. per i sestier de vi et per xxv michas que comprem et per dos sestiers de civada que donem al senhe de Lebret que venia novelamen de Franssa................................. xliii s. ix d.

250. per lo pa que donem a Thaulo, e a Gadel e a Guilhem Ratier e a Tefort que eran arrestatz a la cort del rey per los comus, xx d.

251. a Ramilho que bandic los deniers de la taverna de Huc Rotlan,...... .... v d.

252. a P. Decles, sirven, per penre e bandir esplecha d'en Jacme Hugonet,......·.................. ....… .... v d.

253. a iii de julh, a i macip del senhor de Landorra quens portec letras,... ii gros.

256.° a i macip de Briatesta que portec letras d'avisamen a nos, ... ii gros.

[F° VII[xx]II, r°]. 257. a'n Frances Picart, per vi entorcas que pesavo xxiiii lbr. et i carto, que foro as obs de la festa de Nostre

---

(1) Cet Amanieu de Pomiers est mentionné dans l'*Hist. de Lang.*, IX, p. 747.

Senhor; monto, a for de ɪɪɪ s. vɪ d. la lhiaura, e rebatut vɪɪɪ lbr. de sera que avia presas de tres trosses d'entorcas que avia a la mayo cominal. .... ʟvɪ s.

258. Paguem li may per ɪɪɪ onsas de sera gommada que presem de lhuey. ....'... ɪ gros m.

259. a ɪx de julh, per ɪlɪ eminas de civada e per vɪ lials de vi e per xx michas que donem a M° Johan de Vilamur que era vengut en esta vila am gran gens d'armas per anar a socors al senhor de Sanaret a Compeyre............................. xxxɪ s. vɪ d.

261. per ɪɪ molas que s'i perdero...... .... ɪɪ gros.

262. a x de julh, a ɪ macip de Tholosa quens portec letras de part d'en Ar. e d'en G^m Asemars, mercadiers de Tholosa, quens mandavo que lor tramesesem deniers, se que no agram ne despessa,.... .... xɪɪ g.

263. a xɪɪ de julh, a Pascoret que anec en Roergue per segre las gens d'armas que anero en Roergue, et anec a Compeyre (1) per saber novelas. Estec vɪɪ dias, e, l'endema que fo vengut, tornec a Mirandol per sentir novelas de aquelas gens d'armas de Salvaterra : ac ne entre tot... xxvɪɪ gros.

265. costero (2) de portar los banxs al loc on se fes lo sermo que fasia hom processio,.. ɪɪɪ d.

[F° VII^{xx}II, v°]. 267. a'n Johan Guilhalmo, sirven, per alcus trebalhs que fe per nos, en mandar, quant say ero las gens d'armas, que alcus, que avia en una letra que M° Guiraut Rotgier avia baylada, que portessem (3) blat a la pila per vendre ; e per far alcus bans de vis de Galhac que say volia hom metre, e per far bans d'alcus que devian derayratges,........................ vɪ gros.

[F° VII^{xx}III, r°]. 274. per cxxxɪɪɪɪ franxs que comprem am lo comtan, losquals foron bayla(s)t[z] a'n Guilhem Guitbert e'a R. Fornier, a ɪɪ dias d'aost, que anero a Monpeslier, e ɪɪ que n'ac en comtant, que costavo, quascun, xx s. v d. ; monto............. ʟv s. x d.

276. a xxɪɪ de julh, per xx michas e per vɪ lials de vi que donem a M° Johan de Vilamur que venia am las companhas de Roergue,... .... xɪɪɪɪ s. ɪɪɪɪ d.

277. Donem a M° Johan de Vilamur quens asemprec quel prestessem ʟ floris que li fasian mestiers e que devia de so que avia des-

---

(1) Ville du Rouergue que le traité de Brétigny avait laissé aux Anglais. Cf. *Hist. de Lang..*, IX, p. 719, note 2.

(2) Corr. *costec.*

(3) Corr. *portesso.* Le sujet du verbe est *alcus.*

pendut en esta vila. Foc de cosselh que nol prestessem los dichs floris, car ayta pauc los cobraram, mas quel donessem, el donem .... xvi lbr.

279. a iii d'aost, que partic d'esta vila P. Huc per anar a Carcassona portar letras als cossols sobre las letras que avian agudas de Moss. lo duc de las retencios de la finanssa dels lxxi franx (1) autriatz a luey derrieyramen, e M° Lambert Vilar e M° Johan de Prohas, e lor portec lo sendicat que novelamen era estat fach(s). Estec vii dias ; ac ne (2)............................. xxi gros.

281. lo dia desus, sus la mieja nuech, partic G^m Gasc d'esta vila per anar a Monpeslier portar letras a'n G^m Guitbert e a R. Fornier que portes a Paris a M° Ar. Paya. Estec viii dias, ac ne.......... xl s.

282. a Ferrier que [li] fes solas la nuech tro al Travet (3) ; e venc lo sabde ; ac ne.................................... iii gros.

[F° VII^{xx}III, v°]. 284. a'n Ar. Masier que fon trames per espiar tro en Brossa (4) prep de Lautrec........................ iiii gros.

285. a'n P. Redon per far lo lhibre de la pres(s)a e mesa d'en Duran Daunis, et autre en que se copiero los comptes de l'an lxviii, et autre a metre los xii comus ; ac ne............ xi gros.

286. a'n P. Clergue per x mas de papier per far los sobredichs lhibres.. xx gros

288. ad Andrinet et a Mostela que gitero motos del valat, i g. x d.

289. a Solayro, lo bornhe, que anec tro a Castelnou per espiar ... . vii d. m^a.

290. per i sestier de vi e per xxx michas de v deniers cascuna que fon donat per pitansa als frayres Presicadors, lo jorn de la festa de S. Domenge................................... xxviii s. vi d.

291. may que lor donem i flori que costec... xv s. vii d. m^a (5).

293. a ix d'aost, a i macip de Carcassona que portec la manda del subcidi novelamen autriat,..................... i gros.

294. a i macip que portec letra d'avisamen de S. Serni de Roergue ; ac ne.. iii gros.

[F° VII^{xx}IIII, r°]. 295. a x d'aost, a Ferrier que tramesem à Carcas-

----

(1) Il faut lire : lxxi *milia*.

(2) Le sens de cette phrase est : *pour porter lettres aux consuls de,.... ainsi qu'à Lambert Vilar et à.....*

(3) Com. du cant. de Réalmont.

(4) Brousse, cant. de Lautrec.

(5) A noter la valeur du florin qui est passé à 15 s. 7 d. maille.

sona am letras a'n Miquel Huguat de la manda que avian facha del subcidi sobre dich que n'agues alongui que non aguessem despens. Venc a xvi d'aost, ac ne........................ .... xxi gros.

296. per una letra de garniso contra M° R. Debar......... ix d.

297. a Giro et a Andrino que feyro, per ii matis, la desemboscada a Bondidor et a Causels e feyro vii dia[s] bada a Puech Petit et a Foys,... iiii gros.

298. a Monderi que anec a Galhac per espiar de las companhas que hi ero cora se desalotgero,...................... ii gros m.

302. a xiiii d'aost a R. Cogul et a G^m lo Frances que anero per Causels per desemboscar,.. .... i gros.

304. a Johan de Caors que desembosquec , per dos dias,.. x d.

[F° VII^{xx}IIII, v°]. 305. a xii d'aost, a Guiraut Labrossa que anec a Lescura per espiar,....................................... i gros.

306. per i macip que era anat querre Gaubert Peyronel a Lescura que venges parlar ab nos que era vengut de Salvaterra, ii gros ; et a Gaubert, quan fo vengut, iii gros ; monta tot........ v gros.

307. a xii d'aost, de tot nuechs, G^m Gasc partic d'esta vila per anar a Monpeslier, portar letras a'n Ar. Raynaut et a G^m Guitbert e procuracio que pogues malevar xi^c franxs ; estec viii dias, ac del viatge............. .... XL s.

311. a xviii d'aost, a i macip de Rialmon que portec una letra d'en Bernat Molenier de Carcassona, loctenen d'en Frances Picot, thesaurier del subcidi novelamen empausat,................. iii gros.

[F° VII^{xx}V, r°]. 313. a xviii d'aost, que partic P. Huc d'esta vila per anar a Carcassona portar letras a'n Miquel Huguat, que Arnaut Duran de Carcassona era vengut executar per lo subcidi novelamen empausat, et avia nos areslatz totz a la mayo cominal ; estec iiii dias ; ac ne................ .... xii gros.

315. a xix d'aost, a'n Arnaut Duran de Carcassona que era vengut per executar per so que deviam per lo subcidi novelamen empausat.... .... LXXV s.

316. Costero xxiii floris de xi gros cascun que comprem am lo comtan, que foron baylatz a'n Miquel Hugat quant anec a Carcassona. a xviii d'aost, e i flori en comtam ; costava cascun xi gros v d. ; monto .... ix s. vii d.

317. a i de jun, partic M° Bernat de Noalha e'n Duran Daunis per anar a Tholosa portar deniers a sira P. Escatissa per la assignacio facha a lhuey del subcidi novelamen empausat, et als mercadiers de Tholosa et a'n Pabina de Gontaut per so que era degut del subcidi que avia levat en G^m Catala ; e per lo perilh dels camis, e car por-

tavan tans deniers, menero Philip Teulet a caval. Despessec en Duran Daunis, am la despessa que fe an Jacme Picayre am so macip et a'n Philip Teulet a caval et ɪ macip a pe de ᴠ dias que estec.....
.... ᴠ,ɪɪɪ floris, ᴠɪɪɪ gros.

318. per ferrar a l'anar, al dich viatge a Tholosa, e referrar a Rabastenxs .... ɪɪɪ gros.

[F⁰ VII[ˣˣV. v⁰]. 321. a M⁰ Bernat de Noalha, que demorec a Tholosa per segre alcunas besonhas em los comus de la senescalsia, am moss. lo duc d'Anjo ; estec xɪ dias a Tholosa et a Carcassona, els ᴠɪɪ dias li pagero sobre tota la senescalsia, els ɪɪɪɪ la vila, (1)....
.... ɪɪɪɪ franxs.

322. per la executoria de la letra de moss. lo duc de las retencios que feyro los comus quant autriero lo dich subcidi (2), ɪx gros m.

323. a'n Frances Picot de Carcassona, thesaurier del dich subcidi, per assignacio facha a sira P. Escatissa .... ᴠᶜ franxs.

325. a xxx de julh, per la ma del prebot de Cornabanial e d'en Gᵐ Aycart, an Gᵐ et a'n Arnaut Asemar, mercadiers de Tholosa, per partida del deute que lor era degut, losquals nos prestec M⁰ Bernat Vaquier.. ɪɪɪɪˣˣxɪɪɪ flor.

327. a'n Ar. et a'n Gᵐ Asemars, mercadiers de Tholosa, a x d'aost..
.... cᴠɪɪ flor. bos.

328. als sobredichs mercadiers, a xᴠɪɪ d'octembre, per la ma de M⁰ Bernat de Noalha e d'en Gᵐ Aycart .... c flor. bos.

329. a'n Frances Picot de Carquassona, resebedor del subcidi dels ʟxᴠɪɪᵐ franxs, per asinnacio facha al sen Galhart de Ramas de Tolosa... ᴠᶜ franxs (3).

[F⁰ VII[ˣˣVI, r⁰]. 331. a'n Ar. del Vesoch et a son companh, sirvens de Tholosa, que avian executat per so que era degut als sobredichs

---

(1) M. Dognon dans ses *Inst. polit. et administ.* s'appuie sur cet art. pour établir qu'il y eut à Toulouse, en avril-mai 1369, une réunion des communes de la sénéchaussée de Carcassonne, qui accordèrent au duc d'Anjou un prêt de 2 fr. 1/2 par feu et un subside de ɪ fr., ɪ gros par feu. La confusion est évidente : il y eut une première réunion à Toulouse, qui dura 13 jours, du 27 avril au 9 mai, celle où les Communes octroyèrent le prêt et le subside en question, et une seconde réunion, à Toulouse-Carcassonne, le 2 juin, qu'aucun historien n'a mentionnée. Au reste l'auteur s'appuie sur ce même article pour la référence de la réunion des communes tenue à Toulouse en juin-juillet, ce qui constitue une nouvelle confusion.

(2) Les Arch. comm. d'Albi possèdent le *vidimus* de cette lettre. FF 45.

(3) Cet article est d'une autre plume.

mercadiers... IIII motos.

334. a XIX d'aost, a'n Bernat Molenier de Carcassona, loctenen d'en Francés Picot, per lo subcidi de II franxs, I gros per fuoc derrieyramen acordat am moss. lo duc d'Anjo............ II^{c}XXXVII franxs.

337. per CIX franxs que comprem am lo comtan, que lo plus era comtan ; costava cascun franc am lo comtan XX s. V d.; monto....
.... XLV s. V d.

339. a VI d'octembre, a'n Bernat Molenier, loctenen d'en Frances Picot, thesaurier e resebedor del sobredich subcidi.................
.... II^{c}XIIII franxs, VI gros, XII d. m^a.

[F° VII^{xx}VI, v°]. 341. per IIII^{c}II franxs que hi avia en comtan que ne volc XX s. V d., e per XIX franxs que hi avia de carrolus, per cascun V d., e per V franxs que hi avia que ero cortz, VII d. m^a per cascun, e per X floris d'Arago que eron cort[z], VII d. m^a per cascun, que aviam presa la monede (sic) desus dicha per prest ; monta tot
.... LI s. V d. m^a.

344. per IIII motos d'aur que malevem d'en Frances Picart, que ne volc VI floris de Franssa, que costec cascun XVI s. (1) e ne foro meses mas per XXII s. VI d. lo moto ; perdec se.................... VI s.

346. a XVII de decembre, que partic en Duran Daunis d'esta vila per anar a Carcassona portar deniers a M^c B. Marti, loctenen d'en Bertran Ros, et levador de las restas del dich subcidi, per assignacio facha als cossols de Narbona per lo dich thesaurier en Frances Picot, am letras de moss. lo duc; el dich Me Bernat era a Tholosa per los debats que las gens de Ciautat de Carcassona avian am los cossols de Borc, a esperec lo e passec a S. Amans (2) per lo perilh que ero en lo cami de la montanha. Estec VII dias am dos macips que menava per lo dich perilh. Despesec.. VII lbr. X.

347. a II homes que lo guidero de nuechs, de S. Amans tro a Pradelas e la tro a Conquas........................... IIII gros.

348. al dich Me Bernat Marti, loctenen del dich en Bertran Rosso, per lo dich subcidi, e per asignacio facha als dichs cossols de Narbona per lo dich Frances Picot............... II^{c}III franxs, III gros.

E del dich subcidi foro remes a la vila per moss. lo duc V^c franxs; avem ne descargua d'en Frances Picot (3).

[F° VII^{xx}VII, r°]. *Mesa e paguas fachas als pencionatz.*

---

(1) Le mouton vaut donc 24 s.; mais Picart lui a donné cette valeur; la ville ne peut les écouler qu'à 22 sous 6 deniers.

(2) Aujourd'hui St-Amans-Soult, chef-lieu de cant. de l'arr. de Castres.

(3) Ce nota est d'une autre écriture.

350. a'n Bernat Esteve, pelhecier, per sa pencio del capitanatge de tot l'an presen, a II floris per mes,............... xix lbr. IIII s.

351. a'n Frances de Lagrava per sa pencio del capitanatge de tot l'an presen, a II floris per mes... .... xix lbr. IIII s.

352. Paguem may al dich Frances de Lagrava per lo loguier de l'osdal de la mayo cominal et de R. Guila........... IX lbr. XII s.

355. a XXIII de jun, a M° Jacme Puech, avocat de Carcassonna, per sa pensio de l'an LXVIII............................ .. IIII franxs.

356. a M° Johan Ancelme, avocat de Carcassona, per la pencio de l'an passat......... ... .'. V floris bos.

357. a I dia de febrier, a M° Pelfort de Malhorgas per sa pencio de l'an presen.. XII franxs.

358. a XI d'aost. a M° Lambert Vilar, sendic nostre de Carcassona, per sa pencio de l'an presen........................ II franxs.

[F° VII^{xx}VII, v°]. 361. a M° Serni Bestor e a M° Bernat Audemar, per las escripturas del proces de donar lo cosselh als malsfachors, ... II franxs.

362. a XXIII de genier, a M° Simo de Tornus, notari de Carcassona, per partida de so que li era degut del proces de la reparacio...... . ... VII franxs.

364. a VII de febrier, a M° P. Boier per so que li era degut per far alcunas relacios que l'era comes per la cort de M° lo senescalc de Carcassona dels plachs que la vila mena am moss. d'Albi,........ .... VIII franxs.

365. a M° P. Olivier, notari de Carcassona, que te los processes dels plachs que se meno entre M° d'Albi e la vila.... VIII franxs.

366. a M° Johan Amoros per sa pencio de tot l'an presen......... .... XL floris.

368. a M° R. Vidal, notari, per razo de las escripturas e del proces fach a Carcassona contra moss. Berenguier Taurinas... III franxs.

[F° VII^{xx}VIII, r°]. 369. a M° P. de Lafon per sa pencio de l'an passat, en I tonel de vi que ac, loqual fo d'en Isarn Redon, XVI franxs.

370. a moss. lo jutge d'Albiges per partida de la pencio de l'an presen.......... .. .. IX franxs.

372. a M° R. Favarel per sa pencio de l'an passat LXVIII e de l'an presen LXIX............................. ... . XL lbr.

373. a R. Guila, gacha, per sa pencio de l'an presen... XII flor.

374. a Pos Glieyas, gacha, per sa pensio de l'an presen. XII floris.

375. als sobredichs Posset e Guila, gachas, per las raubas de l'an presen,......................... ... . VIII lbr.

376. a M° R. Ichart per sa pencio de l'an LXVIII e LXIX, XVI franxs.

[F° VII××VIII, v°] *Mesa de caus e d'obratges.*

377. a Guilhem Noguier (*blanc*) e a Huc Boier de Blaya per compra de caus............ .... vi flor. iiii gros.

382. a M° R. Debar per sa pencio del pes de la farina de l'an presen,.................................. vi flor. iiii s.

383. a'n Duran Daunis per sa pencio de l'an presen. xxxii lbr.

[F° VII××IX, r°]. *Ensec se la mesa e paguas fachas per escripturas fachas a la cort del rey notre senhor.*

384. a M° Johan Duran, notari, per lo sendicat que portec Betoy a Paris, grossat e sagelat,..................................... xv s.

385. a M° Dorde del Vierno per la copia de la letra del prendemen dels blatz e per la copia de la crida,.................. ii gros m.

387. a xii (*nom du mois oublié*) a M° Johan Duran, notari, per la carta de la procuracio que fon tramesa a Monpeslier a'n Guilhem Guitbert, que pogues malevar xi° lbr. sobre lo comunal d'esta vila, ... vi gros.

388. a xxi d'aost, a M° Johan Duran per i vidimus de las iii bilhetas que paguem xv° franxs a'n Frances Picot de Carcassona per lo subcidi (1).

390. per i vidimus de la gracia dels v° franxs que remes moss. lo duc del subcidi derrieyramen passat, loqual fon trames a'n Frances Picot thesaurier del dich subcidi (2).

391. per i vidimus de alcunas letras de gracia que avia fachas moss. lo duc, can los comus l'autrieyro i subcidi, l'an lxvii, en abrial (3).

Le v° du f° VII××IX est blanc.

[F° VII××X, r°] *Ensec se la mesa de l'annda de Franssa.*

393. a ix de jun, que partic Bertomiau Lemosi d'esta vila per anar a Paris portar lo scendicat a nostres avocats de part dela; ac ne del viatge...................... .... x franxs viii s.

394. may a Bertomiau Lemosi per lo destric que fe e d'esperar que fe la, esperan resposta en que la jornada fos tenguda que era a S. Johan, que estec de part dela xiii dias ; ac dels x dias, xlviii s.

395. dos dias d'aost, que partic R. Fornier d'esta vila per anar a Monpeslier e d'aqui en Franssa; pres letra de Monpeslier que, am cambi, bayles hom deniers a Paris; ac del viatge, e venc a v de

---

(1 et 2) Prix non indiqué.

(3) Aucun historien ne mentionne l'octroi de ce subside. Prix non indiqué.

setembre; ac del viatge (1).......... .... xii franxs, viii d.

396. a Mᵉ Daunis, cecretari de nostre senhor lo rey, que li era degut de trebalhs que avia fachs, l'an passat, de que avia bilheta Mᵉ Dorde Gaudetru,. .... viii franxs.

397. a Johan Dauni, clerc de Mᵉ Ar. Groier, per far los rotles de las demandas que mosenhe d'Albi nils cossols fasian.... xvi franxs.

398. a Mᵉ Ar. Groier, per la pencio de l'an presen.. viii franxs.

399. a Mᵉ Gᵐ Laclota per la pencio de l'an presen... viii franxs.

[Fº VIIˣˣX, vº]. 400. a xxiii d'octembre, que partic Berthomiau Lemosi d'esta vila per anar a Paris portar la procuracio als procurayres e cosselhs nostres, e per la jornada que lay aviam am lo procurayre de moss. d'Albi. E venc a xxvi de novembre ac ne (2).

401. Paguem li may al dich Berthomiau Lemosi, per xii dias que estec may que non devia en aquest viatge, esperan las respostas dels avocatz, (3)............................. ... . xii lbr. xvi s.

402. a iiii de novembre, que partic Johan Rispa d'esta vila per anar en Franssa portar letras als avocatz de part dela per nos e per lo cosselh de moss. d'Albi, que la jornada que era a S. Marti se prolonges tro a S. Johan ; ac del viatge........ x francs, viii s.

403. al dich Johan Rispa que li costec guidas per lo cami, que volguem que tenges autres camis, que non anes cami drech per lo perilh dels camis per las gens d'armas, e per i flori e m. que fo raubat, e per xii dias que estec de part dela esperan resposta ; ac ne............ .... iiii lbr. xvi s.

[Fº VIIˣˣXI, rº]: *Essec se la mesa de la bada que esta sobre lo cloquier de S. Salvi.*

404. a Mondo, la bada, de xxi de may tro a iiii de jun que fon pres a la cort del rey, per cascun dia xii d. mᵃ........ xv s. vii d. mᵃ.

409. a Johan Vaysieyra de Castelnou Bonafos per xii dias que avia facha bada, de xxiii de jun tro a v de julh............ xiiii gros.

410. a vi de julh, comensec a far bada Bernat Blanc d'otral pon, e prendia per jorn i gros mᵃ ; paguem li, per xxiii dias, xxviii gros m.

[Fº VIIˣˣXI, vº]. 427. a Mondo, la bada, que comensec a badar a iii de setembre tro a xxv de may en que ha clxxiii dias, a xv d. per cascun dia, monta que n'ac.................. x lbr. xvii s. vi d.

---

(1) Ces mots sont d'une autre écriture.

(2) Une accolade, qui réunit cet article au suivant, indique que le prix du voyage est compris dans la somme du second article.

(3) De ces deux articles il résulte que le voyage d'Albi à Paris, aller et retour, exigeait 23 jours.

[F° VII××XII, r°]. *Ensec se la mesa de las badas de dias dels puechs*.

428. a viii de jun, a Huc de Laval que avia facha bada el puech de Caylhusset, de xxiii de may tro al dia desus, que so xiiii dias ; monto a ii s. i d. per jorn e x d. al tot........................... ii flor.

433. a iii de setembre, a Dayde Bonafe e a Berenguier Favarel que feyro boda a Foys et a Rantelh...................... iii s. iiii d.

434. a xxiii de setembre a Giro et a Andrinet e a Ferrier que feyro bada a Foys, e a Rantelh, è a Lavasieyra, per iiii dias. xviii gros.

436. a vii d'octembre a Giro e a Sicart Duguessa que avian facha bada a Rantelh et a la Crotz de Caylhus, per vi dias,.. xviii gros.

[F° VII××XII, v°]. 438. a vii d'octembre, a Bernat Cartieyra e a P. Gorgori et al Roch, e a Gⁿ Petit que avian facha escota davas Tarn, davas [los] Predicadors entro als frayres Menors ; prendian cascun i gros e [a]vian estat iii nuechs cascun ; agro ne entre tot,. xii gros.

445. a i de novembre a Bernat Cartieyra e a P. Gorgori e a Langil e a Bernat Cabas, per vi nuechs que avian fachas escotas,...... .... xxiiii gros.

[F° VII××XIII, r°]. *Ensec se la mesa de las paguas fachas a mossen Galhart de Ramas*.

446. a Moss. Galhart de Ramas, mercadier de Tholosa, per so quel deviam en que li eram obligatz, am d'autres singulars de la vila. am carta facha per la ma de M° Johan Duran, notari, losquals li ero estatz assignatz per lo subcidi que levec premieyramen en Frances Picot de Carcassona,........... v^c franxs d'aur e iii gros m.

447. donem a'n Laurens Fenassa e a Bernat del Bosc amixs e cunhatz del sobredich M° Galhart de Ramas... xi franxs, x gros.

Redec ne Laurens Fenassa dels dichs xi franxs, x gros, ii franxs.

[F° VII××XIII, v°]. *Ensec se la mesa de las anadas fachas per nos autres cossols desus dichs, e per autres e nom de nos*.

448. a (*blanc*) de jun, que partic en Duran Daunis d'esta vila per anar a Castras parlar am lo cosselh de Moss. lo comte sobre so que demandava als singulars d'esta vila que an fiaus nobles en lo comtat. Estec ii dias ; despessec, am lo macip e am lo rossi el loguier del macip,................................. xvi gros.

449. a'n Mathiau Valeta per lo loguier del rossi........ vi gros.

450. a xv de jun, que partic M° Jacme Trencavel d'esta vila per anar a Tholosa per aver letra revocatoria del prendemen dels blatz que avia fach la cort del rey, per vigor d'alcunas letras de Moss. lo duc. Estec viii dias, ac ne...... .... viii franxs.

451. a Raulet, clerc, per escriaure las dichas letras... iii franxs.

452. per los sagels de las dichas letras, dos que ni avia,.......... .... iiii flor. iii gros.
453. per i massapa en que portec las letras.... .... v d.
454. a xv de jun, a P. Huc que tramesem a Tholosa portar letras a M° Jacme e la copia de la comesio am que avian pres los blatz ; estec vi dias, que esperava resposta e fasia mal temps de plueja,.... .... xviii gr.

[F° VII^{xx}XIIII, r°]. 455. a xxi de jun, que partic Philip Vaysicyra d'esta vila per anar a Carcassona per tener la jornada que aviam davan moss. G^m Duran, procurayre de nostre senhor lo rey e comessari deputat per moss. lo duc d'Anjo a veser las libertatz e letras de fieyras ni de mercatz (1) ; e venc a xxiiii de jun, estec v dias, ac ne............. .... v lbr.
458. a viii de julh, que partic en G^m Guitbert d'esta vila per anar a Carcassona a la jornada que lay avian los comus sobre aquo que demandava Moss. d'Autpol e'n Not Ebral, comissaris per moss. d'Anjo sobre dos franxs e miech que demandava per fuoc ; e fon pagat sobre tota la senesqualquia, exceptat i dia que besonhec per los negocis de la vila, (2)............................... i franc.
461. per la ma del sobredig G^m. per ii parelhs d'anets que trames a Not. Ebral,... v gros.
463. per ii homes que pres per guida de Trebes tro a S. Amans per lo perilh dels camis,............................. iiii gros.

[F° VII^{xx}XIIII, v°]. 464. a ii d'aost, que partic en G^m Guitbert d'esta vila per anar a Monpeslier per aver alongui dels mlxviii franxs e vi gros que la vila la deu e per aver letra de cambi per portar deniers als pensionatz de la vila de Paris, e d'aqui a Borbo (3) per parlar am. moss. d'Albi per alongar la jornada dels plachs de Paris. Estec xvii dias, ac per sos gatges,...... .... xvii franxs.
465. per la ma del dich G^m Guitbert, a'n Johan Obi Bergonho de

(1) La ville d'Albi n'avait pas de foires. On lit, en effet, dans une délibération du 27 juin 1376, que le Conseil de ville, constatant qu'il n'existe pas de foires, demande la création de deux foires qui se tiendraient, l'une le jour de la fête de s^t Cyrice, l'autre à la fête de Ste Cécile. BB 16.

(2) Les auteurs ne mentionnent que la réunion des communes qui eut lieu à Toulouse en juin-juillet. Cet article a échappé à M. Dognon qui est également muet sur cette assemblée du 10 juillet 1369.

(3) Est-ce Bourbon-Lency, dans le Charolais, ou Bourbon-l'Archambault dans l'arrond. de Moulins ? Hugues d'Albert se trouvait déjà à Bourbon en 1368. Nous verrons qu'en février il est à Avignon, probablement chez son oncle le pape Innocent VI.

Florenssa que prestec los sobredichs M LX franxs (*blanc*) contengut[z] en los comtes de l'an LXVIII, per lo cambi dels III meses passats, CLX franxs que portec R. Fornier a Paris am letra de cambi que li deu baylar mesier Jacobo de Gitardo, Ginoes.   LXVIII franxs, VI gros.

467. per XII perligallis que donec a I senhor de Monpeslier....... .... XVIII gros.

470. a VIII d'aost, que partic en Miquel Huguat d'esta vila per anar a Carcassona executar la letra de las retencios que feyro las comunas a'n moss. d'Anjo, can le(*sic*) foron autriatz los LXXI^m franxs per la senesqualquia. Estoc VI dias, ac per sas dietas........ VI franxs.

[F° VII^xx XV, r°]. 473. a XVIII d'aost, partic en Miquel Huguat d'esta vila per anar a Carcassona per aver de moss. d'Autpol alongui de paguar lo dich subcidi, quar no podiam paguar, et aver letra de la gracia que era estada promesa per los dampnatges que la vila avia preses per las companhas que avian estadas alotgadas els barris d'esta vila que avian gastatz totz los blatz ; e venc a VII de setembre, estec els digs viatges XXI dia[s], de que ac per sas dietas... XXI franxs.

476. per la executoria que portec de la remecio dels blatz ; costec .... XXII gros.

477. per VI parelhs de polalha que trames a moss. lo jutge de crims,... II flor.

479. a XXII d'aost, partic en Miquel Hugat (1) e'n G^m Cabrier d'esta vila per anar tener arrest a Carcassona aysi coma avia comandat Ar. Duran, comissari deputat per moss. Bernat Bona, senhor d'Autpol, per so que era degut del subcidi novelamen empausat ; el dich G^m Cabrier tornec s'en ; estec V dias, ac per sos gatges, V franxs.

481. per I macip que menec de Rialmo tro en esta vila de nuechs, per lo perilh dels camis,............................ IIII gros.

[F° VII^xx XV, v°]. 482. a XXIII d'aost, que partic G^m Guitbert d'esta vila per anar a Tholosa per aver letra de moss. lo duc de la gracia dels v^c franxs que li foron promes ; es a desdure de la suma del subcidi darrieyramen autriat al dich moss. lo duc, per moss. Bernat Bona, senhor d'Autpol. e per lo senhor de Tonnac. Estec en lo dig viatge e seguen la dicha letra als senhors del cossolh e moss. lo cancellier, XI dias ; ac per sas dietas.................. XI franxs.

483. per la dicha letra, per far e registrar e sagelar............. .... VIII franxs, XVI s.

---

(1) Il y a contradiction avec l'art. 473 ou il est dit que Huguat resta absent du 18 août au 7 septembre. Il faut entendre que ce consul revint à Albi le 22 et qu'il repartit aussitôt. On remarquera, en effet, qu'il ne touche pas d'honoraires pour ce nouveau voyage.

484. per sirvizis que fe al cansellier et as alcus autres del cosselh, per plus leu aver la dicha letra.............. xii franxs, ii gros.

485. per ii guidas que ac lo dich G^m, de Mauriac (1) tro al Castelnou de Montmiralh, per paur dels Engleses............ vi gros.

486. per la ma d'en Guilhem Guitbert que anec a Caylus e a S. Ginieys (2) quant las companhas hi ero, que avian pres bestial de alcus d'esta vila; e portec lor alcus presens e que despendec la, que monta.. xvi gros.

[F° VII^{xx}XVI, r°]. 489. a xviii de setembre, que partic d'esta vila lo senhen Galhart Golfier per anar a Carcassona per aver letra revocatoria de la eneblcio que avia facha sobre l'acort de la vila am M° d'Albi; e venc a xxii de setembre.................... vi franxs.

494. a xiiii d'octembre, que partic M° Bernat de Noalha d'esta vila per anar a Tholosa portar deniers als mercadiers e a M° Galhart de Ramas per lo fach dels maseliers, e pueyssas lay demorec per tener le cosselh que moss. lo duc avia mandat totas las comunas sobre la provesio del pays; estec al despens de la vila viii jorns; ac per sos gatges (3).. viii franxs.

[F° VII^{xx}XVI, v°]. 498. a Johan (*blanc*) clerc, per una assignacio facha a luey per alcus sirvens de Tholosa que avian facha execucio contra la vila a estancia d'en Ar. a d'en G^m Asemars, mercadiers de Tholosa, e no lor volc hom re donar; e pueys els feyro lo venir davan los maestres de requestas de moss. lo duc; agro ne........
.... viii flor.

499. a xxviii d'octembre, que partic en G^m Guitbert d'esta vila per anar a Tholosa executar las lettras del seyse et de la gracia dels v^c franxs que moss. lo duc avia remeses (4).

500. a'n G^m Guitbert que anec per parla am en Not Ebral, senhor de Tonnac, per alcunas causas que aviam a far ab luey... i flor.

502. a'n G^m Guitbert, a xxix de novembre, que partic d'esta vila per anar a Tholosa far lo comte a'n en Frances Picot de so que nos

---

(1) Dans la comm. de Senouillac, cant. de Gaillac.

(2) Dans la comm. de Puygouzon, cant. d'Albi.

(3) Le conseil se réunit d'abord en septembre à Carcassonne et se transporta ensuite à Toulouse. C'est dans ces réunions que les communes octroyèrent au duc d'Anjou un subside de 430,000 francs d'or, pour un an, à percevoir au moyen de droits de 1/20 sur le blé porté au moulin et de iii gros ou davantage sur le vin. Cf. *Inst. polit. et administ.*, p. 611 et art. 518 ci-après.

(4) Prix non indiqué.

demandavo los cossols de Narbona per assignacio facha a lor de vi¤xiii franxs, xv gros, laqual lor avia facha lo dich Frances; e nos no deviam mas ii⁶iii franxs; e a Tholosa calc que segues e a Carcassonna, e per demorar en serc am M⁰ B. de Mora de so quens mandava per sa pensio. Estec en lo dig viatge ix dias ; ac ne, ix francs.

[F⁰ VII^{xx}XVII, r⁰]. 504. a'n G^m Guitbert, per v dias que estec cant asolasec lo senhen Ar. Raynaut que fon passat de Tholosa en esta vila per penre et portar la moneda que la vila devia a Monpeslier; et de voluntat de nos, el li fe solas; estec v dias, ac per sas dietas... .... v francs.

507. per. la executoria de la letra de so que moss. lo duc avia autriat als comus quant se fe la finansa derrieyra, a Tholosa (1). .... ii franxs.

510 a M⁰ Jacme Trencavel que anec a Galhac, a xxvii de genoier, per aver cosselh am M⁰ R. Favarel sobre l'ajornamen que avia fach M⁰ Ar. de Marcasana; ac ne........................... xvi s.

[F⁰ VII^{xx}XVII, v⁰]. 511. a ii de febrier, partic d'esta vila M⁰ Jacme Trencavel per anar a Carcassona tener la jornada que lay aviam per M⁰ Ar. Bernat de Marquasana quens avia fachs citar, e per d'autras besonhas que lay aviam a far. Estec ix dias, ac, per sas dietas, ... ix franxs.

514. a iii de febrier, que partic M⁰ Bernat de Noalha d'esta vila per anar a Tholosa, per tener la jornada que lay aviam per la execucio que avia tramesa M⁰ Galhart de Ramas, e per paguar a M⁰ Serni Bestor de so que demandava. Estec vi dias, ac per sas dietas,..... .... vi franxs.

516. a Tornamira, sirven de Tholosa, que say era vengut per far execucio contra la vila a estancia del dich M⁰ Galhart de Ramas, que volc que hom li dones................................ i flor.

518. a'n G^m Guitbert, per xxxvii dias que estec entre dos vetz que fo a Carcassona, per mandamen de M⁰ lo duc que avia mandadas totas las comunas per acosselhar a far provesio a pagar los homes d'armas que defenso lo pays; e fo cant lay anec a xviii de setembre; et a v d'octembre lay tornec a Tholosa al cosselh hon se ordenec las enposecios que levec en Frances Picart. Paguem li que se desdus de so que avia levat del libre de las reconoysensas dels cossols de l'an lxiiii, al dig libre a lxv cart. (2)..... ...... xxviii lbr. iii s.

(1) Cf. art. 494.
(2) Cet article permet de préciser la date de la réunion des communes ; elle eut lieu le 20 septembre à Carcassonne et le 6 octobre à Toulouse.

[F° VII^xxXVIII, r°]. 521. a vii de febrier, que partic en Miquel Huguat d'esta vila per anar a Carcassona per parlar am moss. d'Autpol de m^ct franxs quens avia mandat que prestessem a moss. lo duc e a'n Frances Picart, recebedor de las enposecios derrieyras. Estec en lo dich viatge v dias, ac, per sos gatges.. .... v francs.

522. a xviii de febrier, a M° Jacme Trencavel que partic d'esta vila que anec a Carcassona per tener la jornada que lay aviam am M* Ar. B. de Marcasana et contra los sirvens d'Albi, de so que lor demandairam per los tals et comus; e d'aqui parten de Carcassona s'en anec as Avinho per parlar am moss. d'Albi que li plages que volgues prestar del seu blat a la vila es a nos et que nos ho devisissem la hon seria de necessitat; e portec deniers a Monpeslier de so que lay deviam. Venc a viii de mars; estec xix jorns, ac per sos gatges .... xix franxs.

522 bis. per la ma del dich M° Jacme, que per las ayguas que eran grandas et la montanha que era sarrada d'ayguas et de neus, lo covenc a passar a Lautrec. Costec li de passar las ayguas e guidas. .... ix gros.

[F° VII^xxXVIII, v°]. 523. a xii de mars, que partic M° Jacme Trencavel d'esta vila per anar a Carcassona per parlar am M° d'Autpol quel plages de venir en esta vila per acordar los debatz que so entre nos e la vila am M° d'Albi, car de una part e d'autra era mes en luey. Estec vii dias; ac per sos gatges............ vii franxs.

524. per la ma del dich M° Jacme, per la despessa que fe al dich M° d'Autpol de Carcassona tro en esta vila............ lii s. vi d.

525. a'n G^m Guitbert, per ii dias que si destrigec a Tholosa e vacet en las besonhas de la vila per aver lo seyse de las emposecios am sira Peyre Escatissa; et per ii parelhs d'aucatz que li trames, per tal que sa besonha agues plus tost fi,........... v francs iii gros.

527. a xxi de may, que partic M° Jacme Trencavel d'esta vila per anar a Tholosa portar los aponchamens dels debat[z) de la vila am moss. d'Albi, per monstrar a M° d'Autpol e per acossellar ab luey dels dichs aponchamens e debatz. Estec iii dias, ac del viatge...... .... iii franxs.

Le folio VII^xxXIX est blanc.

[F° VIII^xx r°]. *Ave M.*

528. a xxi d'aost, a i macip de Castras que portec una letra que lo senh Ot Ebral devia esser a Tholosa am moss. lo jutge de crims e que hom hi fos,..................................... vi gros.

529. a'n P. Brondel, per i clau que te en calque porta, i gros, ii d.

530. a'n Johan Teulier que li era degut, que avia adobada la porta de l'abeurador de Tarn, l'an LXVII ; e fe ne relacio Johan Decles,........ .... I gros m.

532. per II botuolas de tencha............ .... x d.

535. a XXVIII [d'aost], per I sestier de vi e per XXX michas de v d. cascuna que donem a las Morguas per pitanssa, que era la festa de S. Augusti... XXXVIII s. VI d.

536. Donem lor may................................... I flor.

539. a'n Guilhem Aycart que tramesem a Galhac per espiar alcunas novelas am los senhors cossols de Galhac...... IIII gros. v d.

[F° VIII^{xx}, v°], 540. a Pascoret que tramesem a Candelh e a Briatesta per espiar de las companhas de Benesech on eron ; estec II dias, ac ne........ .... VI gros.

541. a XXX d'aost, que partic Pascoret d'esta vila per anar a Tholosa portar letras a'n G^m Guitbert e a M° lo cancellier de moss. lo duc, per lo gran dampnatge que suffertavam per las companhas que estavo sul pays. Estec VII dias, e davam, que l'avia distriguat en G^m Guitbert per IIII dias que hi era anat per autras besonhas,...... .... II flor. IX gros.

545. per I onsa de sera verda a far II sagels del vidimus de las letras de las emposecios,..... .... I gros.

547. a Mr G^m Glieyas per adobar las balansas del pes e las cadenas... VI gros.

549. a v de setembre, a'n G^m Soelh que tramesem a Carcassona portar a sira P Escatissa las letras del seye de las emposecios per executar que. agessem nostra part ; e venc a XV de setembre ; estec XII dias (1), ac per sas dietas ; e anec a Nemze e a Belcayre, e pueys tornec a Carcassona,.................. .... IIII flor. IIII gr.

[F° VIII^{xx}I, r°]. 551. per I massapa en que portec las letras,. v d.

552. a Ferrier que tramezem per espiar a Candelh que anec tota la nuech,.. III gros.

553. a Pascoret que anec a Candelh e a Graolhet per espiar may cora se desatlogero las companhas que hi ero........ IIII gros m.

554. a Ferrier que anec a S Juery per espiar............ I gros.

La mesa de la Planqua de Roanel de la porta.

555. per III cabiros,................. .... II gros, m.

556. a'n Johan Barrau, per m^{ia} cana de post........... III gros.

(1) C'est 10 jours et non 12 qu'il faut lire, sauf qu'il y ait erreur dans la date du départ.

557. per III palms de post de garric a far lo portanel, III gros m.
558. per II polilhas,... II gros.
559. a Mº P. de Valencas, per II jornals e m. que mes a far la dicha planqua... IX gros.
560. a'n Bernat Barrau, per XXXII lbr. de cavilhas de fer e per LXX clavels barradors........................ XXVII s. I d. mª.
561. per I corda a la dicha planqua levadissa,.......... V gros.

[Fº VIIIˣˑI, vº]. 562. a X de setembre a P. Huc que tramesem a Lavaur per espiar dels Bretos hon eron, que desia hom que aqui entorn ero... VIII gros.
563. lo dia dessus, a Ferrier, que tramesem a Rabastenxs per espiar; estec II dias,...................................... VI gros.
567. a Ferrier, que anec a Rodes per espiar,............. X gros.
569. a'n R. Gontelin, regen d'Albi, per XXX sestiers de civada que li devian los cossols de l'an passat, que foc dada a Mº d'Armanhac quant tenia establida a Novasela,.................... XX franxs.
570. Paguem que costero am lo comtan V d. per pessa e III barsalos per franc de XX que n'i avia................ VII s. VI d.
571. a XVIII de setembre, que venc en esta vila en Asemar Gabriola, factor de Mº Galhart de Ramas, que li baylem deniers e paguem los de so que avia(n) despesat a l'osde................ XXXVIII s. IX d.
572. a I macip de S. Serni de Roergue que trameyro los cossols am las novelas quant lo senescalc, moss. Tomas, fo pres dem lha,... VI gros.

[Fº VIIIˣˑII, rº]. 576. a XXI de setembre, a'n Gᵐ Soelh que tramesem a Tholosa portar letras a Mᵉ Ar. Paya, de cosselh de Mº d'Albi, que la jornada que lay aviam am lo sobredich Mº d'Albi davan Mº d'Anjo (1). Estec IIII dias, ac ne......................... XVI gros.
578. a'n P. Cancel que anec a Galhac per espiar et anec tota la nuech; e pueys l'endema a Puech Beguo; ac dels viatges. X gros.
579. a XXIII de setembre, a Ferrier que tramesem a Rabastenx per espiar dels Engleses hon ero que avian estat ben III jorns als barris,... VI gros.
582. per plumas que comprem per empenar los viratos.. II gros.
583. a XII de setembre, a Guilhem del Forn que anec a Tholosa portar letras a senhen Galhart Goltier e per portar resposta de so que faria am los mercadiers. Estec VI dias per lo perilh dels camis que eron empachat[z] per los Bretos e esperan resposta; ac ne.. XVIII gros.

(1) A suppléer probablement : *fos alongada*.

¹[Fº VIIIxxII, vº]. 588. al Bornhe, lo selier, que tramesem a Rabastenxs per espiar,... v gros.

590. a xxvii de setembre, a Vidal Mercier, sirven de Galhac, que fasia execucio sobre la vila, a estancia de Mº R. Favarel, per xx franxs per sa pencio ; ac ne... .... vii gros.

598. a iii d'octembre, a i macip de Galhac que portec i letra d'en R. Gontelin d'avisamen..... .... iiii gros.

[Fº VIIIxxIII, rº.] 601. per i pel de pergames de cabrit, vii d. mª.
604. Paguem que begro a Candelhs los sirvens.......... xv d.
606. a iiii d'octembre, que partic Pascoret per anar a Carcassona portar letras a Mº Bernat Bona dels comissaris que say ero, que li plagues que nos feses i petit de temps donar. Estec, esperan resposta e per lo perilh dels camis, estec vi dias, ac ne.. xviii gros.
607. a iiii d'octembre, a'n Johan d'en Ray, castela de Cabaret(1) que nos avia fach e nos fasia execucio per so que deviam del subcidi darrieyramen empausat................. .... lvi s. iii d.

[Fº VIIIxxIII, vº]. 612. a iiii d'octembre, que partic en Gm Soelh d'esta vila per anar a Tholosa per tener la jornada et alonguar que era entre la vila el procurayre de moss. d'Albi, sobre lo cosselh que devo donar los prohomes als malfachors. Estec v dias, ac ne....... .... xx gros.

613. a Esteve Casilhac que anec a Rialmon per espiar, e pueys l'endema anec a Briatesta e a Puech Beguo ; estec iii dias en los dichs viatges, ac ne........:......................... ix gros.

616. a iiii d'octembre, per i sestier de vi, xxi s. iiii d., e per xxx michas, xii s., que foron donadas per pitanssa als frayres Menors, que era la festa de S. Frances , monta.... .... xxxiii s. x d.

¡617. Paguem que lor donem may. .... i flori.

_____

(1) M. J. de Lahondès a consacré une très intéressante étude historique et archéologique aux châteaux de Cabaret qui dressent encore leurs murailles ruinées sur une arête rocheuse, après le confluent du torrent du Grésillou et de la rivière de l'Orbiel, dans l'Aude. C'était un groupe de quatre châteaux-forts portant le nom de : Cabaret, Tour Régine, Fleur Espine, Quertinhoux. Ces quatre châteaux, qui se commandaient l'un l'autre, étaient si forts, si bien situés, qu'ils n'ont jamais été pris. C'étaient les plus redoutables forteresses du Carcassés, et l'auteur de la *Chanson de la Croisade* a pu dire :

> Non a pus fort castel en ho als ports d'Espanha
> Fors Cabaret et Terme ques al cap do Serdanha.

Voir *Bulletin de la Société Archéologique du Midi de la France*, série in-8º, nº 20, p. 121-130.

620. a P. Huc que anec a Galhac per espiar; venc l'endema que no poc tornar lo ser que esperec resposta de lors espias, v gros.

621. per adobar la balansa de l'aur e per ɪ botiola de tencha, x d.

[F° VIII^{xx}IIII, r°]. *Mesa de so que avem baylat a'n G^m Esteve per far las hobras de sarradura e de passes de la vila.*

624. baylem a'n G^m Esteve, a ɪx de jun, per far los hobratges que el fasia far per la vila en la clausura.................. vɪɪɪ gros.

[F° VIII^{xx}IIII, v°]. 636. Baylem li may, a ɪɪɪ de julh, per la ma d'en Frances Picart, per paguar los homes que adobero lo pas del cami del cementeri nou............................. xɪɪɪ gros, v d.

641. Baylem li may, per ɪ^a carrada de pal que n'ac en Bertomiau Garengau as obs del pas del Marloy............... ɪɪɪɪ gros.

[F° VIII^{xx}V, r°.] 677. Pres may, G^m Estave de P. Defas, per la ma d'en G^m Gaget qne devia al libre de las reconoysensas, a ɪɪɪ^{xx}vɪ car. .... LXXIII s., ɪx d.

Le v° du f° VIII^{xx}V est blanc.

[F° VIII^{xx}VI, r°]. *Mesa comuna.*

681. a x d'octembre, as Ar. d'el Vesoch, sirven de Tholosa, que fasia execucio contra la vila, ad instancia d'en Ar. e G^m Asemar, mercadiers de Tholosa, per so que lor era degut.. vɪ franxs vɪɪɪ s.

683. per una lbr. de candelas...................... xɪɪɪɪ d.

684. a xɪɪ d'octembre, a Pascoret que anec a Carcassona portar letras a M° d'Autpol, per los comissaris que eran sobre los maseliers, e quel plagues que en Frances Picot nos feses gardar de despens; estec (*blanc*)........................ ɪɪ flor. ɪɪɪ gros.

685. a'n P. Brondel que adobec la clau de la barra del Vigua, xx d.

686. a'n Johan Raynaut, al[ias] Boias, per lo loguier de l'osdal en que teniam fusta................................. v gros.

[F° VIII^{xx}VI, v°]. 688. a'n Gorgori d'Escabrinh, per una dagua que n'agro los capitanis que redero a ɪ dels homes d'armas que say ero am M° Johan de Vilamur que l'avia perduda a la porta... v gros.

690. a xvɪɪ d'octembre, que partic d'esta vila Tiboba per anar a Carcassona per portar letra a M° Bona que li plagues de venir en esta vila sobre lo tractat que s'i menava entre nos els vicaris de M° d'Albi; e venc a xxɪ d'octembre, que esperec resposta de M° Bernat Bona que era a Monreal (1)............................ xv gros.

---

(1) Chef-lieu de cant. de l'arrond. de Carcassonne.

691. a Ferrier que asolasec Pascoret quel trametiam a Tholosa portar letras a M° B. de Noalha ; es anec amb el tota la nuech, tro que fon dias, ac ne.................................... III gros.

694. a la Paya que anec a Berenxs (1) e a Galhac portar letras a la dona de Berenxs de part del regen, e a Galhac a M⁰ lo jutge d'Albiges, sobre la presa que avian facha alcus del rossi d'en P. del Solier que era estat tout a'n Gᵐ Aycart ; e venc l'endema quel qualc anar a la Yla (2) hon era M⁰ lo jutge d'Albiges. Estec III dias, ac ne...... .... IX gros.

[F⁰ VIII××VII. rⁿ]. 696. Paguem, que anec lo selier a Caramaus per espiar e venc l'endema, ac ne....................... II gros m.

699. a XXII d'octembre, a Johan d'en Ray, castela de Cabares, que era vengut per executar per so que deviam del subcidi que levava en Frances Picot........................... v franxs, IIII gros.

701. a Bernat Fortanier, pelegantier, que avia paguat may que non devia dels dos comus que levec Gᵐ Guitbert l'an LXVIII, a XX de desembre......:..................... .... III d.

702. a XXII d'octembre, a Esteve de Casilhac que anec a Tholosa portar letras a M° Bernat de Noalha de la manda que avia facha M⁰ B. Bona que hom fos a Tholosa, car moss. lo duc hi devia esser. Estec VI dias, ac ne................................ XVIII gros.

704. a XXV d'octembre, a P. Palisa, sirven de Carcassona, e a son companh, que fasian execucio contra la vila ad istancia de M° Bernat de Mora, e sobre autra cauza ad istancia de M° P. Boier; agre ne.. IIII franxs.

[F⁰ VIII××VII, v⁰]. 705. a'n Johan Segui que li era degut per prest que avia fach l'an passat de aur, que baylec lo flori per XV s., et en aquest an valia XVI s. et aviam XVIII floris............... XVIII s.

708. per I lhiaura de candelas.... .... XIIII d.

709. per plumas que comprec Taulo per empenar los viratos de la mayo cominal...... .... III s. IIII d.

710. per I ma de papier............................ II s. I d.

711. a Farsac del Castelvielh que fe alcus encans de vendemias del Castelvielh................................. I gros.

713. a'n Philip Capel, per lo trebalh que fe en la mayo cominal, am d'autres jotz escrichs, per alhiaurar los mobles dels singulars de la vila (3)............................... .... XVIII gros.

(1) Brens, cant. de Gaillac.
(2) Lisle-sur-Tarn, chef-lieu de canton, arrond. de Gaillac.
(3) La ville employa, pour ce travail, 7 autres scribes.

. [F° VIII^{xx}VIII, r°]. 723. a'n G^m Prunet, per escriaure las IIII guachas en caserns dels VII comus novelamen(s) empausat[z],. III gros.

724. a Guamarra, escudier del regen de M^{es} d'Albi, que tramesem a Berenxs per lo rosi que era estat tot a G^m Aycart, al[ias] Rebiayra, ... XVI grós.

726. per IIII^{xx}franxs que comprem am lo comtan a paguar M° Bernat Vaquier quens avia prestat[z] a Tholosa a paguar los mercadiers. E costavo los LX franxs XX s. V d. cascun, els XXX franxs, XX s. III barsalos ; monto............................. XXVII gros. III.

727. a M° Dorde del Vierno per l'emolumen del saguel e de trenquar la obliganssa en que eram obliguat[z] al dich M° Bernat Vaquier,... III gros.

[F° VIII^{xx}VIIII, v°]. 728. per III^{xx} franxs que redem a M° Amielh Cabirol e a M° P. Bernat, quens avian prestatz cant M° Johan de Vilamur era en esta vila am las companhas, que s'en anec a Compeyre ; e pueys redem los nos a'n Andriau Sabatier, loctenen del thesaurier de guerras, a cuey los aviam prestatz, en R. Celet per lhuey ; e pueys foron paguatz a Carcassona a'n aco que leva en Frances Picot ; e baylero nos deverssas monedas d'aur : nobles per XXI gros, razonan lo franc a XV gros, e motos e las autras monedas a l'avinen. En Bernat Molenier, loctenen d'en Frances Picot, no los nos volc penre mas per XXI gros e per XI gros, razonan lo franc a XVI gros ; et a nos calc quel redessem franxs o las monedas que avian bayladas que costavo a l'avinen de XVI gros lo franc. Monta la perdua am so que costavo los franxs, que costavo XX s. e V d. e XX s. e III barsalos.. VI lbr. X s.

730. a M° Gui Salvanhac, castela de la cort del rey, que avia estat arrestat en la dicha cort, per XII dias,..................... XX d.

731. per XX franxs que eron degutz a'n Frances Picart del comte de l'an LXVIII, que cant los baylec no foron comtatz mas per XV gros et aras costo XVI gros ; monto....................... XXV s.

732. a'n Bernat Santoli que avia mandat alcus singulars de la vila per penrre los comus,............................... II gros.

[F° VIII^{xx}IX, r°]. 735. a'n P. Clergue, per IIII mas de papier de la gran forma, a far I libre as obs del pes de la farina....... XXX s.

736. a'n P. Redon per far lo dich libre.... .... VI gros.

739. a'n P. Palissa e a son companh, sirvens de Carcassona, que eron vengutz far execucio sobre la vila a estancia de M° B. de Mora e de M° P. Boier de Carcassona, e que demandavo per relacios e per pencios ben LX franxs ; agro ne entramdos........... III franxs.

740. a xv de novembre, per vi parelhs de galinas.... xv gros m.
741. per 1 sestier de civada............................ x s. (1)
743. a xxvii de novembre a P. del Bruelh que anec (anec) a Berenxs portar una letra a M° Philipes de Bruieyras sobre lo rossi d'en P. del Solier que fon tost a G^m Aycart............ II gros m.

[F° VIII^xxIX, v°]. 744. a Pos de la Soquieyra e a son companh, sirvens de Tholosa, que avian facha execucio contra nos a estancia d'en Ar. e d'en G^m Azemars de Tholosa............... vi lbr. viii s.
745. a II de desembre, a I macip de Narbona, que portec la manda de la resta que era deguda del derrier subcidi, laqual era estada assignada als cossols de Narbona; dem li.............. viii gros.
746. a III de desembre, que partic Dorde Candeja que anec a Tholosa portar letras a'n G^m Guitbert, que era de part dela, sobre [la] dicha manda que avian mandat a'n Bertran Ros; e tornec s'en de Rabastenxs, que li dic en Frances Picart que a Carcassona s'en era anat; ac ne.................................. III gros m.
748. per III lials de vi e per x michas que foron tramesas a M° lo jutge de Castras que tenia sisa al Castelvielh......... viii s. II d.
751. a x de desembre, a R. Fornier que tramesem a Castras, am letras a moss. lo jutge de Castras que la jornada que lay aviam, per los singulars de la vila que an fiaus nobles en la terra de M° lo comte de Vendoymes, que li plagues d'alonguar la dicha jornada...
.... vi gros.

[F° VIII^xxX, r°]. 752. per I sestier de vi, xxi s. IIII d. e per xxx michas, xii s vi d. e may i flori que val xvi s., lasquals causas foron donadas als frayres dels Carmes per pitansa, car fo la Concepcio de nostra Dona; e costec tot de portar, am lo loguier del barrial, xv d.; monto que costec to[t]............................ II s. I d.
756. al Roch que anec a Galhac per espiar que desia hom que a Rabastenxs avia gens d'armas........................ III gros.
757. per xvi molas de vi que ac hom, l'endema de Nadal els dos dias aprep, as anar far las visitacios als Ordes.......... xi gros.
758. a'n Gualhart del Faro, per IIII lbr. de cofimens a far las dichas visitacios.. XL s.
759. per I lbr. d'especias que ac hom may............... x s.
760. per II parelhs de gans que foron donat[z] a Posset et a Guila, ... II gros.
761. per I parelh de gans que foron donat[z] al portier de la bisbia,

(1) Ces deux articles sont réunis par une accolade et en marge on lit : *Aysso fo donat a'n Ar. Bunauc que era vengut ad Albi.*

lo jorn de Nadal, que l'anem visitar, ɪ gros, e vɪ gros que avia dins lo[s] gans; costec... . . . . vɪɪ gros.

762. a'n G^m Guitbert per xɪɪ entorcas e vɪ lbr. de doblos que pesava tot xLɪɪ lbr., que foron donadas a M° lo jutge d'Albiges, e a M° lo jutge del rey, e a senhen Galhart Golfier, e al regen, e al jutge de M° d'Albi, e a M° Pelfort de Malhorguas. . . . . vɪɪ lbr. vɪɪ s

[F° VIII^{xx}X, v°]. 763. per vɪɪ entorcas de sera que pesavo miech quintal que foron paguadas a moss. d'Albi per lo ces dels corratatges e dels encans. . . . . vɪɪɪ lbr. xv s.

765. Paguem, quant tramesem a Carcassona (*blanc*) per una letra de moss. lo senescalc de citacio contra M° Bernat Marti, loctenen d'en Bertran Ros, levador de las asignacios fachas per en Frances Picot als cossols de Narbona (*blanc*) de la execucio quens fasian; costec de far ɪ gros e de sagelar, ɪɪɪɪ d., e de servir, car es officier que hi an v s.; ac ne ɪɪ s. ɪɪɪɪ d. lo sagel; monta. . . . . . . ɪɪɪ s. xɪ d.

768. per ɪɪɪ fayses de palha as obs de la mayo cominal, xvɪɪɪ d.

773. a P. Huc que anec a Lescura per espiar que desia hom que hi avia hom fach tocasenh. . . . . ɪ gros.

774. a xɪɪ de desembre, a Johan Chavan, castela de Cabaret, e a ɪɪ sirvens de Carcassona que vengro en esta vila per executar, ad istancia de M° B. Marti, comissari a levar las assignacios que avia fach[as] Frances Picot als cossols de Narbona, que nos avia assignat[z] per vɪ^c franxs e non deviam mas ɪɪ^c franxs; agro ne. . . . . LXIIII S.

[F° VIII^{xx}XI, r°]. 776. a M° Dorde Gaudetru, que li era degut per lo cambi de xL franxs que li eran degutz del viatge de Fransa fach l'an passat, que non avia paguat per franc mas xv gros, e pueys valian los franxs xvɪ gros; monto. . . . . L S.

779. a M° Duran Frontinha, notari, per rompre dos obligansas que avia cosi nos deviam (1) a M° Amielh Cabirol ɪɪɪɪ^{xx} franxs; ac ne, entre l'emolumen del sagel e la recepcio el rompre. ɪx s. ɪɪɪ d.

780. a M° Dorde Gaudetru per lo loguier del seu rossi que te[n]c M° G^m Garnier a Tholosa xɪ dias, que lay era per alcunas besonhas de la vila. . . . . xxxɪɪɪ s.

[F° VIII^{xx}XI, v°]. 787. a xxɪ de jenoier a M° G^m de Monrricos e son companh que avian facha execucio ad instancia de M° R. Favarel, ... xvɪ s.

788. a Isarn Pitre e a P. de Najac que anero penhorar alcus de la guachas de las Combas e de otral pon. . . . . ɪɪ gros.

(1) Manus.: *devian*.

789. a Gui Salvanhac per bandir ad alcus que portavo vi en esta vila,... xx d.

792. al bornhe, solayro, e a Pascoret que anero a Vilafranqua de Roergue per espiar dels Engleses hon eron tengutz....... xxx s.

793. a II de febrier, per xvIII franxs que comprem am lo comtan, a III barsalos per pessa (1), losquals portec M° Jacme Trenquavel a Carcassona per paguar ad avocatz de M° P. Boier..... IIII gros m.

795. a M° Duran Frontinha, per alcunas comparacios que avia fachas en son taulier de so que demandava(n) lo Capitol de Sta Cecelia a nos... xv d.

796. a II de febrier, a M° Philip de Brueyras per los despens que aviam fach[s] per cobrar lo rosi que fon tout a'n Guilhem Aycart, ... vIII franxs.

[F° VIII^xxXII, r°]. 798. a'n P. del Solier; per lo loguier del sobredich rossi seu e per la sela, per acort fach ab nos que demandava be xx floris; fo acordat quel desem, e n'ac.......... vIII franxs.

799. per I sestier de vi e per II sestiers de civada que comprem, que donem a M° Johan d'Armanhac que era vengut en esta vila, e s'en anava a Tholosa: costec tot......................... LIIII s.

804. Paguem li may [a'n Galhart del Faro] per l'avansa (2) de v floris, vI gros que li eran degutz per cofimens que n'aviam aguta l'an passat.. v s. vI d.

806. a xvI de febrier, a Guilhem Roffiac que anec a Carcassona portar letras a M° d'Autpol e a M° Lambert Vilar que tengues las jornadas de trops homes d'esta vila que lay aviam fachs citar, ... xxI gros.

[F° VIII^xxXII, v°]. 807. a M° G^m Glieyas que avia adobat goffos a la porta de Roanel,................................... II gros.

808. a'n Helias del Port, sirven, per far la citacio contra Asemar Blanquet per enjurias que avia dichas as alcus de nos, am so que n'ac M° Dorde del Vierno per far la sobrescrepsio del mandamen de la citacio sobre la letra (3)..................... vII d. m^a.

810. a M° Simo de Cornus, notari de Carcassona, que era vengut per executar per los processes de las reparacios dels fuexs, xx gros.

813. Paguem, que se perdec en la moneda que fon reduda al rector

---

(1) La valeur du *barsalo*, que nous avons quelquefois rencontré dans ces Comptes, se détermine de la manière suivante, étant donné que le gros vaut 15 deniers : $4 \times 15 + 7,5 / 18 \times 3 = 1$ den. 1/4.

(2) Dans le manus. : *la vansa*.

(3) Manusc. : *latra*.

de Sᵗᵃ Marciana de ɪɪᶜʟᴠ franxs quens avia prestatz hongan, a S. Johan, cant Mᵒ Johan de Vilamur era en esta vila am gran colp de companhas, que s'en anec a Compeyre contra los Engleses; es a nos calc que los prestessem al thesaurier de las guerras per far lo paguamen a las gens d'armas, quar estiers no s'en volian anar; e pueys lo dich thesaurier trames (trames) los deniers e covenc los acambiar; perdec se.................................... ᴠɪɪ franxs.

814. a xxɪɪɪ de febrier, a Ferrier que anec a Carcassona am Mᵒ Jacme Trencavel que anec d'aqui as Avinho; el dich Ferrier devia tornar resposta de so que lo dich Jacme agra besonhat a Carcassona e tornec ne resposta. Estec la, que esperec que las jornadas fosson tengudas, e per l'enpachamen que era sus los camis de neus et de plueias, ᴠɪɪɪ dias; ac del viatge..................... xxx s.

[Fᵒ VIIIˣˣXIII, rᵒ]. 820. a xᴠɪɪ de mars, que partic Pascoret d'esta vila per anar a Carcassona portar letra al nostre sendic de la vila es als avocatz dels ajornamens que avian fachs las gens de Mᵒ d'Albi a nos; estec ᴠ dias que esperec resposta, ac ne......... xᴠ gros.

821. a ᴠɪ de mars, a'n Johan Giaussa, per ɪ pipa de vi que tenia dos cestiers.. ɪɪɪɪ flor.

822. a'n Varelhas, per ɪɪ sestiers de civada............ xxxɪɪɪɪ s.

823. a na Mureta per ʟx michas......................... xxᴠ s. lasquals causas desus dichas foron donadas a Mᵒ d'Audenay, menescalc de Franssa, que venia de Paris (1).

[Fᵒ VIIIˣˣXIII, vᵒ]. 824. a xᴠɪ de mars, que venc Mᵒ d'Autpol en esta vila per tractar dels debat[z] que so entre la vila et Mᵒ d'Albi, per ɪ lbr d'especias, de coffimens, la nuech que fo vengut,...... x s.

825. per ɪ pipa de vi, que tenia ᴠ sestiers, as obs del dich Mᵒ d'Autpol.. ᴠɪɪɪ lbr.

826. per barbeus, que pauxs que grans, que trames hom querre as Ambilet as obs de Mᵒ d'Autpol: costero............... ʟx s.

827. a'n Miquel Huguat, a xx de mars, que fe solas al sobredich Mᵒ d'Autpol tro a Tholosa e baylem li de que li feses lo despens,... .... ᴠ lbr. ᴠɪ s.

833. a xx de mars, que donem al escudier de Mᵒ d'Autpol de que agues ɪ causas, xx s. e al coc x s. e al macip, x s.; monta tot, xʟ s.

[Fᵒ VIIIˣˣXIIII, rᵒ]. 837. a'n Galhart del Faro per ɪ lbr. de gingibre cofit que ac hom as obs de Mᵒ lo jutge, (2)............. x s.

(1) Le d'Audrehem ou d'Audeneham de l'*Hist. de Lang.*

(2) Les dépenses occasionnées par la venue à Albi de Bernard Bonc atteignirent le chiffre respectable de 54 liv. 8 s. 9 d.

839. per far una letra que fosso citatz aquels que devian los comus de S¹ Ginieys, e no volgro obesir la letra ; costec............ x s.
840. a'n Isarn Redon per ı cadenat que n'ac hom as obs del pon de Tarn,.. .... vıı s. vı d.
844. a ıx d'abrial, a ı macip que trames en Bernat de Lumbers que los Bretos ero a S Lieus (1)........... .... ıı gros.

[F° VIII**XIIII, v°]. a ıx d'abrial, al Rech que anec, per espiar, a Graolhet, ac ne, que estec ıı dias que la nuech lay gac... ıııı gros.
847. a'n Johan de Monjuziau, osdalier de Candelh, per destric e despens que avian fach trops de singulars, car lay foro arrestatz. .... xıı s. vı d.
849. al senhen Gualhart Golfier, per los trebalhs que fe en la hanada de Tholosa et de Carcassona, e per tropas vetz (e per tropas vetz) que anec otral pon per enebir as alcus sirvens de Tholosa que venian far execucios per alcus subcidis, e ıı vegadas que fo a Tholosa e ıı veguadas a Carcassonna per las besonhas de la vila; ac ne................................. .... xxvıı lbr.
850 a'n Guiraut Marti per vı pels de pergames que pres M° P. d'Erriaus a far lo proces de la reparacio, et per ıı pels que n'ac M° Johan Amoros a grossar cartas de la mayo cominal, v gros m.
851. a xx d'abrial, a G^m Gasc que partic d'esta vila per anar a Carcassona portar letras als avocatz et al sendic nostre d'esta vila per saber en canh estat eron las causas de part dela... xıı gros.

[VIII**XV, r°] 853. a Bernat del Puech que avia mes e paguat per la vila a Carcassona quant Ferrier l'anec am M° Jacme Trenquavel, e fon pres lo dich Ferrier...... .... xıı s. vı d.
854. a xxvıı d'abrial a Johan Senhier, sirven de Carcassonna, e a son companh que fasian execucio, ad estancia de M° Johan Beruenha e de M° Simo de Cornus, notaris de Carcassona, de la reparacio, ... xıııı gros.
855. a xxvıı d'abrial, que partic Johan Noble d'esta vila per anar a Carcassonna am letras al sendic nostre que meses en defauta alcus singulars que aviam fachs citar de part dela. Estec v dias, ac ne .... xı gros.

[F° VIII**XV, v°]. *Ensego si la mesa de las nostras raubas del cossolat que no fesem ponch de raubas, l'an presen, mas que fo asordenat que dones hom a cascun per la rauba* xıı *lbr.* (2).

(1) S¹-Lieux-Lafenasse, canton de Réalmont, arrond. d'Albi.
(2) Tout ce verso est occupé par la formule suivante, répétée douze fois : *Paguem a... per la rauba del cossolat de l'an presen,* xıı *lbr.*

[F° VIII××XVI, r°]. 869. Donem a frayre Johan de Siaurac, frayre del coven dels Predicadors, per far sa festa de esser. maestre en teulogia... .. xvi franxs.

871. al capitol de madona Sta Cecelia, per vi milliers de teula que preyro los senhors cossols de l'an lxi, de M° Johan de Foysenxs as obs del mur del verdier de M° Isarn Gili,.... xxiiii franxs, viii s.

872. per ii veguadas que fo escumergat en Bernat Esteve per los senhors de Sta Cecelia................................. .... x s.

873. per la obligansa que lor fe en G^m Guitbert, que n'ac M° Duran Frontinha,................. .... v s.

875. a G^m Gasc per la perdua que fe de sa rauba que fo raubat quant anec a Monpeslier,................... .... xv s.

876. P. Clergue per la gabela de la sera que fon malevada del rector de Sta Marciana................................... iiii lbr.

878. a'n Bernat Bru per las cordas que s'eron trencadas quant adobavo lo pon de Tarn.. .... lxiiii s.

879. a M° Dorde Gaudetru, per lo dampnatge que pres son rossi quant G^m Guitbert lo menec a Besers que seguia en Pabina de Gontaut, per lo prest que demandava moss. lo duc, et el era comessari et avia trames Ar. Duran, am d'autres comissaris; e M° B. de Noalha e R. Celet per nos avian finat a Tholosa; et pueys lo dich G^m Guitbert s'en anec a Tholosa segre M° B. de Noalha, e per trop cavalguar, car la besoha avia cocha, afolec lo rossi, que estec ii mes que no poc issir de l'estable; ac ne per lo dampnatge, iiii francs.

[F° VIII××XVI, v°]. *Mesa dels xii comus fachs a xxix de may.*

881. a'n Johan Decles per son trebalh de levar la guacha de Verdussa dels dichs xii comus, a xii d. per lbr. (1). xii lbr. v s. vi d.

[F° VIII××XVII, r°] 888. a Gui Salvanhac que anec bandir e sagelar so que na Garsens Prevenquieyras avia en l'osdal d'en Johan Decles, ad istancia de nos,..... ....:. v d.

890. per las despessas que fe contra Johan Talhafer que pagues so que devia, e per la carta que fe M° G^m Garnier, quant sa molher obliguec; e pueys M° d'Autpol nos mandec et preguec que lo mesesem en sospens per lo prebost de Rialmon...... xviii gros.

892. Paguem que donem al sehen Hot Ebral per trops de sirvicis que avia fachs per esta vila, per los subsidis que monsenhe d'Anjo

---

(1) Suivent 6 articles rédigés en termes presque identiques pour les 5 autres gaches et le faubourg du Bout du Pont. Les frais de perception s'élevèrent à 79 liv. 2 s.

avia levatz.. L franxs.

894. Paguem que si perdec en dos quintals de sera que malevem del rector de Sta Marciana, am lo gorratier que la vendec,..... .... v franxs, IIII gros.

895. al capela que dis la messa quant moss. d'Autpol fon a Ladrecha (1)... II gros.

896. a II homes que hubrigo las trencadas dels Predicadors de Neguadonas (2)..................................... III gros.

[F° VIII^xxXVII, v°]. 897. a Gui Salvanhac per trops de trebalhs e servicis que avia fachs per la vila, l'an passat e l'an presen, que era carsanier de la cort del rey............................. XXXII s.

898. a'n Mathiau Valeta, per IIII fiausas de carn salada que pesavo II q. e XXV lbr. a IIII floris lo q., laqual tramesem a Tholosa e donem a sira P. Escatissa, thesaurier de Franssa,.......... VII lbr. IIII s.

900. per lo pesatge.. XX d.

902. a XI de may, a Pascoret, que anec a Pena d'Albiges portar letras a M° le jutge d'Albiges que vengues sobre lo tractat que era entre las gens de moss. d'Albi e nos; estec dos dias, ac ne   V gros.

903. per la ma de M° Ar. Paya, per las letras que portec de Paris que fos paguat a la vila lo seyze de las empesecios dels XII [d] per lbr. dels V meses de l'an passat, que comtava hom LXVIII e de to[t] l'an presen, que comtava hom LXIX. Costero entre far e refar et pasar per cambra de comtes e sagalar.................. VIII lbr. VIII s.

[F° VIII^xxXVIII, r°]. 908. a'n G^m Esteve que li era degut per so filh P. per l'anada que fes a Monpeslier quant baylem LX franxs a M° d'Audenan, losquals nos redec a Monpeslier; estec al dich viatge (blanc) ac ne.. LXIII s.

910. per la ma d'en G^m Guitbert que avia paguat als sirvens que fasian los guatges e penhoravo aquels que devian dels derayratges del libre de las reconoysensas, que dava per cascun guatge V d. e las gens no paguavo mas dos d. m^a; monta...... VIII gros, V d.

913. a Isarn Redon per far escriaure los encans del leu dels XII comus premiers quel levava............................. V s.

[F° VIII^xxXVIII, v°]. 916. a M° Bertran de Montaiasac et a M° Galhart de Borns, notaris de la cort temporal, per escripturas que eran estadas fachas en la dicha cort,............................... XXX s.

---

(1) Célèbre lieu de pélerinage sur les coteaux qui avoisinent Albi au nord-est.

(2) Nom d'une rue d'Albi, appelée Négo-Danos aujourd'hui, d'un petit ruisseau emprisonné dans un égout.

[F⁰ VIII××XIX, r⁰]. L'an m ccc lxxi, lo premier dia d'abrial, lo senhen Bernat d'Avisac, Miquel Huguat, Frances Picart, Mathiau Valeta, M⁰ Dorde Gaudetru, M⁰ Jacme Trencavel, Philip Vaysieyra, Gᵐ Guitbert, Gᵐ Esteve, Gᵐ Cabrier, per lor et per lors companhos (1) cossols dels ans propda passat[z] lxviii e lxix, redero als discretz senhors cossols de l'an presen lxx, Gᵐ Ortz, Duran Daunis, M⁰ Johan Duran, P. del Solier, Johan Augier, P. Clergue, Bernat Esteve, cossols de la ciautat d'Albi de l'an presen e els presens, per lor et per lo[r]s companhos (1) e per la universitat d'Albi stipulans et resebens, compte e razo de tota la aministracio de presa e de mesa per los sobredichs cossols viellis dels ans desus dich[s] lxviii e lxix, facha e lor temps de lors cossolatz dels dichs dos ans, on miellis en aquest lhibre se conte ; loqual comte los dichs cossols viellis baylero als dichs senhors cossols de l'an presen, am protestacio e retencio, laqual feyro davan lo dich baylamen et a'n aquel e aprep aquel, que se hi avia may pres ho mes que al dich compte nos conte ho autra error hi apparria en presa ho en mesa, que aco puescan corregir e emendar e que totztemps volo e puesco a vertat estar.

De quibus prefati nominati consules de annis predictis lxviii⁰ et lxix⁰ requisiverunt eisdem fieri publicum instrumentum per me notarium infrascriptum, in presencia et testimonio discretorum virorum magistri Francisci Gasanholi, jurisperiti, Poncii Glieyas, magistri Bertrandi Chamilho, Guilhelmi Brunii, Albie, etc. (2).

[F⁰ VIII××XIX, v⁰]. 917. *Ensec se la presa d'en Gᵐ Esteve, que a pres d'en Duran Daunis en diverses dias et en diversas horas et en diversas somas, ad obs de l'obratge de la vila; que monta entre tot* ....
.... clvii lbr. iii s. iii d. mª.
hon miellis es contengut en aquest libre al⁺ comte d'en Duran Daunis a viii××iiii cart.

Ensec se la mesa que en Gᵐ Esteve a mes per far los hobratges de la vila de l'an desus lxix.

918 a ii de julh, a viii homes que destremero la fusta que era casecha de la tor del pon de Tarn; colero............... viii gros.

919. a ix de jun, a xii homes que portero de la fusta que era casecha en Tarn del gachial; colero.................. xvi gros.

---

(1) Ces quatre derniers mots sont cancellés.
(2) Malgré cette clôture officielle des Comptes de 1368-69 et 1369-70 les opérations budgétaires du dernier exercice se poursuivent jusqu'au f⁰ IX××V. L'écriture n'est pas de la même main.

Fo azordonat per los senhors que hom feses i pon levadis al cap del pon de Tarn.

920. a xii de junh, estec Bernat Serras e M° P. de Valencas a far lo dich pon, e prendian per jornal iiii gros que montan. viii gros.

921. a iii homes que lor tiravo la fusta laqual era al cap de la costa, laqual hi avia portada en Jacme Miquel ; e prendian per jornal x morlas, quen montan totz. .... vi gros, x d.

[F° IXxx, r°]. 926. a xix del mes desus e a xx e a xxi e a xxii e a xxiii, estec M° Bernat Serras e M° P. de Valencas e M° G^m Albert a far la obra desus dicha ; e prendian per jornal cascun iiii gros, que montan............................ .... v flor. d'aur.

928. la semmana desus dicha, reseubi d'en Johan Borias ccl saumadas d'arena, lasquals portec otra Tarn, quosta la on ero los molis, que ne devia aver de las c saumadas viii gros, que monta... .... xx gros.

929. la semmana desus dicha, aygui c q. de caus de Goio de Blaya, lasquals avian donadas lo Capitol de Sta Cecelia, laqual caus descarguec a l'ospital d'otral pon (1).

931. la semmana desus dicha, aygui i home vi jorns que fe del mortier costa la hon ero los molis e prendia per jornal viii morlas ; soma que monta............................:................... viii gros.

[F° IXxx, v°]. 935. a xxvi del mes desus, estec M° P. de Valencas e M° G^m Albert as acabar lo pon levadis, e prendian per jornal cascu iiii gros ; soma que monta............................... viii gros.

936. may a ii homes que lor ajudavo e lor portavo de la fuelha d'aquo d'en Frances de Lagrava, laqual nos hi aviam facha metre ; e prendian per jornal cascu viii morlas ; soma que monto......... .... xvi morlas.

937. Paguiei a'n Bernat Barrau, per cxxxv lbr. de fer obrat que mesem al pon levadis, a for de ix d. la lbr. ; soma que monta...... .... vi flor. ix gros

938. may, per iiii^c clavels amvanadors a for de iii gros lo sen ; soma que monta............... ... . xii gros.

940. A xxvi i a xxviii, aigui dos homes que feyro dal mortier al loc desus dich, e prendian per jornal cascun viii morlas, soma.... .... viii gros.

---

(1) Nouvelle preuve que l'hôpital du faubourg du Bout du pont était a proximité du pont. Le pont-levis, à la construction duquel nous assistons, était établi sur la dernière arche ; les maiériaux étaient portés à pied-d'œuvre.

942. Lo dia desus fe curar lo toat de la Torreta ; colec.... xx d.
Fo asordenat per los senhors que hom feses acabar lo mur que era davan en Tersac.

[F° IX××Ir°.]. 945. Lo segon jorn de julh, aigui de Goio de Blaya vi saumadas de caus que pezavo xv quintals, e colava xviii d. lo quintal ; e portec la davan Tersac ; soma.................. xxii s. vi d.

846. A iii e a iiii dal mes desus, aigui i home a far dal mortier e i femna que lhi carrejava de l'ayga, e prendia l'ome xx d. e la femna x d. ; soma que monta.......................... iiii gros.

947. a xv dal mes desus, estec M° B. Serras, en Johan Esteve e M° Dorde Decles a far lo pal a l'airal de l'ordal dels Viguiers dal Cap del pon ; e prendia per jornal M° B. Serras iiii gros, e Johan Esteve ii gros miech, e M° Dorde Decles iii gros ; soma que monta.........
.... ix gros iii.

950. a'n Dorde Romanhac de xxxix cabiros cayratz a far lo pal desus dich ; e colavo lo cabiro xi d.; soma............. xxxv s. ix d.

951. a Huc Fabre, bada d'otral pon, lo derrier dimergue de julh, rebatutz sos xii comus, losquals lhi devia en Duran Daunis dal temps passat....... .... ii flor. e vii gros, v d.

952. per lo mes d'aost en que a xxvii jorns, vostatz los dimergues que no hi estava, e per iiii jorns may de julh ; e prendia per cada jorn ii gros ; soma que monta................... v floris d'aur.

954. el mes d'octembre fo asordenat per los senhors que i stes aitabe lo dimergue, e no preses per jorn mas x morlas ; soma que monta........... .... iiii flor. iii gros, x d.

[F° IX××I, v°]. *a xxvii del mes de julh, fo adordenat per los senhors que hom feses i portal am arc vout costals molis de M° d'Albi.*

958. a xxviii del mes desus, aigui ii bestias que carrejero del mortier loqual prendian d'aquel que aviam fach de costa los molis dela Tarn, e prendian per jornal ambidoas............ viii gros.

960. lo dia desus, aigui vi homes que feiro las cavas en que se feses lo mur dal portal desus dich, e prendian per jornal ix morlas; soma que monta.....'............ .... vi gros.

961. lo dia desus, aigui xii homes que trenquero lo pas desus los molis e prendian per jornal ix morlas ; soma que monta, xviii gros.

[F° IX××II. r°]. 965. a xxxi dal mes desus, estec M° Beluelh a far l'obra desus dicha, e prendia per jornal............... iiii gros.

966. a iii homes que lhi cavavo en que se formes lo mur e i que destrempava lo mortier, e iiii femnas que lhi carrejavo de la teula e dal mortier ; e prendian los homes cascun ix morlas e las femnas

cada una III morlas; soma que monta.................. IX gr. m.

977. estec R. Marens e I home que lhi ajudec a far l'escalier de la Torreta, mas que pueys adobero la passada de la tor de davan la Peiranlesqua; colero.................. .... IIII gros.

[F° IXxxII, v°]. 978. as Arnaut lo pechairier de fora la porta del Vigua, per las branquas de l'escalier desus dich,....... III gros.

979. a'n Huc de Montelhs, al[ias] Bona ora, per una corda que mesem al pon levadis del Vigua............ .... IX gros.

980. al macip d'en G^m Guitbert per I corda que aigui as ops de la planqua del pon de Tarn,................................... V gros.

981. a'n P. Lamet, fabre, per II rellias que fesem as ops de la planca del pon de Tarn, car las autras ero trencadas; colero VIII s.

982. a XVII del mes desus, estec M° R. Beluelh a far la obra desus dicha, e prendia per jornal....... .... IIII gros.

987. a'n Bro[n]del per los goffos e per las rellias que mesem a la porta desus dicha....... .... IX gros.

989. a'n Johan Barrau, per las posses de la porta... X gros e m.

990. per VIII lbr. de plom que meiro als goffos........... IIII s.

991. a'n Frances Picart, per v^c teulas que aigui de la teularia de M° Pos Barrieyra,.................................... II floris d'aur.

[F° IXxxIII, r°]. 997. a XI del mes desus, estec M° R. Beluelh a la obra desus dicha e prendia per jornal... .... IIII gros.

998. may IIII femnas que lo serviau, II gros, e I home VIII morlas; que monta tot.................... III gros, II morlas.

1002. a XIII dal mes desus, estec M° R. Beluelh per acabar lo mur de davan en Tersac e prendia per jornal............... IIII gros.

[F° IXxxIII, v°]. 1011. a'n Guilhem Esteve, per v sens teulas que preiro a maio seua.... .... II flor. X gros.

1015. lo dia desus, aigui II bestias que carregero del mortier, loqual aviam fach otral pon, a perbocar lo mur desus dich; colero .... VIII gros.

Fo asordenat per los senhors que hom perboques lo mur desus dich.

1019. estec I lo dich M° R. Beluelh a perboquar lo mur dessus dich v jorns et prendia per jornal IIII gros; soma............ XX gros.

1020. may, per cada dia desus, IIII femnas e I home; prendian las femnas cada una III morlas e l'ome VII morles (*sic*); soma que monta, ... XVI gros e I morla.

1021. bailiey al filh d'Alos de Candelh, de voluntat de totz los senhors, cant anec estudiar à Paris............... ... VI franxs.

Fo asordenat per los senhors que hom feses I gachil de fusta de ques pogues defendre lo pon levadis de Tarn.

1022. a vii d'aost, estec M° Bernat Serras e Ginesta e Dorde Decles a far lo dich gachial, et prendian per jornal cascun iii gros; soma, ... ix gros.

1024. ii homes que lor ajudero; colero.............. iiii s. ii d.

[F° IX××IIII, r°]. **1028.** aigui vi homes per metre los cayres e la fusta, cascu vas sa part, que era gasecha de la tor, laqual fusta metiau al forn d'otral pon, e prendiau per jornal cascu ix morlas; soma.. ix gros.

1031. estec Johan Esteve am son companh que adobero aco ques de fusta de la on hom mec la peira de costa la porta del Vigua; colero.. iiii gros.

1034. a xvi del mes desus, estec Johan Esteve am son companh que feiro i escalier i adobero la passada a la tor de la Peiranlesqua. Estero hi ii jorns e prendian per jornal ambidos iii gros; soma... .... viii gros.

1035. a'n Dorde Romanhac per ii cabiros que n'aigui a far las antas de l'escalier... xxii d.

[F° IX××IIII, v°]. **1038.** a xvii del mes desus, aigui xii homes que pogero de la fusta que era casecha en Tarn de la tor e portavo la a la maio cominal vielha, e prendian per jornal ix morlas; soma .... xviii gros.

1039. lo dia desus, estec Johan Esteve am son companh que feiro las barrieyras dals Presicadors, e prendian per jornal cascu ii gros; soma... iiii gros.

1041. a xx del mes desus, estec M° Bernat Serras e'n Jacme Ginesta e'n Johan Esteve am son companh que meiro dos traus a fermar lo pon levadis de Tarn; estero hi dos jorns a refermar lo dich pon; e prendia M° Bernat Serras e'n Jacme Ginesta cascu per jorn iii gros, e Johan Esteve e son companh cascu per jorn ii gros; soma........ .... xxiiii gros.

1043. a'n Dorde Romanhac per xxiiii cabiros cayratz que mesem al gachial dal pon de Tarn. .... xxiiii s.

1045. vi homes que portavo la fusta avol a la mayo cominal vielha, e prendia per jornal cascun ix morlas; soma.... ix gros.

[F° IX××V, r°]. *Fo asordenat per los senhors que hom feses al gachial sobre dich una bada.*

1048. a xxvii i a xxviii i a xxx, i a xxxi dal mes sobredich, estec M° Bernat Serras, en Jacme Ginesta e'n Johan Esteve e son companh a la obra desus dicha; e prendian per cascun jorn desus dich coma desus, que monta.... .... iiii floris.

1049. a II homes que lor portero da la planqua e dels cabiros, laqual planqua prendian de l'ordal d'en Jacme Miquel els cabiros da l'ordal de Dorde Romanhac; colero.................. III gros.

1050. a M° R. Ortola, per I melhier de teule que ne compriey loqual avia en una fenial sobre S. Antoni. .... III flor. d'aur.

1051. per III jornals de bestia que portec lo dic teule a recubrir lo guachial desus dich................................... XII gros.

1053. A III del mes de setembre i a IIII dal mes desus, estec M° Jacme Ginesta e'n Johan Esteve e son companh a recubrir i a latar lo gachial desus dich; colero...................... XIII gros.

1054. a V dal mes desus, estec M° Jacme Ginesta e'n Johan Esteve e son companh que recubrigro e tornero cabiros e latas a l'osdal que era demorat a la tor del pon; colero............... VII gros.

1055. Lo dia desus comtiey am Bernat Barrau de las cavilhas et dals clavels que aviam meses al gachial i a las autras manobras desus dichas; e paguiey al dich Bernat Barrau, per LXXVI lbr. e mieja de cavilhas de fer, a for de IX d. la lbr.; soma.... LVII s. IIII d. m^a.

1056. per III sens clavels amvanadors.................. IX gros.

1057. per mial mosquetas......... .... X s.

A XIIII d'octembre cazec un tros del pal de costa la porta nova.

1059. La semmana aprep, estec Johan Esteve e son companh e'n Jacme Ginesta IIII jorns; e prendia M° Jacme III gros e'n Johan Esteve e son companh cascu II gros; soma.................. XXVIII gros.

1062. a I bardejador que stava a la Porcaria (1) que cledissec lo gachial que aviam fach a la Torreta, a l'ordal que fo d'en Felip Vaysieyra, loqual lh'aviam baylat a presfach........... XVI gros.

1063. Entre fe e esparos............. ,............ .... VI gros.

1064. de sarrar las fenestras de sots lo gachial......... II gros.

1065. Al Rauquet que cledissec del gachial de la glieya vielha....
.. .. IIII gros.

1066. Per XII escalies que fi far per metre als gachials, XVIII gros.

1067. a M° R. Meravilhas (2) per nostra part dal pal que lhi fe far

---

(1) Nom d'une rue d'Albi qui a disparu. Elle faisait partie de ce qu'on appelait, au XIVe siècle, la *Roda de la plassa*, c'est-à-dire l'ensemble des rues marchandes formant le périmètre de cet îlot de maisons dont les églises de St-Salvi et de Ste-Martiane étaient le centre. Cf. Sarrasy, p. 280.

(2) Ce Raymond Meravilhas a donné son nom au joli vallon qu'arrosait le ruisseau appelé *d'en Crouzat*, à sa source située dans le jardin du Petit-Lude, de *Dormidor* jusqu'à sa sortie de l'enclos des Frères Mineurs (propriété Culié); pénétrant dans le vallon où il s'alimentait des eaux

loqual era casech a Sta Cecilia, devas lo Castelvielh, del qual pal deviam pagar lo ters; ac ne.................. .... v floris d'aur.
Part la fusta que n'agro, laqual prendian a la mayo cominal vielha.

1068. a'n R. Laurayre, per un cadenat que n'aigui a claure lo pon levadis de Tarn, am II gros que ne paguiei a Brondel.... VI gros.

1069. a'n R. Marens per I jorn que estec a far la planqua del pon levadis de Verdussa............................ ..... II gros m.

1072. a'n Jacme Ginesta per I jorn que estec as adobar la porta de Verdussa.. III gros.

[F° IX^xxVI, r°]. 1073. a'n G^m Nicolau per fusta que n'aigui as adobar la sobredicha porta de Verdussa................. IX morlas.

1074. a'n Jacme Ginesta per I jorn que estec as adobar lo pon levadis de Verdussa............................ .... III gros.

1075. a Me P. Fabre, fabre, que adobec las cadenas del dich pon.. .... II gros.

1076. a Me G^m Beluelh que adobec lo toat de la porta de Verdussa ...,........................,............ .... III gros.

Fo asordenat per los senhors que hom feses I^a barrieyra levadissa al Cap del pon de Tarn.

1078. d'n Bernat Esteve per una fila que n'aygui de IIII canas a far la dicha barrieyra .... III gros.

1079. al dich Bernat Esteve per una cavilha de fer, que pesava IX lbr. que mesem a la dicha barrieyra.................. VI s. IX d.

1080. a'n Guiraut, lo carratier de moss. d'Albi, que fe la dicha barrieyra........................ . ... III gros.

1081. a'n Brondel per claus que fe a la porta de Verdussa, II gros.

1082. a'n Johan Esteve e a son companh, per II jornals que estero as adobar lo pon de la Trebalha .... VIII gros.

1084. A III de febrier, fo asordenat per los senhors que hom corregis los gachials, de la porta nova de Tarn tro a Roanel (1); e estec Johan Talhafer a recubrir los dichs gachials VIII jorns, e pren-

qui y sourdent en abondance il prenait le nom de *Meravilhas*, le ruisseau de Mervilles comme on l'appelle aujourd'hui.

Pour bien comprendre cet article il faut savoir que, dans le triage de *Dormidor* se trouvait la borne qui séparait la juridiction d'Albi de celle du Castelviel. Le compoix de 1525 nous en fournirait une preuve si cet article ne suffisait pas. Au folio 488 on lit : « *Hereties de Johan Baldi una eminada e mieja cartairada de terra al Dormido en que es la buola de la partiso.* » On comprend donc que la ville, le Chapitre et Moravilhas participent pour un tiers à la dépense. Cf. Sarrasy, p. 162.

(1) C'est-à-dire depuis la porte construite, en 1359, au bas de la côte d'Engueisse jusqu'à la porte de Ronel.

dia per jornal ıı gros m; soma....................... ... xx gros.
1085. ı garso que lo servia, ıııı morlas per jornal, que monta.....
.... v gros, ıı morlas.

[F° IX××VI, v°]. 1089. Fi comte am M° P. de Valencas i am M° Bernat Serras que avian meza al pon levadis de Tarn xıııı carradas de fusta, de que paguiey a'n Jacme Miquel, a for de x gros la carrada,
.. .. vıɪɪ lbr. xv s.

A ıııı de mars fo asordenat per los senhors que hom feses una bada a la porta del Vigua.

1091. a xx dal mes desus, a M° Jacme Ginesta i a'n Johan Esteve per vıı jorns que estero a far la dicha bada, e prendia M° Jacme Ginesta per jornal ııı gros e'n Johan Esteve ıı gros ; soma..........
.... ııı flor. et ı gros.

1094. a'n Johan Talhafer per ııı jornals que estec a recubrir lo portal del Vigua.. vıı gros m.

1095. may a ı garso que lo servia e l'en pujava del teule, ıı gros.

1096. a'n Bernat Barrau, per xxx lbr. de cavilhas de fer que mesem a la manobra desus dicha, a for de ıx d. la lbr ..... xxıı s. vı d.

1097. may per v sens mosquetas... .... x s.

[F° IX××VII, r°]. *Fo asordenat per los senhors que hom refermes lo pal loqual casia tot de la porta nova entro a la porta de Verdussa.*

1098. al M° d'Angles, per ıııı carradas de cabiros cayratz a far riostas al dich pal............. .... ıı franxs.

1099 may, per ıııı carradas de pal que portec........... ıı flor.

1100. a M° Jacme Ginesta e a'n Johan Teulier e a'n Johan Esteve, per vıı jorns que esteron a refermar lo dich pal, e prendian M° Jacme Ginesta e'n Johan Teulier, cascu ııı gros, e'n Johan Esteve ıı gros ; soma que monta............................. ...... Lvı gros.

1101. per vıı jornals d'ome que lor ajudava e lor portava pal e fusta, e prendia per jornal ıx morlas ; soma........... x gros m.

1102. a'n Bernat Barrau, per xxxv lbr. de cavilhas de fer que feiro mestiers a reformar lo pal, a for de ıx d. la lbr. ; soma que monta.
.... xxvı s. ııı d.

1104. a x d'abrial, fo asordenat per los senhors que hom desfeses la fusta el teule, loqual volia caser de la passada de l'arquidiague de Bordas ; estec i M° Jacme Ginesta, en Johan Teulier e'n Johan Esteve, a derrocar la fusta el teule, ı jorn ; colero..... vıɪɪ gros.

1106. a M° Jacme Ginesta i a Johan Teulier i a'n Johan Esteve, per vıı jorns que esteron a redreisar la passada hi as amvanar da l'ordal de l'arquidiague de ıBordas tro l'osdal passtot (*sic*) d'en Frances de

Lagrava ; e prendia[n] Ginesta e Teulier, cascu per jornal, III gros, e Johan Esteve, II gros ; soma.................................. LV s.

[F° IX**VII, v°]. *a* XXIIII *del mes dssus, fo asordenat per los senhors que hom adobes lo pon de Caussels.*

1107. Costero de portar V traus, losquals foron da la fusta d'otral pon, e portero los entro a la porta de Roanel, as obs del pon desus dich.. VI gros

1109. a'n Jacme Ginesta e a'n Johan Teulier e a'n Johan Esteve, per III jorns que esteron cascu as adobar lo pon desus dich ; e prendia[n] M° Jacme Ginesta e Johan Teulier cascu III gros, e Johan Esteve II gros ; soma que monta........................... XXIIII gros.

1110. al M° d'Angles per·IIII fust[z] que hi portec, en que hi avia II carradas ; colero... XVI gros.

1111. coleron de portar IIII fust[z] losquals pres hom d'aquo que aviam desfach de la passada de l'arquediaque de Bordas, e portec los hom a Caussels ; colero..................................... II gros.

1112. a M° Jacme Ginesta i a'n Johan Teulier i a'n Johan Esteve, per I jorn qu'esteron as adobar la bada en que stan las gachas del cloquier de S. Salvi ; e prendia[n] Ginesta e Teulier cascun III gros, e Johan Esteve II gros ; soma................................ VIII gros.

1113. a I home que lor portava de la fusta e lor ajudava... IX morlas.

1114. a'n Bernat Barrau per VI lbr. de cavilhas de fer, IIII s. VI d.

COMPTES DE 1370-1371

|[F° I v°]. *Sec se lo libre de l'aministracio facha per los senhors cosols de l'an MCCCLXX, so es asaber : en G^m* Ortz, Johan Reynes, M° Johan Duran, Duran Daunis, P. Donadieu, Johan Segui, M° Gualhart de Borns, P. del Solier, M° Johan Augier, P. Clergue, M° B. Esteve, M° P. Costa.

Nous supprimons les xxvii premiers folios qui contiennent les recettes ; ils n'offrent aucun intérêt. Il suffira de savoir que ces recettes, à peu près toujours les mêmes, comprennent : 1° une imposition de 20 communs ; 2° le pesatge de Lescure ; 3° reconnaissances et arrérages ; 4° les cens ; 5° les fours banaux ; 6° un achat de vins au seigneur d'Hautpoul ; 7° une imposition de 12 communs ; 8° lo reyre deyme d'otral pon ; 9° les recettes du courtage ; 10° l'arrentement du pont ; 11° les encans ; 12° imposition d'un crozat sur les vendenges portées en ville, perçue aux portes ; 13° l'arrentement de la criée des vins ; 14° un emprunt de draps de vervi et d'ipra fait à Toulouse ; 15° un second emprunt de draps à Toulouse ; 16° un emprunt de blé fait au frère P. Ginisys ; 17° une imposition de 4 communs ; 18° une imposition de 6 communs ; 19° un emprunt de blé et de vins à divers.

[F° XXVIII, r°]. *Ave Maria.*

Mesa facha per los senhors cosols d'Albi, so es asaber : senh G^m Ortz, Johan Reynes. M° Johan Duran, Johan Segui, P. Donadieu, P. del Solier, M° Galhart de Borns, M° Johan Augier, P. Clergue, B. Esteve, M° P. Costa, e Duran Daunis *e nom de lor.*

690. Paguem, a xxvii de may, que auziron la mesa del S. Sperit los sobredigz senhors, per ii entorcas e (*blanc*) doblos que foron d'en G^m Ortz que pezava tot v lbr. i carto e mieg.......... xvii s. xi d.

692. a Pascoret, que anec a Pena d'Albeges portar letras a M° juge d'Albeges, per los contratz que ero entre M° d'Albi e la vila ; stec ii dias, ac ne................................... ii gr. m.

693. a III de jun, que begro los senhors a la maion cominal, am M° jutge d'Albiges.................. III s.

694. a'n P. Clergue per lo garnimen que pres M° P. Alric, al[ias] Rigaut, de son obrador per las raubas dels senhors, XXXIX s. IIII d.

[Soma : v lbr. VI s.]

[F° XXVIII, v°]. 696. al dig en P. Clergue, per las fazeduras de la sua rauba.................. XVI s.

698. a M° Arnaut Azemar, per baysar las raubas dels senhors..... .... XX s.

Mesa de las raubas dels senhors cossols.

701. Paguem, a XXVIII de may, que partic en P. Donadieu e'n B. Steve per anar a Tholosa per comprar las raubas dels senhors ; stero IIII dias ; agro per lors dietas.............. VIII franxs.

[Soma : XIII lbr. XVIII s.]

[F° XXIX, r°.] 704. Paguem a M° P. Rigaut, sartre, per far VIII raubas dels senhors cosols e de Poset e de Guila e de Taulo, VIII lbr.

707. a XVII d'octembre a'n Arnaut del Vesog, sirven de Tholoza, que fasia comesio as enstencia d'on Arnaut et d'en G^m Azemar, per las raubas ; ac ne.................. III fr.

709. a'n B. Esteve, per XII folraduras dels senhors cosols, e per III folraduras de las guachas, a I flori e mieg aquelas dels senhors, e I flori cascuna de las autras; monto............ XXI flor.

[Soma : XXXIX lbr. III s. IX d.]

[F° XXIX, v°.] 710. Paguem, a XVI d'octobre, al senh Arnaut e al senh G^m Asemar, mercadiers de Tholosa .... LX fr.

713. en l'aur desus quo i avia XVIII flor. de Franria quels aviam preses per XV s. la pesa e no los volc penre mar per XIII s. VIII d. ; monta. ....,.............. VI s.

715. a M° Johan Duran que los portec e anec parlar am lo procurayre del rey sobre so que demandava del pesague de Lescura ; stec IIII dias ; ac ne.................. IIII fr.

Aprep, a doas cartas, a may paguas.

[Soma : CXVIII lbr. VIII s. I d.]

[F° XXX r°.] *Mesa de Mondo la bada que sta sobre lo cloquier de S. Salvi.*

717. Paguem a Mondo, la bada, contat amb el, a XIX de jun, que a agut de mi, monta, de XXVI de may tro a XIX de jun, per cascun dia II gr., que monta.................. XXXI s. III d.

[Soma : III lbr. XIX s. v d. m^a.]

[F° XXX v°.] 725. a Mondo, la bada, a III d'octobre, que li fem mandar que no se partis de sus la gacha.................. I gr.

[Soma : IIII lbr. I s. VIII d.]

[F° XXXI r°.] 727. Paguem li, a XXVI de novembre que aguem ausit dire que companhas aviam entre nos..... .... I gr.

756. a XXXI de ginier, que vengro novelas que gens venieu,.. I gr.

[Soma : VIII lbr. XII s. X d]

[F° XXXI, v°.] 732. a XIIII de ginier, que fon bailat a'n Arnaut del Vesoh, sirven de Tholoza, per paguar a'n Arnaut e a'n Guilhem Asemar, mercadiers de Tholosa, per partida per so que lor es degut de las raubas,............................. .... XX fr

733. Paguem que ne compriey VIII franxs am lo contan... XX d.

735. a (blanc) al[s] sobredigz mercadiers, per la ma d'en P. Borsa, XXVI franxs, e per la ma de Arnaut del Vesoh, sirven, XIIII franxs ; monta entre tot....... .... XL fr.

737. per la absolucio d'en P. Donadieu................... V s.

739. que se perdec en I flori d'Arago que tornec lo dig Arnaut que dis [que] lol aviam baylat............................... III gr.

[Soma : LXIII lbr. XIIII s. XI d.]

[F° XXXII r°.] Mesa de l'anada de Fransa.

740. Paguem a (blanc) de Jun, que partic M° R. Vidal per anar en Fransa, per tener la jornada que es en parlamen entre lors senhors cosols esemps am lo procurayre del rey, d'una part, am lo procurayre de mosenhe d'Albi [d'autra part] ; bayliey li del dig viage, VI fr.

741. Per la ma de M° R. Vidal, per servisis que fe a Paris, al procurayre de notre senhor lo rey et al procurayre de la vila......... .... III floris, IIII gr.

742. XXVI de Jun, a G^m Guasc que anec a Paris per portar letras del coselh de mosenhor d'Albi e dels senhors cosols, que las causas del parlamen de Paris s'alongueso tro al parlamen de Normandia. Bayliey li II franxs, ac del viage que la meytat pagavo las gens de mosenhe d'Albi......... .... V fr.

743. Paguem, de volontat de totz los senhors, a IIII de novembre, a M° P. de Lafon, procurayre de nostre senhor lo rey de Tholoza. per trebals que avia faitz a Paris, ogan, a S. Johan, quant ero lo parlamen e a las besonhas que la vila la [a]via............ X fr. losquals li portec M° P. de Rieus a Gualhac on era.

[Soma : XVIII lbr. XII s.]

[F° XXII v°.] 746. a M° P. de Rieus, a XII de febrier, que partic per anar a Paris aver la letra del seyse de las emposecios e letra del pesage que aviam comprat de Lescura, que non paguessem finansa ; baylem li xxv franxs ; e venc a ii d'abril : stec, per lo gran peril que era sus los camis de las gens d'armas e de part dela, xlix dias, ac per sas dietas..... .... xlix fr.

747. per la ma del dig M° P. de Rieus, per far la letra del seyze, ... xx s.

749. per lo sagel, li s. parasizs que valo....... lxiii s. ix d. (1).

751. a M° P. de Rieus per los processes del plhac paitz (*sic*) que menem am lo rector de Sancta Marciana... . iiii lbr. xvi s. iii d.

[*Soma* : lx lbr., vi s.]

Le folio XXXIII est blanc.

[F° XXXIIII r°.] *Mesas e pagas fachas a M° B. Bona, senhor d'Autpol, de so que nos prestec.*

752. Paguem, a vi d'aost e a ix d'aost, a B. Torena, tavernier, per x jornals que stec a vendre lo vi que M° d'Autpol (que) avia prestat a la vila.... .... xx s.

753. a Guadal que li trasia lo vi,...................... ii s. i d.

754. a M° B. Bona d'Autpol, per partida del deute que li deviam, que avia prestat en lo mes de julh, contengut en aquest libre, a iii c[artas]... cxlvi fr.

756. may, per la ma d'en Miquel Huguat, per lo reyre deyme que ac lo dig en Miquel, per partida dels distz deniers desus, e per partida dels lx sest. de vi que nos prestec, losquals li devia en Guilhem Nicolau ; e montec, a for de ii d. la lial, que monta iiii^{xx}x fr.; de que n'ac per lo dig reyre deyme..... .. lviii lbr. xiii s. iiii d.

[*Soma* : cccxxi lbr. xv s. v d.]

[F° XXXIIII, v°.] 761. a'n Miquel Hugat, per iiii cest. de fromen que bailec Peri, lo faisier, a G^m Prunet e a B. Esteve, specier, e a'n Amlart de Casanhas..................................... .... iiii fr.

De las somas desus foron desdustz e paguat[z] al sobredig M° d'Autpol xxiiii franxs que prestec l'an lxix, on miels apar en lo libre dels comus.

764. may a'n Miquel Hugat, de voluntat de totz los senhors, que dis que li costavo los franxs que prestec que n'i avia ogan que n'avia prestat[z], e comprec ne am contan .. .. xv s.

[*Soma* lxi lbr. vii s.]

Le folio XXXV est blanc.

(1) La valeur du sou parisis ressort à 15 deniers. $63 \times 12 + 9/51 = 15$.

[F° XXXVI r°.] *Mesas e anadas fachas per los senhors cosols*.

765. Paguem, a xii de jun, que partic en Bernat Esteve d'esta vila per anar a Tholosa esems am las comunas de la Viguaria d'Albeges, per anar sopleguar al coselh de M° lo duc de so que las companhias que venian d'Alvernhe que disia hom que venian en Albeges, que lor plagues que non y vengueso e que tengueso autre cami. Stec en lo dig viage iii dias... iii fr.

766. a xxvii de jun, que partic M° Jacme de Trencavel d'esta vila per anar a Tholoza parlar am M° d'Autpol e mostrar los aponchamens del tractat de M° d'Albi; e M° d'Autpol non era a Tholosa; sperec lo, que stec en lo dig viage vi dias................. vi fr.

767. a xxii de may, que partic en B. Esteve per anar a Tholoza, per aver cosel del reyre deyme, ses podia levar, am M° d'Autpol, e per parlar amb el d'autras besonhas e aver letra conpulsoria que vengues al viguier que los que i contrastero a paguar fo conpelitz a paguar. Stec iii dias; ac per sas dietas............... iii fr.

770. a xi de jul, que partic M° Johan Duran d'esta vila per anar a Carcasona per parlar am M° d'Autpol sobre los ii^m franxs que demandava per lo senhor a prestz (1) e per acoselhar am luey cosi se regiria hom, e per parlar am lui e am los cosels de la vila d'autras besonhas. Bayliey li vi franxs. Stec iiii dias; ac per sas dietas. .... iiii fr.

[*Soma* : xix lbr. xi s. iii d.]

[F° XXXVI v°.] 771. a xvii d'aost, a'n B. Esteve que partic d'esta vila per anar a Tholosa, per parlar am M° lo cancellier de M° d'Anjo e am sira P. Scatissa [per]¡ aver l'alonguier de so que nos facia excecutar M° d'Autpol que deviam dels subcidi[s] de la pagua darieyra; e non poc aver terme ni alongui. Stec iii dias; ac per sos guages.. iii fr.

774. a'n P. del Solier, que anec a Carcasona per parlar am M° d'Autpol de la comecio que avia facha als senhors cosols que leveso i gr. per saumada de vendemia que intrera en esta vila e aver letra que vengues al viguier que comeso a autres singulars que leveso per las portas. Stec iiii dias; ac per las dietas............ iiii fr.

776. a xvi d'octembre, que partic en B. Esteve d'esta vila per anar a Carcassona tener la jornada que la aviam per l'ajornamen que avia fag far en Frances Picot de la gracia que mosenher lo duc fe a la vila del subcidi que levec, l'an lxix, e per portar deniers a M°

---

(1) *A prestz* est en marge.

d'Autpol e per sensar las letras que M° Arnaut Paya avia tramesas de Paris que pogesem levar autre soquet de vi. Estec en lo dig viage vi dias ; ac ne, per sos guages.................................. vi fr.

[*Soma* : vxi lbr. xvi s. i d.]

[F° XXVVII r°.] 779. per lo cambi dels cl franxs que portec a M° d'Autpol, que los comprem am lo contan e am autre aur, e los redem a'n aquel que los nos portec............................... xv gr.

780. a'n B. Esteve, per lo masip de dos quen menava, per lo perilh dels camis, e car portava moneda e fo li coviens que hom li pagues la i. Estec v dias ; ac ne.. xv gr.

781. a xiiii de novembre, que partic en Bernat Esteve per anar a Carcasona portar deniers a M° d'Autpol d'aquels que nos prestec en G^m Ortz quant paguem lo subcidi dels iii franxs per fuoc ; (1) e venc a xvii de novembre ; stec iiii dias, ac per sas dietas....... iiii fr.

784 a'n P. Clergue, a xvii de novembre, que partic per anar a Rialmon per portar los comptes de las vendemias a'n Gilet, loctenen del thesaurier de Carcasona, que avia trameses sirvens per la resta e per los dichs comptes. Stec ii dias ; ac ne per sos guages. xxxii s.

[*Soma* : ix lbr. xvii s. vii d.]

[F° XXXVII, v°.] 785. a xiii de desembre, que partic en B. Steve per anar a Carcasona per parlar am los cosellhs sobre l'anada que devian far a Paris los cosolatz, e am M° d'Autpol et am nostres autres cosellhs. Estec vi dias per lo cami que era enpachat de gens ; ac per sos guaches....................................... vi fr.

787. a vii de girvier, que anec M° Johan Duran a Monestier am M° R. Ychart sobre los debatz que ero entre la vila el Castelvielh. Stec ii dias ; ac ne.. xxxii s.

790. a xviii de ginier, que partic en B. Esteve d'esta vila per anar a Monpeylier per asemprar lo senh. Arnaut Raynaut per paguar lo senhor e d'autres mercadiers a barata o qualque causa de que poguesem paguar lo senhor dels ii franxs per fuoc que avia enpausatz novelamen e per enpeytrar alcunas letras de M° lo duc, ac, per la ma d'en P. Donadieu, iiii lbr. e per la ma d'en Vidal Guini, xx s., e venc a dimenge a xxxi de ginier ; stec ix dias ; ac, per sas dietas, ... ix fr.

[*Soma* : xix lbr. i s. v d. m.]

[F° XXXVIII, r°.] 792. a xxviii de ginier, que partic en B. Esteve d'esta vila per anar a Monpeylier per quere los dichs deniers ; bay-

(1) Octroyé en février par les communes réunies à Toulouse.

lem li v franxs. e per la ma de P. Boier, so masip, xx s.; e venc a vii de febrier, e so xi jorns que stec; ac, per sas dietas,...... xi fr.

794. per la copia de la letra que avian los senhors cosols de Monpeylier, que pogueso levar los ii franxs per fuoc per enposicios, ... vii s. vi d.

796. per alcus homes que loguero, per lo cami que l'or covenc per avisar de las ayguas que ero ta grandas.... .... vi s.

[Soma : xii lbr. xiii s. vi d.]

[F° XXXVIII, v°.] 797. a xxviii de fevrier, a M° Johan Duran que partic d'esta vila per anar a Castras segirre M° lo duc per aver resposta de la suplicacio quo los senhors li avian reduda que nos feses gracia del subcidi, e al senh P. Scatisa aver resposta del seyze e d'autras causas que aviam a deliurar amb el; bayliey li vi franxs, e venc a ii de mars; stec en lo dig viage iii dias; ac ne per sos guages...................................... :..................... iii fr.

798. a xii de mars, que partic en B. Esteve d'esta vila per anar a Tholoza, per comprar draps a maleu, per paguar a'n Gilet, loctenen del thesaurier de Carcasona, per lo franc per fuoc del mes de febrier passat. Stec iii dias; ac, per sas dietas............. lx s.

800. a Berthomieu Guarigas que anec am lo dig en B. Esteve per triar los draps e comprar; e anec a despens de la vila; despessec, en iiii dias que estec que sperec los saumiers que portavo xii draps que malevero del[s] senh[s] Arnaut e G^m Asemars, mercadiers de Tholosa; despesec, fora xii gr. que se rebatero per i^a bala d'arenc[s] que portec,..................... .... xlv s. iii d.

801. a xvi de mars, que partic en B. Esteve d'esta vila per anar a Carcassona a M° lo cancellier e am lo thesaurier de Fransa, sira P. Scatissa, demandar terme e gracia de so que la vila devia a M° lo duc, per lo subcidi dels ii franxs per fuoc per M° lo duc enpausat; e venc a xix de mars; stec iii dias, ac, que li bailec M° Johan Augier, xx s., e que li portec Ferier iiii lbr., ac, per sas dietas... iiii fr.

*[Soma : xii lbr. xiiii s. v d.]

[F° XXXIX, r°] 803. Paguem, que ·partic M° Gualhart de Borns d'esta vila per anar a Gualhac e d'aqui en Cordoas, per mostrar a M° R. Favarel et a M° lo juge d'Albeges los articles del faig del Castelvielh. Stec ii dias; ac ne......... .... xxxii s.

804. Paguem, a xxv de mars. a'n B. Esteve que partic d'esta vila per anar a Tholoza per comprar draps a maleu, per paguar so que deviam a Sancta Ceselia e so que malevem per afinar les iii° franxs am Gilet, loctenen del thesaurier de Carcassona ; e ave vi draps de

vervi e ɪ d'ipre que costero cʟxxɪɪɪ franxs mieg. Stec ɪɪɪ dias; ac per sos guagues... ɪɪɪ fr.

805. a Mᵉ Guiraut (*blanc*), notari de Tolosa, que venc en esta vila per recebre carta dels cosols e d'alcus singulars que se obliguero als dichz mercadiers per la dicha soma e retifiqueso la obligansa facha per en B. Esteve; ac ne............................ xʟvɪɪɪ s.

806. may al dig notari, que avia despendut a la ordalaria d'en Duran Vaysieyra, am lo vi que li portec Guila............. ɪɪɪɪ gr.

807. per la dicha ma d'en B. Esteve que paguec a Tholoza per l'arsida dels digz draps (1). .... ɪɪ gr.

[*Soma* : vɪɪɪ lbr. xvɪɪ s. ɪɪɪ d. m.]

[Fᵒ XXXIX, vᵒ.] 812. a vɪɪ d'abril, que partic en Duran Daunis d'esta vila per anar a Carcasona per entimar a'n Esteve Pasqual, recebedor de las ɪɪɪ blanquas per fuoc que se levero per l'anada de Fransa, que mosenh lo duc volia que non paguesem pouh se no que d'esta vila y anesem (2); e per parlar am Mᵒ lo tesaurier que nos volgues donar alongui de so que li deviam del subcidi; et am Mᵒ P. Boier de so que demandava per Mᵒ B. de Mora. Stec en lo dig viage v dias; ac ne................................. v fr.

815. per ɪᵃ citacio que fe far contra lo dig Esteve Pasqual, que avia fach arestar lo rosi al dig Duran e fo citat davan Mᵒ lo senesqualc : costec am lo servier e am lo desarestar et am lo sagel del viguier de Borc,............................ ɪɪɪ s. vɪ d.

817. a ɪ masip de Conquas que me guidec tro a Rocarlan (3) que non ausiey tener lo cami de na Clergua................. ɪɪɪ gr.

818. a xvɪɪ d'abril, que partic Mᵉ Johan Duran d'esta vila per anar a Tholosa per parlar am lo procurayre general et am lo thesaurier que aguesem sosta de so que nos exequtavo per la finansa que demandavo del pesage de Lescura. Estec ɪɪɪɪ dias; ac ne..... ɪɪɪɪ fr.

[*Soma* : x lbr. xvɪɪ s. ɪx d.]

[Fᵒ XL, rᵒ.] 819. a (*blanc*) e a son companh, sirvens de Tholoza, que los trobec lo dig Mᵉ Johan a S. Somplesi (4) que venian excequtar ad stancia del dig thesaurier,............................. ɪx gr.

821. que avia perdut en ɪ franc que portava que era trop pauc,

---

(1) Le transport de Toulouse à Albi des draps empruntés coûta 20 gr. et *los pesages*, 2 gr. 1/2.

(2) Il n'est pas fait mention dans l'histoire de cette levée de 3 blancs par feu.

(3) Comm. de Mazamet arrond. de Castres.

(4) Comm. du cant. de Lavaur.

que aviam malevatz los IIII franxs que li foron baylatz. Perdec s'i.
.... II s. XI d.

822. a XXIX d'abril, a'n Bᵉ Esteve que partic d'esta vila per anar a Carcasona, per parlar am M° lo thesaurier de Fransa, per aver alongui e terme de la resta que deviam del franc per fuoc del mes de febrier, e letra que las enposecios vendudas del blat et del vi poguesem levar. Estec III dias; ac, per sas dietas......... IIII fr.

824. a M° Gualhart de Borns que anec a Galhac per parlar am M° R. Favarel per mostrar los articles que ero estatz ordenatz sobre los debatz que so entre la vila e M° d'Albi, e may la resposta que avian facha los cosols del Castelvielh; e nol trobec, que a Lautrec era que teni[a] sizas; e l'endema anec a Lautrec al dig M° R. Stec en los digs viages dos dias............................. XXXII s.

825. a x de may, que partic M° Johan Duran e'n B. Esteve d'esta vila per anar a Avinho per parlar am M° d'Albi sobre so que era stat tractat am los vicaris de M° d'Albi et am los senhors cosols et am coselh de tota la vila. E vengro a XXV de may; estero XVI dias; agro de lor viage............................... XXXII fr.

[Soma : XXXIX lbr. IX d.]

Le v° du f° XL est blanc.

[F° XLI, r°.] *Mesas e causas agudas del obrador d'en G^m Ortz.*

828. per garnimen que pres M° P. Olric, al[ias] Rigaut, as ops de las raubas dels senhors, e M° Jacmes Cornus... .... L s.

830. per VI entorcas que pesavo XXIII lbr. e mieja que n'aguem as ops de la festa de Nostre Senhor............... LXXVIII s. IIII d.

831. per I masapa que pres M° Johan Amoros........ VII d. mᵃ.

836. per I guofo, as ops del pon de Verdusa............,... x d.

[Soma : VII lbr. VI s. VI d. mᵃ]

[F° XLI, v°.] 838. may, per la ma del sobredig en G^m Orts, a Jacme Catusa e M° G^m Elias, per lo pret[z] fag de la bestresca de l'ostal d'en Frances de Lagrava........................... v gr.

841. per II onsas de cera guomada que pres Johan Guilhamo, I gr.

842. per I libre de III mas que pres M° Johan Amoros a metre los IIII comus .... IX gr.

846. per mᵃ onsa de cera vermelha que pres M° Johan Amoros...
.... VIII d.

853. may per Iᵃ lbr. e miega de frucha que pres Taulo... XII d.

[Soma : II lbr. XI s. VIII d.]

[F° XLII, r°.] 859. que avia paguat a I home de Marselh (1) que

(1) Comm. du cant. de Villefranche-d'Albigeois.

endreses los ceses del senhor de Lescura.................. III gr.

862. per I masapa gran que n'agro a metre II letras am gran sagel .... xx d.

867. may per specias que n'ac hom as ops de beure a la maon cominal... IIII gr.

869. may, per VI lbr. e I carto de plom que pres M⁰ G^m Belhuel, as ops de la porta de Verdusa... .... IIII s. II d.

871. per la despessa de molre III c[artos] de blat am lo despens per far pa pér que hom saubes quant devia pesar lo pa del fromen e de la seguiel... .... V s.

[*Soma* : III lbr. II d.]

[F⁰ XLII v⁰.] 874. may per I masip que trames de Tholoza en sta vila, que no podia aver alongui de M⁰ P. [S]catisa...... VII g. m.
Las causas sots scrichas foro presas l'an LXIX.

879. may per tragieya que pres Posset .... VI d.

[*Soma* : II lb. V s. III d. mª.]

[F⁰ XLIII r⁰.] *Mesas e paguas fachas als pencionat[z] de la vila e a notaris, per scripturas.*

882. Paguem a M⁰ Lambert Vilar, notari de Carcasona e sendic de la vila, per partida de la pencio de l'an presen............. I fr.

[*Soma* : XXVI lbr. IIII s. IX d.]

[F⁰ XLIII v⁰.] 892. a'n R. Guila, guacha de la vila, per partida de sa pencio en lo blat quem devia....................... XXXII s.

893. a Poset e a Guila per lor pencio, en XLIII lbr. de carn salada que n'agro, a for de LXIIII s , laqual monta........ XXVII s. VIII d.

899. a M⁰ R. Debar, per partida de sos guatges de tener lo pes do la farina .... XV gr.

900. may a M⁰ P. Debar, per resta de sos guatges de tener lo pes de la farina.. .... VII lbr. I s. III d.

[*Soma* : XXIIII lbr. XIX s. III d.]

[F⁰ XLIIII r⁰.] 902. a XV de girvier, a M⁰ Simo de Carnuis, notari de Carcassona, per partida de so que li era degut del pretz de la reparacio .... II fr.

903. a'n Duran Daunis, per sa pencio de l'an presen.... XX lbr.

904. a M⁰ P. de Lafon, juge d'Albeges, per la pencio de l'an presen .... XX lbr.

906. a'n Frances de Lagrava, per lo loguier de l'ostal en que se fa la maion cominal, per lo dig an........................ VIII lbr.

908. a'n Frances de Lagrava, per sos guages del capitanage de IIII

mes (1).......... ....:........... LXIIII s.
[Soma : IIII·xx·XII lbr. XVI s.]

Le v° du folio XLIIII est blanc.

[F° XLV r°.] *Mesa comuna.*

913. Paguem, a xv de jun, per v lials de vi e per xii michas de xii d. cascuna ; monta tot......................... .. .. XVI s. VIII d. lasquals causas foro donadas a l'enqueredor dels Presiquadors que era vengut en esta vila.

Mesa d'adobar lo pas de Gieuso

914. a R. Marens per vi jornals que estec as adobar lo dig pas....
.... xv gr.
915. a P. Gorgal per vi jornals que estec en lo dig pas..... x gr.
918. per viii jornals de femna[s] que estero en la dicha obra.....
.... vi s. viii d.
920. a viii de julh, per iiii femnas e i home que ac a la dicha obra, a xii d. mª per femna e l'ome ii s. i d. ; monta........ vi s. iii d.
·[Soma : iii lbr. xiii s. x d. mª.]

[F° XLV, v°.] 921. per i carada entre pal e rama... . .... ii gr.
922. per i post de guarie que n'ac hom de Garrial... xvii d. mª.
925. per vii lbr. de cavilhas...... .... vi s.
927. a'n G. Cota, per ii voutas que fe am sos buous a portar la fusta as ops de la dicha· obra........................... ii gr.
931. a xxiiii de jun, que begro los senhors a la maion cominal am Mº lo juge d'Albeges.................................. .. xv d.
933. a xxviii de jun, a i masip de Mº R. Vidal que portec rª letra del dig Mº B. de Paris en esta vila..... .... iiii gr.
[Soma : v lbr. ix s. vii d.]

[F° XLVI, r.] 934. al fielh d'en Causel que fo doas veguadas a Valensa per spiar..... .... v gr.
935. a xxviii de jun, a Ramilho que anec bandir alcus ortz de la molher que fo de P. del Vicari ....,...... vii d. mª.
936. a i de julh, a'n Berthomieu Garengau per i jornal que anec reguardar tot lo deymari del Castelvielh.................. ii gr.
940. a Johan Rispa que lo feiro los senhors destriguar ii dias per anar a Paris...... .... v s.
941. a'n Elias del Port per bandir alcus blatz............ x d.

(1) On trouve trois autres capitaines : Philippe Vaissière, Sicard Nicolaú et Ric de Vernho.

942. a P. Huc que anec per spiar a Monestier......... III gr. (1).
947. per II botuolas de tencha...... .... x d.
[*Soma* : II lbr. x s. I d. mᵃ]

[Fº XLVI, vº.] 950. per II sendicat[z] que fesem grosar que fon portat la I a Paris e l'autre a Carcasona... .... II gr.

951. a XIII de jul, a P. Huc que anec a Valensa per spiar de las companhias que davalabo de Fransa, cal cami feyro.... II gr. m.

952. al fielh de Guitmar que anec spiar a la Barieyra de las companhias que I ero lor covinha............................... I gr.

953. de voluntat dels senhors que donero al lector dels frayres del Carme que pregueso Dieus per la vila.................. xv s.

955. a I masip de Valensa que portec Iª letra d'avisamen que lo senhor de Benjo se venia alotgar en esta vila............. III gr.

956. a XVII de julh, a I masip d'en P. del Solier que anec a Rodes e as Amelhau (2) per espiar; — ac VI gr. — dels Engleses, entre que disia hom que venian de part desa; ac ne................ xv gr.

957. a xv de jul, a'n Gᵐ Ortz per I cestier de vi... ⎫
958. per xx michas de x d. cascuna............... ⎬ xvi s. viii d.
959. per II cestiers de civada a' P. Borssa,................ xx s.

lasquals causas foron donadas e tramesas al senhor de Benjo que era vengut alogar als baris del Cap del Pon an be IIᵒ cavalguaduras.

962. a XVIII de jul, a P. Cor, sirven de Tholoza que portec mandamen de Mº d'Autpol que li aguesem IIᵐ franxs per lo supcidi novelame[n]t enpausat (3)....... .... xv s.

[*Soma* : v lbr. II s. vi d. mᵃ.]

[Fº XLVII, rº]. 963. a xx de jul, que eron arestatz los senhors, am ganre de singulars, que begro a la maion cominal...... II s. I d.

964. a'n Gᵐ Guitbert, per III entorcas de III lbr. cascuna, e per II lieuras de doblos que pesava tot XIII lbr. m[ens] mieg carto a III s. IIII d. la lieura. .... xLv s. v d.

965. a'n Gᵐ Ortz, per I pipa de vi de IIII cartiers,........ viii flor.

966. Paguem per III cest[iers] de sivada............... xxxvi s.

lasquals causas foron donadas a Mº d'Autpol que era vengut en esta vila per executar per lo supcidi novelamen enpausat.

(1) Les consuls envoient encore des espions à Gaillac et à Rodez.

(2) Milhau, chef-lieu d'arrond. (Aveyron).

(3) On ne trouve pas trace, dans l'histoire, de subside voté par les communes à cette époque de l'année. Il n'est mentionné, en 1379, que le subside de 300,000 fr. d'or accordé en février et celui de 1 fr. 1/4 par feu accordé en novembre.

ANNÉE 1370-71

968. a xxii de jul que era (sic) arestatz los senhors, am ganre de singulars, a la maion cominal per lo dig subcidi, que begro a la maion cominal de mati e pues de vespre.............. iii s. ix d.

969. a P., lo fol de M° d'Autpol, que li donero los senhors, as ops de sabatos que lor demandec....... .... x s.

971. de voluntat dels senhors que donero los senhors al coc de M° d'Autpol, iiii gr. It. al palafrenier del dich M° iiii gr. m. It. a ii masips, iiii gr. It. al clergue e al escudier vi gr. Monta lo tot.........
.... xxiii s. i d. mª.
[Soma : xv lbr. xv s. v d. mª.]

[F° XLVII v°.] 974. a xxvii de jul, a i masip que trames Huc Viguier, masip de mosel juge d'Albeges que trametia letra d'avisamen de las companhias que ero a Trevas passadas................ ii gr.

977. Paguem a i ma(si)cip que a nom Johan Raynaut, que fo trames per spia as Albanh,........................... .... iiii s.

981. a iii d'aost, a i masip de Lescura que portec letra d'avisamen... ... i gr.

983. a Guilhot e a G^m Tavernier, sirvens de M° d'Albi, que anero penhorar alcus de la vila ; car no fasian las carieyras belas, que montero los guages (li gahge) e paguavam i.e ii d. per cascun e del re(i)s non o cobravam : monta (1).... .... iiii g.
[Soma : v lbr. v s vii d. mª.]

[F° XLVIII r°.] 984. a P. de Najac que seguic los levadors dels xii comus dariers.................................... xix d.

986. per i cestier de vi e ii lials.......... .... xxii s. viii d.

987 Paguem per xxx michas. .... xii s. vi d. lasquals causas foro donadas als frayres Presicadors per pitansa, que fo S. Domenge.

988. mai que lor fem donar........................... xvi s.
[Soma : ii lbr. xiii s. vi d.]

[F° XLVIII, v°.] Mesa e paguas fachas per lo subcidi de tres franxs per fuoc per M° lo duc (2).

990. Paguem a Gilet, loctenen d'en Johan Lavezi, thesaurier de Carcassona, per le partida del dig subcidi............ iii^cxxxii fr.

992. per lo dich subcidi, a xxiii de jul, al sobredig Gilet..........
.... vi^clxviii fr.

(1) Depuis li gahge l'écriture est d'une autre main.

(2) Il s'agit du subside de 330,000 fr. d'or octroyé au duc d'Anjou par les communes, au mois de février 1370.

994. per xxxviii franxs que i avia en morlas a metre en aur; a xx s. v d. per pessa, monto........................ . xvi s. iii d.

995. per viii franxs que i avia de cornelinas e barsalos, a v d. per cascun... iii s. iiii d.

996. al sobredig Gilet, per partida de monedas de nobles de la roza, de nobles de le e de motos e scutz vielhs e floris de Franria e floris d'Arago que i avia que no volia penre mar franxs; e dem li, per acort fach, en presencia d'en P. Donadieu e d'en Johan Reynes e d'en Arnaut Duran.......... .... iiii fr. iiii gr.

999. Paguem en franxs que i avia de carolus e de crostz,..... .... xvi s. vi d.

[*Soma* : mvii lbr. vi s. xi d. mª.]

[Fº XLIX, rº.] 1002. a xviii d'aost, a Gilet, loctenen del thesaurier de Carcasona, per partida del dich subcidi.......... iiiᶜiiiixxii fr.

[*Soma* : ixᶜ lbr. xviii s. viii d. mᵈ.] (1)

[Fº XLX, vº.] 1009. a xviii e a xx d'aost, per lo cambi dels deniers que presem tant dels levadors dels comus, ta[n]t del blat del reyre deyme, tant de prest, a metre en franxs, en b'anquas, car autra moneda, no prendian ; e nos prendiam nobles vielhs a xxi gr. (2), lo franc a xv gr. (3) e motos e rials a l'avinen, e flori de Franria per xv s.; e no los prendia mar xi gr. e m.; e morlas que covenia que los mesesem en blanquas ; e costava v d. per franc , e franxs que i avia de carolus que n'avia v d. per pessa. Monta l'aur que fo cambiat am Mondo d'en P. Isarn que n'ac xi franxs e l'a[u]r que pres Gilet, iiii lbr. Monto los morlas que ac Johan Reynes e Johan Segui e d'autres, xxxviii franxs en morlas, a v d. per franc ; en reals petit[z] que n'i avia viii que costero ii blanquas per pessa de cambiar e vii franxs de carolus que avian preses cabals per los autres, en que avian l'avansa, que costero vii blanquas, cascuna de v d. Monta tota la perdua......................... v lbr. v s. v d.

1010. may a Mᵉ Simo, notari de Carcassona, que avia facha execucio sobre la vila per la resta del dig subcidi, que avia vacat per vii dias, e facha exsequsio per lo dig subcidi ; ii franxs e i scut vielh, ii reals de xiii gr. bos la u, e l'autre de xiii gr. e m. e i flori bo e iii floris de Franria per xlv s. Monta tot.................... . viii lbr. viii d.

---

(1) Les 3 francs par feu produisirent exactement 1,975 livres; ce qui représente 658 feux.

(2) Soit 26 s. 3 d.

(3) Soit 18 s. 9 d.

ANNÉE 1370-71

1012. a xx de novembre, a Gilet, loctenen del thesaurier de Carcassona, per la resta del franc per fuoc per raso de las vendemias, ... LXIIII fr. XII gr.

[Soma : LXIX lbr. XIII s. VIII d, mª.]

[F° L, r°.] 1016. a XI de desembre, a'n Gilet. per partida del franc per fuoc novelamen enpausat (1)... .... IIII^{xx}XIX fr.

1023. a'n Johan de May, castela de Cabaret, que avia facha excequcio contra la vila, a estantia del sobredig Gilet, per lo dig subcidi, ... V fr.

1025. a'n P. Clergue per III dias que estec en anar e tornar a Rialmon, cant portec los denies a'n Gilet ; e fo a XV e a XIX de desembre .... XLVIII s.

[Soma : II^{c}VIII lbr. XI s. II d.]

[F° L, v°.] 1026. a XXX de desembre, al senh Arnaut Raynaut, per raso de la resta que li era deguda dels mil franxs que aviam malevatz a Monpelier, l'an passat .... II^{c}XVII fr. e mieg.

1029, a XXI d'octembre, a'n Gilet Bachet, loctenen del thesaurier de Carcasona, per lo franc per fuoc de la intrada de las vendemias, del leu de G^m Aycart............................. II^{c}XLIII fr.

[Soma : VIII^{c}XIX lbr. X s.]

[F° LI, r°.] 1036, a VIII de ginier, a'n Gilet, per partida del subcidi del franc per fuoc... .... IIII^{xx} fr.

1044. a XXII de ginier, al sobredig Gilet, per la ma d'en P. Clergue que ac d'en Johan Reynes IIII^{xx}V franxs e de mi ac ne V franxs... .... C fr.

[Soma : IIII^{c}XXIII lbr. VII s. X d. mª.]

[F° LI, v°.] 1051, a XX de febrier, a'n Gilet sobredig per partida del dig subcidi del franc per fuoc.................. XL fr.

1053. a XVI de mars, a'n Gilet, per la resta del franc enpausat per mosenhe lo duc... .... CLVIII fr. XII gr.

1054. losquals lor portec M° Johan Augier a Castras am Berthomieu Guarigas que seguieu los draps que aviau portatz de Tholosa en B. Esteve e'n Berthomiau Garigas, que lo dig Gilet nos ne facia portar a Carcasona, per so que li era degut dels dig[s] subcidis. Estec II dias, ac ne per sas dietas................. .... XL s.

1056. que paguec al pesage e a I masip que trames de Rialmon en

(1) Il s'agit du franc 1/4 par feu pour quatre mois octroyé au duc d'Anjou par les communes réunies à Toulouse le 13 novembre. *Inst. polit. et administ.* p. 611.

esta vila, que los draps s'en anavo vas Castras........ II gr. x d.

1057. se perdec en las monedas que li paguec al dig Gilet que los (1) malevem; car aquels que comprero los digs draps no volgro paguar los deniers tro que aguesso los draps.; e malevem los de I bon home, e pues los redem, e perdec s'i que non trobero lo comte en alcus deniers d'aur que malevem, e pues los redem en franxs; perdec s'i................................. .... xIIII gr.

1058. a'n Johan Segui, per lo loguier de l'egua que menec Berthomiau Garigas.................................. .... VI gr.

[Soma : II^cII lbr. vII d. m^a.]

[F^o LII, r^o.] 1059. a xv de febrier, a'n Gilet, per lo subcidi dels II franxs per fuoc, a paguar la meytat a xxv de ginier et l'autra meytat a xxv de febrier (2)................................. IIII^c fr.

1060. may, a xI de febrier, al dig Gilet per lo dig subcidi... .... IIII^{xx} fr.

1065. a'n Berthomieu Rigual, loctenen del thesaurier de Carcassona, per resta dels II franxs per fuoc derieyramen enpausatz, per assignacio facha a M^o Esteve Mommneja (3), thesaurier de las guerras .... V^cLV fr.

E Duran Daunis redec una bilheta de sinc cens III^{xx} e xvIII franx[s] e xII gros; el plus de V^cxLV paguec Domenge de Monnac, l'an LxxI a maestre Bernat Sauri de Tholosa (4). De la soma desus non fon paguat mar so que s'ensec(z) que bailley a'n P. Clergue, otra so que redec a'n Johan Reynes e otra sas dietas, cxvIII franxs. It. d'autra part c III^{xx} franxs. It. per la ma d'en Frances Donat, Lx franxs. It. per la ma d'en P. Clergue, vI lbr. III s. II d. m^a. It. per la ma de Johan Reynes c III^{xx}vII franxs.

Las vI lbr. III s. II d. m^a, que fa mensio que bailec P. Clergue, no so mesas en conte, et lo dig P. ne redec razo a'n D. Daunis en autra part (5).

La resta dels sobredigz II franxs per fuoc, que so xLIII franx xv s., paguec en Domenge de Monnac a Me B. Sauri, hon [m]iels se conte el libre de sos contes, a III^{xx}x c[artas].

1070. per II parels d'aucatz que donec a M^o B. Sauri,.... xx s.

---

(1) Corr. *las*.

(2) Les communes, réunies à Nimes du 8 au 14 janvier, octroyèrent au duc 2 francs par feu pour le siège de Montpont. *Inst. polit. et administ.* p. 611-12.

(3) Lire Monmeja, comme au n° 1072.

(4) Ces lignes sont en marge.

(5) Ces lignes sont en marge.

ANNÉE 1370-71

1071. que se perdec en vii franxs que i avia en mealhas petitas que ero estadas dels vis que aviam malevatz............ xiiii gr.

1072. a'n Frances Donat que portec la letra de l'asignacio de M° P. de Monmeja am Berthomieu Rigual.................... xx s.

[Soma : viii^c iiii^{xx} lbr. ii d. e quart.]

[F° LII, v°.] *Mesa e paguas fachas al Capitol de Sancta Secelia e M° Guiraut Guiscart, per so que la vila lor era tenguda per la materia que la vila avia presa dels hostals que fo dels sobredigz, losquals so sobre Tarn.*

1073. Paguem, a xi d'octembre, a M° Guiraut Guiscart, canonge del capitol de Sancta Secchia e baile, per partida de so que la vila era tenguda al dig Capitol e al dig M° Guiraut Guiscart per la materia desus contenguda,................. l floris d'aur.

1075. a M° P. B. [Guasc], capela e thesaurier de Sancta Secelia, per partida del deute desus dig, enclhus xiii franxs per lo mieg drap que ac que sobrec de las raubas................ xxv flor.

1077. a v d'abril, a M° P. B. Guasc, thesaurier de Sancta Secelia, per partida del dig deute.................. c flor. d'aur.

[Soma : c iiii^{xx} lbr.]

[F° LIII, r°.] *Meza e paguas fachas a M° P. del Solage, rector de Sancta Marciana.*

1078. Paguem a M° P. de Solage, rector de Sancta Marciana, per i deute que li devian los senhors cosols de l'an lxix, per cera que n'avieu aguda ; els dichs senhors cosols encartero lin deniers ; ac ne .... iiii^{xx}x fr.

1079. may al sobredich mosenh P, per so que li era degut de so en que la vila era tenguda a M° Brenguier Taurinas ; el dig M° Brenguier avia(n) facha cessio al dig M° P., els senhors cosols de l'an lxix obliguero o al dig M° P. am carta facha per la ma de M° Johan Amoros. Ac ne.................. cxxviii fr.

[Soma : ii^cxviii lbr.]

Le verso du f° LIII est blanc.

[F° LIIII, r°.] 1080. a vi d'aost, per lo cambi de lxxiiii franxs que comprem am lo contan, losquals foro paguatz a Martinet de so que prestec, quant fon paguat lo franc e mieg ; costava per franc v d. ; monta........ xxxii s.

Meza del fag de Lescura

1081. a viii d'aost, a M° Johan Duran per copiar los ceses de Lescura.................... ii s. vi d.

1082. ac la crida de Lescura per cridar los ceses.......... x d.

1083. a x d'aost, a'n Helias del port, sirven, e a Mᵉ Gᵐ [Ginieys,] que anec, am Mᵉ Gᵐ Ginieys, not[ari], per la vila per baylar als singulars.los cartels de levar los comus, e Mᵉ Gᵐ Ginieys.. vi gr.

1084. may, am los arest[z] els comandamens............ iii gr.

1085. a Rispa que anec per vila per arestar los prohomes que presteso : per ii dias que i estec................... .. v gr. viii d.

1087. per i cestier de civada que fo d'en Gᵐ Ortz.......... vi d.

1088. a'n Gᵐ Guitbert per doas entorcas e i liasa de doblos, que pesavo vii lbr., a iii s. iiii d. la lieura............... xxiii s. iiii d. lasquals causas foro donadas al viguier d'esta vila que es de Montalba, que era intrat novelamen (1).

[Soma : iiii lbr. xviii s. v d.]

[Fᵒ LIIII, vᵒ.] 1090. a xvi d'aost, per iᵃ pipa de vi, que fo de Mᵉ Bernat de Noalha, que tenia v cestiers e cmina, vii lbr. vi s viii d.

1091. a'n Gᵐ Ortz, sobre los xx comus, per iii cestiers de sivada.. .... xxxvi s.

1092. per i mola...................... .... x d. lasquals causas foron donadas a Mᵒ d'Autpol que era vengut en esta vila per levar la resta dels dichs subcidis.

1094. a xxiiii d'aost, per iiii aucatz e per vi parelhs de galinatz que foro donatz a'n Phelip Bona que era vengut en esta vila, xxvii s. v d.

1096. per iii lials de vi que fem donar a l'enqueredor que era vengut en esta vila................................... . iiii s.

1097. a xxxviii d'aost, per xxx michas............. xii s. vi d.

1098. It. per i cestier e iii lials de vi.................. xxiiii s.

1099. It. que lor fem may donar .... xvi s. lasquals causas foro donadas a las canongesas d'otral pon per pitansa.

[Soma : xiii lbr. x s. vii d. mᵃ.]

[Fᵒ LV, rᵒ.] 1101. per la ma de Mᵒ Arnaut Paya, per una letra que nos trames de Paris de nostre senhor lo rey, que pogesem levar autre soquet del vi ques vendra en esta vila e d'aquel que sa intrara, iii gr. per saumada. Costec entre far e refar e sagelar........ iiii fr.

Meza facha, a xviii *e a* xix *e a* xx *e a* xxi *d'aost que estem arrestatz los senhors cosols am ganre de singulars a Candelh per so que deviam del subcidi dels* iii *franxs per fuoc* (2).

---

(1) C'est Jean de Clergue (*Clerici*) qui prête serment entre les mains du vicaire général le 21 avril 1371. Il n'occupa la viguerie que jusqu'en 1373. Cf. *Liste des Viguiers*.

(2) Nous ne trouvons aucune trace de ce subside de 3 fr. par feu en 1370-71.

1102. Paguem, per la ma d'en Johan Segui, per xxxvii pessas de moto que ac hom ques despensero per los senhors sobredigz, al[s] digz dias............ .... xxx s. x d.
1103. per iii lbr. e iii cartos de carn salada .... iii s.
1104. per pors e per coias e per agras................. iiii s.
1105. per v lbr. de candelas.. .... v s. v d.
1106. per la ma de Guila, a fromage; ac ne doas vetz. vi s. ii d.
1107. a'n B. Torena per vy que n'ac hom............ xii s. viii d.
1108. a'n Elias, lo sirven, per coser la carn, al forn.. iii s. ix d.
1109. per la ma de Taulo, per pa que aguem d'en P. Gui, vi gr. e Taulo xi gr., e a P. Bru vii gr., e a na Clavela ix gr. v d. a Taulo may viii gr. per pa. Monta........... .... l s. v d.

[*Soma* : xi lbr. xix s. vii d.]

[F° LV, v°]. **1116.** a 'i capela que cantec, per iii dias, la mesa a Candelh.. iii s. ix d.
1118. a Rispa, sirven, que vaquec per (*blanc*) dias a penhorar e arestar alcus singulars que pagueso e presteso........ ix gr. i s.
1121. a'n Johan de Montjusieu, hostalier de Candelh, per los trebalhs que avia fachz de ben vii dias que aviam stat[z] arestat[z] am ben xx singulars per lo subsidi quens demandava M° d'Autpol, xxx s.
1122. a na Gualharda Guisana, per una pipa de vi que tenia xx lials, que fon donada a mos. Daudevan, que era vengut en esta vila d'Espanha, e anava s'en en Fransa..... .... xl s.
1123. a la sobredicha Galharda per iiii lials de vi que n'ac hom a donar as alcus comesaris............................. viii s.

[*Soma* : viii lbr. v s. xi d.]

[F° LVI; r°] *Meza del fag de Lescura.*
1124. Paguem a P. Decles, sirven, que anec a Gualhac e en Cordas per far cridar se degus volia comprar lo pesage de Lescura ni lo volia arendar, que es a l'encant, que vengues a la cort del rey d'Albi. .... xi s. iii d.
1125. a l'encantayre de Lescura per far las cridas.... iii s. iiii d.
1127 a'n Ramon de Landas, scriva, per far ii copias d'alcunas letras del fag de Lescura............................ xx d.
1128. a Rispa que citec xvi testimonis a Carcasona sobre lo fag dels sirvens... xv d.
1129. a Santoro que arestec i home............... ii d. m⁴.
1130. a xviii dias de setembre, a Pascoret que anec a Lescura, e as Artes (1), a Valensa, a Panpalona, per citar los stimadors que

---

(1) Cant. d'Albi, sur la rive droite du Tarn, séparé de Saint-Juéry par la rivière.

devian far la stima de so que s'era vendut per lo fach de Lescura;
ac III gr., e pueis covenc lo ne tornar a Pampalona, car scusero la
letra. Stec III dias; au del viage........................... VII gr.

1132. per la ma de Mº Johan Duran que paguec a l'encantayre de
Lescura quant la fo per encantar las causas presas, per despessa
que la fe am lo loctenen del viguier..................... IIII gr.

[*Soma* : I lb. VII s. x d.]

[Fº LVI, vº.] 1137. a III d'octembre, a'n Guiraut Salas de Valensa,
stimador del pesage de Lescura, per son despens que sa fe. VI gr.

1138. a'n Pos Matfre, de Pampalona, stimador desus.... V gr.

1139. a'n Gᵐ Coguel, de Lescura, per sirvier la letra dels citats am
que se devo enformar los digz stimadors am los autres stimadors,
.... III gr.

1140. que begro los dichs stimadors que ero en P. Manen, en
Gᵐ Nicolau e d'autres entro al nombre de XIII, III lials de vi, V s.

1141. a IIII d'octombre, a Pascoret, l'ajornamen dels rendiers que
avian levat lo pesage de la terra de Lescura de VI ans ensa, afi que
los stimadors s'enformeso amb els..................... II gr.

1143. a Ramilho que portec una letra al Castelnou a'n Johan Co-
quabuou.. I gr.

[*Soma* : XXXVII s.]

[Fº LVII, rº.] *Mesa del despens fag als deputatz a far la stima del pe-
sage de Lescura.*

1144. a XXII d'octembre, a'n Guiraut Salas, de Valensa, deputat a
far l'estima del pesage de Lescura, per VIII jornals que avia vacat en
esta vila, anan e tornan per la dicha stima : ac ne.......... L s.

1147. a Johan Cocabuou del Castelnou, per son trebalh.. XVI s.

1148. a XXX d'otembre, a Mᶜ Dorde del Vierno, per partida del
proces fag per lo dig pesage...................... VI lbr.

1150. a XIIII de novembre, per la despessa que fe en Pos Vierna,
en P. Clergue, e Mᵉ Johan Duran e Mᵒ Dorde del Vierno que anero
a Lescura e a la Barieyra (1) per peure la pocessio del pesage de la
terra de Lescura.................................. XIII s. I d. mᵃ.

1151. a XV de novembre per la despessa que en Pos Vierna e Mᵉ Johan
Duran e Mᵒ Dorde del Vierno e Mᵒ P. de Rieus [feiro] que anero a
Marselh e a Valderias (2) per penre la pocessio del pesage . XV s.

[*Soma* : XXXV lbr. III s I d. mᵃ.]

---

(1) Commune de Lescure.
(2) Valderiès, chef-lieu de canton, arrond. d'Albi.

ANNÉE 1370-71

[F° LVII, v°.] 1153. a xxx de novembre, a M° Johan Duran que avia paguat a 1 home de Sancta Marciana (1) que l'avia endresat als ceses de Lescura.... .... x d.

1156. a xi de ginier, a'n G^m Coguel, de Lescura, que avia vacat en serquar los fieus del senher de Lescura que avia redut[z] la cort a la vila, e d'estimar aquels d'en Penart de Marsac (2) ; losquals ac per la ma d'en R. Arquier que avia levat lo pesage de la Barieyra per la vila... .... xii gr.

1158. a vi de febrier, de volontat de totz los senhors, a Martinet (*blanc*), loctenen e procurayre de M° Phi[li]pes de Savoy (3) a qui era estada donada la terra de Lescura, per trops de sirvisis que avi[a] faitz a la vila; ac ne.. .... viii fr.

1159. a xx de febrier, a G^m Rofiac que anec a Gualhac portar letras al procurayre que sustituic lo procurayre................ iii gr.

[*Soma* : x lbr. i s. m^a.]

[F° LVIII r°.] *Mesa comuna.*

1161. per la ma d'en G^m Ortz, per xxiiii homes que ac a curar la fon de Verdusa....................................... xxx s.

1163. a i de setembre, per ii lials de vy que trameyro los senhors a M° frayre Johan de Siurac....................... iii s. v d.

1165. a iii de septembre a Corondo que anec per spiar a Cordas,... ii gr.

1166. a ix de setembre, a Ramilho e a Rispa que avian fach per los senhors e arestatz alcus singulars que foron mudat[z] al Castelvielh......... .... iiii s. ii d.

1167. a Roubilh e a Huc Huguat, sirvens de M° d'Albi, que bandigro alcunas vinhas d'alcus que devian a la maio cominal........ v s.

1168. may, a x de desembre (4), a Duran de Lacosta que anec per spiar a F[l]orentinh................................... xv d.

1171. per los sagels de ii amonecios contra los deymiers e G^m Nicolau... xiii d.

[*Soma* : iii lbr. iiii s. iii d. m^a.]

---

(1) Comm. de Lescure, paroisse de ce nom.

(2) Un des complices de Sicard III qui avait été condamné, avec le seigneur de Lescure, avec Ganteri et Vivien, bâtard de Sicard, au bannissement, à la confiscation de ses biens et à une amende de 1500 livres au profit de la ville d'Albi.

(3) Philippe de Savoisy.

(1) Cet art. étant encadré entre deux dépenses faites en septembre, il faut probablement lire *setembre*.

[F° LVIII, v°.] 1172. Paguem per far la planqueta de Roanel e adobar, per IIII palms e mieg de post fort...... IIII gr.
1175. a M° G^m Glieyas, per XIII lbr. m. de relhas e de gofos, VIII s.

Mesa per adobar lo pas de Verdusa (1).

1177. a'n B. S. Siras e a Johan Teulier, per IIII jornals que estero as adobar lo pas del pon de Verdusa.................. XVI gr.
1179. a II femnas que feyro manobra.................. xv d
1181. a'n Jame Miquel, per II carradas de fusta as ops del dig pas...................................... XXVII s.
1182. a'n B. Serras, per far I carada de jazenas........... IX gr.
[*Soma* : v lbr. II s.]

[F° LIX, r°.] *Mesa per paguar a M° d'Autpol de so que li deviau lo[s] senhors cosols de l'an* LXIX (2).

1185. a VI de septembre, a Pascoret que anec a Nagac (3) per spiar... VI gr.
1190. a Johan Talhafer, per IIII jornals que stec a recubir la pila am so macip.................................. XVII s. VI d.
1191. a'n Jacme Miquel, per II fayses de lata que n'ac hom, II gr.
[*Soma* : IX lb. XVII s. III d. m^a] (4).

[F° LIX, v°]. 1197. de voluntat de totz los senhors, a frayre Johan Saladi, frayre del Carme, que li donero los senhors, per amor de Dieu, de voluntat de guaire, car anava studiar a Paris...... x fr.
1202. Paguem a Berthomieu sirven de Castras, que sa era vengut per far execucio c[ontra] aquels que au fieus nobles en la terra de M° de Vendoymes, que lor demandava per lor despens que mosenhe de Vendoymes avia faitz a la guera, seguen M° lo duc, ac per sos despens e per sos guatges................................ xx s.
1203. a Pascoret, que anec a la Guipia (5) per spiar dels Engleses; stec II dias, ac ne................................. VI gr.
[*Soma* : XIII lbr. XIX s. I d. m^a].

[F° LX, r°.] a G^m Prunet per grosar la carta del mandamen que fe Pos Renhas, del reyre deyme d'otral pon, am lo pargames, II gr.

---

(1) Man. *Derdusa*.

(2) Ce chapitre de dépenses, composé de deux articles, est cancellé et suivi des mots : *en autre loc so*, a XXXIIII c[artas].

(3) Chef-lieu de canton, arrond. de Villefranche (Aveyron).

(4) En y comprenant les dépenses cancellées.

(5) Commune de Tarn-et-Garonne arrond. de Montauban.

1206. per III lials de vy que fon trames a Mº Johan Perloguier que era vengut per veser lo leu de las vendemias................ v s.

Mesa facha per lo fag de Lescura

1208. al elerc de la cort del rey, per scrieure la letra que anava a Lescura, a Marselh, a Mirandol, citar aquels que la cort avia eligitz per stimar so que era stat vendut a Marselh per la condampnacio del senhor de Lescura, e las copias d'aquela laysar a cascum loc Iª copia... x s.

[Soma : IIII lbr. XVIII s mª.]

Le vº du fº LX est blanc.

[Fº LXI, rº.] 1213. a Mº Gm Beluelh, a XVII d'octobre, que estec I dia as adobar l'escalier de la tor de la Costan Gieysa e l'escalier de la Torreta.. IIII gr.

1214. a XXIII d'octembre, a Gilet, loctenen del thesaurier de Carcasona, que recemp (sic) so que hom avia levat de la intrada de las vendemias, per lo despens que s'avia fach que sperava la moneda, que los levadors no la avian levada, losquals li foron bailat[z] per Mº Johan Duran e per en B. Esteve........... LX s.

1215. a'n Helias del Port, sirven, que nos avia mes en garniso... II gr.

1219. a Ramilho e a Austoro, sirvens, que feyro exequcio contra alcus que avian comprat lo reyre deymo, Pos Renhas e sos companhos, e no ero obliguatz al sagel...... .... I gr. m

1222. a Johan Arnaut, sirven del rey, que avia arestat, per II veguadas, los levadors dels xx comus...................... xv d.

[Soma : IIII lbr. XIII s. v d. mª]

[Fº LXI, vº]. 1224. per lo cambi de L franxs que comprem, am lo contan, per paguar a Sancta Cecelia.................. VII s. VI d.

1226. a XVIII de novembre, per IIII parelhs de perlitz, per II conilhs e per II cestiers de civada ; costava la civada xxv s.; monta lo tot .... XXXVIII s. x d. mª.

1227. may a P. Boier, per VI entorcas que pesavo XIII lbr. e mieja .... XLVIII s. IIII d. lasquals causas foron donadas al senh Arnaut Raynaut de Monpeylier que era vengut en sta vila.

1229. per comprar franxs am blanquas aredix a'n Johan Reynes que nos avia prestatz................. .... IIII gr.

1233. Paguem per II fayses de palha que comprem as ops de la maion cominal........... .... XII d. mª.

1234. a XIX de novembre, a Johan de May, castela de Cabaret, e a

Johan de Latry, sirven de Carcasona, que avian facha excequcio sobre la vila per la resta del franc per· fuoc e per la intrada de las vendemias.. v lbr. x s.

[Soma : x lbr. xii s. ix d. mⁿ.]

[Fº LXII, rº.] 1235. a'n B. Chefols, per ii lbr. de cavilhas e per c clavels vanadors que pres Jacme Cutusa as ops dels amvans de l'ostal d'en Frances de Lagrava... v s.

1236. a xxvi de novembre, a ii masips de Vilafranca que portero letra d'avisamen que a Trevas avia gens d'armas, e era be prim son quant vengro.. iiii gr.

1239. per la ma d'en P. Simo, a Mº B. Barrau per la feradura que bailec a far la porta de la Toreta................................... ix s.

1240. a R. Marti, per vi palms de post a far la porta, vii s. vi d.

1241. a'n P. Simo, per ii jornals que i stec........... vii s. vi d.

1242. a'n Jacme Miquel per la fusta que mes en la dicha porta... .... xx s.

1243. a'n Brondel per las relhas el verolh de la dicha porta. v s.

1244. per copiar la letra de Mº d'Anjo sobre lo fag d'aquels que s'ero mudat[z] al Castelvielh, e la comesio de Mº Gᵐ Garnier, xii s.

[Soma : iiii lbr. xix s. i d. mª]

[Fº LXII vº.] 1247. a Johan Ramilha, a Johan Guilhamo, sirvens, que tanquero e sagelero los obradors..................... ii gr.

1248. a P. Boier per xvi entorcas, que pesavo xiiii lbr. e xiii onsas, a for de iii s. iiii d. la lbr.; monto............ xlix s. iiii d. mª., lasquals foron donadas al revit que fec Arnaut Raynaut al Carme per Mº P. son frayre.

1249. als frayres Menors, per i drap d'aur que prestero als covens que no l'arestanqueso.. x s.

1251. as adobar la relha de la porta del bari del Cap del pon, x d.

1252. per adobar la porta de l'abeurador............. ix s. ii d.

1253. a viii de desembre, per i cestier de vi e per xxx michas de v d. cascuna, que foron donadas per pitansa als frayres del Carme, que era la concepcio de Nostra Dona ; monto...... xxviii s. vi d.

1254. may que lor donem per pitansa.................. xvi s.

[Soma : vii lbr. vii d.]

[Fº LXIII, rº.] 1267. a x de dezembre, a Betoy e a Rispa, sirvens, que avian vacat per la vila a penhorar e arestar las gens que pagueso los iiii comus, ii dias cascun, e Johan Arnaut am Ramon Astruc ; agro ne.. xiiii gr.

1270. a xv de desembre, a'n Johan de May, castela de Cabaret, e a

Guilhaumot de Chartras, sirvens, que nos avia trames Gilet per lo franc e quart per fuoc...................................... v fr. ɪɪɪɪ gr.

1271. a xv de desembre, per lo cambi de vɪ franxs que aviam de carolus, losquals ero en ɪ cantitat que nols avia prestat[z] Mº Amielh Cabirol, e xɪɪɪ que en cambiem de morlas am blanquas et am aur ; los vɪ costero ɪ blanca cascun, els xɪɪɪ ɪ morla cascu ; monta lo tot... v s. ɪɪ d. mª.

E foro paguat[z] a Gilet per lo subcidi del franc e quart.

1273. per la ma d'en Gᵐ Ortz per la sospencio per lo rector de Sancta Marciana...................................... xɪ d.

[Soma : xɪɪ lbr. xv s. vɪɪ d.]

[Fº LXIII, vº.] 1276. de voluntat de totz los senhors, que donero a Pos Clieyas, guacha, per los trebalhs e dampnages que avia prés, los ans passat[z], de l'enquesta en que fo mes a la cort de l'official, per la uferta de la malautia.. xvɪ s.

1277. a xɪɪ de desembre, a'n Johan Basa de Carcasona, que s'era vengut per levar e excequtar ɪɪɪɪ blanquas per fuoc que avian endichas las comunas de Carquaces, e per anar en Fransa a nostre senhor lo rey ; ac ne....................................... xʟ s.

1278. a Gᵐ Guasc que anec a la Barieyra per saber cosi se levava lo pesage ; e anec bandir alcus de gens que s'en volieu anar, xv d.

1280. may, a xɪɪ de desembre, a Pascoret que anec a Castras per portar resposta a Mº de Castras de so que avia scrig als senhors dels debatz que los senhors avian am las gens del Castelvielh. Stec, speran resposta, ɪɪɪ dias.................................... vɪ gr.

1283. per ɪ parelh de conilhs e per ɪ parelh de perlitz que fon donat[z] a Gilet, loctenen del thesaurier de Carcasona, que era a Rialmon ; costero... vɪɪ gr.

[Soma : v lbr. xɪx s. ɪ d. mª]

[Fº LXIIII, rº.] 1284. a ɪ home que asclec lenha e la brida, xx d.

1285. a xxɪ de desembre, que partic Mº R. Vidal d'esta vila per anar a Tholosa, a Mº lo duc, per aver letra del g[ros] e ters per fuoc que avian endig las comunas de Carcases per anar en Fransa, e d'esta vila non avian elegit que i anes degus, que agues letra que ɪ d'esta vila i anes per tota la viguaria. Baylem li vɪɪɪ franxs ; redec me ɪɪɪ franxs, ɪɪ gr. en aur. Estec ɪx dias per los camis que eron totz ocupatz d'aiguas, de fanguas, e seguec Mº lo duc tro Carcasona que s'en anava vas Avinho ; e ac de coselh am Mº d'Autpol que no lo segues plus ; ac del viage................................. v fr.

[Soma : v lbr. xvɪ s. v d. mª]

[F° LXIIII, v°.] 1292. a xxv de desembre, per ii parelhs de gans que foron donatz a Poset e a Guila...................... ii s. vi d.

1293. Paguem, lo dia desus, per i parelh de gans que foron donat[z] al portier de la Berbia quant los senhors cosols anero vesitar los senhors vicaris am vi gr. la ins..................... viii s. ix d.

1293. a'n G^m Ortz per x entorcas e per v lbr. de doblos que pesava tot xxx lbr.... .... cxvi s. viii d.
lasquals foron donadas al Juge d'Albeges e al Juge d'Albi d'esta vila, e al loctenen del Viguier, e al Regen e al Juge de M° d'Albi.

1294. a xxvi e a xxvii e a xxviii de desembre, a'n G^m Ortz per v lbr. de cofimens.
que n'aguem a far las visitacios als frayres Presicadors e als frayres del Carme e als frayres Menors, los senhors cosols am ganre de bos homes de la vila.. ...... L s.

1295. per ix lials de vi que aguem, los sobredigz dias, a far las dichas visitacios als Ordes am i^a mola que s'i trinquec, xiii s. v d.

1297. a xxx de desembre, a'n G^m Soelh que partic d'esta vila per anar a Carcasona, per saber e sentir cosi se regian del subcidi de ii franxs per fuoc que avia enpausat M° lo duc novelamen (1). Bailley li x gr. ; stec v dias, ac ne....... xvi gr.

1298. a xxxi de desembre, a Ferier que anec a Vilafranqua per spiar, que di[si]a hom que alcunas companhas pasavo Tarn a Trevas...................................... xx d.

[Soma : x lbr. xvii s. x d.]

[F° LXV, r°.] 1299. per vi franxs que comprem am morlas a paguar M° Amielh Cabirol que nonls (sic) avia prestat[z]........... ii gr.

1301. a'n P. Clergue e a'n G^m Guitbert, per iiii entorcas e ii lbr. de doblos, que pesava tot x lbr. iii cartos i^a onsa, las iii.. xlvi s. m.

1302. a'n Frances de Lagrava per i^a pipa de vy que tenia v cestiers... v lbr.
lasquals causas desus foron donadas a M° d'Autpol que era vengut en esta vila per enpausar e endire ii francs per fuoc.

1304. a iiii de ginier, tan per la ma d'en P. Donadieu que per la mia ma, a'n Johan de May, castela de Cabaret, que nos facia excequcio as estancia d'en Gilet, loctenen del thesaurier de Carcasona, per la resta del subcidi del franc e quart............ v fr.

1306. a'n Helias del Port, sirven, que avia vacat am los dichs come-

---

(1) Nous ne trouvons aucune trace de ce subside de 2 fr. par feu imposé à la fin de 1370. Le dernier subside — 1 fr. 1/4 par feu — est du 13 novembre.

saris per la dicha excequcio, e a B. Santoli ac n'Elias am lo ban
que mes als deniers que te en Gualhart del Faro.......... vi gr.

[Soma : xvii lbr. iiii d. mª.]

[Fº LXV, vº] 1313. a Gᵐ Prunet, per grosar e metre en pargames la
letra que nos avia autriada Mº d'Autpol............... ii s. i d.

1315. a'n Pos Malia que estec un pauc de temps a la porta de la
Trebalha per guardar lo devet que fasiam.............. ii d. mª.

1319. xv de ginier, a Mº Simo de Cornus, notari de Carcasona, per
la letra de las emposecios que nos autriec Mᵘ d'Autpol, comessari
per M.lo duc, quens avia autriadas per paguar los ii perfuoc, iii fr.

1320. a'n Arnaut Salvi, per xiii lbr. de fromages que n'ac hom, que
fon trames a'n Gilet, loctenen del thesaurier; costero...... xv s.

[Soma : x lbr. xv s. iiii d. mª.]

[Fº LXVI, rº]. 1324. a B. Blanc que trameiro per spiar a Marselh,
.... i gr. e m.

1326. per vi canas de planqua que agro as adobar lo guachil
d'otral pon, a xii d. mª la cana; el maestre que o adobat, am lo
terar, iii s. ix d., e l'escala que comprero, iii s. ix d.; monta...
.... xiii s. ix d.

1328. a'n Jacme Miquel per cana e mⁱᵃ de planqua que n'ac hom
as ops de la porta d'otral pon e a la porta nova........ i gr. m.

1330 a P. Fabre e a B. Santoli, sirvens, que anero penhorar los
reyre deymiers.. xii d. mª.

1331. a xxii de ginier, que partic d'esta vila en Guilhem Soelh per
anar a Tholoza, per sentir e saber se hom trobera degun maleu
entro vº franxs, de que paguesem so que deviam al senhor — bailiei
li xii gr. — de ii franxs per fuoc que avia enpausat[z] (1); e venc a
xxvii de ginier ; stec vi dias, ac ne...................... xx gr.

1332. a xxii de ginier, a Johan Latri e a Robert de Masieyras, que
avian facha excequcio per la seconda pagua del franc e quart.

[Soma : ix lbr. xi s. vi d.]

[Fº LXVI, vº.] 1336. a xxiiii de ginier, per la copia de la letra del
proces del rector de Sancta Marciana, que ac l'escriva..... iiii gr.

1337. a Mondo e son conhat que anero raustar al valat de la
Trebalha, am los picos.. .... ii s xi d.

1338. a xxvi dias de ginier, a Salvanhac que anec a Carcasona
portar letras a nostre(s) sendic de las jornadas que la vila avia sobre
los debatz del Castevielh, que s'alongueso xv dias. Bayliey li vi gr.;

_____
(1) Cf. Inst. polit. et administ., p. 611-12.

estec v dias; ac per son trebalh.. .... xii gr.

[*Soma* : xxvii s. i d.]

[F° LXVII, r°.] 1340. a xxvii de ginier, a Johan de Latri et a Robert de Masieyras e a P. Conilh e a sos companhos, sirvens de Carcasona, que fasian excequcio contra la vila per lo franc per fuoc del mes de ginier; agro ne.................................... iii fr.

1342. a'n G^m Prunet per grosar ii cartas de procuracio que portec en B. Esteve a Monpeylier per malevar deniers, am la copia de i^a letra del fag del Castelvielh........................ iii gr. e m.

1348. a'n Frances Donat, per ii cestiers de sivada que foron donat[z] al senhor de Rebolet, genre de M° d'Autpol.......... .... xxii s.

1349. a la molher que fo d'en Johan Gieusa, per i^a pipa de vy de dos cestiers, laqual fo donada al sobre dig.............. xlviii s.

[*Soma* : xiii lbr. iiii s. vii d..m^a.]

[F° LXVII, v°.] 1352. a xxx de ginier, a P. Huc que fon trames en Cordoas e a Gualhac am letras als cosols se volian tramettre a Paris per las letras del seyze, costec ii dias; ac ne .... vi s.

1353. a ii febrier, a Salvanhac que anec a Carcasona portar lo sendicat al sendic de la vila, e letra clausa que nos mandec en qum estat so las causas, ac vii gr. ac iii gr.; sperec que las jornadas fosen tengudas; estec vi dias; ac ne................... xiiii gr.

1354. a iii de febrier, a i masip dels cosols de Vilafranca que aportec letra que, a Trevas, avia gens d'armas e que avian presas las naus................ .... ii gr.

1355. que begro los a maio de M° Johan Duran que avian velhat de las squilas ensus................. .... ii gr.

1356. a'n Huc de Montelh, cordier, per ii cordas que fe, la i^a al pon de Roanel, e l'autra al pon de Tarn............... xvii s.

([*Soma* : iii lbr. x s. vii d.]

[F° LXVIII r°.] *Mesa*.

1361. a viii de febrier, que eran arestatz totz los senhors cosols a la maion cominal, per los ii franxs per fuoc que avia enpausat[z] M° lo duc; e covenc que se dineso a la mayon cominal am d'alcus singulars que ero (1) aytabe arestatz. Despendero a dinar.. xvii s. vi d.

1362. a ix tro a xv de febrier, que estero arestat[z] totz los digz senhors; e jasian a la maion cominal, que de totz los ix dias non agro licencia que auseso jazer en los hostals, an covenc que se dineso, totas vetz, e sopeso a la maion cominal. Despendero entre

(1) Manusc. *era*.

ANNÉE 1370-71

pa e vy e autras causas que costec.............. vii lbr. xiiii s.

1363. a'n Johan Segui, per vi lbr. de candelas........ vi s. iii d.

1364. que donero los senhors a Taulo, per lo destric que avia pres, serven los senhors a la maion cominal, estan arestat[z]. iii s. ix d.

1366. a Guinet Ratier que ac trebalhat tot dia per la vila per veser se degus volgra comprar blat en gros (1)............... i gr. v d.

1367. a ix de febrier, per la ma dels levadors del Cap del pon dels xx comus, per adobar lo grifo e per iii dias que agro i home que fe bada a Caslucet................................... viii s. ix d.

1371. a x de febrier, a Johan Bassa de Carcasona que era vengut per excequtar per las iiii blanquas per fuoc per l'anada de Fransa, xl s.

[Soma : xii lbr. v d. mª.]

[F° LXVIII, v°.] 1376. Paguem, a xx de febrier, a'n Gilet e a sos companhos que avian facha excequcio contra la vila, per so que deviam per [lo] franc e quart per fuoc del mes de ginier, am comesio de M° d'Autpol coma comesari de Mᵘ lo duc.......... viii lbr.

1377. a Mᵉ R. Vidal que avia vacat am lo sobredich Gilet excusar (2) la vila, be per x dias............................ iii fr. xv s.

1383. de voluntat de totz los senhors, que donem a M° lo juge del rey per alcunas rasos que avia ordenadas en lo fag del rector de Sancta Marciana....................................... xv s.

[Soma : xiiii lbr. xix s. iiii d.]

[F° LXIX, r°]. 1384. a xiii de febrier, a Peyres que anec a Vilafranca per spiar que disia hom que gens d'armas e balestiers venian devas ensas per anar al seti; ac ne......... xvii d. mª.

1386. a xiiii de febrier, que partic Mᵉ R. Vidal d'esta vila per anar a Tholosa a M° lo duc per aver alcunas letras que aguesem alcunas enposecios per paguar los ii franxs per fuoc; e no fo a Tholosa e fo li autriada e no la aportec, que non ac deniers de que la pagues; e venc a xxiii de febrier; estec x dias, ac ne........ ..... vii fr.

1387. a xxiiii de febrier, que partic d'estavila en Gᵐ Guitbert per anar a Lavaur per anar quere la letra que poguesem levar enposecios. Bayliey li xvii fr. e redec m'en v fr. Estec iii dias, ac ne, ii fr.

1388. Paguem, per la letra de la emposecio............. ix fr.

1389. a i home que l'acompanhec de Briatesta entro a Lava[ur], que aqui laysec lo rosi, e per far ii suplicacios.... ..... v gr. v d.

1390. a'n Isarn Cosi per vi que n'ac M° Johan Amoros, quant se fe lo compromes del debatz que so entre esta vila el Castelvielh,

(1) Manusc. gors. .
(2) Correc. : excequtar.

13

que begro a M° d'Autpol............................... II s. II d.

1393. a xxv de febrier, a Beseseg del Pueg e a P. Amiel, sirvens de Tholosa, que demandavo CLX lbr. per la finansa del pessague de Lescura.. III fr.

[*Soma* : xxv lbr. XIIII s. m^a.]

[F° LXIX, v°.] 1395. per la ma d'en G^m Guitbert, per I masapa en que fon portata la letra de las enposecios.............. VII d. m^a.

1399. a Guiraut per tencha que n'aviam aguda e II pels de pargames... III gr.

1401. per la perdua que fe en la summa de xx franxs que prestec en Johan Segui que avia malevat de M° Jorda.............. II gr.

1402. Paguem a Guilheumes Lochilovier de Tholoza per II troses de lanquals que fe dels senhors, losquals an VII canas de lonc. VII flor.

[*Soma* : VI lbr. XI s IIII d. m^a.]

[F° LXX, r°.] *Mesa facha dels presens faitz, a* XXVI *de febrier, a M° lo duc d'Anjo e a d'autres.*

1403. Paguem a'n Duran Daunis, per III pipas de vy que tenieu, las II, XVI cestiers, e l'autra v cestiers, a for de xxv s. lo cestier; monta... xxvi lbr. v s.

1404. a'n P. Boier e a'n G^m Guitbert e a na Lombersa per XII entorcas que pesavo XLVIII lbr. I carto a for de III s. IIII d. la lbr.; monta... VIII lbr. X d.

1405. a G^m Ortz, per VII cartos e mieg de doblos, VI s. VII d. m^a. lasquals pipas de vi e las entorcas foro donadas a M° d'Anjo.

[*Soma* : xxv lbr. XII s. v d. m^a.]

[F° LXX, v°.] 1406. al folrier de M° lo duc por lo fust de las III pipas desus dichas que foro dadas a M° lo duc......... . II fr. III gr.

1407. a'n P. del Solier, per I pipa de vi de III cestiers que fon donada a M° lo cancellier de M° lo duc.................. LXXV s.

1408. a'n P. Clergue, per III cestiers de civada que fon donada al sobredig M° lo cancellier........................... .. xxxvi s.

1409. Paguem a'n P. Clergue per I pipa que fon donada a sira P. Escatisa, thesaurier de Fransa, laqual tenia III cestiers, LXXV s.

1410. may al dig P. Clergue, per III cestiers de sivada que foron datz al sobredig M° lo thesaurier..... .... xxxvi s.

1411.[a] M° Gualhart de Boras per I^a pipa de vy de IIII cestiers, v lbr. que fon donada a M° lo senesqualc de Carcasona.

1412. a'n P. Clergue, per III cestiers de sivada que fon donada al sobredig M° lo senescal................................ xxxvi s.

1414. a'n P. del Solier, per II cestiers de sivada que fon donada al

ANNÉE 1370-71

sobredig M° lo compte............................... xxiiii s.

[*Soma* : xxiii lbr. xiii s.]

[F° LXXI, r°.] 1416. a'n Berthomieu Prunet, per vi molas que n'aviam agudas as ops de presentar lo vy desobre scrich,.. v s. x d.

1417. per iii saxs que se perdero, a far los digz presens,.. vi gr.

1418. a Santoro que anec, am lo botelhier de M° lo duc, sercar barils e per los senhors, per la vila. .... x d.

1419. al cret de la cort del rey, per copiar alcunas letras,.. x d.

1420. a Pastura que carejec los liet[z] per la vila que foron portat[z] a la besbia, as ops de M° lo duc, e pueis los tornee a'n aquels de qui eran,... xx d.

1421. may a vi homes que anero adobar lo pas de sobre Sang Fons (1).. iii gr.

1423. a Johan Clerc, scriva de la cort del rey, per scrieure e far ii copias de la suplicacio que fon reduda a M° lo duc,........ x d.

1424. a M° Huc, secretari de M° lo duc, per reyre sagelar la letra de las enposecios, xi gr., e per far sagelar la letra de las iiii blanquas per fuoc que levavo los cosols de Carcasona per l'anada de Fransa ; e aguem letra de M° lo duc que no las paguesem se no que calacom y anes per esta vila ; e per autra letra sagellar que mandava M° lo duc a'n Johan de Lacrozt (2) que l'asignacio que fon facha sobre la recepta del gros per quintal de la sal que no foson paguatz a'n G° Guitbert et a M° B. de Noalha x°iii franxs que lor foron assignat[z], l'an LXIX, per los guatges del temps que aviau stat al cosselh de Tholoza e de Carcasona. Costero las dichas letras.. vii fr. xii gr.

[*Soma*: ix lbr. ii s. i d.]

[F° LXXI v°.] 1426. al prebost de la Ost per alcus trebals et servisis que avia fast[z] per la vila............................... ii fr.

1427. Paguem a G° Rofiac que anec a Montalba am i masip de sira P. Scatissa per mostrar lo cami, que sira P. a mandat alcus senhors... ix gr.

1428. a iiii de mars, que partic en G. Soelh d'esta vila per anar a Monpelier portar letra que aviam aguda dels x°iii franxs que devia baylar en Johan de Lacrotz per la asignacio facha a'n G° Guitbert e a M° B. de Noalha al senh Arnaut Raynaut que es procurayre a penre e a quitar ; e estec viii dias ; ac del viage, a iii gr. e m. per jorn, monta.. xxviii gr.

---

(1) Aujourd'hui *Sept-Fons* dans la commune d'Albi.

(2) Correc. : *Lacrotz*.

1430. a IIII de mars, per la compra de XXVI franxs que comprem am lo contan, per paguar a'n Johan Reynes a III barsalos la pessa ; monta.. VI gr. m. (1)

1432. Paguem a'n P. Thomas per scrieure XIIII fuelhs de papier de gran forma dels contes que levec de l'intrada de las vendemias (que levec) G^m Aycart, rebatut x gr. que lin paguec............. II gr.

[Soma : v lbr. XVII s. III d. m^a].

[F° LXXII, r°]. 1436. per metre en grosa la letra am que mosenhe d'Autpol autriec que poguesem levar enposicios,............ IIII gr.

1437. per far la letra dels participans contra Pelapol,.... XIII d.

1443. may per la monecio contra los cosols vielhs e sirvir....... .... II s. II d.

1445. a'n Johan Esteve e a R. Marens que estero as adobar l'ostal de la Costa en Gieysa, II jornals cascun,................... x gr.

[Soma : II lbr. IX s. IX d.]

[F° LXXII, v°]. 1446. per II corondas e I fila.... ...... III gr. m.

1447. al Rauquet, per I jornal que estec a cledissar,....... II gr.

1448. a I home que fe lo bart .... xx d.

1450. per fe,.. VII d. m^a.

1451. per sparos,....................................... xx d.

1453. a VIII de mars se dinero los senhors cosols a la maion cominal que los avia arestat[z] Gilet per lo franc per fuoc del mes de febrier ; despendero entre pa e peys .... VIII gr.

1454. Paguem per IIII lials e m[ieja] de vi................. VI s.

1455. Paguem que begro los senhors am los sirvens que nos tenia Gilet desobres, per I^a lial de vi............,......... .... XVI d.

[Soma : XXIX s. VIII d.]

[F° LXXIII r°.] 1456. a'n G^m Guitbert, per II entorcas que pesavo VIII lbr. lbr. e I^a onsa, que pres M° Johan Augier, as ops de la mayon cominal, quant M° Vendoymes venc al Castelvielh, XXVI s. x d. m^a.

Meza del pesage de Lescura.

1459. a XV de mars, a Pascoret que anec a Gualhac e en Cordoas, am letras d'en Pos Vierna, loctenen del viguier, far cridar en los dichs loxs se degus volia comprar lo cesses, bailat del senhor de Lescura à la vila per lo(s) sobredich loctenen ; e ec*t*ec II dias, ac ne .... IIII gr. m.

---

(1) La valeur du barsalo est toujours de 1 denier 1/4 ou 2 mailles 1/2. En effet 78 barsalos (3×26) = 6 gros 1/2 ou 97 deniers 1 maille (6,5×15) ou bien encore 195 mailles (2×97+1). Le barsalo vaut donc 195/78=2 1/2.

1460. al bayle de Gu[a]lhac e de Cordoas, per far las dichas cridas,.. III s.

[F° LXXIII, v°.] *Mesa de so que fon del senhor de Lescura.*

1463. a VII de mars, que anec en Pos Vierna e M° Johan Duran e M° Dorde del Vierno e Frances Favier a Marselh per lo ceses del senhor de Lescura que ero estat baylat a la vila per lo procurayre del rey, per la emenda que lo senhor de Lescura es tengut a la vila ; e dinero se de part dela ; despendero......... XVIII s. IIII d.

1465. a XIII de mars, que anero los sobredigz a Marselh [per far] autre encant ; e dinero se de part dela ; despensero al dinar,. XII gr. m.

1470. a XXI de mars, que anec en Pos Vierna a M° Johan Duran e M° Dorde del Vierno a Marselh, per far autre encant dels bes desus digz que foron baylat[z] per so que devia lo senhor de Lescura ; e dinero se de part dela ; despensero....... XVI s. IIII d.

[*Soma* : III lbr. xv s. v d.]

[F° LXXIIII, r°.] 1477. a IIII de may, per la despessa que avia facha en Johan Mejanel en esta vila, a l'ostal d'en Johan de Monj[u]zieu, que sa era vengut per estimar so que deu lo senhor de Lescura a la vila ; e fo sa III veguadas que venia lo mati e no s'en torna[va] tro l'autre mati ; despessava, cascun dia, x s.; monta.. xxx s.

1478. a XI de may, a G^m Prunet per copiar los ceses de Marselh que avia lo senhor de Lescura, que fon bailada la copia als stimadors (1).. IIII gr.

[*Soma* : II lbr. XVII s. I d. m^a.]

[F° LXXIIII, v°.] 1479. a XIII de mars, a'n Robert de Maset e a R. Barau, de Carcasona, que aviau facha excequcio contra la vila a estancia d'en Gilet Bochet, loctenen del thesaurier de Carcasona, per raso del franc del mes de febrier.................... III fr.

1480. a'n Gilet, dels deniers que paguec M° Bertran Cavilho, per los draps que avia paguat[z] lo dit Gilet a'n Guilhamot de Chartras e a'n P. Conilh, sirvens de Carcassona, que avian facha excequcio am los sobredistz (2)....... .... III fr. VI gr.

1482. Paguiey a frayre P. Cinieys, dels CLX sestiers de fromen quens prestec, enayssi coma se conte en aquest [libre] a XXIIII e a

---

(1) Les trois derniers articles sont cancellés et suivis de la mention : *en autre loc so dareyres.*

(2) L'art 1481 est cancellé et suivi de la mention : *en autre loc es a* LXVIII *cartas.*

xxv cartas, IIII sestiers, IIII cartas de fromen, losquals lhi ero degut[z] per la compra del blat que fe del reyre deyme, que l'avia comprat xxIIII s. lo sestier e paguec ne xxv s. per sestier per amor dels autres que n'avian comprat al for de xxv s. lo sestier els senhors Prunieyrolha, que lhi estero.

[*Soma* : VI lbr. XIIII s.]

[F° LXXV, r°]. 1484. contem am en G^m Guitmar que ac mes en adobar lo forn de la Ribieyra, a Sang Johan et a Nadal, e ara que era anat quere I^a peyra a Carlus, e teula e manobra els maestres; monta tot..................... .... XIX s. VI d. (1).

1488. a XVI de mars, a M° Johan Belhome, prior de Farguas, que li deviau los senhors per alcus mercats que aviau faitz, lo dia desus, e era dimenge e avian sentencia d'escumenge...... II gr.

1490. a XVII de mars a Rollando Folcaudi e Arnaut del Vesog, sirven[s] de Tholosa, que avian facha excequcio contra la vila, a estancia del thesaurier de Tholoza, per la finansa del pesage de Lescura que demandava CLX lbr. ; agro no........... IIII franxs.

[*Soma* : IIII lbr. XVI s. II d.]

[F° LXXV, v°.] 1494. a XX de mars, a Emeric Davi, sirven, que portec I^a letra as Albanh, al thesaurier de M° d'Armanhac, per I parel de lansols que li aviam prestat, losquals non aviam cobratz e ero se perdutz et ero d'en Gualhart Golfier.............. II gr.

1496. a'n Guilhem Guitbert, per VIII entortas que pesavo L lbr de sera nova que foron paguadas a M° d'Albi per lo ces dels gorratages e dels encans; a III s. VI d. la lieura, monta........ VII lbr. XV s.

1498. a XIX de mars, que venc en esta vila M° d'Armanhac, per I^a pipa de vi que fo de M° Dorde Gaudetrut, que tenia VI cestiers I^a costec (2); costec, am I franc que donec al botelhier per lo fust, laqual li fon donada de la pipa....................... VII lbr.

1500. per VIII saxs que comprem del dig folrier, III s. III d. els II sa(n)xs perdero se; costa II gr. m. e de portar I gr.; monta, VII gr.

1502. a XXIIII de mars, a M° G^m Albert, que estec per metre I trauc al pon levadis de Verdusa..................... III gr.

1503. per lo dig trau, a Jacme Miquel per I trauc de IIII canas am lo portar .... VI gr. V d.

1504. per doas corondas e per planca... .... IIII gr.

1505. a G^m Prunet per far la copia de las letras dericyras que

(1) Les art. 1486 et 1487 sont cancellés.
(2) Corr. *emina*.

aviam agudas de M° lo duc de las enposecios que gabelas no se meseso.

[*Soma* : xix lbr. v s. v d.]

[F° LXXVI r°.] 1508. a xxxi de mars, a'n Gilet, loctenen del thesaurier de Carcassona, per trops de servisis e plasers que avia faitz a la vila... ii franxs. v gros bos.

1509. que anero beure los senhors, am lo sobredig Gilet, a l'ostal d'en Duran Vaysiey, on era............................ ii g. (1).

1512. per l'apsolucio que aguem, que avia escumengatz totz los cosols... xv s. x d.

1513. a M° Johan Duran per rompre la obligansa de l lbr. en que los cosols de l'an LXVIII eron obliguatz a M° d'Autpol..... ii gr.

1514. a Pascoret que anec a Castras portar iª letra a M° l'avesque de Castras (2), de part dels senhors de Capitol de Sancta Secelia, que lor comeses que se degus erem en sentencia per lo fag de las vendemias; ac ne.................................... iiii gr.

1515. a M° Gualhart de Borns, per scriure las sedulas que foron bayladas al castela del Castelvielh sobre los debatz dels cosols del Castelvielh els cosols d'esta vila ; e per ii sedulas de respostas de l'apellacio que feyro a M° G^m Garnier ; e per scrieure los articles baylat[z] sobre lo fag del compromes ; e per iª sedula d'apellacio facha dant en Gualha[r]t Golfier....:............. xiii s. vi d.

[*Soma* : ix lbr. xiiii s. vii d.]

[F° LXXVI v°.] 1517. a xii d'abril, a'n Matieu Valeta, per iª pipa de vi que tenia iiii cestiers e emina................... ..... v fr.

1518. per iiii entorcas que foron d'en P. Clergue, que pesavo xiii lbr. iª onsa, a iii s. iiii d. [la] lbr.; monta....... xliii s. vi d. mª. lasquals causas foron donadas a la sor de M° d'Albi que era venguda en esta vila.

1520. a xix d'abril, a R. Aisolier que fon trames a Carcasona per portar letras al sendic de la vila que feses sirvir alcunas letras de citacios contra alcus d'esta vila, vii gr. Estec v dias, speran resposta de las executorias ; ac del viatge,...................... xii gr.

1521. a xxi d'abril e a iiii de may, a'n Johan de May, castela de Cabaret, que avia facha execucio contra la vila, a estancia d'en Gilet, per la resta dels ii franxs per fuoc..... xiii lbr. xiii s. ix d.

1523. a xix d'abril, a M° Dorde del Vierno per scrieure la relacio

(1) Les art. 1510 et 1511 sont cancellés.

(2) Le siège était alors occupé par Raymond Ier de Sainte-Gemme, doyen de la collégiale de Burlats.

que li fe P. Fabre, sirven, d'aquels que avia citatz a Carcasona, a estancia dels senhors, am so que n'ac lo dig P. Fabre...... xx d.

[Soma : xxviii lbr. viii s. ii d. iiiᵃ.]

F⁰ LXXVII r⁰.] 1526. a'n P. Clergue, per i post de guaric que fon mesa al pon levadis de Tarn............................ .. ii gr.

1527. a Mᵉ Johan Augier, per ii relhas que foron mesas en la dicha post.......... .... ii gr.

1529. a xxi d'abril, a Gui Salvanhac e a Isarn Pitre e a P. Decles, sirvens, que anero mandar tropas de gens a la maion cominal per tener cosel.. iii gr.

1530. a Gᵐ Guitbert per adobar la trompa en que trompava Mondo, la bada................'........................... iiii gr.

1531. a'n Gᵐ Ortz; per iii cartos de lato as adobar la dicha trompa ....,............................. .... iii s. ix d.

1534. a'n Bernat Esteve, del leu dels xii comus de la gacha de las Combas per so que li costec l'apsolutio de so per que l'avian escumengat los senhors de Sancta Secelia per la teula que n'aviam aguda l'an LXI... iii gr. m.

[Soma : vii lbr. v s. mᵃ.]

F⁰ LXXVII v⁰.] 1536. a Thaulo e a Breude que avian facha bada per los puegs................. .... ii gr.

1538. a'n Gᵐ Guitbert, que fon trames, de voluntat dels senhors, a Viaus (1) a l'alogamen de Jaques de Bray e de Jacomart per sentir e saber lor voluntat, e far am lor e sentir (2) lor voler que disian alcus que volian venir alogar al bari d'esta vila. Estec ii dias ; ac del viage.. xl s.

1539. Paguem per v lials e miega de vy que lor portec, a xvi d. la lial, e per xxiiii foguaset[z] e per i lbr. de cofimens ; monta tot.... .... xx s. vii d.

1540. per vi que lor donec a Causac (3) am i lebrat.. v s. x d. mᵃ

1541. a i de may, per iiii lials de vi e per xii michas de v d. cascuna e per un cestier de sivada, que fon donat a Mᵉ P. de Lafon, procurayre general de la senescalquia de Tholosa (4),.......... xx s.

[Soma : v lbr. ix s. x d.]

---

(1) Vieux, comm. du canton de Castelnau-de-Montmiral, arrond. de Gaillac.

(2) Manusc. : *estutir*.

(3) Comm. du même canton de Castelnau-de-Montmiral.

(4) Les art. 1545 et 1546 sont cancellés.

[F° LXXVIII.] 1547. a 1 masip de Carcasona que portec la moneda del mieg franc per fuoc.. IIII gr.

1549. a XIII de may, que begro los senhors a la maio cominal, am Arnaut Duran e am Marquet de Mari, comessaris que ero sobre la vila per los dichs II franxs per fuoc : despesem entre pa e vi e serieyas... IIII gr.

1550. als faychiers que quarejero los guages a la maion cominal que penhoravo los comessaris et als sirvens... (1) dels digz comessaris que begueso (2)............................. IIII gr.

1556. a XVII de may, a'n Arnaut Duran de Carcasona e a'n Marquet de Mari, sargans d'armas, que fasian excequcio sobre la vila, a estancia de M° lo thesaurier de Fransa e de M° Johan de Lunel, comesari deputat a levar las restas dels II franxs per fuoc. Ac ne Marquet XI franxs, I gr. e'n Arnaut Duran, XIII franxs. Monta tot........
.... XXIIII fr. I gr.

[Soma : XXXVIII lbr. XVIII s. IX d.]

[F° LXXVIII v°.] 1563. al sirven de Carcasona, que es bot d'en Arnaut Duran, que avia penhorat alcus que devian darairages,. IIII gr.

1566. a M° Dorde Gaudetru per III lials de vy que n'ac hom que foron trameses a'n Arnaut Duran e a'n Marquet de Mari.... IIII s.

1567. may al dig M° Dorde, per vi que n'ac as ops dels sobredichs que ne trametiam quere tot dia, car non trohavo de bos per lo devet, e trametiam per tot dia, de mati e de ser...... .... X s.

1570. may que se perdec en III nobles que nos prestec M° P. Costa que los bailava per XXI gr. bos e no los mesem mar per XXII gr. en blanquas........... ....:....................... XVIII d.

[Soma : III lbr. XVII s. VI d.]

[F° LXXIX, r°.] 1571. a Pascoret, que era anat, am en B. Esteve e am M° Johan Duran, a Carcasona per portar resposta de so que l'aviam a far per los senhors per anar [a] Avinho. Estec v dias (3)....
.... IX gr.

1577. que pres en P. Clergue que paguec as alcus masips que avian portada letra d'avisamen del Castelnou, de Gualhac e de Lescura... III gr.

1578. per la ma de Johan Taunis, alias Pasquet, d'otral pon, que mes per II jornals d'ome que fe bada a Carlucet....... II s. XI d.

---

(1) Place de deux ou trois mots en blanc.

(2) Les art. 1551 et 1552 sont cancellés.

(3) Les art. 1572 et 1573 sont cancellés.

1579. a'n B. Blanc que anec a Salas (1) per spiar d'aquels de Vert-
fuelh (2).. III s. IX d.

[*Soma* : III lbr. VI s. v d. mª.]

[Fº LXXIX, vº.] 1585. per II lbr. mieja de fer as adobar la porta
del palenc, am lo maestre que la adobec............ .... II s. VI d.
1586. a II homes que adobero las barieyras.......... IV s. IX d.
1590. per adobar la porta del teron vielh............ II s. VI d.
1591. per cavilhas de fer e per postz et per trametre al Castelnou e
per desemboscar lo bari.......................... VII s. I d. (3)
1594. Pagueiey lor may (4) per las cridas dels vis desus distz e los
vis que fon vendustz per la vila, bailastz per los sobredistz, de XI to-
nels que ne bailero ; per la compra dels VI comus que levero e per
los draps que foron vendustz a'n P. del Solier e a Mº Bertran Cavilho
e a d'autres contengustz en ma presa, que n'agro per acort fa[c]h
am los senhors........... .... v lbr.
lasquals somas foron desduchas del emolimen de las cridas dels vis,
VII lbr. XIX s. e las IIII lbr. II s. li desduiser[i] de la soma dels VI co-
mus que comprero (5).

[*Soma* : VIII lbr. VIII s. VIII d.]

[Fº LXXX, rº.] 1596. a'n B. Gasanha e a'n Gᵐ Largues que avian
estat als palens e a las portas d'otra lo pon ; e fo en lo mes d'aost, a
II gr. m. per jorn. Monta................................. v gr.
1597. per I postz a folrar la porta de las Morguas am las cavilhas
els clavels,.. IIII gr.
1598. per I carada del pal e per Iª clau a la porta de la Fustaria....
1600. a'n Sicart Nicolau, e nom d'en Gᵐ Nicolau, son payre, per
la guabella del blat que nos prestec frayre P. Ginieis,.... IIII lbr.
1601. per la guabella de la sera que mal[ev]em a'n Gᵐ Guitbert, l'an
LXIX, del rector de Sancta Marciana per paguar Not Ebral,   XX s.

[*Soma* : VI lb. X s.]

[Fº LXXX vº.] 1603. a senh. Gualhart Golfier, per lo trebalh que
avia fag en los seyzes de las enposecios dels XII d. per lbr. e per
guages de la comecio del fag de Lescura e per trops d'autres trebalhs
e sirvisis que a fagz per la vila e per I parelh de lensols que avia(n)

(1) Comm. du canton de Monestiés, arrond. d'Albi.

(2) Comm. du canton de Saint-Antonin (Tarn-et-Garonne).

(3) L'art. 1592 est cancellé, avec, en marge, cette note : *al autre libre,
a* XIIIˣˣXVIII *cartas.*

(4) C'est-à-dire à Etienne Baile et à Bertrand Baldi de l'art. précédent.

(5) Art. écrit d'une autre main.

prestatz als senhors as ops de M° d'Armanhac quant fon en esta vila ; e quant s'en anec foron panatz que no s'atrobero ; e era cascun de III branguas que i avia XII canas de tela: ac ne del tot...... .... xx lbr.

1604. a'n Arnaut Asemar, baysaire. per I cadenat que fe metre al pon levadis de Tarn............,.. .... III gr.

1606. de voluntat dels senhors, a'n Pos Renhas, per guages que avia compratz de la vila per prest que demandan as alcus; e costec li de portar e de tornar ....,.................... v s.

1607. a'n G^m Prunet per scrieure la apellacio del mieg franc per fuoc............. .... III gr.

1609. a R. Sivalh, alias Martra, per la excequcio que fe as aquels que s'ero mudat[z] al Castelvielh e per sertz jorns que avia estat a la maion cominal e a la porta del Vigua, quant M° d'Autpol levava los II franxs per fuoc................................. . IX gr. v d.

[*Soma* : XXVIII lbr. III s. II d.]

[F° LXXXI r°.] 1614. a'n G^m Gieusa, per si e coma lial aministrayre de son fielh, e procurayre de Frances, son frayre, heretiers d'en Johan Gieusa, per so que li era(t) degut de resta de son prest fag l'an LXVIII et LXIX............................ XXII lbr. II s.

. E M° Johan Amoros fen carta.

1615. a'n G^m Aycart, alias Ribieyra, que paguec a frayre P. Ginieis e a M° Duran de Marola, de l'orde de St Johan (1).... IX fr. d'aur.

1616. a Posset per far portar los banxs de la maion cominal a las procesios ....:.......... .... _ II gros.

1619. a'n G^m Guilbert, per IIII fieusas de carn salada que foron portadas a Tholosa a mesir P. Escatissa, thes[aurier] de Fransa, e donadas de part dels senhors, que pesavo IIII quintals e XXX lbr. a for de v flor. III gr. lo quintal...................... XII lbr. I gr.

[*Soma* : XLII lbr. II s. v d.]

F° LXXXI v°.] 1630. a M° P. Sudre, notari, per las scripturas fachas al Castelvielh, quant lo castela fe citar totz los singulars que tenieu fieus nobles en la terra de M° de Vendoymes........ XXVI s. x d.

1632. a Johan Barau, que li es degut per I assignacio que li fon facha, l'an LXVIII. sobre M° R. Ortala del leu dels II comus, de XI floris e m. : e M° R. nol paguec mar xv s. per flori car plus non avia levat e valia xvI s.,............................ ...... XI s. vI d.

[*Soma* : VIII lbr. III s. III d.]

(1) Hospitaliers de Saint-Jean de Jérusalem ; le siège de la Commanderie était à Rayssac, à l'est d'Albi.

[F° LXXXII r°.] 1633 a'n Pos Vierna, loctenen del figuier, per la comesio del fag de Lescura e far paguar la condampnacio en que era estat condampnat lo senhor de Lescura per la coreguda que s'era facha, e per trops d'autres servisis........ xiiii lbr. x d..mª.

1634. Paguem a Esteve Baile e a Bertran Baldi per lo treze del vi que vendec Bernat Torena, loqual nos avia prestat Mº d'Autpol de iiiixxxiii lbr. xiii s................. .... vii lbr. i s. lasquals se desdussero dels emolmens de las cridas dels vis.

1635. a B. Santoli e a Sicart Borsier, sirvens, que avian tenguda garniso sobre B. Torena e sobre P. Tornes, a estancia d'en Guilhem Guitbert, per lo treze del vi que avian vendut d'aquel que hom pres de Esteve Baile et de Bertran Baldi; els digs B. e P. avian baylat(z) tot l'argen a'n P. Clergue, e el l'avia portat a Tholoza..... vi gr.

1636. de voluntat de totz los senhors, a'n R. Muret d'otral pont, que avia pagual per alcunas despesas que fe cant anec a Tholoza per revocar los comessaris que ero al Cap del pon, per far debatre lo bari; ac ne...................... .... v fr.

1639. a'n Jacme Miquel per fusta que n'ac hom as obs del planquat de Rocalaura, l'an LXVIII............................... ii fr. losquals devo aquels que an los hostals dant lo dig plancat.

[Soma ; xxx lbr. xiii s. vii d.]

[F° LXXXII, v°.] 1642. per la ma d'en Frances de Lagrava, per adobar lo pas del seu hostal del Pueg Amadenc......... xxxii s.

1644. a Mº Gⁿ Garnier, per los trebals que fe en la plaidejaria del Castelvielh, e per autres treballhs e letras que fe en las emposecios que nos autriec Mº d'Autpol.......... .... iiii lbr.

1650. se perdec en los xi tonels del vi que n'ac hom que lo bailava per xx s. lo cestier e nos vendec mar xv s. e xx s. lo sestier. Monta la perdua que s'i fe. .... xlii lbr. xii s. viii s.

[Soma : lxxi lbr. iii s. x. d.]

[F° LXXXIII, r°] *Mesa de la despessa que fon facha per vendre los vis que foron comprat[z] de Esteve Baile et de Bertran Baldi.*

1652. a B. Thorena, que fo rebatut de so que pres del thonel darier que vendec, loqual era en la botiga d'en Johan Reynes, per xi dias que avia estat a vendre les autres tonels, a v gr. m. per jorn, entre despessa e jornals ; monta.......... lxx s. viii d. mª.

1653. may al dig B. Torena per los jornals e despessa de vi dias que ponhec................................ .... xxii s. iii d.

1654. a P. Tornes, per xiii jornals que avia vacat a vendre los dichz vis a v gr. e m. per jornal entre si el matalot e despens ; monta................................,... iiii lbr. ix s. iii d. mª.

1655. a Gilhet, lo sirven, que avia estat a la porta de la Trebalha per gardar que hom non anes quere vis al Castelvielh, car avian devet; ac ne.................................... v s. vi d.

1656. Paguem a G^m Arnaut d'Engolesma, e al bordier de senh B. d'Avisac, per vi que lor agro begut a las portas que se pessavo los portiers que. fos del Castelvielh, e non era ges; e covenc lo a comp[r]ar; costec........ .... xxi d.

1657. a'n P. Clergue, per son treball de levar de alcunas gens que devieu dels vi comus de la gacha de Sancta Frica, que li foro assignadas per so que avia prestat, a l'anada d'Avinho et d'autra[s] vestz... xix s.

[*Soma* : xix lbr. xii s. vii d.]

[F° LXXXIII, v°.] *Mesa de levar los xx comus.*

1663. a Vidal Gini e a P. Borsa, per lor treball a levar los xx comus de la guacha de Verdusa, a xviii deniers per lbr. xviii lbr. xv s. (1)

[*Soma* : cl lbr. xii s.]

[F° LXXXIIII, r°.] *Aysso que s'ensec es lo comte de la presa et de la mesa facha per en Johan Segui, cossol et espondier de la Malautia del Vigua d'Albi, de l'an* M°CCCLXX.

Ces comptes de la Maladrerie forment un cahier de 4 feuillets de 20 cent. de longueur sur 14 de largeur, paginés 84, 85, 86, et 87 en chiffres arabes. Une distribution de 1ª pessa de carn était faite aux malades chaque mardi, chaque jeudi et chaque dimanche. Le dimanche et le mardi gras et le jour de Pâques il est fait une distribution de deux pièces de viande.

Notons que le mot an nou *est employé pour désigner le premier janvier.*

1817. paguiei, per xvi jorns que malauejec Besset, entre po e vi e sucre e candelas de cera .... ix s. vi d.

1818. paguiei a'n Philip Vaissieira per xxii lials mieja de vi als malautes......... ... . xxii s. vi d.

1819. paguiei a fraire Johan Guariguas et a son companh, per lo cantar que fan a la Malautia,........................ .. xxx s.

1820. Paguiei per ajudar a foire la vinha al malaute.... xxv s.

Presa.

[F° LXXXVII, r°.] **1821.** presi de Matieu de las Portas, per lo loguier de la terra de la Malautia.................. .... vi s.

1822. presi de G^m Candesas, per l'ostal.................. xxx s.

1832. dels malautes que se so donat[z] xx flor. que a nom Esteve d'Alvinhac e Jeana, sa molher e Jacme, so filh.

---

(1) Suivent douze articles rédigés de même façon pour les autres gaches.

1833. pres mai del quista del v..... s (1)........... II s. VIII d.
[*Soma* : la preza XXII lbr. I s. XII d.]

[F° LXXXVIII, r°.] L'an mil CCCLXXI e II (dos) dias del mes d'aost, Johan Reynes, Duran Daunis, Johan Segui, M° Gualhart de Borns, M° Johan Augier, P. Clergue, B. Esteve, M° p. Costa, cosols de l'an mil CCCLXX, per lor e per los autres cossols lors companhos absens, redero al senh Gualhart Golfier, M° Asemar Grasset, M° B. Lonc, Frances Donat, B. Col, P. Domenge, B. Dales, P. Godieyra, senhors cossols de l'an presen de la ciutat d'Albi, presens per lor et per los companhos e per tota la universitat d'Albi, stipulans et recebens e a mi notari, sotz scrig, stipulan e receben e nom de lor : Conte e raso de tota l'aministracio per los dichs cosols vielhs facha, el temps de lor cossolat, on mielhs en aquetz libre se conte ; loqual conte redero e baylero als dichs senhors cosols del temps presen, am protestacio e retencio, loqual feiro davan lo dig redamen e baylamen, e en aquel e aprep aquel, que se hi avia may pres o mes que el dig conte no se conte, o autra eror aparia en preza o en meza, que aquo pusco coregier e emendar e que tot temps volo e pusco a vertat estar ; de lasquals causas desus dichas los sobredichs senhors cossols vielhs requerigro a mi notari jots escrich (requerigro) a lor far public estrumen ; els dichs senhors cossols novels de l'an presen LXXI no consentigro en las sobredichas protestacios, ni aytapauc no las aymero, si no aytant quant de drech ne serian astrechs. Item may los dichs cossols novels protestero als dichs cossols vielhs que, coma els no redo los derayratges dels comus de lor temps per lor levatz e fachs levar, que protesto del dampnatge e issamen de deniers se n'avian de resta, en cas que despens ne venges a la vila ; delqual requerigro estrumen ; el sobredich Duran Daunis respondec que los dichs comus ero estatz baylatz a levar a sert[z] levadors per vila per que de presen non podian aver las restas, mas que tot cant n'avian pres es en aquest lhibre, del qual era prest de mostrar.

Actum Albie, die secunda mensis Augusti, anno domini M°III°°LXXI, domino Carolo, Dei gratia rege Francorum, regnante, in presentia et testimonio Guillelmi Rotgerii junioris, Petri de Somas, Isarni Rotondi, de Albia, et mei Johannis Amorosi, publici auctoritate regia notarii.

(1) Deux petites taches d'encre rendent illisible ce mot qui commence par *v* et finit par *s*. ; peut-être *venres* S[an]h.

COMPTES DE 1374-1375 [1]

[Page XX.] 1. Paguiey a'n Pos Glieyas, gacha de la vila, per sa pencio, xii floris que valo .... ix lbr. xii s. (2)

2. a R. Guila, gacha, per sa pencio, vii floris que valo. ix lbr. xii s.

3. Paguiey lor als sobredigs per las raubas, quar no lor ne aviam fachas los senhors,.. viii lbr.

4. a (*blanc*) d'octombre, a M° Lambert Vilar, notari de Carcassona e sindic de la vila, per partida de sa pencio de l'an presen, ..
.... ii franx.

6. a M° P. de Lafon de Galhac per sa pencio, que fo assignat sobre Johan del Pueg, x franxs que costero .... xi lbr. v s. (3)

7. a xv de novembre, a M° P. Olivier, notari de Carcassona, per resta de sas scripturas fachas per luy en la cort de moss. lo senescalc per la vila, comte fag et acort am luy de tot quant ha fag per la vila tro al jorn d'uey....... .... v franxs d'aur.

9. a M° R. Debar per sos treballs de levar los comus sempmaniers avans que fosso vendutz a'n Peire Clergue quen devia aver xii d. per lbr. Monta tot, que se rebatec de la soma quen donava lo dig en Peire........ .... xx lbr.

Soma : lviii lbr. xi s. i d.

[P. XXI.] 11. a'n Johan Talhafer, per i entorca de iii lbr., que era capitani am en Bernat Esteve........................... ... x s.

---

(1) Ce registre a cruellement souffert de l'humidité ; tout le haut de la page est en grande partie rongé sur 6 ou 7 centimètres de hauteur ; l'encre, aux endroits non rongés, a tellement pâli que les mots sont souvent illisibles. Les 10 premiers folios ont disparu. Notre copie commence donc à XX ; car le registre est paginé, au bas de la page, et non folioté.

(2) La valeur du florin ressort à 16 sous : $9 \times 20 + 12/12 = 16$.

(3) La valeur du franc ressort dans cet article à 22 sous, 6 d. $11 \times 20 + 5/10 = 22\ 1/2$. Cf. art. 18. Cet art. est d'une autre main.

12. al dig Johan Talhafer, per sos gatges del capitanatge, que fon capitani am en Bernat Esteve, per vi mezes.............. LX s.

13. a'n B. Esteve, per sos gatges del capitanatge per vi mezes,...
.... LX s.

14. al dig B. Esteve, per lo treballh que fe en los digs vi mezes a far los trailatz de la tracha dels blatz quen trazia hom e per far portar a la pila... v lbr.

15. a M° Bertran de Montalazac et a M° G^{ar} (1) de Corns, notaris de la cort temporal, per las scripturas que avian fachas a la cort per la vila.. LVIIII s.

17. a M° P. de Lafon, jutge d'Albeges, per sa pencio del dig an, en deduccio del leu dels xii comus..................... xx lbr.

18. Paguiey li may al dig M° P. de Lafon, que pres del pretz de l'ostal que fo de Johan Cabravaira, loqual fe vendre la vila, que comprec M° Johan del Potz, per l'avansa de las xx lbr. sobredichas que dizia que hom lhi devia xx franxs, e cada franc valia xxii s. vi d., que monta so que n'ac............................. L s.

Soma : xxxvii lbr. xix s.

[P. XXII.]. 20. a xxiii de julh, a M° Johan Duran per la carta que redec grossada de la obligansa que feiro los senhors am ganre de singulars al senhen Arnaut Raynaut de iii^c franxs que prestec als senhors. (2)... x s.

21. a xxiii de julh, a'n Bertran Cerrac de Cabestanh, que avia facha excequcio contra la vila, ad estancia d'en (*blanc*) de Cabestanh, per iii^cxxxiii franxs que eron degutz per la sal que n'ac hom en lo mes de mars passat ; ac ne, enclus vi franxs que pres en comte per Johan Barrau,........................ xi lbr. iiii s. vii d.

22. Per la copia de la comecio........................ x d.

23. a xxviii de julh, a i macip del vescomte de Fezenssaguel (3)

---

(1) Un tilde sur *r*. Son prénom était Galhart. On lit en effet en marge : *Mostree eserig de la ma de M° Galhart de Borns*.

(2) L'emprunt dont il s'agit fut voté par le conseil de la communauté le 28 juin précédent ; il était destiné à procurer les ressources nécessaires pour poursuivre la réparation des feux du consulat. Gaillard Golfier avait dit qu'il avait l'espoir que « la dicha reparacio passaria a iiii^c franxs ». BB. 16.

(3) Les vicomtes de Fezenzaguet étaient une branche cadette des Armagnac. Ils avaient pour apanage la vicomté de ce nom, détachée de l'Armagnac vers 1165 et dont la capitale était Mauvezin. De 1339 à 1396 le titulaire de la vicomté était Jean d'Armagnac, fils de Géraud II. Son fils était Jean Géraud. (Fonds d'Armagnac, Arch. dép. de Tarn-et-Garonne.)

que portec letra d'avizamen.................................... v s.

24. a'n R. Terrassier, sirven, que fon trames a Lescura et a Marselh per enebir als excequtors que excequtavo la terra, ad estancia det senher de Serenac, que lor enebic que no fezesso excequcio contra la dicha terra de Marselh ni sobre lo pezatge, quar non era ponh del senhor, ans era be de la vila; ac ne, que estec II dias, x s.

Soma : XII lbr. XII s. I d.

[P. XXIII.] 27. a xxx de julh, a Foguassa que anec al Ga de Lescura per espiar... xv d.

28. a II d'aost, a R. de Landas, que avia fachas II copias de las razos que redec lo procuraire del senher de Senerac (1) de la opozicio que los senhors aviau facha sobre la excequcio que faziau en la terra de Marselh........ .... xx d.

30. a v d'aost, per I sestier de vi, XXI s. IIII d. e per XXIIII michas de v d. cascuna, x s. lasqual[s] foro donat[z] als fraires Prezicadors per pitansa que era S. Domenge; e foro lor may donat x s. en comtan; monta tot.. XLI s. IIII d.

32. a v d'aost, a I masip d'en Jacme del Tilh; que trames lo dig Jacme als senhors, que lor mandava que lhi tramezesso deniers, que la gracia que moss. lo duc avia facha dels LXXV franxs del supcidi dels II franxs por fuoc (2) qualia que se pagues de se al terme de S. Miquel que ve; foro nos rebatutz los digs LXXV franxs, quar M° Bertomieu Vidal, comessari a far paguar los digs supsidis, avia dig que moss. lo duc ho avia endensissi ordenat, e mandava que hom dones al macip.............·....................... v s.

Soma : LV s. I d.

[P. XXIIII.] 33. a'n G^m Pratz et a Johan Aurnuola que aviau adobat a la porta de la Trebalha et al pont de Verdussa, II s. VI d.

36. a VIII d'aost, a M° P. Fabre, fabre, per far cavilhas et adobar la cadena del pont levador de Verdussa.................. II s. XI d.

37. a'n P. Soelh per I barra de fer a far la dicha cadena que pesava

---

(1) Corr. : *Serenac*.

(2) Les communes de Languedoc, réunies, en avril, à Toulouse, avaient octroyé au duc d'Anjou un subside de 2 fr. par feu, payables en deux termes, l'un en juin, l'autre le 29 septembre. On trouve aux Archives communales (CC. 81) un vidimus, par le sénéchal de Carcassonne, des lettres de remise de ce subside par le duc d'Anjou, en considération des maux que les habitants ont eu à souffrir pendant la guerre et des pertes qu'ils ont récemment éprouvées à la suite des gelées qui ont détruit les vignes et des tempêtes qui ont arraché les arbres et enlevé les toitures des maisons.

xv lbr. de ferr, a for de IIII d. mª la lbr........... v s. VIII d. mª.

39. a XII d'aost, a R. Girma, sirven de Carcassonna, que avia facha excequcio contra la vila, ad instancia de Mᵉ Jorda Ancelmes del dig loc ; ac ne............... .... XIII s.

40. per I ma de papier........ .... II s. I d.

Soma : XXXII s. III d.

[P. XXV.] 41. a XIX d'aost, a Bernat Combers que portec letra d'avisamen dels cossols de Vilafranca de Rouergue....... . XX d.

43. ad Arnaudo, masip, que anec a Carcassona portar letras a moss. d'Autpol se volia re escriure a Paris a moss. Felip, son filh; quar los senhors hi volian trametre. Estec IIII dias, ac del viatge.................. .... XV s.

44. a XXVI d'aost, per XII parelhs de polas e per III parelhs d'aucatz; costavo los galinatz XX d. lo parelh els aucatz XII gros ; monta tot... XXXVII s. VI d.

45. a na Lumbersa, per II entorcas de sera e una liassa de doblos de sera que pesava tot IX lbr. mieg carto, a for de IIII s. la lbr., monta.................................. ... XXXVI s. VI d. lasquals cauzas foron donadas a moss. B. Bona, senhor d'Autpol, que era vengut en esta vila am sa molher et am tota sa maynada.

46. a XXVII d'aost, a Salvanhac, que anec a la Rataria (1) per portar letras al senher del Travet (2) et a sa molher, que fo molher d'en Sicart de la Grefol; per una bilheta que avia lo dig en Sicart de obligansa de una soma en que Mᵉ R. Vidal era tengut a Mᵉ Ar. Groyer, procurayre en parlamen de Paris, que avia mandat lo dig Mᵉ Ar. als senhors que l'aguesso que lon fezesso paguar; ac II gros. Estec II dias que lo senhor non hi era e la dona no volc far resposta que diss que l'esperes ; ac ne...................'.......... VI s.

Soma : IIII lbr. XVII s. I d.

[P. XXVI.] 47. a XXIX d'aost, a'n Bertran Cerrac de Cabestanh, que avia facha excequcio contra la vila per so que deviam de la sal, que sa avia estat per execqutar (3) de Nostra Dona ensa; ac ne, enclus III franxs que devia a'n Brenguier de Varelhas.'. XI franxs. Comensec ad excequtar a XV d'aost.

48. Paguiey lhi may de so que avia acordat en P. del Solier, a Bezers, que lhi dones hom que fezes aver terme am Mᵉ Johan Perdiguier... L s.

(1) La Ratarié, comm. de Ronel, cant. de Réalmont.
(2) Cant. de Réalmont, arrond. d'Albi.
(3) Cf. art. 4.

ANNÉE 1374-75

49. a Ramilho et a Johan Noble et a Sicart Mirapeiss, que aviau excequtatz alcus de la vila am lo sobredig comessari, que n'agro, otra los tolsas que aviau de cascun gatge, enclus II s. VI d. que ac lo comessari que diss que lor avia donat a beure,.................. x s.

50. a XXVIII d'aost, que fon S. Augusti, per I sestier de vi, XXI s. IIII d., e XXIIII michas de v d. cascuna, x s., monta to[t]............ XXXI s. IIII d.

lasquals cauzas foron donadas a las donas canongas d'otral pont, per pitansa.

51. Fo lor may donat en argen............................. x d.

Soma : XI francxs ; *soma* : v lbr. III s. v d.

[P. XXVII.] 55. a Guiraut Marti per III botuolas de tencha que n'aviam agudas,.................................. xv d.

56. per II onsas de cera verda que aguem................ x d.

59. a XVI de setembre. a I macip d'en Pos del Tilh de Carcassona que portec letra als senhors d'el e d'en Jacme del Tilh que lor escrivian que lor tramezesso las letras de las gracias que moss. lo duc avia fachas : dem li per sos despens.................... xv s.

60. a Johan de May et a son companh que nos vengro excequtar per la pagua premieira dels III francxs per fuoc (1).. IIII francxs.

Soma : IIII francxs ; *soma* : xx s. x d.

Meza de la anada de Paris.

[P. XXVIII.] 61. Paguiey, a XXIX d'aost, que partic Mᵉ Ar. Paya d'esta vila per anar a Paris, al parlamen et al cossellh cofermar l'acort fag per moss. d'Albi e per la vila de las plaejarias que eron en la cort de parlamen. Bailiey li LXXII francxs d'aur que costero, am lo comtan, foras III que ne prestec Mᵉ Bertran de Monjuzuou, e II que ne prestec Mᵉ Bernat Lonc ; e resto LXVII francxs que costa am lo comtan xx s VII d. mᵃ. Monto XXXIII gros e m ; valo............ XLI s. x d. mᵃ.

delsquals LXXII francxs paguec lo dig Mᵉ Ar. a Mᵉ Ar. Groyer, procuraire de parlamen, xxx francxs, et a Mᵉ Johan Pascorel, avocat, x francxs ; e paguec may per la letra del quart de las emposicios, e per la letra de la reparacio e per sos trebalhs et despens la resta que es XXXII francxs.

62. a Mᵉ R. Vidal per II sagels del gran sagel de la cort del rey de la carta de l'acort que fo fag am moss. d'Albi e per lo sendicat, x s.

(1) Les communes de Languedoc, réunies à Toulouse, du 13 au 20 juin, octroyèrent au duc d'Anjou 3 fr. par feu pour 6 mois payables en trois termes. Cf. *Inst. polit. et adm.*, p. 613 et art. 302.

63. a Fogassa que anec a Paris portar letras a moss. Felip Bona .... x s.

Soma : lxxii francxs ; soma : lxi s. x d. mª.

[P. XXIX.] *Mesa communa.*

64. a xxvii de setembre, a Mondo, la bada, que avia estat a curar lo toat de la Toreta am lo loguier del pico e de la pala,.. xx d.

65. a xx de setembre, a i macip de Rialmon que portec la manda del franc per fuoc de S. Miquel, de part d'en Jacme del Tillh, xv d.

66. a Salsavert que fon trames a Tholosa, am letras de G^m Condat, que anavo a'n Bernat Pancaroca, que se podia aver asignacio sobre esta vila de moss. lo duc per lo supcidi de S. Miquel que ve, que ho fezes ; ac del viatge..... ... . xiii s. ix d.

67. a Mondo, la bada. et a i home que lhi ajudec a caregar la fusta del gachil de la Fustaria que era cazeg, et a debatre... iii s. iiii d.

Soma : xxiii s. xi d. mⁿ.

[P. XXX.] *Meza de adobar lo pont de la Trebalha.*

72. a xxviii de septembre, a ii homes que caregero fusta et ajudero als maestres... .... ii s. vi d.

73. als carratiers que caregeron fusta............... iii s. ix d.

77. a Mº P. Riquart, fustier, per ii jornals que estec al dig pont, x s.

78. a senhen Galhart Golfier, per iiii trauxs de xx palms cascu....
.... xiii s. iiii d.

80. a'n Jacme Miquel per ii fustz que ac hom de S. Fons as ops del dig pont..................... ... ... x s.

Soma : lxvi d. viii d.

[P. XXXI.] 81. Paguiey li may per iii pessas de fusta as ops de la caussada de la porta de la Costan Gieissa........ .... vi s. iii d.

82. a xxix de setembre, a Ramilho que mandec a la mayo cominal ganre de bos homnes de la vila que venguesso. ...... xv s.

83. a i d'octombre, a Johan Cambo, sirven de Carcassona, que avia facha excequcio contra la vila, ad instancia d'en Bernat de Cussac, recebedor de la gabela de la sal, per ii^{c}xviii francxs, per xv jorns que sa avia estat, e per son venir e tornar (1).......
.... xi francxs, xvi s. iii d.

85. a Perri et a Johan Johanel, per vendre la seguel e la sivada que ac hom de Marselh.......... .... v s. vi d.

Soma : xi francxs ; soma : lix s. iii d.

(1) En marge : *mostrec la bilheta e la paga de ma de notari.*

[P. XXXII.] 87. a IIII d'octembre, que fo S. Frances, per I sestier de vi, XXXII s. e per XXIIII michas, x s. que lor (1) fon donat per pitansa et mar lor fon donat x s. en argen ; monta tot............ LII s.

89. a G^m del Ort, per II molas que n'ac hom quant las companhas eron al Cap del pont, que lor fon trames VI............ II s. XI d.

90. se perdec en LIII nobles vielhs que prestec Martinet als senhors a paguar a'n Jacme del Tilh, per lo supcidi dels III francxs per fuoc que los baylava per XXVIII s. IIII d. la pessa e'n Jacme no los pres mas per XXVIII s. ; monta so que s'i perdec......... XVII s. VIII d.

91. a VIII d'octombre, a'n Bertran Cerrac, de Cabestanh, et a son companh Azemar Caminada, que aviau facha excequcio contra la vila ad estancia d'en Bernat de Cucsac, recebedor de la gabela de la sal, que sa aviau estat XVIII jorns entre la venguda e la tornada, ... XX francxs.

Soma : XX francs : *soma* : LXXIIII s. VIII d.

[P. XXXIII.] 93. a'n P. Borsa per I ma de papier que aviam aguda pessa.. II s. VI d.

95. a XXVI d'octombre, a Ramilho, sirven del rey, que avia citatz a Carcassona alcus d'esta vila que no voliau paguar los comus, so es asaber M° Bertran Costa e sa molher, e Ramon Molinier e sa molher e Johan Avinho e sa molher ; ac ne............ XV d.

96. a Me G^m Garnier per escriure sul dos de la letra lo mandamen am lo sagel...................................... IX d.

97. a XXVIII d'octombre, a R. Sosrazas, sirven de Carcassona, que avia facha excequcio contra la vila ad estancia de M° Jorda Ancelme del dig loc, am VI d. que n'ac Bernat Santoli que fe excequcio am luy... XX s.

Soma : XLIII s. III d.

[P. XXXIIII.] 98. a Peire Simo, per la ma de P. Borsa, per adobar lo torn am que se levava la planqua de Verdussa......... XV d.

99. a IX de novembre, a Peire Esteve per servir e citar en Domenge de Monnac et Me Dorde de Laroca a Carcassona......... XV d.

Soma : XXXI s. VII d.

Meza de so que es paguat al thesaurier de moss. d'Albi per la pasada del Sali (2).

---

(1) Il faut sous-entendre : *als fraires Menors*.

(2) Ce chapitre des dépenses qui occupe l'entier verso est cancellé ; on lit au bas du chapitre : *las somas desus contengudas en aquesta pagena en que ha VIII items foro cancelladas, quar en los comptes de l'an LXXIII so*. De plus ce verso n'est pas paginé.

[P. XXXV.] *Meza e paguas fachas als notaris de la cort del rey.*

112. a xiiii d'octombre, a R. de Landas, escriva de la cort del rey, per registrar alcunas letras de paguas fachas dels subsidis passatz, al registre de la cort.. xv d.

114. a xxiii de mars, a Mº Gm Garnier, per sotsescriure en ii letras de la cort ; la una era vidimus de la remessio del franc per fuoc de l an lxxii (1) e l'autra reconoissensa cossi los senhors reconoissiau que en Pos del Tilh, recebedor del dig subsidi, avia desdug e defalcat del dig subsidi als senhors lo dig franc per fuoc.......... x s.

116. a Mº Gm Garnier et a Mº Johan Duran, per partida de las scripturas que avian fachas a la cort del rey per la vila, que fon bailat a'n Guilhem Condat, de lor mandamen, per Johan Cabravaira, pontanier.. lxiiii s. vii d.

Soma : lxxvi s. viii d.

[P. XXXVI.] 117. a (*blanc*) de may, a Mº Gm Garnier, per lo scindicat que fe que hom pogues malevar vᶜ francxs.... xiii s. iiii d.

119. a Mº Gm Garnier et a Mº Dorde de Laroca, per lor part de las scripturas que ero estadas fachas a la cort del rey........ lvii s.

Soma : iiii lbr. iiii d.

[Pº XXXVII.] *Meza e paguas fachas ad aquels a qui era degut dels x comus fags a xx de setembre, per razo de la intrada de las vendemias e de la emposicio dels vis, lasquals somas lor mezi en pagua als xii comus faghs a xv de dezembre; losquals foron vendutz a Johan del Puey et a sos companhs.*

Suit une longue série de noms et de sommes qui occupent les pages 37, 38 et 39. La somme de cette meza est de xxii l. i s. vi... mᵃ + xxxv lbr. xiiii s. xi d. + xiii lbr. x s. vii d. mᵃ. Au bas de chaque page on lit : *vist fo.*

[P. XL.] *Meza de so que iey paguat als sotz escrighs de so que lor era degut dels x comus empausatz a xx de setembre, per razo de la intrada de las vendemias.*

Le total de cette meza qui occupe tout ce verso s'élève à xxvi lbr. xvii s. xi d. mᵃ.

[Fº XLI.] *Meza e paguas fachas dels digs x comus en deniers.*
Des 16 articles qui occupent ce folio un seul offre quelque intérêt.

199. a Mº P. Sudre, notari del Castelvielh, que li era degut de so

---

(1) Il s'agit du subside octroyé par les communes réunies à Toulouse le 7 juin 1372. Cf. *Inst. polit. et adm.*

que avia paguat per la intrada de las vendemias, l'an LXX; e fon ordenat per moss. Bernat d'Autpol que lor fos redut a totz aquels que avian pagada la intrada que eron foras d'esta vila, LII s. VI d. (1)

[P. XLIII.] *Meza de anadas fachas per los senhors.*

201. a XIII de jun, que partic d'esta vila en P. del Solier per anar a Tholosa al cosselh mandat a las comunas per moss. lo duc d'Anjo (2) e per vezer se pogra aver gracia ni remessio del supsidi dels II francxs per fuoc autriatz per moss. lo duc en los mes d'abril; e venc a XXVII de jun; estec XIII dias, ac per sos gatges e despens, ... XIII francxs.

202. ad I macip que trames en esta vila per querre la gracia de m° franc per fuoc que aviam aguda .... V s.

203. al clerc de sira Peire Escatissa per escriure una letra clausa que en Pos del Tilh no nos excequtes .... X s.

204. per far una supplicacio que fon bailada a moss. lo duc de la pauprieira de la vila; costec .... XII s. VI d.

205. a XXVI de jun, que partic en Duran Daunis d'esta vila per anar a Rialmon parlar am en Jacme del Tilh e preguar que lhi plagues que no nos volgues far excequtar per lo supsidi tro que vissem se lo senhor nos feira neguna gracia, quar lo cosselh seu ne avia mes en esperansa en P. del Solier. Despessec, am lo loguier del rossi e del masip .... IX gros.

206. per la copia de la manda que fe en Jacme del Tilh de paguar lo franc per fuoc que mandava moss. B. Bona que fosson compellitz XL homes dels plus ricxs a prestar la moneda... XX s.

Soma : XIIII francxs; *soma* : XL s. V d.

[P. XLIIII.] 207. a II de julh, que partic en P. del Solier e sen Galhart Golfier d'esta vila per anar a Tholosa per exceguir la gracia que avia dig moss. P. Escatissa que feira del supcidi en cas que hom pagues de sse V° francxs; e per anar excequtar la letra que fossem reparatz del nombre dels fuocxs (3); en que hem bailem X francxs. Venc sen Galhart a VIII de julh e'n P. del Solier a XIX de julh. Estec sen Galhart en lo dig viatge VII dias; ac per sos gatges

---

(1) Cet article est cancellé et suivi de la mention : *en los comtes de l'an LXXIII fon mudat.*

(2) Le Conseil ouvrit ses séances le 14 juin et les clôtura le 20, d'après M. Dognon. Il octroya au duc un subside de 3 francs par feu, pour 6 mois, payables en deux termes, septembre et février.

(3) Ce voyage s'accomplissait en exécution d'une délibération du 24 juin précédent.

e despens... vii franxs.

208. Estec en P. del Solier en lo dig viatge xviii dias ; ac per sos gatces e despens.................................... xviii francxs.

209. per far far e refar la letra de la gracia dels lxxv francxs que remes moss. lo duc, xvii gros que valo (1)............ xxi s. iii d.

211. al clerc de moss. Felipes de S. P. (2), thesaurier de Fransa, per far la excequtoria de la dicha letra..................... x s.

212. bailec en P. del Solier a sen Galhart Golfier, a Rabastencxs quant s'en venc, que, per las companhas, non auzec venir per terra, e venc per aiga tro a Galhac. Costec, quar quant s'en venian, per las companhas lor foro toutz los rossis ad ambidos, e de Buzet en foras trameiro a Toloza........................,........ ix s. vii d.

Soma : xxvi francxs; *soma* : xl s. x d.

[P. XLV.] **213.** a'n Arnaut (*blanc*) de Buset que seguec a Tholoza los rossis que avian toutz al sen Galhart Golfier et a'n P. del Solier a l'intran de Buzet, quant veniau de Tholoza las companhias, x s.

215. al sobredig Arnaut, per son trebalh que fe en los digs rossis cobrar, de x francxs que lhin foro promezes; en Peire del Solier avia los cobratz avans que el; ac ne, de voluntat dels senhors, ... iii francs.

217. al sarjan d'armas que anec, am ii sirvens e am i notari, per penre los rossis de l'ostal on los aviau las companhas que l'avian pres, que era a l'ostal de Ar. del Vesog.................... ii flor.

218. al sobredig Ar. que avia pres los rossis quant lhi foron redutz.. vii s. vi d.

219. per la despessa que fe lo rossi de senhen Galhart Golfier quant l'ac cobrat, de x jorns que lo tenc............ iii francxs.

220. per ferrar lo rossi e per li am que lhac....... ii s. vi d.

221. per ii guidas que pres de Buset, que s'en anec de nuegs, per las companhas que eron en los camis.................... x s. (3)

Soma : vi francxs; *soma* : ii flor; *soma* : xxxviii s. ix d.

[P. XLVI.] **222.** per far far una supplicacio de debattre los barris del Cap del pont... x s.

223. per far far la lettra que venc al viguier et al jutge de debatre

---

(1) En face de ces trois alinéas on lit : *pasec*.

(2) Ce P est dépourvu de tout tilde : cependant nous trouverons le nom de ce trésorier écrit en toutes lettres *S. Peure*. Cf. sur ce personnage *Hist. de Lang.*, IX passim.

(3) En marge de cette page, on lit : *pasero*, ce qu'on peut traduire par : tous ces articles furent acceptés par les auditeurs des comptes.

los barris, per sagelar............................ ... xiii s. ix d.
Soma: v lbr. vi s. iii d.

[P. XLVII.] 226. a vi d'aost, que anec en Duran Daunis a Lumbers, per parlar am en Jacme del Tilh que de so que avia mandat als senhors que avia mandat que li aportes hom deniers, que so que moss. lo duc avia remes ni fag gracia del subsidi dels ii francxs per fuoc, avia mandat que no s'en desdisses dels digs ii francxs mas del franc que deviam paguar a S. Miquel, quar enaissi ho avia ordenat lo senhor; e M° Bertomieu Vidal n'era commissari; per que diss que hom calia que anes parlar am luy a Carcassona; et aigui copia de sa comecio am que fazia execqutar; despendec lo dig Duran am lo rossi el masip................................. xx d.

229. a viii d'aost, a M° B. Lonc que partic d'esta vila per anar en Cordoas, a moss. lo jutge d'Albeges, per aver cosselh a respondre sobre la sedula que avian bailada los procuraires del senhor de Senerac (1) de la excequcio que fazian sobre la terra de Marselh que fo del senher de Lescura, per deute que lor devia lo senher de Lescura: els senhors defendiau ho, quar era estat vendut a la vila; estec ii dias, ac per sas dietas.................... xxxii s.
Soma : xl s. iiii d.

[P. XLVIII.] 230. a xxvii de setembre, que partic d'esta vila M° G^m Ros per anar a Toloza a moss. lo duc et a son cosselh, supplicar que volgues remetre e far gracia a la vila del supsidi autriat a moss. lo duc darrieiramen ; bailiey li lx s. : e venc a iiii d'octobre ; estec viii jorns ; ac del viatge, a x s. per cascun jorn, monta iiii lbr.

231. per una supplicacio que fe far que fon bailada a moss. lo duc................. .... iii s. ix d

232. a x d'octobre, que partic M° G^m Ros per anar a Bezers a moss. lo duc et a son cosselh on l'avian asignada jornada per aver resposta de la suplicacio desus. et que portec letras de moss. d'Albi a moss. lo duc de recomandacio de la vila. Estec en lo dig viatge xi dias ; ac per sos despens et gatges, a x s. per jornada, v lbr. x s.

233. per far una suplicacio en frances, a moss. lo duc, iii s. ix d.

235. per v parelhs de capos que comprec, que foron donatz a moss. Gui Laistairia et a moss. P. de Cazeco. Costa cascun parelh vi gros ; monta, xxx gros que valo................ xxxvii s. vi d.
Soma : xi lbr. xviii s. ix d.

(1) Lire : *Serenac*.

[P. XLIX.] **236.** a xv d'octombre, que partic d'esta vila en Duran Daunis per anar a Carcassona a'n Pos del Tilh, recebedor dels subcidis, per aver descargas de so que los senhors avian paguat a Tholoza a'n Esteve de Monmeja per lo subsidi empausat per moss. lo duc, et aver descargas de so que lo senhor moss. lo duc avia remes e quitat a la vila dels digs subsidis ; e Mᵉ Ar. Bonet, notari del dig en Pos del Tilh, non era ges a Carcassonna, ans era be a Limos ; el dig en Pos del Tilh no podia donar descargas, quar lo dig notari non hi era que avia los comtes et la copia, quar los avia redutz a moss. P. Escatissa e no sabia se (se) ho avia redut en presa ni en meza, e volia aver liberacio amb el ; per que non poc delivrar de se ; e trames querre, lo dig en Pos, Mᵉ Ar. de Limos que vengues ; e mandec que no se auzava metre en cami, quar las companhias dels Bretos que anavo en Arago eron torn Limos ; esperan luy e resposta, estec, en lo dig viatge, set jorns ; despessec am si et am son rosi et am so macip, que a Carcassona avia trop carestia de pa et de vi e de liurazo, que costava vi gros.............. v lbr. x s.

238. al masip per sos jornals, Johan Raynaut que avia nom, per cascun jorn vii morlas, monta................ x s. ii d. mᵃ.

239. a i home de Labruguieira que passec la montanha am mi, ... ii s. vi d.

Soma : vii lbr. viii s. xi d. mᵃ.

[P. L.] **243.** a xxviii d'octombre, que partic Mᵉ R. Vidal d'esta vila per anar a Carcassona per tener la jornada que los senhors la aviau fatz citar Mᵉ Bertran Costa e Johan Avinho e Ramon Molinier e sa molher per los comus que recusavo a paguar, e per excequtar, am en Pos del Tilh, alcunas letras que aviau agudas los senhors de gracias dels supsidis passatz. Estec en lo dig viatge viii jorns que esperec Mᵉ Ar. Bonet, notari d'en Pos del Tilh, que non era en la vila ; ac per sos trebalhs, a x s. per jornada (1)......... iiii lbr.

244. a Mᵉ Ar. Bonet, notari, que fe una letra clausa que trametia, lo dig Pos, a moss. P. Escatissa et a Felipes de S. P. que las letras que moss. lo duc avia donadas de las dichas gracias non podia[n], passar, e que lor ne tramezes autras sertificacios ; ac ne.. ii s. vi d.

Soma : iiii lbr. xvii s. iiii d. mᵃ.

[P. LI.] **245.** a dig Mᵉ P., per ii jornals que avia vacat per la vila excequtar et avexar los senhors els singulars, am en Jacme del Tilh, per lo franc per fuoc de S. Miquel passat.... .... x s.

(1) En marge : *Vist fo ; escrig de la ma de Mᵉ R. Vidal.*

ANNÉE 1374-75

246. a x de novembre, que partic M° R. Vidal d'esta vila per anar a Nemze et [a] Avinho a moss. lo duc et a son cosselh, per aver letras que las gracias que moss. lo duc avia fachas que mandes al dig Pos del Tilh, que las nos mezes en execcucio e'n fezes gauzir la vila. Estec, en lo dig viatge, seguen lo senhor e son cosselh, xxvi jorns; ac del viatge, a x s. per jorn.............. xiii lbr.

247. donec al portier de moss. lo duc a Rocamaura.. ii s. vi d.

248. per grossar la supplicacio e la letra que portec moss. lo duc que mandava a'n Pos del Tilh que las gracias fachas per luy ne fezes gauzir la vila e donar descarguas.................... v s.

249. per la dicha letra per far, passar e sagelar, al clerc de moss. lo cancellier.. xvi s. iii d.

250. al clerc d'en Phelipes de S. P. per sirvizis que lhi fe lo dig M° R. Vidal........ .... viii s. ix d.

251. bailec a Raynaut, clerc del dig Phelipes, thesaurier de Fransa, per una letra clausa que fe, que trametia, lo dig thesaurier, a'n Pos del Tilh............................... x s. (1)

Soma : xv lbr. xii s. vi d.

[P. LII.] **253.** a ix de dezembre, que partic en·R. Lauraire d'esta vila per anar a Carcasona portar letra de crezensa als cossols sobre so que moss. d'Autpol demandava de se que hom pagues a moss. lo duc los dos francxs per fuoc o al mens i franc e mieg, et anes de part dela per sentir e saber se avian neguna gracia del senhor ni cossi s'en regian. E venc dimecres, a xiii de dezembre; estec en lo dig viatge v jorns; ac per jornada x s.; monta.... .... L s.

254. a xi de dezembre, que partic M° G^m Ros d'esta vila per anar a Nempze a moss. d'Anjo et a son cosselh per vezer se pogra aver gracia del supsidi ni exeeqular la letra de la reparacio dels fuocxs. Estec en lo dig viatge, esperan resposta del cosselh de las supplicacios que avia redudas a moss. lo duc, (estec) xvii dias; ac per son trebalh e despens xi s. iii d. per cascun jorn... ix lbr. xi s. iii d.

255. Paguiey li per ii suplicacios fachas, la una sobre la reparacio e l'autra que fezes gracia del supsidi................. vii s. vi d.

256. a P. Pos, masip, que anec am luy que lhy devian paguar los senhors, otra so que davo al dig M° G^m, per sos jornals de cascun jorn mieg gros; ac ne......................... x s. vii d. m^a.

Soma : xiii lbr. xv s. ii d. m^a.

[P. LIII.] **257.** a xvi d'avril, a i macip de Lodeva que avia prestat a M° G^m Ros, quant venc de Nempze, i franc, et costec am lo comtan

(1) En face de chacun des articles de cette page, on lit : *Vist fo.*

xviii gros ; monta............................... ii s. vi d.

258. a xi de jenier, que partic d'esta vila en G^m Soelh per anar a Carcassona a'n Pos del Tilh per aver descargua de las letras de la gracia que moss. lo duc avia facha del subsidi del temps passat, e per aver letras excequtorias contra Johan Avinho e Ramon Molinier e'n Bertran Costa; bailiey li xl s. que paguec a Me Lambert Vilar, e per despessa xxxi gros ; e venc a xvi de jenier, que la reconoissensa que portava dels senhors, que cosfessavo que aviau agut d'en Pos del Tilh las somas contengudas en las gracias fachas per moss. lo duc non estavo be (1), e covenc la refar et areire tornar la am las reconoissensas fachas en autra forma, segon que lo dig en Pos li bailec la forma ; e partic d'esta vila a xvii de jenier ; bailiey li xxvii gros ; e venc a xxiii de jenier ; estec vi dias et anc no la fes re ; ac del viatge de xii dias que estec, a iiii gros e mieg per cascun jorn, monta liii gros, va lo..................... ... ... lxvii s. vi d.

259. en i parelh de conilhs que donec a'n Pos del Tilh e i parelh de perlitz............... .... xv s.

260. al clerc d'en Pos del Tilh per far la manieira escriure de la quitansa que volia en Pos dels senhors.................... xv d.

Soma : iiii lbr. vi s. vii d.

[P. LIIII.] 262. a xviii de jenier, que partic d'esta vila en Guilhem Soelh per tornar a Carcassonna per la reconoissensa dels senhors que avia(n) facha en Pos del Tilh per las cauzas desus dichas; estec en lo dig viatge vii dias ; ac per sos jornals iiii gros e m^e per jorn ; monta.... .... xxxix s. iiii d. m^a.

263. donec a'n R. Bec, borcier de Carcassona, que avia trebalhat am en G^m Soelh ad anar a'n Pos del Tilh per aver las descargas de las dichas gracias, am iii gros que lhi avia promes Me R. Vidal per lo trebalh que avia fag am lu y a Carcassona, seguen la bezonha e'n G^m Soelh donec lin autres iii gros................ ... vii s. vi d.

264. per las letras que li fe en Jacme del Tilh de las dichas gracias e remecios que moss. lo duc avia fachas.............. ii s. vi d.

265. a i masip d'Albanh que portec letra de M^e Ar. Paya de Nempze que las trametia........ ,................... vi s. iii d.

266. a xxvii de dezembre, que partic M^e Ar. Paya d'esta vila per anar a Nemze a moss. d'Anjo per excequtar la letra de nostre senhor lo rey que fossem reparatz del nombre dels fuocxs, e per excequtar la letra del quart de las emposicios ; bailiey li iiii francx d'aur. No se deu comtar, quar aprop so.

Soma : lv s. vii d. m^a.

(1) Correc. : *estava*.

[P. LV.] 268. costec la letra excequtoria de moss. lo duc que fossem reparatz dels fuocxs (1).

270. donec al clerc de moss. Gui Laistairia per far las dichas letras e sagelar.................................. vi francx, vii s. vi d.

271. al clerc de sira P. Escatissa, per la excequtoria de la letra del quart de las emposecios el setze del vi............... ii francxs.

273. Lo premier jorn de mars, que partic Mᵉ Dorde Gaudetru per anar a Toloza de part dels senhors preguar moss. Emeric Pelicier, collector de Tholoza de nostre senhor lo papa (2), que li plagues que lo blat que avia en esta vila lo volgues vendre e far aver a la gen que non trobavo ponh; e que li plagues que ne volgues prestar una partida tro ad i jorn que la gen pogues paguar. Estec iiii dias, ac per sos despens......... .... iiii francxs.

274. al sobredig Mᵉ Dorde Gaudetru, per vi sestiers de sivada que n'avian aguda los senhors, los iiii que foron donatz al sen Ar. Raynaut, e los dos al bastart d'Armanhac e de Landorra quant vengro al Cap del pont... xii lbr.

Soma : xxxii franxs; *soma* : xii lbr. vii s. vi d.

[P. LVI.] 275. a xi de mars, que partic en Gᵐ Esteve d'esta vila per anar en Roergue per comprar blat, e comprec ne viii sestiers e mieja carta de fromen e una emina e mieja carta de seguel ; e falhic hi de la mesura d'esta vila que non hi fo i carto ; e costava cascun sestier i per autre, am lo despens, vii francxs, ii gros, comtan per cascun franc xvii gros, que montava cascun vii lbr. x s. ; monta tot, ... lxv lbr. v s.

277. a xxiiii de mars, que partic d'esta vila Mᵉ P. de Rieus per anar a Carcassona excequtar las letras de la reparacio e far, am lo procuraire et am lo thesaurier els notaris, que venguesso. Estec v jorns ; despessec, am dos vailetz que menava per lo perilh dels camis que eran grans, per la gran carestia que era en lo pays, ... x flor. d'aur.

278. per peyss que donec a moss. d'Autpol et al thesaurier de Carcassona, loqual portec P. Coc............ .... i franc.

Soma : x floris; *soma* : i franc; *soma* : lxvii lbr. xii s. iii d. mᵃ.

[P. LVII.] 280. a (*blanc*) d'abril que era la sempmana davan Rampalm, que partic Mᵒ P. de Rieus d'esta vila per anar a Toloza, am

---

(1) Le prix de cet article et celui de l'art. 269 sont illisibles. En marge on lit : *Mostrec letra clausa de la ma de Mᵉ Ar. Paia coma el ho avia paguat lo sobredig Mᵉ Ar. Paya.*

(2) Cette démarche auprès du collecteur du Pape eut un plein succès, ainsi que nous l'apprend une délibération du 6 mars. BB. 16.

sen Galhart Golfier et am moss. lo jutge del rey que los avia mandatz lo cosselh de moss. lo duc per finar so que era degut de las emposicios, e Mº P. anec am lor per soplegar als senhors del cosselh que la vila agues lo quart de las emposicios, aissi quant nostre senhor lo rey l'avia autriat e donat. Estec v dias, ac del viatge, am son despens que eron grans per la gran carestia que era al pays... x flor d'aur.

281. a ix d'abril, que partic d'esta vila en Gᵐ Soelh per anar a Carcassonna portar letras a'n Pos del Tilh e la reconoissensa del franc per fuoc que fo remes per moss. lo duc del supsidi empausat, l'an LXXII. Estec en lo dig viatge, esperan resposta, vi jorns, et avia per jornada vi s. iii [d]; monto................... xxxvii s. vi d.

284. a xii d'abril, a'n P. del Solier que partic d'esta vila per anar a Brunequel (1) parlar am lo vescomte e portar deniers de so que n'avian malevat los senhors de l'an passat. Estec iiii dias, esperan resposta del dig vescomte; ac del viatge per sos despens, iii lbr.

285. al sobredig moss. lo vescomte de Brunequel.... c francxs. losquals lhi foron donatz per los interesses.

Soma : c franx; soma : x floris ; soma : vi lbr. ii s. vi d.

[P. LVIII.] 286. a vi de may, que partic en Peire del Solier, am lo prior de S. Matire, d'esta vila per anar a Brunequel per acordar am lo vescomte que, de so que la vila li devia, nos esperes i an; e venc a xi de may; despessec moss. lo prior.................... xlv s

287. P. del Solier, per sos gatges de iiii dias............ iiii lbr.

288. a moss. lo vescomte de Brunequel, per tal que nos esperes de la moneda, los lhi foron donatz per los enteresses, cxl francxs.

289. a viii de jun, a'n P. del Solier, que partic d'esta vila per anar a Brunequel per portar deniers al vescomte: e paguiey, per la dicha ma, per partida dels deniers que la vila li deu que fon acordat am luy que hom li pagues ogan vᶜ floris d'Arago que valo iiiᶜxxxiii francxs, vi s. viii d. (2); e fo li paguat per la dicha ma, ... iiᶜlxxv francs.

291. se perdec en li flor. d'Arago que portava que los aviam prezes iii floris per ii franxs e lo vescomte no los volc penre; perdec s'i, ... xxx s. (3)

(1) La vicomté de Bruniquel appartenait aux de Comminges.

(2) Les 500 florins d'Aragon valant 333 fr. 6 s. 8 d. ou 7499 sous 2 d., la valeur de cette monnaie ressort à 7499, 166/500 = 14 s. 11 d. et une grosse fraction, soit près de 15 sous. A l'art. 291 nous allons voir cette valeur à 15 sous exactement, et à l'art. 329 à 13 s. iii d.

(3) Le vicomte fit subir au florin d'Aragon une réduction d'un peu plus de 7 deniers.

Et ha carta en P. del Solier de reconoissensa del vescomte de ııᶜʟxxv lbr. (1) enclus las cxxxııı lbr. xııı s. ıııı d. que son desa, els francxs que son degutz a'n Beraut Ratier, enclus xlvııı francxs per los vı sestiers del blat (2) que fo d'Esteve Baile.

Soma : ıııᶜxv francxs; soma : xı lbr. ıı s. vı d.

'[P. LIX.] 293. a xıı de may, que partic Mᵉ B. Lonc e'n Galhart Golfier per anar a Galhac parlar am lo thesaurier de moss. d'Armanhac et adremprar que prestes a la vila c sestiers de fromen tro ad ı jorn ; ac per sos despens e gatges .... xv s. vı d.

294. a (blanc) de may, a Mᵉ B. Lonc que partic d'esta vila am lo sobredig sen Galhart per tornar a Galhac parlar am lo factor del dig thesaurier que, quant la foro la premieira vetz, no la era que anat s'en era ; et escriussero lhi de Galhac en foras, e trames son factor am resposta ; et anero hi per sentir e vezer se ho pogro aver ; ac per sos gatges e despens......... .... xvıı s. vı d.

295. a xxıııı de may, que partic d'esta vila Mᵉ P. de Rieus per anar a Carcassona al procuraire del rey que vengues per far la reparacio ; bailiey li xıı lbr., e venc a ıı de jun ; estec en lo dig viatge vııı jorns que esperava que vengues, que, quant volc venir, venc lo cossellh de moss. lo duc de Tholoza que anavo [a]' Avinho ont era moss. lo duc; e destriguec lo procuraire ; ac per sos gatges e despens per cascun jorn xxv s.; monta .... x lbr.

297. a Mᵉ P. de Rieus, de voluntat dels senhors, per la carta del acordi del senhor de Lescura am la vila que fe lo dig Mᵉ P., ... vııı flor. d'aur.

Soma : vııı floris ; soma : xıı lbr. v s.

‖[P. LX.]   Paguas fachas per los supsidis.

298. a xxıx de jun a'n Jacme del Tilh, recebedor del subsidi dels ıı francxs per fuoc autriatz al senhor en lo mes d'abril passat, en dos termes, per lo darrier (3)................ vᶜ francxs d'aur.

300. per lo dig supsidi a'n Pos del Tilh..... ıııxx francxs d'aur.

Soma : vᶜıııxx francxs ; soma : ıı s. vı d.

[P. LXI.] Meza e paguas fachas per lo supsidi dels ııı francxs per fuoc paguadas a ııı termes (4).

302. a ııı d'octombre, a'n Jacme del Tilh, recebedor del supsidi

---

(1) Corr. : francx.
(2) Le prix du setier est donc de 8 francs.
(3) Cf. art. 32, note, sur ce subside.
(4) En marge on lit : E sia saubut que moss d'Ango remes del dich

dels ɪɪɪ francxs per fuoc a pagar a ɪɪɪ termes, per lo premier terme...
.... c francxs.

304. a'n Duran Daunis que lhi portec los digs deniers a Rialmon que despendec am lo rossi et am lo masip.......... .. ɪɪɪɪ s. ɪɪ d.

305. per lo loguier del rossi que erem en vendemias (1), v gros.

306. per lo loguier del masip........................ ɪɪ s. ɪ d.

307. se perdec en lɪɪ nobles vielhs que avia en la moneda que los nos avia prestatz Martinet que los bailava per xxvɪɪɪ s. ɪɪɪɪ d. la pessa e'n Jacme no los pres mar per xxvɪɪɪ s. la pessa; monta so que s'i perdec, enclus dos que ero cortz de que n'ac, dels ɪɪ, ɪɪɪ gros ; monta... xxɪ s. ɪ d.

308. a ɪx d'octombre, a'n Jacme del Tilh, recebedor del dig supsidi, per la ma d'en Johan del Pueg................ .... c francs.

Soma : ɪɪɪᶜ francxs ; *soma* : xxxɪɪɪ s. x d.

[P. LX II.] 311. a xxvɪɪ de novembre, per la dicha ma,.............
.. .. ɪɪɪɪˣˣxvɪ francs.

318. a x de dezembre, a'n Jacme del Tilh, per lo dig subsidi, ... lv francs (2).

Soma · ɪɪᶜlxxvɪ francxs; *soma* : lxxɪx lbr. xɪɪɪɪ s.

[P. LXIII.] 324. a xvɪ de dezembre, a'n Jacme del Tilh per lo supsidi desus dich per la seconda paga e darieira. ..... vɪɪᶜxlvɪɪ francs.

326. a Ysarn de Monlaur et a Johan Guilhalmo et a Johan Mata, sirvens, et a R. de Landas que avian estat ben vɪɪɪ jorns a compellir las gens singulars que paguesso e prestesso ad aver la soma desus... .... lxx s.

327. a'n Emeric Guilhot per so que lhi avian gastat en son hostal los singulars els bos homes que estavan arestatz a Candelh, xx s.

328. a'n Johan Segui, per ɪɪ lbr. e mieja de candelas que ac hom, estan a Candelh........................ . ɪɪ s. vɪɪɪ d. mⁿ.

329. se perdec en clx flor. d'Arago que los aviam preses per xɪɪɪ s. ɪɪɪɪ d. la pessa e'n Jacme del Tilh no los volc penre mas per xɪɪ s. x d.; perdia se en cascun flori v d.; monta (3)..... lxvɪ s. vɪɪɪ d.

---

subcidi ɪɪɪºxxvɪɪ *francxs* (mot illisible peut-être : *e mieg*) *de que redec descargua Duran Daunis. It. autra descargua de* lxxv *francxs per resta degut.*

(1) Cette circonstance explique la cherté du loyer.

(2) Du 11 octobre au 10 décembre, del Tilh reçut, en divers versements, 500 fr.

(3) En marge on lit : *aquest[z] flor. ero estat[z] del vescompte.*

ANNÉE 1374-75

330. Paguiey en IIII francxs cortz que avia en los c francxs que avia prestatz lo rector de Sta Marciana als senhors que nos los volc penre mas per XIIII gros; monta.................. .... x s.

Soma : VII^c XLVII francxs. It. VIII lbr. x s. VII d. m^a.

[P. LXIIII.] 331. se perdec en VII floris de Franria que nos los volc penre mas per XIIII s. VIII d. et aviam los pres per xv s.; perdec s'i, am III floris de Fransa que hi avia que los aviam preses per xvi s. III d. e no los volc penre mas per xvi s.; monta tot...... III s. I d.

332 a xxx de decembre, a'n Jacme del Tilh, per resta del dig supsidi. .... II^c XXXV francxs e m.

334. a xxi de febrier, a'n Jacme del Tilh, per la avansa que avia ordenada moss. lo duc d'Anjo que hom pagues del franc [e] mieg per fuoc que aviam paguat, quar lo aviam paguat en comtan xx s. per I franc, que volc et ordenec, am son cossellh, que pagues hom may per cascun franc x d., que monto XL francxs, xv gros; bailiey ne al dig Jacme. .... xx franes.

Soma : II^c LV francxs e m. It. XIIII s. IIII d.

[P. LXV.] 338 a'n Jacme del Tilh, de voluntat dels senhors, per trebalhs e servicis que avia fags per la vila e despesas que era vengut en esta vila per querre la moneda que li era deguda per los supsidis.... .... IIII lbr.

Soma : xx francxs. It. IIII lbr. xi s. III d.

[P. LXVI.] *Mesa e paguas del deute de la sal que fo malevada.*

339. a XIII de julh, que partic d'esta vila en P. del Solier, per portar deniers a'n B. de Cucsac de Cabestanh, recebedor de la gabela de la sal, per la paga del mes de julh....... CXII francxs.

340. costero, am lo comtan, xx s. VII d. m^a per pessa; monta XL gros, valo......... .... L s.

342. se perdec en XLVII floris d'Arago que lhi avia que los li bailava per xi gros, quar per aitan los avia preses, e pueyss fazia lhi l'avansa m^e gros per franc, et el a nos no los volc penre mas per x gros; perdec s'i XLVII gros; monto.............. LVIII s. IX d.

343. a'n P. del Solier, per sos gatges e despens de xvii dias que estec entre anar et estar la, que non auzava tornar per las compa- nhas que eron entorn Cabestanh e Bezers, que non auzava tornar, xvii dias; ac per sos gatges e despens. .... xv francxs.

345. fon arestat en Peyre del Solier a Bezers am son rossi; agro ne los sirvens... II s. VI d.

Soma : CXXVII francxs. It. v lbr. XII s. VI d.

[P. LXVII.] 346. donec ad I home que anec, am Bertran Frac, a Bezers, IIII gros e mᵉ; valo.................... IIII s. IIII d. mᵃ.

349. a VIII d'octombre, que partic en P. del Solier d'esta vila per portar deniers a'n B. de Cucsac de Cabestanh, e paguec li........
.... IIᶜXVIII francxs.

350. costa, am lo comtan, xx s. VII d. mᵃ per pessa; monto, ... IIII lbr. x s.

352. costec la letra de la ordenansa que ac del jutge de las gabelas de la sal que los sirvens no prezesso mas certa causa, so es asaber IX gros per jorn.. v s.

353. costero, de part dela, a'n B. de Cucsac per tara que fe als francxs que eran cortz.... .... xx s.

Soma : IIᶜxxv francxs. lt. VI lbr. x s. v d. mᵃ.

[P. LXVIII.] 355. partic, a XVIII de dezembre, en B. Esteve d'esta vila per portar deniers a'n B. de Cucsac de Cabestanh per so que li era degut de la sal; estec en lo dig viatge x dias; ac per sos despens e trebalh, a XI s. per cascun dia.... ...... v francxs, XII s. VI d.

356. a'n B. de Cucsac per partida del deute desus dig, CVI francxs.

357. per resta de la premieyra paga, III francxs, v gros e mᵉ bos.

358. perdec en VI francxs que hi avia, que diss lo dig en B. de Cucsac que eron contrafags, III gros, e VII que n'i avia que eran cortz, VII blancas (1), monta tot................... ... VI s. VIII d.

359. se perdec en I noble vielh que no lo volc penre mas per XXVI s. VIII d.; perdec s'i............................. xVI d. (2).

360. per VIII fromatges que comprec per donar a Mᵉ Esteve Vincens, jutge de la gabela de la sal, que pesavo XXI lbr.; costo....
.... XXVI s. III d.

Soma : CXIII francxs. lt. LXXII s. VI d. pᵒ.

[P. LXIX.] 362 ad I masip de Rocaserieira, que trames en esta ville quant Maret venc excequtar.................... VII s. VI d.

363. per una letra que ac de Mᵉ Esteve Vincens que no dones hom a Maret, comessari, mas mᵉ franc per jornada............. xx d.

364. costo los francxs que paguec a'n Bernat de Cucsac am lo comtan, exceptat aquels que prestec lo comendaire de S. Antoni e

---

(1) La réduction opérée sur les 6 fr. étant de 3 gros, ou 45 deniers, la différence entre 6 s. 8 d. ou 80 d. et 45 d., soit 35 d. représente la valeur des 7 blanches; la blanche vaut donc 5 deniers.

(2) Le noble vieux valait donc à Albi 26 s. 8 d. + 16 d. = 28 s.

Mº P. del Port, a vi barsalos per pessa, monto xxxiiii gros e mº que valo... xliiii s. i d. mª.

Soma : lxxix s. ix d. mª.

[P. LXX.] 365. a xvii de jenier, que partic en P. del Solier d'esta vila per anar a Cabestanh portar deniers a'n Bernat de Cucsac per aco de la sal; venc a xxiii de genier; estec vii dias, ac per sos gatges e despens .... vii francs.

367. en vi francxs que hi avia cortz e contrafags.......... v s.

368. per xliii lbr. que portava en comtan que li costero los francxs xx s. x d. per pessa; monto....... .... xxxv s. x d.

369. ad Azemar Caminada de Cabestanh, que anec am luy de Cabestanh tro a Bezers, per parlar am en R. Bermon et am Mº Johan Perdiguier per aver sosta de la resta; per la despessa que li fe, ... vii s. vi d.

370. a'n P. del Solier per v cartieiras e mieja de favas e per iª carta de pezes et i carta de sezes que fon trames, per los senhors e de lor voluntat, a'n B. de Cucsac de Cabestanh per trops de plazers e servizis que avia fag[s] per la vila et per los singulars, vi lbr. xii s. vi d.

Soma : cvii francxs. lt. ix lbr. x d.

[P. LXXI.] 374. a xiii de mars, que partic d'esta vila en P. del Solier per anar a Cabestanh portar deniers a'n B. de Cucsac per aco de la sal. Estec en lo viatge xi dias, que, quant l'anava lo, coveec estar iii dias a Rocaserieira, per paor de las companhas; ac del viatge.................................... .... vii francs.

375. al notari que fe la carta que en P. del Solier fon arestat, et ac terme de tres sempmaniers....................... ii s. vi d.

377. per la despessa que fe a Maret de Cabestanh que anec am luy a Bezers per aver plus lonc terme d'en R. Bermon e de Mº Johan Perdiguier .... vii s. vi d.

378. a masips que anero am lo dig en P. per diverses camis per los empachamens que eron en los publicxs camis. .... xv s.

Soma : ciiiixxxvii franxs. lt. lvii s. vi d.

[P. LXXII.] 380. a iii d'abril, que partic en P. del Solier d'esta vila per anar a Cabestanh portar deniers a B. de Cucsac, e pueyss covenc lo anar a Narbona per comprar los francxs del comtan que portava, e pueyss a Bezers per aver sosta et alongui de la resta de Mº Johan Perdiguier e d'en B. Bermon. Estec en lo dig viatge ix jorns; ac per sos gatges e despens, a xxiiii s. ix d. per jorn, que hi avia trop gran despessa.. ix francxs.

381. a'n B. de Cucsac, enclus iiiixx francxs que paguec Mº P. Debar

del leu dels comus sempmaniers,   cLxxv francxs, ii ters de franc.

382. se perdec en LII francxs d'aur que portava, que los aviam malevatz de moss. P. de Raissac e d'autres, que ni avia que hi fe tara en B. de Cucsac; costa........................... xvi s.

Soma : ciiirxviii francxs e ii ters. It. viii lbr. xvi s.

[P. LXXIII.] **383.** per lo cambi de LII francxs que comprem am lo comtan que foron bailatz a'n P. del Solier per paguar la soma desus que costavo xviii gros (un mot disparu) en blancas...............
.... vii lbr. xi s. iii d.

384. a xxiii de julh, que partic d'esta vila en P. del Solier per portar deniers a'n B. de Cucsac a Cabestanh, e per trencar la carta et aver quitansa de luy e d'en Johan Pradier; fon ordenat per los senhors que la vila pagues la meitat del despens e Mª R. Debar l'autra; e paguiey a'n B. desus dig, per la resta que li era degut de la sal desus dicha (1).

386. a'n B. de Cucsac................ .... iiiixxix francxs.

387. per la ma de mestre R. Debar, a xxviii d'octombre, per lo cambi de xc francxs que comprec am [lo] comtan, que fon redut a Johan, l'uzurier, et a moss. P. del Port et al comandayre de S. Antoni que los avian prestatz als senhors, que costero, los xliii, vii d. m^a per pessa, els xlviii, v barsalos per pessa; monta tot................................... .... li s. v d. m^a.

388. de voluntat dels senhors que donero a Johan, l'uzurier, que trebalhec (2) per los senhors e servizis que lor avia fags.   xxxv s.

Soma : iiiixxix francxs. It. xiii lbr. ix s. iiii d. m^a.

†[P. LXXIIII.] **391.** per lo cambi de xx francxs que comprem am lo comtan a paguar et a redre a moss. Jorda que avia prestatz als senhors, e comprem los am lo comtan que costero, los x, xx s. v d. cascu. els autres x costavo per pessa v barsalos; monta ix s. iiii d., e i franc que hi avia que no pezava mas i flori quels senhors no volgro que hom lolh tornes, que s'i perdec iii s. ix d.; monta tot,
.... xiii s. i d.

393. a xv de novembre, a'n G^m de la Yla, sirven de Carcassona, que avia facha excequcio contra la vila, ad estancia de Me Lambert Vilar. .... xx s.

Soma : lxxv s. vii d. m^a.

---

(1) Prix non indiqué.
(2) Manuscrit : *trebalhac*.

[P. LXXV.] *Meza communa.*

395. a II homes que adobero lo pas del cap del pont de Verdussa, davas lo pla S. Salvi............................. II s. I d.

398. a VIII de dezembre, a'n Bertran Terrac e a M° Simo, son companh, de Cabestanh, que avian facha excequcio contra la vila per so que deviam de la sal, que sa aviau estat ambidos en esta vila, foras lo venir el tornar, XXIIII dias, e lo venir el tornar VI dias, et eron XXX dias ; ac, per sos gatges et despens, enclus XVI francxs que lhi bailec en B. Esteve, de la moneda que lhi fon bailada per portar a Cabestanh, et enclus VIII francxs que ac d'en Felip Vaissieira que li empausiey sobre los X comus fags a XX de setembre, enclus I franc que li bailec M° R. Debar. Monta so que n'ac am so que li era degut de las autras excequcios que sa avia fachas, foras so que n'ac escrig sobre las copias de sas comessios,   XLIIII francxs d'aur.

Soma : XLIIII franxs. It. XI s.

[P. LXXVI.] 399. a M° Johan Cotz que anec am luy et am M° Simo per la vila per excequtar las gens que devian, IIII gros ; e paguiey a Ramilho et a Pascoret et a Polhares..................... V s.

Soma : XXIX s.

[P. LXXVII.] *Meza de adobar la ganiela del pont de Tarn.*

401. a XIX de novembre a'n P. Simo que lhi fon bailada aquest fag de adobar la ganiela del pont de Tarn as adobar e cubrir ; de que dec aver, fag pretz am P. de Rieus...................... XLV s.

402. a'n Jacme Miquel, per VI carradas de fusta, entre cabiros e corondas...... .... LX s.

403. Paguiey li may per X faisses de lata az ops de la dicha obra .... X s.

404. a'n B. Barrau, per XIII lbr. e mieja de cavilhas de ferr, ad ops de la dicha obra,........................... XVIII s. IX d.

405. Paguiey li may per v°L mosquetas e per clavels barradors (1).

406. costec de portar lo teule que ac hom de Azemar Milhacier, e del gachil de la Fustaria,...................... VII s. VIII d. mª.

407. a'n Azemar Calvet, al[ias] Milhacier, per v°XX teules que n'ac hom as ops del dig obratge, a for de V s. lo c ; monta..... XXXI s.

Soma : VIII lbr. XIII s. VIII d. mª.

[P. LXXVIII.] 409. al rector de S. Estefe, per escriure las costu-

(1) Le prix de cet article est compris dans le total de l'article qui précède.

mas del pont de nou e liar e far, fag pretz am M° P. de Rieus...
.... xxi s. vi d.

413. per II faysses de palha e per II palhasos as ops de la mayo cominal,.. xvi d. mª.

416. a vIII de desembre, que fo la Concepcio de Nostra Dona, per I sestier de vi e per xxIIII michas de v d. cascuna, que fon donat als fraires del Carme per pitansa, am x s. may en comtan ; monta tot
.... XL s.

Soma : IIII lbr. xII s. xI d. mª.

[P. LXXIX.] 415. a xII de dezembre, ad I masip que portec la manda del franc per fuoc de part de moss. d'Autpol.......... xx d.

417. a xIIII de dezembre, que donero los senhors a P., lo fol de moss. d'Autpol, az ops de sabatas, ... vII s. vI d.

418. ad Isarn Pitre que citec Amalric Vasalh et arestec (1) lo senher de Lescura que Amalric Vassal avia comessio de far finar per los fiaus nobles,.. x d.

419. a Pos Dadau et a Favarel que avian adobat, am d'autres, lo gachil del Port Vielh.................................... xx d.

420. a Ramilho que bandic los bes de B. Marti que s'en volia anar,... x d.

421. a'n Galhart del Faro, a xvIII de dezembre, per III cartos de pimen e per xxx neulas e per una mola de vi que fon trames a l'enqueredor, a Presicadors,...................... vI s. x d. mª.

Soma ; vI franxs. lt. xxv s. vI d. mª.

[P. IIIIxx]. 432. a xxvII de dezembre, per II pels de pargames a far vidimus,... xII d. mª.

423. per la cera a sagelar los digs vidimus............... x d.
losquals eron de la letra de la reparacio e del quart de las emposicios.

424. a na Johana Lumbersa et a'n P. de Cauzac, per xvI entorcas, de III lbr. cascuna, e vIII liassas de doblos, que pesava tot LVII lbr. de cera, a for de III s. vI d. la lbr., monta....... IX lbr. xIX s. vI d. de lasquals ne foron donadas a M° Bona, IIII entorcas e II liassas de doblos, et al regen de moss. d'Albi, et al viguier, et al jutge del rey, et a sen Galhart Golfier, et a moss. Gᵐ Bonis, prior de S. Matfre, et a moss. lo jutge d'Albeges, a cascu doas entorcas et una liassa de doblos.

426. a xxIIII de dezembre, que era la vespra de Nadal, per IIII parelhs de gans, so es asaber a M° Gᵐ Prunet, et a Posset, et a Guila et

(1) Manus. : *arestat*.

al portier de moss. d'Albi, lo jorn de Nadal que anero far la reverencia a moss [d'Albi]... v s

427. donero los senhors al dig portier dedins los gans, vii s. vi d.

Soma : x lbr. xvii s. iiii d. mª.

[P. IIIIxxI.] 428. a'n Gᵐ Ortz, per iiii lbr. de coffimens que n'ac hom a far las collacios als fraires Presicadors et als fraires Menors et als Carmes,... xl s.

429. paguiey per cascun jorn iiii lials de vi que costava xx d. la lial, que so per cascun jorn vi s. viii d., que monto los iii jorns, ... xx s.

430. a'n Gᵐ Condat per especias que n'avia restanquadas a far las dichas vezitacios e no nos feiro mestiers et fo li donat per estraissas... v s.

432. a Gᵐ Petit, que lo trameiro los senhors a Saliers (1) quant anero vezer lo debat de la boria de moss. Jorda de so que avia panat lo layre... xv d.

433. a Brenguier d'Artigas, sirven de moss. d'Albi, que anec am los senhors par la serca del blat................... iii s. ix d.

434. a v de jenier, a Gᵐ Soelh que fon trames a Castras per vezer et espiar cossi se regian de las gens estranhas que se habitavo en lor loc; ac del viatge ix gros: valo............... xi s. iii d.

Soma : iiii lbr. ii s. i d.

[P. IIIIxxII.] 436. a'n Guilhem Esteve, per una emina e mieg carto de milh que bailec a'n Gᵐ Ramenc, que lhi fon promes per los senhors quant pres las mezuras ad adrechurar que lalh donero am que escandelhes las mezuras; monta. a for de lxxv s. lo sestier, ... xxxix s. x d.

437. a'n Bertran de moss. Amielh Cabirol, per xi viras d'arc que li perdec lo menaire de B. Barau, quant las companhias se vengro alotjar al Cap del pon que los eviec a las companhas, viii s. i d. mª.

438. a ix de jenier, ad i masip de Vilafranqua de Roergue que portava letra d'avizamen als senhors, e fo lhi donat, per la ma de Mᵉ Bertran de Monjuzuou... v s.

440. a'n Galhart del Faro per i carto de sera gomada verda que n'ac hom as ops de sagelar alcus vidimus del sagel gran de la cort del rey... xx d.

Soma : iii lbr. iiii s. v d. mª.

[P. IIIIxxIII.] 444. a xiiii de jenier, a P. Pos que partic d'esta vila

(1) Com. à quelques kilom. au sud d'Albi.

per anar a Monpeilier et a Nempze portar letras a M° Ar. Paya et as Avinho (1), on foro ; elh portava los vidimus de las bilhetas de so que aviam paguat dels dos francxs per fuoc darriers que paguem franc et mieg et l'autre mieg fon remes per moss. lo duc. E venc a xxix de jenier ; estec en lo dig viatge xvi jorns, ac per jorn iiii gros ; monta que las despessas eron grandas.................. iiii lbr.

445. a xvi de jenier, a Bernat Dosset, sirven de Carcassona, et a son companh que eron vengutz per excequtar los senhors ad estancia de M° Jacme Pueg del dig loc........ .... xx s.

447. a'n Martinet que avia prestat als senhors argen a pagar a'n Jacme del Tilh per lo supsidi dels dos francxs per fuoc, que avia prestat ix^{xx}francxs en comtan, els senhors volgro lho redre en francxs en aur ; e compriey lhin tant en francxs que en floris bos e'n nobles la montansa de xl francxs que costavo, am lo comtan, xx s. v barsalos per pessa ; monto.................. . xx s. x d.

Soma : viii lbr. vii s. iii d. mⁿ.

[P. IIII^{xx}IIII.] 448. lhi fon donat per los senhors per sos despens que no lho poc hom redre a jorn que l'hi avia promes, e covenc li esperar que los senhors ho aguesso agut ; donero lhi per sos despens... iiii francxs.

449. a xvii de jenier, a'n Azemar Caminada de Cabestanh, que avia facha excequcio contra la vila ad estancia d'en R. Bermon, thesaurier de la gabela de la sal, per so que la vila devia a la dicha gabela, per xiiii jorns que avia estat, comtat l'anar et tornar,.....
.... xi francxs. iiii s.

450. a Johan Noble, et a Betoy, et a Ramilho et a B. Santoli que avian excequtat, am lo sobredig, los singulars que devian e que prestesso, otra los tolzas que foron rebatutz per los gatges d'aquels que devian................................ .... xxv s.

451. a Mondo, la bada, que portec los gatges a la mayo cominal de per la vila, et anava am los sirvens,............... ii s. vi d.

452. a xxi de jenier, a'n Jacme Ginesta et a Bertran Arnols que avian estat az adobar los amvans els corredors de la vila davant l'ostal d'en R. Garrigas entro a la Trebalha, el pont de la Trebalha ; en lasquals obras estero iiii jornals cascu ; monta, a ii gros per jornal cascu,........... ... . xx s.

Soma ; xv franxs. lt. li s. vi d.

[P. IIII^{xx}V.] 454. a Johan del Pueg per c clavels amvanadors e per

---

(1) Manus. : *Avinha*.

ANNÉE 1374-75

vii lbr. de cavilhas a x d. la lbr. els clavels iii s. x d. ; monta.......
.... ix s. viii d.
456. a B. Tressol que terrec los amvans els corredors que avian plancatz los sobredigs....... .... v s.
459. a'n Jacme Miquel per vii canas de planca que n'ac hom as ops de la dicha obra............................... x s. x d.
460. per i cabiro az ops del pon de la Trebalha e per i jazena de iiii canas e mieja (1) az ops del dig pont de la Trebalha, e per i fust de xx palms que fo mes davant en Garrigas ; monta... x s. vii d.
Soma : lii s. viii d.

463. a xxix de jenier, de voluntat dels senhors, que donero al clerc de Moss. Gui de Laystairia que era vengut en esta vila, a l'ostal de moss. Guiraut del Clop, capela, per servizis e trebalhs que avia fags per la vila, ... ii francxs.
464. ad adobar la corda del pont levadis de Roanel........ x d.
465. per una emina de pezes que costec una emina de fromen que val .... xlviii s.
466. per iii cartas e mieja de favas que feiro frezar los senhors, a for [de] iiii lbr. lo sestier ; monto....................... lxx s.
467. a P. Frachieu per una emina e m° carto de sezes quen aguem, a xvii de febrier, e no fo paguat tro en may ; monta, a for de viii franexs lo sestier, el franc(x) valia xxii s. vi d.: monto.............
.... iiii lbr. xvi s.
468. a xvii de febrier, a (blanc) de Rocaserieira, que portec las dichas causas desus a Monpeylier al senh Ar. Raynaut,..... lx s.
Soma : ii franxs. It. xiii lbr. xv s. viii d.

[P. IIIIxxVII.] 469. a iii de febrier, a'n P. Boyer per v entorcas de sera que pesavo xxiii lbr. de sera, a for de iii s. iiii d. la lbr. e per una entorca de sera que fon de na Lumbersa que pe(s)sava iiii lbr. al for desus ; monta................ ....,.... lxxiii s. iiii d. lasquals foron paguadas a moss. d'Albi per partida del m° q. que li es degut.
471. a M° Johan Prevenquier, per la carta de la venda que fon facha a'n G" Bru et a sos companhos dels xii comus, e per l'emolumen del sagel. .... xx s.
472. a iiii de febrier, per lo cambi de xxx francxs que aviam malevatz de Johan, l'uzurier, a xiii de jenier pasat, e comprem los am

---

(1) La canne d'Albi égale 1^{m}787. On peut donc évaluer approximativement la largeur du fossé, à la porte de la Tréballie ; elle égale au moins la longueur de la *jazena*, soit 1^{m}787 × 4,50 = 8^{m}05.

lo comtan, que costavo xx s. vii d. mᵃ la pessa ; monta xviii s. ix d.

474. a R. Fornier, sirven, que anec penhorar alcus que no voliau menar los porcxs al porquier d'esta vila, mas ad aquel del Castelvielh (1).. x d.

475. a x de febrier a i home que trenquec los carairos del valat, ... xx s.

Soma : xi lbr. vii s. xi d.

[P. IIIIˣˣVIII.] 476. a P. Boisso, al[ias] Peri, per son trebalh de vendre lo blat que nos avia prestat moss. P. de Solatges, rector de Sᵗᵃ Marciana, que n'i avia lxx sestiers de fromen........ xl s.

477. a xvii de febrier, a'n P. Denat et al fraire d'en Jacme del Tilh et a lor companho que eron vengutz per excequtar per la tara que demandava del franc e mᶜ per fuoc que aviam paguat, quar non aviam paguat aur mas comtan, xx s. per franc............ lx s.

Soma : v lbr. i s. iii d.

[P. IIIIˣˣIX.] 479. a ix de febrier, a'n Johan Gasanhol et a Brenguier d'Artiguas que anero al contrast d'esta vila e de Pueg Goso, a S. Ginieiss. e e[r]o hi estatz l'autra vetz................... ii s. vi d.

484. Paguiey de voluntat dels senhors que donero ad i masip del vescompte de Fezensaguel que venia de Gascuenha et anava en Roergue e non avia que despendre ; donero li.............. v s.

485. per la ma de Mᵉ P. de Rieus que pres de Johan Cabravaira, pontanier, que costec de adobar la cadena e la clau del pon de Tarn.. vi s. iii d.

Soma : lviii s. ix d.

[P. IIIIˣˣX.] 486. a ii de mars, de voluntat dels senhors, per la compra de xii sestiers de fromen que comprem de dos homes de S. Flor d'Alvernhe, que costavo vii francxs d'aur, en aur, lo sestier, els senhors no volgro que se vendes mas vi lbr. que era estat estimat ; perdec s'i xii lbr.: los francxs que costo, am lo comtan, los liiii, xx s. vii d. mᵃ. els xxx francxs, xx s. x d. ; monta lviii s.; e i carto e mᶜ de fromen que falhic a la mezura, que valo xi s. iii d.: e los faissiers que portero lo blat d'otral pon a la plassa, xx d. ; et aquel quel mezurec xv d. ; e Gᵐ Soelh que anec am lor tro a Galhac per comprar los francxs que, en esta vila, no los trobavam ; que n'ac iii s. ix d. Monta tot quant s'i perdec... xv lbr. xvi s. viii d.

(1) Dans le registre des délibérations de 1372 à 1382, on trouve le procès-verbal de la nomination du porcher communal. Il jure, sur les saints évangiles, de bien et fidèlement garder le bétail qu'on lui confiera, suivant la coutume, BB, 16.

488. a v de mars, a P. Masot, masip de Carcassona que avia portadas letras d'en Pos del Tilh als senhors, que la letra de la gracia del franc per fuoc que moss. lo duc remes a la vila, l'an LXXII, que hom lalh tramezes, quar mestiers n'avia per metre en sos comtes; dem li.. .... xx s.

489. a P. Pos et ad Esteve, sirvens d'otral pon, que avian banditz e presas las processios d'en G^m Selvas....,....................,...... xx d.

Soma : XVII lbr. II s. I d.

[P. IIII^{xx}XI.] 490. a IX de mars, a Bertran Falc, per II anguilas que n'ac hom que foron donadas al capela de moss. Emeric Pelicier....',
.... VIII s. IX d.

491. a XII de mars, a Brenguier d'Artigas et a Bernat Johan, al[ias] d'en Astruga, et a Johan Cazanhol et a'n Ar. Lambert, que foron, doas vegadas, al contrast de Pueg Gozo e d'esta vila sobre la boria de moss. Jorda Belhome, a cascu I gros per jorn, que son II gros a cascun.. x s.

492. a'n Jacme del Tilh, per la despessa que sa avia facha, que era vengut querre deniers dez ogan de so dels VI comus, e la vila devia ne alcuna soma,.. x s.

493. a XIII de mars, a I masip del vescomte de Brunequel que portec una letra als senhors que lor preguava que, de so que li era degut, que lor plagues que, al jorn, lo volguesso paguar, quar el n'avia mestiers,.................................*............... VII s. VI d.

Soma : XL s.

[P. IIII^{xx}XII]. 495. a XIII de mars, a'n G^m Bru et a sos companhos, levadors dels XII comus, per lo cambi de II^c francxs que bailero del pretz dels digs XII comus ; los IIII^{xx} bailero a moss. Dorde de Rieunou que los avia prestatz, els CXX portec en P. del Solier a Cabestanh, a'n Bernat de Cucsac am lo comtan, quar els non devian reredre dels digs comus, mas argen menut. Agro ne, que lor fo mes en comte e desdug de lor soma,........................... VIII lbr.

Soma : VIII lbr.

[P. IIII^{xx}XIII.] *Meza e paguas fachas a'n Frances de Lagrava de la compra que feiro los senhors dels* (un mot disparu) *de l'ostal de la mayo cominal, que los comprero de S. Johan que ve en* VIII *ans, per pretz de sieys francxs cadans a paguar e desdure de sos comus ;* Me G^m *Prunet, notari, fen carta, l'an* LXXIIII, *a* XXI *de mars.*

496. a'n Frances de Lagrava, per las causas desus dichas que li empausiey el fi empausar als comus sempmaniers que leva Me R. Debar, otra so que li avia empausat per l'an presen. VI lbr. VI s.

Soma : XLVIII lbr.

[P. IIII^{xx}XIIII] 502. a v d'abril, a Sicart Mirapeiss que avia citat na Ratieira a Carcassona, e na Balesta, e Me G^{m} Garnier per escriure la relacio e sagelar en II letras que hi avia....... XXI d.

503. a Johan Guilhalmo que avia mandatz ganre dels bos homes per tener cosselh (1).. XX d.

504. a I home que esta a l'ostal de Me Peire Alric, que anec tro a Venes (2) segre los botz del dig Me P. que anero a Carcassona, e portec lor las letras desus dels sitatz a Carcassona... XXII d. m^{a}.

506. a'n Galhart del Faro per m^{g} carto de cera verda e per m^{g} carto de sera vermelha.. II s. I d.

Soma : XIIII s. IX d. m^{a}.

[P. IIII^{xx}XV.] 507. a XXI de may, a Me R. Vidal, notari, per XI sagels que aviam agutz de luy a sagelar vidimus e reconoisensas a'n Pos del Tilh (*2 ou 3 mots disparus*), a V s. per cascun sagel; monta, LV s.

508 Paguiey li per lo trebalh que fe a copiar las bilhetas del franc e mieg que fon paguat, a Nadal, a'n Jacme del Tilh, e per lo proces que fe davant moss. B. Bona, senhor d'Autpol, comessari donat per moss. lo duc a far paguar lo dig franc e mieg, e remetre e quitar mieg franc per fuoc.. X s.

511. a X d'abril, a'n R. Astruc et a Betoy que anero mandar los bos homes de la vila que venguesso a la mayon cominal. II s. I d.

Soma : V lbr. XII s. I d.

[P. IIII^{xx}XVI.]. 514. a XIIII d'abril, a Ramilho et a Pascoret, que anero per la vila per mandar los bos homes a far la obligansa del rector de Sta Marciana (3) e per aver cosselh d'autras cauzas, que no volian venir ses sirven; els cossols feiro los penhorar; agro ne II gros; e Peisso que hi era anat l'endema, ac ne XX d.; monta tot.. IIII s. II d.

515. a XIIII d'abril, a'n R. de Grezas per una tassa d'argen obrada que pesava I marc e V esterlis, a for de V lbr. XVII s. lo marc; monta.. VI lbr. IX d. (4).

(1) Le conseil se réunit le 6 avril et tint deux séances; dans la première il s'occupa des intérêts dus au vicomte de Bruniquel; il décida de faire un emprunt pour les payer. Dans la seconde il fut question de la réduction du nombre des consuls. « Totz tengro ad aprofechable que « lo nombre dels dig[s] cossols se mermes e tornes a VI o a VII. » BB. 16.

(2) Cant. de Lautrec, arrond. de Castres.

(3) 8 consuls et 34 notables font à de Solages une obligation de 600 liv. 12 s. BB. 16.

(4) Il résulte de cet article que l'esterli est la 156e partie du marc. En

516. costec de brunir e de saudar i pauc que hi avia mestiers, **xx d.** laqual tassa fon donada a moss. G^m Bonis, prior de S. Matfre, per trops de servizis e treballıs que fe per la vila.

517. a na Johana Lumbersa per ıı entorcas de cera que pezavo v lbr. que n'aviam agudas que foron donadas als cors de la mayre de M° P. Boyer quant fo morta, a for de ııı s. ıııı d. la lbr., monto, ... xvı s. vııı d.

Soma : xııı lbr. ııı s. ııı d.

[P. IIII^xxXVII]. **518.** a xxı d'abril, que partic en G^m Soelh d'esta vila por anar a Toloza portar letras a moss. lo cancellier de moss. lo duc et als senhors (*1 mot disparu*) de part de moss. d'Albi e dels senhors sobre lo blat que fazia traire en Galhart Goltier per portar a Toloza que preguavo, moss. els senhors, als senhors del cosselh de moss. lo duc desus dig, per la gran fauta del blat que era en esta vila, lor plagues que mandesso a'n Galhart Golfier que lo blat demores. Estec ıııı dias ; avia per cascun jorn, v gros, monta, ... xxv gros.

519. a xxı d'abril, a G^m Tavernier, et a Johan Bruneu, et a Guilhot, et a Johan Cochat, et a Johan Sabori, que avian velhat, la nueg passada, a gardar lo blat que era sus los cars devant la porta del Viga (1).. vıı s. ı d.

520. a Cochat, et a P. Deymier, et a Mondo, la bada, et a (*blanc*) Fabre, que velhero, la nueg. que era sapde, a xxı d'abril, lo dig blat ; a cascu x d. e xıı d. m^a entre candelas e lenha ; monta, ... v s. ııı d. m^a.

521. per ıııı q. de fe, que aigui a cubrir lo dig blat que era sobre los cars am sacxs, per tal que no se molhes, quar plovia trop et estava a la carrieira ; costa xx d. per q............ vı s. vııı d.

522. a xxıı, et a xxııı, et a xxıııı et a xxv d'abril, a Johan Sabori, et a Gorgori, et a Jacme Fabre et a Mondo, la bada, que aviau velhat a gardar lo dig blat, per ıııı nuegz, otra aquelas desus, a ı gros per cascun, cada nueg ; monta cada nueg v s. ; monta......... xx s.

Soma : ııı lbr. ııı s. ı d. m^a.

[P. IIII^xxXVIII.] **523.** Paguiey lor per cascuna nueg, az obs de candelas, que aviau tota la nueg e per lenha, v entorchas cada nueg,

---

effet, la valeur de l'esterli est de 6 livr. 9 den. — 5 liv, 17 s. = 45 d. pour 3 ester. et 9 pour 1 est. Il y a donc dans le marc autant d'esterlis qu'il y a de fois 9 deniers dans 5 liv. 17 s. ou 1,404 den., soit 156.

(1) Il s'agit du blé ramassé par Golfier pour être transporté à Toulouse.

que monto, las vi nuegz............................ vi s. iii d.

7° 525. anec P. de Rieus e Mº B. l onc a Combaffa per parlar am moss. d'Albi, per lo loguier dels rossis que fo d'en P. del Solier, ... iii gros.

526. a xxviii d'abril, que partic en G^m Soelh d'esta vila per anar a Toloza portar letras al cosselh de Moss. lo duc de part de moss· d'Albi, e dels senhors e de sen Galhart Golfier, sobre l'acort que era estat fag em lo dig senh Galhart del blat que avia comprat per trametre a Toloza ; e venc lo mecres, a ii de may. Estec v dias ; ac per cascun jorn v gros ; monta...... .... xxxi s. iii d.

527. a vi d'abril, al masip d'en Jacme del Tilh, loqual avia trames am letras als senhors et a mi, que so que li era degut del avantatge dels francxs volguessem bailar a son fraire, quar el era a Toloza, que n'avia gran mestiers ; donem al masip, de voluntat dels senhors, quar no li podiam far plazer de la moneda, loqual ha nom Johan Clergue, d'Ausac (1) que es,................... . v s.

Soma : xlix s. vii d.

[llllxxlX.] 528. per portar los bancxs als sermos, lo careme, et, alcunas vetz, la cadieira de Fargas en que sermonava lo fraire, per cascun dimenge v d., e quant portava la cadieira vii d. m^a ; montec .... iii s.

529. Paguiey que fe hom, en Pascor, processios generals per los Ordes, que foron portatz los bancxs als Carmes et als fraires Menors.................. .... xx d.

530. a Me P. Alric, al[ias] Rigaut, que trametia son bot a Montolieu, els senhors dissero li que anes a Carcassona d'aqui meteis per portar letras ; donem li........ .... x s.

531. a xix de may, a'n G^m Nicolau per la emposicio dels blatz que la vila avia fags vendre per acort fag am luy entre en Gⁿ Esteve d'una part,-en Johan Segui e'n Peire del Solier d'autra part,........ .... xvii francxs.

532. Paguiey li may per las despessas que avia suffertadas de senhen Galhart Golfier que lo excequtava, quar no lo pagava, els senhors devian paguar lo despens ; montec..... xxiii s. ix d. m^a.

Soma : xvii francxs. It. xxxviii s. ix d. m^a.

[P. C.] 533. a Pascoret et a Ramilho, sirvens, que avian meza garniso e penhorat en Johan Segui, en P. del Solier e'n G^m Esteve, ad instancia d'en G^m Nicolau, que li devian de la gabela que senh Galhart Golfier n'avia meza garniso a'n G^m Nicolau,........ xv d.

―――――――
(1) Cant. de Cadalen, arrond. de Gaillac.

537. a xxx de may, a 1 macip de moss. Felipes de Brueyras que venia de Paris e portava letras als senhors de moss. Felip Bona. .... vii s. vi d.
Soma : xvi s. mª.

[P. CI.] 540. a ii de jun a Brenguier del Bosc, baile de Barbaira, et a son companh de Carcassona, que eron vengutz per excequtar, ad instáncia de moss. P. Boier............................... LXIII s.

542. a 1 home que adobec lo pas de costa las Morgas e la planqueta del pont de Tarn........................... iii s. i d. mª.

543. a iiii de jun, a Bernat Pojades que fon trames a S. Serni de Roergue am letras de senh Galhart Golfier que mandava al viguier que vengues per far la reparacio,...................... x s.

546. a vi de jun, a B. Taulas que fon trames a Carcassona am letras a Mº Simo de Cornus que li plagues que vengues per far la reparacio. Estec iiii dias, ac del viatge,............... xxii s. vi d.
Soma : y lbr. iii s. vi d. mª.

[P. CII.] 547. a'n Frances Donat et a'n Gʰ Soelh que eron anatz a Carcassona per lors bezonhas e per lo fag de la reparacio, e destriguero se i dia e mieg que aportero la letra ordenada que fos citat lo procuraire el thezaurier ad estancia del viguier e del jutge, comessaris ; agro ne .... xx s.

548. a R. Messelh que avia mes ad adobar la planqueta del pon de Roanel.. xx d

549. a xiii de jun, a R. Pauc et a son companh, Peire Palissa, sirvens de Carcassona, que avian facha excequcio contra la vila, ad estancia d'en Johan Fabre, rabatier de Carcassona, per i gros per fuoc que demandava per despessas fachas per los comus per anar en Fransa.. xviii s.

550. a Mº Nat de la Emfermaria, notari del Cap del pont, per alcunas scripturas que avia fachas contra alcus d'esta vila, per alcus bans que lor demandava la cort del Cap del pont que avian romputz, et eron per lo fag dels comus et ero acordatz am los levadors dels comus e lor ban se era remogut, et eron s'en fachas alcunas scripturas ; ac ne.................................... XL s.
Soma : LXXIX s. viii d. (1).

---

(1) On lit sur un rectangle de papier de 14 cent. 1/2 cousu au volume :
« L'an M.CCCLXXIIII, lo xxiii dias del mes de setembre, maestre
« Bertran de Monjusieu, Guilhem Rotgier, e lors companhos, cosscls
« (*mot illisible*) vendero a'n P. Clergue los comus semmaniers empau-
« sat[z] en l'an presen, el mes de jun, per lo pretz de mil e dos cens

(P. CV.]. 554. a xvii de jun, a na Lumbersa et a'n P. del Solier, per vi entorcas que pezavo xiiii lbr. i carto, a for de iii s. vi d. la lbr., que foro mezas al cors de la molher del jutge d'Albeges, am i drap d'aur ; monto las entorcas.................... lxix s. x d.

555. a'n G^m Esteve que avia citatz alcus dels prohomes per que fosso juratz,... x d. (1).

556. a xvii de jun, a'n G^m Soelh, que partic d'esta vila per anar a Carcassona portar la letra de citacio al procuraire del rey et al thesaurier, per mandamen de moss. lo viguier et de moss. lo jutge del rey d'esta vila, a complancha dels senhors cossols, per far la reparaeio dels fuocxs ; estec vi dias, ac ne per sos despens e treballh,....
.... xxxvii s. vi d.

Soma : xii franxs e mieg. lt. v lbr. xiii s. v d. (2).

[CVI.] *Meza facha per Me P. de Rieus per far la causada de la porta nova de Tarn.*

558. a Johan Daniel, per vi jornals que avia estat a far la dicha caussada, a ii gros per cascun jorn..... .... xv s.

559. a R. Muret, per vi jornals que avia estat a far la dicha caussada, a ii gros per cascun jorn........................... xv s.

559. a R. Muret, per vi jornals que hi avia estat..... xii s. vi d.

560. per xxvii jornals de fepna a la dicha obra, a x d. per cascun jornal.. xxii s. vi d.

561. a B. Roma, per x navadas de peira..... .... vii s. vi d.

562. a i home que amassec peira e lor ajudava, per vi jornals que hi estec,.. vii s. vi d.

563. a R. Muret per pleguar la fusta del gachil de la Fustaria......
.... iiii s. ii d.

« lbr. de tor., e devo defalcar tot aquo quen Durant Daunis e M^e R.
« Debar ne an levat, e las penssios dels senhors cossols de l'an pre-
« sen ; el dig Peire Clergue promes a pagar als senhors si[nca]nta lbr.
« de tor. a lor voluntat, e cx francxs d'ayssi a la festa de S. Vincens
« propdanamen venen, e tota la resta el loc de Cabestanh, a'n Bernat
« do Cussac, thesaurier de la sal, d'ayssi al premier dia del mes de
« mars propdanamen venen. »
Le folio qui suit la page cii a été enlevé.

(1) Les *jurats*, parmi lesquels étaient un maitre charpentier et un maitre maçon, avaient pour mission principale d'estimer les dégâts, de planter les bornes des propriétés et de vider les différends qui pouvaient surgir au sujet des maisons.

(2) Le verso qui suit cv n'est pas paginé; il ne contient qu'un article de paiement au notaire et aux sergents qui citèrent le procureur du roi et le trésorier de Carcassonne, sans indication de dépense. La page suivante est paginée cvi.

566. a Milhacier, per ɪ jazena........................ xv d.

567. a R. Muret, per sarrar los passes del palenc del Cap del pont, am fusta que hi mes............................ . v s.

568. a'n P. Soelh, per ɪ jornal de bestia que carregec peyra a la Causssada.............................. v s.

Soma : ɪɪɪɪ lbr. vɪɪ s. xɪ d.

[P. CVII.] 569. a mᵉ R. Debar, de voluntat dels senhors, que lhi donero los senhors per lo treballh de estar al pes de le farina a pezar et escriure, cascuna sempmana, la valor dels blatz (1).... ɪɪɪɪ lbr.

570. a mᵉ Dorde de Laroqua, de voluntat dels senhors, per lo treballh que avia fag, lo temps passat, en far las letras de so que la vila avia de las emposicios dels temps passatz de vɪɪɪ ans,. ɪɪɪ lbr.

572. a'n Brenguier de Varelhas per ɪ cartairo de sera que n'aguem az ops de la festa de nostre Senhor, a for de ɪɪɪ s. ɪɪ d. la lbr. monta................................. ʟxxɪx s. ɪɪ d.

573. a na Lumbersa per las obraduras, a ɪɪɪ barsalos la lbr., monta.. vɪɪ s. x d.

losquals trosses de las entorcas tornero a la mayo cominal, els senhors, que foron pueys cossols, bailero ne, entre doas veguadas, als capitanis ɪɪ trosses a cascun, a'n Frances Donat et a'n B. Esteve, que agron gran treballh per las companhas que agron ocupat lo loc de Vilafranca.

Soma : xɪɪɪ lbr. ɪɪ s.

[P. CVIII.] *Meza de las cauzas agudas del obrador d'en Gᵐ Ortz.*

574. Paguiei a'n Gᵐ Ortz per vɪɪ mas de papier de gran forma que ac hom per far lo aliauramen................ ɪɪ lb. x s. vɪɪ d. m.

575. Paguiei li per aquest presen libre de ɪɪɪɪ mas en que foro mezes los presens comtes..... .... xv s.

579. per ɪɪ libres, la ɪ de ɪ ma e l'autre de ɪɪ mas, e ɪ fuelh de papier que pres en Gᵐ Rotgier per metre los fiaus que se teniau de la vila e la recepta quen fe.................... .... x s. ɪ d. mᵃ.

581. per ɪ libre de ɪ ma e per ɪ ma de papier que pres en Gᵐ Esteve, que fon bailat a'n Bernat Esteve, per metre los blatz que las gens avian e per metre aquels que ne traissero de las gens.........
.... vɪ s. ɪɪɪ d.

Soma : ɪɪɪɪ lbr. xɪɪɪɪ s. vɪ d.

[P. CIX.] 584. per ɪɪ dias que menec lo rosssi Mᵒ Johan Bot al

(1) Il s'agit de la mercuriale des blés. Les archives d'Albi n'ont conservé, pour le xɪvᵉ siècle, que le fourleau de 1355 à 1360.

contrast de Pueg Goso.......................... .... v s.

[P. CXII.] L'an m ccc.lxxv, a xx de jenier (1), los senhors cossols de l'an lxxiiii, so es asaber m° Bertran de Monjuzuou, P. Borssa, sen G^m Rotgier, m° B. Lonc, m° Johan Bot, en Johan Segui, Peire del Solier, Ar. Chabbert, m° R. Boyer, m° Johan Augier, G^m Esteve, m° P. de Rieus, redo aquest libre dels comtes de la aministracio de l'an desus m.ccc.lxxiiii, so es asaber a'n Bertomieu Garrigas a'n Bernat d'Avizac, a m° G^m Ros, G^m Cabrier, G^m Bru et a R. Vidal, cossols de la ciutat d'Albi de l'an sobre dig m.ccc.lxxv, loqual comte los digs cossols vielhs redero et bailero als digs senhors cossols del temps presen, am protestacio e retencio, laqual feyro davant lo dig redemen e bailamen et en aquel et aprep aquel, que se hi avia may pres ho mes que al dig comte no se conte, ho autra error hi aparia en preza ho en meza, que aco puesco corregir et emendar e que totz temps volo que puesco a veritat estar.

(1) En nouv. sty. 1376.

COMPTES DE 1377-1378 [1]

[F° l r°] (2). *Aysso es lo libre de l'aministracio de la ciutat d'Albi facha per los senhors cossols de l'an* M.CCCLXXVII, *so es assaber* : *per senh Domenge de Monnac e per senh Frances Picart, e per en Esteve Bayle, e per en P. Soelh, e per m° Johan Duran, notari, e per senh Bernat Col, comensada a* v *de julh, l'an desus, lacal amenistracio fo mesa e presa per lo dig senh Bernat Col coma thesaurier de la cieutat.*

(1) Les comptes de 1375-76 et 1376-77 ont disparu. Résumons les faits qui marquèrent ces deux années ; ils pourront nous donner l'explication de ceux qu'enregistre le compte de 1377. Au 8 juillet 1375 la réparation des feux est un fait accompli ; la ville en poursuit l'approbation à Paris. La ville donne 12 pipes de vin aux capitaines des compagnies qui sont à Villefranche et aux environs *ad aquela fi que... no dampnegesso lo loc* (avril 1376). Le conseil décide de demander la création de 2 foires, qui se tiendraient, l'une le jour de St-Cyrice, l'autre, le jour de Ste-Cécile (juin 1376). Le bâtard de Landorre, logé à St-Benoit de Carmaux, avec les compagnies du comte d'Armagnac, demande des vivres pour le récompenser d'avoir retenu ses troupes loin d'Albi. Le conseil refuse de lui donner satisfaction, pour ne pas créer de précédent ; cependant on lui enverrait volonliers I *e* II *o* III *saumiers... carguats de pa e de vi.* (Juin 1376). Difficultés avec le chapitre de Ste-Cécile au sujet de la perception de la dîme sur les vendanges. Le juge de Béziers vient instruire contre certains Albigeois qui s'étaient révoltés *sobre la tracha del blat que lo cosselh de moss. lo duc volia far traire d'esta vila l'an LXXV.* (8 juillet 1376). Affaire de la démolition des *barris* du Bout-du-pont. Un grand nombre d'Albigeois sont cités à Toulouse. (Août 1376). Pierre de Galart et ses compagnies sont à Terssac, capturant bêtes et gens. Ces troupes étaient à la solde du comte d'Armagnac. On décide de faire *patu* avec ce capitaine. (Septembre 1376). P. de Galart qui a reçu 150 francs pour donner aux habitants *sal e segur condug*, veut en limiter les effets à la fête de Noël. Le conseil se révolte contre cette prétention (octobre 1376). Les compagnies de Florentin viennent loger aux faubourgs. On leur donne 2 pipes de vin et 10 setiers d'avoine.

(2) Ce registre n'est pas folioté.

Ayssy comenssa la presa que ha facha lo ss. B. Col coma thesaurier de la davan dicha sieutat (1).

1. Presi d'en Bertomieu Garigas e d'en Brenguier de Varelhas, que prestero als senhors cossols, a v de julh, otra la soma de iiii^{xx} francx que aviau prestat[z] los sobredigs als cossols de l'an passat, per raso de una soma de sal que lor era estada venduda per los davan digs senhors de l'an passat, laqual sal non pogro aver per raso quar aquel que la devia prestar a la vila nolc far aver als sobredigs Bertomieu e Brenguier,..................... iii^{c}xx francx.

2. Presy d'en Bertomieu Garigas, per una cantitat de draps que aviam malevatz de moss. Guilhem Ademar, drapier de Tholosa, a viii de julh, loscals foro vendut[z] al dig Bertomieu Garigas ii s. mens per lieura, lacal perdua monta xxix francs e ii s., e, rebatutz los digs xxix francx e ii s., monta so que ieu n'aygui..............
.... ii^{c}lxi fr. e xviii s.
Lo franc............. .... xx s.
Soma : vi^{c}xviii lbr. iiii s. iii d.

[F° I, v°.]   *Presa de G^m Rotgier dels xix comus.*

3. Presi d'en G^m Rotgier, per partida del leu que leva dels xix comus empausatz, l'an lxxvi, per los senhors cossols de l'an passat, comensan a vii de julh entro a xx de setembre, en diverssas parssellas, en diversses jorns et en diverssas horas, tan per las suas mas tan per autras, et enclusas totas pagas, que soma lo tot............
.... xlvii lbr. xvii s. vi d.

Presa de P. Sabatier del leu dels xix comus.

4. Presy de Peire Sabatier, sabatier, per partida del leu que levava dels xix comus impausats, l'an lxxvi, per los senhors cossols de l'an passat, comensan a viii de julh, l'an lxxvii, entro a xx de jun, l'an lxxviii, enclusas totas pagas, que soma lo tot...   l lbr. xiii s. iii d.

5. Presy del percuraire de Sanh Antoni d'Albi per partida de so que ero tengutz los bes de na Vilara a la vila, a xv de julh, l'an lxxvii, ... xl s.
Soma : c lbr. xi s. ix d.

[F° II, r°] 6. Presa de G^m del Solier, al[ias] Auco, dels goratatges que avia compratz de la vila de l'an lxxvii, per la meitat del temps, de S Johan Babtista entro Nadal... .... xiii lbr. ix s. ii d.
Soma : xxxii lbr. xvi s. vii d.

(1) Nous passerons rapidement sur les recettes, ne retenant que celles qui offrent quelque intérêt.

[F° II, v°.] 7. Presa dels fors vendut[z] l'an LXXVII (*trou dans le papier*) vendut ad **Esteve de Canilhac**............ IX lbr. XI s. III d.

8. La presa del forn de la Ribieira que fo vendut al dig Esteve de Canilhac per tot l'an III francx... que valo... III lbr. III s. IX d. (1)

9. Presa del hefrug de la Malautia del Viga e del[s] ceces e dels loguiers que s'i aperteno, losquals foro vendut[z] a'n P. Alric, al[ias] Rigaut, per II ans, e m° G^m Prunet fe ne carta, en pret[z] cadans de VIII lbr. e miega........................ VIII lbr. X s.

Soma : XXI lbr. V s.

[III. r°.] *Presa de l'arendamen del pon, loqual comprec Pos Dadau, l'an* LXXVII, *loqual se vendec* LXIIII *lbr., paguan lo franc per* XX *s., rabatudas totas enchieiras.*

10. Presi d'en Pos Dadau, per l'arendamen del pon de Tarn, en diversas parsselas, enclusas totas paguas et encluses XXX s. que fo covogut per en Domenge de Monnac e per en Peire Soelh que lhi fosso rebatut[z] del arendamen del pontanatge per la passada de bestial de m° [lo] comte d'Armanhac e del vescomte de Florenssaguel e de P. Lasbailia, que ero passat lo dig bestial sus lo dig pon de Tarn, LX francx que valo........................ LXIIII lbr. lo franc per XX s., encluzas IIII lbr. quen m'en ha contadas P. Soelh la[s]cals ha agudas lo dig P. d'en Frances Picart (2)

Soma : LXIIII lbr.

[F° III, v°.] *Presa comuna de diversas gens.*

11. Presi de P. Bilhau, fabre, per maneira de prest per raso d'una cantitat de relhos, que devia de I gran temps ensa, per cadans, serta soma, en aissi coma se conte en una billheta que a davas si, sagelada del sagel de la vila................... III floris d'aur.

12. Presi de Guilhem Condat, per I acort que fo fag am lo dig Guilhem de un debat que avia am los senhors cossols de la clamor (3)

---

(1) La valeur du franc ressort à 21 s. 3 d.

(2) Cette note est d'une autre encre et d'une autre main.

(3) La *clamor* était une mesure judiciaire qui précédait l'exécution du débiteur; on disait généralement : *scel de rigor* ou *scel de clamor*. Au XVI° siècle le *scel de clamor* portait le nom de *Petit scel de Montpellier* pour le ressort du Parlement de Toulouse. Nous verrons, art. 184, 185, 187 que c'était, en 1377, à Sommières qu'était le sceau de clameur. Il était si rigoureux que son application ruinait le débiteur dans la plupart des cas. La déclaration de 1490 limita cette application aux dettes supérieures à 30 livres de capital ou 10 livres de revenus. Cf. G. CAYRON : *Styles de Tolose*, 1630, p. 66-67.

que avia facha m° Guilhem Garnier contra los digs senhors per so que la vila lhy devia, e, davas que lo dig m° G^m agues facha la clamor, los digs senhors se ero acordatz am lo dig G^m Condat e l'avian paguat en nom del dig m° G^m; e can lo dig Guilhem pres l'argen dels digs senhors cossols lor promes que el fora tengut de tot damnatge que a la vila ne vengues; e per aquestas causas e promesas, car no se podia ben proar, fo fag aquest acort, que lo dig Guilhem paguec a x de octembre.................. viii lbr.

Soma : x lbr xi s (1).

[F° IIII, r°.] 13. Presi de Johan Talhafer, sabatier, et de M° Johan del Potz, e nom del dig Johan, per tot so que podiau dever las possessios que a cotadas lo dig Johan Talhafer que ero en la senhoria d'Albi, am lo dig M° Johan, per totz los deutes qu'a la vila devia entro a xii d'octombre l'an lxxvii, que montec............ xlv s

14. Presy de Pos Glieyas e de Johan Talhafer, gachas de la vila, per los encans de l'an lxxvii................. iiii lbr. xiii s. iiii d.

Ensec se la presa dels ceces dels hostals de la Ribieira e dels autres ceses que la vila ha, l'an LXXVII.

15. Presy de Guilhem Guitart per lo ces que deu a la vila del hostal que te a la Ribieira, encluses x s., que fo (2) assignat a'n Ysarn Redon per las adobaduras del pon de Ronel, comensan a ii de aost, l'an lxxvii, e finen a xxiii d'abril, l'an lxxviii, que monta entre tot................. .... xlvii s. vi d.

Soma : ix lbr. v s. x d.

[F° IIII, v°.] 16. Presy de na Guilhalma Floranda per resta dels ceces del hostal que te de la vila, enclus xiii s., que fo assignada a'n Ysarn Redon per las obraduras del pon de Ronel, que monta lo tot.................. .... xlix s. iii d.

18. Presy de Pos Galaup per partida del ces del hostal que te de la vila sus lo pon a (*blanc*) l'an lxxvii.................... xv s.

19. Presy de Peire Soelh per lo ces del hostal que te de la vila, local es sus lo pon de Tarn, per l'an lxxvii............... xv s.

Soma : vi lbr. ix s. iii d.

[F° V, r°.] 20. Presy de Johan Emeric que devia de darairatges del ces que te de la Malautia del Vigua, del temps que ho levava en

---

(1) Ce total fait ressortir à 51 sous (10 l. 11 s. — 8 l.) la valeur des 3 flor. de l'art. 11. Le flor. vaut donc 17 s.

(2) Manus. : *fl.*

Guilhem Rotgier, mager de dias, II sestiers de seguil, losquals foro vendut[z], de lacal aguem en argen XI gros d'amdos los sestiers, que valo.... .... XIII s. IX d.

  Soma : XVI s. IIII d.

Le verso du folio V *est blanc.*

[F° VI, r°.]   AVE M^a

Ensec se la presa facha del gran talh que empausec hom en setembre, l'an LXXVII, *per los deutes que la vila devia, local gran talh era comtat per* XL *comus, e fo levat per gachas, per las mas d'aquels que se ensego: la gacha de Verdussa fo levada per Bertomieu Prunet, e la gacha del Vigua, per Dorde Romanhac et per Sicart Lobat, e la guacha de Sta Marsiana, per R. de Montelhs, et la guacha de S. Affrica, per G^m Miquel, e la guacha de Sanh Estefe, per Peyre Boyer e per Bernat Castelana, e la gacha de las Cumbas per Duran Tinel, e de otral pon, Johan Camps e Guilhem Huc.*

Foro lavadors aquels que se enseguo dels V *francx per fuoc que empausec moss. lo duc* (1) *en decembre, l'an* LXXVII : *de la gacha de Verdussa Bertomieu Garigas e G^m Condat, de la gacha del Vigua, Dorde Romanhac, Sicart Lobat, de Sta Marciana n'Atric de Verno, m° Johan Bot, m° R. Jacme, Bernat de Brinh, Johan del Pueg, de S. Estefe, P. Boyer e Bernat Castelana, de las Combas Duran Tinel, d'otral pon, Johan Camps e Guilhem Huc.*

Le verso du folio VI *est blanc.*

[F° VII, r°.] **22.** Presi d'en Bertomieu Prunet, levador de la gacha de Verdussa, per los dos francx e mieg, levadors per fuoc, empausat[z] el mes de mars (2) e per los autres II francx que foro empausat[z] el mes de setembre, l'an LXXVII, empausatz per moss. lo duc (3), que monta .... VII^{xx}VIII lbr. XV s.

  Soma : CC lbr. XVII s. III d.

Le verso du folio VII *est blanc.*

[F° VIII, r°.] **27.** Presy del sobredig Berthomieu per lo deute de moss. Guilhem Ademar et per lo deute en que era hom tengut a Berthomieu Gariguas, de XIIII de novembre entro en XIII de may, que soma lo tot............. .... LXIII lbr. XV s.

---

(1) Ce subside, octroyé par les communes, était payable en cinq termes, 1 franc par mois, de décembre à avril. Cf. *Instit. polit. et adminis.* p. 614.

(2) C'est à Narbonne que les communes octroyèrent au duc ce subside de 2 fr. 1/2 par feu. Cf. *Inst. polit. et adm.*, p. 613.

(3) Réunion des comm. à Carcassonne du 8 août au 8 sept. Ibid p. 614.

28. del sobredig Berthomieu per lo deute de G^m Colobres, de xxiiii de febrier tro a xxii de mars, xv francx per pretz de..................
.... xv lbr. xviii s. ix d.

29. may del sobredig Bertomieu Prunet per lo deute del vescomte de Brunequel, comensat a xxv d'abril entro a xix de jun, l'an lxxviii................................... xliii lbr. vi s. iii d.
Soma : cxxxiii lbr. iii s ix d.

[F° VIII, v°.] *Ensec se la presa d'en G^m Condat e d'en Berthomieu Gariguas dels* v *francx per fuoc empausat[z] al mes de desembre, l'an* lxxvii, *per la gacha de Verdussa.*
Soma : cxliii lbr.

[F° IX, r°.]   Ave M^a.

Sec se la presa facha d'en Dorde Romanhac e d'en Sicart Lobat, coma levadors de la gacha del Vigua del gran talh e del supcidi que empausec moss. lo duc en dezembre, l'an lxxvii.
Soma : iii^c x lbr. xii s. vi d.

[F° IX, v°.]
43. per lo deute del vescomte de Brunequel, de xvii de may, l'an lxxvii, tro a xx de jun, que monta.......... xlviii lbr. vi s. vi d.
Soma : [c] vi lbr. ix s. i d.

[F° X, r°].   Ave M^a

Sec se la presa facha d'en Ramon de Montelhs, coma levador de la gacha de Sta Marciana del gran talh.

47. del sobredig R. de Montelhs, per partida dels ii francx e m^e per fuoc que avia empausat moss. lo duc, en lo mes de mars, l'an lxxvi, e per los ii francx que empausec lo davan dig moss. lo duc en setembre, l'an lxxvii e per lo supcidi dels v franx per fuoc empausatz en desembre, l'an lxxvii, que monto totas las paguas que a fachas...contat entro lo xxv° jorn d'octembre, l'an lxxvii. cix lbr.
Soma : ii^c lvii lbr. x s. viii d. m^a.

. [F° X, v°] **51.** per partida del deute de Not Hebral, que monta, de xxii de novembre tro a la vespra de Nadal.......... xiii lbr. v s.

54. per lo deute d'en Guilhem Colobres, de xxvi de girvier, l'an lxxvii, tro a xxvii de mars, lo dig an (1).. xiii lbr. iii s. iiii d. m^a.
Soma : ccix lbr. vi s. viii d. m^a.

---

(1) Le scribe avait écrit : *l'an LXXVIII.* Ces mots sont raturés. Il a certainement commis une erreur; dans l'Albigeois. en effet, l'année commençait le 25 mars.

[F° XI, r°].   Ave Mª

57. paguec a Johan Calmon, fabre, per feradura que ne avia hom aguda as obs de metre al pon de Roanel et al pon del Vigua....... .... vııı s. ıx d.

[F° XI, v°].   *La gacha de Sᵗª Marciana.*

Sec se la presa facha dels sotz scrig[s] dels v francx que avia empausatz lo senhor moss. lo duc, en desembre, l'an LXXVIII (1).

Sec se la presa d'en Alric de Verno, coma levador del cunh d'en Peire Gui, del subcidi dels v francx per fuoc.

61. del sobredig n'Alric de Verno del leu dels sobredig[s] v francx per fuoc, del xı jorn de febrier, l'an LXXVII, tro a xxııı de jun l'an LXXVIII, enclusas totas paguas que lo dig n'Alric ne agues fachas, que monta........................... LVIII lbr. v s. vıı d. mª.

Soma : cxxxvı lbr. vııı s. ıı d. mª.

[F° XII, r°]   Ave Mª

Sec se la presa de Mº Ramon Jacm?, del leu que fasia del cunh de mº P. Rausa dels v francx per fuoc.

64. de Frances Donat. par los xvıı comus e mˢ, en deducio de aco que avia massa pagat als xx comus et als autres d'en Johan del Pueg, leva los darayratges (sic)................ v lbr. ıı s. vı d.

Sec se la presa facha de B. de Brinh.

65. del sobredig Bernat de Brinh, de ı de mars et a v de mars, l'an LXXVIII, entro a xx de jun, l'an LXXVIII, enclusas totas pagas, que monta............. .... XLIIII lbr. ıx s. v d. mª.

Soma : cx lbr. vıı s. vı d. mª.

[F° XII, v°.] *Sec se la presa facha de Guilhem Miquel, coma levador de la gacha de S. Affrica, del gran talh empausat en setembre, l'an* LXXVII, *e del supcidi dels v francx per fuoc empausat en desembre, lo⁺ dig an.*

Soma : ııı° ıı lbr. ııı s. vııı d.

[F° XIII, r°.]   Ave Mª

73. per lo deute del vescomte de Brunequel, entre doas vetz, en vııı francx que valo. .... vııı lbr. x s

Soma : LXXIX lbr. xvı s. x d. mª.

[F° XIII, v°] 74. del sobre dig Guilhem, que bailec a diversas gens,

(1) Lire : LXXVII.

so es assaber que fe quitis am P. del Solier ɪɪɪ francx, e que mes en pagua sobre Frances Be, vɪ s ɪɪɪ d.. e que bailec a Johan del Pueg, xxxv s , e que bailec e fe quitis a m° Isarn de Rius, ɪɪɪɪ lbr., e que bailec a Bernat Santoli, ɪɪɪ gros, e que fe quitis a m° Bertran de Montalasac et a m° Johan so filh per las scripturas que la vila lhi devia de la cort del rey, vɪɪ lbr x s., e may al dig m° Bertran de Montalasac per alcunas cartas que avia, hogan, reseubudas a la mayo cominal, que montero xvɪ s ɪɪɪ d , que monto totas solucios, contat entro a xvɪɪɪ de julh, l'an ʟxxvɪɪɪ... .... xvɪɪɪ lbr. vɪɪ s. vɪ d.

75. bailec lo sobre dig a'n Peire del Solier que lhy ero degut al dig en P. per las despessas que avia fachas moss. lo vescomte de Brunequel quant fo a l Albi, cant moss. Johan de Buelh sa era am los capitanis... xvɪɪ flor. ɪɪ gros. losquals foro en deducio de so que la vila devia al dig moss. le vescomte de Brunequel.

Soma : xxxɪɪ lbr. xɪx s.

[F° XIIII, r°]   Ave Mᵃ

76. del sobredig Guilhem Miquel, que paguec a'n Peire del Solier per las despessas del plah que menec a la cort del rey per l'asingnatio que aviau facha los senhors cossols a moss. prior de S. Matfre, sobre Brenguier de Varelhas per l'arendamen dels forns que avia comprat lo dig Brenguier de la vila ; e lo dig Brenguier y metia rebellio a paguar la dicha assignacio, per raso car los sirvens no voliou paguar, e per amor d'aysso lo dig Peire fe grossar la carta de la dicha assignacio e la carta del (pro)procuratori coma era procuraire del dig m° prior, e la carta del arendamen que avia fag lo dig en Brenguier de la vila, e per aquo que avia paguat lo dig en Peire a la cort del rey, que montec entre tot. .... xxvɪɪɪ s. ɪɪɪ d.

77. bailec lo dig Gᵐ Miquel a'n Domenge de Monnac per l'anada que fe lo dig en Domenge a Monpelier per lo cosselh que avia mandat moss. d'Anjo........................ .. .. ɪɪɪɪ francx.

Soma : vɪɪɪ lbr. xɪɪ s. vɪɪ d.

[F° XIIII, v°] *Sec se la presa facha d'en P. Boyer e de Bernat Castelana, coma levadors de la gacha de S. Stephe, del gran talh enpausat en setembre, l'an ʟxxvɪɪ e del supcidi dels v francx per fuoc enpausat en desembre, l'an desus dig.*

80. dels sobredigs P. Boyer e B. Castellana, de xx de julh ʟxxvɪɪ, tro a ɪɪɪ de may, l'an ʟxxvɪɪɪ............ ɪɪ°ɪɪɪɪˣˣxvɪ lbr. xvɪ s. ɪɪɪ d.

Soma : ɪɪ°ɪɪɪɪˣˣxvɪɪ lbr. xvɪɪ s ɪx d.

[F° XV, r°.]   Ave Mª

85. dels devan digs P. Boyer e Bernat Castelana per lo deute de moss. Gᵐ Ademar, merchan de Tholosa, e per lo deute d'en Bertomieu Gariguas, que monta, enclus la pencio d'en Esteve Baile, cossol de l'an presen, que so xii franx que los comta hom a xvii gros la pessa......... .... xlix lbr. xviii s. ix d.

Soma : iiiixxvi lbr. xv s.

[F° XV, v°.] 88. dels sobredigs Peire e Bernat, per lo deute de moss. vescomte de Brunequel, enclusas iiii lbr. x s. que ieu lhy presi en comte per la carn salada, que hom avia aguda d'en Ademar Blanquier, per donar a Tholosa, et enclusas que lhy presy en comte per Felip Vaissieira, et encluses xxxiiii s. que paguiei per los senhors cossols a Mᵉ Bernat de la Fabrica, coma sagelaire, et enclusas iiii lbr. que avia bailadas a'n Frances Picart, a xi de julh, l'an lxxviii, enclusas xviii lbr. que lhy presy en conte per en Brenguier de Varelhas, que monto totas aquestas paguas, am xi lbr. que bailec contan... .... xl lbr. iiii s.

Soma : lxiiii lbr. iiii s.

[F° XVI, r°.]   Ave Mª

Sec se la presa facha de Duran Tinel, coma levador de la gacha de las Combas del gran talh enpausat en setembre l'an lxxvii, *e del supcidi dels* v *francx per fuoc enpausat en desembre, lo dig an, am lo franc a* xvii *gros.*

90. del dig Duran Tinel..... .... cxviii lbr. xiiii s. iii d.

Soma : cxlviii lbr. iii s.

[F° XVI, v°.] 95 may del dig Duran .... xxxvi s. iii d.

Soma : xxxvii lbr. xvi s. iii d.

[F° XVII, ı°.] 100. Presy may, a xx de julh, que fy quity per en Gᵐ Esteve, xx s , e per x s. que avia preses per la ma de Bernat Auriac ; monta .... xxx s

Soma : xxxvi s. iii d.

[F° XVII, v°.] *Sec se la presa facha de Johan Camps, coma levador del Cap del pon de Tarn d'Albi, del gran talh enpausat en setembre, l'an* mccccºlxxvii, *contan lo franc a* xvii *gros*

E de Guilhem Huc e de R. Cabirol, coma levadors del supcidi del v *francx per fuoc enpausat en desembre, l'an* lxxvii.

102. del sobredig Johan Camps, enclusa i billeta que an entre el e Duran Tinel de vii lbr. tocan al dig Johan Camps, can que sia de

major soma, am aco que bailec Duran Tinel, laqual es sagelada del sagel del cossolat, que monto totas las paguas que a mi [a]fachas..
.... LXVII lbr. x s.
Soma : cxx lbr. vii d. mª.

Le recto du folio XVIII *est blanc.*

. [Fº XVIII, vº] *Sec se la presa facha d'en Johan del Pueg, so es assaber del leu que fe lo dig Johan dels darairatges que los senhors cossols de l'an* LXXVI *lhy avian bailatz a levar, lacal presa es lo franc contan per* XVII *gros.*

106. d'en Johan del Pueg del dig leu, enclusas totas paguas o asignacios fachas per mi, que somec lo tot.. VIII^{xx}xvi lbr. xvi s. xi d.
Soma : CLXXVI lbr. xvi s. xi d.

[Fº XIX, rº] AVE Mª

Sec se la presa facha de la intrada de la vendemia de l'an Mº CCCLXXVII, *levada per los jots scrigz ; e levava hom per saumada bona* mª *gros, e per saumada rasa* Iª *blanqua ; la porta de Verdussa levava Thomas Coli, e la porta del Vigua levava Johan del Pueg, e la porta de Ronel levava* Gᵐ *Miquel, e la porta del pon de Tarn levava Duran Tinel, e la porta de la Trebalha levava Johan Buous* (1).

107. Presi de Thomas Coli, del darier jorn de setembre tro lo xviiiº jorn de novembre et aquel enclus de novembre   xxv lbr. x s.

108. de Johan del Pueg del darier jorn de setembre tro a xviii de desembre quen bailec, que monta, enclus aquo que bailec a'n P. Clergue et a d'autras gens, contat am el d'aquesta soma...........
.... CIIII^{xx}vi lbr. xiii s. iiii d.
Soma : II^cxii lbr. iii s. iiii d.

[Fº XIX. vº] **109.** de Guilhem Miquel del darier jorn de setembre tro a xviii de desembre, tant a mi, tant a'n P. Clergue, tant a d'autras gens, que monta................................... xxiii lbr. v s.

110. de Duran Tinel del darier jorn de setembre entro a xxv de novembre......... .... LIII lbr.
Soma : IIII^{xx} lbr. vi s. vii d. mª.

[Fº XX, rº] AVE Mª

Sec se la presa de la emposec[i]o dels forns lacal era aytala, que tot home talhable e tota femna pagues al forn XVI d. *per cada sestier de pa que cueisera de fromen o de mosola, e per cada sestier de mestura o de*

---

(1) Ce droit d'entrée sur la vendange avait été voté par le conseil de ville le 24 de ce même mois de septembre. BB. 16.

ANNÉE 1377-78

seguil xii *d.* ; *lacal emposecio se vendec a'n Brenguier de Varelhas,* ii^clx *francx, desduchas enchieyras.*

111. M° Bertran de Montalasac fe ne carta, e sia saubut que la vila lhi devia alaras ii^c francs, losquals avia bailatz als senhors cossols de l'an presen et en aysso restavo lx francx ; laqual emposecio se comensec de levar a xxiiii de setembre, l'an lxxvii, e fo remoguda lo premier jorn d'abril, l'an lxxviii, per las emposecios novelas que moss. d'Anjo avia novelamen enpausadas. ...... xl francx.

Soma xlii lbr. x s.

[XX, v°.] *Sec se la presa de las guachas que se enseguo e d'aquels jotz scrigs, e nom de las dichas guachas, per pagar a fraire P. Ginieys, fr. de S. Johan, local estava aras a St Peire de Belcaire, lascals somas jots scrichas hy portec Guiraut Marti, de voluntat de totas las guachas.*

112. d'en Isarn Redon, per la guacha de S. Affrica per paguar al sobredig fr. P. Ginieys...................... .... xviii francx.

114. de P. Godieira e de Johan Camps, e nom de la guacha d'otral pon, al sobredig fr. P. Ginieys, iii francx de contan, contan xvii gros per franc, e iii francx en aur, que monta, á xiii de desembre...... .... vi francx.

Soma : xxxiiii lbr.

[F° XXI, r°.]   Ave M^a

115. de Sicart Lobat e d'en Dorde Romanhac, e nom de la guacha del Vigua.......... ....,..... xi francs.

118 de Bernat Paraire, e nom de la guacha de las Combas....... .... ii francx.

Soma : xvi lbr. xvii s. ix d.

[F° XXI, v°.] *Sec se la presa de.'s goratatges, losquals se vendero a'n Brenguier de Varelhas, desduchas enchieiras,* xxv *francx a paguar de sss, de Nadal passat en i an complit, e m° Guilhem Prunet fe la carta.*

119. d'en Brenguier de Varelhas, per l'arendamen dels sobredigs goratatges per lo terme de tot l'an, en ayssi coma dessus se conte. .... xxv francx.

120. per i milhier de teula que pres moss d'Albi en conte del deute en que la vila lhy era tenguda, laqual era estada de Ramon Ayguadossa............................,................. iiii francx.

Soma : xxx lbr. xvi s. iii d.

[F° XXII, r°.]   Ave M^a (1)

(1) Ce recto est cancellé et on lit au bas de la page : « Fo cancellat lo

[F° XXII, v°.] *Sec se la presa facha del acordi que fe P. Holier am los senhors cossols d'Albi.*

122. del sobredig P. Holier per l'acort fah entre los senhors el dig Peire per las causas desus contengudas et espressadas, a xxIIII de may l'an LXXVIII.. IIII^{xx} lbr. contans.

123. a x de julh et a xxvI dias del mes meteis, entre doas veguadas, de m° G^m Adzemar, mercadier de Tholosa, quen maleviey, en xIII draps de Franssa de diversses vilatges, que montero IIII^c e xvIII francx, e nom presi, rebatutz II s mens per liura que se donavo, losquals ac Berthomieu Guariguas, que montec tota la soma, lo franc contan per xx s........................ III^cLXXVI francx IIII s.

Soma : IIII^cLXXIX lbr. xIIII s.

[F° XXIII, r°.] (1) **124.** Presi may que ac en Domenge de Monnac quant anec al cosselh a Tholosa de la part de la sal des comus.....
.... III francx.

125 Presi que deg metre en compte so que en Domenge de Monnac ha agut ho lo dig en Domenge de so que el a agut dels comus de la vigaria, del cosselh de Monpelier, lo premier dia de may (2) quant ni quant no no siey (3).............. x lbr. vII s. III d. m^a.

126. Pres may lo dig Bernat de I tross de torn de plom que era en la mayo cominal, loqual pesava xLVIII lbr.; a III barsalos per lieura, montec..... .... xv s.

127. per la ma d'en Domenge de Monnac, de sso que avia levat, per la ma d'en Esteve Chabbore de Cabestanh, per razo de la sal...
.... x lbr. xII s. vI d.

129. redec en comte lo dig B. Col, auzitz los digs comptes, que avia pres, a xxvII de jun, per I drap de Franssa, que malevem de moss. Gⁿ Azemar de Tholosa, per paguar partida de so que la vila devia a'n P. Romesta et an Ar. del Vezog per moss. lo vescomte de Brunequel ; laqual cauza fo facha de voluntat dels senhors cossols, e costava xxxv franxs, e donem los dos s. mens per lbr. que ne

item desus propda contengut, loqual es de la soma de cLxxvI lbr. III s. IX d., per razo quar en P. Clergue s'en es carguat en sos comptes en preza et en meza. »

(1) On distingue trois sortes d'écritures dans ce recto, et aucune d'elles n'est de la main qui a écrit les pages précédentes.

(2) Cet article précise la date de la réunion des communes à Montpellier.

(3) Nous garantissons la lecture de ces 6 derniers mots, sauf celle de *ni* formé de trois jambages dont le dernier serait plutôt un *r* qu'un *i*.

costava et en aissi ne monta so que n'avem agut mas...........
.... xxxi francx e mª.
Soma : IIII××xvii lbr. iii s. vi d. mª.

[F° XXIII, v°] Soma de tota la presa : IIII^m viii^c xiii lbr. xv s. xi d.

[F° XXIIII, r°]   AVE Mª (1)

Aysso es la mesa facha per ss. Bernat Col, cossol e thesaurier de la ciutat d'Albi, de l'an m°cccLxxvii, *comensada a* xxvi *de jun*.

130. Premieiraman, mesy que paguiei en ii entorcas que pesavo iii lbr. e miega, am una cantitat de doblos as obs de dire la messa de S. Sperit, l'an el dia desus, a for de v s. la liura ; monta.. ......
.... xxii s. vi d.

131. al capela que dis la messa et als autres capelas que cantavo am nota, lo dia desus.................... .... x s.

132. a i macip que trameiro los senhors a Tholosa a M° Guilhem Ademar de pregarias que plagues al dig mº G^m que no nos volges donar despessa de so que la vila lhy devia entro que los senhors la aguesso trames .... v s.
loqual macip era anat[z], a xxvii de jun, davan que ieu e'n Frances Piquart hy fossem anat[z] per far lo devan dig maleu.

133. a'n Huc de Paguot, selier de Tholosa, per raso de i maleu que avian fag los senhors de davan nos, de l'an Lxxvi, per paguar lo servisy que devio far a moss. vescomte de Brunequel que lhi era degut de l'an dessus, el mes d'abril passat ; e la pagua fo facha a ii de julh l'an Lxxvii ; e avem ne bilheta cv francx e miag.
                          Soma : cxiii lbr. xix s, iiii d. mª.

[F° XXIIII, v°] 134. al notari que reseup la carta del dig maleu, car no l'avia reduda grossada, lo dia desus, e per l'emolimen del sagel................:........................... vi s. iii d.

135 a v de julh, a moss. G^m Ademar, mercadier de Tholosa, del mandamen dels senhors cossols, per una soma que la vila lhy devia del temps dels senhors davan nos....... ii^c xxxiii francx e mieg.

137. a v de julh, a m° Johan de Tornaur de Tholosa, per lo sagel de la gracia del fag del Cap del pon, entre coregir e senhar e trebalhs que y fe son clerc........... xLiii francx e i gros e mieg.

138. a'n Peire Romesta, hostalier de Tholosa, per raso de so en que los senhors de l'an passat lhi ero tengut[z], per raso quar lo dig P. o avia bailat a moss lo vescomte de Brunequel en deduccio de

---

(1) On retrouve ici l'écriture des premiers folios, mais un peu plus fine.

so en que la vila era tengut al dig moss. lo vescomte, a ıx de julh (1)........................... xlııı francx e ters.

139. per far portar la rauba que comprem d'en G^m Azemar, de Tholosa as Albi, e per la tracha que pagua hom a Tholosa e per las leudas de Tholosa ad Albi, lacal rauba ac Bertomieu Garriguas, a ıx de julh.................................. ıı francx e mieg.

Soma : ııı^{c}xlııı lbr. ıx s. vıı d.

[F° XXV, r°]   Ave M^a

140. Mesy que paguiey per manieira de do, de mandamen dels senhors, a'n P. Labailla, per tal que nos alongues so que la vila lhy devia, a xv de julh, et alonguec ho tro a Ma[r]teror que ve..... .... xıı francx

142. a ı macip que portec ı^a letra d'avisamen de part los cossols de Lescura, de mandamen dels senhors cossols, lo mars d'avan la Magdalena (2)................................. xv d.

143. a ıı palms de tela que aguem as obs de far sacxs a portar l'argen al senhor a Carcassona, lo dia desus.,......... xıı d. m^a.

145. lo dia desus, al sobredig Arnaut et a son companh quens ero vengutz exequtar per m° Bertran de Bordas, per ııı dietas que s'avian estat....................................... ıı francx

147 ad ı macip que portec una letra dels cossols de Lescura, laqual era partida dels cossols de Valenssa, d'avisamen sobre la garda de la vila e del pais, a ı d'aost......... .... xv d.

Soma : xxı lbr. ıx s. ıx d. m^a.

[F° XXV, v°] 148. donero los senhors cossols al coven dels fraires Presicadors, per pitanssa, per hun sestier de vi que costec vı gros, e per xxııı michas que costero v s, e per x s. que n'agro en deniers, am x d. que costec de portar.................... xxııı s. ııı d.

149. a vıı d'aost, as ı masip que trameiro los senhors a S Jueri per espiar de calcunas gens d'armas que disia hom que ero vengudas sus lo pais .... x d.

150. lo dia desus, per ı macip que trames hom a la Rainaudia (3) per espiar, am en Guilhem Gasc, de las sobredichas gens d'armas.. .... vıı d. m^a.

(1) Dans la délibération du 31 juillet il est dit que le vicomte de Bruniquel avait prié les consuls de payer à Pierre Romestas, *mercadier*, la somme de 260 fr. dont il lui était débiteur.

(2) La fête est le 22 juillet.

(3) Il existe deux Renaudié, une sur le territoire d'Albi, mais non loin de St-Juéry, l'autre à St-Juéry même.

151. a xxviii d'auost, que fo donat en pitanssa a las donas canongessas del Cap del pon, per xxiiii michas que costero v s. e per i sestier de vi que costec vii s. vi d. e per x s. que agro en deniers, am x deniers que costec de porta ; montec tot.......... xxiii s. iiii d.

152. a i de setembre, a Guiraut, lo caratier, et a autre home que lhi ajudec a pigar lo gachil davant l'ospital de S. Jacme. . xx d.

154. a Berno Lafachaire que portec i^a letra a Tholosa a m^e Johan Duran e no l'atrobec a Tholosa e bailec la a m^e Ar. Paya, car no l'atrobec ; laqual letra era que hom agues i^a letra de moss. d'Anjo de ajornamen contra i home de Rodes que avia dichas alcunas avols paraulas de la bona gen de esta vila, (1) a xvii de setembre.. x s.

Soma : iii lbr. xi d. m^a.

[F^o XVI, r^o]   Ave M^a

155. xxviii de setembre, a Johan Talhafer, a ii homes que loguec lo dig Johan ad adobar lo pon del Vigua e de Ronel, am viii lbr. de cavilhas de fer e per xii clavels baradors, losquals foro de Johan Calmon, fabre, que monta tot .... viii s. ix d.

156. per la ma de m^e Johan Duran, per i^a lettra que portec de Tholosa de moss. d'Anjo que los dig[s] libres fosso restituit[z] per lo dig maestre Nicolau als senhors cossols, local costec de far ii francx e per far sagelar iii francx e iii gros, que monta entre tot...................................... v francx, iii gros.

157. lo dia de S. Frances, a iiii de octobre, per la pitanssa que donem al coven dels fraires Menors, per xxiiii michas e per un sestier de vi e per x s. que n'agro en argen, am x d. que ne costec de portar, que monta tot .... xxiii s. iiii d.

158. per i^a copia de letra que tramesem als cossols de Castras que avion aguda de moss. d'Anjo dels coviens que aqui ero incluses can foro endig[s] los ii francx per fuoc a moss. d'Anjo, a ix de octobre.................................... x s.

(1) C'est un curieux exemple de susceptibilité. Une délibération du 24 septembre nous donne des détails sur cette affaire : « Disero los cossols « que, en la ficira de Rodes propda passada, alcus merchans maze-« liers d'esta vila ero anatz a la dicha fieyra, e que, estan aqui, i dels « digs merchans mazeliers, parlan am i home de Rodes, lo dig home « de Rodes lhi avia dichas aitals paraulas: anatz vonh! que non avem « cura de vos autres, yretges d'Albeges!» Le conseil délibère : « Quant « a segre lo ajornamen desus dig sobre las dichas enjurias, totz tengro « que, atendut que las dichas enjurias tocavo a tota la presen ciutat e « non re mens a tot Albeges, que hom ho segues en tal manieira que «, aparegues que las gens d'Albi ni d'Albeges no son tocatz d'aquel « crim. » BB 16. Cf. art. 159.

159. a x de setembre (1), a m° Ar. Paya per i ajornamen que portec de Tholosa de moss. d'Anjo contra Dorde Murat de Rodes per alcunas enjurias que avia dichas ad alcus bos homes d'Albi en la fieira de Rodes, lo jorn de S. Peire, l'an LXXVII......... I franc.

Soma : LI lbr. XII s. VI s.

[F° XXVI, v°] 161. a XII d'octobre, per 1ª letra que trametia madona d'Anjo per tot lo pais, quan son filh Loys fon nat, que pregues hom Dieus per el quel des bona vida. Fo ordenat per los senhors quel des.. x s.

162. a XVIII de octobre, que era lo dia de S. Luc, per 1ª letra que ayguy de licencia de moss. d'Albi per la fieira del jorn de S. Luc, que fo a dimergue, que no fosso, aquels que comprero ni vendero, en sentencia ; costec lo sagel (2)........................... I flori.

163. a XIX d'octobre, a'n P. Andrieu, que portec 1ª manda de part moss. thesaurier de Carcassona sobre lo fag de las emposecios ques hom fos ad el per acomtar de la part de las emposecios que se aperteno a la vila ; fon donat al portador desus nompnat........ x s.

165. a XXV de octobre, a m° Ar. Paya, per madona de Borbo, losquals avia prestatz, bailan per franc XXI s. III d....... LIII francx.

Soma : LXIII lbr. XIII s. I d.

[F° XXVII, r°.] Ave Mª ·

167. lo dia desus, per I vidimus que nos calc trametre a Carcassona sobrel fag de la clamor que avia facha m° Guilhem Garnier : costec lo sagel.. v s.

168. per II mandas que aviam agudas, entre II veguadas, per los II francx empausatz per Moss. d'Anjo, en lo mes de setembre, per cascuna XV d. ; monto......................... II s. VI d.

169. a XX de octobre, per la ma de m° Johan Duran que portec 1ª letra d'estat que la vila no podia aver neguna sosta de alcus deutors en que era obligada ; costec de excequtar en la cort del senescalc.. VII s. (3).

170. lo dia desus, que fo facha a Tholosa 1ª enhibicio de la excequcio que fasia Guilhem Colobres contra la vila de sso que la vila avia (4) mes lo dig deute en la ma del senhor ; e fe far la enhibicio

(1) Il faut lire *octobre*.

(2) On lit au dessous de l'art. : *justifiquee per letra d'en Domenge e per so sagramen*.

(3) En marge : *En la pagena segen*, avec une sorte de *Phi* grec dont la barre verticale est trop longue.

(4) Manus : *era*.

lo dig me Johan Duran ; costec....................... II s. VI d.

172. a xxv d'octobre, a'n R. Lauraire per alcus aretz en que ero tengut[z] alcus singulars per lo fag del Cap del pon (1); fo ordenat per los senhors quel n'agues........................ ..... XL s.

Soma : IIII lbr. VI s. IX d.

[F° XXVII, v°.] 176. lo darier dia de octobre, per XII parelhs de galinas que foro donat[z], e per I parelh d'auquatz que foro donatz a moss. d'Aupol can fo vengut en esta vila. Costava cada parelh de gualinas, I per autre, II gros e miog, els auquat[z] V gros ; monta... .... XLIII s. IX d.

177. a moss. d'Albi, lo premier jorn de novembre entro a XXII de desembre, que bailava per franc XXI s. III d............ C francx.

178. per la ma de me Johan Duran que anec a Tholosa, a XXIII de octobre, que portec deniers a m° Guilhem Adzemar, e empetrec Iª letra de moss. d'Anjo d'estat per alcus deutors a cuy la vila era tenguda, que non podiam aver neguna sosta ; costec de far   XV s.

Soma : CXII lbr. IX s.

[F° XXVIII, r°.]   AVE Mª

Ensec se la mesa facha de las causas jots scrichas.

180. Premieyramen, paguiey, ieu Bernat Col, a me Guilhem Prunet, a XII de octobre, que anec a Tholosa, que aviam jornada davan lo loctenen de la garda del sagel a Someire am en Guilhem Colobres per la opposecio que avia facha en la excequcio que se fasia encontra la vila, la decima de L lbr. de la clamor que avia facha Guilhem Colobres contra la vila ; en loqual viatge estec V jorns per raso car, estan en lo dig loc de Tholosa, lo covenc may destriguar per la dicha causa ; ac ne per sas dietas................. XXV s.

181. donec ad alcunas gens que lo acompanhero de nueg, car can partic d'esta vila per anar a Tholosa, per la causa desus dicha, ero lums alucans, e covenia que fos, l'endema, davan hora de vespras, a Tholosa ; agro ne........ .... II s. XI d.

182. costec Iª letra de citacio, que fo ordenat, a la premieira jornada que fos citat lo dig Guilhem Colobres, se volia dire neguna causa contre la opposecio que aviam facha en la dicha causa. Costec entre far e sagelar e servir e escriure la relacio.. IIII s. V d.

183. Fo mes, a la dicha jornada de la dicha citacio, lo dig Gᵐ Colobres en defauta, et en sa defauta fon ordenat que fos citat

---

(1) Une délibération du 21 octobre 1376 nous apprend qu'il s'agit de la *diruicio dels baris*.

autra vetz, am entimacio et enhibicio ; e fo enpetrada autra letra de citacio contra lo dig Guilhem Colobres, laqual letra fo excequtada ad Albi, costec entre far e sagelar a Tholosa e scriure en esta vila..
.... ıı s. xı d.

Soma : xxxv s.

[F° XXVIII, v°.] 183. al notari que tenia la causa a Tholosa per partida de las comparacios...... .... x d.

184. a vııı de novembre, a m° Guilhem Prunet, que anec a Tholosa per la causa que se menava entre la vila e Guilhem Colobres davan lo loctenen de la guarda del sagel de Someire, de laqual desus es facha mencio ; en loqual viatge tenc, entre dos dias en la dicha causa, ıı jornadas, et a la segonda fon remes a Someire. Estec vı jorns, ac ne per cascun jorn v s. monta........ .... xxx s.

187. a xxı de novembre, que partic m° Guilhem Prunet per anar a Carcassona portar deniers per so que deviam a la thesauraria per lo subcidi e per far excequtar ı° letra contra m° Johan Aurifabre e contra m° Johan de Clarmon, notari de Carcassona, que ero citatz a Someire ; loqual m° G^m. Prunet anec a Carcassona, en foras a sSomeire contra en Guilhem Colobres e contra m° Johan Aurifabre e m° Johan de Clarmon, notari de Carcassona, sobredig ; en loqual viatge estec xıı jorns ; ac ne per sas dietas e trebalhs....... ʟx s.

189. a xxvı de novembre, per xvı liuras de candelas que aviam despessas, per diversas nuegs, a la mayo cominal, per cascuna lbr. xvıı d. m^a, monto................................ xvıı s. ıııı d.

Soma : vı lbr. vıı s. ı d.

[F° XXIX, r°.] 192. costec ı home que loguec lo dig m° Guilhem Prunet a Labruguieira que l'acompanhes entro Cavacauda, per amor de la moneda que portava, part lo macip que anava amb el cant partic d'esta vila. Costec am lo despens que lhy fe, la nueg, a Cavacauda............... .... v s. vıı d, m^a.

193. per ı^a letra que ac lo dig m° Guilhem de la thesauraria que ss'en dressava als comessaris que ero vengut[z] excequtar per lo dig subcidi, que se remoguesso ; costec................ . xv d.

195. fon donat a m° Frances Daunis, avocat de Someire, sindic dels senhors cossols, afiy fos plus diligens en las besonhas que la vila avia a far en la cort del dig loc de sSomeire, en peis que comprec ; costec .... ııı s. ıx d. (1).

(1) En marge et en face de l'intervalle qui sépare cet art. du suivant se trouve le guidon +; on le revoit en face de l'art. 198, ce qui indique que ce dernier art. devrait être placé après l'art. 195. C'est en effet l'ordre chronologique.

196. a xxvi de novembre, ad i macip que portec ia sosta del thesaurier de Carcassona, e mandava a totz sirvens que se remoguesso; laqual lhy bailec me Gm Prunet a Carcassona que la nos portes; ac ne.......... .... vi gros.

197. a xxvi de novembre, a Johan Sicart que adobec e terec e tortissec lo gachil de la glieya vielha, per ii dias que hy estec......
.... ii s. vi d.

198. a ix de novembre, a'n P. Labailia, entro lo dimergue aprop Nadal, en que la vila lhy era tenguda en major summa; paguem per franc, xxi s. iii d................................ lxxv francx.

Soma : iiiixxi lbr. xiii s. i d.

[Fo XXIX, vo.] 199. a iiii de novembre, per i masip, ab sa bestia, que portec ia serta soma de moneda de contan a Carcassona, per paguar al subcidi del senhor, ab Esteve Bayle que era am el.......
.... xxv s.

201. lo dia desus, per partida de la causa de me Guilhem Garnier, al notari de Someyre que estava a Carcassona, cant fo remesa la causa a Someyre (1).............. .... xvi s. iii d.

204. lo dia desus, per ii letras, la ia que fos ajornat me Johan Aurifabre, e l'autra de la remessio dels sirvens que tornesso a nombre degut................................... vii s. i d.

206. Al dig Esteve Baile, per i jorn que esperec me Ar. Paya el fe lo despens per alcunas causas que reportes per los senhors de la vila, quar el s'en anava a Paris........................... xv s.

Soma : v lbr. ii s. i d.

[Fo XXX, ro.]   Ave Ma.

207. lo dia desus, per una pel de parguames que comprec a far ia letra de hun vidimus............................. xii d. ma.

209. lo darier jorn de novembre lxxvii, a'n P. Clergue per so en que la vila li era obligada, am carta facha per la ma de me Gm Prunet (2)................................ xlvii francx i ters.

Soma : li lbr. xiii s. v d. ma.

[Fo XXX, vo] 214. a Bernat Chefols que fe iii lias del fer desus dig. as obs dels matrasses del pon de Koanel ac ne, am xii clavels que n'ac hom................................... iiii s. ii d.

---

(1) Les mots : *de Someyre que estava a* sont dans l'interligne et d'une autre main. En marge on lit : *Ieu Esteve Baile fessi aquesta mesa e prometi a tener quitia la vila el co[so]lat d'Albi.*

(2) Au dessus de l'article : *Justiflquee mas que deu ho metre en presa e en mesa le (sic) suplimen de c francx.*

216. per ı verolh que fo mes a la porta de la planqueta, ıı s. vı d.

217. per ı^a lardieira, que ac hom d'en P. del Solier, ad obs de liar la corda de la planqueta ; costec.................................. v d.

218. ad ı home que servic ıı jorns, lo dig Frotart Chefols, a la dicha obra... ıı s. vı d.

219. a xxx de novembre, per ı jornal que estec P. Riquart, fustier, per adobar la dicha planqueta de la porta de Roanel... ıı s. vı d'.

220. per ı cabiro quen feiro bras a la dicha planqueta del dig pon que era rumpuda e per ıı baras que hom mes el torn e per xxx clavels baradors....................................... ııı s. ıııı d.

221. per ı vidimus, que aguem de la cort del rey, del poder e de la pagua de m° Guilhem del Vigo e de la comessio que portava ; ac ne... v s.

Soma : xxıı s. xı d.

[F° XXXI, r°.] **222.** per ıı pels de pargames que comprem per far ı sindicat e ı^a percuracio que avia mestiers a produre a sSomeire ; costec... ıı s. vı d.

228. a Johan Brachy que portec deniers al dig moss. G^m Asemar, a xxıııı de mars,... x s.

Soma : L s.

[F° XXXI, v°.] *Mesa facha en la reparacio del pon de Tarn, en l'an* LXXVII, *per en Peire Soelh.*

229. Premieiramen mesi, en lo mes d'aost, per la ma [de] Peire Soelh, per ı milhier de teula que fe portar de la teularia de Ramon Ayguadossa, entro al Cap del pon, laqual teula devia lo dig Ramon a la vila ; costec de portar.. x s.

230. per c saumadas d'arena que compriey de Esteve Olivet e de G^m Bargues ; costec entre compra e traire e portar......... xx s.

231. a Berthomieu Pelegri de la Bastida d'en Guitbert per xxxıı quintals de caus, que costero, portatz al Cap del pon de Tarn,..... .... LXıı s. vı d.

233. a Johan Canchausier et a ı^a femna que estero a far lo mortier ı dia... ıı s. vı d.

235. ad ı home que anec quere los maestres a Vilanova,. xv d.

Soma : v lbr. vıı s. vııı d.

[XXXII, r°.] AVE MARIA

237. a xxı de cetembre, a ıı maestres que estero a la obra del pon de Tarn ; prendia cascu ııı gros e mieg ; monto ambidos..... .... vııı s. ıx d.

239. lo dia desus, a ııı homes que portavo las peiras als maestres e destrempavo lo mortier, e fasiau autras causas ; prendia cascu xx d. ; monto............ v s.

240. per far adobar lo toat de la Toreta e per 1ª saralha e 1 clau que compriey a la porta de la Toreta e per adobar la porta ; costec tot............ x s.

246. per far far 1 banc naut que era necessari al maestre ; costec de far, fora la fusta que era del dig en P. Soelh............ x d.

Soma : III lbr. VII s. x d. m.

[Fº XXXII rº.] 249. per IIII lbr. de plom que ero necessarias a la obra............ xx d.

250. per XII lbr. de fer que compriey a far VI cunh[s] a la dicha obra, losquals fe P. Bilhau............ IIII s.

251. al dig P. Bilhau, per far los dig[s] cunhs........ II s. VI d.

252. per VI lbr. de plom que foro mesas a las arpas del fer ; costero............ II s. VI d.

253. per far adobar lo pon levadis que se era afolat lo dia desus............ xv d.

254. lo dia desus per far adobar lo griffo que se era afolat lo cap del home e traucx que avia a la conqua et compriey peroyna e estanh per saudar ; costec............ III s. IX d.

257. a'n Pos Dadau, que lhy fo desdug de la soma que devia de l'emolimen del pon, per la passada del bestial que passec moss. d'Armanhac el vescomte de Florenssaguel e en P. Labailia, sus lo pon de Tarn, de que lhi fo desdug, coma desus es dig, de voluntat dels senhors cossols, so es assaber, en Domengo de Monnac, P. Soel, en Bernat Col............ xxx s.

Soma : III lbr. VIII s.

Le folio XXXIII est resté blanc.

[Fº XXXIIII rº]   AVE Mª.

Mesa facha per la intrada de las vendemias, de l'an LXXVII.

258. Mesy que paguiey a Isarn Pitre que estec a la porta del Vigua, a xx de octobre, per guardar de las vendemias que ne intravo, l'an LXXVII............ XL s.

259. lo dia segon de novembre, a Johan del Pueg que guardec la porta del Vigua e prendia la moneda de las dichas intradas per XXXIII jorns que hy estec, que lhy dava hom, per cascun jorn, II s. VI d. ; monta............, IIII lbr. II s. VI d.

260. per 1ª ma de papier en que mes lo leu.......... II s VI d.

261. per 1ª cabana que hy fe far. .... v morlas.

263. a xxv de octobre, a Sicart Peysso que gardec la porta del Cap del pon de Tarn, per las intradas de las vendemias, xxxii s. vi d.

Soma : viii lbr. ii s. iii d. mª.

Le verso du f° XXXIIII est blauc.

[F° XXXV.]   Ave Maria.

Mesa facha en segre la causa de la opposicio facha per los senhors cossols et alcus singulars de la vila, ad instancia d'en Guilhem Colobres, per una clamor que avia facha al sagel de Someire de i. lbr., et en la causa de la opposicio facha per los digs senhors cossols sobre la ecxequcio que fasia far m° Johan Aurifabre, notari de Carcassona, per la decima del deute que saentras era degut a m° Guilhem Guarnier que avia facha la clamor al sagel de Someire, laqual decima era paguada.

264. Premieiramen, mesy, que fo trames P. de Somas a Someire per tener la jornada contra los digs en G^m Colobres e m° Johan Aurifabre, loqual partic d'esta vila a viii de desembre, l'an lxxvii; estec en lo dig viatge xv dias ; ac ne per sas dietas e trebalhs .... lxxv s.

265. donec lo dig P. de Somas ad i home que loguec a la Cauna que lo acompanhes entro a Boissaso, per raso quar partic devan jorn, que fo lo mecres, a ix de desembre, e foro a Boissazo al jorn ; et aquo fe de mandamen dels senhors, quar la jornada era breva... .... iii s. i d. mª. (1)

266. lo dia desus que loguec, lo dig P. rª bestia a Sanh Girvais ab i macip, que lo portec entro a Falguieiras ; que costec, am lo sopar del macip et de la bestia,..................... viii s. ix d.

267. a x de desembre, paguiey, que fo gous, que loguec lo dig P., a Guabia on jac, i home que lhy feses solas davan jorn, que foro, al jorn, a Monthanac.. iii s. ix d.

268. lo dig dia que loguec i^a bestia a Vila Mangna entro la Crotz del fer, ab i home que la seguia..................... xxii d. mª.

Soma : iiii lbr. xii s. vii.

[F° XXXV, v°.] 272. per iii fuelhs de papier que comprec lo dig Peire en que foro meses los articles que foro fag[s] en la causa del dig en Guilhem Colobres et en la causa de m° Johan Aurifabre, am i fuelh que pres lo dig Peire per scriure sa mesa.. . iii barsalos.

274. costec de far citar ii vetz messier R. Morut, percuraire de m° Johan Aurifabre, e per far citar una vetz messier Laurens Paul, percuraire d'en G^m Colobres, per i sirven de Someire ; costec xv d.

(1) Après l'indication de la dépense on lit : *am lo beure del mati.*

275. costec 1ª letra de comessio que portec de la cort de Someire que cometia, la dicha cort, a 1 notari ordenari de la cort del rey d'Albi que ausis las causas que volian produre los senhors cossols cossi avian paguada la decima del deute de Mº Guilhem Garnier ; costec, am los articles, de far e de sagelar.............. v s. x d..

276. costec una autra letra de comessio del fag d'en Guilhem Colobres que cometia, la cort de Someire, a 1 notari ordenari de la cort del rey d'Albi que ausis las causas que volian produre los senhors cossols contra lo dig Gᵐ Colobres ; costec entre far e sagelar, ab los articles que yssimen foro sagelatz .... vii s. i d.

Soma : xxiii s. v d. pº.

[Fº XXXVI, rº]   Ave Maria

277. a mº Johan Duran, a xi de setembre, que anec a Carcassona per portar deniers a moss. thesaurier per lo subcidi ; estec v jorns ; prendia per jorn xv s. ; montero....................... . lxxv s.

278. lo dia desus, a'n Huc Terret, cambiador de Carcassona, de voluntat dels senhors .... iii francx.

losquals lhy foro donatz per alcus prestz que el avia fach[s] a la vila al thesaurier.

279. a xxix de desembre a mº P. de Lafon, percuraire general de Tholosa, per 1ª letra que nos portec de Paris de la part de las enposecios que se aperte a la vila, losquals pres en P. Soelh, x francx.

Soma : xvii lbr. xi s. iii d.

Le verso du fº XXXVI est blanc.

[Fº XXXVII, rº]   Ave Mª

Mesa de anadas

280. Paguiey que aniey a Carcassona, a xii d'abril, per portar deniers per lo supcidi e per spiar se la trobera negun maleu per paguar la resta de so que hom devia al subcidi. Estiey v jorns el dig viatge ; prendia per jorn xv s. ; monto .... lxxv s.

281. a xii d'abril, que anec en Frances Picart a Tholosa a moss. d'Anjo, per segre la gracia de so que deviam dels subcidis e per aver la letra dels quarcz de las enposecios de l'an passat e per sercar maleu. Estec el dig viatge, e era a pe, xx jorns ; per cascun jorn prendia x s. ; montero............................ x lbr.

282. per la ma d'en Frances Piquart que fe dire messas del S. Sperit que Dieus illumenes que el pogues acabar las causas per que el lay era... ii s. vi d.

Soma : xv lbr. i s. iii d.

[F° XXXVII, v°.] **285.** lo dia desus per segre la gracia e per servir los clercx de moss. lo cansselier e per donar al portier que el agues intrada que pogues anar parlar am moss. lo cancelier quant el se volgra, per far ı beure que fe a ıı clercx de moss. lo cancelier quel remembresso la besonha de que ieu los avia encarguatz, e may per la letra de las emposecios e per lo sagel, e que fe sercar a ıı goratiers, per ıııı dias, se atrobero negun maleu per Tholosa de que hom l'on avia encarguat ; per totz los despens desus............. c s.

286. per la leuda de la carn salada que portec a Tholosa. ıııı s vı d.

287. a ııı de may, que anec en Frances Picart, a Carcassona per ecxequtar la gracia que avia hom aguda de moss. d'Anjo de ıııı^c francx de resta dels subcidis, e per far lo compte, am moss. lo thesaurier, de la resta que lhi era deguda ; el esteg el dig viatge vı jorns ; prendia per jorn xv s. ; montec..................... ıııı lbr. x s.

288. per la ma del dig en Frances, lo dia desus, que donec al clerc del thesaurier et al notari per far lo comte de la resta d'aquo que hom lhi devia, e promeiro a far donar vııı dias de sosta ; donec a cascu ı franc ; monto............................ ıı francx.

Soma : xı lbr. xvıı s.

[XXXVIII, r°.] AVE M^a

289. lo dia desus, per ı macip que trames a'n Domenge de Monnac, que era a Monpeilier, ab ı^a letra de precarias de moss. de Crims que anava al thesaurier de Carcassona que li plagues de mandar a son loctenen que la letra de la gracia que hom avia aguda de moss. d'Anjo que la agues ad enpausar sobre las restas que la vila devia al thesaurier per lo subcidi. Item may que lo dig en Domenge agues ı^a letra de moss. lo senescalc de Roergue de alongui del fag del Cap del pon. Stec lo macip vııı jorns, per cascun jorn v s. ; monta.... .... xL s.

290. a xx de may, que anec en Frances Picart a Carcassona per portar ad Esteve del Palais, son loctenen, ı^a letra clausa et ab d'autras causas que hi avia bailadas que hi portes. Estec el dig viatge vı jorns, per jorn xv s. monto..................... ıııı lbr. x s.

291. donec a Stevem del Palais ı parelh d'aucatz ; costero, lo dia desus,................. .... xııı s. ıx d.

293 a xı de junh, a'n Sicart Nicolau que portec argen a'n Guilhem Mager, cambiador de Carcassona que los avia prestatz al dig en Frances per paguar al thesaurier. Estec, lo dig en Sicart, el dig viatge, e per aver alcunas letras de que hom avia mestiers ; prendia per dia, a pe, vıı s. vı d. ; estec vı jorns ; monto .. .. xLv s.

Soma : ıx lbr. xı s. ııı d.

[F° XXXVIII, v°.] 294. donec lo dig en Sicart, lo dia desus, al factor del camblador desus dig, ad 1ᵃˢ caussas,.......... ɪ franc. per tal que hom agues spera de la resta que li era deguda.

297. a'n Frances Picart que anec a Carcassona, a xxv de junh. que portec deniers a'n Gᵐ Mager, cambiador de Carcassona, de la resta que li era deguda, e mai per acomtar am. moss. lo thesaurier de totz los subcidis que li ero degulz de l'an passat. Estec en lo dig viatge vɪɪɪ jorns, prendia per jorn xv s. ; monto............ vɪ lbr.

300. per la letra de la ordenanssa del nombre dels sirvens, laqual costec de far e de sagelar........................ vɪɪ s. vɪ d.

Soma : vɪɪɪ lbr. ɪɪɪɪ s. vɪ d.

[F° XXXIX, r°.]   Ave Maria

301. per una letra que aygui del sen Babina Elegit de las emposecios, lo dia desus, que venia a'n Felip Vaissieira ; costec......... .... ɪɪɪ s. et ɪ d.

302. Aniey a Tholosa, a xxvɪɪ de junh, l'an ʟxxvɪɪɪ, per portar argen a moss. Guilhem Ademar et a'n P. Romesta et ad Arnaut del Vesog, alqual devia hom per moss. lo vescomte de Brunequel. Estiey el viatge v jorns, a pe. per jorn x s. ; monto.......... ʟ s.

Soma : ʟɪɪ s. xɪ d. (1)

Le verso du f° XXXIX et tout le f° XL sont restés blancs.

[F° XLI, r°]   Ave Mⁿ

Ensec se la mesa de las badas , a xxv de julh, l'an ʟxxvɪɪ, del cloquier de S. Salvi e del puey de Carlusset.

303. Premieiramen paguiey a la bada del cloquier de Sanh Salvi, a x de julh, per xvɪ jorns que hy avia estat per far bada al cloquier, per cascun jorn xx d., summa................ : .. xxvɪ s. vɪɪɪ d.

305. a xxɪɪɪ de jul, ad Huc de Laval que avia facha bada a Carlusset, per cascun jorn ɪɪ s. ɪ d. ; monta..... .... xɪɪ s. vɪ d.

310. a vɪ de setembre, a la bada que esta sus lo cloquier, per xvɪɪɪ jorns, per cascun jorn xv d. ; per xvɪɪɪ jorns monto.......... .... xxɪɪ s. vɪ d.

Soma : x lbr. xvɪɪ s. ɪ d

[F° XLI, v°.] 317. a Mondo, la bada, que comensec de far bada sobrel cloquier a xɪɪɪ de novembre, e estec hi entro a xxɪɪɪ de girvier, que [so] ʟxxɪɪ jorns, per cascun dia x d. monta.... ʟx s.

(1) Erreur ; il faut lire : ʟɪɪɪ s. ɪ d.

319. may a la dicha bada, de xvii de febrier entro a xii de mars que no y gardava mar la nueg e per far las cloquas de la miega nueg del guag, per xxiii nuegs, per cascuna nueg v d. ; monta .... ix s. vii d. mª.

Soma : vii lbr. xii s. vi d. mª.

[Fº XLII, rº.]   Ave Mª

322. a Rⁿ de Marens, fustier, per v jornals que estec, en lo mes de octobre, l'an lxxvii, en la reparacio de la muralha et en las barieiras que fe novas al Vigua, en diversses jorns, per cada jorn ii gros ; montero.. xii s. vi d.

323. per las cavilhas del fer e clavels que ac mestiers a las barieiras et en la reparacio, que foro de Bernat Chefols ; paguiey........ .... v s. iiii d.

Soma : v lbr. iii s. vii d.

Le verso du fº VLII est blanc.

[Fº XLIII, rº.]   Ave Mª

Seguo se las paguas fachas per en B. Col a la thesauraria de Carcassona.

324. mesy que paguiey a'n Esteve del Palais, recebedor en nom d'en Ambrosi Bec, borses de Paris, thesaurier de Carcassona, per partida del supcidi de ii francx e mieg per fuoc empausat el mes de mars, l'an lxxvi, a xi de julh, l'an lxxvii,......... iiiixx xiiii lbr.

Soma : clxiiii lbr. iii s. ix d.

[Fº XLIII, vº.] 329. al sobredig Esteve, recebedor e nom que desus, per partida del sobredig subcidi, a iii d'aost..... xlix lbr.

330. Per la perdua del comtan que sonero que era fleblage....... .... xvii s. vi d.

333. per la perdua de xviii francx que hy avia en aur, mieg gros per pessa, quar nos los prendiam per xvii gros la pessa e no los metian mas per xvi gros e mieg, per que monto........ ix gros.

336. per lo soan que feiro de la moneda laqual ero fleblage de la soma desus...... .... xvii s. vi d.

Soma : cliiii lbr. xi s. iii d.

[Fº XLIIII, rº.]   Ave Mª

337. a v d'octobre, a'n Esteve del Palais, loctenen del thesaurier de Carcassona, per partida del subcidi dels ii francx e mieg per fuoc, ... cxxviii lbr.

338. per lo soan que feiro de la moneda, local era fleblatge de la

ANNÉE 1377-78

soma desus .... xxvIII s.

339. per II macips que pres a la Bruguieira que lhy fesesso companhia per passar la montanha.................... vi s. III d. (1)

340. a III de novembre, per partida del subcidi dels II francx per fuoc empausat en setembre........................ II^cxxxv lbr.

344. a xxIII de novembre, per partida del subcidi dels II francx per fuoc, desquals ne portec c francx contrafag[s] m° Johan Duran aprop l'anada de m° G^m Prunet....................... II^cLIX lbr.

Soma : v^cxxvi lbr. IX s. III d.

[F° XLIIII, v°.] 346. per la perdua de xvII pessas d'aur, que francx que nobles, quar los francx prendiam en esta vila per xvII gros la pessa e no se metian mas per xvI gros e mieg....... vIII s. IIII d.

348. en c francx contrafagz que ero en la soma desus, losquals aviam preses de m° lo rector de Sta Marciana per xvI gros e I^a blanqua, e no los metian mas xvI gros et III barssalos, que montec la dicha perdua LvIII gros e I^a blanqua que valo........ LxxII s. xI d.

349. a xxIII de jenier a'n Esteve del Palais, per partida del subcidi dels v francx per tuoc enpausat el mes de desembre.. cxxxIx lbr.

351. per la perdua de x francx, a vi barssalos la pessa. vi s. III d.

Soma : II^cxxxIx lbr. vIII s. IX d.

[F° XLV, r°.]   AVE M^a

354. a v de mars, per partida del subcidi dels v francx per fuoc..
.... IIII^{xx}Ix lbr.

355. per la perdua de Ix francx fals, per pessa v d. ; monta........
.... III s. IX d.

356. perdero se en xIx lbr que hy avia de soan en la soma desus..
.... xx s.

358. perdero se en Lx francx falxs que hy portiey en la taula d'en Babina, v d per pessa............................ .... xxv s.

359. en lo flebatge de x lbr. de refut qu'en feiro .... xx s.

360. ad I macip que presi a la Bruguieira, que feses solas per la monthana per salvar so que portava. .... II s. vI d.

363. per xLv francx faths (*sic*) que avia en la soma desus que se perdia v d. per pessa en la taula d'en Babina on fasiam nostra descargua, car en la thesauraria no los agro preses mas per xvI gros...
.... xvIII s. IX d.

364. ad I macip quem fes solas per passar la montanha de Carcassona............. ..../................. II s. vI d.

Soma : III^c I lbr. v^c.

(1) Le total des sommes payées pour les 2 francs 1/2 par feu s'élève à 444 livres.

[Fº XLV vº.] 365. a xiii de abril, l'an lxxviii, a'n Esteve de Palais, per las mas de R. Cabirol, en iª bilheta de descargua que avia aguda lo dig R. del sobredig Esteve de gracia que avia facha moss. lo duc d'Anjo als habitans del Cap del pon de xlv francx losquals foro desdugs de la soma dels v francx per fuoc que avia enpausat[z] lo dig senhor en desembre, l'an lxxvii, (1)................. xlv francx.

368. mesi que paguiey en la perdua de cxxix francx falis que aviam bailat[z] a'n Frances per paguar la sobredicha soma, lasquals aviam preses de las gens per xvii gros la pessa, encluses xxiii francx que ne aviam compratz en esta vila, al for de xvii gros la pessa ; el dig Frances no los metia al cambiador, am que fasia son cambi, mas per xvi gros e mieg, atenduda la sosta que nos fasia donar lo dig cambiador, quar qui las agues bailatz al thesaurier, no los agra preses mas per xx s. la pessa ; et en ayssi monta la sobredicha perdua lxiiii gros e mieg ; e may que se perdec en v francx, en que ne avia i rumput e ii cortz e ii contrafahs, iiii gros ; e en aissi monta tota aquesta perdua..................... iiii lbr. v s. vii d. mª.

369. paguiey per lo dig subsidi, a xxix jorns d'abril, l'an mºcccºlxxviii al ss. Ambrosi Beg, thesaurier de Carcassona, en iª bilheta de descargua que aviam aguda d'en Johan Lejey del cart de las emposecios de la vila d'Albi, e del viº del xiiiº del iii, que monta tot...................... .... clxxvi lbr. iii s. ix d.

Fo cancellat lo item desus propda contengut, loqual es de la soma de clxxvi lbr. iii s. ix d., per razo quar en P. Clergue s'en es carguat en sos comptes en preza et en meza

Soma : iiiixxxiiii lbr. xiiii s. ix d. mª. (2)

[Fº XLVI, rº.]   Ave Mª

Aguem de moss. lo duc d'Anjo grassia de huna partida de v francx que avia enpausatz en desembre, l'an lxxvii, per fuoc, atenduda la gran pauretat de la vila, a xxv d'abril l'an lxxviii, laqual gracia e remecio fo de iiiiº francx. et am aquetz digs catre sens francx nos avem finatz los digs v francx per fuoc desus digz, de laqual gracia avem bilheta am las paguas que n'aviam fachas davant ayssy en lasquals paguas e grassia so encluses l francx que restavo del subcidi dels ii francx e mieg enpausat[z] en mars l'an lxxvi.

Foro cancellat[z] los tres reglos desus escrigs en que fa mencio que en lasquals paguas e gracia so encluses l francx et mg enpau-

(1) En marge on lit : *no deu mece en mesa, se no que se meta en presa.*

(2) Le produit des 5 francs par feu atteint 844 l. 11 s. 8 d.

ANNÉE 1377-78

zatz en mars LXXVI. E foro cancellatz per razo quar fon trobat que en P. Clergue avia paguat los digs L francx, o miels en los comptes del dig P. Clergue es contengut (1).

Le v° du f° XLVI est resté blanc.

[F° XLVII, r°.] AVE M^a

Ensec se la mesa facha per mi B. Col dels comessaris e sirvens que venion sobre la vila per ecxequcios far.

370. Paguiey premieiramen, a xxvii jorns de julh, al portador de la tatxa dels fuocxs del thesaurier de Carcassona.......... xx d.

371. a xi de julh, a Johan de May e a sson companh que ero vengut[z] ecxequtar per los II francx e mieg per fuoc enpausatz el mes de mars; fo acordat am lo dig Johan de May et am son companh que lor foro paguatz..................... v francx e mieg.

374. a xix d'auost, paguiey a B. Charnas et a so companh, sirvens de Carcassona, que ecxequtavo per lo supcidi desus dig.. III francx.

375. a xii de desembre, a Brenguier del Bosc e a sson companh, sirvens de Carcassona, que ero vengut[z] ecxequtar per lo deute que era degut a m° Bernat de Mora per raso de sas pencios, que fasia far m° P. Roger................................. II flor.

Soma : xxv lbr. xvi s. xi d.

[F° XLVII, v°.] 377. a xviii de setembre, a R. Clergue et a sson companh, sirvens de Tholosa, que ero vengutz ecxequtar per lo deute en que la vila es tenguda a'n Nicolau de Najac...... xxv s.

381. a i de octobre, a'n P. Andrieu, sirven de Carcassona, baile real de Limo (2), portador de las letras revocatorias de las empositios del thesaurier de Carcassona....................... viii gros.

Soma : xxviii lbr. v s. vii d. m^a.

[F° XLVIII, r°.] 386. a v. de novembre, a'n Johan de May, sirven de Carcassona, que l'aguem per far ecxequcios contra los singulars de la vila, et estec sa xiii jorns, de que lhy foro tacxatz per sos guatges... v lbr. x s.

388. a xxi de novembre a Peire Cornilha et a sson companh, sirvens de Carcassona, que vengro ecxequtar per los II francx per fuoc, e estero xii jorn[s] am lo venir et am lo anar, per alcunas ecxequtios que feiro as alcus singulars .... xii francx.

389. a xix de desembre, a'n Arnaut del Vesog, sirven de Tholosa,

(1) Cet erratum est d'une autre main et d'une autre encre.
(2) Il semble que la dernière lettre est *a*.

e a sson companh, que ero vengut[z] ecxequtar per lo deute de mº Guilhem Ademar 'en que la vila lhy es tenguda, entre venir et am aquo qu'estec en esta vila el tornar, vııı jorns ; monto .... vı francx.

393. al dig Arnaut, per 1ª clamor quel dig moss. Guilhem avia facha a Tholosa per lo deute desus dig................ vı s. ııı d.

Soma : xxxıı lbr.

[Fº XLVIII, vº.] 395 a xvı de girvier, a'n Johan de May, sergan d'armas, et a sson companh que vengro ecxequtar per los v francx per fuoc, vı francx. El dig Johan laissec son companh tro que hom ac levada 1ª soma de deniers per portar a Carcassona, al thesaurier, que n'ac lo dig son companh per tres jorns que demorec.... xL s.

396 a Peisso et a Isarn Pitre que anavo am el, per ambidos......
.... ıııı gros.

399. a Johan de May e a sson companh, a vı de mars, que sa stec xııı jorns, que no s'en volc removre tro que hom ac levada ı soma de deniers per portar a Carcassona al thesaurier, per los digs xııı jorns... xııı francx e mieg.

400. a'n Domengo, sirven de Someire, a xx de mars, que era vengut ecxequtar per la clamor que avia facha en Guilhem Colobres de L francx, per sos gatges............................... v francx.

404. per la cera de la dicha clamor (1) .... ııı gros e mieg.

Soma : xLııı lbr. vıı s. vı d.

[Fº XLIX, rº.] 410. a v de mars, as Arnaut del Vesog, sirven de Tholosa, que venc exequtar per moss. Gᵐ Adzemar per aquo en que la vila lhes tenguda, per x jorns que estec a la dicha ecxequcio am lo venir et am lo estar et am lo tornar, e que nos dec sosta del deute del merchan per vııı jorns ; de voluntat dels senhors fo lhi paguar... x lbr.

Soma : xLıı lbr. x s.

[XLIX, vº] 414. a xıııı de may, per la ma de Bernat Steve, pelicier, as Arnaut del Vesog, sirven de Tholosa, et a sson companh que ero vengutz per ecxequtar per lo deute que devia [hom]a'n P. Romesta · el dig en Bernat Steve atrobec lo a Gualhac ; el dig en Bernat Steve portava deniers al dig P. Romesta, et aqui el lor donec, per lors guatges et que s'en tornesso de Gualhac en fora.... ....
.... ıı francx e mieg e ı gros mieg per l'escot.

417. al sobredig Arnaut del Vesog, sirven de Tholosa que nos avia

---

(1) En marge : *mostrec testimonial de mº Johan de Montalasac, cossi ero paguatz e que el n'avia receubut insturmen.*

promés, coma procuraire de P. Romesta, per una bilheta de descargua que avia lo dig Arnaut del dig P., per tal que nos dones sosta de vııı jorns que fossem estatz ad dig P............ ı franc.
Soma : xıı lbr. x s.

[F° L, r°] 421. a Bernat Chantoli, a vııı de may, que fo loguat per ecxequtar e per far las exequcios de totz los leus de las vı guachas quel fo promes entro a S. Johan Babtista quelh deviou donar ııı floris, ı^{as} sabatas e los petasses, e car no complic lo temps en la manieyra que ac promes, non ac de la soma desus mas.. ıı floris.

422. E may per las sabatas e per los petasses.. vı gros, ıı blanquas.

423. a Johan de Mons, que fo loguat ad ı sert temps per far las ecxequcios de las guachas, e tenc lo hom per ııı jorns ; dava li hom per jorn x s. ; montec.................................... xL s.

Soma : xııı lbr. xıı s. ıııı d.

Le v° du f° L est blanc.

[F° LI, r°.] AVE MARIA

Mesa d'anadas dels senhors cossols e d'autres singulars.

425. Mesy que paguiey per v dias que estiey, ieu Bernat Col, a Tholosa per malevar una soma que malevem de draps, de mandamen dels senhors cossols, de moss. Guilhem Azemar, que partigui d'esta vila lo darier dia de jun, a x s. per jorn que monta....... L s. (1)

426. a'n Frances Picart, cossol, que anec a Tholosa per far e penre lo sobredig maleu del sobredig moss. Guilhem Azemar, lo dia desus, per v dias a x s. per jorn ; e per parlar am m° Bertran de Bordas que remogues m° Johan de Laroqua per las opresios que fasia en esta vila.................................. L s.

427. Anicy a Tholosa, a vııı de julh, l'an Lxxvıı, de mandamen dels senhors, per far portar la rauba que aviam malevada de moss. Guilhem Ademar, lo darier jorn de jun, per v dias que estiey entre anar e tornar e estar la, e per paguar los deniers que deviam a'n P. Romesta per moss. lo vescomte de Brunequel... xxxvıı s. vı d.

Serqua lo aprep a ııı cartas (2).

---

(1) Les *dietas* des consuls étaient généralement de 20 sous par jour d'absence ; une délibération du 29 juin 1377, les réduit ainsi : « Tot « home que ana foras la vila per las bezonhas de la presen ciutat, que « se va a caval que prenga xv s., e se va a pe x s. e non plus. »

(2) Au n° 456. Le renvoi est marqué par deux traits verticaux, terminés à leurs extrémités par deux gros points ; deux diagonales réunissent les extrémités.

429. a II de girvier, que fo trames en Domenge de Monnac a Tholosa, de mandamen dels senhors, per veser se pogra aver neguna gracia dels v francx per fuoc e per portar deniers a m° Guilhem Azemar. Estec ix dias en lo dig viatge, per cascun dia xv s., soma (1) .... vi lbr. xv s.

Soma : xiii lbr. xii s. vi d.

[F° LI, v°.] 430. lo dia desus, que donec, lo dig en Domenge, v fromatges de Glio a moss. Johan de Sanh Serni que lo acosselhes en la gracia que demandava a moss. d'Anjo, e pesavo los digz fromatges x lbr. e costava cascuna lbr. vii morlas; monta. xiiii s. vii d.

431. lo dia desus, per 1ª letra que ac testimonial de moss. d'Anjo que testificava que so que era degut per la vila a'n Guilhem Colobres era mes en la ma del senhor ; costec de far .... viii s. ix d.

E no fo sagelada, car ac acort, el dic loc de Tholosa, lo dig en Domenge ab en Guilhem Colobres. (2)

432. a xii de febrier, a'n Domenge de Monnac, de mandamen dels senhors, que anes al cosselh a Besers, e quant foro a Besers, lo cosselh non anec ponh avan, et anec de Besers en foras a Monpelier per parlar am lo senh Arnaut Rainaut de sso en que la vila lhi es tenguda ; e fo mandat lo dig cosselh areires a Tholosa ; en que estec el dig viatge xxxvii jorns, e prendia per cascun jorn xv s. ; monto.. xxvii lbr. xv s. (3)

Soma : xxix lbr. xii s. i d.

[F° LII, r°.] AVE MARIA

433. per alcunas copias de suplicacios que redec a moss. lo duc al cosselh, a Tholosa, que esplicava la pauprieira del loc..... v s.

436. a'n Huc Terret, cambiador de Carcassona, que avia prestat a'n Esteve Baile x francx, losquals avia paguatz a m° P. Boyer per alcunas restas que la vila era tenguda a m° Bernat de Mora per sas

(1) On lit en marge : *Yeu Domenge de Monnac yei aguda la dicha soma de sieis lbr. e quinze s.*

(2) Entre cette note et l'article 432, en marge, se trouve un guidon représentant une croix dont les deux traverses sont d'égale longueur ; la barre horizontale est terminée à gauche par un o+. Ce guidon reparaît en face de l'art. 434 relié par une accolade à l'art. 435. Ce *senhal* indique que l'art. 434 et 435 auraient dus être placés après l'art. 431.

(3) En marge : *Yeu Domenge de Monnac yei agut la dicha soma, contatz tostz cartels he tretze francs que presi de la sal entre doas vetz.*

Cette autre note, également en marge, est cancellée : *no las contam en mesa tros cas que reda comte de so que a lebat de la vigaria. Redec comte.*

pencios de ssa enreires............................. x francx.
E iey ne bilheta del dig moss. P. Boyer.

444. a xxiii de girvier, a Esteve Baile que anec a Carcassona per far ausir los testimonis, am m° G^m Ros, de la clamor que avia facha m° G^n Garnier ; e quant agro aqui complit lor proces portero d'aqui en foras a sSomeire lo dig Esteve, en que estec, el dig viatge, am las jornadas que li qualc tener a sSomeire de la dicha causa. et am las grans ayguas que fe sus lo cami quant s'en engec venir, xxiiii jorns; prendia per jorn xv s., montero............... xviii lbr.

445. lo dia desus, a m° G^m Ros que estec a Carcassona ab n'Esteve Baile per ausir los testimonis de la causa desus dicha; estec lo dig m° G^m xi dias ; prendia per jorn xv s. ; montero.... viiii lbr. v s.

Soma : xxxviii lbr. p^a.

[F° LII, v°.] 446. a xxiiii de mars, a'n Esteve Bayle que anec a Carcassona per parlar ab Huc Terret, cambiador de Carcassona, ses volgra carguar de sso que era degut al senhor per la resta del subcidi dels v francx per fuoc, e per autres neguossis que hom avia a far en la cort de moss. lo senescalc. Estec en lo dig viatge vii jorns ; prendia per cascun jorn xv s., monto................. v lbr. v s.

447. a m° Simo de Cornus per tal que el nos bailes lo nombre dels fuocx en scrig de la reparacio dels fuocx facha darieiramen d'esta vila .... i franc.

450. per i^a letra de ajornamen contra n'Arnaut Castaneda que portec de Carcassona, lo dia desus, entre far e sagelar..... xv d.

451. a R^u Ratier que portec per ecxequtar la letra del senh Arnaut Castaneda en Cordoas, a xv de mars................ v s.

Soma : x lbr. x s.

[F° LIII, r°.] Ave M^a

453. a iiii d'abril, a'n Domenge de Monnac que anec, de mandamen dels senhors, a moss lo vescomte de Brunequel per parlar am el que avia mandat que i cossol anes parlar am el per so que la vila li es tenguda. Estec ii jorns, per cascun jorn xv s........... xxx s.

454. a iiii d'abril, a'n Esteve Baile que anec a Tholosa per far lo compte am m° Bertran de Bordas et am en Johan de Joy, per la part de las emposecios que se aperte a la vila e per demorar am en Domenge que la era al cossellh, que en ayssy fo demorat de part dessa. que n'y anesso dos al cosselh ; e estec xiii jorns ; prendia per cada jorn xv s., monta............................. ix lbr. xv s.

456. a v d'abril, que portiey denies a moss. Guilhem Adzemar a Tholosa e per far maleu per paguar a moss. lo vescomte de Brunequel, e fy lo dig maleu ab Huc Pigot, cedier de Tholosa ; e de

Tholosa en foras portiey las mercadarias que ayguy malevadas a
Brunequel a moss. vescomte, so es assaber de cedas e autras mer-
cadarias de que lo dig senhor avia mestiers ; en que estiey vii jorns;
per cascun jorn xv s. ; monta........................... v lbr. v.

Soma : xvii lbr. xi s. iii d.

[F° LIII, v°.] 459. lo dia desus, a'n Frances Picart, que anec a
Tholosa, quant ieu y aniey, per cobrar la letra del sey[s]e de las
emposecios del quart del xiii° del vi de m° Bertran de Bordas e de
Johan de Jouy que lor era estada baylada, per far lo comte per la
partida de la vila de sso que nonh era degut ; e m° Bertran non era
a Tholosa, per que non y poc re far. Estec el dig viatge iii jorns, per
cascun jorn xv s... LX s. (1)

460. a xxiiii d'abril, a m° Johan Duran, que anec a Carcassona per
parlar am moss. [lo jutge] de crims de alcunas besonhas cecretas de
la vila, e per parlar am m° thesaurier que nos dones qualque sosta
de so que la vila lhy devia de la resta dels v franx per fuoc. Estec el
dig viatge vi jorns ; prendia per dia xv s., monto.... iiii lbr. x s.

461. a m° Johan Duran que anec a Tholosa per una manda que
aviam aguda de moss. d'Anjo, per metre remesy dels ii franx per
fuoc que avia empausat[z] moss d'Anjo, e per remesio dels libres
que avia preses m° Nicolau de S. Pastor de la mayo cominal de
l'aministracio de la dicha mayo cominal, en que estec v dias ; a xv s.
per jorn monta.................................. ...... LXXV s.

Soma : xi lbr. xvi s. iii d.

[F° LIIII, r°.]   Ave Maria

462. a xviii de jun(l)h, l'an LXXVII, a'n Bernat Esteve, pelicier, per
portar deniers a Carcassona per los dos franex e mieg enpausatz el
mes de mars passat per moss. d'Anjo, e per anar d'aquy meteys a
fraire P. Genieys en Proensa per paguar deniers ; e prendia per
cascun jorn viii gros e mieg ; stec hy xvi jorns el dig viatge ; mon-
tec.. .... ix lbr. (2)

463 lo dia desus, per la ma d'en Bernat Esteve, quant fe lo viatge
desus dig, a m° Johan Vilar de Carcassona, per una letra ecxequ-

---

(1) En marge : *Feyro relacio Domenge de Monnac et Esteve Bayle que, de mandamen dels cossols, fo en aissi aponchat, quar las besonhas ho requiriou.*

(2) En marge : *Aquestas doas cartas segens deco esser mesas et attoguadas en lo loc del senhal que se ensec, davan ayssy iii cartas : lo senhal es aquest, e deves lo segre entro a la fy d'aquest senhal* x.
Cf. art. 417 et art. 179.

toria, que portec de Carcassona, que hom pogues metre emposecio sobre lo mout... xv s.
Justifiquec per relacio de Bernat Esteve.
Soma : xiiii lbr. xi s. x d. mª.

[Fº LIIII, vº.] 471. a maestre Johan Duran, (blanc) que anec a Carcassona per enpausar e per acontar am moss. thesaurier de Carcassona de la part de las emposecios que aperteno a la vila dels ans passatz e per autras besonhas que y avia a far per la vila, e no la trobec moss. thesaurier, quant fo a Carcassona, per que non poc fac (1) lo comte. Stec vi jorns, speran lo dig moss. thesaurier ; prendia per jorn xv d. ; montero.................. iiii lbr. x s.
Soma : xvi lbr. x. s.

[Fº LV. rº.]   Ave Mª

472. a mº Johan Duran, a viii de cetembre, que anec a Carcassona per iª manda que ac facha moss. d'Anjo que hom li fos a Carcassona ; e quant fo a Carcassona, el s'en fo anat, e los a endigz, ses apelar los comus, dos francx per fuoc ; (2) et ac de cosselh que de Carcassona s'en tornes que plus non anes enan. Estec vi jorns ; prendia per jorn xv s., monto.................... iiii lbr. x d.

473. a xxix de cetembre, a'n Bernat Esteve per portar iª soma de deniers a fraire P. Ginieys a Belcaire de Proensa, que lhin fo promes de tot lo viatge....................................... vi lbr.

475. a xxiiii de octobre, a mº Johan Duran, que anec a Tholosa portar deniers a mº Guilhem Azemar et a'n Nicolau de Najac, mercadier de Tholosa, per los deutes en que la vila lor era tenguda ; e de Tholosa en foras anec a Carcassona per parlar am moss. de crims per alcunas besonhas que la vila y avia a far. Estec en lo viatge ix dias, e prendia per jorn xv s. ; montero..... v lbr. xv s.
Soma : xxi lbr. xv s.

[Fº LV, vº.] 476. a iiii de novembre, a'n Esteve Baiie per portar deniers a Carcassona a moss. lo thesaurier per lo subcidi ; et anec d'aqui meteis a Someire per las besonhas que la vila y avia a far de la clamor que avia mº Gm Garnier de una soma en que la vila lhy era tenguda, et hom era ecxequtat per la decima que era paguada e la demandava autra vetz. E fo fag am lo dig Esteve merquat que

---

(1) Correc : far.

(2) L'Histoire n'avait pas fait connaître cet important détail. D'après M. Dognon les communes auraient consenti l'octroi de ce subside.

de tot lo viatge lhy fos donat vııı floris que valo   vı lbr. xııı s. (1)

477. a xııı novembre, a'n P. de Somas que fo trames a sSomeire, a ıı dias de novembre, per ıª jornada que hom y avia a tener per en Guilhem Colobres quant lo loctenen del sagel de Someire de Tholosa ac remesa la causa davan la garda del sagel a Someire. Estec el viatge xı jorns, que prendia per cascun jorn v s. ; montec..   ʟᴠ s.

479. a x de desembre, a'n Guiraut Marti, que portec ıª serta soma de moneda a fraire P. Genieys a Belcaire en Proenssa e fo lhin promes, mercat fag am el, del dig viatge............   vı floris. (2)

480. a'n Frances Picart que anec a Tholosa per portar argen a moss. Guilhem Azemar, e per aver letras de moss. d'Anjo, e per aver ı vidimus de ıª letra que avian los senhors de Capitol que fasia mencio que hom pogues compellir los clercx. E partic d'esta vila, am so macip, a pe, a xııı de novembre ; e estec v dias que monto a x s. per jorn............................   ʟ s.

Soma : xvıı lbr. ıııı s. vı d. mª.

[Fº LVI, rº.]   Aᴠᴇ Mᴀʀɪᴀ

481. per lo vidimus loqual era de unas letras quel senhor avia autregadas que hom pogues compellir los clercx ; lo qual vidimus costec entre far e sagelar.....................   xıı s. vı d.

482. a'n Domenge de Monnac que anec al cosselh quant se endissero las emposecios a Monpeilier, per moss. d'Anjo, lo premier dia de may, l'an ʟxxvııı (3). Estec el dig viatge xxvııı jorns ; prendia per jorn xvıı s. vı d. ; montero............   xxı lbr. (4)

484. al dig en Domenge, lo dia desus, per ıª letra que empetrec de moss. d'Anjo exequtoria de la viguaria, que los locxs de la viguaria contribuysso al despens que lo dig en Domenge avia fag al cosselh. Costec la dicha letra am la ecxequtoria............   xxıı s. ıx d.

487. costec ı masapa al dig en Domenge en que meses la letra... ....   xıı d. mª.

---

(1) La valeur du florin ressort à $\dfrac{6 \times 20 + 14}{8} = 16$ s. 9 d.

(2) En marge on trouve le *senhal* X dont il est question à l'art. 431.

(3) Cet article permet de préciser la date d'ouverture et de clôture des Etats. Ouverts le 1ᵉʳ mai, ils terminèrent leur session le 24 ou le 25. Ils octroyèrent 10 gros d'argent pour le mois d'avril et 5 fr. par feu à percevoir de mai à septembre au moyen de taxes sur la mouture, le vin vendu au détail, la viande Cf. *Inst. polit. et adm.* p. 614.

(4) En marge : *Yeu Domenge de Monnac yei agut del dig viage, comtat totas prezas d'en B. Col le de la preza de la Viguaria, vııı gros. e catre lbr. de sts s.* (sic).

ANNÉE 1377-78

488. al dig en Domenge, lo dia desus, per la despessa del macip que anec quere iª letra de prolonguacio del senescalc de Roergue que devia venir en esta vila per lo fort del Cap del pon.. xii s. vi d.

Soma : xxv lbr. iii s. i d. mª.

[Fº LVI, vº.] 489. a mº Johan Duran, a xv de cetembre, que anec a Tholosa per iª letra de remessio que avia autregada lo loctenen de Tholosa del sagel de Someire de iª clamor que avia facha Guilhem Colobres, et apelec se hom del loctenen de la ordenanssa que avia facha, e fo remesa la causa davan lo governador del sagel de Someire ; el dig mº Johan avia a far per sy el dig loc de Tholosa, per que non ac del dig viatge mar per ii jornadas que se distriguec per las besonhas de la vila ; per cascun jorn xv s. ; montero..... xxx s.

490. lo dia desus, a mº Arnaut d'Albanas, per las scripturas que avia fachas de las opposecios que avia facha[s] en Gᵐ Colobres davan lo loctenen de la guarda del sagel, que ne avia tengudas ganre de jornadas, e per la letra de la remessio. Fo lin donat al'dig mº Arnaut (1)...... xv s.

Soma : vii lbr. xvii s. xi d.

[Fº LVII, rº.] Ave Mª

Mesa de fraire P. Ginieys e d'autres.

495. Premieiramen paguiey al dig fraire Peire, de xix de jun, l'an lxxvii, entro a x de desembre e per diverssas parcelas et en diverssas mas, so es assaber.......................... viiˣˣxiiii francx.

496. a moss. Guilhem Adzemar, de xxiii de octobre entro a xxiiii de mars, per iª soma en que la vila lhera tenguda en iiᶜxci francx.. .... iiᶜxci francx.

498 a mº P. Ruau per la carta del deute de moss. Guilhem Azemar que me redec grossada, e per iª clamor que avia facha............ .... i franc, v gros.

499. a'n Not Ebral, senher de Tonnac, entro a xxvi de julh, l'an lxxviii, en que la vila lhera tenguda per raso dels c francx que la vila lhi devia a Martero passat....................... c francx.

Soma : viᶜii lbr. xv s.

[Fº LVII, vº.] 500. anec en P. del Solier per aver las cartas de las obliganssas en que erem obligatz a fraire P. Ginieys, e per aver las absolvecios, a xxv de mars..................... v lbr. x s. (2)

(1) En marge : *Mº Johan Duran redec la bilheta.*

(2) En marge : « A xx de jenier, l'an mccclxxxv, en la mayo cominal, davan los senhors, mº Gᵐ Bestor, jutge real, e mº Ychart, jutge de

503. a'n P. Labailia per i deute que la vila li es tenguda, am vii francx que lhi paguem del prencipal, et am iii francx que contava de la carta de la obliganssa, et ab ii francx que contava de las amonecios que avia trames quere ii veguadas a Tholosa, lo premier venres de Careme.. xii francx.

504. aqui meteis li foron datz, per razo que esperes de l francx que lhi eron degutz de resta, entro a S. Johan Babtista.. iii francx.

Soma : xxiii lbr. xi s. vi d

[F° LVIII, r°.] AVE MARIA

Ensec se la mesa comuna facha per my. B.

507. mesy que paguiey, lo dia de la Concepcio de Nostra Dona del Carme, als fraires del Carme, que lor fo donat, de mandamen dels senhors, en pitanssa xxiiii michas, cascuna de ii d. m¹, e i sestier de vi que costec v s., e x s. en deniers, e per lo loguier del baril e per portar als digz fraires x d. ; monta tot................ xx s. x d.

508. a xv de desembre, en doas veguadas, que foro fachas doas sospencios per doas amonecios que ac fachas Ar. Salvi als senhors per i deute que lhi era degut, entre far e sagelar e far lo mandamen.. ii s. i d.

511. ad i macip que fo trames a Tholosa a moss. Guilhem Azemar que li plagues que nos prolongues l'amonicio que nos avia tramesa contra guanre de gens d'esta vila ; e la nos perlongec ad i terme, e que aviam sirvens per so que la vila lhy devia, a xviii de desembre .... xii s. v. d.

Soma : xxxvii s. v d.

moss. d'Albi, en presencia dels senhors en Duran Daunis, m° Isarn de Rius, Frances Picart, P. Olier, G¹ª Cabrier, P. Godieira, m° Azemar Grasset, P. Boyer, m° Rⁿ de Landas, Johan del Puog, cossols, Frances Donat, Johan Luyrier, m° B. Clari, singulars ; P. del Solier demandava a'n B. Col de resta de las v lbr. x s. sobre dichas so es asaber lxv s. ; e lo dig B. dizia que el los lhi avia assignadas sobre en B. Esteve e Pos Renhas, policier, presen e volen lo dig P. del Solier e lo dig B. Esteve e Pos Renhas ; e sus aquo los dig[s] senhors jutges aqui meteis enterroguero, am sagramen, lo sobredig en Duran Daunis so el sabia que la dicha assignacio fos facha al dig P. del Solier ; lo qual Duran respondec que motas vetz avia auzit dire al dig P. del Solier que lo dig B. Col avia facha la dicha assignacio. Et enterroguero may lo dig B. Col, am sagramen, se el avia facha al dig P. del Solier la dicha assignacio, lo [qual] respondec que hoc, e lo dig P. la avia presa de son bon grat. Fo ordenat per los digs senhors jutges que lo dig B. Col sia quiti de la dicha demanda e que lo dig P. seguisca al miels que poira los bes o heretiers del[s] dig[s] B. Esteve e Pos Renhas per la dicha causa.

[F° LVIII. v°.] 512. per ɪ macip que fo trames a'n P. Labailia, a la Tor de Caramous, quens avia amonestatz e passava l'amonecio que la nos perlongues ; e la nos perlonguec tro ad ɪ jorn, a xx de desembre.. ɪɪɪ s. ɪx d.

513 fo donat, la vespra de Nadal, de mandamen dels senhors, a moss. lo jutge del rey, et al loctenen de moss viguier, car lo viguier non y era, et a moss. lo regen de moss. d'Albi, en doas entorcas a cascu et ɪᵃ liura de doblos a cascu, que pesavo las dichas ɪɪ entorcas am la liura dels doblos, vɪ lbr., en que ac el tot xvɪɪɪ lbr. de ce(ce)ra, que costava la lbr. ɪɪɪɪ s. vɪ d., de na Jova Lomberssa ; somec......
.... ɪɪɪɪ lbr. xɪɪ d.

514. la vespra de Nadal, en dos parelhs de guans que foron donat[z], de mandamen dels senhors, a Posset et a Johan Talhafer; que costero ambes los ɪɪ parelhs........................... ɪɪ s. vɪ d.

515. per ɪ parelh de guans que costero xv d. que donec hom al portier de moss. d'Albi, que montec tot........ ...... xɪ s. ɪɪɪ d.

516. l'endema de Nadal, el segon el ters dia, que anero far la vesitacio als relegioses, en tres liuras de espessias cofidas, que costero... ....-................................. xxv s. vɪɪ d. mᵃ.

517. per xɪɪɪ lials e miega de vi als digz relegioses, per cascuna lial v d., montet.............. .... v s. vɪɪ d. mᵃ.

Soma : vɪ lbr. ɪx s. ɪx d.

[F° LIX, r°.] 518. a xxɪɪɪ de girvier, per la ma d'en Esteve Baile, que donec al procuraire del rey de Carcassona, per alcunas besonhas que hom avia a far davan luy per la vila ; e lo dig Esteve era lay anat per alcunas besonhas que y aviam a far, dos parelhs de perditz ; costero............................... vɪɪɪ s. ɪx d.

520. a R. Denoc que citec los testimonis a purificar las fieiras....
.... xv d.

523. per tres letras ecxequtorias contra mᵉ Guilh 'm Garnier els sirvens e na Giladiana, per far e sagelar....... .... v s. v d.

524. al clerc de cira P. Scatissa per copiar la letra del quart de las emposecios que se aperteno a la vila, de l'an ʟxxvɪɪ......... x s.

Soma : xxxɪɪ s ɪx d.

[F° LIX, v°.] 527. per ɪᵃ letra clausa que trames als senhors, lo dia d'an nou (1), d'avisamen, lo senhor d'Arpajo que fasia mensio que vɪᶜ bassinet[z] dels Engleses avia en Albeges; doniey de mandamen dels senhors, al portador................... .... v s.

---

(1) Cf., sur ce mot *an nou*, la note de l'art. 1823-24 des Comptes de 1368-69.

528. a viii de girvier, ad i macip que fo trames als cossols de Gualhac, que fon dig que metian enposecios sobre sertas causas e no fore .... iii s. ix d.

529. a'n P. Bonet, afanaire, que avia estat am los autres prohomes per anar veser e stimar lo possessori de foras vila per lo aliuramen ; e comenssero de xxv de jervier, que hy estec lo dig P. xxvii jorns, e prendia per cascun jorn xv d. ; montero......... xxxiii s. ix d.

531. lo dia desus, a'n P. Motas, afanaire que avia vacat ad anar veser lo pocessori e estimar foras la vila, per xlvi jorns que hy vaquec ; prendia per jorn xv d. ; montec........... lxvii s. vi d.

532. al ss. Bernat d'Avizac per partida de so que ha massa pagat als comus enpausatz del temps que lo jutge de moss. d'Albi fe la ordenansa que tot home pagues per so que auria ensa, de volontat de totz los senhors cossols, a xxv de may l'an lxxviii.... xv lbr.

las cals lhi foro debatudas e collocadas el gran talh que leva Sicart Lobat. (1)

Soma : xxii lbr. xvi s. iii d.

[F° LX, r°.] Ave Mª

533. a v de febrier, de mandamen dels senhors cossols, que fon donat a moss. Felip Bona, que fo vengut en esta vila, ii entorcas, que pesavo vi liuras, et iª liura de doblos ; costava la liura v s. ; montec... xxxv s.

534. al dig moss. Felip ii sestiers de civada ; costava lo sestier vi s. iii d. ; somec am aquo que costec de portar.... xiii s. et i d.

535. en diverssas parcelas, tro a xxv de febrier, per xx lbr. de candelas, xv d. per lbr.............................. xxv s.

536. a Peire Riquart, fustier, a xxv de febrier, que adobec los pons de Caussels pauex, am la fusta que hy mes ; montec tot.. xii s. vi d.

537. a xxv de febrier, per las scripturas que ero degudas a Someire, per la ma de Bernat Comhers, que ero degudas per los plagz de las clamors que avian fachas mᵉ Guilhem Garnier e en Guilhem Colobres, al notari de Someire que a nom mᵉ B. Maylet.. xxxix gros.

Soma : vi lbr. xix s. ii d.

[F° LX, v°.] 541. a moss. thesaurier de moss. d'Albi per lo mieg quintal de sera en que la vila li es tenguda de l'an lxxvii. x francx.

Soma : xix lbr. x s. vii d. mª.

(1) Cet art. est d'une autre main.

[F° LXI, r°.] AVE MARIA
Ensec se la mesa comuna

547. Premieiramen, paguiey a'n Guilhem Colobres, en diversses jorns et en diverssas horas e per diverssas mas, de xv de febrier entro a xxix de mars, per so en que la vila lhy es obliguada, que monta... LVII francx.

Redec la bilheta de XLIX francx, e Duran Tinel anc una de VIII francx.

550. a xx de mars, per la ma de Pos Dadau que fe adobar lo guachil de sobre lo pon de Tarn, e la porta de Nostra Dona desus lo pon ; el pon levadis e la cadena del dig pon adobec, et am la fusta que hy ac mestiers, somec................. XVI s. III d.

551. a XXII de mars, a m° Guilhem Bonis, prior de S. Matfre de Brunequel, per resta de I deute que li era degut....... III francx.

Soma : c lbr. VII s. III d.

[F° LXI, v°.] 554. a III d'abril, per la ma d'en Frances Piquart que paguec a m° Johan de la Forestz per far e per sagelar tres letras, la qual era la I^a de la reparacio, e autra dels sirvens e autra de las fieiras ; costero............................ XIII francx.

555. a v d'abril, a m° lo vescomte de Brunequel, en deduccio de so que la vila lhy es tenguda, encluses CVII francx que avia malevatz d'en Huc Pigot, que soma........ . VIII^{xx} e XVI francx, mieg flori.

bailan lo franc per XXI s. III d. e iey n'e bilheta sagelada de son sagel.

557. per I^a soma de deniers que fo tramesa al dig moss. vescomte l'endema de Pasquetas per I macip que a nom Dardo Bombert ; fo lhi donat per son viatge........................... VI gros, V d.

558. per los bancx portar als sermos dels dimenges del Careme e del jorn de Pasquas................................. II s. I d.

Soma : II^cII lbr. XII s. VIII.

[F° LXII, r°.] AVE M^a

559. a v d'abril, ad I sartre que era vengut de part de moss. lo vescomte de Brunequel per tria los draps de la seda e las autras causas de que avia mestiers, I^a causas de............... VI franc.

Per tal que preses las mercadarias la on trobaria hom cresenssa.

560. a xv d'abril, ad I macip que fo trames a'n Not Ebral, a Castelnou de Monmiralh, que lhy avia hom donat jorn ad el satisfar, ab I^a letra clausa quens prolongues lo jorn, car non aviam presta la moneda que li deviam............................ III s. IX d.

561. a l'avocat del rey de Carcassona que sa era vengut per acetiar

las enposecios de moss. d'Anjo que avia enpausadas. Fo li donat, de voluntat dels senhors, 1 sestier de civada que costec v gros, e IIII dotzenas de foguassetz e IIII molas de vi ; costec lo tot am la civada .... XIII s. IX d.

562. a xv d'abril, a m° P. de Rius per I° carta de obliguanssa que nos redec, en que la vila es tenguda a moss lo vescomte, que fo producha en la causa que se menava entre lo dig moss. vescomte am los heretiers d'en Huc Giladieu en la cort de moss. l'ofecial.. . ... I franc.

Soma : VI lbr. III s. IX d.

[F° LXII, v°.] 563. a xv d'abril, per I° soma de carn salada e de cambajos e de lenguas de buous, la qual fo portada a Tholosa per donar e servir a moss. lo canselier et a sira Ambrosy, thesaurier de Carcassona, et a sira Phelipes de S Peire e a m° Bertran de Bordas et a'n Johan de Joy, per tal que nos fosso favorables per enpetra la gracia que demandavem a moss. d'Anjo, e per la part de las emposecios que se apertenia a la vila l'an LXXVII (1).

565. a'n P. Johan, maselier, per II quintals e III cartairos e II lbr. de carn salada, a for de IIII floris lo quintal; montec   XI flor. xv d.

566. lo dia desus, per I° soma de lenguas de buou, en que ne avia XVI, las quals ac hom de m° Bernat Lonc, e costero   XXXVIII s. IIII d.

567. a'n P. Soelh, lo dia desus, per IIII cambajos de carn salada que pesavo XXXIIII lbr.; a for de x deniers la liura, costero......... .... XXVIII s. IIII d.

568. a'n P. Soelh per far portar la carn salada els cambajos e las lenguas a Tholosa am II bestias...................... II francx.

Soma : XIX lbr. VI s. VII d.

[F° LXIII, r°.]   AVE MARIA

570. a XXVI d'abril, de voluntat dels senhors, als Augustis de la Ila (2) que vengro quere almoyna als digs senhors que avian capitol proensal .... XX s.

571. a XXVIII d'abril, a P. de Najac et a Johan Selvas que avian trebalhat per III jorns per la vila e fachas cexequcios per los singulars de las VI guachas de tota la vila...................... X s.

572. la vespra de Pasquas, per I° absolvecio que aguem del thesaurier de moss. d'Albi que avia escumengat los cossols passatz

---

(1) Le prix n'est pas indiqué, mais il est detaillé dans les art. qui suivent.

(2) Lisle-sur-Tarn, cant. de Gaillac.

davan nos, per 1ª resta de sal de leuda que demanda ; costec de
far e de sagelar... xviii gros.
Soma : iii lbr. ii s. vi d.

[Fº LXIII, vº.] 573. ad i de may, que foro bailatz a Bernat Rocas
que anava a Paris, e bailero li alcus memorials que portes alcunas
letras del rey nostre senhor que ero necessarias a la vila. Foro lhy
bailatz, de voluntat dels senhors.................... iii francx.

574. per alcus destricx que fes a Paris per los senhors.... xv s.

575. a ii de may, que trameiro los senhors 1ª letra clausa a mº lo
vescomte per i macip per alqus rossis que el demandava que hom
lhy agues et hom mandec li que el trameses de part dessa per veser
los rossis, car aquels de quy ero no los bailero per gitar de la vila.
.... vii s. vi d.

577. a iiii de may, per 1ª suspencio que hom fe far de totz los
cossols e singulars que ero obliguatz a'n Guilhem Colobres que los
avia totz amonestatz, entre far e sagelar.............. vi s. iii d.

578. a x de may, que fo donat ad i macip que portec 1ª letra clausa
de part del senhor de Sanh Serni de Roergue que los Engleses
tenian en Albeges i loc en espia e que hom ne estes avisat.. v s.

579. a xiiii de may, que fo donat a vi sirvens que feiro companhia
a moss. lo viguier quant anec far la enebecio a las gens del Cap del
pont del fort que fasiou............................. ii s. vi d.

580. a xiiii de may, que fo trames a moss. lo jutge del rey que
era a Rabastenxs ad Steve Robert, sobre lo fatg dels sirvens, e
desenqusec se que no podia venir........................... v s.
Soma : v lbr xv s. ii d. mª.

[Fº LXIIII, rº.]   Ave Mª

581. a xv de may, de voluntat dels senhors, que foro donatz a
moss. de crims que era vengut en esta vila, dos parelhs d'aucatz ;
costero... xvi s. iii d.

582 a xvi de may, ad i macip que fo trames a Carcassona am 1ª
letra clausa, que a nom Esteve Robert, a mº Lambert Vilar, scindic
de la vila, per saber en quinh estat ero las besonhas en que la vila
lay avia a far.. i flor. (1)

584. a xx de may, a mº Johan de Montalasac, notari de la cort del
rey, per sagelar 1ª letra que fe far en Domenge de Monnac contra

---

(1) La valeur du florin est ici de 18 sous, ainsi qu'il résulte de la
comparaison entre le total de ce recto et le total des sommes exprimées en monnaie ordinaire : 54 s. 9 d. —(16 s. 3 d. + 18 d. + 2 s. 6 d. +
5 s. + 5 s. + 7 s. 6 d.) = 17 s.

los loex notables de la viguaria que contribuisso al despens que el avia fahs seguen lo cosselh de m° lo duc a Carcassona, a Beset et a Monpeilier... II s. VI d.

585. a XXI de may, ad I macip de moss. lo vescomte de Brunequel que portec 1ª letra clausa de part m° lo prior de S. Matfre de Brunequel que hom portes deniers a moss. lo vescomte de so que li era degut e que hom lhy pesses de dos rossis al dig moss. lo vescomte ; fo ordenat de mandamen dels senhors que li dones......... V s.

586. a XXII de may, ad I macip que trametia en Not Ebral, senhor de Tonnac, per 1ª letra clausa que trametia a moss. regen que hom lhy setisfeses la resta de so que li era degut ; fo donat al macip. .... V s.

Soma : LIIII s. IX d.

[F° LXIIII, v°.] 588. a XXV de may, a'n Duran Vaissieira que lhi era hom tengut per I rossi de Bernat de Caselas, que avia tengut en son hostal, que havia mes I comessari que sa era vengut per ecxequtar, que avia nom P. Cornilha, e son companh, per lo subcidi del senhor ; el dig en Bernat de Caselas avia setisfag sa cota : per que los senhors ordenero que hom pagues II gros a'n Duran Vaissicira per lo dig rossy.. II s. VI d.

Soma : II s. VI d.

[F° LXV, r°.] 594. (1) a XXV de may, que restanquec en P. Olier de la soma de las IIII^{xx} lbr. que paguec dels darayratges que devia a la vila.. . XX s. IIII d.

Per razo dels jornals que mes del dia ensa els comptes de Duran Daunis.

596. per la tencha que se es despenduda en la mayo cominal de tot l'an... V s.

597. a XX de may, a'n Anric de Verho per I libre de doas mas quen pres Frances Donat .... VII s. VI d.

Soma : LXII lbr. XVIII s. VI d.

Le v° du folio LXV est resté blanc.

[F° LXVI, r°.] 598. a m° Dorde Gaudetru, per las despessa que fe en son hostal moss. lo viguier d'Alby e moss P. Costabela, notari de Carcassona, et bot de m° Yssarnit Bestor, procurayre ystituit de Carcassona, los quals ero comissaris per far la reparacio d'esta vila e per las fieyras, ab lors servidors que menavo de Carcassona ; los qua[l]s ero el dig hostal de m° Dorde ab V cavalgaduras,

(1) De ce folio au folio LXX, l'écriture est d'une autre main.

los quals vengro lo xxviii dia de may e stero entro a v de junh, los quals gastero i sestier de fromen, et ab lo mout et ab lo cuetg costec viii gros e ii blancas e mieja. It. paguiey li may per i tros de paratge que lor ac hom ad obs de las cavalgaduras ; costec xv gros. Item paguiey li may, lo dia desus, per iii sestiers e iii cartas de sivada, a for de v gros lo sestier, xviii gros, ix barsalos. It. paguiey al dig mᵉ Dorde per la lenha e per l'agras el vinagre e per l'oli e per la sal e per lieura e mieja de cera que li gastero de doas torchas, e per lo trebalh el destric que hom ne donec al dig mᵒ Dorde, ii franxs ; soma lo tot.................. ... iii lbr. xv s. viii d. mᵃ.

599. per la despessa que feyro en vii jorns, ab x s. que n'ac en Duran Vayssieyra que hi descavalguero quant vengro en son hostal e hi estero lo premier jorn, an iii lieurazos de sivada que n'agro ; la qual despessa se fe per la ma de Pos Glieya ; somec lo tot, foras lo vi... vii lbr. vi d.

600. a'n Frances Donat, lo dia desus, per iᵃ pipa de vi de vi sestiers que hom n'ac als senhors sobre digz, a for de v gros lo sestier ; somec..... .. .. xxx gros.

601. per iiii faysses de palha, lo dia desus, que ac hom de Ademar Milhassier de la sua boria de sobre Caussels ; costero de compra... ....·.................. iii s. iii d.

Soma : xvii lbr. xvii s. mᵃ.

[Fᵒ LXVI, vᵒ.] 603. a xxix de may, que fo trames Johan Barachi a Carcassona per portar iᵃ letra que avian fach ajornar los senhors Gᵐ Rotgier, e d'aqui meteys que s'en anec vos Someyre per portar deniers de hum platz que avian menat los senhors el loc de Someyre per iᵃ clamor que avia facha mᵉ Gᵐ Garnier. Fo li donat al dig Johan Barachi de tot lo viatge .... ii floris.

606. per la dicha ma del dig Johan Barachi al notari que tenia la causa per razo de sas scripturas..................... ii francxs.

607. a xxiiii de may, a Daydo Bombert que portec deniers ab iᵃ letra clausa a mᵒ lo vescomte de Brunequel ; fo li dat per lo viatge. .... vi gros.

608. lo dia desus a'n Johan Esteve, fustier, per i gachial que era casech de costa la Porta nova, per dos dias que pleguec la materia, per cada dia i gros e mieg............ .... iii gros.

609. lo dia desus, a Frances Digon ab ii libres que n'ac hom en que fo meza la ami[nis]tracio, dels quals rediey la hun e l'autre restanquiey, et ab lo papier que ac mestier a la mayo cominal de tot l'an, e cera gomada que avia mestiers tot jorn per sagelar ; somec

tot.. vii lbr.

Soma : xiiii lbr. ii s. ix d.

[F° LXVII, r°.] 610. lo dia desus, a'n Guiraut Marti, per iª ma de papier resut e per ii pels de pargames que n'ac hom.. iiii s. ii d.

611. lo dia desus, a'n R. de Gresas, per iª ma de papier resut que n'ac hom... ii s. vi d.

Soma : vi s. viii d.

[F° LXVII, v°.] 612 a x de junh, a m° G^m Ademar per partida de dos deutes en que la vila li es tenguda................ c franxs.

614. lo dia desus, a'n Huc Pigot per iª carta grossada que me redec de iª soma de cvii franxs en que la vila li era tenguda, e per iª clamor que avia facha en la mayo cominal de Tholosa.. ....
.. .. i franc, iiii gros e mieg.

615. a mª G^m Clergue, lo dia desus, que avia receubuda la carta desus dicha, e volgui cobrar lo poder del sendicat de la vila et el vol retener davos si totz los obligatz, e per la copia, car cobriey los instrumens ; li fo donat........ .... ii s. vi d.

617. a m° G^m Bonis, prior de S. Matfre, coma procurayre de m° lo vescompte de Brunequel, per partida del deute en que la vila es tenguda al dig moss. lo vescompte, a xviii de junh, l'an desus, encluses xix franxs e v gros que li avia tramezes al dig moss. lo vescompte, lo lus apres Pasquetas, per Daydo Bombert, a Brunequel, et encluses xxiiii franxs que li avia trameses al dig m° lo vescompte, a xxv de may, l an dessus ; los quals li portec Daydo Bombert sobre-dig a Brunequel, et ab xxxvi franxs e xii gros que bayliey ad Albi a m° lo prior, en l'ostal de P. del Solier ; soma lo tot. iiii^{xx} franxs.

Soma : ii^clxxvi lbr. xiii s. i d. mª.

[F° LXVIII, r°.] 618. per iª soma de draps que aniey malevar a x de junh et autra vetz, a xxvii de junh, l'an lxxviii, entre doas vegadas, la qual montava iii^c e xviii franxs, la qual fo del dig moss. G^m Ademar de Tholosa, rebatuts los ii s. per lieura que los donava mens ; montec............ .... ccclxxvi franxs iiii s.

en la valor de xiii draps de Franssa de diverses vilatges.

620 per los xiii draps de yssida de Tholosa, per cascun drap v d., monto... ... v s. v d.

621. de portar la dicha rauba ab ii bestias, entre doas vetz, lo dia desus.. l s.

622. de leuda de la dicha rauba tro ad Albi, lo dia desus.. v s.

Soma : iiii lbr. iiii s. ii d.

Le verso du f° LXVIII est blanc.

ANNÉE 1377-78

[F° LXIX, r°.] E[n]sec se la mesa de la pensio dels senhors cossols de l'an LXXVII e dels capitanis de l'an desus e dels autres pencionatz.

623. Paguiey per los gatges dels VI senhors cossols de l'an desus, per cascun XII franxs, contan franc per XXI s. e III d.; monto de totz VI...... LXXII franxs.

624. per la administracio que a facha de l'an desus lo dig B. Col.. XX franxs.

626. a XXIX de junh, a'n Sicart Nicolau per los gatges del capitanatge que avia regit per VI meses, e per alqus jorns que se destriguec a Tholosa ab en Frances Picart per alcunas besonhas que la vila hi avia a far, e per los trebalhs que avia fachs, en l'an desus, en l'alieuramen dels mobles; e fo ordenat per los senhors que li fos donat per sos guatges e per los trebalhs de las autras causas....... IX lbr. X s.

627. lo dia desus, a m° Johan Bot per partida dels gatges de son capitanatge que ha regit de l'an desus.............. X lbr. X s.

628. al dig m° Johan per sa pencio de I an que era sendic........ II floris. (1)

629. a m° G^m Prunet, lo dia desus, per razo de sa pencio del dig an............ XX lbr. (2)

630. lo dia desus, a'n Frances Donat, per razo de sa pencio de l'an desus que a estat en la mayo cominal per tot l'an, per razo de l'aliueuramen........................ XXII franxs. (3)

Pagan franc per XXI s. III d.

Soma : CLXIX lbr. IIII s.

[F° LXIX, v°.] 632. lo dia desus, a Pos Glieya per razo de sa pencio de l'an LXXVII e per la rauba.................... XVII floris.

633. a Johan Talhafer, son companho, lo dia desus, per razo de sa pencio e de sa rauba............................. XVII floris.

634. al dig Johan Talhafer per razo del loguier de son hostal en que la vila li es tengut........................ II floris.

635. lo dia desus, a Johan del Pueg, per los trebalhs que avia

---

(1) Cet art. est d'une autre main et d'une autre encre bien plus pâle. En marge on lit : *Ego Johannes Bot habui summas hic contentas, omnibus dictis inclusis.*

(2) Prunet était le notaire de la ville ; on dirait aujourd'hui le secrétaire de la mairie.

(3) En marge : *Ieu Frances Donat iey agut los davan digz ving e dos francs en diversas vetz et en diversas causas, enclus totz cartels que n'agues fah[s] al dig en B, i a d'autres.*

fachs en los bes d'en Gᵐ Nicolau que paguesso so que devⁱan ; et en los trebalhs que avia fachs per vendre l'hostal dels heretiers d'en Frances de Lagrava, e per ɪ vidimus que trames a Castras per lo placg que hom menava de la decima de mᵉ Gᵐ Garnier ; e per los trebalhs que avia fachs per cobrar ɪɪ m[e]lia teulas que ac hom de Rᵃ Aygadossa, e ɪɪ gros que baylec a ɪ massip que aviou trames los senhors cossols de Cordoas d'avisamen, e que avia pagat a Sicart Peysso per ɪᵃ letra contra la molher que fo de P. Galco, vɪ gros, e per los trebalhs que avia fachs contra P. Olier, e per totz los bans que avia fachs metre al Castelvielh e otral pon et en esta vila, e per los trebals que avia fachs quant anec ab aquels que fasian la reparacio ; que monta entre tot aysso, taxat per los senhors cossols de l'an presen, a xxɪɪɪ de junh, l'an ʟxxvɪɪɪ................... vɪɪ lbr.

Soma : xxxvɪɪ lbr. xɪɪ s. (1)

ᶦ[Fº ʟxx, rº.] (2) 636. a Johan Selvas per lo servizi que avia fag per la vila en nostre temps, e per so que lhi era degut dels singulars que estero arestatz tant a la cort del rey quant a Candel, dins nostre temps ; que fo ordenat per los senhors que lhi fosson donatz quatre francxs e mᵉ. dels quals lhy paguiey.......... xɪɪ s. vɪ d.
637. a mᵉ Isarn de Rieus per alcunas scripturas de ɪ plag ques menava en la cort de moss. lo official am los heretiers de Huc Giladieu, a xv de jun .... ɪɪɪ lbr.
638. lo dia desus, a'n Gᵐ Colobres, per ɪɪɪɪ letras quem redec de monicios e de reforsamens que avia fag[s] contra los senhors cossols, per so que lhi era degut............................ v s. vɪ d.
639. per la absolvucio que aguem d'en Gᵐ Colobres que avia escumengatz e reforsatz los digs senhors cossols, am v gros quen avia paguatz en Frances Picart, costec entre far e sagelar.. xx s.
640. a mᵉ Bertran de Montalazac et a mᵉ Johan, so filh, ordenaris de la cort del rey, per la meitat de las scripturas que aviau fachas de xxvɪ de jun, l'an ʟxxvɪɪ, entro en l'an ʟxxvɪɪɪ a xxv del dig mes, que montero..... .... vɪɪ lbr. x s.

Soma : xɪɪɪɪ lbr. ɪɪɪɪ s.

[Fº ʟxx, vº.] 642. al thesaurier de moss. d'Albi per la pasada de l'an ʟxxvɪɪɪ, que aviau comprada los senhors cossols del dig an, quen era degut de resta, e per xɪɪɪ floris e ɪ marc d'argen e xv lbr. de cera que monta entre tot....... .... xxɪɪɪ floris.

---

(1) Au dessous on lit : *Aiso es contat*.
(2) Tout ce folio est d'une autre encre et d'une autre main.

644 (1) a moss. G^m Azemar, per ɪ maleu que avia fag Berthomieu Garrigas, coma sendic dels senhors cossols, loqual maleu fo pres 'l'an LXXVII, lo darier dia de novembre, en draps..................
. ... xxxvii francxs e medium.

645. may al dig Berthomieu Garrigas per ɪɪɪ viatges que fe a Tholosa per cerquar lo dig maleu, e per la tracha e per los pezatges e per lo port dels digs draps e per la gabela (2)......... x francxs.

647. may al dig Berthomieu Garrigas per la emposicio de ɪɪᶜxcɪ franc[xs] de draps que vendero los senhors cossols de l'an presen, losquals draps aviau malevatz, los digs senhors cossols, de moss. G^m Azemar de Tholosa, l'an LXXVII a vɪ de julh,....... v francxs.
Soma : ɪɪɪɪˣˣx lbr. xvɪ s.

[F° LXXI, r°.] (3) 649. a'n P. Boyer per vɪ entorcas que hom ac a la festa de nostre Senhor que costava la lbr. v s. e costava de obrar la lbr. vɪɪ d. m^a ; foro redutz los trosses de las dichas torchas ; fo paguat al dig P. Boyer, entre lo merme e las obraduras de las dichas torchas, ab ɪɪ lbr. que ne bayliey a Frances Digon per luy et ab v cartos que ne avia gastada lo dig Bernat Col el dig an. Somec......
.... xxxvii s. vɪ d.

650. per 1ª absolvecio que agro los senhors, lo jorn de nostre Senhor, que ero scumengatz ad instancia de G^m Colobres e de Brenguier de Varelhas, que la autriero per ɪɪɪ jorns ; costec... xxxv s.

653. a'n G^m Esteve, pelissier, a xx de junh, per los trebals que avia fachs, en l'an LXXVII, en l'alieuramen del pocessori. Fo ordenat per los senhors que li fosso satisfach................ ɪɪɪɪ lbr.

654. a Robert, sirven, que fo trames a m° lo viguier a Moncogul ab 1ª letra clausa que vengues ; foro li donatz.......... vɪɪ gros. que sa avia mestiers per la reparacio.
Soma : xxxɪ lbr. ɪ s. ɪɪɪ d.

[LXXI, v°.] 657. a'n Phelip Vayssieyra,.................. xx s. losquals avia prestat[z], lo dig Phelip a'n Domenge de Monnac a Carcassona per aver lo sagel de la letra que m° de crims avia aguda de m° d'Anjo sobre lo fach del Cap del pon.

658. a'n Bernat Steve per los comptes que ausic ab en P. Clergue,

(1) Les 4 derniers art. de ce verso sont d'une autre main.

(2) En marge : *Justifiquec per relacio de m° G^n Bestor e de B. Esteve que, per acordi fach entre lo dig A. e los cossols de l'an LXXVIII fo en aissi aponchat.*

(3) Ici reparait l'écriture des f°ˢ LXVI-LXX pour disparaître au 6° art. du verso du f° LXXII.

dels xix comus que levava P. Sabatier e G^m Rotgier, per v dias que hi estero que donava hom a cadaun, per dia ii s. i d., monta....... .... xx s. x d.

659. a'n Bernat Steve, quant fazian la reparacio, que hi estec to'as vetz... xx s.

662. a xx de junh, per sagelar i vidimus del arest del Cap del pon, a m° Johan Duran, arendador del dig sagel, l'an LXXVIII, v s.

664. a xxv de junh, a m° Ademar Grasset per alcunas scripturas que avia fachas per la vila a la cort temporal, per la ma de R^n Vinhals e de Johan Cambares, levadors dels xl talhs de la gacha de Verdussa, en defalcacio de sos comus.................. vii lbr.

Soma : xiii lbr. x d.

[F° LXXII, r°.] 665. a'n Bernat Steve, lo dia desus, que fo ordenat per los senhors que ieu li pagues et li dedugues de so que el devia de las cridas de l'an presen,..................... xxxii s. vi d. losquals avia(n) may paguat que no devia de sos comus, vist l'alieuramen novel.

666. lo dia desus, a m° Johan de Montalasac per alcun trebalh que fe en la reparacio ab m° lo viguier et ab M° P. Costabela de Carcassona, que 'lo notari que era vengut ab els per scrieure los fuoxs fo malaute : el dig M° Johan qualc que escrieusses per el. Fo ordenat per los senhors que li dones.................... i franc.

667. a xxiiii de junh, a'n Huc de Montels, cordier, per i^a corda que fe a la planca de la porta de Verdussa.......... xii s. vi d.

668. a moss. lo thesaurier de Moss. d'Albi per terme (?) que tenia lo sagel m° Jorda Belhome, per lo emolimen del sagel, per diversas absolvecios que hom n'ac tan ad instancia de moss. d'Albi, tan· de madona de Borbo e d'en P. Labaylia. Finec per totz los sagels, lo dia desus........... .... viii lbr.

669. per i^a monicio que avia facha m° G^m Ademar als senhors cossols et als autres singulars que fo presentada ad Albi, lo dia v de desembre, entre far e servir e sagelar, al dig m° G^m Ademar..... .... xi s iii d.

670. per i^a absolvecio, que nos avia scumengatz lo dig m° Jorda Belhome ab d'autres singulars, e per i^a absolvecio d'en Brenguier de Varelhas, que somec.......................... xxxix gros.

Soma : xiiii lbr. vi s, iii d.

[F° LXXII, v°.] 671. a xxvii de junh, entre doas vegadas, a'n Ar. del Vesoch, per i deute que hom deu a'n P. Romesta, per m° lo vescompte de Brunequel.................... xxx franxs e mieg.

672. lo dia desus, a'n P. Romesta, hostalier de Tholosa, per lo

deute en que hom li es tengut per moss. lo vescompte de Brunequel.
.... xxii franxs e ters.

677. (1) Redec, despueys que foro auzitz los comtes, que avia paguat a'n P. del Solier que li assignec moss. lo vescompte de Brunequel per despens que fe en son hostal, quant moss. Johan de Buelh sa fo.. xvii floris, ii gros.

679. paguec, a xx de may, a Brenge del Bosc et a son companh, que vengro excequtar per las restas de v francx per fuoc, en que estero viii dias... ix franxs.

Soma : vi^{xx}v lbr. xiii s.

[F° LXXIII, r°.] (2) 681. a vii de jun, ad Esteve Robert que fo trames a Tholosa a moss. G^m Ademar per alongar una monicio, e d'aqui anec al vescomte de Brunequel................. xiii gros.

683. a iii de jun, a P. Cornilha et a son companho, sirvens de Carcassona, que nos veniau excequtar per la gracia que nos avia facha moss. d'Anjo................................. viii franxs.

Soma : ix lbr. vi s. ii d.

Los comtes en aquest presen libre desus contegutz redo los senhors cossols de l'an M.CCC.LXXVII als senhors cossols de l'an LXXVIII, am protestacio et am retencio que fau davant lo bailamen et en aquel et apres que se aparia ni aparer podia en lunh temps que els o negun de lor aguesso may pres que mes ho may mes que pres, que tostemps volon estar a bon comte et a veritat.

L'an M.CCC.LXXVIII, a iii del mes de novembre, costituit[z] personalmen, ad Albi, en Domenge de Monnac e'n Esteve Baile, cossols de l'an LXXVII, per lor e per lors companhos cossols del dig an, jasia aisso que siau abscens, redero aquest libre de comtes, am la[s] protestacios desus contengudas, a'n Enric de Verno, P. Clergue, Guiraut Marti, Dorde Romanhac, cossols de l'an LXXVIII aqui presens e per lor e per lors companhos cossols del dig an, et e nom de la universitat d'Albi, recebens ; de laqual causa los digs Domenge et Esteve, e nom que desus, requeregro carta.

T[estimonis] Frances Donat, Pos Glieyas, Johan Talhafer e ieu G^m Prunet que de las cauzas desus dichas iey receubut instrumen.

[F° LXXIII v°.] (3) L'an M.CCC.LXIX, a xxii de jun, costituit[z] perso-

(1) L'écriture change pour les 3 derniers art. de ce v°.

(2) Les trois derniers art. des Comptes sont d'une autre écriture ; elle change encore dans le procès-verbal de reddition des comptes qui termine le recto.

(3) L'écriture de l'acte qui suit est absolument semblable à celle du

nalmen ad Albi, en la mayo cominal del cossolat del dig loc, so es asaber en Bernat Esteve e'n Miquel Huguat, del dig loc, losquals B. e Miquel dissero e prepausero aqui meteis, en la presencia de mi notari e dels testimonis sotz escrigs, que els ero estat[z] deputatz per los senhors cossols d'Albi de l'an presen ad auzir e palpar e far relacio dels comptes de la aministracio facha per en B. Col, cossol e thesaurier dels senhors cossols de l'an passat, e nom de la universitat del dig loc, e que los senhors n'Enric de Verno, P. Clergue, M° Johan Provenquier, en P. del Solier, en Guiraut Marti, en Dorde Romanhac, cossols de l'an presen, de la presen ciutat, los aviau requeregut[z] que fezesso lor relacio dels digs comptes ; per que els, so a saber lo dig Bernat Esteve el dig Miquel Huguat, personalmen costituit[z] en la presencia que desus, e l'an el dia desus dig, feiro relacio dels digs comptes als senhors cossols desus nompnats, en la manieira que s'ensec : monta la preza facha de l'aministracio del libre d'en Bernat Col, o miels apar per lo compte fag, escrig en cada pe de pagena, quatre milia nou cens trenta e sieys lbr. 1s. vii d. m^a ; monta la meza, o miels apar escricha en cada pe de pagena, sinc milia e tres lbr. detz s. vm d. po ; et endenaissi trobam que li es degut, avaluadas totas monedas, sayssanta e set lbr. ix s. m^a p^o. Et aqui meteis los sobredigs Bernat e Miquel, facha per els la relacio desus dicha, restituiro e bailero lo presen libre de la dicha aministracio als sobre nompnatz senhors cossols presens e recebens e nom de la dicha universitat, de laqual relacio sobredicha e restitucio del dig presen libre los sobredigs Bernat Esteve e Miquel Huguat requeregro public insturmen. Acta fuerunt hec anno, die, loco quibus supra, domino Carolo Dei gracia rege Francorum regnante, et sede Albiensi vacante, in presencia et testimonio Duranti Dionisii, magistri Deodati Gaudetru, P. Alrici, al[ias] Rigaudi, Johannis de Podio, et mei G^{mi} Pruneti clerici et notarii albiensis publici qui requisitus de premissis hoc instrumentum recepi, scripsi.

[F° LXXIIII, r°.] *Aisso que s'ensec es lo doute de Ar. Salvi e las paguas a luy fachas; e non es en preza ni en meza en negun comte.*

684. Sia saubut que lo sobre dig Arnaut Salvi prestec a la universitat d'Albi per paguar la finansa facha am moss. d'Anjo per lo Cap del pon d'Albi, de que pres carta m° (blanc) notari.................
.... cxxxv francxs e ters.

685. De laqual soma desus dicha fon paguat al dig Ar. Salvi, per

---

registre des délibérations de 1372 a 1388 ; elle ne ressemble à aucune de celles, assez nombreuses, que l'on rencontre dans ces comptes.

los heretiers d'en G^m Nicolau, e nom de la universitat d'Albi, per las cauzas que los digs heretiers deviau a la dicha universitat, contengudas en I insturmen receubut per la ma de m° Johan de Montalaza ɔ, notari d'Albi.................................... LXV lbr.

De que M° G^m Prunet [a] receubut insturmen cossi lo dig Arnaut las reconoc aver agudas.

686. Fo may paguat de la soma desus dicha al dig Arnaut per so que lo dig Arnaut Salvi devia del arrendamen de las cridas.........
.... XIII lbr. XIII s. IIII d.

687. Fo may paguat al dig Arnaut, per la ma de Johan del Pueg, levador de las restas dels LII comus, que lhi paguec lo dig Johan de mandamen dels senhors, so es asaber...... XXX lbr. I s. VI d.

688. Fo lhi may paguat al dig Ar. per en Bernat Col, coma es contengut, en aquest libre a XLIII c^as................ XXVI lbr. XVI s.

COMPTES DE 1380-1381

[F° III, r°.] 1. Paguiey a Johan Teulier et a G^m Bargues, fustiers que aviau estat cascu IIII jornals a reparar la clausura de davant en Colas entro al mur de la Teula ; e comensero lo mars a xxvi de julh, el mecres, el jous apres ; prendiau cascu II gros e mieg per jornal, monto XII gros que valo.................... XVIII s. IX d.

2. a II de julh, per VII lbr. de cavilhas de ferr que foro mezas a las obras de davan l'ospital ; costava la lbr. VII d. m^a ; lasquals foro d'en P. Boyer ; monto........................ III s. IIII d. m^a.

3. a III de julh, per V lbr. de cavilhas de ferr, que comprem de Isarn Cozi, que foro mezas a la clausura de davan lo mur de la Teula ; costava la lbr. VII d. m^a. Monta............ III s. I d. m^a.

5. a G^m Bargues et a Johan Teulier, fustiers, lo mecres a IIII de julh e lo jous a V del dig mes, que so cascu II jornals que estero a la obra desus dicha ; prendiau coma desus ; monta...... XII s. VI d.

Soma : II lbr. XIX s. VII d.

[F° III v°.] 7. lo venres a VI de julh, a Guiraut Boyer et a Marsal Gorsses que estero, lo dig dia, a carejar fusta de otral pon a la obra desus dicha ; prendiau coma desus ; monta........... III s. II d.

9. a IX de julh, a G^m Bargues et a Johan Teulier, fustiers, que aviau estat lo venres el sabde el lus davan a la obra de la clausura costa la porta de Roanel, cascu tres jornals, que so ambidos VI jornals ; prendiau coma desus, monta................. XVIII s. IX.

10. lo mars, a X de julh, a G^m Bargues que adobec l'escalier del gachil de la glieya vielha e mes plancas a la passada del hostal de Frances de Lagrava ; ac ne per son jornal II gros e mg, que valo.... .... III s. I d. m^a

12. lo dia dessus, per I escalier garnit de brancas e de escalos que fo d'en Berthomieu Prunet, loqual fo mes al gachil de costa la porta de Roanel, davan l'ospital.

(1) La feuille de garde et les 2 premieres feuilles ont été arrachees.

[F° IIII, r°.] *Meza per letras d'avizamens*

13. a xxv de jun, ad i macip que portec una letra d'avizamen dels cossols de Cordoas................................ xv d.

14. a xi de julh, ad i macip que portec una letra d'avizamen dels cossols d'Albanh..... .... ii s. vi d.

15. a xii de julh, ad i macip que portec iª letra d'avizamen de mᵉ Ar. Paya, laqual era estada escricha a Vinho (1)............. v s.

Meza per anadas

16. Paguiey a'n Felip Vaissieira que anec a Bezers al cosselh mandat (2) per los senhors governadors (3) sobre lo fag de las emposicios e dels subsidis dels iii franxs per fuoc cossi s'en regiria hom. E partic d'esta vila dimars a xxvi de jun, e venc lo mecres a iiii de julh ; estec ix jorns ; prendia cascun jorn xv s., monta.......
.... vi lbr. xv s.

17. Sia saubut que, enans que lo dig Felip Vaissieira anec al viatge dessus, los cossols de Castras ho autres aviau empetrat que lo subcidi novelamen empausat d'esta vila e de la vigaria fos portat e pagat al recebedor de Castras ; e quar era prejudiciable e dezonorable a la vila. Fo aponchat per los cossols que lo dig Felip ho fezes revocar, e fe ho, et empetrec recebedor en esta vila per nos e per la vigaria ; costero las letras..................... sinc s.

[F° IIII, v°.] *Meza communa*

19. a iii de julh, a ii homes que loguem per far portar de las cayssas e de las autras causas que ero a la mayo cominal de Lagrava e portero las a la mayo cominal de la Galinaria on nos erem mudatz ; prendia cascu ii s. i d., monta .... iii s. ii d.

20. a xi de julh, a Bernat Taulas que fe badas al pueg de Foiss..
.... xx d.

21. lo dia desus, a Gᵐ Mayrac et a Johan Crozet que anero tro a

(1) En face de chacun de ces 3 art. ou lit : *redec la.*

(2) Dans cette réunion des Etats tenus à Béziers, du 28 juin au 2 juillet 1380, il fut accordé aux gouverneurs de Languedoc un subside de 3 francs par feu payables à partir de janv. suivant.

(3) Le Languedoc n'avait pas de lieutenant général et, pendant la longue querelle du duc de Berry et du comte de Foix qui s'en disputaient le gouvernement, il était administré par des *governadors*. Nous allons trouver tous les détails que M. Edmond Cabié, dans *Evénements relatifs à l'Albigeois pendant la querelle du comte de Foix et du duc de Berry de 1380 à 1382*, a si merveilleusement su grouper pour éclairer cette page d'histoire si obscure avant lui.

Lanel (1) per espiar de las gens d'armas que dizia hom que ero passatz aqui et hi aviau estat una partida de la nuegz ; agro ne cascu xv d. ; monta.................. .... ıı s. vı d.

Soma : vı francxs e vııı s. x d.

[F° V, r°.] **22.** a xv de julh, a Johan Vigoros, sirven de Carcassona, que portava una letra de ajornamen a sa instancia contra los senhors cossols, e fo acordat que lo dig ajornamen se cesses, e que laisses la letra, mas que hom la pagues ; e fo lhi donat per la letra. .... x d.

23. a xvı de julh, que costec de sagelar una letra de sospencio que empetrem de moss. lo official d'esta vila contra en G^m Colobres que nos avia amonestatz per la renda del terme propda passat.. v d.

24. a xxıı de julh, per xxııı cledas que foro mezas als amvans del mur de la Teula tro la porta de Roanel : costava cascuna v barsalos ; monto..:. .... xıı s. vı d.

25. a xvııı de julh, que fezem citar G^m Colobres que nos avia meza garniso et nos fazia excequtar per so que nos demandava de la renda del terme de Nadal propda passat ; e fezem lo citar sobre excequcio non deguda davan lo viguier, quar am aquela cort del viguier ho fazia far ; e fo citat am letra ; costec entre far e sagelar.. ...ı........................ .... x d.

laqual citacio fo facha per Isarn de Monlaur.

Soma : xııı s. vıı d.

[F° V, v°.] **26.** a xxııı de julh, a Johan Noble que bandic a'n Bernat Bru lx floris que tenia en comanda de Tiboba, lo faissier, e bandic apres a Peire, bot del rector de Ladrecha, totz los frugz de totas sas vinhas, e nom re mens lo arestat (2) ad instancia dels senhors cossol[s] per los comus que lor entendiam demandar ; ac ne................................. .... v d.

27. a xxvııı de julh, per ıı jornals d'omes que estero a metre las cledas sus los amvans de Roanel, e portero de las balestas de la mayo cominal e de autra ordilha de Lagrava a la mayo cominal de la Galinaria, e prendia cascu ıı s. ı d., monta......... ıııı s. ıı d.

28. ad ı home que avia portat los bancxs a la processio general que fo facha lo dimergue a vııı de julh.................... v d.

29. a xxıx de julh una polilha que fo meza al pon levadis de Verdussa................................. .... ıı s. vı d.

30. a ıııı de julh, a'n Domenge de Monnac per xı fialas que valo ıı

---

(1) Comm. de Cunac, cant. d'Albi.
(2) Correc. : arestec.

carradas e mieja de fusta, e per vii trauexs que valo ii carradas, e
per xv corondas, que fo estimada tota la sobre dicha fusta per G^m
Bargues, fustier, so es asaber cada carrada a vii gros e mieg, e cada
coronda a vii d. e m^a; e may una cana de planca, estimada per lo
dig fustier a vii d. m^a; laqual fusta desus dicha fo mesa a la reparacio de la clausura de la porta de Roanel tro a la porta del Viga, e
la planca fo meza al escalier de la glieya vielha ; monta tot xli gros
iii barsalos que valo .... lii s. vii d. p^o.

Soma : iii lbr. i d. p^o (1).

[F^o VI, r^o.] *Meza e pagas fachas a M^o G^m Prunet per sa pencio.*

31. Paguiey en parcelas, so es a saber a xi, a xxi et a xxiii de
julh, a M^o G^m Prunet per partida de sa pencio....... xxxi s. iii d.

32. a iiii de julh, a'n P. Clergue, per xv corondas que aguem de
luy que foro mezas a la obra de la clausura de la porta de Roanel
tro a la porta del Viga, lasquals foro estimadas, a G^m Bargues, fustier, a vii d. m^a la pessa, que valo vii gros e m^g ; valo..............
.... x s. iiii d. m^a.

33. le dia desus, a'n Felip Vaissieira per xii canas de planca que
fo meza a la clausura dessus dicha, laqual fo estimada per lo dig G^m
Bargues, a x gros ; valo .... xii s. vi d.

34. lo dia desus, 'a G^m Iluc, tenchurier, per x cabiros que foro
mezes al palenc de sobre los molis, losquals foro estimats per lo dig
G^m Barges, a vii d. m^n la pessa, que monta v gros ; valo vi s. iii d.

35. a viii de julh, a Gorgori Laurs per xvii corondas e doas fialas
que foro mezas a la obra desus dicha de la porta de Roanel tro al
Viga, laqual fusta fo estimada per G^m Bargues, fustier, a vii d. e m^a
la pessa de las corondas e las fialas a xv d. la pessa; monta tot....
.... xiii s. i d. m^a.

Soma : iii lbr. xii s. vi d.

Le v^o du f° VI est blanc.

[F^o VII. r^o.]   Ave M^a

*Sec se la aministracio facha per en Sicart Nicolau, cossol e recebedor
deputat per los autres senhors cossols, commsada lo premier jorn d'aost,
jasia que, el mes de jun, lo dig en Sicart agues pres a levar alcunas
assignacios que fe en Galhart Golfier als senhors cossols per so que lor
era degut del quart de las emposicios e del vi^e del xiiie del vi de l'an*
M^o CCCLXXIX.

(1) Au bas de la page se trouve un guidon indiquant un renvoi ; le
même est reproduit à l'article 32. La suite de l'art. 30 est donc après
l'art. 31.

Sec se la presa

Preza de so que era degut del quart de las emposicios e del vi⁰ del xiii⁰ del vi a la vila.

36. Premieiramen, presi per lo quart de las emposicios el vi⁰ del xiii⁰ del vi desus dichas, que monta la part apertenen en esta vila ciii^{xx}iii lbr. ix s. de que se desduss per la part a la vila tocan de so quel thesaurier general de las emposicios el notari general prendo per lors trebalhs de far lors comptes dels quartz e dels seyes de cada avescat; montec la part d'aquest avescat xx lbr., e per las despessas que fe en Galhart Golfier, recebedor, e m⁰ Dorde de Laroca, notari, segen los senhors governadors de Lengadoc que ero a Bezers, e pueys vengro a Narbona e d'aqui a Carcassona, totz temps

[F⁰ VII, v⁰.] seguen lors digs senhors, que los quartz el[s] seyes de l'avescat de sels que an acostumat de penre, se paguesso: e despendero, seguen aquo, ambes x lbr.; e montec la part d'esta vila, i gros bo per franc que monta xii franx, iiii s. iiii d. m⁰ · et en aissi s'obrava en clar a la vila..... clxxi lbr. iiii s. vii d. m⁰.

De laqual soma ne assignec diversas gens d'esta vila e del avescat, que montec la dicha assignacio clv lbr. viii s. i d. m⁰.

Et en i ayral al Cap del pont que lo te R. Vidal, loqual lhi avia vendut la vila, e pueyss fo trobat que era del dig sen Galhart, montec lo dig ayral xii lbr. lasquals se defalquero de la soma desus, jasia aisso que R. Vidal non bailec mas xi lbr. et avia pagat per las vendas xx s., e quar fo atrobat per los senhors que lo airal era del dig en Galhart. Fo ordenat per los senhors que las xii lib. lhi fosso mezas en paga per la paga desus dicha.

Et en aissi resta que deu lo sen Galhart de las clxxi lbr. iiii s. vii d. m⁰, iii lbr. xvi s. vi d. lasquals se devo defalquar de la dicha soma.

Soma : lxxvi lbr. iiii s. vii m⁰.

[F⁰ VIII, r⁰.] *Presa facha de Johan del Pueg de las restas que leva dels lii comus.*

37. Presi del sobre dig, a v d'aost...................... ii lbr.

40. a xxix d'octombre, del dig Johan del Pueg, per la ma de Johan Chaplonc, per partida de so que lo dig Johan Chaplonc devia dels comus sobre digs....................... i lbr. vii s. iiii d. m⁰.

Soma : xiiii lbr. v s. m⁰.

[F⁰ VIII, v⁰.] 47 a xvi d'abril, paguec per mi ad Arnaut Garnier,

ANNÉE 1380-81

per so que lhi era degut per la anada que avia facha a Pampalona (1)
.... v s.
Soma : vi lbr. iii s. x d. mª

[Fº IX, rº.] 48. a xxix de may, bailec per mi a R. Viguier, bot de na Guina Belluelha, enclus iii s. ix d. que lhi era degut per fusta, et enclus viii s. iiii d. que lhi era degut per pa............ xii s. i d.

49. lo dia desus, paguec per mi a Matfre Blanc per carn que aviam aguda ad obs de las gens del seti de Pampalona..... viii s. iiii d.

50. lo dia desus, paguec per mi a Lambert Segui per carn que fo trameza a Pampalona (2)........................ xiii s. i d. mª.

54. lo dia desus, paguec per mi a Gᵐ Ayquart per pa que fo trames a Pampalona (3)....................... iii lbr. v s. v d.
Soma : ix lbr. xvi s. mª.

[Fº IX, vº.] 59. a vii de junh, del dig Johan del Pueg que paguec per mi a Johan Baldy que avia menat lo rossi de Gᵐ lo barbier a Pampalona am provesios que la tramezem ad obs de las gens d'esta vila... ii s. vi d.

61. del dig Johan del Pueg, en las entorcas quen aguem a la festa de Nostre Senhor............... .... xvi s. ix d.
Soma : xiiii lbr. viii s, iii d.

[Fº X, rº.] *Preza de las* xiiii *sempmanas que levec Berthomieu Garrigas*............... .... xx s.

Presa de las xiiii *sempmanas que levec* Gᵐ *Ayquart.*

64. Presi de Gᵐ Morgue de so que devia de las dichas xiiii sempmanas, enclus xx s. que bailec, a xx de febrier, et enclus xx s. que bailec sa molher, a xix de mars.................. ii lbr.
Soma : iii lbr.

[Fº X, vº.] *Presa de Pos Renhas, arrendador del hemolimen del pon de Tarn, loqual arrendamen monta, deduchas anchieiras,* lx *lbr. franc per* xx *s., et otra aquo, devia del arrendamen del dig pon de l'an passat*
.... lviii s. ix d.

70. Presi del dig Pos Renhas que avia mes en la reparacio del

---

(1) 9 personnes avaient accompagné Garnier à Pampelonne : Goleyme, Laciba, Gautbert, Roquas, de S. Jordi, Simo, Teulier, Armengau et P. lo faissier. Ils allaient, comme nous le verrons à l'art. 49, *al seti de Pampalona.*

(2) Il y eut, le même jour, 3 paiements pour dépense semblable.

(3) Même jour, trois autres paiements pour envoi de pain à Pampelonne.

pon de Tarn, en aissi coma se conte en la meza particularmen.
comte fag am luy, a xvi de novembre............... ii lbr. xiii s.

Soma : xxi lbr. i s. iii d.

[F⁰ XI, r⁰] 74. del dig Pos Renhas, la vespra de Nadal, e lo dig
m⁰ G^m pres (pres) lo del dig Pos, per la ma d'en Huc Viguier, i franc
cort que no valia mas .... xv gros.

77. Presi del dig Pos, a xxviii de jenier, que bailec per mi a na
Tabornieira et a Thomas Coli et a na Daniza et a Bernat Corbel, per
pa que fo trames a las gens d'armas del seti de Turia...... xx s.

Soma : ix francxs, an x gros, iiii lbr. ii s vi d.

[F⁰ XI, v⁰.] 86. a xxiii de jun, que paguec a m⁰ P. de Rius per
partida de so que lhi era degut de sos gatges del cossolat de l'an
passat.. iiii lbr. (1)

Soma : ix lbr. xix s. v d.

Le recto du f⁰ XII est resté blanc.

[F⁰ XII, v⁰.] *Presa dels* iiii *comus empausatz l'an* m.ccc.lxxx, *a* xiii
d'abril.

LA GACHA DE VERDUSSA

87. a xxviii de may, l'an lxxxi, de Vidal Guini, levador dels dig[s]
iiii comus per la dicha gacha, que bailec per mi a m⁰ Azemar Grasset per so que era degut al dig m⁰ Azemar per scripturas fachas en
la cort temporal e per autras......................... ii lbr. x s.

VIGA

88. de P. de Montelhs, levador dels digs iiii comus, per la gacha
del Viga, a v de setembre, l'an lxxx................... xxx s.

Soma : xv lbr. ii s. vi d.

[F⁰ XIII, r⁰.]   Sta MARCIANA

91. a xiii de novembre, d'en Johan Segui, levador dels digs iiii
comus, per la gacha de Sta Marciana, que paguec per mi a R. Roquas
per fusta que n'aviam aguda ad obs de la muralha .... x s.

94. a vii de dezembre del dig levador. en v cartiers de buou e iii
cartiers de moto que foro tramezes al seti de Pampalona..........
.... iiii lbr. xi s. iii d.

98. a xi d'abri (sic) del dig levador.................... xx s.

Soma : xv lbr. xvi s. vi d.

[F⁰ XIII, v⁰.] 100. a iii de may, del dig levador, enclus v quintals de

---

(1) Cet art. est d'une autre main.

fe quen aviam aguts de luy a tortissar los amvans de sobre la paret nova de Pueg Amadenc .... x s.

101. a x de may del dig levador que fe adobar lo pon levadis del Viga... ii s. vi.

Sanh Africa

102. a xxiiii d'octombre l'an lxxx, de m° R. Ortala, levador dels digs iiii comus per la gacha de S. Africa.................. vi lbr.

Soma : xv lbr. x s. xi d.

[F° XIIII, r°.]   Sanhg Stephe

104. a i de setembre, de Johan Clavairolas, levador dels digs iiii comus per la gacha de S. Stephe..................... ii lbr. x s.

Soma : xvi lbr. vi s. vi d. m°.

[F° XIIII, v°.]   Las Combas

111. a vi de setembre, de Bernat Paraire, levador dels digs comus per la gacha de las Combas............................. i lbr

Otral pon

116. a vi de dezembre, de Domergue Ratier, levador dels digs iiii comus par la gacha d'otral pon que bailec per mi a m° P. de Rius. . ... ii lbr. x s.

Soma : vi lbr. xvii s. vi d.

[F° XV, r°]   *Preza comuna*

117. a x de setembre, de m° B. Serras, per fusta que lhi fo venduda que era estada del hostal que comprec la vila de Bernat Milhet..... .... i lbr. v s.

E sia saubut que otra aco deu donar a la vila dos jornals.

119. a xxii d'octombre, d'en Johan Segui per so que lo dig Johan' devia de iiii saumadas e tres quintals de vendemia que avia compradas que ero estadas de la vinha de la malautia del Viga, a for de xxxvi s. la saumada sus la vit, monta............... xiiii lbr. xi s.

Lasquals paguec, enclus xliiii s. ii d. que lhi ero degut per cavilhas e clavels de fer que ac ad obs de la muralha.

120. lo dia desus, de P. Deletge, bot del rector de Ladrecha, per i acordi que fe am los senhors cossols per los comus de una vinha que avia a Pestraus e de sa testa, que podia dever tro lo dia presen. .... ii lbr.

Soma : xxiiii lbr. i s. v d. m°.

[F° XV, v°.] 122. a xxvii de novembre, de Jorda Bossac per so que devia del acordi que avia fag am los senhors cossols per so que devia donar per i an de sos comus, loqual acordi fo fag l'an LXXIX a I de julh, e devia donar per I an xxx s., dels quals avia paguat a'n Felip Vaissieira III s. IIII d. et a m° G^m Bestor x s. e IIII d. que lhi ero deguts per una letra que portec, en jenier, a Carcassona a m° B Lhanfre, que vengues en esta vila per auzir testimonis contra m° G^m Garnier de la plaegaria que menavem am luy ; e xvIII d. que lhi ero degutz que mes en vi e nogalhos per donar a moss. Enric de Ilas (1) a la porta de Verdussa, que estava aqui per so que non isisso, foras aquels de Felipes de Vinha que aviau plagats las gens de Parthenay, loqual vi e nogalhos lhi fe pagar m° G^m Bestor e m° P. de Rius e Huc Viguier. Monta la dicha resta.................... xi s. II d.

Soma : IIII lbr. xi s. II d.

[F° XVI, r°.] 125. a xxIx de jenier, de G^m del Holier, al[ias] Anco, per lo arendamen dels gorratatges de l'an propda passat; e fo vist que en l'an del dig arrendamen valc lo franc, la meitat de l'an, xx s., e l'autra meitat de l'an. xx s. x d., e fo comtat que no devia mas... xxx s.

losquals paguec en so que lhi deviam per lo senhor de Turci.

129. de Esteve Pairol, per I acordi que fe am los senhors cossols que devia donar per cert temps, cadans, xxv s. ; de que agui, a vII de mars, xII s. vi d., e xII s. vi d. que assigniey, a xIII de jun, a Frances Digon .... I lbr. v s.

Soma : xxvI lbr. xvIII s. Ix d.

[F° XVI, v°.] 133. a Ix de jun, de Johan Camarlenc, enclus xx s. que avia bailatz, a I de febrier, a'n P. Alric, cossol, de mo mandamen, per so que devia de resta de quatre franxs que avia promezes pagar als senhors cossols per tot so que devia a la vila per los comus empausats de l'an LXXIIII tro l'an LXXX, a xIII de may, apertenens a la vila.. II franxs.

E sia saubut que lo dig Johan promes donar, cadans, a la vila, per lo terme de IIII ans propdavenens, aitant quant estaria en esta vila, per los comus de ssa persona tant solamen, I franc cadans, de que m^r G^m Prunet fe carta.

Soma : x lbr. e I franc.

[F° XVII, r°.] 136. a xv de jun, de Johan Garnier per partida de so que deu a la vila, am carta facha per la ma de m° R. Landas, que se desduss de so que lhi era degut per portar pa a Pampalona. v s.

Soma : v s.

---

(1) Voir sur ce personnage art. 441.

ANNÉE 1380-81

Le v⁰ du f⁰ XVII est blanc.

[F⁰ XVIII, r⁰.] *Presa dels cesses e dels loguiers de la vila.*

137. Presi de R. Sarrasi, al[ias] Patau, per lo loguier del prat que te de la vila al Ga de Lescura, per lo terme de l'an M.CCCLXXX....... .... xxv s.

139. a IIII de setembre, de R. Massabuou per lo ces de una vinha que ha ad Avizac (1) que fo de G^m Favarel, loqual devia per los ans LXXV, LXXVI, LXXVII, LXXVIII e LXXIX e LXXX, per cadans IIII d. m^a, e per II acaptes XVIII d., que monta tot............... . III s. IX d.

E sia saubut que la dicha vinha avia aguda per excambis am una terra cap e cap.

141. a II de novembre, de Isarn Bru, laqual ha aquerequda (2) de Pos Dadau per pretz de VIII lbr., que monto las vendas XIII s. III d. ; e lo dig Pos avia la aquereguda de R. Lauraire per pretz de XII lbr., que so las vendas XX s. e per lo reire acapte del dig Pos e del dig Isarn que so IIII s., e per lo ces de l'an LXVIII tro l'an LXXX, que so XII ans, per cadans, XII d.; monta tot II lbr. IX s. IIII d.

Soma : v lbr. XVIII s. I d.

[F⁰ XVIII, v⁰.] 143. de Esteve de Cazilhac, per lo loguier del forn de la Ribieira, de l'an LXXX, enclus XX s. que bailec a XIII de jenier, et enclus XX s. que fo[ro] assignatz sobre luy a Frances Digon, a XIII de jun, per lo terme de S. Joan Babtista.............. II lbr.

145. a XI d'abril, de P. Laurens, al[ias] Cadolh, per partida del loguier del ort del Cap del pon que te de la vila...... VIII s. IX d.

146. a XVI de jun, d'en P. del Solier per partida del ces que dona, el e sa molher, a la vila per los hostals de sobre la fon del Buc....
.... II s.

Soma : IIII lbr. IIII s. VI d,

Le r⁰ du f⁰ XIX est resté blanc.

[F⁰ XIX, v⁰.] *Presa dels goratatges losquals foro arrendatz a G^m del Olier per pretz de XXXII lbr. VI s. VIII d., desduchas enchieiras.*

Presa del arrendamen dels fors losquals foro arrendatz a Guiraut Lacomba et a R. Guila per pretz de VIII lbr., desduchas anchieiras.

Soma : XXIIII lbr. III s. IIII d.

[F⁰ XX, r⁰.] *Preza de l'arrendamen de las cridas dels vis arrendut a Pos Glieyas et a Johan Talhafer, encantaires, per pretz de XVII lbr., desduchas anchieiras.*

(1) Aujourd'hui Levizac, sur la rive droite du Tarn.
(2) Est-ce une terre ou une maison ?

Presa dels encans vendutz als sobre digs per pretz de v lbr.

Soma : xxii lbr.

[F° XX, v°.] *Presa dels iiii comus empausatz a x de febrier, l'an lxxx Presa de la gacha de Verdussa laqual levec R. Vinhal a x d. mens per lbr.*

152. Presi del dig levador, per la ma de m° Johan Prevenquier, per blat que lhi era degut.......................... xxxii s. vi d.

155. del dig levador que paguec per mi a B. Serras, fustier, per so que lhi era degut de far los amvans [a] la paret de Pueg Amadenc. .... vi lbr.

158. del dig levador que paguec per mi a na Tabornieira per pa.. .... xvii d. m^a.

160. may que paguec per mi a'n Alazaiss Fromenca per pa...... .... ii s. iii d. m^a.

Soma : ix lbr. xv s.

[F° XXI, r°.] 167. a iii d'abril, que paguec a'n P. Rigaut per iiii sestiers de blat que avia prestatz a la vila.............. iii lbr. v s.

172. a xiii d'abril, enclus v s. que avia bailatz a Berthomieu Prunet, e x s. que bailec als homes que tortissero los amvans de Pueg Amadenc........... .... i lbr. x s.

Soma : xv lbr. xix s. v d. m^a p°.

[F° XXI, v°.] 175. paguec per mi a P. lo Ralhaire per l'anada que fe a Pampalona................................. .... v s. x d. m^t.

178. a ii de may, del dig levador, enclus xv s. que bailec per mi a i macip que tramezem a Carcassona, e v d. que bailec ad Isarn de Monlaur, e xv d. que paguec per mi a Bertomieu Prunet per cordas a liar los paveses que foro tramezes al seti de Pampalona.. .... xvi s. viii d.

179. paguec per mi al dig Bertomieu Prunet per una rellha que fo meza al portanel de Verdussa..... .... i s. vi d. m^a.

182. bailec per mi a G^m Balmier, a xii de may, per so que lhi era degut de tortissar las paretz de Pueg Amadenc...... xviii s. ix d.

183. a xiii de may, presi del dig levador que paguec per mi a Duran Aonda per iiii jorns que avia estat per portar provesios al seti, e nom de la vila, e per tornar la bombarda..... ...... xv s.

Soma : vii lbr. xii s. ii d. m^a.

[F° XXII, r°.] 185. a xviii de may, del dig levador que paguec per mi a'n Domenge de Monnac que lhi era degut del segon viatge que anec al comte de Foiss........................ v lbr. xv s. x d.

192. a xiii de jun, que paguec per mi a Duran Aonda que lhi era degut per portar pa et autras provesios a Pampalona, xiii s. ix d.

193. lo dia desus, que paguec per mi a Johan Baldi que lhi era degut per portar pa et autras provesios al seti de Pampalona...... .... i lbr. xii s. viii d.

Soma : xviii lbr. ix s. v d.

* [F° XXII, v°.] 195. a xvi de jun. del dig R. Vinhal, levador davant dig, que paguec per mi a Vidal Guini per lo prest que avia fag per pagar Not Ebral............................. .... xx s.

199. a xxii de jun, que paguec per mi a'n P. Alric, cossol, per so que lhi era degut per lo trebalh que avia mes en far far los amvans de las paretz de Pueg Amadenc......................... xx s.

Soma : v lbr. ix s. vi d.

[F° XXIII, r°.] *Presa facha de la gacha del Viga dels iiii comus davan digs de que es levador per la dicha gacha P. de Montelhs, a xii d. per lbr.*

204. a v d'abril, que paguec per mi a m° G^m Bestor que ho avia prestat per la anada que fe Mauri en Fransa, e i franc que prestec per la paga que fo facha de una espaza que se perdec a la porta del pon... ii lbr.

205. a vii d'abril, del dig P. de Montelhs, enclus vi gros per una corda que fo meza a la planqueta de Roanel, e xxi s. viii d. per ii cordas que foro mezas al pon et a la planqueta del Viga........... ...,......................... .... iiii lbr. x s.

206. a viii d'abril, que paguec per mi al prior del Carme per alcuna quantitat de materia que avia aguda la vila del coven del Carme........ .... viii lbr. iii s. ix d.

Soma : xxviii lbr. iii s. vi d. m^a.

[F° XXIII, v°.] 243. a xiii de may, que paguec per mi a'n Duran Daunis que lhi era degut de resta de so que lhi promezem pagar per lo senher de Turci e per iii cartas e m^a de fromen que bailec a Comberssa...... .... xv s. ii d.

216 a xiii de jun, del dig levador que paguec per mi a P. Tamparel que avia portat a Pampalona provesios...,........... v s.

220, a xxiii de jun, que paguec per mi al sen Bernat d'Avisac per los gatges del cossolat de l'an presen.................... v lbr.

[F° XXIIII, r°.] 221. Presi del dig P. que paguec per mi al sen B d'Avisac per dos pavezes que foro portatz al seti de Thuria...... ....,..... .... trenta e dos s. (1)

---

(1) Cet art. est d'une autre écriture.

[F° XXIIII, v°.] *Presa de la gacha de Sta Marciana dels dig[s] IIII comus de laqual es levador m° P. Fajas, a XII d. per lbr.*

222. Presi del dig levador, per la ma d'en Johan Segui, que avia prestatz per lo pa que fo trames a Thuria.................. XX s.

230. a v d'abril, que paguec per mi a m° Dorde Gaudetru que lhi era degut de far adobar las barieiras davan lo truelh de Ramenc e de far metre boquetz e gaffetz per la muralha..... I lbr. v s. I d.*

233. a XVII d'abril, que paguec per mi a'n Enric de Verno, enclus III lbr. XVIII s. I d. m^a que lhi ero degut per jornals de son rossi e per fusta que n'aguem ad ops de la muralha e XX s. que prestec per lo pa que fon donat al senhe de Turci.... IIII lbr. XVIII s. I d. m^a.

Soma : XXIX lbr. v s. IX d.

[F° XXV, r°.] 234. paguec per mi a P. de Laya, fustier, per l'anada que fe a Pampalona............................ X s. VIII d.

235. a XXII d'abril, del dig levador que paguec per mi a Bernat Riquart, fustier, per l'anada que fe a Pampalona. I lbr. III s. VI d.

Soma : XVI lbr. VI s. XI d. m^a.

[F° XXV, v°.] 243. a XIII de jun, del dig m° P. Fajas, levador, que paguec per mi a Johan Lastapcha per portar pa al seti de Pampalona.. v s.

244. a XV de jun, que paguec per mi a Matfre Blanc que lhi era degut per far las taulas del mazel nou........ I lbr. I s. v d. m^a.

Soma : IX lbr. v s. VI d.

[F° XXVI, r°.] *Presa de la gacha de S. Africa levada per Isarn Redon, a XII d. per lbr.*

253. Paguec per mi a'n G^m Cabrier que lhi era degut per far adobar las barrieiras de Roanel................ .. XIII s. IX d. m^a.

261. a I de may, que paguec per mi a'n Domenge de Monnac per la emenda de I espaza que fe ad I escudier que la avia perduda al pon de Tarn, quant las gens d'armas del senher de Turci sa intrero .... XX s.

Soma : XV lbr. I s. v d.

[F° XXVI, v°.] 262. lo dia desus, del dig Isarn Redon, levador davan dig, que paguec per mi a'n Domenge de Monnac, per l'anada que fe al comte de Foiss..................... .... v lbr. v s.

263. lo dia desus, paguec per mi a'n Bernat Esteve per la anada que fe al comte de Foiss............................ v lbr. v s.

267. a XVII de may, del dig levador que paguec per mi a P. del Solier per lo rossi que cavalguec m° G^m Bestor quant anec far la

reverencia al comte de Foiss que era a Girossenxs (1)...... v s.

270. a xxi de may, que paguec per mi a'n Bernat Esteve per la segonda anada que fe a Mazeras....................... iiii lbr.

271. lo dia desus, que paguec per mi a Bertomieu Gausit per carn que fo trameza a Pampalona................... i lbr. vii s. vi d.

272. a xxxi de may, que paguec per mi a m^e R. de Montalasac per vendas et acaptes que la vila lhi devia coma arrendador dels cesses de S. Salvi per cert conquist que la vila avia fag(z) contengut(z) en la meza...................................... i lbr. vii s. vi d.

Soma : xx lbr. xix s. iiii d.

[F° XXVII, r°.] 273. Presi del dig Isarn, levador davan dig, a v de jun, que paguec per mi a'n Domenge de Monnac per vi que fon donat als Carmes, lo jorn de la Cocepcio de Nostra Dona...........
.... i lbr. v s. viii d.

281. a xxi de jun, que paguec per mi a Bernat Esteve, pelicier, per so que lhi era degut de la darieira anada que fe a Maseras.... ...
.... i lbr. xvii s. vi d.

Soma : xix lbr. ix s. m^a.

[F° XXVII, v°.] *Presa de la gacha de S. Estephe dels iiii comus dessus digs levatz per P. de Cauzac, a xii d. per lbr.*

286. a xxxi de mars, que paguec per mi a dona Garda Gieussana per fusta, lata, e teule que n'avia aguda la vila....... iiii lbr. x s.

294. may, a xvi d'abril, que paguec per mi a R. Vidal per lo prest que fe quant fo trames lo pa al senhen de Turci.......... xx s.

Soma : xxi lbr. vii s. ii d. m^a.

[F° XXVIII, r°.] 300. paguec per mi, a xiii de may, a'n Galhart del Faro alqual era estada promeza paga per en Duran Daunis, e nos deviam ho al dig en Duran per lo senher de Turci..... i lbr. x s.

302. a v de jun, que paguec per mi a'n Azemar Blanquier per carn que fo portada a Pampalona.......................... ii lbr.

Soma : xv lbr. vii s xi d. m^a.

[F° XXVIII, v°] 307. a xxiii de junh, del dig levador que paguec per mi a'n P. Boyer que avia prestat quant Bernat de Bordas anec per la vila a moss. de Berri et a moss. d'Armanhac.......... x s. (2)

---

(1) Cant. de Lavaur.

(2) Cet article est cancellé et suivi de la note suivante : *Los x s. davant digs so encluses a las vi lbr. xix s. viii d. d'en P. Boyer.* Ce serait l'art. 304.

308. Presi, lo dia desus, del dig levador que paguec per mi a Gui de Rabastenxs, argentier, que adobec una pechieira d'argen que aviam aguda de moss. Bernat Vaquier, per presentar lo do que la vila fe a moss. d'Albi, en sa premieira venguda ; jasia que lo dig do fo redut en pecunia e la vaissela fo cobrada e la pechieira dessus dicha era cazecha e covenc la far adobar, que costec mieja onsa d'argen que hi covenc.................. .... vi s. iii d.

Soma : x lbr. xi s. v d.

[F° XXIX, r°.] *Presa de la gacha de las Combas dels* iiii *comus davan digs dels quals es levador B. Paraire, e B. Auriac, a* xii *d. p. lbr.*

312. a iii d'abril, que paguec per mi a'n Guiraut Marti per lo do que la vila fe a moss. Frotier.................... .... x lbr.

314. lo dia dessus, que paguec per mi a'n Guiraut Marti que avia prestat a pagar una espaza que se perdec a la porta del pon, a i de febrier, laqual era de i home d'armas..................... xv s.

Soma : xv lbr. x s. iii d. mª.

[F° XXIX, v°.] **320.** a xxi de may, que paguec per mi a'n B. Esteve per la segonda anada que fe a Mazeras al comte de Foiss, i lbr. x s.

322. a xii de jun, que paguec per mi a B. Auriac per xvi botuolas de tencha................................... vi s. viii d.

Soma : xi lbr. vi s. mª.

[F° XXX, r°.] *Presa de la gacha d'otral pon dels* iiii *comus davan digs losquals es levador, per la dicha gacha, Domengue Ratier e Bertran de Lasala, a* xii *d. per lib.*

332. a xxx de may, dels sobre digs levadors, enclus xxiii s. ix d. que paguero per mi a R. de Vaurs per provesios que avia portadas a Pampalona.. xv s.

Soma : xv lbr. iii s. xi d. mª.

[F° XXX, v°.] **338.** dels digs levadors que paguero per mi a Bertomieu Prunet, cossol........................ .... vi s. iii d.

Soma : vi s. iii d.

[F° XXXI, r°.] *Presa de* i *comu empausat a* xvii *de may, l'an* M.CCCLXXXI, *per pagar la promeza facha al comte de Foiss* (1).

(1) Une délibération de ce même jour nous fait connaître les motifs de cette imposition. « Dissero may que en Domenge de Monnac e'n B. « Esteve ero vengutz de moss. de Foyss am los autres comus, losquals « ero anatz a Mazeras per penre qualque bon acort am moss. de Foyss « afi que las gens d'armas no nos dampnegesso; et an reportat que « la era estat aponchat am mosenher de Foyss que tota la senescalcia

[F° XXXIII, r°.] *Presa facha dels locxs sots escrigs de II gros e mieg per fuoc ordenatz que se levesso dels locxs de la vigaria per pagar las despessas fachas seguen los cosselhs el tractat del comte de Foyss e seguen las pagas a luy fachas de so que lhi fo promes, laqual ordenansa fo facha a XVII de may.*

360. Premieiramen, presi de la universitat de S. Salvi de Carcaves (1) per la ma de m° G^m Bestor, a XXII de may per II fuocxs..... .... VI s. III d.

361. de la universitat de Venes (2), per VI fuox.... XVIII s. IX d.

362. de la universitat del Travet (3) per II fuox....... VI s. III d.

363. de la universitat de Labastida de moss. d'Albi (4), per V fuoxs .... XV s. VII d. m^a.

364. de la universitat de Avalatz (5), per II fuox..... VI s. III d.

365. de la universitat de Senegatz (6) per XLVIII fuocxs............ .... VII lbr. X s.

366. de la universitat de Briatesta (7) per VII fuox, XXI s. X d. m^a.

367. de la universitat de S. Gauzenx (8), per la ma de P. de la Ila, per III fuox... IX s. IIII d. m^a.

368 de la universitat d'Ambres (9), per la ma de Johan Drulha, per III fuoxs... IX s. IIII d. m^a.

369 de la universitat de Marssac (10) per la ma de Isarn Gros, per IIII fuox.................. ....·········...... XII s. VI d.

370. de la universitat del Taur (11), per la ma de Bertomieu Prunet...... .... IX s. IIII d. m^r.

« de Carcassona lhi done per I mes, comensau a XIII dias d'aquest « presen mes de may en avan, quatre milia franxs. Per que dissero « qual provesio s'i meira ni de que pagaria hom la quota apartenen en « esta vila. » Le conseil vote 1 commun. BB. 16.

La recette de ce commun pour les 6 gaches n'offre aucun intérêt nous la supprimons.

(1) Cant. de Vabre, arrond. de Castres.

(2) Cant. de Lautrec.

(3)   id.   id.

(4) Labastide Episcopale au XV° siècle, aujourd'hui Labastide-Dénat, canton de Réalmont.

(5) Comm. de St-Juéry, cant. de Villefranche.

(6) Comm. de St-Pierre-de-Trivisy, cant. de Vabre, arrond. de Castres.

(7) Cant. de Graulhet, arrond. de Lavaur.

(8)   id.   id.

(9) Cant. de Lavaur.

(10) Cant. d'Albi.

(11) Comm. de Montans, cant. de Gaillac, 3 feux.

371. de la universitat de Berenxs (1)............. III s. I d. mᵃ.
                    Soma : XIII lbr. VIII s. IX d.

[F° XXXIII, v°.] 372. de la universitat de Montanh (2)............
.... v s. v d. mᵃ p°.
373. de la universitat de Lagrava (3)............... VI s. III d.
374. de la universitat de Gresas (4)............... III s. I d. mᵈ.
375. de la universitat de Maussans e de Rofiac (5).... VI s. III d.
376. de la universitat d'Ausac (6)..... .... XII s. VI d.
377. de la universitat de Monsalvi (7).............. VI s. III d.
378. de la universitat de Bezancol (8).............. VI s. III d.
379. de la universitat de Pueglanier (9)........... III s. I d. mᵃ.
380. de la universitat de Denat (10)............... III s. I d. mᵈ.
381. de la universitat d'Orbanh (11)...:............ III s. I d. mᵈ.

Presa dels v gros e miey per fuoc dels locxs de la Vigaria empausatz per los comus de la senescalcia de Carcassona per pagnar IIII^m *franxs promezes per la dicha senescalcia al comte de Foyss* (12).
                    Soma : VII lbr. VIII s. VII d. p°.

Le v° du f° XXXIIII est blanc.

[F° XXXV, r°.] *Sec se la meza facha per en Sicart Nicolau davan dig e nom que dessus.*

Meza facha per lo do promes a moss. d'Albi (13) *quant venc premieiramen en esta vila.*

404. Paguiey, a I d'aost, a moss. G^m de Maurs, thesaurier de moss. d'Albi, per la causa desus dicha..................... x franxs.

(1) Cant. de Gaillac, 1 feu.
(2) Cant. de Gaillac.
(3)   id.   2 feux.
(4) Il existe 17 Grèzes dans l'Albigeois ou le Castrais. Cf. *Diction. hist. et géogr. du départ. du Tarn*, par A. Tranier.
(5) Cant. d'Albi.
(6) Cant. de Cadalen, arrond. de Gaillac, 4 feux.
(7) Comm. de Puygouzon, cant. d'Albi, 2 feux.
(8) Bézacoul, com. de Teillet, cant. d'Alban.
(9) Comm. de Dénat, cant. de Réalmont, 1 feu.
(10) 1 feu.
(11) Cant. de Réalmont, 1 feu.
(12) On retrouve dans cette recette les mêmes noms que dans la précédente. Nous la supprimons.
(13) Dominique de Florence.

Avem ne bilheta donada a xxv de julh (1).

407. a III d'abril, al dig moss. lo thesaurier, per la causa dessus dicha, que lhi era degut per lo avantatge de vi^{xx}vi lbr. que lhi foro bailadas de comtan, so es a saber xx s. per i franc, et alaras valia xx s. x d,; e fo comtat, presen[s] m° G^m Bestor, P. Boyer, Bertomieu Prunet, cossols, lo avantatge que lhi pagues hom per cada franc xx s. x d.; montec lo dig avantatge.................. v lbr. v s. (2).

408. lo dia dessus, al dig moss. lo thesaurier, per mieg quintal de cera en entorcas que era degut a moss. d'Albi per so que la vila dona cadans per los goratatges e per los encans, a for de III s. IIII d. monta... VIII lbr. vi s. VIII d.

Soma : xxII franxs an x gr. xIII lbr. xII s. I d.

[F° XXXV, v°.]   *Meza com*u*na*

410. a I d'aost, a Frances Digon per i libre en que se escrivia la aministracio que fazia en Sicart Nicolau, e nom de la vila......... ....:..................... vi s. III d.

411. lo dia dessus, per la ma de G^m Bestor, a m^e Lambert Vilar per lo sagel de una letra excequtoria que avia facha far lo dig m° Lambert contra los senhors cossols, per so que lhi era degut de sa pencio; et avans que fos partida de Carcassona, lo dig m° G^m Bestor, que era adonc a Carcassona, ho saup, e fe la cessar. Costec lo sagel .... III barsalos.

414. a v d'aost, per la ma de Pos Glieyas, per xxIIII michas, cascuna de I morla, que costero v s. e per i sestier de vi que fo d'en Felip Vaissicira, que costava xxvi s. VIII d., e x s. per pitanssa; lasquals cauzas foro donadas als Presicadors, lo jorn de S. Domenge; monta tot.. xLI s. VIII d.

415. per portar lo vi am lo loguier del barial............ x d.

Soma : III franxs, e L s. xI d. p°.

[F° XXXVI, r°.] 416. a VIII d'aost, a Bernat Paga, sirven de Carcassona, del sagei de Someire, per una excequcio que fazia ad instancia de m° Johan Aurifabre, not. de Carcassona............. x s.

417. a xI d'aost, a P. Pal que estec, lo dig dia, per portar libres de la mayo cominal de Lagrava a'n aquela de la Galinaria.. II s. I d.

418. a xII d'aost, a'n Enric de Verno, per IX jornals del seu rossi que cavalguec m^e G^m Bestor, que anec a Carcassona per las bezon-

(1) En marge on lit : *Redec* I^a *bilheta en que a dos pagas cascuna de* x *franxs.*

(2) En marge : *Redec* I^a *bilheta en que fa mencio de* v *lbr.* v s. *e de la sera* VIII *lbr.* VI *s.* VIII *d.*

has de la vila contengudas en las anadas del dig m° G^m, loqual loguier de rossi lhi devia pagar la vila otra sas dietas; ac ne per cascun jorn ıı gros e m^s, monta.............. xxvııı s. ı d. m^a.

419. lo dia dessus, per excequtar tres letras del rey contra G^m Colobres, la una que nos pagues los talhs per los bes que avia en nostre cossolat, l'autra que la venda de la renda fos remo[guda] coma facha en prejudici del rey e de la universitat, e l'autra que lo rey nos donava dos ans, part lo terme contengut en la carta. Costero entre far e sagelar .... vıı s. vı d.

420. lo dia dessus, a R. Chefols que anec am m° G^m Bestor a Carcassona, part ı autre masip que lo dig m° G^m menava; loqual R. la anec de mandamen e de voluntat dels senhors cossols, afi que, encontenen que foro de part dela, s'en tornes per portar novelas de las gens d'armas que ero a Carcassona que deviau venir de part dessa per far las mostras Estec ıııı jorns, de que ac ne.... . v s.

Soma : ıı lbr. xıı s. vııı d. m^a.

[F° XXXVI, v°.] 422. a vııı d'aost, ad Esteve Robert, per partida de sso que era degut al dig Estevo del viatge que fe darieıramon en Fransa per la darieira reparacio............. .... ııı floris.

423. a xıııı d'aost, ad Isarn do Montaur, sirven del rey, que avia fag lo mandamen de ıı letras del senescalc de Carcassona contra Nicolau Andrieu e contra P. Gros que foro citat[z] a proezir en la cauza que menavem a Carcassona contra lor.............. x d.

425. lo dia dessus a m° Johan Aurifabre, per la ma de Barbabeta (1), portador de unas letras tramezas per lo dig m° Johan Aurifabre que se endressavo a m° Ar. Paya et a m° Dorde Gaudetru, ... ıııı franxs.

losquals lhi paguiey de voluntat de sen Bernat d'Avizac, d'en Felip Vaissieira, d'en Johan Segui, d'en P. Boyer, d'en Bertomieu Prunet, cossols ; et aquo per razo de ı acordi que aviau fag los digs senhors cossols am lo dig m° Johan Aurifabro de so que lo dig m° Johan demandava per la decima de la clamor que fe saentras m° G^m Garnier al sagel de Someire de la soma de cxxxv franxs contra la vila ; dels quals ıııı franxs e de tot quant poiria demandar per razo de la dicha decima e de las despessas d'aqui fachas avem letras de quitansa escrichas per la ma del dig m° Johan, o miels en las dichas letras es contengut.

Soma : xxxıx s. v d., ıııı franxs, vı floris.

[F° XXXVII, r°.] 426. lo dia desus, al sobredig Barbeta, portador

---

(1) Le véritable nom doit être *Barbeta*. Cf. art. 426.

de las letras sobredichas, per sos trebalhs.......... mieg franc.

427. a xvi d'aost, a i masip que fo trames als senhors cossols de Cordoas per espiar de las gens d'armas de Benezeg que dizia hom que ero entorn aqui e trameiro nos resposta ; ac ne... III s. IX d.

428. lo dia desus, per una pipa de vi de tres sestiers, que costava a for de II s. la lial (1), 'loqual vi fo donat a moss. Johan de Montagut, governador de Lengadoc, que era vengut per far far lo pagamen a las gens d'armas que devian anar en lo dugat ; monta (2)........
.... IIII lbr. XVI s.

429. lo dia desus, per III sestiers de sivada que fon donada al dig moss. Johan de Montagut, que costava lo sestier VI s. VIII d. ; monta
.... XX s.

430. lo dia dessus, a'n P. Boyer per II entorcas que pezavo, am una lbr. de doblos, IX lbr. ; costava la lbr. III s. IIII d. ; monta.....
.... XXX s.

lasquals entorcas fon donadas am lo vi et am la sivada sobredicha al dig moss. Johan de Montagut.

Soma : VIII lbr. XIII s.

[F° XXXVII, v°.] 431. lo dia desus, per I mola de veyre am que fo presentat lo dig vi.. X d.

432. a XVII d'aost, ad I masip que portec una letra d'avizamen que trames Bonet Gui de Gaia en foras....................... X s.

433. lo dia dessus, a P. Fabre de Valenssa que avia acompanhat lo massip sobredig de Valensa en foras tro en esta vila, quar era nueg,
.... II s. VI d.

434. a XIX d'aost, a'n Sicart Nicolau, per una pipa de vi, que tenia tres sestiers de vi, que fon donada al senher de Turci que era en esta vila am ganre de gens d'armas, laqual lhi fo donada afi que las dichas gens d'armas no fezesso mal ni desplazer en esta vila. Costava, a for de II s. la lial, monta.................. IIII lbr. XVI s.

436. a XXI d'aost, a m° Dorde Gaudetru, per una pipa de vi que fo donada a moss. Enric de Ilas. men escalc de las gens d'armas venguda[s] per la mostra e penre pagamen per anar al dugat ; laqual tenia IIII sestiers de vi ; laqual lhi fon donada afi que gites foras

---

(1) Cet article permet de déterminer le nombre de lials contenues dans le setier. Les 3 setiers coûtent 4 l. 16 s. ou 96 sous ; le setier revient donc à 96 / 3 = 32 s. ; et puisque la valeur de la lial est de 2 s. nous obtenons le nombre de lials composant le setier par l'opération 32 / 2 = 16. Le setier contenait 32 lials. Cf. art. 431

(2) Le conseil de ville s'était réuni la veille pour délibérer sur l'accueil qui serait fait au gouverneur.

d'esta vila las dichas gens e las fezes alotjar deforas la vila, quar era gran perilh que hom no los ne pogues gitar quant hom se volria, quar trops ero dedins. Costava a for de ıı s. la lial, monta... .... vı lbr. vııı s.

Soma : xıı lbr. xvııı s. ıı d.

[Fº XXXVIII, rº] 440. lo dia desus, a Bernat Garro, al[ias] Clon, que portec de part dels senhors cossols d'esta vila una letra clausa als senhors de Lescura que lor escriviau que quatre rossis ero estatz panatz a las gens d'armas que ero alotjadas al monestier de las canongas del barri del Cap del pon, et hom avia nos reportat que a Lescura ero, e que los fezesso redre : ac ne................. x d.

441. a xxııı d'aost, a ı macip de Carcassona que hom apela Peyre Arnaut, al[ias] lo Bog, que portec una letra uberta del senher de Turci e dels senhors del cosselh que s'endressava a moss. Enric de las Ilus, conestable de las gens d'armas que de presen ero alotjadas als barris et en esta vila, contenens que fezes pagar a las gens d'armas so que aparia que auriam pres de las gens per causa de resenso ; laqual letra nos trames moss d'Autpol, am una autra letra clausa escricha de la ma del dig moss. d'Autpol, en laqual, entre las autras cauzas, se contenia que paguessem al portador.......... ı franc.

442. a xxıx d'aost, que fo lo jorn de S Agusti, per ı sestier de vi que aguem d'en Felip Vaissieira, que costec xxxıı s., e per xxıııı michas que costero v s., e x s. que lor fo donat per pitanssa ; lasquals cauzas foro donadas a las morgas, lo jorn de S. Agusti ; monta tot am x d. que costec de portar, am lo loguier del baril.. ıı lbr. vıı s. x d.

Soma : ıı lbr. x s. ıx d. ı franc.

[Fº XXXVIII. vº.] 443. a xxx d'aost, a Mathiu Perier et ad ı autre masip que anec am luy, quar no trobem qui la volgues anar sol, per dupte de las gens d'armas que ero als ordes, que tramezem a Foncuberta (1) per dire a Johan Regort del dig loc que vengues parlar am los senhors cossols sobre aquo que Marti Johan lor avia reportat que lo dig Johan Regort lhi avia dig que ı home d'armas lhi avia dig que las gens d'armas que ero alotjadas als fraires Menors ero dels Engles de Monferran : agro ne................ ıı s. vı d.

444. lo dia dessus, al sobre dig Johan Regort de Foncuberta que fo vengut en esta vila per parlar am los senhors cossols sobre aquo que lo dig Marti Johan lor avia reportat coma davan es contengut ; e lo dig Johan diss lor que ı page lhi avia dig que las dichas gens d'armas que ero als fraires Menors ero dels Engles de Monferran : ac

(1) A moitié chemın d'Albi à Villefranche.

ne per son treballı .... xv d.

445. lo dia dessus, a Bernat Corbel et a Bernat Johaneu, que anero am lo menescalc de las gens d'armas que ero alotjadas als ordes et als barris d'esta vila, per mostrar lo cami entro a Montanh ; quar lo dig menescalc ho avia dig als senhors cossols que lor bailesso qui lor mostres lo cami, e non hi vofc negus anar sol. Agro ne cascu III s IX d. ; monta...................... ..... VII s. VI d.

Soma : II franxs XI s. III d.

[F° XXXIX, r°.] 448. a x de setembre, a m° B. Serras, fustier, que lhi era degut per lo avantatge de XL franx que deviau pagar las gens de la Glieya, ad ajutori da la paret nova de l'ostal de Bordas, e no bailero ni volgro bailar mas lbr. e la vila era ne tenguda al dig m° B. Serras. E fo ordenat per los senhors cossols que lhi fos pagat per cascun franc x d. ; monta................. .... XXXIII s. III d.

449. a XI de setembre, a m° Guiraut de Mercayrol, notari de Galhac, per XXIII fuelhs d'acta que n'aguem de la causa que saentras menavem contra los habitans del Cap del pon... .. .. XVI s.

451. a XVIII de setembre, ad I masip de Rialmon que portec una letra dels cossols del dig loc, en que nos mandavo que lo loc de Lacaza, prep de Castras, era pres per Benezecho, e que estessem avizatz... III s. IX d.

Soma : III lbr. VII d.

[F° XXXIX, v°.] 452. la dia desus, a'n P. de Najac, sirven del rey, que bandic a m° G^m Bostor l'argen que lhi era bailat en deposit dels heretiers d'en Huc Giladieu e de sa molher, per alcuna soma d'argen que la vila enten a demandar........................ v d.

453. a XXII de setembre, a Johan Malgoyres et a Johan Delmas, que aviau estat a curar lo toat de la Torreta que era empachat, e l'aiga afolava lo mur,............... .... xx d.

454. a II d'octobre, a G^m Nayrac que anec a Rabastenxs am una letra de moss. d'Albi que portec a Partenay, quar lo dig Parthenay nos avia mandat que el volia cavalgar en esta vila per penre merca de alcus dampnatges que dizia que avia prezes en la juridiccio d'esta vila ; e sus aquo moss d'Albi lhi escriss que el non avia ges pres los digs damnatges en aquesta juridiccio, per que no volgues donar negun damnatge ses cauza. Ac ne entre anar e tornar .... VI s. III d.

455, a IIII d'octobre, que fo lo jorn de S. Frances, per I sestier de vi, que fo de Bertomieu Prunet, que costec XXXII d., e per XXIII^I michas que costavo v s , e x s. per pitanssa, lasquals cauzas foro donadas, lo dia dessus, als fraires Menors : monta tot, am x d. que costec de portar lo dig vi, am lo loguier del baril.　　ıı lbr. vıı s. x d.

456. a vı d'octombre, a Bernat Johaneu et a P. Pueg que anero, de mandamen dels senhors cossols, prep de Valensa per espiar dels Engles que dizia hom que aviau pres lo dig loc de Valensa ; agro ne.. v s.

Soma : ııı lbr. ı s. ıı d.

[F° XL, r°.] 458. a x d'octombre, a B. Combers que portec letras als cossols de Lumbers e de Rialmon per notificar la presa del loc de Turia, laqual letra lor escriss moss. d'Albi per tal que tramezesso gens per anar davan lo dig loc, ac ne........ .... ııı s. ıx d.

459. a xı d'octombre, a Bernat Baldi que acompanhec ı macip que avia trames moss. lo senescalc de Carcassona am letras clausas que veniau als senhors cossols que hom lo sertiffiques de la presa de Turia, e partic sus lo mudamen del gag, e lo[s] senhors bailero lhi lo dig Bernat que lo acompanhes tro que fos jorn ; ac ne.........
.... ıı s vı d.

460. a xıı d'octombre, ad ı masip que portec una letra d'avisamen que trameyro los cossols de Cordoas................... ıı s. vı d.

461. a xııı d'octombre, a Bernat Corbel que tramezem a moss. d'Arpajo et a'n Sicart del Bosc que ero a Monestier que nos sertifiquesso del loc de Turia si s'i devia metre seti................ ıı s. vı d.

463. a xıııı d'octombre, a Bernat Corbel que portec una letra a'n Sicart del Bosc a Sta Gema (1) que nos avia mandat que lhi tramezessem gens per anar asetjar lo fort de Turia ; e nos escrissem lhi que lo dia presen devia venir en esta vila lo senher de Turci am gens d'armas e que nostras gens iriau ambels. Estec ıı jorns, ac ne.　v s.

Soma : xvı s. xı d. m^a.

[F° XL., v°.] 464. lo dia desus, que fe reliar e cubrir lo libre de las costumas que esta al pon de Tarn, loqual liec et cubric la molher de P. de Valencas .... ıı s. vı d.

466. a xxıı d'octombre, per ı lbr. de candelas ad obs de la mayo cominal.. xıı d. m^a.

468. a xxııı d'octombre, per redortas que fo a liar las latas que foro del hostal de m° R. Boyer....................... ıı s. ııı d.

471. a xxıı d'octombre, que fon donat a moss. lo jutge d'Albeges per ıı pipotz de vi en que avia ıı sestiers e[m]y[n]a de vi, loqual fo de Sicart Nicolau ; costa lo sestier xxxıı s ; monta........ ııı lbr.

472. a'n Felip Vaissieira per dos sestiers de sivada razes que fo

(1) Cant. de Pampelonne.

donada al dig moss. lo jutge, lo dia dessus, que valia lo sestier vɪɪɪ s. ;
laqual aguem de luy.................................... xvɪ s.

Soma : v lbr. vɪ s. x d.

[F° XLI, r°.] 474. a xxɪɪɪ d'octombre, que paguem a G^m Fabre et a Bernat Corbel, sirvens, que nos aviau excequtatz ad instancia d'en G^m Colobres ; agro ne, una essemps am G^m Guitbert, per lo sagel de Someire... v s.

477. a xxx d'octombre, al clerc de moss. lo jutge d'Albeges, per una letra que empetrem del dig moss. lo jutge quel nombre dels sirvens excessiv tornes a nombre degut, loqual tornec al nombre de vɪ ; ac ne... v s. x d.

478. lo dia dessus, quar lo dig moss. lo jutge no volc re penre del sagel de la letra dels sirvens sobre dicha cum be que los senhors aguesso ordenat que lhi fos donat ɪ franc, loqual no volc penre, mas que diss que trameira querre del vi a l'ostal d'en Sicart Nicolau, alqual Sicart fo dig per los senhors cossols que lhin bailes pro, et ac ne vɪ lials ; valo, a for de ɪɪ s. la lial................... xɪɪ s.

Soma : ɪɪ lbr. ɪ s. vɪɪ d.

[F° XLI, v°.] 479. a xxxɪ de octombre, per ɪ onsa de cera gomada. .... v d.

480. lo dia desus, per ɪ pel de pargames en que fo meza la carta dels coviens de la tracha d'en Not Ebral... .... xv d.

485. a xxx de novembre, a m^e Bertran de Montalazac, per la carta de la retracha de la renda d'en Not Ebral que avia sus la vila, e per la carta de la retracha de la renda que avia en G^m Colobres (1)...... .... ɪɪ floris, ɪɪɪ gros.

486. a ɪɪ de dezembre, a m^e Isarn de Rius per una carta de appellacio que feiro los senhors cossols, una essemps am moss. d'Albi, de una crida que fo facha, per mandamen de moss. lo senescalc de Carcassona, que mandava que negun home d'esta vila non auzes far citar ni apelar, en la cort de l'official d'esta vila, persona per comus, en pena de x lbr. ; de que hom se apelec, e m^e G^m Bestor portec la a Carcassona. Costec la nostra part de la carta... ɪɪɪɪ s. ɪɪɪɪ d. m^a.

Soma : ɪɪ lbr. vɪɪɪ s. ɪɪɪ d. m^a.

(1) Le registre des délibérations de 1372 à 1382 (BB. 16) contient l'accord intervenu ; mais il est daté du 28 avril 1381. Il y est constaté que la ville devait à Colobres 1700 livres tournois. Cette somme était payable en trois termes, le premier, le jour de la Toussaint 1381, le deuxième, à la fête de St-Jean-Baptiste en 1382 et le dernier, à la St-Jean-Baptiste 1383.

[F° XLII, r°] 488. a III de dezembre, per 1ª pel de pergames en que fo meza carta de la requesta que fo facha a'n Isarn Ebral, procuraire que era, segon que dizia, d'en Not Ebral, que nos revendes la renda que lo dig en Ot Ebral avia sur la vila e que prezes la moneda, loqual Isarn non ho volc far e per so fo meza la moneda en deposit en la cort temporal (1) e mº Johan Duran fe la carta de la dicha requesta ; costec lo dig pargames .... xv d.

490. a VIII de dezembre, que fo lo jorn de la festa de la Concepcio de Nostra Dona, per XXIIII michas que costero v s., e per I sestier de vi, que fo d'en Domenge de Monnac, que costec XXVI s. VIII d., e x s. per pitanssa, lasquals cauzas foro donadas als fraires del Carme. Monta tot am x d. que costec de portar lo dig vi am lo loguier del baril.. II lbr. II s. VI d.

492. a XI de dezembre, a Pos del Telh que fo trames a Galhac am una letra clausa que anava a moss. d'Albi en que lhi faziam saber la avol garda que se fazia als graniers, e que hi fezes metre remedi ; et una autra letra al jutge del rey que lhi plagues de vostar mº Gᵐ Garnier de sa loctenensa per los desplazers que fazia a la vila. Estec II dias, quar fazia divers temps de plueja ; ac ne...... VII s. III d.

Soma : v lbr., XII s. IIII d.

[F° XLII, v°.] 493. lo dia dessus, a B. Folet, et ad Amblart Toron, et a Mico del Castelvielh que feiro reiregag de foras la vila, quar ero vengudas novelas que moss. Bertugat (2) devia venir per penre esta vila ; agro ne cascu xv d ; monta................. III s. IX d.

494. a XVII de dezembre, que tramezem Gᵐ Guitbert a Toloza per

---

(1) Il est curieux de constater, à cette époque reculée, l'institution de notre caisse des dépôts et consignations.

(2) Il s'agit de Bertugat d'Albret, capitaine du parti anglais, souvent mentionné dans l'*Histoire de Languedoc* ; déjà en 1359 il opérait à Clermont ; en 1362 on le trouve avec sa compagnie aux environs de Nîmes ; il est battu, le 14 août 1366, près de Montauban, par les troupes du sénéchal de Toulouse et du vicomte de Narbonne ; le 14 octobre 1371, il s'était emparé de Penne d'Agenais que Jean d'Armagnac racheta au prix de 120.000 francs d'or ; assiégé par Duguesclin dans Bergerac, il se rend le 3 septembre 1377 ; deux ans plus tard, en septembre 1379, il occupe le lieu de Carlat en Gévaudan et ravage, cette même année, tout le Quercy. En 1380, avec Pierre de Galard, souvent mentionné dans les délibérations du Conseil d'Albi, il s'empare de Montferrand, en Gévaudan, de Challiers, de Château Dansou. Cf. *Hist. de Lang.*, IX, *passim* et la biographie que Siméon Luce a consacrée à ce célèbre partisan dans sa préface de Froissart. L'histoire n'avait pas mentionné encore sa présence dans les environs d'Albi en 1380.

espiar e saber se lo comte de Foiss fora loctenen del rey e regidor del pays en aissi coma hom dizia (1) afi que de bona hora hom lhi anes far la reverencia per que agues miels la vila per recommandada, e que nos tengues nostra reparacio, e per opausar contra m° Guilhem Garnier que no fos procuraire del rey d'Albiges per tal que no se exemis de comus per son offici; e covenc que partis davan jorn afi que la fos de bona hora e fo, al jorn, a Marsac; (2) e covenc que lhi aguessem tres homes que lo acompanhesso, quar a Caylus, a S. Ginieys et a Raissac (3) ero alotgatz las gens d'armas del bastart de Savoya (4). Agro ne cascu x d. e x d. que begro entre totz a Marssac; monta tot.......... .... III s. IIII d.

496. a XXI de dezembre, a m° Johan Duran, notari, que anec, lo jorn de Marteror, a Castelnou de Monmiralh, am Bernat Esteve, pelicier, per requerre en Not Ebral que vengues penre la moneda que la vila lhi devia per la renda que avia sus la vila, e que nos fezes la venda; ac del viatge que estec dos jorns, e per la carta que redec grossada................................. XXXII s.

Part v gros que ac m° G^m Bestor del loguier del rossi e part VI gros et I blanca que despendec Bernat Esteve per luy al dig viatge; el[s] senhors volgro que lhi fos pagat tot quiti los XXXII s. desus digs.

Soma: V lbr. I s. VI d.

501. a XXIII de dezembre, a'n P. Motas et a'n Frances Be, que aviau vacat III jorns a far lo aliuramen d'alcunas pocessios d'otral pon per mandamen dels sens; agro ne per jornal cascu XV d.; montec..... .... VII s. VI d.

502. lo dia dessus, per una letra que fo empetrada de moss. lo senescalc de Carcassona contra m° G^m Garnier que no fos loctenen de jutge; costec............................ XV barsalos.

---

(1) Sur cette question de la nomination du comte de Foix au poste de lieutenant général, cf. *L'Albigeois durant la querelle du comte de Foix et du duc de Berry de 1380 à 1382*. M. Edmond Cabié a fait la lumière complète sur cette affaire, très obscure avant lui, et les annotateurs de *l'Histoire de Languedoc* ont utilisé les matériaux qu'il avait si heureusement recueillis dans les comptes consulaires de 1380.

(2) Cant. d'Albi, sur le Tarn.

(3) Toutes ces localités sont aux environs d'Albi.

(4) *L'Hist. de Lang.* ne mentionne qu'une fois le bâtard de Savoie. Le 19 décembre 1379, il s'empara, de concert avec les chefs de compagnies Benoît Chapparel et les bâtards de Landorre et de Pérulle, des lieux de Cabrières, Joucels et Roqueredonde dans la viguerie de Béziers, IX, p. 871.

503. a xxv de dezembre, que fo lo jorn de Nadal, a Johan Raynaut per tres parelhs de gans de cabrit, losquals foro donatz a Posset e a Talhafer et al portier de moss. d'Albi, costero....... III s. IX d.

505. a xxvIII de dezembre, per III lbr. de e drigega grossa e per xv onsas de drigezia perlada que fo despenduda los III jorns apres Nadal a far la collacio des Ordes, que costec xvI s. III d. e per Ix lials de vi que aguem a las dichas collacios, a for de xx d. la lial; monto tot........ .... I lbr. Ix s. IIII d.

Soma : IIII lbr. IX s. IIII d. m^a p^o.

[F° XLIII, v°]. 506. a I de jenier, a m° Johan de Prohis, per la ma d'en Sicart Nicolau, per la copia de las letras de las remessios de las emposicios, lasquals ero vengudas de Franssa, e los senhors aviau encargat lo dig en Picart quen portes copia, laqual portec. Costec.................................... .... II s. VI d.

508. a xIII de jenier, per una pel de pargames que fo a far I sindicat que fo trames a Tholosa per appausar en las letras del offici de la procuracio d'Albeges que avia empetradas m° G^m Garnier, loqual sindicat portec m° G^m Prunet........................... xv d.

509. a xv de jenier, per una letra de ajornamen que empetriey de moss. lo senescalc de Carcassona contra Bernat Giladieu, e contra m° Dorde Gaudetru, e contra Johan del Luc sobre alcunas causas que los senhors cossols entendieu demandar ; costec entre far e sagelar... Ix barsalos.

511. a xxIII de jenier, a R. Chefols que fo trames a Carcassona a'n Sicart Nicolau, que la era, que tengues una jornada que la aviam contra m° G^m Garnier de la causa de la opposicio que aviam facha en la empetracio de las letras del offici de la procuracio del rey de la jutjaria d'Albeges, a laqual jornada erem remezes per lo senescalc de Tholoza davan los senhors governadors Ac ne del dig viatge .... x s.

Soma : xvI s. v d. m^a.

[F° XLIIII, r°.] 512. a xxvIII de jenier, al sen Galhart Golfier per I ayral que pres la vila al cap del pon de Tarn e lo vendec a R. Vidal per pretz de................... .... xII lbr.

E pueyss fo trobat que del dig sen Galhart era e fo ordenat per los senhors cossols que fos satisfag e desdug del quart e del seye de las emposicios de l'an LXXIX ; et aqui se conte en la presa.

516. a I de febrier, que mosenher de Turci avia levat lo seti de Thuria (1), e menec las gens d'armas en esta vila ; e fo ordenat per

---

(1) Nous trouverons, f° LXXXIII et suivants, toutes les dépenses fai-

lo cosselh que laissesso l'arnes a la porta ; et ac hi ɪ escudier que laissec una espaza a la porta del pon que dizia que era de Bordeu, laqual estimava a x franxs, laqual espaza nos trobec ges, el dig escudier amenassava de levar merca ; e fo ordenat per lo cosselh de mossenher am los senhors cossols que hom se acordes am luy ; loqual acordi fo fag per Galhart del Faro e per Domenge de Monnac a quatre franxs, losquals lhi foro pagatz en presencia del jutge de moss. d'Albi e de ganre d'autres.................... ɪɪɪɪ franxs.

Soma : xɪɪ lbr. ɪɪɪɪ s. x d. ɪɪɪɪ franxs.

[F° XLIIII, v°.] 517. lo dia dessus, per la manieira meteissa, ad ɪ autre escudier de las dichas gens d'armas que avia perdut una espaza e ɪ talabart a la dicha porta ; e fo ordenat per los davant digs senhors que lhin fos pagat...... .... xv s.

518. a ɪɪɪɪ de febrier, a ɪ sirven de Carcassona que portec la manda de ɪɪɪ gros per fuoc ordenatz al cosselh darreiramen tengut a Narbona (1) per paguar a las gens d'armas ordenadas per la deffensa del pays ; e portava ɪɪ excequtorias, la una ad instancia de moss. Johan Banut, e l'autra ad instancia de mº Simo Ramon, per alcunas cauzas que demandavo a la vila, so es asaber x franxs que demanda lo dig mº Simo per la plaejaria que se menava entre nos els cossols de Carcassona, e ɪɪ franxs que demandava lo dig moss. Johan Banut per patrocini ; ac ne.. x s.

520. lo dia dessus, a Lauret, per ɪɪɪ lbr. de salpetra que fo comprada per mº Gᵐ Bestor, laqual salpetra costec, entre tot, del filh de Lauro......... .... x s.

521. a Salvi de Labroa et a Pos Hugat per lo garnimen de las cordas de ɪ volam, lasquals costero.................... xxxɪɪ s.

522. a xvɪ de febrier, a Mauri de Bru que anec en Franssa per empetrar una letra contra los cossols de Carcassona que moss. P. Roger avia ordenat que nos paguessem als digs cossols ɪ ters de franc per fuoc que nos demandavo per la anada que feiro, l'an passat, en Franssa, e trobem que nos avia greujatz et apelem nos ; ac ne lo dig Mauri per son trebalh (2)................ ... ɪɪɪ lbr.

Soma : vɪ lbr. vɪɪ s. x d.

---

tes à l'occasion du siège du Thuriès ; ces quelques pages sont, pour ainsi dire et suivant l'heureuse expression de M. Cabié, le journal du siège de cette forteresse que Turci ne put reprendre.

(1) Ainsi que nous le verrons a la *mesa de anadas* (f° LXXVI) Bestor partit d'Albi le 3 janvier, pour assister à ce conseil.

(2) En marge : Foro produchas a la cort de mos[s]el senescalc.

[F° XLV, r°.] 524. a xix de febrier, que fo donat al Negre de Valencia, de mandamen dels senhors cossols, ɪ sestier de sivada que fo de P. Maestre, que costec vɪ gros e m., e ɪɪ lials de vi que foro de P. Boyer, que costero ɪɪɪ s. ɪɪɪɪ d., e v d. que costec de portar la dicha sivada am lo loguier dels sacxs; monta tot........ xɪ s. x d. mª.

525. a xx de febrier, a Peire Jolivet que portec una letra dels cossols de Carcassona, laqual contenia que lor tramezessem xxv franxs per pagar al clerc que anava en Franssa per los comus de la senescalcia de Carcassona, e mandavo que totz los comus se ajustavo a Narbona lo venres apres, et que se nos hi voliam anar que fossem aqui; ac ne lo dig masip (1).................. xɪ s. ɪɪɪ d.

527. lo dia dessus, a'n P. de Causac que fe adobar la una balansa del pes gran de la farina an que mes xɪɪ clavels varradors a una aspa, e fe aponre una de las vergas de fer que era trencada; costec tot................................ .... xvɪɪ d. mª.

Soma: ɪɪ lbr. vɪɪɪ s. ɪɪɪ d.

[F° XLV, v°.] 529. a xɪɪ de mars, que fo ordenat que mº Gᵐ Bestor, en Felip Vaissieira, en Duran Daunis e'n Frances Picart anesso far la reverencia a moss. de Foiss a Galhac, e, quant foro sus lo cami, saubro que fo mudat a Girossenxs, et anero hi e despendero entre tres jorns que estero am ɪɪɪ massips que menavo de boca, am los rossis, que no prendiau autres gatges............... xxvɪ s. mª.

530. a Johan Bruneu et a Bernat Taulas et a Bernat Lacomayre que anero am los sobredigs senhors; agro ne cascu ɪɪɪ gros; monta .... xɪ s. ɪɪɪ d.

Soma: ɪɪɪ lbr. xɪɪɪ s. xɪ d. mª.

[F° XLVI, r°.] 537. a xxvɪ de mars, a R. Venes, al[ias] Tinel, que portec una letra a moss. lo compte de Foiss, a Mazaras, de certas cauzas que los senhors cossols lhi escriviau; estec v jorns, de que ac................................ .... xɪx s. ɪɪ d.

538. a ɪɪɪ d'abril, a moss. Bertran Frotier al qual fo donat per servizis e trebalhs que avia fags per la vila, quant los senhors cossols anero a moss. de Foiss, e per autres avisamens e plazers que avia fags a la vila, de que ac............ .... xvɪ francxs.

539. a ɪɪɪɪ d'abril, ad ɪ macip que portec una letra d'avisamen de moss. Johan d'Arpajo................................ xv d.

540. a v d'abril, ad Esteve Robert que anec a Carcassona portar letras a moss. d'Albi que lhi escriviam las cauzas que moss. de

---

(1) L'histoire ne mentionne pas cette réunion des communes; les consuls d'Albi n'y furent pas représentés.

Foiss nos avia escrichas ; e sus aquo nos escriussem a moss. canha resposta lhi feiram, et escriussem lhi se lhi plazeria se faziam lo mazel a la pila ; ac ne lo dig Esteve........................ v s.

542. a viii d'abril, a fraire Lambert de Pena, prior dels Carmes, et a fraire Johan de Rofiac, scindic del dig coven, per resta de iii^m iii^c l teulas, e de liii quintals de caus e de iii^c saumadas d'arena et de ii grandas postz que avian agut sa entras los senhors cossols d'Albi, o miels apar per i^a letra autriada als sobredig[s] ; laqual soma lor fo pagada per la ma de P. de Montelhs, levador dels iiii comus empausatz a x de febrier l'an lxxx............ viii lbr. iii s. ix d.

Soma : xvi franxs, xiii lbr. ix s. ii d.

[F° XLVI, v°.] 543. a ix d'abril, a Johan d'Anti, messatgier de moss. lo comte de Foiss, loqual portec letras del dig moss. de Foiss contenens que iii o quatre dels bos homes fosso a luy, lo ters jorn post quasimodo ; e fo ordenat per los senhors cossols que fos donat al dig messatgier....... ... . x s.

544. lo dia dessus, venc en Not Ebral en esta vila per querre C francxs que dizia que lhi devia la vila per la renda del terme de Martero passat, e per parlar et aponchar aquo que hom avia a far am luy per la dicha renda dels deniers que foro depausats en la cort de moss. d'Albi, e tramezem lhi entre coffimens quen aguem i lbr. de Guiraut Marti et una lial e mieja de vi, que costec tot.. xi s. iii d.

545. lo dia dessus, ad aquels que terrero e tortissero los amvans de la paret nova de Pueg Amadenc, per mieja lial de vi que lor fo promesa quant se fe lo prets fag........................... x d.

547. a xv d'abril, per la ma de Me G^m Bestor, per una letra que empetrec contra m^e R. Ychart, jutge de moss. d'Albi, que fos citat davant moss. lo senescalc de Carcassona, ad instancia dels senhors cossols, sobre fag enjurios, quar avia fag cridar am trompa que hom no fezes mazel ni taulas en pena de l lbr. Costec entre far e sagelar.. xx d.

Soma : xxviii s. iiii d.

[F° XLVII, r°]. 551. a xviii d'abril, que fo trames a moss. Bertran Frotier, que venc en esta vila per parlar et acosselhar cossi de regira hom del bestial que avian pres los Foissencxs ; e fo ordenat per los senhors que lhi fos trames doas molas de vi que tengra lial e mieja ; costero (1)............ .... ii s. vi d.

(1) Une délibération du 2 juin 1381 nous apprend que cet exploit des troupes du comte de Foix avait eu lieu le mardi après Pâques. BB. 16. Cf. l'art. 553.

553. a xx d'abril, a maestre Johan Prevenquier, que era estat a Buset et a Sanhg Sumplizi per parlar am moss. Ar. G^m et am moss. P. Arnaut de Bearn per la corssa que aviau facha davant esta vila per vezer se, per la seguranssa que moss. lo comte de Foiss avia donada a la senescalcia de Carcassona, se volgro redre lo bestial que n'avian menat ; ac, enclus III s. IIII d. que foro baylatz per son mandamen a B. Johanen, et enclus v s. que foro pagatz a moss. Duran de Marrola per lo loguier del rossi que menec lo dig m^o Johan (1).................................... VIII s. IIII d.

Soma : XXIIII s. VI d.

[F^o XLVII, v^o.] 555. a xxv d'abril, a G^m Balimier que portec una letra a moss. Bertran Frotier, que moss. Peire Arnaut de Bearn amenassava de levar merca per Dorde Barta de Labruguieira costa Caylus, e lo dig moss. Peire dizia que era habitan d'esta vila ; e fo escrig al dig moss. Bertran que non era pong d'esta vila, e non remens que fo pres lo dig Dorde ; e de Cadaluenh en foras anec a Buzet que portec letras de moss. Bertran a moss. P. de Bearn que nos tengues per excusats. Ac del dig viatge per anar a Cadaluenh e d'aqui a Buset........................... VII s. VI d.

556. a xxvi d'abril, per una letra de citacio que fezem far contra en G^m Colobres per vezer revocar I greug que avia (que avia) empetrat contra los senhors cossols ; costec de sagelar........ IIII d.

558. a xxviii d'abril, a G^m Balimier que portec una letra clausa que trametian los senhors cossols a moss. G^m Arnaut de Bearn, que era a S. Somplizi, per alcuna merca que mandavo levar sas gens d'armas en esta vila e mandavem lhi que aquel de que se complanguiau, loqual era Dorde Barta de Caylus, era pres en las carces de moss. d'Albi ; ac ne................................ sinc s.

Quar los cossols de Monsalvi lhin donavo autres sinc s. per una letra que portava per lor.

Soma : XIIII s. XI d.

[F^o XLVIII, r^o.] 559. lo dia desus, a Jacme Briucel, de Rialmon, que portec a Carcassona las letras de la citacio de Me R. Ychart a nostre scindic que tenges la jornada, loqual m^e R. era citat a nostra requesta, e per autras bezonhas que hi avia a far ; et estec a Carcassona, per esperar resposta, II jorns, quar lo procurayre ho vole ; e fo ordenat que entre tot n'agues.................. XXII s. VI d.

564. a v de may, per la ma d'en B. Esteve e d'en Domenge de Monnac que trameiro de Maseras en foras als capitanis de Buset e de

---

(1) En marge : *es lhi degut son trebalh el despens.*

S. Sumplizi am letras del compte que lor mandava que el avia prolongat lo salcondug may vɪɪɪ jorns, e trameiro li afi que no cavalguesso. Costec la nostra part........ .... v s. x d.

565. lo dia dessus, a Frances Be et a P. Motas que aviau vacat cascu ɪɪɪ jorns en anar veser et estimar alcun pocessori per metre al aliuramen de Rampalm ensa, de diverses jorn[s], segon que en Frances Donat fe relacio ; fo ordenat que fos donat a cascu xx d. per jornal ; monta... x s.

Soma : xxɪɪɪɪ franxs e xxxvɪɪɪ s. ɪx d.

ɪ[XLVIII, vᵒ] 567. a vɪɪ de may, que venc en esta vila Mondi Frotier per demandar so que demandava per la merca de Dorde Barta de Labruguieyra ; e fo ordenat per los senhors que lhi tramezes ɪɪ molas de vi, lasquals tengro v cartos e mieg ; costero..... ɪɪ s. ɪɪɪ d. mᵃ.

569. a xɪɪɪ. de may, a R. Venes, al[ias] Tinel, que fon trames a'n Not Ebral loqual sa avia trames P. Rigal e mᵒ Gᵐ Gui, losquals nos requeregro, coma procurayres seus, de pagar los vɪɪɪᶜ franxs que lhi deu la vila ; e fo lhi respost que moss. lo jutge de moss. d'Albi ne avia ɪɪɪᶜ xɪɪɪɪ franxs e que era a Carcassona e que de presen que fos vengut lhi devian escriure qual jorn sa vengres per penre la moneda ; e fo ordenat que lhi fos escrig que entro dimenge que be no li greves de trametre certa resposta coras vengra quere l'argen ; ac ne............................... .... v s.

571 lo dia desus, a mᵉ Isarn de Rius per scripturas que lhi era (1) degudas d'alcunas plaejarias qne ero menadas al seu taulier am diversas gens, e per alcus treballns fags per luy coma scindic de la vila per las corts ; de lasquals cauzas fo ordenat que per tot lhi fos pagat................ .... xxxɪ s.

Soma : xxxvɪɪɪ s. vɪɪɪ d. mₐ e ɪ franc.

[Fᵒ XLIX, rᵒ.] 572. a xvɪɪɪ de may, a Bernat Combers que excequtec ɪɪ letras de moss. lo senescalc, que la una era contra Mᵉ R. Ychart e l'autra contra Mᵒ Isarn de Rius e Bonet Lima ; ac ne, am so que costec de far escriure lo mandamen fag, ... x d.

573. a xvɪɪɪ de may, que fo trames R. Venes, al[ias] Tinel, e Bernat Johanen que anero per tota la vigaria am letras dels senhors cossols que lor mandavo que portesso v gros e m. per fuoc per la promeza facha a moss. lo compte de Foyss ; agro del dig viatge. xxv s.

575. a xxv de may, al sen Paul Recort, recebedor general en la senescalcia de Carcassona, de mᵉ 'gros per fuoc loqual fo empausat

(1) Corr. *ero*.

el mes de jenier al cosselh de Narbona, per la ma de B. Esteve, pelicier, lxx gros que valo.................... iiii lbr. vii s. vi d.

576. lo dia desus, a m° B. Sicart, notari del clericat de Carcassona, per las scripturas de la plaegaria dels cossols de Carcassona, e nos. .... iiii franxs
ley ne bilheta facha lo darier jorn de may.

Soma : v lbr. xiii s. iiii. d. e iiii franx.

[XLIX. v°]. 578. Lo dia desus, a m° B. Lanfre, de Carcassona, per partida de so que lhi era degut de las scripturas de la plaejaria que se menava entre nos el capitol........ .... i franc.
ley bilheta facha a xxvii de may.

579. a xxvii de may, a m° R. Prevenquier, per una plaejaria que ses menada al seu taulier d'als singulars de la vila am G^m Colobres per una notifficacio que lhi fe m° G^m Prunet, coma scindic de la vila, contenen que, coma lo dig G^m Colobres agues amonestatz los senhors cossols e ganre d'autres singulars de la vila, laqual causa non devia far, quar moss. d'Albi de totz los debats que ero entre nos el dig G^m avia sospenduda la amonicio premieira entro a xv jorns apres son avenimen, et en cas que lo dig G^m Colobres anes avant, lo dig m° G^m Prunet protestava contra luy ; e per las cauzas dessus dichas produss lo scindicat de la vila e requerec carta de la requesta e notifficacio ; fo ordenat per lor senhors que agues del tot   xviis.

581. a xxvii de may, de voluntat dels senhors cossols, a m° Ademar Grasset, notari, per la carta del cossolat de l'an lxxviii, x s. e per i scindicat grossat doas vetz, xii. vi d., e per la carta quant Miquel Hugat et Esteve Baile foro capitanis, ii s. vi d., a xxv de jun ; e per la carta quant foro bayladas las claus de la porta del pont a M° Johan Augier et a P. Boyer, ii s. vi d., e per ii letras testimonials del insturmen del cossolat bailatz a M° Johan Prevenquier ii s., e per la carta quant Guiraut Lacomba foro presentatz (*sic*) deguiers xii d. e per autra

Soma : i franc e xviis. x d.

[F° L. r°]. carta que Miquel Hugat et Esteve Baile foro refermatz capitanis, a iiii de novembre, ii s. vi d., e per la carta de la presentacio de Johan Raynaut de las claus de la porta de la Trebalha, ii s. vi d., e per autra carta de Miquel Hugat et Esteve Baile que foro refermatz, a xv de mars, ii s., e per una carta que foro refermat[z] B Esteve e Miquel Hugat per capitanis, a xxiiii de mars. ii s. vi d., e per la carta de la presentacio dels bailes del mazel recebuda a ix d'abril, l'an lxxix, xii d., e per la carta del cossolat de l'an dessus x d , e per la carta de la presentacio dels capitanis, so es asaber Mº Isarn de Rius el loc de Huc Viguier, xii d., e per la carta de la presentacio de Bonet Teulier que crides los vis, ii s. vi d., e per la carta de la presentacio de Galhart Johan e sos companhos deguiers xii d., e per la carta de la presentacio de Ar. Azemar el loc de P. Boyer de las claus de la porta del pon de Tarn, ii s. vi d., e per la carta de la presen[ta]cio de Guiraut Lacomba e sos companhos de esser diguiers, xii d., e per la carta de la presentatio de Vidal Guini que tengues las claus de la porta de Verdussa, ii s. vi d., e per autra carta que Bernat Esteve e Mª Isarn de Rius foro refermatz capitanis, l'an lxxx, a xxix d'aost, ii s. vi d., e per la carta de la presentacio de Gᵐ Miquel que tengues las claus de la porta nova de Tarn, ii s. vi d., e per autra causa de Bernat Esteve e Mª Isarn de Rius que fosso refermatz capitanis, lo darier jour d'octobre, ii s. vi d.; e per la carta de la presentacio de B. Paraire que tengues las claus de la Trebalha ii s. vi d., e per la carta de la presentacio dels bayles del masel receubuda a xxviii de mars, l'an lxxx, xii d., e per l'esturmen de la prorogacio dels digs capitanis receubuda a v de may, ii s. vi d., e per la carta de la presentacio de d'Antoni Issarnit de las claus de la porta nova de Tarn, ii s. vi d. e per la carta del cossolat de l'an lxxx, x d.; e per la carta [Fº L, rº] de la presentacio de Guiraut Lacomba e sos companhos deguiers, xii d., e per la carta de la presentacio de P. Clergue e Johan Gaudetru del capitanatge, ii s. vi d, e per 'la carta de la presentacio de R. Vinhal de las claus de Verdussa, ii s. vi d., e per la carta de la presentacio de Mᶜ Johan Bot, Dorde Romanhac de son capitanatge, ii s. vi d., e per una carta de presentacio de Johan Jaybert e Bertomieu Garrigas de esser capitanis, ii s. vi d., e per xxxvi fuelhs de proces de una plaejaria que s'es menada davan luy entre nos e Gⁿ Colobres, xxiiii s., e per lxxvi fuelhs per la dicha causa que monta xlviii s. i d. mª, e per una letra facha sobre lo fag del masel, loqual pres Mᶜ Gᵉᵐ Bestor, x d., e per ii jornals del rossi seu que cavalguec Frances Picart quant los senhors anero far la reverencia al comte de Foyss a Girossenxs, vii s. vi d., e per la carta de la presentacio de Mᵉ P. Costa e Johan Salgue de esser capitanis, a ii de may, l'an lxxxi, e per la carta de la presentacio de Gᵐ Conduc e de Mᵉ Gᵐ Chatbert que foro capitanis, ii s. vi d., e per la carta de la presentacio d'en Guiraut Marti et d'en Domenge de Monnac que foro capitanis, ii s. vi d.; par lasquals cauzas desus dichas fo ordonat que agues.................   ix lbr. vi s. xi d. mª

580. a xxix de may, a mᵉ Azemar Grasset per i sindicat que fe per portar en Fransa per exsegre la plaejaria de nos e dels cossols de

Carcassona... vii s. vi d.

Soma : ix lbr. xiii s. v d. mª.

[Fº LI, rº.] 582. a xxxi de may, a mº R. de Montalazac, levador dels cesses de S. Salvi, (1) per las vendas et acaptes de i hostal que comprec la vila de B. Milhet, loqual se vendec v lbr. ; e per las vendas de i hostal que comprec la vila de mº R. Boier per pretz de viii lbr., e per las vendas de i hostal que comprec la vila d'en Galhart Golfier per pretz de viii lbr, e per los acaptes de las dichas pocessios, de que fo acordat que per las dichas vendas et acaptes lhi fosso pagatz... xxvii s. vi d.

583. a vi de jun, ad i masip que trameiro los cossols de Lumbers am una letra d'avisamen que lo senhor de Duras avia passat Agot.. iii s. ix d.

584. a viii de jun, per l'avantage de xvii franxs que foro compratz, a for de ii barsalos e mieg la pessa, e per l'avantage de vii franxs que costava i morla la pessa ; monta.................. v s. x d.

585. a'n Bernat Esteve, pelicier, per l'avantatge(s) de set franxs que sonec lo dig B. Montanier, quar diz[i]a que ero cortz e contrafags, (2).. v s. x d.

586. a x de jun, a Pos Glieyas que fe curar lo thoat de la Torreta que era empachat, et era perilh que afoles lo mur ; costec.. x d.

587. lo dia dessus que lo comte de Foiss trames letra que hom fos a luy a Maseras, al xiii jorn d'aquest mes, et escriussem a'n B. Esteve que de Carcassona en foras hi anes ; laqual letra lhi portec R. Chefols ; ac ne.. x s.

Soma : v lbr. vii s. ii d5

[Fº LI, vº.] 588. a xii de jun, a'n B. Auriac per xvi botuolas de tencha que foro presas de tot aquest an a v d. la botuola...... .... vi s. viii d.

589. lo dia desus, a mº R. Prevenquier, notari, per xiiii fuelhs de proces per una cauza que se es menada entre la vila e Gᵐ Ayquart, procuraire de mº Gᵐ, so filh, ami[nis]trador de las capelanias, loqual demandava a Bernat Vidal, al[ias] de Sos Mayos, que lhi reconosco i ort que ditz que ste a ces de la dichas capelanias, e lo dig Bernat avia lo reconogut a tener de la Malautia, e lo dig Bernat avia requeregutz los senhors que els lhi presesso la causa ; montero los digs xiii fuelhs........................... viii s. ix d.

---

(1) C'est-à-dire du chapitre de St-Salvi qui possédait d'innombrables fiefs tant dans la ville qu'au dehors.

(2) Les art. 584 et 585 sont en marge avec le renvoi placé après l'art. 583.

ANNÉE 1380-81

590. a xiii de jun, al Rog, mesatgier de Carcassona, que avia portada una letra dels cossols de Carcassona que nos escriviau que fossem a Carcassona, lo lus propdavenen, per auzir lo report que volia far moss. P. Boyer de Carcassona que era vengut, am los autres comus, de Franssa, de las cauzas que aviau fachas, e per tractar sus las despessas que ero estadas fachas per los digs comus en lo dig viatge,.. . ... vii s. v. d.
Soma : xxviii s. iiii d.

[F° LII, r°.] 593. a xvi de jun, que fo trames R. Chefols ad Amelhau, que portec letras als cossols d'Amelhau per saber de moss. de Berri.. x s.

594. lo dia desus, ad i masip que portec una letra d'avizamen de Bonet Gui fazen mencio que moss. de Berri devia venir brev... v s.

596. a xix de jun, a Bernat Domergue d'Albanh que venc en esta vila, de mandamen dels cossols d'Albanh, ses neguna letra, quar de cocha non aviau pogut escriure, loqual reportec que las gens d'armas de Benezeg ero alotjadas a Postomi (1) et a Monfranc (2) et a Trevas (3) e mandavo que estessem avisatz ; ac ne lo dig masip, de mandamen de m° G^m Bestor, d'en Felip Vaissieira, d'en Bertomieu Prunet e d'en P. Alric........ .... ii s. vi d.

598. lo dia dessus, per una pel de pergames en que fo meza la appellacio que fe m° G^m Bestor, la nueg del jous sanh, quant m° P. de Rius, procuraire de moss. d'Albi, e m° Johan Prevenquier, procuraire del capitol, vengro denunciar obra novela al bastimen de las taulas del masel nou,................... .... x d.
Soma : xxxv s. vi d.

[P° LII, v°.] 600. a xx de jun, a Bernat Issarras, per la letra que Mauri de Bru avia portada de Fransa contra los cossols de Carcassona, e lo dig Mauri fo pres per los Engles de Thuria ; e fo ordenat que lo dig Bernat la agues am finansa, laqual letra costec de finanssa,... i franc.

603. a xxi de jun, a moss. Jacme Vassalh, capela, et ad i masip que anec am luy, losquals tramezem a Lescura per saber se moss. d'Armanhac hi devia venir afi que lhi anessem far la reverencia e recomandar la vila ; agro ne...................... ii s. vi d.

604. a xxiii de jun, a Bernat de Bordas que tramezem a moss. de

---

(1) Pousthomy, cant. de St-Sernin, arrond. de St-Affrique, Aveyron.
(2) Montfranc,   id.   id.   id.
(3) Trébas, cant. de Villefranche d'Albigeois, arrondis. d'Albi, Tarn.

Berri et a moss. d'Armanhac, am letras clausas, quar aviam entendut dire que deviau venir en esta vila et escriussem lor que tenguesso la vila per recommandada, e que lor plagues que no sa mezesso gens d'armas en tro gran nombre ; ac ne............ ıı lbr.

Soma : ıııı lbr. xv s. vı d m_e. (1)

[F° LIII, r°.] 606. lo dia dessus, a Sicart Nicolau per lo trebalh que avia fag en levar las assignacios que nos fe en Galhart Golfier, sobre diversas gens del avescat que deviau de restas de las emposicios que el levava ; e lo dig en Galhart devia nos bailar lo quart el seye de las dichas emposicios per vertut de las letras que aviam agudas del rey, e quar non ho podiam be aver de luy : dissem lhi que nos assignes d'aquels que hi deviau de restas, e fe ho ; e foro bailadas per levar al dig en Sicart ; ac ne per son trebalh e de ordenanssa facha per los senhors cossols................ ııı lbr.

609. a xxııı de jun, ad ı masip que portec una letra d'avizamen dels cossols de Vilafranca,......................... ıı s vı d.

Soma : xxıı lbr. ııı s. ıııı d.

[F° LIII, v°.] 610. a xxııı de jun, a Gui de Rabastenxs, que adobec una pechieira d'argent que avia aguda de moss. de Vaquier per presentar lo do que fe la vila a moss. d'Albi quant intrec, jassia que lo dig do fos redug en pecunia e la bayssela fo cobrada e la pechieira desus dicha era casecha am la prieyssa de l'argen que hi avia : e covenc la far adobar ; en intrec m^a onssa d'argen ; costec... .... vı s. ııı d.

Soma : xvıı s. ı d. m^a.

Le folio LIII *est blanc, sur le recto du f° LV on avait inscrit un article de la Meza facha als pencionatz ; il est cancellé. Le v° de ce folio est resté blanc.*

[F° LVI, r°] *Meza facha per las obras.*

612. a xııı d'aost, a R. Marens que avia estat ı jorn e mieg per far lo torn de la planqueta del pon levadis de Verdussa ; ac ne per son trebalh.. .... ııı s. ıx d.

613. lo dia desus que costec la cavilha del fer e l'autra ferradura el fust que fazia mestiers al dig torn.................... xv d.

614. a xvı d'aost, ad Isarn Cosi, per doas veruolas que avia fachas metre G^m Conduc a las barieiras davan m° G^m Beluelh, al Viga... x d.

(1) Ce total est erroné ; il faut lire : « ıııı lbr. xvıı s. vı d. m^a et ı franc. »

615. a xxı d'aost, que costec de far far la porteta de l'intran de la planqueta de Verdussa, afli que las gens d'armas que sa ero no poguesso intrar a lor guiza, e per las rellias e l'autra ferradura que hi fazia mestiers, enclus ıı gros que costec la fusta que hi fazia mestiers, laqual fo de Huc Viguier...................... v s.

616 a xxıı d'aost, que costec de far adobar la planqueta de Verdussa que se era trencada la barra, en que intrero vı cavilhas de fer et una coronda; costec entre tot, am lo treba[l]h del maestre...
.... xv d.

617. a G^m Calmon, le dia dessus, que fe doas fachissas de fer a la planqueta dessus dicha que se trenquec ; costero am los clavels que hi faziau mestiers............................ ıı s. ı d.

Soma xııı s. ıı d.

[F° LVI, v°.] **618.** lo dia dessus, a Bertomieu Prunet per una fachissa que fo de G^m Colobres que fo meza al dig pon de Verdussa..
.... xvıı d. m^a.

619. a xxıx d'aost, a Ramon Marens, fustier, per ı jornal que avia estat, lo jorn propda passat et una partida d'aquest, per adobar la passada de la muralha de la passada de sobre la porta del' Viga, e l'escalhier que hes, e la passada davan en Garrigas, e la passada davan lo bordel; ac ne per son trebalh............... ııı s. ıx d.

620. lo dia dessus, per ıı lbr. de cavilhas de fer e per ʟ clavels barrados que foro meses en la dicha obra.................. ıı s. vı d.

621. a xxxı d'aost, a P. Perri, fustier, per ı jornal que avia estat per far la planqueta del pon de Verdussa, quar l'autra era trencada; ac ne.. ııı s. ıııı d.

624. a x de setembre, a m° Bernat Serras, fustier, per la ma de Peire Fiezal, que lhi era degut per lo avantatge de xʟ franxs que deviau pagar las gens de la glieya ad ajutori de la paret nova del hostal de Bordas, e no bailero ni volgro bailar mas liuras e la vila era tenguda al dig m^e Bernat de bailar francxs e valia may lo franc x d. , (1) e fo ordenat per los senhors cossols que lhi· fos pagat·lo dig avantatge per cascun franc x d., monta....... xxxııı s. ııı d.

Soma : xʟvıı s. vııı d.

[F° LVII, r°]. **625** lo dia dessus, al dig M° Bernat Serras que lhi ero degut per ı jornal que avia estat, l'an propda passat. a metre las canals de las pilas del pon de Tarn, e per ı jornal que avia estat a sarrar lo tot davan lo abeurador de Tarn, e per ıı jornals que avia estat a far et adobar los azes de la vila am que hom ten

---

(1) A noter qu'en Août 1379, le franc vaut 20 sous 10 deniers.

las balestas, e per ɪ jornal que avia estat als amvams que feiro sobre los Teules davan l'ospital prendia ɪɪɪɪ gros per jornal, monta....... .... ɪ lbr. v s.

626. a xɪ de setembre. per una polilha que avia facha metre al pon de Roanel.. xɪɪ d. mª.

627. a xx de setembre, a P. Perri, fustier, que adobec la planqueta del pon de Verdussa que era cazecha al valat, e la passada de costa la bestor vielha ; e tornec las riejas del trauc de la barieira que ero estadas vostadas per lo gran aygueime que fe, a xvɪ de setembre propda passat.......................... ɪɪɪ s. ɪx d.

629. lo dia dessus, per ɪ fust de xɪɪ palms loqual fo mes al trauc de la barieira.. ɪ s. vɪɪ d.

630. a x d'octombre, a Mº Sicart Lobat que mes ɪɪɪɪ malhas de fer que foro mesas a la candena de la planqueta de Verdussa...... .... ɪ s. ɪɪɪ d.

Soma : xxxɪɪɪ s. vɪ d. mª.

[Fº LVII, vº]. **631,** a xɪ d'octombre, a P. Perri, fustier, que avia estat, lo mars davan, per adobar lo trauc de la barieira que se ero afolat, e se ero vostadas las riejas, e tornec las hi e may justa ; estec hi ɪ jornal, ac ne.................... ɪɪɪ s. ɪx d.

632. lo dia dessus, per ɪ cadenat am la clau que fo ad obs de las riejas del dig trauc de la barieira que se puesca ubrir e sarrar quant mestiers hi farɑ ; costec.......................... ɪɪɪ s. ɪx d.

635. a xɪɪɪɪ d'octombre, a' Marssal Gorsses, a Johan Decles et a Galhart Claustrina per ɪɪɪɪ jornals que aviau estat a portar fusta al mur de la Teula a far las corssieiras de la muralha, laqual fusta portero de l'ostal de Gorgori Laurs ; estec hi lo dig Marsal ɪɪ jorns, els autres cascu ɪ jorn ; prendia per jornal ɪɪ s. ɪ d.; monta...... .... vɪɪɪ s. ɪɪɪɪ d.

636. lo dia dessus, a Bertran Arnols e ad Arnaud de Foissac que avia estat le jorn propda davan per adobar las barieira[s] del Pla S. Salvi e d'autras partz ; quar las gens d'armas que ero vengudas alotjar als barris las aviau deroquadas ; prendia cascu ɪɪ s. vɪ d., monta... v s.

Soma : xxvɪ s. vɪɪɪ d.

[Fº LVIII, rº]. **638,** lo dia dessus, per vɪ lbr. de cavilhas de fer que foro mezas a las dichas barieiras, e per ɪɪɪ cavilhas de fer grossas que ero mezas a las dichas barieiras, quar las autras cavilhas que hi ero davan ne avia hom vostadas ; monta tot............. x s.

639. a xɪɪɪɪ d'octombre, a'n P. Clergue per v traus que foro mezes a la passada de sobre los molis on passec moss. Enric de Ylas, menescalc de la ost de moss. Bertran de Cliqui e Pertenay am d'autres capitanis am ganre de gens d'armas, losquals se alotgero als hordes ; e fo adobat lo dig pas per tal que no passesso dins la vila.................... .... xvii s. vi d.

640. per ii postz que foro de R. Muret a far barras a la dicha passada. .... i s. viii d.

641. lo dia dessus, a G^m Bargues, fustier, per i lbr. e mieja de cavilhas e per clavels que ac lo dig fustier de Isarn Cozi, losquals foro mezes a la dicha passada ; costec tot......... . xviii d. m^a.

Soma : xxxii s. x d.

[F^o LVIII, v^o] 643. a xvii d'octombre, ad Isarn Cosi, per i lbr. de cavilhas de ferr petitas que foro mezas al pon del Viga que era afolat................. .... x d. (1)

644. a xiii d'octombre, per la ma de Me Dorde Gaudetru que fo deputat per far garnir la muralha de gaffetz de fer am trosses de fust en que estavo los digs gaffets, en que se poguesso metre flessadas en cas que vengues combatamen a la vila e mes en xxiiii cabiros que foro de Esteve Pairol, que costero...... xxii s. xi d.

645. lo dia dessus, per lvii lbr. de fferr, que fo de Brenguier de Varelhas de que se feiro los digs gaffetz ; costava la lbr. iii d. m^a ; monta..................... .... xxii s. vi d. m^a

646. may, lo dia dessus, que costero de far los digs gaffetz, losquals foro fags per Johan Calmons, Isarn Cozi e Johan del Pueg ; costero... .. .. xv s.

Soma : iii lbr. v s. ix d. m^a.

[F^o LIX, r^o]. 647. lo dia dessus, a Bertran Arnols et ad Arnaut de Foissac que estero en la dicha muralha v jorns cascu per garnir dels gaffets ; prendia cascu ii s. vi d.; monta. ... xxv s.

648. lo dia dessus, que fo donat e promes als digs fustiers, otra lor jornal, mieja lial de vi ; costec.... .... x d.

649. per iiii cabiros, que foro de G^m Ayquart, losquals foro mezes en la dicha muralha ; costava cascu xii d. m^a ; monta tot iii s. ii d.

Soma : xxxii s. vii d.

[F^o LIX, v^o]. *Meza facha per la ma de Peire Alric et d'en G^m Cabrier, cossols, que feiro far escadafalx a la muralha del mur de la Teula tro a l'ostal d'en R. Garrigas, en la forma que era estat comensat a Roanel de Teule ensus.*

651. a xiii d'octombre, a P. Simo, fustier, per ii jornals que estec

(1) Les 8 art. qui suivent sont d'une autre encre et d'une autre main.

en la obra dessus dicha ; prendia per jornal ɪɪ gros e mieg ; monta.
.... vɪ s. ɪɪɪɪ d.

652. al fraire de P. Simo que estec en la dicha obra ɪ jorn........
.... ɪɪ s. ɪ d.

653. lo dia dessus, a Johan Teulier per ɪ jornal que est en la dicha obra.. ɪɪ s. vɪ d.

655. lo dia dessus, a P. Riquart, fustier, que avia estat en la dicha obra ɪɪ jorns, e per ɪ jornal de sso masit ; ac ne entre tot. vɪɪ s. ɪ d.

Soma : xx s.

[F° LX, r°]. 658. a G^m Bargues, fustier, per ɪɪ jornals que avia estat en la dicha obra........ .... v s.

661. a xvɪɪɪ d'octombre, a Peire Simo, per ɪɪɪ jornals que estec may en la dicha obra ; prendia ɪɪ gros e mieg per jornal..........
.... ɪx s. ɪɪɪɪ d. m^a.

Soma : xxxɪ s. v d, m^a.

[F° LX, v°]. 668. lo dia dessus, a Guiraut lo carratier, per ɪɪ jorns que avia estat a deroquar l'ostal que la vila a de M° R. Boyer que es al Potz del Viga (1) ; prendia cascun jorn ɪɪ s. ɪ d. ; monta vɪ s. ɪɪ d.

Soma : xxvɪɪɪ s. ɪx d.

[F° LXI, r°]. 669. lo dia dessus, a Johan Declers, affanaire, que avia estat ɪɪɪ jornals a carrejar fusta del ostal dessus dig que fo de M° R. Boyer, e may teule, e portava ho a la obra dessus dicha ; prendia per jornal xx d. ; monta................................. v s.

670. lo dia dessus, a Johan Miro et a Marsal Gorsses que aviau estat, per portar fusta a la obra desus dicha, cascu ɪɪɪ jorns ; prendia cascu per jornal xx d. ; monta................... x s.

673. lo dia dessus, ad Emeric Duran, recubreire, que avia estat ɪ jorn a recubrir la muralha davan dicha............. ɪɪ s. vɪ d.

674. lo dia dessus, a R. Rocas, per ɪɪɪɪ fialas novas, en que avia una carrada, que foro mezas en la dicha obra........... x s.

Soma : xxxvɪɪ s. ɪ d.

[F° LXI, v°]. 676. lo dia dessus, a'n P. Clergue, baile de l'hospital de S. Jacme, per una quantitat de travatels, en que avia mieja carrada, que foro mezes en la obra dessus dicha.......... v s.

677. lo dia dessus, a'n Jacme Miquel, per ɪɪ traus de ɪɪɪ canas e mieja cascu, e per una jazena de xx palms que fo mes en la dicha obra... xɪ s. ɪɪɪ d.

(1) Ce puits du Vigan était situé dans la rue del Sericys.

678. lo dia dessus, a Bernat Auriac per ix pessas de traus que mezes en la dicha obra............................... xvii s. vi d.

682. lo dia dessus, a Me G^m de Laserra, fustier, que avia estat a la obra dessus dicha ii jornals ; prendia cascun jorn ii s. vi d. ; monta .... v s.

Soma ii lb. xi s. m^a

[F° LXII. r°]. 683. lo dia dessus, a P. Chavalric, fustier, que avia estat en la obra dessus dicha ii jorns ; prendia, cascun jorn, ii s. id.; monta... iiii s. ii d.

687. lo dia dessus, a Johan Miro per ii jornals que avia estat per ajudar als recubreires, e portec fusta d'otral pon en la dicha obra, et amassec lata que era casecha dels amvans ; prendia cascun xx d. ; monta.. iii s. iiii d.

689. a R. Muret, per iiii jazenas que n'ac hom, que foro mezas en la dicha obra ; costero............................... iii s. ix d.

Soma : xxii s. xi d.

[F° LXII, v°.] 690. lo dia dessus, a'n Enric de Verno per vii jazenas e viii corondas que foro mezas a la obra dessus dicha..... ... . xi s. iii d.

691. a xxiii d'octombre, a Johan del Piey per viii lbr. de cavilhas de ferr que foro mezas a la obra dessus dicha ; costava la lbr. vii d. m^a ; monta........ .... v s.

694. lo dia dessus, ad Isarn Cozi per ii^c mosquetas de ferr que foro mezas a la obra desus dicha ; costero.................... xx d.

695. a xxviii d'octombre, a'n P. Simo, fustier, per vi jornals que avia may estat a la obra de la vila, davant en Garrigas ; prendia per jornal ii gros e m^g per jornal ; monta............... xviii s. ix d.

Soma : iii lbr. xix s. ii d.

[F° LXIII, r°.] 701. lo dia dessus, a Johan Talhafer, recubreire, per vi jornals que avia may estat per recubrir la dicha obra e davant en Colas, a ii s. vi d. per jornal, monta...................... xv s.

Soma ; iii lbr. xi s. iii d.

[F° LXIII, v°.] 703. a'n Isarn Cozi, per v^c mosquetas de ferr que foro mezas en la dicha obra......................... iiii s. ii d.

707. a'n Enric de Verno per lii corondas que foro mezas en la dicha obra de davan l'ospital tro davan en Garrigas, en que avia iiii carradas ; fo estimat a vii s. vi d. la carrada, e per vi fialas que foro estimadas a viii s. ix d. ; monta tot............... xxxviii s. ix d.

Soma : iii lbr. xi s. xi d.

[F° LXIIII, r°.] 709. a xxxi d'octombre, a P. Simo, fustier, per iii jornals que avia estat may a la dicha obra, a ii gros e ms per jornal ; monta.. ix iiii d. mª.

714. lo dia dessus, a Johan Declers, affanayre, que avia estat a portar fusta e teule en la dicha obra iii jorns ; prendia, lo jorn, xx d. ; monta.. v s.

Soma : ii lbr. iii s. vi d. mª.

[F° LXIIII, v°.] 715. lo dia dessus, per i jornal de bestial que carrejec teule de la Peyranlesca (1) e del Viga a la mayo cominal...... .... iii s. ix d.

716. lo dia dessus, a P. Chalvaric que portec fusta d'otral pon sobre los molis per adobar lo pas de sobre los molis e per adobar lo pas davan moss. Bertran Prohinas, en que estec i jorn.. xx d.

717. ad Heliot Mercier, jove, que estec i jorn a tortissar e terrar lo gachil de costa lo port vielh.............................. xv d.

720. lo dia dessus, a Jacme Miquel per i fust gros que fo mes al pon levadis del Viga ; costec........................ vi s. iii d.

721. lo dia dessus, a Sicart Nicolau, per vi corondas et una jazena que fo mes en la obra de la muralha dessus dicha,... vii s. vi d.

Soma : xxxv s. iii d. mª.

[F° LXV, r°.] 722. lo dia dessus. a'n P. Clergue, per una quantitat de traus en que avia una carrada e mieja, losquals foro mezes al pas de sus los molis et al mur davan Gili, quar l'autra fusta era poirida,.. xi s. iii d.

723. a ii de novembre a Peire Simo per i jornal que estec per adobar los passes dessus digs.................... iii s. i d. mª.

727. a xiiii de novembre, a Johan Talhafer per v jornals que avia estat a recubrir lo gachil de costa lo port vielh, el gachil de sobre los molis, el gachil de davan moss. Bertran de Prohinas, el gachil de la Torreta, el gachil de la glieya vielha, el gachil de la Espingala, el gachil davan Gᵐ Selvas al official ; prendia per jornal ii s. vi d. ; monta.. xii s. vi d.

Soma : xxxiii s. i d. mª.

[F° LXV, v°.] 729. per iii jornals de homes que estero per portar teule e lata als digs gachils e per bailar peira per me[tre] sus lo teule dels digs gachils ; prendiau per jornal xx d. ; monta.... v s.

730. a xxiiii de dezembre, a'n P. Alric, cossol, de mandamen dels

---

(1) Il existait une tour de ce nom située sur la partie du rempart désignée sous le nom *del Teule*.

senhors cossols, per xviii jornals que avia vacat per far far los valatz, e per xxiii jornals que avia vaquat per far far la reparacio de la muralha davan dicha ; e fo ordenat per los senhors cossols que lhi fos paguat i gros per jornal ; monta xli gros que valo......
.... li s. iii d.

731. a i de febrier, a Johan Talhafer, recubreire, per clavels que comprec los quals foro mezes per adobar l'escalier de la glieya vielha ; costero... v d.

732. Mesi, a xi de mars, que se comensec de cubrir et amvanar la paret nova de Bordas, per ii jornals de homes que portero fusta a la dicha obra ; prendiau per jornal xx d. monta...... iii s. iiii d.

733. a xviii de mars, a'n P. Clergue per l corondas e jazenas que foro portadas e mezas a la dicha obra ; costero... .... xxxii s.

Soma : iiii lbr. xii s. x d.

[F°. LXVI, r°.] 735. a xix de mars, ad Isarn Cosi per iiii^c mosquetas que foro mezas a latar la dicha obra ; costa x d. lo c : e per l clavels amvanadors que foro mezes per adobar lo gachil el escalier de la glieya vielha ; costec tot .. .. iiii s. vii d.

737. lo dia dessus, per iiii lbr. de cavilhas de fer que foro mezas la una partida al obratge sobredig e l'autra al amvan de Bordas ; costava la lbr. x d.; monta.................. .... ii s. vi d.

738. lo dia dessus, per una saumada de vergas per far esparros ad obs dels gachils de la glieya vielha et a l'amvan de Bordas ; costec.
.... xi barsalos

Soma : xxii s. ii d. p°.

[F° LXVI, v°.] 741. a xx de mars, a'n R. Vierna per xxv pessas de fusta entre corondas e jazenas que foro mezas a la obra desus dicha... xv s. vii d. m^a.

742. lo dia dessus, a R. Aigadossa per i jornal de la sua bestia que portec teule de la Peyranlesca al dig obratge.......... iiii s. ii d.

745. a xxi de mars, per cl mosquetas de ferr que foro mezas al obratge desus dig,.......... .... xv d.

746. lo dia dessus, per n°l esparos ad obs del amvan desus dig...
.... iii s. i d. m^a.

Soma : xliii s. ix d.

[F° LXVII, r°.] 747. lo dia dessus, a dona Galharda Giussana, per iiii carradas de fusta entre jazenas e corondas que foro mezas al obratge dessus dig a vi gros e mieg per carrada ; monta..........
.... xxiiii s. iiii d. m^a.

750 a xxii de mars, per iiii^c mosquetas que foro mezas a la obra

dessus dicha... . III s. IIII d.

751. lo dia dessus, per II*c* esparos que foro mezes en la dicha obra.. II s. VI d.

752. lo dia dessus, per II jornals de homes que portero de la dicha fusta al obratge dessus dig ; prendiau per jornal IX morlas ; monta .... IIII s. IX d.

753. a XXIII de mars, a dona Galharda Giussana per XIIII faisses de lata en que avia en cascun faiss XXV latas ; costava lo tot XII s. VI d.

Soma : II lbr. XI s. V d. m°.

[F° LXVII, v°.] 754. a XXIIII de mars a m° Bernat Serras, per so que lhi era degut de amvanar la paret de Bordas, que lhi fo bailada per amvanar a pretz fagz ; ac ne......................:..... VI lbr.

755. lo dia dessus, per IIII*c* esparos que foro mezes a la dicha obra. .... V s.

756. a XXVI de mars, a dona Galharda Giussana per II carradas entre traus e jazenas que foro mezas en la dicha obra. XVI s III d.

Soma : IX lbr. I s. X d. m*a*.

[F° LXVIII, r°.] 763. a XXIX de mars, per II jornals de homes que carregero la avol fusta del obratge dessus dig a la mayo cominal : prendiau per jornal II s. I d. ; monta................... IIII s. II d.

Soma : XVIII s. XI d. m*a*.

[F° LXVIII, v°.] 768. a XXXI de mars a dona Galharda Giussana per II teules que foro portatz del Cap del pon a la dicha obra ; costava lo c v gros ; monta..... .... XII s. VI d.

769. a I d'abril, per I jornal de home que desfe lo amvan vielh e portec fusta a la mayo cominal......................... IIs. I d.

772. a IIII d'abril, per una cavilha de fer que fo meza a la barieira que steno a l'ort de na Comta ; laqual cavilha pezava detz lbr. e costava la lbr. del fer IIII d. e de far IIII d. ; monta..... VI s. VIII d.

Soma : III lbr. XI d. m*a*.

[F° LXIX, r°.] 773. lo dia dessus, per una cavilha de fer que fo meza a la barieira davan l'ort de m° Isarn de Rius, laqual cavilha pesava V lbr. e costava la lbr. entre lo fer e las fazeduras VIII d. ; monta.. III s. IIII d.

774. lo dia dessus a moss. Dorde de la Sareta per una fiala que fo meza a far la dicha barieira ; costec, enclus II d. m*a* que n'ac aquel que la aportec,........................... II s. VIII d. m*a*.

776. a V d'abril, a G*m* de S. Jordi per I jornal que estec ad adobar las barieiras que so davan lo truelh d'en Ramenc.... III s. IIII d.

Soma : XIIII s. IIII d. m*a*.

[F° LXIX, v°.] 778 lo dia dessus, per far aguzar lo 'palferr el pico am que feiro las cavas de las dichas barieiras............... v d.

779. lo dia dessus, per una fiala nova que fo meza en la dicha barieira, quar l'autra que hi era no valia re e fo tornada a la mayo cominal,.................................... IIII s. IIII d. m^a.

780. a VII d'abril, a P. de Montellis per una corda que fe far G^m Cabrier ad obs de la planqueta de la porta de Rounel.. VI s. VI d.

781. lo dia dessus, al dig Peire de Montellis, per II cordas que foro la una al pon e l'autra a la planqueta del Viga, lasquals fe far Huc Viguier....................................... XXI s. VIII d.

782. a X d'abril, per I jornal de fustier que adobec lo portanel de Verdussa e fe I mantel aqui on se te l'arnes e adobec lo pas que es entre l'ostal d'en Frances de Lagrava e la paret nova de Bordas ; ac ne.. II s. I d.

783. per far aguzar cavilas e clavels de fer que foro mezes al obratge dels digs amvans............................... v d.

Soma : XXXVI s. v d. m^a.

[F° LXX, r°.] 785. a XI d'abril, a G^m Balmier al qual fo bailat a pretz fag per tortissar e terrar los amvans de la paret nova de Bordas,... v lbr. X d.

786. a XIII d'abril, a'n Johan Segui, per II quintals de fe que fo mes al tortis dessus dig.............................. II s. VI d.

787. lo dia dessus, per I jornal de fustier que adobec l'escalier de la Torreta et fe fenestras al obratge dessus dig et esparonec lo pas que es entre la paret nova de Bordas e l'ostal de Frances de Lagrava. .... II s. I d.

788. a XVII et a XXII d'abril, per IIII quintals de fe que foro mezes a far lo dig tortis.. v s.

789. a XXIII d'abril a Peire Perri et a son companh, fustiers, que desfero lo gachil el palenc vielh que era davan l'ostal de Bordas, en que estero cascu I jorn.................. .... v s. VII d m^a.

Soma : VI lbr. VII s VI d.

[F° LXX, v°.] 790. a XXIII d'abril, per IIII jornals de homes que pojero la fusta del gachil el pal davan dig e la meiro en una cambra del hostal de Frances de Lagrava ; prendia cascu XX d. ; monta..... .... VI s. VIII d.

791. a X de may, per una post que fo meza al pon del Viga, laqual fo de Jacme Miquel, am v d. que n'ac lo fustier que la hi mes, ... II s. VI d.

792. a XII de may, a G^m Balmier que terrec la passada del hostal

de Frances de Lagrava.. xx d.

        Soma : xvii s. viii d mᵃ.

[Fº LXXI, rº.] 793. a iii de jun, a R. Capela, affanaire, que avia estat i jorn e mieg per portar pal del hostal de Frances de Lagrava entro a Roanel on adobava hom lo palenc............. ii s. i d.

 794. a xvi de jun a'n Jacme Miquel per iª carrada de fusta nova que fo meza al obratge dels amvans de la paret de Bordas... x s.

        Soma : xxxii s. i d·

[Fº LXXI, vº.] *Meza de far raustar lo valat de davan la gliaya vielha.*

 795. a vii et a xi et a xviii de dezembre per xxxiii jornals de homes que raustero lo valat dessus dig ; prendiau cascu per jornal xv d. ; monta... xlii s. vi d.

 796. per lo loguier de iiii picos que feiro mestiers a la dicha obra e so que costero de aguzar... .... xv d.

   Meza de far las taulas del mazel de la pila (1)

797. a xiiii d'abril, a P. de Najac et ad Isarn de Monlaur que citero et ajornero Mᵉ R. Ychart, jutge de moss. d'Albi, davan lo viguier, ad instancia dels senhors cossols d'Albi, per razo quar lo dig jutge avia fag cridar am votz de trompa que negun home non auzes talhar carn en negunas taulas, seno a'n aquelas del mazel vielh, en pena de l lbr. donadoiras a moss. d'Albi e lhi enibiro que en prejudici de la universitat

        Soma : ii lb. iii s. ix d.

[Fº LXXII, rº.] (de la universitat) d'Albi, el non empaches que hom no pogues talhar en las taulas de la pila davan dichas ; e velhero la nueg a gardar que negus no empaches ni fezes dampnatge en las dichas taulas, et hi meiro lo penoncel del rey en senhal de salva garda. Fo lor donat per lor trebalh de mandamen dels senhors cossols... v s.

 798. lo dia dessus, per i lbr. de candelas que se gastero la nueg que hom comensec de far las taulas del masel de la pila sobre dichas.. xv d.

 799. per iii postz espessas de masel en que se trenca la carn ad obs de las taulas dessus dichas ; costava la pessa vi gros e mieg ; monta xix gros e mieg que valo........ ...... xxiii s. iiii d. mᵘ.

 800. a'n P. Boyer, per iii canas i palm de post de pibol espessas, de xiii palms de lonc, que foro mezas a las taulas del mazel dessus dichas ; costava la cana x s. ; monta............. xxvi s. iii d.

(1) Le masel vieux se trouvait sur la place, devant Sainte-Cécile, ainsi que le constate une délibération du 21 mars 1377.

ANNÉE 1380-81

801. a'n Pos Renhas, per ɪ cana de post de pibol, del lonc de una cana que fo meza a las taulas del mazel sobre dichas . vɪ s. ɪɪɪ d.

Soma : ɪɪɪ lbr. x s. ɪɪ d. mᵃ.

[Fᵒ LXXII, vᵒ.] 802. per una lbr. e mieja de cavilhas de fer e per c clavels barradors e per ɪɪ lbr. e mieja de goffos e per ʟx clavels amvanadors ; laqual ferradura fo meza en far las dichas taulas els portanels de la dichas taulas ; costec.................... v s. x d.

803. per ɪɪɪɪ cordas que foro mezas a las dichas taulas per tener las cavilhas en que pendo la carn.................... ɪɪ s. vɪ d.

804. a Felip Selvas, al[ias] Official, que avia ajudat, la nueg del jous sanhg, en desfar tos taulier[s] que ero la on foro mezas las taulas sobredichas, e portec de la fusta que fazia mestiers a las dichas taulas................. .... xv d.

805. per xɪɪɪ jornals de fustiers que desfeyro los tauliers vielhs e feiro las dichas taulas, en que estero per diverses jorns ; prendiau per jornal, enclus lo despens que lor fazia Matfre Blanc, ɪɪɪ gros ; monta............................. xʟvɪɪɪ s. ɪx d.

Soma : ɪɪ lb. xvɪɪɪ s. ɪɪɪɪ d.

[Fᵒ LXIII, rᵒ.] *Meza facha en la reparacio del pon de Tarn.*

806. Paguiey, a xxv de jun, per vɪɪɪ quintals de caus que fo comprada per far mortier ad obs de la pila del dig pon que era afolada ; costava lo quintal xx d. ; monta............. xɪɪɪ s. ɪɪɪɪ d.

808. per vɪ lbr. de plom que foro ad obs de metre alcus goffos que se meyro a la dicha pila del pon.................. ɪɪ s. vɪ d.

809. per xvɪ lbr. e mieja de ferr prim de que se feiro las lias del ferr els goffos que feiro mestiers a la dicha pila ; costero.......... .... vɪ s. v d. mᵃ.

810. a mᵉ Gᵐ Glieyas per las fazeduras de las dichas lias e dels digs goffos.................. .... ɪɪ s. vɪ d.

811. a moss. Johan Imbert per xxv teulas que foro mezas al obratge de la dicha pila del dig pon...................... ɪɪɪ s.

812. a mᵒ Gᵐ Beluelh, massonier, per ɪɪɪ jornals que estec, a ɪɪɪ, a ɪɪɪɪ, a v d'aost, a la obra de la pila del pon sobre dicha ; prendia, cascun jorn, v s. ; monta................... xv s.

Soma : ɪɪ lbr. ɪɪɪ s. vɪɪ d. mᵃ.

[Fᵒ LXXIII, vᵒ.] 813. per ɪɪɪ jornal[s] de ɪ home que portava am una nau lo mortier al dig mᵒ Gᵐ Beluelh, e d'autra materia e per ɪɪɪ jornals de ɪ effan que servia lo dig mᵒ Gᵐ Beluelh en los jorns dessus digs ; prendiau entre lo home el effan cascun jorn ɪɪ gros e mieg ; monta................................. ɪx s. ɪɪɪɪ d. mᵃ.

814. a xxiii de novembre, per i fust que ad obs de lumdar a la nova de Tarn (1) .... ii s. vi d.

815. lo dia dessus, per ii postz de garric de x palms de lonc e de ii palms d'ample que foro mezas ad adobar las privadas de la gaviela del pon de Tarn que cazia,.. .... ii s. vi d.

816. per i lbr. de cavilhas de ferr e per xxv clavels per clavelas (2) las corondas del costat de la gaviela, e las posts dessus dichas que foro mezas a la dicha privada,.................. xvi d. mª.

817. lo dia dessus, a Bernat Gazanha al qual fo bailat a pretz fag per adobar las causas sobre dichas........................ v s.

818. per i jornal de fempna que terrec lo gachil de sobre lo pon e per far portar lo lumdar dig a la dicha porta..... .... xvi d.

Soma : xxii s. i d.

[Fº LXXIIII, rº.] 819. a i de febrie, per vi palms de post de pibol de que fo fag i mantel sus lo pon levadis afi que las gens d'armas que veniau al barri no poguesso damnejar las gens que estavo a la porta del pon de Tarn quant traziau,............. iiii s. iiii d. mª.

820. lo dia dessus, per L clavels que foro mezes al mantel sobredig, e per ii lbr. e mieja de cavilhas de fer que foro meza ad adobar las barieiras del Cap del pon que ero cazechas ; costava la lbr. ix d. ; monta tot............................ ii s. vi d.

821. per far adobar la sarralha de la gaviela del pon...... v d.

822. a'n P. Soelh, per i verrol garnit de veruolas que fo mes a la porta de Nostra Dona del dig pon .... ii s. vi d.

823. per una aspa que tengues la relha de la dicha porta e per clavels que hi faziau mestiers,...................... vii d. mª.

824. a xxii de jun, per ii canas de planca que fo meza a plancar la bada dessus lo dig pon........................... ii s. vi d.

Soma : xii s. xi d.

[Fº LXXIIII, vº.] 825. lo dia dessus, per una cana, v palms de post de pibol que fo meza per far los amvans de la dicha bada del pon.. .... viii s. i d. mª.

826. per xxv clavels relhados e per xxv clavels barrados que foro mezes en la dicha bada....:.................... ii s. viii d. mª.

827. lo dia dessus, a P. Chalvarie fustier, que adobec las causas dessus dichas,................................ .... xv d.

Soma : xii s. i d.

---

(1) Il faut sous-entendre *porta*. Voir art. 818.

(2) Corr. *clavelar*.

[Fº LXXV, rº.] *Meza de anadas*

828. Paguiey a mº Gᵐ Bestor per vɪ jornadas que lhi ero degudas del viatge qne fe a Carcassona sobre la opposicio que aviam facha sobre lo ters del franc per fuoc que nos demandavo los cossols de Carcassona per las despessas que aviau fachas los comus que ero anatz darieiramen en Franssa, a nostre senhor lo rey, e partic lo dig mº Gᵐ d'esta vila a xxvɪɪ de julh e venc lo premier dia d'aost, en que a vɪ jorns ; prendia cascun jorn xv s., ... ɪɪɪɪ lbr. x.

E sia saubut que lo dig mº Gᵐ estec may al dig viatge que non agra, quar quant fo a Carcassona e vengro, lo sabde mati, davan moss. Peire Boyer, commissari de la dicha causa, lo dig moss. P. Boyer prolonguec la causa tro lo lus apres per razo quar lo dig sabde era feriat per S. Nazari.

829. al dig mº Gᵐ Bester que partic d'esta vila, a xɪɪ d'aost, per anar a Carcassona a la jornada mandada per los senhors governados de Lengadoc que aviau mandatz los comus, que voliau anticipar lo franc per fuoc que se devia pagar en jenier ; e venc a xx d'aost en que ha ɪx jorns, e prendia cascun jorn xv s., part lo loguier del rossi que lhi fo promes davantatge, quar autramen non hi volia anar ; monta............................. vɪ lbr. xv s.

Soma : xɪ lbr. v s.

[Fº LXXV, vº.] 830. a'n Felip Vaissieira, que partic d'esta vila, lo dimergue a v d'aost, per anar a Carcassona tener una jornada que aviam am los cossols de Carcassona per lo ters del franc per fuoc que demandavo per las despessas que aviau fachas los comus el viatge de Franssa davan dig ; estec tres jorns per la dicha causa ; ac ne per cascun jorn xv s. ; monta.......... .. .. xlv s.

833. a'n Felip Vaissieira que partic d'esta vila per anar a Carcassona a la jornada assignada als comus per los senhors governadors sobre la provesio que demanda[vo] de pagar encontenen lo segon el ters franc per fuoc ; e partic d'esta vila a xxɪx d'aost ; estec en lo dig viatge per la dicha causa x jorn[s] ; prendia cascun jorn xv s. ; monta...... ;..................... .... vɪɪ lbr. v s.

Soma : x lbr. xɪɪ s. vɪ d.

[Fº LXXVI, rº.] 834. a xɪ d'octombre, a'n Bernat Esteve, pelicier, que anec a Carcassona per parlar am los cossols de Carcassona sobre alcunas letras d'avizamen que nos aviau tramezas e per parlar am los senhors governadors sur lo fag de la presa de Thuria qual remedi se progra metre. Estec en lo dig viatge ɪɪɪɪ jorns ; prendia cascun jorn xv s ; monta........................ LX s. (1).

837. a IIII de jenier, a m° G^m Bestor que partic d'esta vila, per anar a Narbona al cossellh mandat per moss. lo senescalc de Carcassona, alqual cossellh ero mandatz totz los tres estatz per metre provesio sus la raubaria del pays, e per saber se las emposecios demorero ; estec en lo dig viatge x dias : prendia per jorn xv s. ; monta (2) .... vii lbr. x s.

Soma : x lbr. x s.

[F° LXXVI, v°.] 838. a xv de jenier, a m° G^m Prunet que anec a Tholoza per tener una jornada contra m° G^n Garnier que nos avia citatz davan moss. lo senescalc de Tholoza per vezer presentar las letras que avia obtengudas del offici de la procuracio d'Albeges ; e per esplar e saber sicretamen se moss. de Berri era loctenen de rey, per tal que saubessem miels cossi nos deviam regir per tal que fezessem partida per negun autre senhor ; e per saber se los senhors del Capitol metiau neguna provesio sus lo seti de Turia ni de Benezacho. Estec vi jorns a caval per lo ore temps que fazia, e despendec en lo dig viatge.. L s.

839. lo dia dessus, a'n Sicart Nicolau que anec a Carcassona al cossellh mandat per los senhors governadors de Lengadoc que las emposicios el subcidi se levo non obstant que lo rey ho agues remes, o que hom fezes autras endicios de que se paguesso las gens d'armas que ero el pays. Estec en lo dig viatge xi jorns ; prendia per jorn xv s. ; monta......................... vııı lbr. v s. (3).

840. a xix de mars, a'n Felip Vaissieira que anec a Carcassona per parlar am moss. lo senescalc et am los cossols de Carcassona per alcunas letras que nos avia tramezas lo comte de Foiss ; e per pagar argen a m° B. Lanfre et a moss. Johan Banut ; ac ne per son treballh.. xx s.

Soma : xı lbr. xv s.

[F° LXXVII, r°.] 841. a xv d'abril, a m° G^m Bestor que anec a Carcassona per parlar am moss. d'Albi et am lo cossellh de moss. lo

---

(1) Les art. 835 et 836 sont cancellés et suivis de ce nota : *en autre loc es, a la meza communa.*

(2) Les Etats restèrent donc en session du 6 au 8 ; ils votèrent un subside de 4 gros par feu pour la défense du pays contre les routiers ; mais ils s'opposèrent à ce que les aides, abolies par édit du roi, continuassent d'être levées. Cf. Dognon p. 615.

(3) M. Dognon relève cette nouvelle réunion des communes à Carcassonne. Il nous apprend que les gouverneurs ne purent obtenir ce qu'ils demandaient.

senescalc, se anerem a Maseras en aissi coma lo comte de Foiss nos avia mandat per sas letras, e, quant fo de part de la, los cossols de Carcassona agro aponchat, am lo cosselh de moss. lo senescalc, que totz los comus de la senescalcia fosso, lo sapde apres, a Carcassona ; e calc que esperes que los digs comus fosso vengutz per vezer que aponchero. Estec en lo dig viatge ix jorns ; prendia, cascun jorn, xv s. ; monta .... vi lbr. xv s.

842. a xx d'abril, a'n Domenge de Monnac, et a'n Bernat Pelicier, que foro deputatz per anar al comte de Foyss que avia mandatz los comus a Maseras, e m° G^m Bestor mandec de Carcassona en foras que hom hi anes, quar en aissi era estat aponchat a Carcassona al cosselh. Estero en lo dig viatge, cascu, xi jorns ; prendia cascu per jorn xv s. monta d'ambidos (1)...........
.... xvi lbr. x s.

843. a v de may, als sobredigs Domenge de Monnac e Bernat Esteve que tornero al comte de Foyss am loqual fo, en lo dig viatge, acordat que tota la senescalcia de Carcassona (2) per i mes iiii^m franxs ; estero en lo dig viatge, cascu, xii jorns ; prendiau coma dessus ; monta.. .... xviii lbr.

Soma : xli lbr. vi s.

[F° LXVII, v°.] 844. a xxv de may, a'n B. Esteve, pelicier, que anec a Carcassona per paguar la moneda que deviau pagar al comte de Foiss ; e fo de cosselh que anes a Maseras, quar la comte avia promes, al autre viatge, de satisfar los dampnatges que aviau donadas

---

(1) C'est dans cette réunion, que les communes de la sénéchaussée de Carcassonne votèrent en faveur du comte de Foix un subside de 4000 francs pour un mois afin d'arrêter les ravages des routiers. M. Dognon fixe au 24 avril-5 mai 1381 la date de cette réunion. C'est une légère erreur ; le voyage d'Albi à Mazères exigeait probablement deux jours ; l'ouverture de la session doit donc être portée au 22 avril et la clôture au 1er mai ; nous allons voir à l'art. suivant que les deux délégués d'Albi repartirent pour Mazères les 5 mai et y restèrent 2 jours. C'est dans cette seconde partie de la session, 7-17 mai, que furent votés les 4000 fr. octroyés au comte.

(2) Il faut suppléer ici le verbe paierait ou donnerait. Une délibération du 17 mai 1381, du Conseil communal d'Albi précise les motifs et les conditions de ce subside. « Dissero may [los cossols] que en Do-
« menge de Monnac, en B. Esteve ero vengutz de moss. de Foyss am
« los autres comus, losquals ero anats a Maseras per penre qualque
« bon acort am moss. de Foyss, afi que las gens d'armas no nos damp-
« negesso ; et au reportat que la era estat aponchat am mosenher de
« Foyss. que tota la senescalcia de Carcassona lhi done, per i mes
« comensen a xiii dias d'aquest presen mes de may en avan, quatre
« milia franxs. » B. B. 16.

sas gens d'armas, lo mars de Pascas, e per vezer se de la dicha moneda se pogra pagar los digs dampnes. Estec en lo dig viatge vııı jorns ; ac ne per cascun jorn xv s monta............. vı lbr.

845. a ııı de jun, à'n Bernat Esteve sobre dig que anec a S. Somplizi per portar letras a moss. Ar. G^m de Bearn que lhi trametia lo comte de Foiss, e lhi mandava que lo sertiffiques del dampnatge que aviau pres los gens d'esta vila a la cavalgada que aviau facha sas gens d'armas, lo mars de Pascas ; quar, aguda sa certifficacio, el dizio que ho setisfeira. Este? ıı jorn[s] ; prendia, cascun jorn, xv s ; monta.. xxx d. (1).

846. a vııı de jun, al sobredig Bernat Esteve que anec a Carcassona per pagar la moneda que era estada promesa al comte de Foiss, per esta vila e per la vigaria ; e quant fo a Carcassona, covenc que anes a Masseras, quar lo comte de Foiss avia escrig que hom fos a luy al xııı^e jorn del dig mes, e la dicha letra venc quant lo dig Bernat Esteve s'en fo anat vas Carcassona, mas que lhi tramezem ll. Chefols per loqual lhi mandem que de Carcassona en foras hi anes. Estec en lo dig viatge xv jorns ; prendia coma dessus ; monta................................ .... xı lbr. v s. (2).

Somu : xvııı lbr. xv s.

[F° LXXVIII, r°.] *Meza facha per pagar al comte de Foiss.*

849. Paguiey, lo dia dessus, a'n Bernat Montanier, recebedor general en la senescalcia de Carcassona dels ıııı^m francxs promezes per la dicha senescalcia al comte de Foiss, per la ma d'en Bernat Esteve, per la part apartenen a la universitat d'Albi, de que foro empausatz v gros e m per fuoc que montec (3) xLvııı lbr. vııı s. vı d.

---

(1) Nous trouvons dans une délibération des détails sur cette affaire. « Dissero que m^e Johan Prevenquier avia fagz alcus treballis per reco-« brar los bestials que foro prezes per las gens d'armas de moss. de « Foyss, lo mars apres Pascas propda passadas ; desquals treballis e « despens que avia fagz demandava setisfaccio als senhos cossols. » Et un peu plus bas : « Diss en B. Esteve, pelicier, que el era anat a « moss. de Foyss, e lhi avia explicatz los damnatges que aviau donats « las gens d'armas per la presa del bestial que aviau pres, lo mars « apres Pascas ; e lo dig moss. de Foiss avia escrig una letra a moss. « Guilhem Arnaut de Bearn que el lo enformes de la presa del dig bes-« tial ni quant era so que era estat finat, quar el no volia que s'i perdes « re, laqual letra lo dig en B. Esteve avia encaras davas si. » Ibid.

(2) Au bas de cet art. on voit un renvoi qu'on retrouve à l'art. 851. Ce dernier art. aurait dû être placé après 846.

(3) Le nombre de feux ressort a 140 ou à peu près
$$\frac{48 \text{ liv.} \times 20 \times 12 + 8 \times 12 + 6}{15 \times 5,5} = 140\ 28/33,$$

851. a xv de jun, an Frances Donat, que anec a Carcassona, quar los senhors cossols de Carcassona nos aviau mandat que hi tramezessem per auzir lo report que moss. P. Boyer volia far de la anada que avia facha en Franssa am los comus. Estec en lo dig viatge vi jorns ; ac ne per cascun jorn vi gros ; monta..... xlv s.

Soma : l lbr. ix s. ii d. *Soma* . xxv francxs.

[F° LXXVIII. v°.]   *Meza facha per las badas.*

852. a R. Dadalenxs, bada del cloquier de S. Salvi, que fo loguat per far bada al dig cloquier de la festa de S. Johan Babtista, l'an mccclxxx, entro a le festa de Totz Sanhs, per lo pretz de vii francxs, e de la dicha festa de Totz Sanhs entro l'autra festa de S. Johan Babtista, l'an mccclxxxi, per pretz de xiii francxs ; monta tot... ...
.... xx francxs.

Soma : xx francxs.

[F° LXXIX, r°.] 853. a xxx de setembre, ad Huc de Laval que avia estat per far bada a Carlucet, xii jorns ; prendia cascun jorn xv d. ; monta.. xv s.

856. a xxii d'abril, ad Huc de Laval que avia may estat per far bada al dic loc de Carlucet xii jorns ; e pres los vi jorns, cascun jorn, ii s. i d., e los iii jorns, cascun jorn xx d. m^a, els autres iii, cascun jorn xx deniers, quar aitant prendiau los homes a la plassa ; e fo ordenat per los senhors que aitant lhi fos donat ; monta tot....
....'...................... .... xxiii s. i d. m^a.

Soma : lxxi s. viii d.

[F° LXXIX, v°.] 861. a vi de jun, a Johan Croset per i jornal que estec per far bada a Rantelh, que ero vengudas novelas que lo senher de Duras devia cavalgar davant esta vila , ac ne... ii s. i d.

862. a ix de jun, al sobre dig Huc de Laval, per xiii jornals que avia may estat per far bada al dig loc de Carlucet ; prendia, so es asaber, los viii jorns, cascun jorn xi morlas, e los vi jorns, cascun jorn x morlas ; monta tot........................ xxx s. x d.

863. a xxii de jun, a Johan Croset que avia estat per far bada a Foys iii jorns ; prendia cascun jorn ii s. i d. monta ; e per vi jornals a for de xx d. .. .. xvi s. iii d.

Soma : iiii lbr. x s. v d

[F° LXXX, r°.] *Meza e paguas fachas als pencionalz.*

865. a i d'aost, a m° Lambert Vilar de Carcassona, scindic de la vila, per la pencio que lhi era deguda per l'an propda passat........
.... ii francxs.

866. a xxv de setembre a m° Bernat Lafon de Carcassona, que era scindic de la vila, e fo carguat que seguix la plaidejaria que la vila menava am los cossols de Carcassona, quar m° Lambert no s'en vole entremetre contra los digs cossols ; e m° G^m Bestor pencionec lo per lo pretz de II franx[s] per I an ; ac ne........ I franc (1).

867. a XIX de mars, a moss. Johan Banut, loqual era estat (2) per en Bertomieu Prunet, cossol, ad I an per donar cosselh en las playdejarias que la vila avia a Carcassona tant am m° G^m Garnier, tant am los cossols de Carcassona et am d'autres, per lo pretz de II franxs,.................. ... . I franc.

Soma : IIII francxs.

[F° LXXX, v°.] 868. a m° G^m Prunet, per partida de sa pencio que montava l'an, xviii franxs. ..,.............. xvii lbr. xii s. xi d.

869. a Pos Glieyas et a Johan Talhafer, cridas, per los gatges de l'an presen que d'ambidos (3) xxxiiii floris que valo xxvii lbr. iiii s. (4); de que agro enclus xxii lbr. que deviau per las cridas e per los encans de l'an pssat, et enclus v lbr. iiii s. que lor assigniey sobre Johan del Pueg ; monta....................... xxvii lbr. iiii s.

Soma : xliiii lbr. xi s. xi d.

[F° LXXXI, r°.] 870. Paguiey a sen Bernat d'Avisac, cossol, per la pencio del cossolat de l'an presen, enclus v lbr. que ac per la ma de P. de Montelhs et enclus xx s. que n'aigui leu per i mes que fezi la aministracio per el................................... ... . vi lbr.

871. a Felip Vaissieira, cossol, per la causa dessus dicha . vi lbr.

872. a m° Ar. Paya cossol, per partida de sa pencio dessus dicha. ....: . .. . xx s.

873. a'n Johan Segui, cossol, per la causa dessus dicha.. vi lbr.

874. a'n P. Roger, cossol, per la causa dessus dicha..... vi lbr.

Soma : xxv lbr.

[F° LXXXI, v°.] 875. a Bertomieu Prunet, cossol, per la causa dessus dicha......... .... vi lbr.

876. ad Huc Viguier, cossol, per la causa dessus dicha,.. vi lbr.

877. a'n G^m Cabrier, cossol, per la causa dessus dicha... vi lbr.

878. a'n P. Alric, cossol, per la causa dessus dicha..... vi lbr.

---

(1) On lit en marge : *autre franc lhi fo paguat, aissi quant se conte en la mesa communa a* xlviii c.

(2) Suppléer ici : *pencionat*.

(3) Suppléer ici : *agro*.

(4) Le florin vaut exactement 16 s. $\frac{27 \times 20 + 4}{34} = 16$ s.

879. a m° P. de Rius, cossol. per la causa dessus dicha. sinc lbr.
Soma : xxix lbr.

[F° LXXXII, r°.] 880. a'n Sicart Nicolau, cossol, per la causa dessus dicha.. .... vi lbr.

881. a maestre G^m Bestor, per partida de sos gatges del cossolat per lo mes que ieu aministrey per luy .... xx s. (1).
Soma : vii lbr.

Le verso du f° LXXXII est resté blanc.

[F° LXXXIII, r°.] *Sec se la meza facha per lo loc de Thuria.*

882. Mesi, a vii d'octombre, que paguiey a Ramon Venes, al[ias] Tinel et a Bernat Johanen que foro tramezes a Pampalona per espiar de las gens d'armas que hi ero que aviau pres lo castel de Thuria, en qual estat ero, ni se las gens que hom la volia trametre d'esta vila la auzero anar segur. Agro ne, per lor trebalh de anar e de tornar, cascu v s. que monta d'ambidos.............. x d. (2).

883. Sia saubut que, a xvii d'octombre, fo ordenat per los senhors cossols que hom tramezes a las gens d'armas que ero al seti de Thuria ii samadas de pa e la bombarda, am vi peiras, am una quantitat de polveras ; lasquals causas portero Duran Aonda e Bernat Baldi am iii bestias ; agro del viatge, en que estero ii dias entre anar e tornar,................................. xxii s. vi d.

884. Fo aponchat per los senhors cossols que afi que las causas dessus dichas no fosso rabaudas ni toutas sus los camis, anesso am los sobredigs ii masips ; et anero hi Bernat Corbel e R. Venes ; e volgro may los digs senhors que la i la demores de part de la per gardar la bombarda ; e demoree lo dig R. Venes ; en que vaquero, so es asaber lo dig Bernat Corbel ii dias e lo dig R. Venes vi jorns ; agro ne per lor trebalh so es asaber, lo dig R. Venes am una letra que portec als cossols de Monestier, xvi s. iii d , e lo dig Bernat Corbel v s. ; monta tot................... .... xxi s. iii d.
Soma : liii s. ix d.

[F° LXXXIII, v°.] 885. lo dia dessus, per m°xxii michas, cascuna de i morla. que foro tramezas a las gens d'armas del seti de Turia, coma davant es dig, que valo................... iii lbr. vii s. i d.

886. costero de cozer ii sacas en que fo portat lo dig·pa......
....·............................. vii d. m^a.

(1) Cet art. est d'une autre main.

(2) Il est probable que le bruit de la prise de Thuriès se répandit dans la ville d'Albi le jour même du 7 octobre ; on peut donc admettre que l'audacieux exploit de Mauléon eut lieu le 6 octobre 1879.

887. a xx d'octombre, a m° G^m Bestor que anec a Carcassona per esta vila e per la vigaria am m° P. Pelros de Galhac que hi anava per la jutgaria d'Albeges, per explicar als senhors governadors del cossellh del rey, cossi moss. de Turci demandavo que lo pays dessa lhi dones gatges, autramen volia laissar lo seti de Thuria, e per requerre los digs senhors que hi mezesso remedi. Estec en lo dig viatge v jorns ; prendia per cascun jorn i flori, quar aitan prendia m° P. Pelros ; monta v floris que valo.............. .... iiii lbr.

888. Sia saubut que, a xxiiii d'octombre, los senhors cossols ordenero que xx homes anesso al seti de Thuria, quar lo senher de Turci lor ho avia mandat per far las causas que el lor comandera Et anero hi las personas que s'en sego, a lasquals fo ordenat per los digs senhors cossols que fo donat, otra los despens, loqual hom lor fe, so es asaber, i gros per cascun jorn que hi estero entre anar et estar la e tornar sa (1).

Soma : vii lbr. vii d. viii d. m^d.

[F° LXXXIIII, r°.] 888 bis. Ad Arnaut Garnier, que anec al dig seti de Thuria per governar los homes sotz escrig[s], en que vaquec per iiii jorns ; ac ne per cascun jorn i gros ; monta. .... v s.

889. a P. Blanc loqual avia estat al seti dessus dig iiii jorns,. v s.
890. a Guiraut de Foissac, per vi jornals,............ vii s. vi d.
891. a P. del Pueg, per vi jornals,....... .... vii s. vi d.
892. ad. Esteve Ravanel, per vi jornals,............. vii s. vi d.
893. a P. Genre, per vi jornals.................. ... vii s. vi d.
894. a Johan de Jumelh, per vi jornals,............. vii s. vi d.
895. ad Arnaut d'en Goleyme, per vi jorns,......... vii s. vi d.
896. ad Amielh de Galhac, per vi jorns,............ vii s. vi d.
897. a Johan Chances, per vi jorns,................ vii s. vi d.
898. a Guiral d'alta Bessa, per vi jornals,.......... vii s. vi d.

Soma ; iii lbr. xvii s. vi d.

[F° LXXXIIII, v°.] 899. a Dorde Perier, per vi jornals,. vii s. vi d.
900. a R. Cogola, per vi jorns,.... .... vii s. vi d.
901. a G^m Austri, per vi jorns,..................... vii s. vi d.
902. a P. del Pueg, per vi jorns,................... vii s. vi d.
903. a Guiraut Lacomba, per vi jorns,............. vii s. vi d.
904. a B. Guitbert, per vi jorns,................... vii s. vi d.
905. a Simo Roquas, per vi jorns,..... .... vii s. vi d.
906. a P. del Cop, per vi jorns,.................... vii s. vi d.

(1) Ce folio est par erreur paginé LXXXIII, qui est la pagination du f° précédent.

ANNÉE 1380-81

907. a Guiraut del Moli, per vi jornals.............. vii s. vi d.
908. Paguiey que fo bailat al davant dig. Ar. Garnier, per la despessa dels digs homes so es asaber vi^{xx}x michas, cascuna de i morla, e xx s. en argen, que monta...................... xlvii s. i d.

Soma : v lbr. xiii s. vii d.

[F° LXXXV, r°.] 909. a Johan Baudoy que menec lo rossi de G^m Landas, barbier, que portec lo pa dels homes davan digs tro al seti, en que vaquec ii jorns............................ ii s. vi d.

910. a G^m Landas, barbier, per ii jornals del seu rossi que portec lo pa dels digs homes al dig seti..................... vii s. vi d.

911. a xxvii d'octombre a m° G^m Bestor, per iii jornals del seu rossi que menec Guiraut Vinagre, de Castras, maestre de las bombardas, que fo helegit per los comus per anar al dig seti per traire las bombardas e vezer se lo loc se pogra penre o deroquar am engienh; e fo aponchat que hom lhi agues i rossi, e per so menec aquel del dig G^m Bestor; tenc lo iii jorns; ac ne per jorn ii gros e m.; monta... vii gros e m.

912. Sia saubut que, a xx d'octombre, lo senher de Casivila venc en esta vila per lo senher de Turci, disen que, se lo pays no lor donava gatges, que els levero lo seti davan Thuria; e per provesir sus aquo moss. d'Albi mandec los comus d'Albeges e de la vigaria e del comtat de Castras; alqual mandamen vengro una partida dels comus; e fo acordat per moss. d'Albi, de voler e de cossentimen dels comus que hi ero, que, entro que los senhors governadors de Carcassona hi aguesso provesit, que al dig senhor de Turci et a sos companhos fos fag lo despens per viii jorns, so es a saber per cada jorn mil pas   *Soma* : xix s. viii d. m^a.

[F° LXXXV, v°.] cascu de i morla, ii pipas de vi, ii buous, x motos, x saumadas de civada, et otra aquo que fos donat als gentils homes del pays, per viures, per cascun jorn(s) dels digs viii jorns, x francxs; e per las causas dessus dichas paguar fo ordenat que se leves dels comus davant digs i ters de franc per fuoc; a laqual ordenansa G^m de Torena, trames per los cossols de Castras, pres jorn de respondre se hi cosentira o no.; et en apres venc sa en P. Amblart de Castras per los senhors cossols del dig loc e per lo dig comtat, loqual reportec que lo dig comtat non hi volia contribuir en re. E sus aisso covenc que, quar lo dig comtat non hi volia contribuir, se empauses, per pagar las dichas provesios, i autre ters de franc per fuoc sus los comus de la jutjaria d'Albeges e de la vigaria d'Albi.

913. Paguiey per los digs II tersses de franc per la part tocan al loc d'esta vila per pagar las dichas provesios ....
.... IIII^{xx} XIII lbr. VI s. VIII d.

914. a VII de novembre, a'n Sicart Nicolau, que anec a Carcassona am m⁰ P. Pelros de Galhac, quar en aissi fo aponchat per los comus de la vigaria e de la jutjaria d'Albeges, per expliquar als senhors del cosselh que lo senher de Turci demandava que lo pays lhi dones gatges ho finansssa, e per explicar los dampnatges que las gens d'armas del seti donavo. Estec en lo dig viatge VI jorns ; prendia per jorn XV s. ; monta........................... IIII lbr. X s.
Soma : IIII^{xx}XVII lbr. XVI s. VIII d.

[F⁰ LXXXVI, r⁰.] 915. a XIII de novembre, per III cordas lardieiras que foro mezas a liar los pavezes que foro tramezes al seti de Turia que ni avia XII de la vila e II de sen B. d'Avizac, lasquals se perdero al dig seti.......... .... XV d.

916. a XXVI de novembre, que fezi portar la bombarda dels cossols de la Vaur que era al hobrador de R. Vinhal ; e portec la hom a l'ostal d'en Duran Daunis on era lo senher de Turci........ V d.

917. a XXVIII de dezembre, a m⁰ G^m Bestor et a'n Felip Vaissieira, cossols, que anero a Galhac per mandamen del senher de Turci que hi era per metre provesio per lo seti de Turia que no se podia sostener ses ajuda, segon que lo dig senher de Turci dizia. Estero hi so es asaber lo dig m⁰ G^m III dias, e lo dig en Felip II dias ; prendiau cascu per jorn XV s. ; monta............... .... III lbr. XV s.

918. a I de jenier, a'n Sicart Nicolau que partic d'esta vila per anar a Toloza am los cossols de Galhac e dels autres locxs de la jutgaria d'Albeges, quar en aissi era estat aponchat a Galhac quant la anero los sobredigs, per requere als senhors del cosselh del rey de Tholoza que mezesso provisio a pagar lo senher de Turci e sos companhos estans al seti de Turia ; ho en autra manieira el dizia que hom levera lo seti qui no lo pagava. E de Tholoza en foras anero a Carcassona per reportar als senhors governadors so que lor aviau repost las dichas gens del cosselh de Tholoza ; e quant fo a Carcassona, el anec al cosselh mandat a Narbona, al quart jorn de jenier, per moss. lo senescalc de Carcassona, en loqual cosselh ero estatz citatz totz los tres estatz. Estec en lo dig viatge XII jorns ; prendia cascun jorn XV s. ; monta....................... IX lbr.
Soma : XII lbr. XVI s. VIII d.

[F⁰ LXXXVI, v⁰.] 919. E sia saubut que al cosselh de Galhac davan dig, fo aponchat que esta vila els autres locxs de la jutjaria tramezesso certz fustiers al seti de Turia, quar lo senher de Turci volia far levar i engienh que apelo trueja per dampnejar los Engles que teniau lo castel de Turia ; e foro los tramezes d'esta vila vii fustiers, so es asaber aquels que s'ensego, alsquals fon donat per lor trebalh las somas que s'ensego, e partiro d'esta vila a iii de jenier :

a P. Simo, fustier, que fo trames en lo loc sobredig per xi jorns que hi estec, per cascun jorn ii gros e m ; ac ne ....,..................... xxxiiii s. iiii d. mª.

920. a Bernat de la Boyga, fustier, que anec al loc sobredig, per xi jorns que hi estec, per cascun jorn ii gros......... ...... xxv s.

921. a Johan Teulier, per x jorns que estec al loc sobredig, per cascun jorn ii gros e m ; ac ne..................... xxxi s. iii d.

922. ad Ar. de Foissac, fustier, que estec al loc sobredig x jorns, per cascun jorn ii gros e m ; ac ne.................. xxxi s. iii d.

923. a Bernat Riquart, fustier, que estec al loc sobredig xii jorns ; prendia per cascun jorn ii gros e m., ac ne........ xxxvii s. vi d.

Soma : vii lbr. xix s. iiii d. mª.

[Fº LXXXVII, rº.] 924 a P. de Laya, fustier, per viii jorns que estec el loc sobredig ; per cascun jorn ii gros ; ac ne............ xx s.

925. a mº R. Engilbert, massonier, per xii jorns que estec al loc sobredig ; per cascun jorn ii gros e m ; ac ne.... xxxvii s. vi d.

926. Paguiey que fon donat a totz los fustiers sobredigs, en diversas provesios de que visquesso, estans en lo loc sobredig ; lasquals provesios pres B. Riquart, que montero.............. ii francxs.

927. Sia saubut que, a xii de jenier, venc en esta vila Johan d'Escotavila, fraire del senher de Turci, loqual diss als senhors cossols que las gens d'armas que ero al seti de Turia s'en voliau anar, quar non aviau re de que visquesso ; e demandec que hom lo provesis, o per manieira de do o per manieira de prest, de gran quantitat de viures. E sus aquo fo aponchat per los senhors cossols, am cosselh et am voluntat de ganre d'autres bos homes, singulars de la presen ciutat, que, afi que lo dig seti no se leves, que hom lor dones de viures entro en la soma de l francxs ; losquals lhi foro paguatz en pa cueg en diverses jorns........... .... l fr. (1).

Soma : lii franxs, e lvii s. vi d.

[Fº LXXXVII, vº.] 928. Sia saubut que lo dig Johan d'Escotavila, quant fo en esta vila, lo jorn dessus dig, diss als senhors cossols

---

(1) En marge on lit : *l'an* mccclxxxiii, *a* viii *de julh, en Sicart Nicolau redec la bilheta dels* l *francxs als senhors cossols.*

que los fustiers davan digs s'en ero vengutz otra son voler et aviau laissada la obra dels digs engienhs, de que era trop corrossat ; e diss que hom hi tramezes dels fustiers e dels affanaires, quar mestiers hi fasiau per dressar los digs engienhs, e foro hi tramezes, a xviii de jenier, las personas que s'en sego, als quals fon donat et paguat per lor jornal las somas que s'en sego :

a G^m de S. Jordi, fustier, que fo trames al seti de Turia, per la causa sobredicha per viii jornal[s] que hi vaquec ; per cascun jorn ii gros e m; ac ne.. xxv s.

929. a Salvi Sudre, fustier, per viii jorns que estec al loc sobredig ; per cascun jorn ii gros e m. ; ac ne................. xxv s.

930. a P. lo Railbaire, affanaire, per viii jorns que estec al loc sobredig ; per cascun jorn xx d. ; ac ne............ xiii s. iiii d.

931 a Bertomieu d'Orlhac, affanaire, per viii jorns que estec al loc sobredig ; per cascun jorn xx d. ; ac ne.... ...... xiii s. iiii d.

Soma : iii lbr. xvi s. vii d.

[F° LXXXVIII, r°.] 932. a Bernat Armengau, la comaire, per viii jorns que estec al loc sobredig ; per cascun jorn, xx d. ; ac ne. .... xiii s. iiii d.

933. a P. lo faissier, per viii jorns que estec al loc sobredig, per cascun jorn xx d. ; ac ne........................... xiii s. iiii d.

934. a Johan Espia per viii jorns que estec al dig loc, per cascun jorn xx d.; ac ne............................... xiii s. iiii d.

935. a Johan Daurat per viii jorn[s] que estec al loc dessus dig ; per cascun jorn xx d.; ac ne..... .... xiii s. iiii d.

936. a Johan Andrieu per viii jorn[s] que estec al dic loc ; per cascun jorn xx d.; monta.............................. xiii s. iiii d.

937. Paguiey, de volontat dels senhors cossols, que fon donat al[s] sobredigs fustiers et affanaires, otra lors jornals sobredigs, en pa de que visquesso... xx s.

e las autras provesios, que lor foro bailadas, quant s'en anero, foro apreciadas e desduchas de lors jornals.

Soma : iiii lbr. vi s. viii d.

[F° LXXXVIII, v°.] 938. a xiii de may, a Duran Aonda, per iii dias que avia estat, am una bestia, per portar pa e carn al seti de Turia a las gens tramesas per la vila et per tornar la bombarda que era al seti ; e tornec la en esta vila ; ac ne. ... . xv s.

939. an P. Clergue per una saca que bailec en que fo portat del pa que tramezem a Thuria, laqual se perdec ; ac ne.. vii s. vi d.

940. al sen B. d'Avisac per dos pavezes que foro portatz, de man-

damen dels senhors cossols, al seti de Thuria (1).   trenta e dos s. (2)

[F° LXXXIX.] L'an mccclxxxii, a x d'abril, los senhors cossols en Sicart Nicolau, Bertomieu Prunet, Huc Viguier, Johan Segui, Peire Alric, G^m Cabrier, cossols de l'an lxxix e lxxx (3), per lor e per lors autres campanhos cossols d'Albi del dig an, redero aquest presen libre de comptes de la aministracio per els facha, segon que dissero, so es a saber als senhors Ar. del Port, Johan Golfier, m° G^m Chatbert, Peire Soelh, Peire Isarn, Johan Raynaut, Isarn Redon, Johan del Pueg, R. Vidal, cossols del dig loc de l'an lxxxi, finen lor cossolat en l'an lxxxii, aissi presens, am protestacio e retencio que feiro davan aquest redemen e bailamen, et en aquel et aprop aquel, que se hi avia may pres o mes que en lo dig libre e compte no se comte, o autra error hi aparia en preza o en meza, que aquo puesco corregir et emendar, et que totz temps volo que puesco a veritat estar; del qual bailamen e redemen e de las autras cauzas dessus dichas requerego esser fag a lor public insturmen per mi notari sotz escrig. Actum Albie, anno e die quibus supra. Testes Ramun Ius Roqua, macellarius, Johannes Talhaferri, preco, e ego Guilhelmus Pruneti.

Le verso du f°. lxxxiii et tout le f° lxxxiiii sont blancs ; le r° du f° lxxxv porte les restes à payer suivants :

[F° LXXXV, r°.] 941. Es degut a G^m Arnaut per iiii traus e per xvii corondas valens doas carradas e mieja, laqual fusta fo meza

---

(1) Cet article est d'une autre main.

(2) Le registre des délibérations du Conseil ne fait aucune allusion ni à la prise ni au siège de Thuriès. Cependant, le 17 mai 1381, des marchands d'Albi réclament des avances faites par eux pour payer les provisions d'un mois promises aux assiégeants. La décision du Conseil est assez ambiguë: « Fo apunchat per totz los sobredigs cossols e sin-
« gulars que, aitant quant monta la cota d'esta vila, que hom setisfassa
« als digs merchans, en cas que la dicha cota no sia pagada, et autra-
« men no. »

(3) Les consuls de 1379-80 furent maintenus en 1380-81 et malheureusement les dépenses de ces deux années consulaires furent transcrites sur le même registre sans que rien ou presque puisse permettre de distinguer les dépenses de la première année de celles de la seconde. Cependant il est naturel de supposer que le trésorier a suivi l'ordre chronologique ; par suite les premières *presas* et *mesas* appartiennent à 1379-80, es autres à 1380-81. Il est regrettable qu'il n'ait pas été tenu compte de la demande que faisaient les consuls, le 8 juin 1380 : « Els aviau tenguda, l'an propda passat, la aministracio del cossolat
« e governat ses autres thezauziers, de laqual aministracio els voliau redre lors comptes. » B. B. 16.

als anvans de davan lo mur de la Teula, laqual fusta fo estimada
per G^m de Laserra e per B. Gazanha a.............. xvii gros m.

942. Es degut ad Isarn Malier per doas fialas que foro mezas a la
dicha obra, lasquals foro estimada[s] per los sobredigs fustiers
a.. ... v s.

943. Es may degut al dig Isarn per i jazena de iii canas que fo
meza en la dicha obra; fo estimat per B. Serras fustier a ii s. vi d.

944. Es may degut al dig Isarn per i trauc de tres canas et una
jazena de iiii canas, que fo estimat lo tot per P. Simo a..... v s.

945. May degut al dig Isarn per iiii traus e una jazena que n'ac
hom, a xxviii d'octombre, per metre en la dicha obra; fo estimat per
B. Serras, fustier, a................................ .... xv s.

946. Es degut a na Rotgieira, molher de Laurens Rotgier, per iii co-
rondas que n'ac hom ad obs de la obra dessus dicha... ii s. vi d.

L'an mccclxxxii, a xviii de novembre, los senhors n'Arnaut Salvi,
m^e Johan Bot, en R. de Montalazac, Enric Viguier, cossols d'Albi,
d'una part, et Isarn Malier per si d'autra part, feiro acordi que,
per so que lo dig Isarn podia esser tengut a la universitat del dig
loc, per raso de so moble quen era en aliuramen en totz los comus
endigs del jorn que pres sa molher tro l'an mccclxxxviii, lo jorn de
Simoni a Juda, apertenens a la dicha universitat, lo dig Isarn quitec
a la dicha universitat so que era degut al dig Isarn per las causas
sobredichas en la presen carta dessus escricha(s), e los senhors cos-
sols quitero lo dig Isarn de tot quant el podia dever a la dicha uni-
versitat, per so moble dels[s] comus endigs dins lo temps dessus
contengut. Foro testimonis Johan del Pueg e Pos Glieyas et ieu
G^m Prunet, notari d'Albi, que, de voluntat dels sobredigs senhors
cossols e del dig Isarn Malier, aisso iey escrig.

TABLE DES MATIÈRES & DES NOMS PROPRES

ABRÉVIATIONS

Av. — Avocat.
Cap. — Capitaine.
Carc. — Carcassonne.
Comm. — Commune.
Cte. — Comte.
Cons. — Consul.
Dép. — Département.
Ev. — Evêque.
Lieut. — Lieutenant.
March. — Marchand.

Not. — Notaire.
Riv. — Rivière.
Ruis. — Ruisseau.
Sgr. — Seigneur.
Sgrie. — Seigneurie.
Sén. — Sénéchal.
Sénéc. — Sénéchaussée.
Serg. — Sergent.
Trés. — Trésorier.
Vte. — Vicomte.

A

Abreuvoir du Tarn, 135, 180, 325.
Absolution pour prise de la dîme des vendanges, 68.
Absolution d'excommunication, 92.
Accord : avec le comte de Foix, 7 ; — avec les cons. de Lescure, 39 ; — avec le sgr. de Lescure, 44 ; — avec l'év. d'Albi, 203 ; — avec P. Holier, 246.
Achat de blé, 213, 215, 226 ; — de chaux, 127 ; — de monnaies, 19, 51, 55, 56, 68, 94, 95, 97, 100, 101, 119, 121, 123, 125, 140, 143, 159, 162, 179, 182, 188, 203, 220, 224, 226, 227, 295, 322 ; — du passage de Lescure, 160 ; — d'une tasse d'argent, 228.
Aco, clerc du juge royal, 61.
Adam, hôtelier, 44.
Ademar (Arnaut), 6.
Ademar, Adzemar, Azemar (Guillem), 236, 239, 243, 246 à 248, 251, 254, 259, 261 à 257, 269 à 272, 283 à 286.
Adhemar (Johan), 15.
Agassa (Guillem), 64.
Agen (sén. d'), 18, 24.
Agot, Agout, riv., 13, 82, 322.
Aigadossa (Ramon), 48, 331. (Voir aussi Aygadossa R.)

Aisolier (Ramon), 191.
Alari (Frances), 12.
Alban, Albanh, 32, 34, 69, 169, 190, 212, 289, 301, 323.
Albanas (Arnaut d'), 271.
Alba Piota, Alba Ponta, 29.
Albert (Guillem), 42, 149, 190.
Albert (Hugues d'), év. d'Albi, 4, 44, 130.
Albi, 1, 2, 7 à 9, 11, 16, 18, 19, 22, 24, 29, 30, 34, 38, 39, 43, 44, 50, 52, 54, 57, 58, 62, 67 à 70, 85, 86, 94, 97, 114, 124, 128, 131, 132, 141, 147, 153, 175 à 177, 194, 195, 198, 201, 223, 233, 234, 236, 242, 243, 246, 248 à 250, 252, 257, 280, 284 à 287, 290, 303, 304, 313, 323, 339, 343, 349 ; — cons., 27, 31, 34, 317, 334, 349 ; — cour royale, 100, 175 ; — diocèse, 58 ; — év., 4, 5, 7, 11, 14, 16, 29, 43 à 45, 63, 65, 66, 81, 84, 89, 93, 98, 114, 128, 130, 132, 134, 136 à 138, 142, 144, 147, 150, 154, 159, 161, 165, 169, 190, 191, 203, 205, 209, 222, 223, 225, 229, 230, 245, 250, 251, 272 à 274, 276, 282, 284, 302 à 305, 309 à 312, 314 à 317, 319, 320, 323, 324, 334, 338, 345 ; — juge, 48 ; — juridiction, 154 ; — régent, 135, 140 ; — sgrie, 238 ; — viguier et viguerie, 10, 23, 278, 345.
Albigeois, 15, 32, 41, 59, 89, 95, 107, 116, 120, 161, 240, 249, 273,

289. 304, 313, 314, 338, 341; — comm., 23, 345; — juge et jugerie, 57, 60, 65, 83, 84, 89, 102. 126, 139, 142, 147, 157, 158, 163, 167, 169, 200, 209, 222, 232, 310, 311. 345, 346; — vigueric, 161.
Alby (Peire), 82.
Alexandrie (patriarche d'), 18.
Allivrement du mobilier, 139; — du possessoire. 283.
Alos, 151.
Alquieyra (Ramonda), 40.
Alric (Peire), dit Rigaut, 52. 102. 158, 165, 228, 230, 237, 286, 296, 299, 323, 327, 330, 342, 349.
Alsona (Guilhem d'). 113.
Alta Bessa (Guiral). 344.
Alvernha. Voir Auvergne.
Alvinhac (Esteve d'), 197.
Ambialet, Ambilet, 144.
Amblard, 12.
Amblart (Peire). 345.
Amboise (Louis d'), év. d'Albi, 16.
Ambres, 303; — v^{te}, 13, 20.
Ambrosy très, 276.
Amelhau. Voir Milhau.
Amiel (Peire). 186.
Amielh, 344.
Amoros (Johan), not., 6, 37, 38, 60. 62, 73, 102, 126, 145, 165, 173, 185, 195, 198.
Ancelme (Johan), av., 126.
Ancelme, Ancelmes (Jorda), 72, 202, 205.
Andorra (d'), 47.
Andriau (Peire), 82.
Andrieu (Esteve). 41; — (Johan). 318; — (Nicolau), 306; — (Peire), serg., 250 263.
Andrinet et Andrino (Guilhem), 55, 87, 122, 123, 129.
Anglais, aux environs de Cordes, 56; — se dirigeant sur l'Albigeois, 95; — vers Mirandol, 95; — à Sauveterre, 95; — aux faubourgs de Rab stens, 136; — vers Villefranche - de - Rouergue, 143; — à Compeyre, 144; — vers Rodez et Milhau, 168; — vers Laguépie, 178; — dans l'Albigeois, 273; — en Rouergue, 277; — vers Valence, 310; — à Thuriès, 325; — de Montferran, 308.
Angles. 104, 155, 156.
Angleterre. 13, 28.
Anjo, duc d'Anjou, lieut. du roi, 46. 49. 50, 63, 65 à 67. 69 à 71. 92, 115, 119, 124, 127, 129 à 135. 146, 161 à 164, 169, 178, 180 à 185, 187. 201, 203, 204, 207 à 215, 217, 224, 227 à 230, 239 à 242. 245, 249 à 251, 257, 258, 262, 266, 268 à 270, 276, 278, 283, 286; — duchesse, 250; — Louis, 250.

Anti (Johan). 317.
Aonda (Duran), 298, 299, 348.
Appel d'une ordonnance de l'official, 29 à 31; — des comm. contre une imposition du c^{te} de Poitiers, 30; — d'une décision du sén. de Carc., 311.
Aragon (roi d'), 18, 210.
Arbaletes, 59, 290, 326.
Ardalho (Isarn), 13.
Armanhac (Jean), c^{te} d'Armagnac 16, 18, 25, 32, 67, 38, 89, 90, 94, 95, 100, 101, 136, 143, 190, 195, 200, 215, 235, 237, 255, 301, 312, 323, 324; — Jean, bâtard d'Armagnac, patriarche d'Alexandrie, 18; — bâtard d'Armagnac, 213; — Bertrand d'Armagnac, c^{te} de Charolais, 18; — Beatrix d'Armagnac, 18; — Jean d'Armagnac, v^{te} de Fezenzaguet, 200; — Jeanne d'Armagnac, 18; — Marthe d'Armagnac, 18; — sén. d'Armagnac, 85; — c^{te} d'Armagnac, 200.
Armengau, 293; — (Bernat), 348; — (Ramon), 74.
Arnaudo, 202.
Arnaut, 151, 298, 248; — (Guilhem), 348; — (Johan), serg., 86, 179, 180; — (Peire), dit lo Boy. 308.
Arnols (Bertran), 54, 55, 224, 326, 327.
Arpajo (Johan, sgr. d'), 273, 310, 316.
Arle, Arles (royaume d'), 49, 64, 65.
Arquier (Ramon), 177.
Arrentement de la criée des vins, 297; — du courtage, 40, 115, 296; 297; — des encans, 41, 115, 116, 298; — des fours, 38, 115, 242. 297; — du passage de la sgrie. de Lescure, 173; — du pont, 1, 39, 40, 93, 99, 115, 287, 255.
Arrestation des consuls, 48, 58, 123, 168, 169, 184, 185, 188; — des consuls à Béziers, 217; — à Carcassonne, 131; — de contribuables pour dettes, 56, 57, 83. 86, 89, 174, 175, 177, 282; — des délégués des communes à Pézenas, 31; — du geôlier de la cour royale, 140; — des percepteurs des communs, 179; — du sgr. de Lescure, 222; — de P. del Solier, 219.
Artes. Arthés, 175.
Artiga (Amanieu d'), 49.
Artigas (Brenguier d'), 11, 223, 226, 227.
Asclas, 57.
Asemar et Azemar (Arnaut) d'Albi, 52, 78, 79, 92, 93, 117, 158; — (Arnaut), cordonnier. 58; — (Ar-

naut), march. de Toulouse, 39, 52, 53, 54, 67, 94, 121, 124. 132, 138, 141, 158, 159. 163, 195 ; — (Guilhem), march. de Toulouse, 39, 53, 54, 121, 124, 132, 138, 141, 158, 159, 163.
Assises du juge de Castres au Castelviel, 141.
Astruc (Berni), 13 ; — (Ramon), 89, 180, 228.
Atbert (Guilhem), 86 ; — Ramon dit Vauro, 75, 76, 93.
Aude, riv. 137.
Audebrem (d') et Audencham. — Voir Audenay (d').
Audenam, Audenan. — Voir Audenay (d').
Audenay (d'), maréchal de France. 63, 126, 144, 147, 175.
Augier (Johan), 35, 37, 148, 157, 163, 171, 188, 192, 198. 234. 320.
Augustins de Lisle, 276.
Auriac (Bernat), serg., 46, 47, 55, 83, 243, 302, 322, 329.
Aurifabre (Johan), 252, 253. 256, 305, 306.
Aurnoia (Johan), 76, 201.
Ausac. — Voir Aussac.
Auscoro, serg., 120, 179.
Aussac, 230, 304.
Austri (Guilhem), 344.
Autorisation d'emprunter, 7, 10, 64, 69 ; — d'imposer, 19, 64 ; — d'imposer le moût, 269.
Autpol (sgr. d'), 114, 130, 131, 134, 138, 143, 144, 146, 160 à 162, 168, 169, 175, 178, 181 à 186, 188. 191. 195, 196, 202, 207, 211, 213, 222, 251, 308. — Voir aussi Bona (Bernat) et Hautpoul.
Auvergne, 226.
Avalats, Avalatz. 303.
Aveyron (dép.), 25, 43, 91, 95, 108, 178, 323.
Avignon, 13, 28, 64, 65. 130. 134, 144, 165, 181, 193, 197, 211. 215, 224, 289.
Avinho. Voir Avignon.
Avinho (Johan), 60, 205, 210, 212.
Avis de l'approche des ennemis, 31.
Avisac et Avizac (Bernat d'), 27, 37, 42, 91, 113, 118, 148, 197, 234, 274, 299, 305, 342, 346, 348.
Avisac. — Voir Levizac.
Avisagues (quartier d'Albi), 79.
Aycart et Ayquart (Guilhem), 50, 88, 100, 124, 135, 139, 140, 143, 171, 188, 293, 322, 327 ; — dit Ribievra, 195.
Aycelin (Gilles), évêq. 21.
Aygadossa et Ayguadossa (Ramon), 245, 254, 282.
Azay (Gui d'), 57.
Azemar (Arnaut), 321.

B

Babina, 261.
Bachet (Gilet), lieut. du trés. de Carcassonne, 171, 189. — Voir Gilet.
Badalhac (bois de), 82.
Badoca (Peire de), 90
Baile et Bayle (Esteve), 194, 196, 215, 235, 243, 253, 266, 267, 269, 273, 285, 320.
Balances publiques, 135 ; — de l'or, 138.
Baldi (Bertran), 194, 196, — Bernat, 310, 343 ; — Johan, 154, 293, 209.
Balesta, 228.
Balmier (Guilhem). 298. 318, 333.
Bandier (Bernat) 24.
Banhols (Frances), not., 10.
Baniex ras (Arnaut de), 40.
Bans sur meubles et immeubles, 58, 59, 60, 77, 86, 101, 143, 167, 177.
Banut (Johan), 315, 338, 342.
Bar (moines de). 85.
Barachi (Johan), 279.
Barbabeta et Barbeta, 306.
Barbaira, 231.
Bargues (Guilhem). 76, 251, 288, 290, 201, 327, 328.
Barrau et Barraut (Bernat). 76, 87, 88, 91, 98, 106 107, 136. 149, 153, 155, 156, 180, 221, 223 ; — Guilhem, 27 ; — Johan, 43. 78, 80, 91, 98, 100, 111, 135, 151, 195, 200 ; — Ramon, 189.
Barrieira, quartier d'Albi, 16, 17, 79 ; — Barrieira (la) de Lescure, 168, 176, 177, 181 ; — Barrieira, ruis. 17.
Barrières, fortifications, 95, 194, 324, 332, 333 ; — au Bout du pont, 154, 336 ; — devant les Frères Prêcheurs, 152 ; — à Roanel, 300 ; — au Plo St-Salvi, 325 ; — au Vigan, 82.
Barrieyra (Pos), 58, 110, 151 ; — Johan, 77.
Barta (Dorde), 318. 319.
Basa et Bassa (Johan), bayle de Grenade, 52, 181, 185.
Bastida d'en Guitbert (la), 254.
Baudoy (Johan), 345.
Bausa. quartier d'Albi, 79.
Bayona, 15.
Be (Frances), 242, 313, 319.
Bearn (Peire-Arnaut de), 318 ; — (Arnaut-Guilhem de), 340.
Beaucaire, 49, 50, 57, 63, 135, 245, 269, 270 ; — sénéc. 4, 28, 63.
Bec et Beg (Ambrosi), trés. de

23

Carcassonne, 200, 262 ; — Ramon, 212.
Bejaussi (Johan), lieut. du comte de Castres, 22.
Belcaire, Belcayre. — Voir Beaucaire.
Belhome (Johan), prieur de N. D. de Fargues, 190 ; — Jorda, 227, 284.
Belhuelh et Beluelh (Guilhem), 17, 35, 105, 109, 166, 179,324, 335 ; — Ramon, 105, 106, 110, 150, 151.
Belhuelha (Guina), 293.
Benosech, 135 ; — Peire, 41.
Benezecho, 309.
Benezeg, 307.
Benjo (sgr de), 168.
Beraudes, quartier d'Albi, 79.
Berenguier, 40.
Berenxs. — Voir Brens.
Berenxs (dame de), 139.
Bergerac, 312.
Bergonho (Obi), florentin, 130.
Bermon (Ramon), 218, 224.
Bernado, 41.
Bernat (Peire), 140 ; — Ramon, 37, — lo fornier, 6 ; — trompaire, 5.
Bernucha (Arnaut de), not., 6, 30 ; — Johan, not., 145.
Berri (duc de), 289, 301, 313, 322, 324, 338.
Berri (Johan de), 99, 101, 110.
Berthomieu, serg., 97, 178.
Bertols (Bernat de), 116.
Bertran, 223.
Bertranda (Peyrona), 40.
Bertugat d'Albret, 312.
Besers et Bezers. — Voir Béziers.
Besset, 197.
Bestor (Guilhem), juge royal, 271, 283, 290, 299, 300, 305, 306, 309, 311, 313, 315, 317, 323, 337 à 339, 342, 343, 345, 346 ; — Serni, 126, 133 ; — Yssarnit, 278.
Bestor Vielha, 326 ; — de l'Esquila, 103.
Betoy, serg., 43, 45, 83, 85, 89, 96, 98, 127, 180, 224, 228.
Bezacol. — Voir Bezancoul.
Bezancoul, 304.
Béziers, 22, 23, 29, 31, 70, 146, 202, 209, 217, 218, 266, 278, 292, 313, 389 ; — juge de, 235.
Bilhau (Peire), 237, 255.
Biro (Peire), 91.
Bistour ronde, 106.
Blacas (Guiraut), not., 27, 29.
Bladier (Guilhem), 34.
Blanc (Bernat), 60, 128, 183, 194 ; Maffre, 293, 300, 335 ; — Peire, 344 ; — Ramon, dit Ayguadossa, 77.
Blanquet (Asemar), 143.

Blanquier (Ademar et Azemar), 117, 243, 301.
Blaya, Blaye, 127, 149, 150.
Boet, 12, 14, 34.
Bofilh (Ramon), 119.
Boier (Huc), 127 ; — Peire, 78, 79, 117, 126, 139, 140, 163, 164, 179, 186 ; — Ramon, 55, 63, 322.
Boissaso, Boissezon, 256.
Boisso (Peire) dit Peri, 226.
Bojaussi (Johan de), 9.
Bombarde, 298, 345, 346 ; — au siège de Thuriès, 343.
Bombert (Dardo et Daydo), 275, 279, 280.
Bona (Gui), 5, 8, 10, 11, 16 à 19.
Bona (Bernat), sgr. d'Hautpoul, juge criminel de Carcassonne, 27, 47, 48, 55, 71, 99, 114, 131, 137 à 139, 144, 160, 202, 207, 222, 228 ; — Felip, fils de Bernat, 202, 204, 231, 294 ; — Ramon, 79.
Bona Comba, quartier d'Albi, 78.
Bonafe (Dayde), 129.
Bonafos (Helias), 98.
Bondidor, ruis., 97, 123.
Bonet (Arnaut), not. 51, 52, 210. — Peire, 37, 274.
Bonhome, quartier d'Albi, 79.
Bonias, quartier d'Albi, 78.
Bonis (Guilhem), prieur de St-Maffre, 222, 229, 275, 280.
Bonshom de Pau, cap. 91.
Boras (Gualhart de), 186.
Borbo. — Voir Bourbon.
Borbo (dame de), 250, 284.
Borc de Bertal (lo), 95.
Borc. — Voir Bourg.
Borc Sanh Bernat. — Voir Bourg St-Bernard.
Bordas (Bertrand de), archidiacre, 103, 104, 106, 155, 156, 248, 265, 267, 268, 276, 301, 309, 323.
Bordeaux, 8, 315.
Bordel, 325.
Bordeu. — Voir Bordeaux.
Borias (Johan), 101, 111, 149.
Bornhe (lo), 137, 143.
Borns (Gailhart de), not., 40, 147, 157, 163, 165, 191, 198, 200.
Borrel, quartier d'Albi, 79.
Borsa et Borssa (Peire), 159, 168, 197, 205, 234.
Borsier (Sicart), serg., 196.
Bosc (Berenguier del), serg., 72, 231, 263, 285 ; — Bernat, 129 ; — Peire, dit Ramilho, serg., 6, 11, 33, 56. — (Voir Ramilho). — Sicart, 310.
Bosquari (Berthomieu), 11.
Bossac (Jorda), 295.
Bot (Johan), 233, 239, 281, 321, 350.
Botge, place d'Albi, 105.
Boubilh, serg., 177.
Boucicaut, 13.

Boulets, 13, 343.
Bourbon, 63, 64, 130.
Bourbon-l'Archambault, 130.
Bourbon-Lency, 130.
Bourg (le) de Carcassonne, 125, 164.
Bourg-St-Bernard, 67, 171.
Bout du Pont, 42, 58, 89, 94, 95, 117, 150, 168, 213, 223, 227, 231, 239, 243, 245, 247, 249, 251, 254, 258, 262, 271, 277, 282, 292, 295, 297, 302, 308, 309, 313, 314, 332.
Boutiques mises sous scellés, 7, 180.
Boyer (Guiraut), 288 ; — Peire, 225, 229, 234, 239, 242, 243, 266, 267, 272, 283, 288, 301, 305 à 307, 316, 320, 321, 323, 334, 337, 341 ; — Ramon, 310, 328.
Boyga (Bernat de la), 347.
Boys (Johan), 60, 82.
Brachy (Johan), 254.
Bram, 24.
Bray et Braya (Jaques de), cap., 94, 192.
Brens, 139 à 141. 304.
Brétèche, 105.
Bretigny, 28.
Bretols (Bernat), not., 11.
Bretons : — entre Buzet et Toulouse, 66 ; — au Bout du pont d'Albi, 89 ; — à Florentin, 93 ; — aux faubourgs d'Albi, 120 ; — aux environs de Lavaur, 136 ; — entre Albi et Toulouse, 136 ; — à St-Lieux-Lafenasse, 145 ; — aux environs de Limoux, 210.
Breude, 192.
Briatesta, Briatexte, 59, 120, 135, 137, 185, 303.
Bride, 12, 16, 95, 99, 181 ; — perdue au siège de Castelmari, 68, 69 ; — sa réfection, 86 à 88.
Brinh (Bernat de), 239, 241.
Briucel (Jacme), 318.
Broam, 24.
Brolhac (Ramon de), 106.
Brondel (Peire), 33, 55, 85, 92, 134, 138, 151, 154, 180.
Broquiers, 90.
Brossa, Brousse, 122.
Bru (Bernat), 37, 42, 71, 76, 87, 113, 118, 146 ; — Guilhem, 26, 29, 61, 62, 71, 72, 82, 83, 90, 148, 225, 227, 234 ; — Isarn, 297 ; — Peire, 175
Bru (Mauri de), 315, 323.
Bruciquaut, connétable de France, 13. — Voir Boucicaut.
Bruelh (Peire del), 141.
Brueyras (Philipe de), 141, 143, 231.
Brunéquel. — Voir Bruniquel.
Brunequel (Vte de) 214, 215, 227, 228, 240, 241 à 243, 246 à 248, 259, 265, 267, 275, 277 à 280, 284, 285.
Bruneu, 46, 47, 49, 56, 91, 99, 118 ; — Johan, 229, 316.
Bruniquel, 214, 275.
Brus (Ramon de), serg., 7, 19, 28.
Buc (côte du), 38, 100.
Bueg (Besceseg del), serg., 186.
Buelh (Johan de), 252, 285.
Bunauc, 141.
Buola (Johan), 106.
Buou (Johan), 79, 114, 117.
Burlats, (collégiale de), 191.
Buset, Buzet, 66, 208, 318 ; — cap. de, 318.

C

Cabares et Cabaret (château de), 137, 139, 142, 171, 179, 180, 182, 191.
Cabas (Bernat), 129.
Cabestanh. Voir Capestang.
Cabic (Edmond), 289, 313, 315.
Cabirol (Amielh), 100, 140, 142, 181, 223 ; — Ramon, 78, 243, 262.
Cabos, 84.
Cabravaira (Johan), 200, 206, 226. — Voir aussi Quabravaira.
Cabrier (Guilhem), 37, 42, 52, 54, 102, 113, 118, 131, 148, 234, 272, 300, 327, 342, 349.
Cabrières, 313.
Cadalen, 7, 20, 84, 230, 304, 318.
Cadaluenh. — Voir Cadalen.
Cadel, 120.
Cadolh, 58.
Cagnac, 86.
Caluzac, 54.
Cahuzac-sur-Vère, 192.
Calandre (Guilhem), 17.
Calm (la), 37.
Calmeta (Guilhem), 107.
Calmon (Johan), 211, 249, 327.
Calvet (Azemar), dit Milhacier, 221 ; — Penart, 39.
Camarlenc (Johan), 296 ; — Ramon, 5, 8.
Cambares (Johan), 284.
Cambo. — Voir Cambon.
Cambo (Johan), serg., 204.
Cambon, 104.
Caminada (Azemar), 205, 219, 224.
Campanhac (Peire-Ramon de) sén. d'Agen, 18, 20, 23.
Camps (Johan), 239, 243, 245 ; — Johan, dit Pasquet, 101.
Canal (Peire), 136.
Canchausier (Johan), 254.
Candeil (quartier d'Albi), 79 ; — prison, 145, 216, 282.
Candeja (Dorde), 141.

Candel et Candelh, 20, 92, 135, 151. — Voir Candeil.
Candelho, 137.
Candesas (Guilhem), 197.
Canhac. — Voir Cagnac.
Canhac (Huc de), 102.
Canilhac (Esteve de), 237.
Canons, 13, 100.
Cantaloba (Peire de). 33.
Caors (Johan), 97, 123.
Capage sur le vin, 40.
Capel (Philip), 49, 62. 80, 139.
Capela (Ramon). 60, 334.
Capestaug, 200, 202, 205, 217, 219 a 222, 224, 227, 232.
Capitaines, 27, 73.
Capture : de Ferrier, 143 ; — de Miquel Hugat, 49, 63, 64, 68 ; — du sén. Tomas, 136 ; — de ceux qui avaient pris Vaour, 24 ; — du cheval de Guilhem Aycart, 139 à 140, 143 ; — de chevaux par des gens d'armes, 208.
Caramaus. — Voir Carmaux.
Carcasses et Carquasses, 71, 137, 181.
Carcassoua, Carcassone, 2, 4, 5, 7 à 10, 12 à 16, 18, 19, 24, 25, 28, 29, 43, 46 à 52, 55, 56, 61 à 63, 66, 67, 70, 72, 73, 82, 89, 92, 93, 95, 98, 100, 101, 114, 118 à 120, 122 à 127, 129, à 135, 137 à 140, 142 à 145, 161, 163 à 166, 168, 170, 171, 175, 179 à 185, 187, 189, 191 à 193, 199, 202 à 204, 205, 209 à 215, 220, 224, 227, 228, 230 a 252, 230, 248, 252, 255, 257 a 264, 266 à 269, 273, 275 à 279, 283, 284, 290, 292, 296, 298, 303 à 306, 308, 311, 315, 316, 318 à 320, 322, 323, 337, 340 à 342, 344, 346 ; — cons. de, 7, 19 à 21, 24, 26, 28, 47, 316, 337 à 339 ; — cour de, 23 ; — gouverneurs, 345 ; — juge criminel de, 66 ; — juge mage de, 21 ; — sen. et sénec., 4, 21, 22, 27, 28, 66, 69, 83, 88, 97, 115, 126, 186, 201, 306, 310, 311, 313, 314, 317 a 319, 338, 346 ; — trésorier de, 20, 250.
Carlat, 312.
Carlus, 9, 12, 94, 132, 190, 313, 318.
Carlusset, 9, 81, 129, 259, 341.
Carmaux, 107, 139, 285.
Carmes (Frères). 82, 85, 88, 93, 141, 168, 180, 182, 222, 230, 272, 299, 301, 312, 317.
Carrieiras (Guilhem), 11, 16, 25, 33 ; — Johan, 15.
Cartieyra (Bernat), 129.
Casanhas (Amlart). 160.
Casanhas (Peire), cons. de Lescure, 39.

Caselas, 81.
Caselas (Bernat de), 278.
Casilhac et Cazilhac (Esteve de), 137, 139, 297.
Casivila (de), 345.
Caslus. — Voir Carlus.
Caslucet. — Voir Carlusset.
Cassanhas (Frances), 117.
Cassanhol (Frances), 63.
Cassaro (Peire), 41, 115, 116.
Castanedo (Arnaut), 267.
Castanet, 59.
Castelana (Bernat), 239, 242, 243.
Castelet, 45, 99.
Castelmari, 68, 69, 95.
Castelnau, 58, 88, 89, 122, 176, 193, 194.
Castelnaudary, 94, 97.
Castelnau-de-Bonafous, 34, 58, 86, 128.
Castelnau-de-Lévis, 34, 58.
Castelnau-de-Montmiral, 94, 96, 132, 192, 275, 313 ; — baronnie de, 18.
Castelnou. — Voir Castelnau.
Castelnou d'Ari. — Voir Castelnaudary.
Castelnou de Bonafos. — Voir Castelnau-de-Bonafous.
Castelnou de Monmiralh. — Voir Castelnau-de-Montmiral.
Castelpers, 85.
Castelpers (Bereuguier de), sén. de Rouergue, 85.
Castelviel, Castelvielh, 1, 22, 39, 59, 77, 91, 95, 97, 114, 139, 154, 162, 177, 180, 188, 195, 206, 282, 312 ; — chatelain du, 191 ; — dinaire du, 167 ; — juridiction du, 154.
Castrais, 304.
Castras, Castres, 22, 30, 46, 47, 56, 61, 62, 67, 68, 70, 71, 82, 94, 118, 125, 129, 131, 163, 164, 171, 172, 178, 181, 223, 228, 282, 303, 309, 345 ; — comté de, 345 ; — consuls de, 11, 32, 82, 219, 280 ; — évêq. de, 47, 61, 62, 68, 79, 181, 191 ; — juge de, 141.
Casuac. — Voir Cahusac.
Catala (Guilhem), trés. de la sénéc., de Carcassonne, 50 à 52, 64, 66, 67, 82, 85, 92, 100, 123.
Catussa (Jacme), 110, 165, 180.
Caumon (de), cap. du com. de Foix, 13, 15, 17.
Cauna (la). — Voir Lacaune.
Causac. — Voir Cahuzac-sur-Vère.
Causac (Galhart de) 114 ; — Peire, 46, 48, 49, 301, 316.
Caussel et Caussels, ruis., 97, 123, 167, 274, 279.
Caustrina (Galhart) 104, 110.
Cavacauda, 252.

Cavaliers passant l'Agout, 82.
Cavilho (Bertran), 56, 189, 194. — Voir aussi Chavilho.
Caylus. — Voir Carlus.
Caylusset. — Voir Carlusset.
Cayrou (Guillaume), 237.
Cazaleuxs (Peire de), 8.
Cazanova (Bertran), 4 à 7, 15, 26, 90.
Cazeco (Peire de), 209.
Cazelas, (Ramon), 35.
Celet (Ramon), 4, 19, 72, 83, 92, 115, 140, 146.
Cens de la ville, 38, 142, 190, 223, 236, 237, 245, 274, 297 ; — payé à l'évêq. 89, 305 ; — de St-Salvi, 301.
Cepa (la), 54.
Cerrac (Bertran), serg., 200, 202, 205.
Chabbert (Arnaut) 234 ; — Esteve, 216.
Challiers, 312.
Chalvaric et Chavalric (Peire), 329, 330, 336.
Chancellier de Toulouse, 71, 73.
Chances (Johan), 314.
Chandos, 94. — Voir Sandos.
Change des monnaies, 10, 27, 45, 47, 49 à 51, 56, 58, 65, 72, 83, 89, 94, 95, 97, 98, 100, 101, 125, 131, 142, 143, 160, 162, 170, 171, 173, 179, 181, 186, 193, 195, 205, 211, 214, 216 à 220, 224 à 227, 260 à 264, 305.
Chanoinesses du Bout du Pont, 26, 57, 98, 135, 174, 203, 231, 219.
Chantoli (Bernat), 265.
Chapelle de St-Eloi, 37.
Chapitre général des Carmes, 54 ; — des Augustins, 276.
Chaplone (Johan), 292.
Chapparel (Benoit), 313.
Charles, roi de France, 198, 286.
Charnas (Bernat), serg., 263.
Charolais, 130 ; — comt. de, 18.
Chartras (Guilhamot de), serg., 181, 189.
Chatbert (Guilhem), 321, 349 ; — Peire, 87.
Château-Danson. 312.
Chaussée de la porte neuve du Taru, 232, 253.
Chavan (Johan), châtelain de Cabaret, 142.
Chavilho (Bertran), 56, 89, 115, 116, 148 ; — Voir aussi Cavilho.
Chefols (Bernat), 180, 253, 260, — Froiart, 254 ; — Ramon, 306, 314, 322, 323, 340.
Chemin de ronde aux remparts, 55, 104, 224, 225, 326.
Cherté des vivres, 213.
Chute d'une guette, 204 ; — de la palenque, 163 ; — d'un pan du rempart, 107 ; — de la tour du pont, 101, 102, 152.
Ciautat (la). — Voir Cité (la).
Cimetière neuf, 138.
Ciro, 129.
Citations à Carcassonne, 142, 192, 205, 210, 228 ; — à Sommières, 252 ; — d'habitants de St-Giniey̆s, 145.
Cité de Carcassonne (la), 125.
Clari (Bernat), 272.
Clarmon (Johan de) not., 252.
Claustrina (Galhart), 75, 326.
Clavayrolas (Johan), 117, 295.
Clavela, 175.
Clément VI, pape, 13.
Clerc (Guilhem), dit lo Frances, 39 ; — Johan, 187.
Clercs imposés aux communs, 92.
Clergua, 161.
Clergue (Guilhem), 280 ; — Johan, 230 ; — Peire, 90, 99, 117, 122, 140, 146, 158, 157, 158, 162, 171, 172, 176, 182, 186, 191 à 193, 196 à 199, 231, 232, 244, 246, 253, 262, 268, 283, 285, 286, 291, 321, 326, 330, 331, 318 ; — Ramon, 263.
Clergue (Jean de), viguier, 171.
Clequi et Cliqui (Bertran de), Duguesclin, 58, 327.
Clermont, 312.
Clermont (Béatrix de), 18.
Clop (Guiraut), 225.
Coc (Peire), 213.
Cocabuou et Coquabuou (Johan), 176.
Cochat (Johan), 277.
Cogola (Ramon) 344.
Coguel (Guilhem), 176, 177.
Cogul (Ramon), 115, 123.
Col (d'en), quartier d'Albi, 79.
Col (Bernat), 198, 235, 236, 246, 247, 251, 255, 260, 265, 272, 281, 283, 286, 287.
Colas, 106, 288, 329 ; — Duran, 99 ; — Peire, 103.
Colas (Vidal de), 58.
Coli (Thomas), 117, 241, 291.
Collation aux trois couvents, 88, 141, 182, 223, 273, 314.
Colobres (Guilhem), 248, 250 à 252, 256, 257, 264, 266, 270, 271, 275, 277, 282, 283, 290, 306, 311, 318, 320, 321, 325.
Combafa, Combefa, 4, 5, 16, 17, 101, 230.
Combas (Berthomiau), 113.
Combas (las), gache d'Albi, 42, 80, 117, 142, 192, 243, 245, 295, 302.
Combers (Bernat), serg., 86, 89, 120, 202, 274, 310, 319.
Comberssa, 299.

Combret, 43.
Commandements sur contribuables, 89.
Commanderie St-André, 107.
Commandeur de St-Antoine, 82.
Comminges, 214.
Communs hebdomadaires, 40, 93, 102, 116, 199, 227, 231.
Compeyre, 121, 140, 144.
Compromis avec l'évêq., 65, 66, 132, 134, 136, 137, 147, 161.
Compuenha (Jonat), 6.
Comta, 332.
Concile de Lavaur, 61.
Condat (Guilhem), 204, 206, 223, 237 à 240.
Conduc (Guilhem), 321, 324.
Conilh (Peire), serg., 184, 189.
Conquas, 125, 164.
Conquas (Johan de), 92.
Construction : d'un chemin au Go, 98 ; — d'un masel, 324, 325 ; — d'un portail près des moulins, 150 et suivantes ; —
Convention : avec Colobres, 311 ; avec Ot Ebral, 311.
Cop (Peire del), 344.
Cor (Peire), serg., 168.
Corbel (Bernat), 291, 309, 310, 311, 343.
Cordes, Cordas et Cordoas, 12, 26, 33, 56, 57, 84, 165, 175, 177, 184, 188, 189, 200, 267, 282 ; — cons. de, 60, 289, 307, 310.
Cornabanal (prévôt de), 124.
Cornaboc, Cornabouc, 92.
Cornilha (Peire), serg., 101, 263, 278, 285.
Cornus (Jacme), 5. 164.
Cornus (Simo de), not., 43, 126, 143, 145, 166, 183, 231, 267.
Cornut (Peire), 97.
Corondo, 177.
Corp (Peire), juge, 99.
Corpus Christi, 6.
Cort (Peire de), trés., 46, 49, 50.
Cort (quartier d'Albi), 79.
Cosi et Cozi (Izarn), 185, 288, 324, 327, 329, 331.
Costa (Bertran), 205, 210, 212 ; — Peire, 117, 157, 193, 198, 321.
Costabela (Peire), not., 278, 284.
Costangieyssa et Cote d'Engueissse, 99, 188.
Cotoh (Isarn), 99.
Cotz (Johan) 221.
Cour du Bout du pont, 231 : —, temporelle, 8.
Coutumes du pont du Tarn, 221, 222.
Couvertures posées aux remparts, 327.
Cozina (Ava), 118.
Criées des blés ; 118 ; — de vins, 39, 115.

Crocs posés aux remparts, 26, 300, 327.
Croix de Carlus, 81, 129.
Croix de fer, 256.
Cros (Isarn), 303.
Croset et Crozet (Johan), 289, 311 ; — Peire-Ramon, 39.
Crotz de Caylus. — Voir Croix de Carlus.
Crotz del fer. — Von Croix de fer.
Crouzat. ruis., 153.
Culie, 153.
Cumbas (las), gache, 239.
Cunac, 290.
Cung (Arnaut del), 171.
Cuq-Toulza, 67.
Curvalle, 32.
Cussac et Cucsac (Bernat de), receveur de la gabelle du sel, 201, 205, 217 à 220, 227, 232.

D

Dadaleins, 341.
Dadau (Pos), 87, 222, 237, 255, 255, 275, 297.
Dales (Bernat), 198.
Daniel (Johan), 232.
Danis, 44.
Daniza, 294.
Daugal (Peire), 26.
Dauni (Johan), 128.
Daunis (quartier d'Albi), 79.
Daunis, secrétaire du roi, 128.
Daunis (Duran), 37, 42, 50, 54, 68, 73, 83, 96, 98, 101, 102, 113, 118, 119, 122 à 125, 127, 129, 148, 150, 157, 164, 166, 172, 186, 198, 207, 209, 210, 216, 232, 272, 278, 286, 299, 301, 316, 346 ; — Frances, 252 ; — Johan, 18, 19.
Daurat (Johan), 317.
Davi (Emeric), serg., 190.
Debar (Peire), 10, 166, 219 ; — Ramon, 40, 77, 94, 100 à 102, 111, 115, 123, 127, 199, 220, 221, 227, 232, 233.
Declers (Johan), 328, 330.
Decles (Dayde), 109 ; — Dorde, 10, 107, 150, 152 ; — Johan, 117, 135, 146, 326 ; — Peire, serg. 118, 120, 175, 192.
Dediau (Guilhem), 41.
Dedieu (Bernat), 3, 5, 17.
Defos (Peire), 58, 131.
Délai pour paiement de subside, 131.
Délégation au roi, 23, 46, 47, 61, 161, 162, 164, 181, 203, 336.
Deletge (Peire), 295.
Delmas (Johan), 309.
Démolition des faubourgs, 58.

196, 208, 235, 251, 258; — de la maison Vayssière, 108.
Denat (Peyre), serg., 226.
Denat, 304.
Denoc (Ramon), 273.
Dépôt d'argent à la cour temporelle, 311, 317.
Derasau (Peire), 40.
Dettes de la ville, 142, 221, 243, 240, 241, 243, 245, 246, 248, 265, 267, 272, 278, 280, 317.
Devet du vin, 183, 193, 197.
Deymier (Peyre), 229.
Didier (Johan), 91.
Digon (Frances), 279, 283, 296, 297, 305.
Dime sur vendanges, 29, 68, 235.
Diminution du nombre des sergents, 175.
Divinol (Bernat), 88.
Dognon (Paul), 4, 29, 31, 63, 124, 130, 207, 338, 339.
Domenge, 111 ; — sergent, 264 ; — Peire, 198.
Domergue (Bernat), 323.
Donadieu (Peire), 7, 119, 157 à 159, 162, 170, 182.
Donat (Frances), 19, 52, 102, 172, 173, 184, 198, 231, 233, 241, 272, 278, 279, 281, 285, 311.
Donat de l'hôpital St-Jacques, 38.
Donnazac, 62.
Dormidor, ruis., 153, 154.
Dosset (Bernat), serg., 224.
Drulha (Johan), 303.
Duguesclin (Bertrand), 49, 312. — Voir Clequi.
Duguessa (Sicart), 119.
Durau (Arnaut), 70, 100, 123, 131, 146, 193 ; — Emeric, 328 ; — Guilhem, 130 ; — Johan, not., 81, 100, 102, 127, 129, 148, 157, 158, 161, 162 à 166, 173, 174, 176, 177, 179, 184, 189, 191, 193, 200, 206, 235, 249 à 251, 257, 261, 268, 269, 271, 312, 313 ; — Johan, maçon, 59 ; — Johan dit Crois, 19.
Duras (sgr. de), 322, 341.

E

Ebral (Hot. Not et Ot, sgr. de Tonnac, 70, 71, 120, 132, 134, 146, 194, 240, 271, 275, 298, 299, 311 à 313, 317, 319 ; — Isarn, 312. — Voir aussi Hebral.
Echafauds aux remparts, 327, 328.
Eglise vieille, 291, 331.
Egoût : de la porte de Verdusse, 154 ; — de la Tourrette, 103, 150, 204, 255, 309, 322.
Elegit (Babina), 259.
Elias serg., 175, 183.
Elias (Guilhem), 165.
Eliot, Heliot, 25, 26, 28, 33.
Emeric (Johan), 238.
Entermaria (Nat de la) not., 231.
Emprisonnement de cons. et de contribuables, 84, 119, 120, 145, — 174, 175, 216.
Emprunts en argent et en nature, 21, 25, 29, 38, 39, 67, 69, 70, 83, 88, 92, 102, 123, 127, 131, 147, 162, 163, 171, 173, 183, 184, 187, 189, 191, 196, 200, 206, 214, 217, 226, 236, 246, 247, 265, 267, 268, 275, 280, 283.
Engilbert (Guilhem), 77 ; — Peire, 317 ; — Ramon, 74, 75, 77.
Engles, 317.
Engolesma (Guilhem-Arnaut d'), 197.
Enguisse, 154.
Eumiro (Guilhem), 81.
Erriaus (juge d'), 99.
Erriaus (Peire d'), 145.
Escabrinh (Gorgori), 108, 138.
Escaliers aux remparts et aux portes, 104, 106, 110, 151, 333.
Escatissa (Peire), 65, 69, 71, 118, 123, 124, 134, 135, 147, 195, 207, 210, 213.
Escotavila (Johan d'), 347.
Espagne, Espanha, 137, 175.
Espia (Johan), 348.
Espigo (Guilhem), 82, 98, 114.
Espingale, 8, 12, 20, 330.
Esteve, serg., 227.
Esteve et Steve (Bernat), 5, 39, 73, 117, 126, 146, 148, 154, 157, 158, 160, 161 à 165, 171, 179, 184, 192, 193, 198 à 200, 218, 221, 233, 269, 272, 283, 284, 286, 300 à 302, 313, 317, 321, 322, 339, 340 ; — Guilhem, 37, 42, 48, 52, 55, 78, 80, 102, 109, 113, 117, 118, 138, 147, 148, 151, 223, 230, 232, 234, 243, 283, 337 ; — Johan, 87, 103, 105 à 108, 110, 150, 152, 153, 155, 156, 188, 279 ; — Peire, 80, 147, 205.
Estimation du possessoire, 274.
Excommunication pour dettes, 53, 54, 64, 146, 190, 191, 192, 276, 282 à 284, 320.
Exécution contre : les bouchers, 138 ; — les consuls, 28, 210, 224, 290, 305, 311 ; — divers, 179, 210, 276 ; — Nicolau G. 230 ; — les propriétaires de fiefs nobles, 68, 178 ; — la ville, 8, 9, 24, 32, 46, 50 à 53, 70 à 72, 85, 91, 92, 97, 101, 123, 132, 133, 137 à 143, 145, 161, 164, 168, 170, 171,

180, 182, 183, 185, 189 à 191, 193. 195, 200, 202 à 205, 220, 221, 224, 228, 231, 248, 250, 252, 263 à 265, 284, 285, 305.
Exportation de blé, 230, 235.

F

Fabre, 229 ; — Guilhem, serg., 311 ; — Huc, 150 ; — Jacme, 229 ; — Johan, 231 ; — Peire, serg., 183, 192, 307 ; — Ramon, 3, 5, 33, 63.
Fabrica (Bernat de la), 243.
Fabrique de St-Michel de Carcassonne, 72.
Fajas (Peire), 5, 300.
Fajas, quartier d'Albi, 79.
Falc (Bertran), 227 ; — Guilhem, 58.
Falguayrolas Manha (Guilhem de), 77.
Falguiciras, Falguières, 256 ;
Fangaus, Fangeaux, 52.
Fara (Peire Be de), 1.
Fargas, Farguas, 190, 230.
Faro (Galhart del), 16, 56, 79, 90, 100, 101, 141, 143, 144, 183, 222, 223, 228, 301, 315.
Farsac, 139.
Faubert, quartier d'Albi, 79.
Faubourgs épiés, 97, 99, 194.
Favarel, 222 ; — Berenguier, 129 ; — Guilhem, 297 ; — Ramon, 12¹ 24, 25, 29, 30, 33, 48, 49, 55, 61, 63, 65 à 67, 84, 90, 126, 133, 137, 142, 163, 165.
Favier (Frances), 189.
Faya (Arnaut), 162.
Fenassa (Laurens), 79, 129.
Fermeture de boutiques, 83.
Ferrier, 52, 61, 83, 84, 89, 90 à 93, 97, 99, 122, 129, 135, 136, 139, 144, 145, 163, 182.
Fête-Dieu, 47, 120, 165, 283.
Fezensac, 18.
Fezenssaguel (v^{te} de), 200, 226.
Fezenzaguet, 200.
Fiac, 59, 68.
Fiefs francs, 30.
Fiefs nobles du Castelviel, 97, 118, 129, 195.
Fiezal (Peire), 325.
Finance payée : au c^{te} d'Armagnac, 25, 26 ; — au c^{te} de Foix, 13, 19 à 21, 23, 24, 26, 33 ; — au roi, 26 à 28.
Fleur Espine, 137.
Floranda (Guilhalma), 238.
Florence (Dominique de), évêq. d'Albi, 304.
Florensac (sgr de), 59,

Florenssaguel (v^{te} de), 237, 255.
Florentin, Florentinh, 58, 60, 80 à 82, 93, 95, 101, 120, 177 ; — cons. et cap. de, 57.
Fogassa, Foguassa, 98, 201 204.
Foires, 235, 273, 275, 278 ; — de St-Luc, 250.
Foiss, Foyss, Foix (c^{te} de), 7, 8, 13, 19, 26, 58, 94, 120, 12¹, 289, 298, 300, 301 à 304, 313, 317 à 319, 321, 322, 338 à 340, 344 ; — Gaston, 18 ; — Phébus, 18 ; — dame de, 101 ; — sén. du com. de, 61.
Foissac (Arnaut de), 326, 327, 347 ; — Guiraut de, 344.
Foissencxs, 317.
Foissier (Guiraut), 34.
Folcaudi (Rollando), 120.
Folet (Bernat), 312.
Foncouverte, Foncuberta, 308.
Foncuberta (Thomas de), 110.
Fons (Johan de), 79 ; — Thibaut de, 23.
Fontaine du Buc, 38, 297 ; — de Verdusse, 177 ; — vieille, 194.
Fontanier (Peire), 120.
Forbeyre (Arnaut), 61.
Forcs (Berthomieu), 38.
Forest (de la), 27.
Forestz (Johan de la), 275.
Forn (Guilhem del), 47 à 49, 56, 61, 80, 84, 90, 92, 95, 97, 101, 119, 136.
Fornier (Mondo), 44 ; — Ramon, 46, 121, 122, 127, 131, 141, 226, .
Fort construit au Bout du pont, 271, 277.
Fortanier (Bernat), 139 ; — Johan, 43, 47, 59, 81.
Fossés de la ville, 55, 58, 122, 225, 226, 331, 334
Fou du sgr. d'Hautpoul, 169.
Four banal : du Bout du pont, 152 ; — de la Rivière, 35, 38, 81, 113, 190, 237, 297.
Foys, 81.
Foysseuxs (Johan de), 29, 146.
Frac (Bertran), 218.
Frachieu (Peire), 225.
Frais de panification, 166.
France, 4, 13, 21, 23, 28, 30, 43, 46, 56, 120, 125, 127, 137, 142, 144, 147, 159, 163 à 165, 168, 175, 181, 185 à 187, 193, 195, 208, 211, 231, 246, 280, 299, 306, 315, 316, 221, 323, 341.
Frances (Guilhem lo), 81, 123.
Froissart, 312.
Fromen (Dayde), 78.
Fromenca (Alazaiss), 298.
Frontinha (Duran), 116, 142, 143, 146.
Frotart, quartier d'Albi, 79.
Frotier (Bertran), 316, 318 ; — Mondi, 319.

Fumel (Gaubert de), chevalier, 17, 18.
Fumet (Peire), 99.
Fustaria, quartier d'Albi. Voir : Portes.

G

Gabelles. 25, 29, 67 ; — sur blé, 194 ; — sur cire, 146, 194 ; — sur draps, 102 ; — sur sel, 204, 205.
Gabian, 256.
Gabriola (Asemar), 136.
Gadal, 93.
Gaget (Guilhem), 138.
Gaiet et Gayet (Guilhem), 26, 79.
Gaillac, 12, 16, 18, 20, 21, 25, 29 à 33, 48, 49, 58, 61, 63, 65 à 67, 70, 84, 88, 90, 92, 93, 107, 111, 117, 121, 123, 132, 133, 135 à 139, 141, 159, 163, 165, 168, 175, 177, 181, 188, 189, 193, 199, 208, 215, 226, 230, 264, 274, 303, 304, 309, 312, 316, 344, 346.
Gairaut. Voir Garaut.
Galart, Galard (Pierre de), cap. 235, 312.
Galaup (Pos), 238.
Galco (Peire), 55, 282.
Galliac (quartier), 77, 78.
Galliac (Ramon), 63, 79.
Galhac et Gualhac. Voir Gaillac.
Galhart, 292.
Galinaria (rue de la), 289, 290, 305.
Galles (prince de), 94.
Ganteri, 177.
Garanhols (Ramon de), juge de Narbonne, 68.
Garaut et Garraut, 8, 19, 20, 32.
Garcias (Marsebelia), 114.
Gard, dép. 16.
Gardia (la), 81.
Garengau, 110 ; — Berthomieu, 54, 138, 167.
Garnier, 293 ; —Arnaut, 202, 315; — Guilhem, 142, 146, 180, 191, 196, 205, 206, 228, 238, 250, 253, 256, 257, 267, 273, 296, 306, 312, 314, 338, 342 ; — Johan, not., 63, 100, 102, 110, 296.
Garnison sur les consuls, 179, 290 ; — sur contribuables, 93, 123, 196, 230.
Garnison de troupes à Sauveterre, 94.
Garrengau (Mathieu), 100.
Garrial, 167.
Garrigas, 224, 225, 325, 329 ; — Berthomiau, 115, 172, 234, 236, 239, 240, 243, 246, 248, 283, 293,
321 ; — Johan, 197 ; Ramon, 327 ; — Sicard, 79.
Garro (Bernat, dit Clou), 308.
Garrosta (Guiraut), not., 22.
Gasanha (Bernat), 194, 336, 350.
Gasanhol et Guasanhol (Bernat), 75, 79, 108, 110, 116 ; — Frances, 73, 148 ; — Johan, 220, 227.
Gasc et Guasc (Guilhem), 63, 65, 90, 93, 97, 98, 122, 123, 145, 146, 159, 181, 248.
Gascogne, Gascuenha, 226.
Gastairc (Bernat), not., 24.
Gaudetru (Dorde), 17, 35, 37, 42 à 47, 61, 62, 78, 91, 98, 101, 102, 113, 116, 118, 128, 142, 146, 148, 190, 193, 213, 278, 279, 286, 293, 300, 306, 307, 314, 321, 327.
Gausit (Berthomieu), 301.
Gautbert (Guilhem), 78.
Gautier, 15.
Genieis, Geniëys et Ginieis (Peire), religieux, 157, 189, 194, 195, 268 à 271.
Gens d'armes, 8, 14, 15, 60, 99, 121, 338 ; — offerts par les cons. de Lavaur, 15 ; — dans le pays, 59 ; — vers Alban, 169 ; — à Albi, 58, 60, 114, 121, 135, 138, 140, 144, 168, 315, 325, 326 ; — aux couvents d'Albi, 94, 308, 309, 327 ; — au Castelviel, 95 ; — aux faubourgs d'Albi, 57, 94, 95, 205, 223, 235 ; — aux environs d'Albi, 9 12, 1340 ; — dans l'Albigeois, 15, 57 ; —embusqués au bois de Badaillac, 82 ; — à la Barriere, 168 ; — vers Briatexte, 120, 135, 137 ; — vers Brousse, 122 ; — à Buzet, 208 ; — allant d'Albi a Florentin, 60 ; — à Caudeil, 135 ; — entre Capestang et Béziers, 217 ; — à Carcassonne, 306 ; — a Carlus, 94, 132, 313 ; — vers Carmaux, 139 ; — vers Castelnau, 89, 122 ; — à Castres, 11, 82 ; — dans le Castrais, 84 ; — à Cordes, 177, 307 ; — à Cunac, 290 ; — à Fiac, 59 ; — à Florentin, 80, 235 ; — vers Gaillac, 90 ; — à Gaillac et ses faubourgs, 93, 123, 136 ; — vers Graulhet, 61, 135, 145 ; — vers Labruguière, 94 ; — vers Lacaune, 57 ; — vers Lautrec, 80, 97 ; — vers Lavaur, 81 ; — à Lescure, 58, 123 ; — vers Marsal, 183 ; — vers Monestiés, 168 ; — vers Montans, 309 ; — à Montfranc, 323 ; — à Mouzieys, 33 ; — vers Najac, 178 ; — à Pousthomis, 323 ; — vers Pouzols, 89 ; — vers Puybegon, 80 ; — vers

24

Puygouzon, 120 ; — vers Puylaurens, 11 ; — vers Rabastens, 136, 141 ; — vers Réalmont, 82, 93, 137 ; — vers Rodez, 57, 136 ; — vers Roquesérière, 219 ; — dans le Rouergue, 202 ; — à St-Gauzens, 84 ; — à St-Ginies, 132, 313 ; — vers St-Juéry, 218 ; — vers St-Sernin, 89 ; — à Sauveterre, 121 ; — à Tanus, 84 ; — à Terssac, 235 ; — à Trébas, 19, 58, 109, 180, 182, 184 ; — dans le Toulousain, 19, 88 ; — vers Valence, 167, 168, 248 ; — à Verfeil, 194 ; — vers Villefranche, 57, 60, 185, 233, 235 ; — à Villeneuve, 82 ; — sur la rive droite de l'Agoût, 83 ; — passant l'Agoût, 322 ; — détroussant des Albigeois, 60, 64 ; — venant d'Auvergne vers l'Albigeois, 161.
Genre (Peire), 344.
Géraud II d'Armagnac, vte de Fézenzaguet, 200.
Gévaudan, 312.
Giaussa et Gieussa (Frances), 195 ; — Guilhem, 195 ; — Johan, 4, 29, 30, 62, 70, 102, 144, 184, 195.
Giaussa, quartier, 79.
Gieusana (Garda), 301.
Gieuso, 167.
Gieuzelas (Guilhem), lieut. de l'official, 29.
Giladiana, 273.
Giladiau et Giladieu (Huc), 116, 276, 282, 309 ; — Bernat, 314.
Gilet, surnom de Bochet, lieut. du trés. de Carc., 162, 163, 169 à 172, 179, 181, à 183, 185, 188, 189, 191. — Voir aussi Bochet.
Gilhet, serg., 197.
Gili, 330 ; — Isarn, 146.
Ginesta, 152 ; — Jacme, 152 à 156, 224.
Gimeys (Guilhem), 174.
Girma (Ramon), serg. 202.
Giro, 87, 123.
Girossenxs, Girossens, 17, 301, 316, 321.
Gitardo (Jacobo de), Génois, 131.
Giussana (Galharda), 331, 332.
Glieya et Glieyas, (Guilhem), 111, 135, 178, 335 ; — Pos et Posset, 5, 6, 8, 52, 54, 73, 83, 88, 126, 131, 143, 148, 158, 166, 181, 182, 195, 199, 222, 238, 273, 279, 281, 285, 297, 305, 314, 322, 342, 350.
Godieyra (Peire), 74, 79, 198, 245, 272.
Gojo, 149, 150.
Golamino, 106.

Goleyme, 293 ; — Arnaut d'en, 344.
Golfier (Galhart), 38, 62, 66, 70, 83, 85, 89, 92, 99, 100, 119, 132, 136, 142, 145, 190, 191, 194, 198, 200, 204, 208, 214, 215, 222, 229 à 232, 291, 292, 311, 322, 324 ; — Johan, 69, 207, 349.
Gontaut (Pabina de), 9, 52, 69 à 71, 92, 93, 95, 123.
Goutelin (Ramon), régent, 95, 136, 137.
Gorgal (Peire), 167.
Gorgori (Peire), 115, 129, 229.
Gorgual (Bernat), 58.
Gorsses (Marsal), 288, 326, 328.
Goth (Bertrand de), 18 , — Régine de, 18.
Gouverneurs de Languedoc, 289, 292, 337, 338, 344.
Grâce aux habitants du Bout du Pont, 262.
Granada — Voir Grenade.
Grand'Côte, 38.
Granier (Arnaut), 344 ; — Guilhem, not., 81.
Graolhet (Berthomieu), 40.
Graulhet. — Voir Graulhet.
Grasset (Ademar et Ascinar) not., 198, 272, 284, 291, 320, 321.
Graulhet, 59, 67, 70, 81, 135, 145, 303.
Graveta, 87.
Grenade, 52.
Greniers publics mal gardés, 312.
Gresas (Peire), 113.
Gresas et Grezas (Ramon de), 228, 280.
Gresas. — Voir Grezes.
Gresillou, 137.
Gresol (Sicart de la), 43, 202.
Grézes, 304.
Griffon du Bout du Pont, 105, 185, 255.
Groier, Groyer, Gruer et Gruier (Arnaut), 34, 47, 128, 202, 203.
Grolais (Johan), 5, 6.
Gros (Frances), 306.
Gua (Jo), 98.
Guabia. — Voir Gabian.
Guadal, 160.
Guamarra, écuyer du régent, 140.
Guani (Guilhem), not., 31.
Guarigas (Berthomieu), 163, 171.
Guasc (Peire-Bernat), trés. de Ste-Cécile, 173.
Gué de Lescure, 38, 201, 297.
Guet, 15, 28, 341 ; — au Bout du pont, 130 ; — à Carlucet, 185, 193, 341 ; — sur les coteaux, 59, 81, 129, 192 ; — à Foix, 123, 189, 341 ; — vers les Frères Mineurs, 129 ; — vers les Frères Prêcheurs, 129 ; — à Puech-Petit, 123 ; — à Rantelhs, 97,

341 ; — au clocher de S¹-Salvi, 9, 11, 128, 158, 259, 341 ; — sur les rives du Tarn, 129.
Guettes, tours en bois, 104, 106, 107, 151 ; — de la maison de Bordas, 333 ; — de l'Espingale, 330 ; — du Bout du pont, 183 ; — de la Fusterie, 204, 221, 232 ; — devant l'hôpital St-Jacques, 219 ; — au dessus des moulins, 330 ; — sur le pont, 118, 151, 152, 275, 336 ; — au Port vieux, 10, 11, 122, 330 ; — à la Porte neuve, 279 ; — devant Prohinas, 330 ; — à la Porte de Ronel, 288 ; devant Selves, 330 ; — à la Tourette, 153, 330 ; — à la vieille église, 153, 253, 288, 330, 331 ; — au Vigan, 155.
Guetteur, 55.
Gui de Gaia (Bonet), 307, 323.
Gui (Guilhem), 314 ; — Huc, 15 ; — Peire, 35, 175, 241 ; — Ramon, 72.
Guietmart et Guitmar (Guilhem), 38, 113, 168, 190.
Guila, 52, 54, 88, 126, 111, 158, 164, 175, 182, 222 ; — Bernat, 35 ; — Ramon, 73, 100, 166, 199, 297.
Guilabert (Bernat de), 38 ; — Ramon, 43, 51.
Guilhalmo (Johan), serg., 118, 120, 121, 165, 180, 216, 228.
Guilhamot, 93.
Guilhem, 92 ; — Arnaut, 318 ; — lo barbier, 293 ; — lo Frances, 97.
Guilheumes, bâtard d'Armagnac, 95.
Guilhot, serg., 163, 229 ; — portier de l'évêché, 29 ; — Emeric, 37, 216.
Guimet (Frances), 12.
Guinet (Vidal), 79, 162, 204, 290, 321.
Guipia (la). — Voir Laguépie.
Guiraut, not., 59, 154, 164, 186, 249 ; — le charretier, 328.
Guiro, 12.
Guisana (Gualharda), 175.
Guiscart (Guiraut), 173.
Guitardia, 40.
Guitart (Guilhem), 238 ; — Ramon, not., 10, 14, 24.
Guitbert (Bernat), 344 ; — Guilhem, 37, 38, 41, 42, 47, 48, 52, 56, 61, 65, 67 à 71, 73, 80, 85, 86, 89, 93, 99, 100, 105, 108, 113 à 118, 121 à 123, 127, 130 à 135, 139, 142, 146 à 148, 151, 168, 174, 182, 185 à 188, 190, 192, 194 à 196, 311, 312 ; Peire, 46.

H

Hautpoul, 28.
Hautpoul (d'), 157.
Hebral (Ot). — Voir Ebral.
Hérault, dép. 66.
Holier (Peire). — Voir Olier.
Holier (Guilhem del), dit Anco. — Voir Olier.
Honoraires des consuls, 281 ; — des sergents, 218.
Hôpital, 11, 37, 48, 288, 326 ; — du Bout du pont, 75, 110 ; — de St-Antoine, 48, 58, 236 ; — de St-Jacques, 38, 249, 328.
Hospitaliers de St-Jean de Jérusalem, 195.
Hourds sur les remparts, 20, 33, 104, 221, 225, 298, 299, 331 ; — à la maison de Bordas, 343, 334 ; — au clocher, 59 ; — à la guette du pont, 336 ; — à Lagrave, 180 ; — à Puey-Amadenc, 295, 317 ; — à Ronel, 290 ; — à la Toula, 290, 326, 350 ; — à Verdusse, 12.
Huc, évêq. d'Albi, 5.
Huc, 30 ; — secrétaire du duc d'Anjou, 187 ; — Guilhem, 239, 243, 291 ; — Peire, 62, 80, 83, 84, 89, 90, 92 à 94, 97, 120, 122, 123, 129, 136, 112, 168, 184.
Huc lo Reg (Peire), 57.
Hugonet (Jacme), 120.
Huguat (Huc), serg. 173 ; — Miquel, 37, 42, 48, 49, 63, 64, 68, 108, 113, 118, 123, 131, 134, 144, 148, 160, 285, 320 ; — Pos, 315.

I

Ichart (Ramond), 126, 162.
Ila (la). — Voir Lisle.
Ila (Peire de la), 303.
Ila et Ilas (Enric de et de las), 296, 307, 308.
Imbert (Johan), 335.
Impositions : demande d'autorisation, 185, 188 ; — de 6 communs, 33, 34 ; — de 20 comm., 197 ; — de 19 comm., 236 ; — de 40 comm., 239, 241, 242 ; — de 52 comm., 292 ; — de 4 comm., 294, 298 à 302 ; — de 1 comm., 302 ; — de 3 blanches par feu, 164 ; — de 4 blanches, 181, 185, 187 ; — de 12 den. par livre, 39, 194 ; — de 2 francs par feu, 162, 163, 183, 269 ; — de 1/3 de fr. par feu, 315 ; — de 1 gros 1/3 par

feu, 181; — de 2 gros 1/2 par feu, 303 ; — de 1/2 gros par feu, 319 ; — de 5 gros 1/2 par feu, 340 ; — sur blé et vin, 165 ; — sur blé, 230 ; — sur draps, 115 ; — sur mouture, 209 ; — sur pain, 214 ; — sur sel, 187 ; — sur vendanges, 19, 161, 171, 179, 180, 188, 211, 255 ; — sur vin, 19, 206, 292.
Incursion du sgr. de Lescure sur le territoire d'Albi et ses conséquences, 66, 68, 71, 88, 95, 164, 167, 173, 175 à 177, 179, 186, 188 à 190, 194, 196 201, 209, 215.
Indemnité aux consuls pour les robes, 145.
Injures aux consuls, 10, 143.
Innocent VI, pape, 13, 130.
Inquisition, 167.
Interdit sur la ville, 42, 62.
Intérêts d'argent, 214, 309, 325.
Ipre (draps d'), 59.
Isarn (Peire), 18, 79, 170, 319.
Issaras (Bernat), 323.
Issarnit (Antoni), 321.
Iuer (Guiraut), 113.
Iverno (Dorde), not. 20.

J

Jacme, 150 ; — Ramon, 230, 241.
Jacomart, cap., 192.
Jaybert (Johan), 321.
Jean le Bon, roi de France, 18, 22, 28.
Jean, duc de Guyenne, 18.
Jean Géraud, fils de Jean d'Armagnac, 200.
Jeana, 1 7.
Jeanne, reine de Naples, 65.
Jeanne, femme de Jean II d'Armagnac, 18.
Joglar (Izarn), 28.
Johan, 81 ; — le clerc, 132 ; — Bernat, dit d'en Astuga, 38, 227 ; — Esteve, 104 ; — Galhart, 321 ; — Marti, 52, 308 ; — Peire, 276 ; — l'usurier 220, 225 ; — le maçon 106.
Johanel (Johan), 204.
Johanen (Bernat), 309, 310, 318, 319, 343.
Jolia (Peire), 76, 105.
Jolivet (Ramon), 316.
Jorda, 186, 220, 223.
Joucels, 313.
Jouy et Joy (Johan de), 267, 268, 276.
Jumelh (Johan de), 311.
Jurats, 232.
Juzi (Johan lo), trés. de Carc., 97.

L

Labailia, Labaylia et Lasbailia (Guy), 65, 68 ; — Peire, 237, 248, 253, 255, 272, 273, 284.
Labarda (Guilhem), 102.
Labarthe (Sauve de), 28.
Labastide de l'évêque, 303.
Labastide-Dénat, 303.
Labessieyra, Labessière - Candeil, 20, 84.
Labroa, quartier, 79.
Labroa (Salvi de), 315.
Labrossa (Guiraut), 123.
Labruguieyra, Labruguière, 91, 210, 252, 261, 318, 319.
Lacaune, 50, 256.
Lacibia, 293.
Laclota (Guilhem), 43, 128.
Lacomayre (Bernat), 318.
Lacomba (Guiraut), 297, 320, 321, 344.
Lacosta (Duran de), 177.
Lacrotz (Johan de), 39, 17, 187.
Ladrecha, Ladrèche, 146 ; — recteur de, 290 295.
Lafachaire (Bernat), 249.
Lafon (Bernat), 342.
Lafon (Guilhem de), 93.
Lafon (Peire de), juge d'Albigeois et procureur général de Toulouse, 20 21, 28, 30, 31, 126, 159, 166, 192, 199, 200, 257.
Lagrava, Lagrave, rue, 290, 304, 305.
Lagrava (Frances de), 15, 21, 40, 73, 100, 103, 126, 149, 155, 166, 196, 227, 282, 288, 333, 334.
Laguépie, 178.
Lahondes (J. de), 137.
Laistairia (Gui), 209, 213, 225.
Lalana (Ramon), 29.
Lambert (Arnaut), 227.
Lambert de Pena, prieur des Carmes, 317.
Lameyza (Johan), 99.
Lamilharia, Lamillarié, 12, 48.
Landas (Guilhem de), 99, 345 ; — Ramon de, not., 175, 201, 206, 216, 272, 290.
Landorra, Landorre, 213 ; — sgr de, 68, 85, 120, 235 ; — bâtard de, 235, 313.
Lanel, 290.
Lanfre, Lhanfre (Bernat), 296, 320, 338.
Langil, 129.
Languedoc, 4, 18, 27, etc.
Lanta, 71.
Largues (Guilhem), 194.
Laroca et Laroqua (Dorde de), not., 100, 205, 206, 233, 265, 292.
Larron de 13 ans condamné, 22.

Lartigua (Amanieu de), cap. 94.
Lasala (Bertran de), 302 ; — Cimonet de, 25.
Lasserra (Gui de), 329 ; — Guilhem de, 350.
Lastapcha (Johan), 300.
Latri et Latry (Johan), serg. 180, 183, 184.
Lauraÿre (Ramon), 54, 81, 89, 154, 211, 251, 297.
Laurens (Paul), 256.
Laurens (Peire), dit Cadolh, 297.
Lauret, 315.
Lauro, 315.
Laurs (Gorgori), 291, 326.
Lautrec, 58, 80, 97, 122, 134, 165, 228, 303 ; — Vte de, 28 ; — Bertrand de, 58, 59.
Laval (Huc de), 76, 81, 129, 259, 341 ; — Peire de, 59.
Lavasière, Lavasieyra, 129.
Lavaur, 11, 13 59, 61, 62, 67, 71, 81, 84, 89, 90, 136, 164, 185, 303, 346 ; — cons. de, 15 ; — évèq. de, 21 ; — official de, 62.
Lavezi (Johan), 169.
Lavila (Guilhem de), 81.
Laya (Peire de), 300, 347.
Layrieyra (Johan(, 72.
Lebret (sgr de), 120.
Lectoira, Lectoure, 16, 18.
Lejoy (Johan), 262.
Lemozi (Berthom'eu), serg., 14, 16, 21, 127, 128.
Lescura, Lescure, 39, 58, 66, 71, 86, 95, 123, 140, 158, 160, 164, 169, 173, 175 à 177, 179, 180, 188, 189, 193, 201, 323 ; — cons de, 218, 308 ; — sgr. de, 44, 68, 166, 177, 188, 189, 196, 209, 222.
Lettre de change, 130.
Lettres exécutoires, 10, 212 ; — de garnison, 46 ; — de sauvegarde, 28, 30 ; — de grâce, 72 ; — du duc d'Anjou, 68 ; — du cardinal de Roam, 27 ; — de Duguesclin, 58 ; — des Maitres des requêtes, 66 ; — du roi, 27, 63.
Levée de troupes 29.
Levée d'excommunication pour 3 jours, 283.
Levis (Vte de), 28 ; — famille de, 58 ; — Bertrand de, 58, 59 ; — Guigues de, 28 ; — Philippe de, 59.
Levizac, 297.
Lima (Bonet), 319
Limos, Limoux, 210, 263.
Linairet (Jean), dit Micoulau, 16.
Lisle, 139, 276.
Livres : blanc, 39 ; — negre, 37 ; de P. de Somas, 37, 39, 40 ; — Vermelh, 40 ; — d'allivrement, 59 ; — des communs, 160 ;

— des coutumes du pont, 310 ;
— des quittances, 57, 88, 91 ; —
des reconnaissances, 40, 41, 59, 82, 114, 116, 138, 147.
Lobat (Johan), not., 30, 31 ; — Sicart, 53, 79, 95, 239, 240, 245, 274, 326.
Location de maison, 99.
Lochilovier (Guilheumes), 186.
Lodeva, Lodève, 211.
Lombers, 8, 34, 60, 209, 310, 322.
Lombers (Bernat de), 93.
Lombers (Guilhem), 15 ; — Isarn, 5, 35.
Lomberssa, 186 ; — Jova, 273.
Lonc (Bernat), 71, 72, 83, 90, 198, 203, 209, 215, 230, 234, 276.
Loyer de la maison commune, 109, 126, 166 ; — de la maison du guetteur, 109, 126 ; — de celle des serviteurs des cons. 281.
Luc (Johan del), 314.
Luce (Siméon), 312.
Lumbart (Guilhem), 113, 117.
Lumbers, (Bernat de), 95, 145.
Lumbers. — Voir Lombers.
Lumbersa, 202, 225, 232, 233 ; — Johana, 222, 229.
Lunol, 31.
Lunel (Johan de), 193.
Luyrier (Johan), 272.

M

Macip (Berenguier), 77.
Madeleine (Eglise de la), 75.
Magdalena (quartier de la), 79.
Maaer (Guilhem), 258, 259.
Maison : commune, 21, 40 ; — sur le pont, 28, 77, 103, 173, 238 ; — de péage, 336.
Maistre (Peire), 316.
Maitre des monnaies, 42.
Maladrerie, 181, 322 ; — du Vigan, 30, 31, 102, 197, 237, 238, 295.
Malborgues (Pelfort de), 73, 101, 126, 142.
Malgoyres (Johan), 309.
Malia (Pos), 183.
Malier (Isarn), 350.
Manen (Peire), 176.
Manha, 110, 111 ; — Guilhem, 48 ; — Johan, 12.
Marcasana et Marquasana (Arnaut-Bernat de), 133, 134.
Marens (Johan de), 23, 30, 43 ; — Ramon, 48, 83, 92, 103 à 108, 110, 151, 154, 167, 188, 260, 324, 325.
Maret, 218, 219.
Mari (Marquet de), serg., 193.

Marlas (Peire de), serg., 6.
Marloy. 138.
Marola (Johan), 195.
Marrola (Duran de), 318.
Marsac (Berthomieu). 40.
Marsac (Penart de), 177.
Marsal, Marselh, 165, 176, 179, 183, 189, 201, 204, 209.
Marsenda (Arnaut), 37, 92.
Marssac, 303.
Marssac (Guilhem de), 5, 16, 17, 20, 25 à 27, 29.
Marti (Arnaut), 78; — Bernat. 125, 142, 222; — Dorde, 88, 118; — Guiraut, 79, 145, 203, 215, 270, 280, 285 286. 302, 317, 321. — Johan, 81. — Ramon, 180
Martinet, 173, 177, 205. 216, 224.
Maset (Robert de), 189.
Masier (Arnaut), 122.
Masier (Johan). — Le même que Mosier
Mascras, Mazeras. Mazères, 301, 302, 316, 318, 321. 339, 340.
Masieyras (Robert de), serg., 183, 184.
Masot (Peire), serg., 221.
Massabuou (Ramon), 297.
Matfre (Pos), 176.
Matze (Dorde) 88.
Matha (Johan), 57.
Mathiau, ecuyer du senéch. de Toulouse, 71, 101.
Mauléon, 343.
Mauri, 299; — Vidal, serg., 8.
Mauriac. 132.
Mauriac (Girma de), 20
Maurina (Riqua), 116.
Maurs (Guilhem de), 14, 301.
Maussans, 201.
Maussans (Peire), 40.
Mauvezin, 200.
May (Johan d'en), châtelain de Cabaret, 137. 139, 171, 179, 180, 182, 191, 203, 263, 264.
Maylet (Bernat), not., 274.
Mayrac (Guilhem), 289.
Mazamet, 164.
Mazel (boucherie publique). 317, 320, 321 ; — neuf, 300; — de la Pile, 334.
Mazens (L.). 59.
Mejanel (Johan). 189.
Menaces de P. A. de Béarn, 318.
Ménetriers jouant sur le rempart, 57.
Meravilhas, 154 ; — Ramon de, 153.
Mercadial (Esteve), 101.
Mercayral (Guiraut), 309
Mercier et Mersier (Heliot), 38, 330 ; — Vidal, serg., 137.
Merville. ruis.. 154.
Messe du St-Esprit, 4, 42, 112, 157, 247.

Messelh (Ramon), 231.
Mesures publiques, 223.
Michelet, 45.
Mico, 312.
Micolau et Miquolau (Guilhem), 22, 25, 33.
Mieg (Berenguier). serg. 89.
Milhacier et Milhassier, surnom de Calvet Azemar, 233, 279.
Milhau, 168, 323.
Milhet, 12. — Bernat, 295, 322.
Minervois. 102.
Mineurs (Frères). 27. 42, 80 82, 88, 93, 94. 137, 139, 153, 180, 182, 223, 230, 308. 309
Miquel (quartier d'en), 79.
Miquel, 111 ; — Guilhem, 239, 241, 242, 244, 321. — Jacme, 73, 74, 87, 120 149, 153, 155, 178, 180, 183, 190, 196, 204, 221, 225, 328, 330, 333.
Miramon (Bernat). 45.
Mirandol, 88, 95, 121, 179.
Mirapeiss (Sicart), serg., 203, 228.
Miro (Johan), 328, 329.
Mise à l'encan d'une vigne, 91.
Molares. — Voir Moularés.
Molemer (Bernat), 114, 123, 125, 140 ; — Peire, 56.
Moli (Guiraut del), 315.
Moliner (Ramon), 205. 210. 212
Moncogul. — Voir Montcouyoul.
Monderi, serg., 8, 14, 18, 26, 94, 123.
Mondo (Guilhem), 55, 128, 158, 159, 170, 183, 192, 204, 224, 220, 259.
Mondrago. — Voir Montdragon.
Monestier, Monestiés, 4, 14, 16, 97, 162, 168, 194, 310, 343.
Mouferran. — Voir Montferran.
Moufranc. — Voir Montfranc.
Monitoires ecclésiastiques. 53, 54, 59, 72, 89, 177, 188, 272, 273, 277, 282, 284, 290.
Monjuzian, Monjusien (Johan), 145, 175, 189
Monjuzoou (Bertran), 203, 223, 231, 234.
Moulaur (Isarn de), serg., 83, 216, 290, 298, 306, 334.
Monmeja (Esteve de), 50, 69 a 71, 100, 172, 210 ; — Peire de 173.
Monnac (Domenge), 2, 5, 13 à 15, 19, 23. 31, 63, 78, 172, 205, 235, 237, 242, 246, 255, 258, 266 à 268, 270, 271, 277, 283, 285, 290, 298, 300 a 302, 312, 315, 318, 321, 339 ; — Johan, 91.
Mounac (Guilhem del), 61.
Monner. — Voir Moyner.
Monpellier, Monpeslier, Monpeyher. — Voir Montpellier.
Montreal. — Voir Montreal.

Monredon. — Voir Montredon.
Monrevel (Peire de), juge mage, 32.
Mourricos (Guilhem), serg., 142.
Mons (Johan de), 265.
Monsalvi. — Voir Montsalvi.
Montagut (Guilhem de), 7, 11 ; — Johan de, gouverneur de Languedoc, 307.
Montalasac (Bertran de), not., 38, 101, 147, 200, 242, 245, 282, 311 ; — Johan de) not., 242, 277, 282, 284, 287 ; — Ramon de, 301, 322, 350.
Montalba. — Voir Montauban.
Montagnac, 66, 256.
Montanh. — Voir Montans.
Montanhac. — Voir Montagnac.
Montanier (Bernat), tresor. de Carcas., 2, 4, 9, 20, 322, 310.
Montans, 303, 304, 309.
Montauban, 94, 174, 178, 187, 312
Montcouçoul, 57, 283
Montdragon, 70, 71, 97.
Montells (Huc de), dit Bona Ora, 20, 86, 120, 151, 184, 284 ; — Ramon de, 239, 240 ; — Peire de, 294, 299, 317, 333, 342.
Montferran, 312, 323.
Montfranc, 308.
Montolieu, 230.
Montpelhier, 21, 26 à 28, 38, 39, 42, 47, 63, 65, 68, 69, 83, 98 à 100, 121 à 123, 127, 130, 131, 133, 151, 146, 147, 162, 163, 171, 179, 181, 187, 224, 225, 237, 242, 246, 258, 266, 278.
Montpont, 172.
Montreal, 138.
Montredon, 57 ; — vic. de, 43.
Montsalvi, 21, 27, 301, 318.
Mora (Bernat de), 63, 70, 71, 99, 139, 140, 164, 263, 266.
Morgue (Guilhem), 39, 93, 109, 293.
Morut (Ramon), 256.
Mosier et Mossier (Bernat), 119 ; — Johan, 103, 104, 108.
Mostela, 122.
Motas (Johan), 32, 216 ; — Peire, 274, 313, 319
Moularés, 84, 85.
Moulins d'Albi, 88, 91, 130, 149, 150, 291, 326, 330.
Mouzieys-Panens, 33.
Moynier (Guihem), 29, 20, 78.
Mozieys. — Voir Mouzieys-Panens.
Murat (Dorde), 250.
Muret (Ramon), 105, 107, 196, 232, 233, 327, 329.
Mureta, 141.

N

Nac (Johan), 39.
Naissance de Louis d'Anjou, 250.
Najac, Nagac, 88, 178.
Najac (Nicolau de), 263, 269 ; — Peire de, serg., 46, 47, 55, 83, 96, 142, 169, 276, 30.), 334.
Naples, 65.
Narbona, Narbonne, 95, 102, 133, 141, 219, 249, 2°2, 320, 338, 346 ; — cons. de, 125, 142 ; — juge de, 53, 65, 68, 85 ; — vicom. de 312
Natalhola 58.
Naucelle, 95, 136.
Nayrac (Guilhem), 309.
Negodanos, Neguadoms, 147.
Negre (Johan), 81, 92
Negre de Valencia, 316.
Nempze. — Voir Nimes.
Nicolau 249 ; — Guilhem, 59, 114, 151, 160, 17 k, 177, 191, 230, 282, 287 ; — Sicart, 102, 167, 194, 258, 259, 281, 291, 304, 305, 307, 311, 311, 324, 330, 338, 343, 346, 349.
Nimes, 16, 47, 135, 172, 211, 212, 224, 312.
Noalha (Bernat de), 37, 42, 52, 54, 56, 61 à 63, 65 à 71, 95, 99, 100, 113, 116, 118, 119, 123, 124, 132, 133, 139, 146, 174, 187.
Noble (Johan), serg., 145, 203, 224, 290.
Noguier (Guilhem), 127.
Normancia (Peire de), 50, 51, 67, 92, 100, 150.
Notaires de la Cour temporelle, 45.
Notre-Dame de Farques, 118.
Novascla. — Voir Naucelle.

O

Obligation des consuls envers un créancier, 161.
Official, 29, 118.
Olier (quartier d'en), 79.
Olier (Peire), 216, 272, 278, 282.
Olier (Guilhem del), 296, 297.
Olivet (Estove), 254.
Olivier (Peire), not., 69, 72, 73, 126, 199.
Olric (Peire), dit Rigaut, 39.
Opposition des consuls à la nomination de G. Garnier comme lieutenant de juge, 212 à 214, 267.
Orage, 326.
Orban, Orbanh, 12, 82, 304.

Orbiel, riv. 137.
Ordonnance du duc d'Anjou, 66.
Orlhac (Berthomieu d'), 348.
Ort (Guilhem del), 205.
Ortola (Mondo), 26; — Ramon. 78, 80, 153, 195. 295.
Ortz (Guilhem). 33, 41, 53, 54, 81, 83, 113, 118, 119. 148, 157, 162, 165, 168, 174, 177, 181, 182, 186, 192, 223, 233.
Ost (prévôt de la), 187.

P

Pabina de Gontaut, 65.
Padiers (Berenguier de), 91.
Paguot (Huc de), 247.
Paia. — Voir Paya.
Paille pour la maison commune, 32, 84, 85, 142, 179, 222.
Pairol (Esteve), 327.
Pal (Peire), 305
Palais et Palays (Bernat del), 40, 41. — Esteve del. 258, 260 à 262.
Palenque, 103, 107, 109, 150, 194; — de la maison de Bordas, 333; — du Bout du pont, 233; — devant le Castelviel, 154; — devant l'hôpital, 48; — au dessus des moulins, 291; — à Roanel, 103, 334; — de la porte Neuve à la porte de Verdusse, 155; — à la Torreta, 23; — devant la tour du Pont, 111.
Palhier (Guitbert). 89, 116.
Palhues (Peire), 57.
Palisa, Palissa (Peire), serg., 139, 140, 231.
Pamiers, 13.
Pampalona, Pampelonne, 84, 175, 176, 293, 296, 298 à 302, 310, 343.
Pancaroca, 204.
Pape (le), 213.
Paraire, Paraj re (Bernat), 52, 117, 215, 295, 302, 321.
Paris, 11, 34, 42, 43, 45 à 47, 54, 84, 122, 127, 128, 130, 131, 141, 157, 159, 160, 162, 167, 168, 174, 184, 202 à 204, 231, 235, 253, 257, 260, 277; — Parlement de, 44.
Partenay, Parthenay et Perthenay, 296, 309, 327.
Pascorel (Johan), avocat, 43, 203.
Pascoret, serg. 57 à 60, 80, 81, 95, 98, 100, 118, 120, 121, 135, 137 à 139, 143, 144, 157, 176, 178, 181, 191, 193, 221, 228, 230.
Pasqual (Esteve), 164.
Passage au-dessus des moulins, 91, 92, 330.
Passerelles des fossés : au pont-le-vis du pont sur le Tarn. 231;

— à Roanel, 178, 231; 254. — à Roquelaure, 98, 196; — à Verdusse, 120, 205, 284, 324 à 326; au Vigan, 299, 333.
Pastura. 187.
Patau (Ramon), dit Sarrazi, 98.
Pato (Ademar), 10.
Paubel (Guilhem), 79.
Pauc (Ramon), serg., 231.
Paulhac. 66.
Paulin, Paulinh, 69, 119.
Paya (Arnaut), 14, 30, 45, 93, 122, 136, 147, 174, 203, 212, 213, 224, 249, 250, 253, 289, 306, 342; — Bernat, serg., 305.
Paya (la), 139.
Pays (quartier d'en), 79.
Pebrada, 59.
Peire, 290.
P[eire], fou du sgr. d'Hautpoul, 222.
Peire, lo faissier, 293.
Peisso, 228, 264.
Poitiers et Peytiers (com. de), 18, 23, 26, 27, 50, 31. — Voir Poitiers.
Pelapol (Bernat), 82, 188.
Pelegri (Berthomieu), 254.
Pelfort, 89.
Pelhecier (Esteve), not., 72.
Pelicier (Bernat), 339; — Emeric, collecteur du pape, 213, 227. — Esteve. 268.
Pelros (Peire), 344, 316.
Pena, Penne. 89, 120, 147, 157 ; — d'Agenais, 312.
Penneville, 2.
Pensionnés de la ville, 72, 73, 126, 127, 166, 281, 341, 342.
Perdiguier (Johan), 202, 218.
Perier (Dorde), 344; — Mathieu, 308.
Périgord, 18; — comt. de. 18.
Perloguier (Johan), 179.
Perri, 86, 160, 204; — Peire, 325, 333.
Perrin de Savoie, 49.
Perte affirmée par serment. 98; — sur vin emprunté, 196.
Pérulle (bâtard de), 313
Pesade. 282.
Pestraus, 295.
Petit (Guilhem). 129, 223.
Petit Mesqui, Petit Mesquin, 49, 94.
Petit-Lude, 153.
Peyraulesqua, 151.
Peyre (Guilhem), évéq. d'Albi, 17.
Peyres, 185.
Peyriac, 102.
Peyro (quartier d'en), 79.
Peyronel (Gaubert), 56, 68, 123.
Peysso (Sicart), 256, 282.
Pézenas, 31.
Piale (la), 20.

Picart (Frances), 37, 39, 42, 51, 52, 54, 57, 58. 60, 64, 65, 67, 69, 71, 80, 86, 92 à 95, 97, 98, 113, 118, 120, 125, 133, 134, 138, 140, 141, 148, 151, 161, 235, 243, 247, 257, 258, 259, 265, 268, 270, 272, 275, 271, 282, 316, 321.
Picayre (Jacme), 118, 124.
Picot (Frances), 50, 114, 117, 123, 124, 125, 127, 129, 132, 133, 138 à 140, 142.
Pierres posées sur le rempart, 15.
Piey (Johan del), 329.
Pigot (Huc), 267. 275, 280.
Pile, 317.
Pitre (Isarn), serg. 83, 142, 192, 222, 255, 264.
Pla de St-Salvi, 221, 226.
Planquat, 56.
Poids de la farine, 115, 127, 140, 166, 233, 316.
Poitiers (cte de), 13, 18, 21, 70.
Pojades (Bernat), 251.
Polanh. — Voir Poulan.
Polhares, 221.
Pomarède (sgr de la), 24.
Pomiers (Amaniau de), 120.
Pons de Toulouse, 17.
Pont : du Tarn, 11, 12, 73 à 78, 99, 100, 145, 146, 184, 221, 293, 294, 300, 325, 335 ; — de Caussels, 156, 271.
Pont-levis : de Roanel, 87, 90, 99, 184, 225, 238, 241, 249, 253, 326 ; — du pont du Tarn, 98, 110, 151, 152, 154, 155, 192, 195, 226, 253, 275, 336 ; — de la Trebalhe, 154, 204, 221, 225 ; — de Verdusse, 54, 95, 154, 165, 178, 190, 201, 221, 290 ; — du Vigan, 48, 83, 87, 107, 119, 151, 241, 249, 327, 330, 333.
Porcaria (la), rue d'Albi, 153.
Porcher de la ville et porcher du Castelviel, 226.
Port vielh, 10, 79, 330.
Port de Lavaur, 70, 71.
Port (Arnaut del), 35, 349 ; — Elias et Helias del, 7, 52, 118, 143, 167, 174, 179, 182 ; — Peire del, 219, 220.
Portas (Mathiau, Matieu de las), 106, 197.
Portes de la ville, 15 ; — de la Costan Gieissa, 204 ; — du pont, 101, 104, 180, 183 194, 256 ; — de la Fustaria, 107, 194 ; — de la Magdalena, 107 ; — de las Morgas, 26, 107, 194 ; — Neuve, 104, 109, 113, 154, 155, 183 — Neuve du Tarn, 232, 321, 336 ; — de Nostra-Dona sur le pont, 112, 275, 336 ; — du Pont, 299, 302, 315, 320, 321, 336 ; — de Roanel, 12, 15, 21, 38, 104, 107, 135, 143, 156, 244, 288, 290, 291 ; — de la Torreta. 180, 255 ; — de la Trebalha, 15, 183, 197, 201, 320, 321 ; — de Verdussa, 15, 95, 104, 107, 110, 154, 155, 166, 244, 284, 296, 321 ; — du Vigan, 48, 107, 151, 152, 195, 229, 244, 255, 294, 323.
Portier de l'évêché, 88.
Pos (Bernat), serg. 8 ; — Peire, serg. 98, 211, 223, 227.
Posols, Pozols. — Voir Pouzols.
Postomi. — Voir Pousthomy.
Poterne de Verdusse, 298, 333.
Potz del Vigua, 38.
Potz (Johan del), not. 81, 200, 238.
Poudre, 100.
Poulan-Pouzols, 9.
Pousthomy, 323.
Pouzols, 9, 12, 82, 89.
Pradelas, 125.
Pradelh, quartier d'Albi, 78.
Pradelh (Berthomieu), 10, 15 à 17, 98.
Pradier (Johan), 220.
Prat Gausal, 103.
Pratz (Guilhem), 201.
Prêcheurs (Frères), 31, 33. 56, 82, 88, 93. 103, 114, 146, 147, 167, 169, 189, 201, 222, 223, 248.
Premier jour de l'an, 107.
Présents : à d'Audena, 144, 175 ; — à un avocat, 276 ; — à B. Bona, 55, 144, 168, 174, 182, 202, 213, 251, 277 ; — à Ph. Bona, 274 ; — à G. Bonis, 228 ; — au Borc de Bertal, 95 ; — à Ar. Buuauc, 141 ; — à 2 cap. 192 ; — au chancelier de Toulouse, 71, 72, 132 ; — à Bert. Chavilho, 56 ; — au cte d'Arinagnac, 91, 95, 143, 190 ; — au cte de Vendome, 83, 84, 95 ; — aux conseils de Paris, 43, 45 ; — à P. Corp, 99 ; — aux couvents d'Albi, 21. 26, 27, 33, 56, 57, 80, 82, 85, 93, 114, 122. 135, 137, 141, 146, 169, 176, 180, 201, 203, 205, 222, 248, 249, 272, 301, 305, 308, 309, 312 ; — à Cussac, 219 ; — à del Tilh, 212 ; — à divers, 38, 89, 222, 276 ; — au duc d'Anjou, 186 ; — à des écuyers du cte d'Armagnac, 100 ; — à Ot-Ebral, 146, 317 ; — à P. Escatisse, 147, 186, 194 ; — à des étudiants se rendant à Paris. 151, 178 ; — à l'évêq., 7, 302. 304, 324 ; — à la femme du régent, 55 ; — à Ar. del Vesoch, 53 ; — au fou du sgr. d'Hautpoul, 222 ; — à B. Frotier, 302, 316, 317 ; — à Gaub. de Fumel, 17 ; — à Gi-

let, 181, 183, 191 ; — à Galh. Golfier, 194, 195 ; — à Pab. de Gontaut, 66 ; — au gouverneur de Languedoc, 307 ; — à l'Inquisiteur, 56, 174, 222 ; — au juge d'Albigeois, 310 ; — au juge criminel, 27, 131 ; — au juge de la gabelle, 218 ; — au juge mage de Toulouse, 42, 71, 92 ; — au juge de Narbonne, 85 ; — au juge royal, 102, 185 ; — à P. de Lafon, 192 ; — à P. Labailia, 208 ; — à Gui de Laistaria, 209 ; — au sgr de Labret, 120 ; — au maître des monnaies, 42 ; — au maréchal Euric de Ilas, 307 ; — à Martinet, 177 ; — à Est. Monmeja, 100 ; — à Negre de Valencia, 310 ; — à l'Official, 90 ; — aux officiers des cours, 148, 182, 273 ; — à Beren. de Padiers, 94 ; — à St. del Palais, 258 ; — à Ant. de Pomiers, 120 ; — au procureur des incours, 119 ; — au portier de l'évêché, 29, 182, 253, 314 ; — à Pelfort de Rabastens, 86, 94 ; — à P.-R. de Rabastens, 47, 91 ; — à Ar. Raynaut, 68, 179, 213, 225 ; — au sgr. de Rebolet, 184 ; — à des sgrs, 82, 90 ; — au sén. de Carcas., 26, 27, 186 ;] — au sén. de Toulouse, 89 ; — au sén. du cte d'Armagnac, 85 ; — au sén. du cte de Foix, 81 ; — à J. de St-Serni, 266 ; — aux serviteurs des cons., 28, 141, 222, 279, 314 ; — à la sœur de l'évêq., 191 ; — au sgr. de Turci, 307 ; — aux valets d'Armagnac, 91 ; — aux valets du sgr. d'Hautpoul, 144, 169 ; — à Pons Vierna, 196 ; — le viguier, 43, 174 ; — à J. de Vilamur, 121.
Prêts : à B de Terride, 19 ; — au duc d'Anjou, 69 à 72, 100, 124, 134, 146, 161 ; — de draps de lit au trésor, du cte d'Armagnac, 190 ; — à la ville par : P. de Baissac, 220 ; — Bergonho, 131 ; — par B. Bona, 114, 160 ; — divers, 140 ; — Martinel, 224, 266 ; — Ortz, 162 ; — rect. de Ste-Marciane, 115, 217 ; — Raynaut, 98 ; — de Rieunou, 227 ; — le trésor du cte d'Armagnac, 215 ; — del Vesoch, 91, 94 ; — forcé, 174, 175, 207, 216, 224. — Voir aussi Colobres, Brunequel, frère Genieis.
Prevenquier, (Bernat), 320 ; — Johan, 55, 225, 286, 298, 318, 323, 340 ; — Ramon. not., 322.

Prevenquieyras (Garssens), 146.
Preveyria (Ramon de la), 79.
Prinhac (Johan), 12, 16.
Prinhac, quartier d'Albi, 79.
Prise : de bétail par des gens d'armes, 132, 317 à 319 ; — de blés, 129, 130 ; — de Lucaze, 309 ; — de Najac, 88 ; — de Thuriès, 310, 337 ; — de Vaour, 20. — Prise de possession du passage de Lescure, 176.
Privat, 4.
Procès avec : Andrieu et Gros, 306 ; — Aycart, 322 ; — le vte de Brunequel, 276 ; — le Castelviel, 162, 163, 165, 181, 183 à 185, 191, 196, — la Cité et le Bourg de Carcass., 125 ; — les cons. de Carcass., 315, 321, 337, 342 ; — le chapitre de Ste-Cécile, 61 et suiv., 143, 235 ; — Colobres, 251, 252, 256, 270, 271, 274, 277, 306, 318, 320 ; — les cons. de Paulin, 69 ; — des contribuables, 72 ; — l'évêque, 4, 11, 14, 16, 43 à 45, 63, 65, 73, 84, 93, 114, 126, 128, 130, 137, 144, 157, 159, 165 ; — la femme du viguier, 28, 25 ; — Garnier, 269, 274, 276, 279, 282, 296, 306, 313, 338, 342 ; — Giladieu et autres, 314 ; — le grand procès. 43 ; — des Albigeois, 56, 68 ; — les habitants du Bout du pont, 247, 283, 284, 286 ; — un habitant de Rodez, 249, 250 ; — Marsenda, 92 ; — de Marcasana, 133, 134 ; — Micolau, 25, 33 ; — Moutsalvi, 24 ; — Puygouzon, 226, 227, 234 ; — Renhas, 4 ; — Roigier, 279 ; — recteur de Ste-Marciane, 160, 183, 185 ; — les sergents d'Albi, 134 ; — Taurinas, 97, 126 ; — Vierna, 30 ; — le viguier, 10, 22, 23 ; — le juge Ychart, 317 à 319, 334 ; — au sujet : de la dîme des vendanges, 95 ; — des fiefs nobles du comté de Castres, 141 ; — de la boucherie neuve, 323 ; — de la réparation des fours, 58, 101, 126, 145 ; — du refus de guet, 64.
Processions, 6, 21, 23, 99, 119, 121, 195, 250, 290.
Procureur des incours, 119.
Proensa. Voir Provence.
Proensals, 49.
Prohas (Johan de), 122, 314.
Prohinas (Bertran), 330.
Provence, 47, 57, 268 à 270.
Prud'hommes, 22.
Prunet (Berthomieu), 20, 79, 83, 120, 187, 239, 240, 298, 302, 303, 305, 306, 309, 323, 325, 342, 349 ; — Guilhem, not., 37, 43, 54, 99,

140, 160, 178, 183, 184, 189, 190, 195, 222, 227, 245, 251 à 253, 261, 273, 281, 285 à 287, 291, 296, 314, 320, 338, 342, 349, 350.
Prunicyrolha. 190.
Prunilhac (Peire), 79.
Puech (Jacme), avoc., 72, 126, 224.
Puech (Benesech del), serg., 53; — Bernat del, 145; — Estève del, 47; — Huc del, 79.
Puech et Pueg (Johan del), 38, 60, 95, 199, 206, 216, 224, 239, 241, 242, 244, 255, 272, 282, 286, 287, 293, 327, 342, 349, 350.
Puech Beauo. — Voir Puybegon.
Puech et Pueg Gozo. — Voir Puygouson.
Puech Petit, 81.
Pueg (Peire del), 310, 344.
Pueg Amadenc, 16, 79, 196, 298, 299, 317.
Puegbusqua (Pos de), 8, 19, 20, 32.
Pueglanier. — Voir Puylanier.
Pueg Laurens. — Voir Puylaurens.
Puns du Vigan, 328.
Pujol (Peire), 95.
Puybegon, 80, 136, 137.
Puygouzon, 24, 120, 132, 227, 230, 304.
Puylanier, 304.
Puylaurens, 11, 67.

Q

Quabravaira (Johan), 2.
Queres, 312; — sénéch. du, 4.
Quertinhoux, 137.
Quint sur le sel, 39.

R

Rabastens, Rabastenxs, 23, 32, 67, 70, 83, 124, 136, 137, 141, 208, 277, 309.
Rabastenxs (Gui de), orfèvre, 302, 324; — Pelfort de, 86, 94; — Peire-Ramon, 24, 47, 86, 91.
Raffi (Bertran), 61, 62.
Railhaire, Ralhaire (Peire lo), 298, 358.
Rainaudia (la). — Voir Rénaudié (la).
Raissac (Peire de), 280.
Ramas (Galhart de), 116, 119, 124, 129, 132, 133, 136.
Rameuc, 300, 332; — Guilhem, 223.
Ramilho (Johan), serg. 180; — Peire, serg., 7, 31, 46, 48, 58,
62, 83, 86, 89, 93, 96, 118, 167, 176, 177, 179, 203 à 205, 221, 222, 224, 228, 230. — Voir Bosc (Peire del).
Ramon (Simo), 315.
Rançon du roi, 13, 22, 25, 28.
Rantelh, 81, 129, 341.
Rapport des délégués envoyés au roi, 323, 341.
Rata (Finas), 37.
Rataria (la), La Ratarió, 202.
Raticira, 228.
Ratier (Beraut), 215; — Bernat, 79; — Domenge et Domergue, 295, 302; — Guilhem, 29, 120; — Guinot, 185; — Ramon, 267.
Raulet, 129.
Rauli (Berenguier), 79.
Rauquet (lo), 77, 153, 188.
Rausa, Rauza (Peire), not., 4, 6, 14 à 16, 21 à 25, 28 à 31.
Ravanel (Estève), 344.
Raymond, c^{te} de Toulouse, 71.
Raymond de Ste-Gemme, 191.
Baynaut, 211; — Arnaut, 65, 68, 93, 98, 123, 133, 162, 171, 179, 180, 187, 200, 213, 225, 266; — Johan, 60, 84, 169, 210, 320, 341, 349; — Johan, dit Boias, 138; — Peire, 180.
Raysac, Rayssac, 55, 95.
Raysac (Ramon de), serg., 118.
Réalmont, 9, 12, 13, 34, 48, 60, 62, 67, 70, 81, 82, 89, 93, 99, 123, 131, 137, 146, 162, 171, 181, 202, 204, 207, 216, 303, 304, 306, 310, 318.
Rebieira, four et quartier, 35, 38.
Rebieyra (Guilhem), 84.
Rebolet (sgr. de), gendre du sgr. d'Hautpoul, 184.
Recettes, 1, 2, 37 à 42, 113, 116, 117, 157, 247, etc.
Rech (lo), 60, 88, 89, 145.
Reclusa (quartier de la), 78.
Recort (Paia), recev. général, 319.
Reddition de comptes, 29, 34, 35, 119, 148, 198, 234, 284, 285, 349.
Redon (Isarn), 114, 117, 145, 147, 198, 238, 245, 300, 301, 349; — Mathiau, 81, 83; — Peire, receur, 56, 59, 122, 140.
Réduction du nombre des serg. 253, 259, 275, 349.
Réformation, 53.
Regambal (quartier d'en), 79.
Regambal, Reguambal (Jacme), 9, 14.
Régent de la temporalité, 89.
Règlement sur les gens d'armes, 90.
Regort (Johan), 115, 308.
Relinge de livres, 59, 60, 84, 310.
Remise totale ou partielle de

subsides, 125, 127, 131, 132, 117, 151, 160, 161, 163, 201, 203, 206 à 212, 214 à 216, 224, 227, 228, 258, 262, 268, 285, 314.
Remise aux communes de 100.000 florins, par le c^{te} d'Armagnac, 32.
Remparts, 15, 24, 27, 107, 138, 178, 260, 288, 291 ; — à la maison de Bordas, 309, 325, 331 à 333 ; — devant Colas, 105, 106 ; — à Roanel, 15 ; — devant Tersac, 150 ; — à la Toula, ou al Teule, 288, 290, 327 ; — du Teule à la maison Garrigues, 329, 330.
Renaudié (la), 248.
Renhas (Pos), 4, 5, 178, 179, 195, 272, 293, 294, 335.
Rente Ot Ebral, 312.
Réparation des feux, 143, 145, 166, 203, 207, 211 à 213, 215, 222, 231, 232, 235, 257, 275, 278, 284, 304, 305.
Réparations au pont du Tarn, 254.
Requêtes de l'Inquisiteur, 63.
Réunion des communes : en février 1370, 169 ; — à Béziers, 29, 31, 266, 289 ; — à Carcass., 29, 61, 63, 66, 80, 124, 130, 132, 138, 187, 337 à 339 ; — à Mazères, 302, 339 ; — à Montpellier, 27, 240, 246, 266, 270 ; — a Narbonne, 315, 316, 320, 338 ; — à Nimes, 172 ; — à Pézénas, 80, 31 ! — à Sommières, 18 ; — à Toulouse, 50, 64, 67, 69, 115, 118, 124, 132, 133, 187, 201, 203, 206, 207, 216, 266, 267.
Réunion à Albi des comm. de la viguerie, 16, 17 ; — des comm. à Rodez, 25.
Révolte des Albigeois, 235.
Revue de troupes à Albi, 307, 308.
Reynes (Johan), 157, 170 à 172, 179, 188, 196, 198.
Reyre dime, 161.
Reyre guet, 101.
Rialmon. — Voir Réalmont.
Riaunou et Rieunou, (Dorde de), 114, 227.
Ribieira et Ribeyra, (quartier de la), 75, 238. — Voir aussi Rebieira.
Ribieira (Bernat), 13, 23.
Ricart et Riquart (Peire), 76, 108, 204, 254, 274, 328.
Rieus et Rius (Peire de), 159, 160, 176, 213, 215, 222, 226, 230, 297, 323, 343 ; — Isarn de, 242 272, 276, 282, 294, 311, 319, 321, 332.
Rigal (Guilhem), 81 ; — Peire, 319.
Rigaut (Peire), 5, 158, 298. — Voir Alric.

Rigual (Berthomieu), 172, 173.
Riols (Peire), 29, 30.
Riquart (Bernat), 347.
Rispa (Johan), serg. 128, 167, 174, 175, 177, 180.
Rivières, 92.
Roam (cardinal de), 27.
Roanel, 11, 12, 78, 154, 202, 327, 334.
Robert, ssrg. 283 ; — Esteve, 277, 285, 306, 316.
Robes consulaires, 5, 6, 8, 19, 20, 32, 52, 61, 158, 165 ; — des valets consulaires, 5, 52, 126, 199, 281.
Rocamaura. — Voir Roquemaure.
Rocarlan. — Voir Roquerlan.
Rocas (quartier d'en), 78.
Rocas (Bernat), 277.
Rocasericira. — Voir Roquesériere.
Roda de la plassa, 153.
Rodes, Rodez, 18, 25, 57, 90, 94, 95 101, 136, 148, 249, 250.
Rodes (Mondo), 12, 13, 18.
Roergue. — Voir Rouergue.
Rofiac. — Voir Rouffiac.
Rofiac et Roffiac (Guilhem), 143, 177, 187 ; — Johan, 317.
Rog (lo), 129, 323.
Roger (Bernard), com. de Périgord, 18
Roger (Peire), 263, 315, 342.
Roma (Bernat), 94, 100, 111, 232.
Romanhac (Dorde), 78, 110, 150, 152, 153, 239, 240, 245, 285, 286, 321.
Romesta (Peire), 246 à 248, 259, 264, 265, 284.
Roqua (Ramon), 349.
Roquafort (Enric de), sgr. de la Pomarede, 24.
Roquafuelh, 45.
Roqualaura, 98.
Roquas (Ramon), 294, 328 ; Simo, 344.
Roquemaure, 211.
Roqueredonde, 313.
Roquerlan, 164.
Roquesérière, 218, 219, 225.
Ros (Guilhem), 209, 211, 234, 267; — Jacme, 64.
Ros et Rosso (Bertran), 14, 125, 141, 142.
Rosy (Bertholet de), 24.
Rotgier (Guilhem), 41, 79, 81, 116, 198, 231, 233, 234, 236, 239, 284; — Guirant, 119, 121 ; — Laurens, 350.
Rotgieira, 350.
Rotlan (Huc), 120.
Rouergue, 9, 18, 32, 69, 85, 114, 121, 213 ; — sénc. de, 2, 4, 28, 226, 258, 271.

Rouffiac, 301.
Rozergue. Voir Rouergue.
Ruau (Peire), 271.
Ruffec (Guiraut), 32.
Rusueyras, 83.

S

Sabatier (Andriau), 114, 116, 140; — Peire, 236, 284.
Sabori (Johan), 229.
Sagresta (Ademar), 3, 5, 16; — Marti, 39.
St-Africa, Afriqua, Frica (gache et quartier d'Albi), 41, 43, 80, 116, 117, 197, 239, 241, 245, 295, 300, 323.
St-Albi (Johan de), serg., 8.
St-Amans, St-Amans-Soult, 125, 130.
St-Antoni (hôpital de), 153; — commandeur de, 58, 218.
St-Antonin, 194.
St-Benoît, 235.
St-Daunis (Berthomieu de), serg., 7, 12, 26.
St-Estephe et Stephe (gache et quartier d'Albi), 41, 79, 80, 117, 221, 239, 242, 295, 301.
St Flor (Peire de), 80.
St-Flor, St-Flour, 226.
St-Fons, 187, 204.
St-Gausens, Gauzens, Gauzens, 84, 303.
St-Germain (Philippe de), viguier d'Albi, 10.
St-Gervais, 256.
St-Ginieis, Ginieys, 132, 145, 226, 313.
St-Girma (Guilhem del), 44.
St-Iulia (Bernat), 13.
St-Jean de Jérusalem, 215.
St-Jolia (quartier d'Albi), 79.
St-Jordi, 293; — Guilhem de, 332, 348.
St-Jueri, Juéry, 82, 135, 175, 240, 303.
St-Lieux, 145.
St-Matfre (prieur de), 211, 222, 229, 242, 275, 278, 280.
St-Pastor (Nicolau de), 268.
St-Paul-Cap-de-Joux, 59, 62, 67.
St-Peire de Belcaire, 245.
St-Peire (Philipes de), 208, 210, 211, 276.
St-Pierre-de-Trivisy, 303.
St-Prim (Pierre de), 71.
St-Salvi, (chapitre et église de), 7, 37, 75, 128, 153, 156, 259, 301, 322.
St-Salvi-de-Carcavés, 303.
St-Sarin, Serin, Sernin, 13, 89, 99, 323.

St-Sernin-lès-Mailhoc, 86.
St-Sernin de Rouergue, 122, 136, 231, 277.
St-Somphsi, St-Sulpice, 67, 164, 318, 319, 340.
Ste-Cécile, église ou chapitre, 5, 6, 17, 21, 23, 46, 48, 49, 61, 63, 68, 75, 95, 103, 115, 143, 146, 149, 154, 163, 173, 179, 191, 192.
Ste-Gemme, 62, 310.
Ste-Gemme (Raymond de), évêq., 47.
Ste-Marciane (église et gache de), 41, 80, 116, 117, 153, 239 à 241, 294, 300; — recteur de, 97, 115, 144, 146, 147, 160, 173, 181, 183, 185, 191, 217, 226, 228, 261.
Ste-Marciane de Lescure, 177.
Saisac (Johan), 59.
Saisies diverses, 6 à 8, 11, 14, 18, 26, 33, 77, 80, 82, 83, 85, 86, 89, 96, 98, 119 à 121, 142, 146, 147, 164, 169, 175, 180, 181, 183, 193, 195, 222, 226, 227, 230, 290, 309.
Saladi (Johan), carme, 178.
Salas. — Voir Salles.
Salas (Guiraut), 176.
Salgue (Johan), capitaine, 321.
Sali, rue, 2, 119, 205.
Saliers, Salies, 94, 223.
Salina (Bernada), 37.
Salpètre, 315.
Saisavert, 204.
Salvaire (Peire), not., 23.
Salvanhac, 183, 184, 202; — Bernat, 86; — Gui et Guinet, 12, 81, 84, 110, 140, 143, 146, 147, 192.
Sulvaterra. — Voir Sauveterre.
Salvi (quartier d'en), 79.
Salvi (Arnaut), 183, 272, 286, 287, 350; — Guilhem, 114; — Peyre, 18, 29.
Samsonet, serg., 46, 85.
Sanaret (sgr de), 121.
Sandos, 94.
Sang Fons. — Voir St-Fons.
Sanh Girvais. — Voir St-Gervais.
Sanh Serni. — Voir St-Sernin.
Sanh Serni (Johan), 266.
Santoli (Bernat), serg., 140, 183, 196, 205, 224, 242.
Santoro, 175, 187.
Sarasi (Ramon), dit Patau, 38, 297.
Sareta (Dorde de la), 332.
Sarrasy (Isidore), 8, 24, 38, 103, 153.
Sauri (Bernat), 172.
Sauveterre, 94, 95, 123.
Savah (Peire), 45.
Savinh (Peire), 102.
Savoy (Philipes), Philippe de Savoisy, 177.
Savoya (Perri de), 94; — bâtard de, 313.

Scatissa (Peire), 161, 163, 166, 273. — Voir Escatissa.
Segui (Johan), 139, 157, 170, 172, 175, 185. 186, 197, 198, 216, 230, 234, 294, 295, 300, 306, 333, 342, 349; — Lambert, 293.
Selet (Ramon), 2, 115. — Voir Celet.
Selvas, 23; — Guilhem, 227; — Johan, 39, 99, 115, 276, 282; — Felip. dit Official, 335.
Senegatz, 303.
Senegatz (Peire-Ramon de), 8.
Senhier (Johan), serg., 145.
Senouillac, 132.
Sept Fons, 187.
Serdanha, 137.
Sérénac (sgr. de), 201, 209.
Series, rue, 106, 328.
Serras (Bernat), 42, 107, 109, 149, 150, 152, 155, 178, 295, 298, 309, 325, 352, 350; — Peire, 82.
Siaurac, Siurac, (Johan), frère Prêcheur, 114, 146, 177.
Sicard III, sgr. de Lescure, 44, 177.
Sicart (Bernat), not. 320; — Johan, 253.
Siège : de Castelmari, 68 ; — de Thuriès, 293, 2-4, 299, 300, 310, 314, 315, 388, 343 à 350.
Simo, 72, 170, 221, 293 ; — Peire, 76, 78, 90, 108, 180, 205, 221, 327 à 330, 347, 350.
Siras (B. S.), 178 ; — Sicart, 120.
Siro, 77.
Sivalh (Ramon), dit Martra, 195.
Soelh (Guilhem), 1, 135 à 137, 182, 183, 187, 212, 214, 223, 226, 229 à 232 ; — Peire, 38, 113, 233, 237, 238, 254, 255, 276, 349.
Solage, Solages, Solatges (Peire del), recteur de Ste-Marciane, 178, 226, 228.
Solayro, lo bornhe, 122.
Solier (Guilhem del), dit Anco, 236 ; — Peire del, 2, 13, 38, 40, 62, 79, 85, 101, 139, 141, 143, 148, 157, 161, 168, 186, 194, 202, 207, 208, 214, 217, 219, 220, 227, 230, 232, 234, 235, 242, 254, 271, 272, 280, 285, 286, 297, 300.
Soheyras — Voir Soulières.
Somas (Peire de). 40, 58, 82, 198, 256, 270.
Someire, Someyre, Sommières, 16, 18, 19, 25, 31, 237, 251 à 264, 256, 257, 264, 267, 269 à 271, 274, 279, 305, 306, 311.
Sonneric de cloche pour le guet de minuit, 260.
Soquieyra (Johan de la), 75 ; — Pos de la, serg., 141.
Sosrazas (Ramon), serg., 205.
Souel, 62.

Soulières, 62.
Souquet du vin, 64. 162, 174.
Steve (Bernat), 158, 264, 283. — Voir aussi Esteve.
Subsides au roi ou au lieutenant général, 4 à 6, 9, 22, 26, 28, 46, 49 à 58, 65, 67, 69, 82, 92, 101, 115, 119, 122 à 125. 130 à 132, 137, 139, 141, 146, 162 à 165, 168 à 174, 180 à 185, 188, 189, 193, 195, 201, 203 à 207, 211, 215, 217, 222, 224, 226, 228, 230 à 241, 243, 249, 250, 260 à 264, 266 à 268, 270, 275, 276, 285, 289, 304 315, 319, 337 à 340.
Sudre (Peire), not., 195, 206 ; — Salvi, 348.
Supplique au duc d'Anjou, 187.
Surian (Peire, 117.
Surveillance des ennemis, 62.
Syndicat des communes, 47, 55.

T

Tabornieira, 294, 298.
Talhafer (quartier d'en), 79.
Talhafer (Bouet), 5 : — Johan, 38, 60, 103, 107, 108, 146, 154, 155, 178, 199, 200, 238, 249, 273, 281, 285, 314, 329 à 331, 342, 349.
Tamparel (Peire), 299.
Tanus, 84, 85.
Tarascou, 49.
Tarn (départ. et riv.), 11, 13, 32, 38, 39, 56, 62, 70, 71, 73, 75, 83, 85, 91, 103 à 105, 110, 148, 150, 173, 175, 182, 297, 304, 313, 314, 323.
Tarn et Garonne (départ.), 178, 194, 198.
Taulas (Bernat), 9, 12, 231, 289, 316.
Taulo et Thaulo, 5, 49, 52, 59, 120, 139, 158, 165, 175, 185, 192.
Taunis (Johan), dit Pasquet, 193.
Taur, 303.
Taurinas (Brenguier), 21, 91, 126, 173.
Tavernier (Guilhem), serg., 27; 169, 229.
Tefort, 120.
Teillet, 104.
Terrac (Bertran), serg,, 221.
Terrassier (Ramon), serg., 7, 98, 201.
Terre de Lescure donnée à Philippe de Savoisy, 177.
Terret (Huc), changeur, 257, 266, 267.
Terrida (Bertran de), sén. de Rouergue, 2, 9, 19, 20.
Tersac (quartier de), 78, 150.

Tersac (Ramon), 107, 108. 110.
Terssac, 235.
Teula (la) et Teule (lo), partie du rempart, 326, 330, 350.
Teulet (Felip et Philip), 58, 81, 85, 86, 88, 98, 90, 119, 124.
Teulier (Bonet), 321 ; — Johan, 95, 99. 135, 155, 156, 178, 288, 293, 328, 347.
Thérouane (évêq. de), 21.
Tholosa, Tolosa. — Voir Toulouse.
Thomas (Peire), 82, 188.
Thuria, Turia, Thuriès, 299, 300, 310, 314, 323, 337, 338, 343 à 349.
Tiboba, 138, 290.
Tilh (Jacme del), 201, 203 à 205, 207. 209. 210, 212, 215 à 217. 224, 226 à 228, 230 ; — Pos del, 9, 203, 206, 207, 210 à 212, 214, 227, 228. 312.
Tinel (Duran), 239, 243, 244, 275.
Tocsin annonçant l'arrivée des ennemis, 8, 9 ; — à Lescure, 142.
Toelhas (Guilhem de las), 7.
Tolza, 8.
Tomas, séné., 136.
Tonnac (sgr de), 70, 131, 271, 278.
Tor de Caramous, 273.
Torches des consuls peintes, 6.
Torena, Thorena (Bernat), 38, 160, 175, 196.
Torena (Guilhem de), 345.
Tornamira, serg., 133.
Tornaur (Johan de), 247.
Tornes (Peire), 196.
Tornier (Ramon), 38
Toron (Amblart), 312 ; — Ramon, serg., 7.
Torreta, 23, 24, 104, 105, 107, 109, 110, 179.
Toulouse, 8, 17, 19, 20, 22, 28, 32, 39, 45 à 47. 50, 52, 53, 57 à 60, 64 à 72, 80, 81, 83 à 85, 88, 90, 92, 94, 95, 97 a 100, 102, 114, 116 à 119, 121, 123 à 125, 120 à 147, 157 à 159, 161, 163, 164, 166, 168, 171, 172, 181, 183, 185 à 187, 190, 195, 201, 203, 204, 207 à 210, 213, 215, 229, 235 à 237, 243, 246 à 252, 257 à 259, 263 à 268, 270 à 272, 276, 280, 281, 283 à 285, 312, 314, 338, 346 ; — conseil de, 25 : — juge mage de 42, 72 ; — sén. de, 28, 47, 68, 83, 86, 89 à 91, 101 ; — sénéc., 4, 92 ; — sous-viguier de. 45.
Tour d'arbalète, 12, 31.
Tour : de la Côte d'Engueysse, 179 ; — de guet de St-Salvi, 30, 156 ; — d'en Malier, 103, 109 ; — de la Peyraulesca, 152. 330, 331 ; — du pont du Tarn, 57, 59, 82, 97, 101, 102, 110, 111, 148, 153 ; — Régine, 135.
Traité avec les chanoines de Ste-Cécile, 46, 48, 49, 61 ; — avec le com. d'Armagnac, 25.
Tranier (A), 304.
Transfert de la Maison commune, 289, 290, 305.
Travaux à prix fait. 106.
Travet (le), 57 122, 303 ; — sgr. du 202.
Trebalha, 58, 224. — Voir Portes.
Trébas. 58. 169, 180, 182, 184, 332 ; — cons. de, 32.
Trebes, 130.
Trencavel (Jacme de), 37, 42, 61, 67, 69, 113, 118, 119, 129, 133, 134, 143 à 145, 148, 161.
Tressal (Bernat), 225.
Trevas. — Voir Trébas
Trêve des rois, 12.
Trompette du crieur public, 192.
Turci (sgr de), 299 à 301, 307, 308, 310, 344, 315, 344 à 317.

U

Union de Montsalvi avec Albi, 24, 25, 27.

V

Vabre. 303.
Vaissieira. — Voir Vayssieyra.
Valau (Brizet), 24.
Valderias, Valdéries, 176.
Valencas. Valenquas (Peire de), 15, 42, 64, 76, 78, 83, 86, 87. 90 à 92, 95, 99, 107, 136, 149, 155. 310.
Valence, Valensa. 32, 60, 167, 168, 175, 176, 307, 310 ; — cons. de 248.
Valeta (Mathiau), 37, 42, 54, 68, 98, 100, 113, 118, 129, 147, 148, 191.
Valvert, 49.
Vaor, Vaour, 20, 23, 24.
Vaquier (Bernat), 124, 140, 302.
Vaquier (de), 324.
Varelhas (Berenguer de), 115, 144, 202, 233, 236, 242, 243, 245, 283, 284, 327.
Vassalh (Amalric), 222 ; — Jacme, 323.
Vaurs (Ramon de), 302.
Vayssiey (Duran), 191.
Vayssieyra, Vaysieyra, Vaisieira (Duran), 79, 164, 278, 279 ; — Johan, 128 ; — Phelip, 1 à 3, 5. 34, 35, 37, 40, 42, 61, 77, 85, 101,

102, 104, 108, 109, 110, 113, 118, 130, 148, 153, 167, 197, 221, 243, 259, 278, 283, 289, 291, 296, 305, 306, 310, 316, 323, 337, 338, 342, 346.
Vendanges, 92, 139, 206, 207.
Vendo\mes (com. de), 22, 68, 84, 86, 95, 118, 178, 188, 195.
Vena (Armengau), 86.
Venès, 47, 62, 228, 303.
Venes (Ramon), dit Tinel, 316, 319, 343.
Vente : de blé en gros, 185 ; — de draps, 39, 46, 68 ; — de gages saisis, 20, 60 ; — d'immeubles à l'encan, 102 ; — de matériaux à la ville, 173 ; — de vendanges à l'encan, 139 ; — de vins empruntés, 196.
Verdier (Guilhem), 15.
Verdussa (gache). 12, 17, 41, 54, 55, 78 à 80, 146, 178, 197, 239, 240, 284, 294, 298.
Verfeil, 71, 194.
Verier (Jacobus), 35.
Vernho (Auric et Ric del), 167, 278.
Verno (Alric de), 239, 241.
Verno (Enric de), 3, 5, 8, 35, 285, 286, 300, 305, 329.
Vertfuelh. — Voir Verfeil
Vesoch, Vesog, Vesoh (Arnaut del), serg., 53, 90, 91, 94, 124, 138, 158, 159, 190, 208, 216, 259, 263 a 265, 284.
Viaus. — Voir Vieux.
Vicari (Peire del), 167.
Vidal (Berthomieu), 201, 209 ; — Gm, 197 ; — Loys, 23 ; — Ramon, 11, 14, 35, 44, 79, 82, 97, 102, 126, 159, 167, 181, 185, 202, 203, 210 à 212, 228, 234, 292, 301, 314, 322, 349.
Vielh (Johan). not., 56, 73.
Vierna (Pos), 30, 58, 75, 108, 176, 188, 189, 196. — Ramon, 331.
Vierno (Dorde del), 56, 127, 140, 143, 176, 189, 191.
Vieux, 192.
Vigo (Guilhem del), 254.
Vigoros (Johan), 290.

Vigua (gache du), 8, 20, 31, 41, 55, 1103, 116, 117, 138, 239, 240, 245, 260, 291, 294, 299, 324, 330.
Viguier (Enric), 350 ; — Guilhem, 37 ; — Huc, 169, 294, 2.6, 321, 325, 333, 342, 349 ; — Ramon, 293.
Viguiers (les), 75, 110, 150.
Viladier, 63.
Vilafranca. — Voir Villefranche.
Vila Mangna. — Voir Villemagne.
Vilamur (Johan de), 114, 121, 138, 140, 144.
Vilanova. — Voir Villeneuve.
Vilar (Johan), not.. 73, 268 ; — Lambert, 73, 119, 120, 122, 126, 143, 163, 198, 212, 220, 277, 305, 341, 342.
Vilara, 296.
Villefranche, 31, 57, 58, 60, 165, 180, 182, 184, 185, 233, 303, 323 ; — cons. de, 57, 324 ; — de Lauragais, 67 ; — de Rouergue, 143, 178, 202, 223.
Villemagne, 256.
Villeneuve, 32, 57, 94, 254 ; — de Curvalle, 82 ; — sur Vère, 57, 94.
Vinagre (Guiraut), maître de bombardes, 345.
Vincens (Esteve), juge de la gabelle du sel, 218.
Vinha (Felipes de), 296.
Vinhal (Ramon), 298, 299, 321, 346.
Vinhals (Ramon), 284.
Vino (Dorde del), 100.
Visite des chemins, 54.
Vivien (bâtard de), 177.
Vol, 223.

Y

Ychart (Ramon), juge, 271, 317 à 319, 334.
Yla (la). — Voir Lisle.
Yla (Guilhem de la), serg., 220.
Ylas (Enric de), maréchal, 326.
Yuer (Guiraut), 38.

ERRATA

Page 1, titre de l'article 1er, lire iey au lieu de j'ey.
— 5, article 52, lire sabatas — sabatos.
— 5, — 54. — trompaire — tromp[et]aire.
— 5, lignes 2 et 4 de la note, lire soboutura au lieu de sobontura.
— 9, article 99, lire dia(s) au lieu de dias.
— 10, — 110, — la una — launa.
— 12, — 131, — dels — des.
— 17, — 176, — s'i — si.
— 17, — 178, — las — la.
— 17, note 2, — 17 sous — 18 sous.
— 19, article 185, — no ss'i — no ssi.
— 19, — 186, — dels — des.
— 21, — 202. — lor agues requereguda au lieu de lor requereguda.
— 22, 10e ligne, — dels quals au lieu de desquals.
— 23, article 204, — procezir — prorcezir.
— 23, — 208, — promezem — promiezem.
— 24, — 215, — Bernat — Bernard.
— 24, supprimer la note 2, qui est erronée.
— 29, article 250, lire e'n Guilhem au lieu de en Guilhem.
— 31, — 263, — malautes — malautas.
— 31, — 264, — prezens — prezen(s).
— 31, — 266, — n'i — ni.
— 33, — 283, — la una — launa.
— 34, — 288, — la una — launa.
— 35, ligne 1, lire bailamen — bailemen.
— 43, article 388, lire Cornus — Tornus.
— 44, — 401, — paguem — daguem.
— 45, — 410, — las — los
— 50, note 3, lire fos 543. 547 — nos 543. 547.
— 50, — — article 865 — 765.
— 56, article 700, lire deviam — devian.
— 57, — 751, — menestriers — menestuers.
— 60, — 806, — a redre — aredre.

ERRATA

Page 60, article 811, lire perdec s'i au lieu de perdec si.
— 61, — 822, — e'n Phelip — en Phelip.
— 61, — 832, — lay tenian — l'ay tenian.
— 63, ligne 1, — d'Audenan — d'Audevan.
— 63, article 863, — LVII — XLVII.
— 64, — 868, — anc — auc.
— 64, — 871, — la una — launa.
— 66, — 903, — sert — serc.
— 66, — 903, — se remogeso — seremogeso.
— 67, — 917, — autriat — antriat.
— 68, lire : l'article 930 au lieu de 932.
— 68, article 930, lire l'an portero au lieu de l'anportero.
— 77, — 1166, — lo lus que — «lo lusque.
— 81, — 1354, — nostre — nostra.
— 81, — 1372, — que ste — queste.
— 85, — 1481, — se que no — sequeno
— 86, — 1488, — per — por.
— 89, — 1564, — Bertran — Bertan.
— 97, — 1726, — a redre — aredre.
— 99, — 1753, — e'n Guilhem — en Guilhem.
— 100, — 1790, — — —
— 106, — 1899, — comprada — compradra.
— 107, — 1920, — c'n R — en R.
— 109, — 1960, — e'n Dayde — en Dayde.
— 124, — 325, — a'n G^m — an G^m.
— 133, ligne 4, — sert — serc.
— 137, article 607, — d'en May — d'en Ray.
— 138, — 677, — Esteve — Estave.
— 139, — 699, — d'en May — d'en Ray.
— 166, — 902, — Cornus — Carnus.
— 173, — 1073, — Secelia — Secchia.
— 174, — 1083, — del Port — del port.
— 175, — 1122, — d'Audenam — 'Daudevan.
— 178, — 1190, — recubri — recubir.
— 178, — 1202, — los — lor.
— 179, — 1249, — Auscoro — Austoro.
— 183, — 1349, — II francxs per — II per.
— 201, — 24, — del — det.
— 202, — 46, — Gresol — Grefol.
— 218, — 362, — Vila — Ville.
— 219, — 371, — covenc — covec.
— 221, titre de l'art. 401 et art. 401, lire gaviela au lieu de ganiela.

ERRATA

Page 224, article 448, lire lhi au lieu de l'hi.
— 247, — 132, — anat(z) — anat[z].
— 264, — 410, — paguat — paguar.
— 277, note 1, — 17 sous — 18 sous.
— 278, ligne 2, — Beses — Beset.
— 278, article 597, — Vernho — Verho.
— 280, — 615, — davas — davos.
— 283, mettre une virgule après : l'an LXXVIII, de la note 2.
— 307, note 1, lire 16 lials au lieu de 32 lials.
— 316, article 537, lire Mazeras au lieu de Mazaras.
— 326, — 630, — cadena — candena.
— 332, — 768, — n° teules — 11 teules.
— 337, — 829, — Bestor — Bester.
— 348, lignes 5 et 6, — s'ensego — s'en sego.

ALBI — IMPRIMERIE NOUGUIÈS

ARCHIVES HISTORIQUES DE L'ALBIGEOIS

PUBLICATION PÉRIODIQUE DE LA SOCIÉTÉ DES SCIENCES, ARTS ET BELLES-LETTRES DU TARN

Fascicule 1er. — **Cartulaire des Templiers de Vaour**, publié pour la première fois par MM. Ch. PORTAL et Edm. CABIÉ, avec introduction, table alphabétique des matières et un fac-similé en phototypie. 1 vol. in-8°, XXIII-132 pages. Prix : **5** fr.

Fascicule 2e. — **Mémoires de Batailler sur les Guerres civiles à Castres et dans le Languedoc, 1584-1586**, publiés pour la première fois par M. Charles PRADEL, avec Préface et Index des noms propres. 1 vol. in-8°. Prix : **4** francs.

Fascicule 3e. — **Suite des Mémoires de Gaches, 1610-1620**, publiés pour la première fois par M. Charles PRADEL, avec Préface et Index des noms propres. 1 vol. in-8°. Prix : **8** fr.

Fascicule 4e. — **Deux livres de raison (1517-1550)** avec des notes et une introduction sur les **Conditions agricoles et commerciales de l'Albigeois au XVIe siècle**, par MM. Louis DE SANTI et Aug. VIDAL, 1 vol. in-8°. Prix : **12** fr.

Fascicule 5e. — **Mémoires de J. de Bouffard-Madiane sur les Guerres civiles du duc de Rohan, 1610-1629**, publiés pour la première fois, d'après le manuscrit original, avec notes, variantes, pièces et documents inédits, par M. Charles PRADEL, 1 vol. in-8°. Prix : **7** fr.

Fascicule 6e. — **Droits & Possessions du comté de Toulouse dans l'Albigeois au milieu du XIIIe siècle**, documents publiés et annotés par M. Edm. CABIÉ, avec introduction et table alphabétique des noms propres. 1 vol. in-8°. Prix : **5** fr.

Fascicule 7e. — **Extraits de registres de notaires.** Documents des XIVe-XVIe siècles concernant principalement le pays albigeois, publiés par M. Ch. PORTAL, archiviste du Tarn, 1 vol. in-8°. Prix : **4** fr.

Fascicule 8e. — **Douze Comptes consulaires d'Albi du XIVe siècle**, par Auguste VIDAL, tome I, in-8°. Prix : **6** fr.

EN VENTE : à Paris, librairie Alphonse PICARD, 82, rue Bonaparte ; à Toulouse, librairie Edouard PRIVAT, 14, rue des Arts ; à Albi, aux bureaux de la Revue du Tarn, 42, avenue Villeneuve. — Le 4e fascicule est également en vente à la librairie Honoré CHAMPION, 9, quai Voltaire, à Paris.

EN PRÉPARATION

Aug. VIDAL. — Douze Comptes consulaires d'Albi du XIVe siècle, tome II.

Th. BESSERY. — Le livre des revenus du roi à Lavaur en 1272.

Edm. CABIÉ. — Chartes de la Commanderie de Rayssac.

Vient de paraître

TABLES des 25 premières années de la « Revue du Tarn »

(Un fascicule de VI-96 pages du format de la *Revue*)

Prix : **5** fr. — réduit à **3** fr. pour les membres et les correspondants de la Société

268 GLOSSAIRE

27 sous, 14, 25, 27, 29, 110, 170 (I).

*Riblo : débris de brique, de moëllon. 105 (I), 43, 47, 50, 166, 176, 177, etc. (II).

*Riega, Rieja : grille, 16, 17, 326 (I), 222 (II).

*Riosta : pièce de bois posée en contrefiche, 155 (I), 174 (II).

Roda : rote de la cour pontificale, 122, 126, 142, 147, 148 (II); — vasque de fontaine, 53, 54, 177 (II).

*Rodorier : lieu planté en redoul : una tala dada. . en una vinha et i rodorier... la qual tala es estada facha per gens talheu e trencan los digs rasins el dig rodor (Dél).

Rompre la fe : violer sa parole : lo qual ditz que fo son prionier e s'en anec e lhi rompec la fe (Dél.).

*Rosinet : petit cheval, 52 (II).

S

Sa : ici, 101, 114, 202, 319 (I).

Sabata de fusta : piece de bois dont on fortifie une poutre, 201 (I).

Sabde : samedi, 76, 122, 288, 337 (I), 210. 220 (II)

Saca : sache, 343, 348 (I).

*Saenreires : autrefois : reccubut per la ma de Me Bernat Fabre, notari saenreires (Dél.).

*Saentras : naguere, 317 (I), 71, 93, 101, 104, 114. 115, 123, etc. (II).

*Sagelaire : celui qui scelle, 243 (I).

Sagelar : sceller, mettre sous scellés, 146, 180 (I).

*Salconduch, Salcondug : sauf-conduit, 45, 63, 319 (I).

*Salpetra : salpêtre, 54, 315 (I).

Sanch, Sanh, Sanhg, Sang : saint. 118, 259, 318 (I), 84 220 (II).

*Saquada : plein une sache. 13 (I).

*Sargan, Sarjan : sergent, 193, 208 (I), 29, 102 (II).

*Sarrado : fermoir de livre, 216 (II).

*Sarradura : fermeture, 138 (I).

*Sarralhier : serrurier, 76, 123, 127, 133, 139, 165 (II).

Sarrar, Sarar : fermer, boucher, 15, 326 (I), 14, 20, 42, 43, 50, 52, 53, 160, etc. (II).

*Sartanetat : certitude, 14 (I).

*Saudar : souder, 255 (I), 53 (II).

*Say : ici. 47, 50, 54, 70, 119, 121, 133, etc. (I). 60, 62 (II).

Scrieure : écrire, 179 (I).

Scriva : scribe, 175 (I).

Scusar : récuser, 176 (I).

Scut : écu, monnaie, 170 (I).

*Se (de) : immédiatement : tengro totz que se leveso de se los vin comus (Del.); et 201, 207 210 (I).

*Seca de la moneda : hôtel de la monnaie, 102, 103 (I).

Segirre : suivre, 163 (I).

*Segua : poursuite armée, 71, 95 (I).

Seguial, Seguiel, Seguil : seigle, 166, 239, 245 (I); — i tala donada en la quantitat de garbas de fromen, de mossola e de seguial (Dél.)

Segur : en sûreté, 343 (I).

Sela : selle, 143 (I).

*Selier : fabricant de selles, 57, 60, 120, 137, 139 (I).

*Semal : comporte, 106 (I), 219 (II).

Semblar : sembler bon : aissi quant als digs senhors cossols semblara a far (Dél.).

*Semmanada : commun hebdomadaire, 14. 36 (II).

Semmanier (comu) : commun hebdomadaire, 40, 84, 93, 102, 116 (I).

Sempmana : semaine, 213, 233, 293 (I).

Sempmanier (comu) : commun hebdomadaire, 199, 219, 220, 227 (I).

Senoscalc, Senesqualc : sénéchal, 9, 10, 18, 21, etc., etc. (I et II).

Senhals : armoiries, 6, 30 (I), 126 (II); — guidon, signe de renvoi, 268 (I), 212 (II).

Senhiescalc : sénéchal, 28 (II).

www.ingramcontent.com/pod-product-compliance
Lightning Source LLC
Chambersburg PA
CBHW060551170426
43201CB00009B/743